글로벌 시대의

경영학원론

[제4판]

유세준·김의식·이래풍
홍준기·이건찬·최근영 공저

法 文 社

제 4 판 머리말

글로벌 시대의 경영학원론의 제4판은 제2판을 대폭적으로 보완하여 제3판을 발간하는 과정에서 수식 등의 오기된 부분을 수정하고 보강하였으며, 세계 이슈화가 되고 있는 지구 온난화로 인한 온실가스를 축소하려는 국제적 기후 협약체결과정에 교토의정서(2012), 코펜하겐합의(Copenhagen Accord)(2009), 칸쿤합의(Cancun Agreements)(2010), 더반플랫폼(Durban Platform)(2011), 도하게이트웨이(Doha Gateway)(2012), 바르샤바결과(Warsaw Outcomes)(2013), 리마선언(Lima Call for Climate Action)(2014), COP15(2015) 등 새로운 협약과정과 내용을 추가하였다.

이번 개정판에 도움을 주신 여러 교수님들과 출간에 애써주신 법문사 편집부 김제원 부장님께도 진심으로 감사드린다. 미흡한 내용들은 선배 제현의 도움을 받아 계속 보완해 나갈 것을 다짐한다.

2017년 1월
송도 (사)글로벌녹색경영연구원에서
공저자 일동

제 3 판 머리말

글로벌 시대의 경영학원론의 제2판이 발간된 지 채 2년이 되지 않았지만 이번에 제3판을 발간하게 된 데에는 그만한 이유가 있어서이다. 한치 앞을 내다볼 수 없는 경영환경은 경영학도들로 하여금 경영현장에서의 보다 생생한 사례들을 요구하게 되었고, 학문의 융복합시대를 맞이하여 양적으로는 인문학도들뿐만 아니라, 이공계계통의 학생들에 이르기까지 경영학에 대한 관심이 크게 늘어나고 있으며, 경영학이라는 학문의 질적 심화 또한 필연적으로 요청되게 되었다. 이러한 수요자 중심의 학생들의 요구와 눈높이에 알맞은 교과서를 집필하는 데 주안점을 두어 종전의 4부 16장에서 4부 19장으로 대폭내용을 수정 · 증보하였다.

이번 개정판에서는 집필진도 오랜 강단경험과 현장실무 경험이 풍부한 저자를 추가로 모셔 명실상부하게 이론과 실무를 병행한 집필에 힘을 기울였다. 특히 제3장의 기업이란? 에서는 중소기업의 중요성을 인식하여 새로 집필하였으며, 종래에는 제3부의 기능관리론을 통합하였으나, 이번에는 각각 그 기능을 세분화하여 별개의 장으로 생산운영관리, 인적자원관리, 마케팅관리, 재무관리로 그 내용을 대폭 보완하였고, 제9장의 생산운영관리와 제12장의 재무관리의 내용을 보강하였다.

아울러 제4부 17장 창업론은 대폭 내용을 보완하여 경영이론뿐만 아니라 졸업후 창업의지를 가지고 실제 창업하려고 하는 일반 실무자들에게도 매우 유용하게 활용할 수 있도록 창업의 세부적인 절차와 실무적인 양식까지도 망라한 데 그 특징이 있다. 제13장의 경영전략, 제14장의 경영혁신, 제15장의 지식경영과 정보경영분야의 이론과 사례들을 대폭 보완하여 경영학을 교양 및 부전공으로 학습하려는 학생들에게는 쉽게 접근할 수 있도록 하였고, 경영학을 전공으로 학습하려는 학생들에게는 그 내용을 질적으로 심화시켜 손색이 없도록 하려는 데 주안점을 두었다. 제19장의 지속가능경영에 있어서는 기업이 경영에 영향을 미치는 경제적 · 환경적 · 사회적 이슈들을 종합적으로 균형있게 고려하면서 기업의 지속적인 성장 가능성을 추구하는 녹색경영, 친환경 경영을 주 내용으로 다루었다. 이로 인한 세계적 이슈가 되고 있는 지구 온난화로 인한 온실가스배출을 최소화하려는 기후변화 협약에 대한 이해도 가능토록 하였다. 본 교재의 전 19장의 내용을 알뜰하게 학습한다면 경영학을 공무원시험 등의 수험서로 활용할 수 있도록 보편적인 내용들을 골고루 다루었으며, 최근에 경영현장에서 다루어지고 있는 경영학용어까지 망라하는데 심혈을 기울였다.

이 책이 출간되기까지에는 저자들의 강의를 듣고 조언과 최신 사례의 발굴에 도움을 준 수강생들과 녹색경영에 관련된 최신 사례들을 제공해 주신 (사)글로벌녹색경영연구원과 출강하시는 여러 교수님들께 감사를 드린다. 그리고 출간에 애써주신 법문사 편집부 김제원 부장님, 기획영업부 권혁기씨께도 진심으로 감사드리면서 미흡한 내용들은 선배 제현의 도움을 받아 계속 보완해 나갈 것을 다짐한다.

2013년 1월

송도 (사)글로벌녹색경영연구원에서

공저자 일동

제 2 판 머리말

글로벌시대의 경영학 원론의 초판이 발간된 지 벌써 4년이 지났다. 글로벌시대를 맞은 환경변화에 대응할 수 있도록 경영사례들을 대폭 개편 · 보완하였다. 우리나라가 유엔에 가입한 지 불과 20여 년 만에 유엔의장국이 됨과 동시에 유엔사무총장이 탄생되고 사회 각 분야에서 세계 속의 한국의 위상이 매우 커졌다. 우리나라 학생들이 세계를 가슴에 품고 글로벌 리더로서 자라 세계인과 경쟁력을 갖출 수 있도록 각자가 글로벌 역량(competence)을 키워야 하겠다. 이 책의 근간이 글로벌시대에 리더로서 갖추어야 할 소양이 글로벌 역량이라면 여기에는 자기관리, 기획 및 행정, 팀웍, 커뮤니케이션, 전략적 행동, 국제감각의 역량들을 키워나가는 데 역점을 두고 종전의 편제를 개편하였다.

제1장은 경영학 입문자도 보다 쉽게 이해할 수 있도록 하였고, 제3장은 기업실체에 대하여 꼭 알아야 할 부분을 간결하게 정리하였으며 제9장의 기능관리인 생산관리, 인적자원관리, 마케팅, 재무관리 부분을 보다 현실성 있게 최근의 트렌드와 사례들을 대폭 보완하였고, 제4부에서는 현대 경영의 핵심과제라 할 수 있는 기업환경과 사회적 책임, 창업경영, 글로벌경영, 지속가능경영을 다루었다.

이 책의 집필이 있기까지에는 이 분야의 많은 교수님들의 연구가 밑바탕이 되었다. 특히 제16장에서는 글로벌 기업과 국내의 일반기업에서도 경영전략으로 실천하여 성과를 거두고 있는 지속가능경영부분의 집필에 있어 이진규 교수님의 현대경영학과, 김병기 교수님의 코리아웨이 2에 힘입은 바 크므로 이 자리를 빌려 감사의 뜻을 표한다.

아울러 교재 전반에 걸쳐 종전의 학생들이 이해하기 다소 어렵고, 일선에서 강의하시는 교수님들께서 불편하게 여기시는 부분들을 대폭 수정하여 독자들이 보다 쉽게 접근할 수 있도록 하였다 .

한 저자가 경영학전반에 걸친 모든 분야를 집필하는 것은 많은 노력과 시간이 들며 시의적절한 사례들을 수집하기가 어려워 공동집필하였고, 교재의 통일성과 내용의 충실성을 유지하는 데 주안점을 두었다.

저자들의 강의를 듣고 조언과 최신 사례발굴에 도움을 준 수강생들과 지속가능 경영사례 등을 제공해 주신 유한킴벌리와 여타의 자료 협조자에게도 감사를 드린다. 이 책의 출간이 가능하도록 해주신 법문사의 배효선 사장님과 편집부 김제원 부장님, 영업부 권혁기씨께도 진심으로 감사드린다.

마지막으로 이 책을 통하여 행복학교를 만들어 갔으면 하는 바람에서 교정에서 청석시인이 작시한 시 한 편을 소개한다.

갯벌의 행복학교

검은 연기 꿀컥 삼킨 갯벌의 녹색배움터
입춘지난 미추홀 담벼락엔
방울달린 눈꽃들
회양목, 사철나무, 둥근주목

라떼커피 맛처럼
새내기들
하나, 둘
진달래꽃처럼 피어난다.

강의실마다
추겨 세운 동공
영산홍, 수수꽃다리, 백철쭉에
가슴 쌓인 물음표는 태양같이 출렁이고

삼삼오오 짝지어
비상하는 청둥오리, 혹부리오리 날개 밑에
창틀 네 개로 가득 담아
내일의 희망을 읽는다.

2011년 8월
송도캠퍼스에서
공저자 일동 드림

머 리 말

산업화가 진전된 이후 오늘날까지 경영환경은 끊임없이 변화해 왔다. 현대 경영환경은 크게 개방화, 자율화, 정보화를 특징으로 하는 글로벌 지식사회가 되었다. 우리의 경영환경은 한 치 앞을 내다 볼 수 없을 정도로 불확실성이 증가하고 있으며, 과거에 경험해 보지 못한 경제, 사회, 문화 등 모든 분야에 걸쳐 일대 변혁이라 할 만치 빠르게 변화하고 있다.

특히, 21세기에 들어와서는 디지털로 대변되는 정보기술의 발달로 인하여 지금까지 이룩한 인류문명의 변화에 버금가는 격변과 도전이 수반되는 경영환경 대변혁의 시대가 도래되고 있다.

이러한 글로벌 환경과 인터넷을 비롯한 기술혁신하에서는 경영조직에 대한 변화의 압력이 가속화되고 있으며, 지식과 정보 등이 경쟁의 핵심요소로 부각되면서 지식 정보화 사회가 촉진되고 있다. 경영학은 변화하는 경영환경의 영향으로 이론과 기술적인 성격을 가지고 끊임없이 발전해가고 있다. 특히 현대경영학의 요체는 생산성 향상을 골격으로 하면서 글로벌 정보화시대에서 생존하기 위한 능력배양의 수단으로 기술혁신과 경영의 다각화가 요구되었고, 이러한 모든 변화는 우리에게 새로운 경영학을 갈구하게 하였다.

이 책은 최근의 급변하는 경영환경을 반영하여 제4부 16장으로 구성되었고 주요 특징은 다음과 같다.

첫째, 경영환경이 글로벌화 되어감에 따라 국내외의 최신 경영사례까지를 포함하도록 노력하였다.

둘째, 경영학을 전공하는 경영학도는 물론, 경영학을 전공하지 않는 비전공자 혹은 일반인이라 할지라도 용이하게 학습할 수 있도록 비교적 간결하게 사례 중심으로 이론과 실무를 접목시키는 데 중점을 두었다.

셋째, 대학에서 한 학기 강의용 교재로 사용하기에 편리하고 쉽게 이해할 수 있도록 오랫동안의 대학 강의내용과 사례연구를 토대로 하고 국내외의 다양한 기업 현장 사례들과 컨설팅 자료들을 포함하였다.

특히 미래를 지향하는 구조조정의 추진방법과 더불어, 기업의 인수 · 합병, 글로벌경영, 정보경영, 참여경영, 환경경영, 기업윤리, 지식경영, 노사협력관계 및 전자경영(e-Business) 등의 내용들을 수록함으로써 국내외의 경영환경을 이해하고, 글로벌 경영인의 자질을 함양하는 데 주안점을 두었다.

본서는 그 동안 축적되어온 선배연구자들의 연구결과와 저자들의 강의를 듣고 사례연구 중심의 학습에 참여해준 학생들의 토의와 연구 등이 없이는 불가능했을 것이다. 저자들은 먼저 은사님과 선배, 동료 교수들의 학은과 도우심에 머리 숙여 감사드리며, 또한 이 책의 저술에 있어 미처 양해를 구하지 못하고 기사, 내용 등을 인용한 데 대해 심심한 사과의 말씀을 드린다.

경영학은 글로벌 및 디지털 환경적 상황, 그리고 다양한 인접학문과 관련을 맺고 있는 실천학문이며 종합학문으로서, 그 영역이 워낙 광범위하기 때문에 이를 모두 수용치 못한 아쉬움이 있으며 이는 저자들의 천학비재에서 연유된 것으로 독자들의 아낌없는 비판과 교시를 바란다.

끝으로 이 책이 나오기까지 자료수집 및 교정에 큰 역할을 담당한 학생들에게도 감사의 뜻을 전하며, 부족한 저자들임에도 불구하고 본서가 나오도록 격려해 주신 법문사의 배효선 사장님과 출판을 위해 최선을 다해주신 모든 분들께 감사를 드린다.

2006년 2월

저자 씀

차 례

제 1 부 | 경영학의 이해

제3부 | 기능관리론

Global
Management

제1부

경영학의 이해

제 1 장

경영학의 기초

01 | 경영학이란?

경영학(經營學, science of business administration)은 20세기 산업구조가 복잡해지고 수많은 기업들 사이에 경쟁이 치열해짐에 따라서 실제 회사 경영에 필요로 하는 지식의 체계화와 이의 전달을 위하여 경제학에서 독립한 학문이다. 경영학은 개별경제 특히 기업경영에 대한 기본적 원리와 원칙을 도출하여, 문제 해결의 실마리를 찾기 위한 학문이다. 따라서, 경영학이란 사회과학의 한 분야로써 기업을 운영해 나가는 데 필요한 기술을 연구하는 학문이라고 할 수 있다. 회사를 경영해 나가는 기술을 학문적으로 체계화시켜 놓은 것으로 재무, 마케팅, 생산관리, 인적자원관리 등 그 분야가 다양한 것으로 국가재정을 제외한 가계 · 기업 기타 국민경제를 구성하는 개별경제의 단위를 경영이라 한다(표 1-1 참조).

경영학의 연구 분야는 넓게는 국민 경제, 좁게는 회사에서 발생되는 실제적 문제들로 국민 경제와 기업의 발전, 즉 효율적이고 수익성 향상을 위한 계획이나 조직 체계의 개선책에 관한 연구와 실천에 경영학이 직접 관련이 있다고 볼 수 있다. 경영학은 기업뿐만 아니라 학교, 병원, 행정기관, 군대조직, 종교기관 등과 같은 다른 조직에도 이를 적용하고 있다. 이는 조직을 견실화하고, 조직내외의 참여자들에게 조직을 능률적 · 효율적으로 운영함으로써, 만족할 만한 서비스를 제공할 수 있기 위해서이다.

이러한 경영활동이 본래의 목적을 달성하기 위해서는 경영학의 학습으로 경영마인드를 갖도록 해야 한다는 점이다.

우리 삶의 여러 영역에서 합리적 대안에 의한 의사결정, 유연한 사고의 전략적 행동, 경제적 효율성의 제고 등이 바로 경영마인드에 해당되는 것으로

표 1-1 개별경제의 형태

형태	내용	예
재정경영	국가 또는 지방자치단체의 단위경제	중앙청, 법원, 세무서
가정경영	가정이 중심이 된 단위경제	가계
기업경영	개개의 사업체로서의 영리적 단위경제	기업, 회사, 공장, 상점
기타경영	재정, 가정, 기업을 제외한 일체의 개별경제	학교, 교회, 공회당 등

이는 기업의 생존과 성장 · 발전에 필수적인 요소로 본다. 한마디로 경영학은 조직내의 경영현상(management phenomenon)을 연구하여 조직의 경영성과(performance)를 어떻게 하면 극대화할 것인가를 연구하는 학문으로, 효율성(efficiency)과 효과성(effectiveness)의 추구가 밑바탕이 된다.

02 | 경영의 효율성과 효과성

경영학은 인간의 조직 활동을 연구하는 사회과학의 한 분야이다. 이를 경영학의 주요 대상인 '기업'에 초점을 맞추어 보면, 기업을 경영하는 근원적인 목적 또는 목표를 달성하는 데 필요한 경영활동을 보다 효율적으로 수행하기 위해 필요한 원리를 종합적이고 체계적으로 연구하는 학문이다. 여기서 '효율성'이라 하는 것은 어떤 일을 올바르게 수행하는 것(do things right)으로써 인적자원, 자본, 장비 · 시간 투입(input)과 산출(output) 간의 관계를 의미하는 것이다.

하지만 경영학에서 연구하는 내용들은 단지 기업에만 필요한 개념은 아니다. 국민경제를 구성하고 있는 어떤 형태의 조직이든 그 조직의 목표를 효과적으로 달성하기 위한 경영활동의 제 원칙을 연구하는 학문이다. 여기서 '효과적'이라 함은 올바른 일을 수행하는 것(do right things)으로서 조직의 목표가 달성된 정도를 말한다. 그런데 효율성(efficency)은 능률을, 효과성(effectiveness)은 목적(ends)의 성격을 가지는 유효성원리로 상호 관련성이 있다.

03 | 경영의 순환과정과 선택원리

3.1 경영의 순환과정

기업이 경영목표를 달성하기 위하여 인적, 물적, 재화적 자원을 효율적으로 배분하고 운용함으로써 최종산출물을 생산해 가는 경영순환과정을 통하여 이루어진다. 여기서 인적, 물적, 재화적 자원이란 생산품이나 서비스와 같은 최종산출물을 생산하기 위하여 소요되는 여러 종류의 투입요소를 일컫는 것으로 경영자원이라고 한다.

경영은 투입→경영활동→산출 그리고 다시 동일한 과정으로 이어지는 반복순환과정임을 알 수 있다. 화폐로 표시된 최종산출물의 대부분은 다음번의 생산을 위해 재투자된다. 그리고 산출결과는 경영통제와 경영목표에 반영되어 다음번의 투입량 조절로 연결됨을 알 수 있다. 이와 같이 경영은 동태적 개념이며 시스템적 활동임을 알 수 있다(그림 1-1 참조).

3.2 경영의 선택원리

기업이 경영목표를 달성하기 위한 선택원리로는 학자마다 약간씩 견해를 달리하고 있으나 일반적으로 생산성 원리, 경제성 원리, 수익성 원리로 규정하고 있다(표 1-2 참조).

(1) 생산성

생산성(productivity)이란 생산을 위하여 투입된 생산요소와 생산물의 비율을 말하며(예: 시간당 작업량), 생산활동의 합리성 정도를 나타낸다. 생산성은 가치를 창조하는 능력의 정도로 표현하기도 한다. 즉, 인력, 자재, 시설 등의 노동, 자본, 토지 등을 합리적으로 이용하여 투입물 대비 최대 산출을 올려 생산비용을 낮추고 생산수준을 향상하는 것으로 정의할 수 있다.

생산성은 경영활동의 목표인 동시에 그 성과를 측정하는 기준이 되는 지표로 그 투입된 생산요소와 산출의 종류에 따라 노동생산성, 자본생산성, 부가가치생산성 등으로 구분 · 계산할 수 있다.

그림 1-1 ◎ 경영의 순환과정

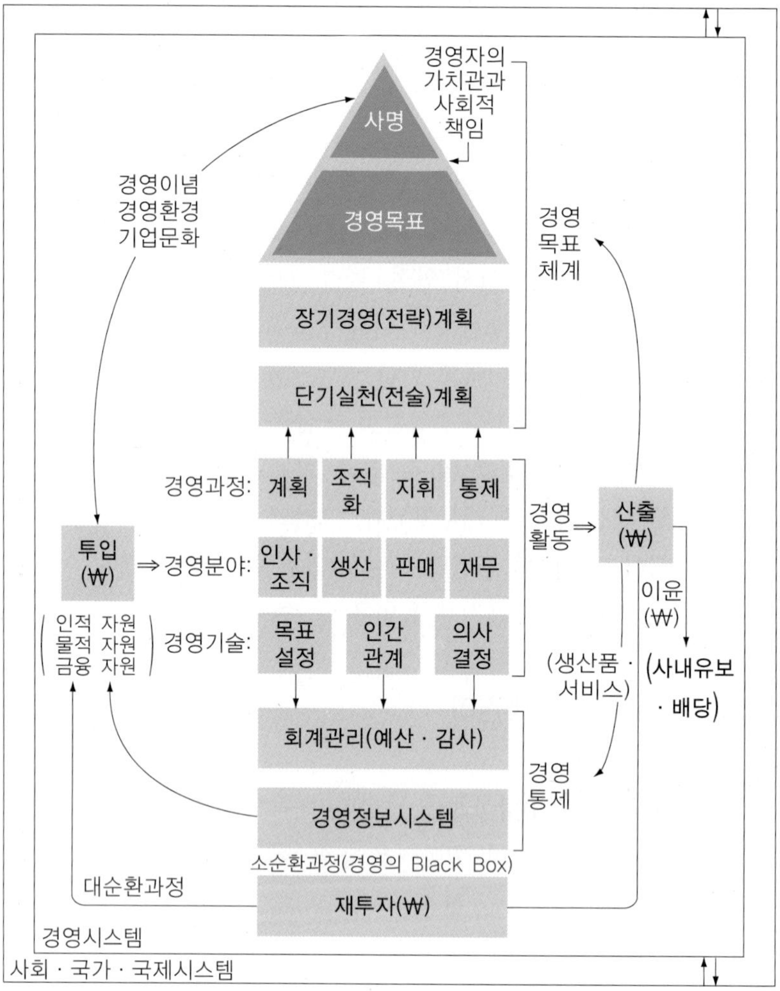

자료 : 김영규, 경영학원론, 박영사, 2005.

생산성에 대한 국제노동기구(ILO)의 정의에 의하면 "생산성은 부의 산출물과 투입물과의 비율"이라고 하고 다음과 같은 공식으로 나타낸다.

$$생산성 = \frac{산출물(output)}{투입물(input)}$$

기업은 노동, 자본을 투입하여 서비스나 상품을 생산한다. 이때 경영을 잘 할 수록 투입 대비 산출량이 많아진다. 즉, 생산성이 높아진다. 예를 들면 경영을 잘 하는 기업은 인건비, 원자재, 정보 등 돈에 들인 비용보다 더 많은 판매고를 올려 이익을 내는데, 이것은 경영이 상승효과(相乘效果)를 낳기 때문이다.

(2) 경제성

경제성원리는 경제적 재화의 상대적 희소성을 관리하기 위한 자원배분의 경제원리로서 경제학은 물론 경영학에서도 가장 기본이 되는 지도원리로 도달해야 할 어떤 가치 또는 효과를 최소의 비용 또는 희생으로서 달성하는 것으로 효과성(effectiveness)의 개념과 유사하다.

경영이 경제적으로 수행되고 있는가를 평가하기 위해서는 일정한 경영적 급부(給付)를 최소 가능한 투입요소에 의해 혹은 주어진 투입요소로 최대의 가능한 경영적 급부(給付)를 실현시켰는가 또는 실현가능한가의 행위를 평가해야 하는데, 이 행위가 바로 경제성 행위로 이해된다.

경제성은 생산요소의 경제적 결합에서 비용상으로 유리한 대체 가능성을 평가하는 최적화(optimization)의 기준이 되는데, 경제성을 평가함에 주의해야 할 점은 경제성의 측정요소인 비용(cost)과 수익(benefit)을 계량화하여 구체적으로 표현할 수 없는 요소들이 많다는 사실이다. 그러므로 경영학에서의 경제성은 '최소의 희생으로 최대의 효과'라는 경제학적 측면보다는 '주어진 목적 달성을 위한 최소의 희생', '주어진 비용으로 최대의 효과'라는 경영학적 측면으로 이해되어야 할 것이다.

일반적으로 경제성은 투입에 대한 산출 및 성과로서 다음과 같이 수식화된다.

$$\text{경제성} = \frac{\text{성과}}{\text{투입}} = \frac{\text{수입}}{\text{비용}}$$

(3) 수익성

수익성(profitability)은 투하자본에 비해 이익이 크면 클수록 좋다는 원칙으로 순수한 화폐가치상의 비율인 수익률에 따른 기업의 행동원칙이며, 최대이윤을 얻는 것을 지향하는 원리이다. 영리원칙이라고도 하며, 비영리경제주체에는 적용할 수 없다. 그러므로 수익성은 시장에서 형성된 이익의 자본에 대한 비율이며 수

표 1-2 경영학의 선택원리

구분	산출공식	개념
생산성	산출물/투입물	생산요소별 변환과정의 성과 측정 척도
경제성	성과/투입	경제원칙의 실현정도 측정 지표
수익성	이익/투하자본	영리원칙의 실현 정도 측정 척도

익성은 다음과 같은 식으로 나타낼 수 있다.

$$수익성 = \frac{이익}{투하자본} = \frac{이익}{매출액} \times \frac{매출액}{투하자본}$$

04 | 경영학의 범위

경영학은 크게 일반 경영학과 특수 경영학으로 나누어진다.

일반경영학은 [그림 1-2]와 같이 총론과 각론으로 구분된다. 경영학 총론은 경영의 실체를 파악하기 위해 조직 활동의 기초를 이루는 관리(administration) 기능을 중심으로 교육함으로써 조직을 운영하는 관리자들의 활동을 연구하며, 조직활동에서 통용되는 용어를 익히고, 조직 환경에 적응할 수 있는 지식과 기술을 교육한다. 그리고 경영 관리는 주요 기능인 계획(planning)과 조직화(organizing), 지휘(directing), 통제(controlling)라는 네 가지 기능으로 구분되는데, 이 네 가지 기능에 따른 경영기능은 이들의 첫 머리글자를 따서 P-O-D-C 과정이라고 부르며, 이러한 경영활동의 과정을 관리과정(management process) 또는 관리직능(management function)이라고 부른다.

여기서 계획이라 함은 조직의 목표를 설정하고, 그 목표를 달성하기 위한 최선의 절차를 선택하는 개념이며, 조직화는 조직의 목표를 가장 효율적으로 달성하기 위하여 각 조직구성원이 필요한 작업, 권한, 자원을 결정하고 이를 배분하는 것이며, 지휘는 목표 달성에 필요한 과업을 수행하도록 조직 구성원에게 영향력을 행사하고, 동기부여를 하는 활동인 반면, 통제라 함은 조직구성원의 행동이 목표를 향해 올바로 가도록 확인하는 활동인 것이다.

그림 1-2 ◎ 일반경영학

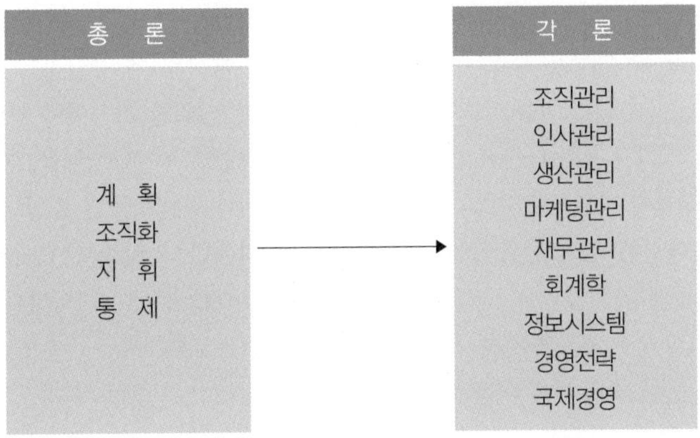

경영학에서는 이러한 과정에서 일어나는 활동을 이해함으로써 조직 활동을 설명하는 각론의 기초를 제공한다. 각론에 해당하는 조직관리, 인사관리, 생산관리, 마케팅관리, 재무관리 등은 조직 활동의 주요 분야를 총괄하는 개념으로, 전문적인 지식과 기술에 초점을 맞추고 있다.

특수 경영학은 특별한 조직 활동에 대한 전문적 활동을 기초로 하며 호텔경영, 병원경영, 학교경영, 운송경영 등의 분야는 특수한 전문지식을 배경으로 하는 관리가 필요하기 때문에 특수한 활동에 대한 경영 관리를 가르친다.

G•l•o•b•a•l•M•a•n•a•g•e•m•e•n•t

경영학은 현재 진행형

경영학은 1900년대 들어 발전되기 시작한 학문이다. 일반적으로 가장 유사한 학문으로 여겨지는 경제학과 비교해 볼 때, 경영학은 현재까지 전체를 통합할 만한 모델이 명확하지 않은 현재진행형인 학문이며, 혹자는 이와 같은 이유로 인해서 '학문'이 아닌 단지 '기술'일 뿐이라고 일컫는다. '전쟁론'을 저술한 '클라우제비츠'가 언급한 전쟁에서 승리하는 법은 궁극적으로 기업이 경쟁에서 이기는 것과 매우 유사하다. 하지만 클라우제비츠가 말하는 전략뿐만 아니라, 다른 측면에서도 경영은 전쟁과 밀접한 관련을 지닌다.

인류사를 통틀어 보아도 20세기에 있었던 두 차례의 세계대전만큼이나 대규모 전쟁이 체계적으로 발생한 경우는 없었다. 경영학계의 르네상스인으로 칭송되는 '피터 드러커'(1909~

2005)는 이 두 차례의 세계대전을 세계사적으로 매우 유의미한 사건으로 정의하며, 이 때 발생하게 된 '경영'의 개념은 20세기에 인류가 고안해낸 매우 중요한 발명임을 강조하고 있다.

두 차례 세계대전은 다음과 같은 점들에서 이전의 전쟁들과 차별성을 지닌다.

첫째, 현대전은 전쟁 범위(scope)에 있어서의 공간적·시간적 제약을 극복하게 된 것이다. 이는 기술의 비약적 발전을 기반으로 한 것이다. 예를 들어, 18세기에 처음 도입된 증기기관 이후, 운송을 담당하는 기능이 비약적으로 발전되어 실제 1차 대전에서는 전쟁에 항공기까지 사용됨으로써 전쟁범위를 국지전 규모에서 전 세계를 대상으로 하는 전면전을 가능하게 한 것이다. 이러한 운송 측면에서의 변화뿐만 아니라, 통신의 발전은 전쟁수행에 있어서 시간적인 제약을 극복하게 함으로써, 시시각각의 전쟁현황을 파악, 즉각적인 대응이 가능토록 하는 원동력이 되었다.

둘째, 전쟁무기의 파괴력의 비약적인 증대이다. 기존의 총포, 대포 등이 주된 무기였던 전쟁에서는 적을 공격함으로써 상대방의 영토를 뺏는 것이 가장 주된 목표 중 하나였다. 하지만, 미사일, 잠수함, 장갑차 그리고 핵무기 등 현대식 무기의 등장은 기존의 전쟁의 개념을 송두리째 변화시켰으며, 특히 핵무기의 등장은 기존의 전쟁의 개념을 완전히 바꾸어 놓는 결정적인 역할을 담당했다.

위의 두 가지 점에서의 전쟁의 변화는 결과적으로 전쟁수행에 있어서의 조직 및 운영의 대규모화, 효율화를 필연적으로 발생시켰다. 운송 및 통신수단의 발전으로 전쟁을 수행하는데 필요한 전쟁 물자 등을 더욱 효율적으로 공급하는 것이 가능해졌다. 또한 전쟁 현황에 맞추어 적시에 공급하는 것이 매우 중요해졌으며, 이러한 과정에서 경영학의 기초가 되는 계량경영 및 생산관리의 기초개념이 발생하게 되었다. 예를 들면, 조달가능한 원료들을 활용해 최대한의 최종생산물 산출이 가능토록 하는 '선형계획법', 지역적으로 자원의 최적배분을 가능토록 하는 '수송법' 등의 경영학 이론들은 이러한 전쟁을 배경으로 개발된 것들이었다. 이런 이론들을 바탕으로 해서 현재 기업들이 차용하고 있는 체계적인 자원조달 및 생산공정에서의 효율화가 가능해지게 된 것이다.

또한 인원 및 조직 측면에서도 변화가 있었다. 인원규모는 만단위를 넘어 십만단위 이상을 효율적으로 관리할 필요가 있었으며, 이의 관리를 위해 사업부제와 같은 기능별 조직이 현재의 모습과 같이 정립되게 되었다. 현재 일반적인 기업이 모두 갖추고 있는 생산부서, 재무부서 및 회계부서, 기획부서, 인사부서 등의 조직구성은 전쟁수행에 필요한 조직구성과 그 맥을 같이 하는 것이다. 가장 큰 차이점은 일반 소비자들을 대상으로 하기에 마케팅 기능을 담당하는 조직이 첨가되고, 그 비중이 커진 점을 들 수 있을 것이다.

이와 같이 경영학에서의 기업이라는 조직도 결국은 그 기업이 지니고 있는 목적의 달성을 위해 효율적으로 운영되어야 하는 점에서 군사학이 지향하는 군대가 전쟁에서 승리하기 위해 취해야 하는 조치와 본질적으로 동일한 것임을 알 수 있다. 결국 현대에 있어서의 기업경영은 바로 전쟁인 것이다.

05 | 경영학의 학문적 성격

경영학은 상식(common sense)이 아닌 학문으로써, 학문은 크게 철학과 과학으로 분류된다(그림 1-3 참조). 또한 경영학은 하나의 과학(science)으로서 사회에 존재하는 기업 및 기타 조직에 관한 현상을 밝히는 데 그 목적을 두고 이론을 개발하여 체계적인 경영이론을 만들고자 하며, 동시에 기술(art)로서 실제 현실세계에서의 적용을 통해 현실 문제의 해결방안을 제시하고자 하는 응용과학적인 학문이다.

5.1 경영학의 과학성(이론성)

경영학은 하나의 사회과학으로서 인간과 사회를 대상으로 하는 학문이다. 본래 사회과학이란 인간과 관련하여 일어나는 현상을 경제, 사회, 도덕, 법률, 예술, 종교 등의 측면에서 연구하는 학문이다. 따라서 기업조직체의 제반 경영현상을 연구하는 학문인 경영학도 당연히 사회과학의 한 분야로 간주된다.

이때 경영학이 하나의 학문으로 인정받기 위해서는 학문적 성격뿐만 아니라 그 연구방법도 과학적이어야 한다. 연구방법이란 일반적으로 연구대상을 관찰하여 그 현상을 기술, 설명, 예측함으로써 어떤 법칙이나 이론을 도출해 내는 일련의 과정을 말한다. 일반적으로 인간상호간의 작용을 포함하고 있는 경영현상을 연구하는 경영학은 가급적 객관적인 관찰을 통해서 경영현상을 분석한 후, 일정한 규칙성을 찾아내고 이를 통해 보편타당한 이론을 도출하는

그림 1-3 경영학의 성격

- 학문
  - 철학(윤리학, 미학, 종교학 등)
  - 과학
    - 형식과학(수학, 논리학 등)
    - 경험과학
      - 자연과학
      - 사회과학〈경영학〉
      - 인문학

자료 : 유봉식 외, 신경영학원론, 학현사, 2001, p.9.

학문이다.

5.2 경영학의 기술성(실천성)

앞에서도 언급된 바와 같이 경영학은 현실을 무시한 이론을 개발하는 것을 목적으로 하지 않는다. 경영학에서는 철저하게 현실문제를 해결하기 위한 구체적이고도 실행 가능한 행동방안을 제시하는 것이 중요하다. 왜냐하면 기업을 경영하는 것은 끊임없이 변화하는 기업을 둘러싼 환경 속에서 이루어지는 것이고, 이론만으로는 담아낼 수 없는 복잡한 상호작용관계를 내포하고 있기 때문이다. 따라서 경영자의 경험과 직관에 의해 현실의 문제를 해결하게 되는 경우도 많이 있다. 경영학이 기업의 경영자들이 부닥치는 모든 문제에 대한 구체적 해결 방안이나 기법을 완벽하게 제시해 줄 수는 없지만, 새롭게 제기되는 문제에 대한 해결의 기본방향을 제시해 줄 수는 있다. 즉, 경영학은 실제 적용에 있어서 경영자의 의사결정에 대한 기본적인 지침을 제시해 준다.

특히 경영학이 실천응용과학이어야 한다는 측면에서 경영학은 독특한 연구방법론을 채택하고 있는데, 이것이 사례연구(case study)이다. 이는 개별조직체의 실제적인 경영활동 사례를 통하여 조직체 경영의 일반원칙을 도출하는 연구방법이다.

5.3 이론과 실천의 동시추구

이와 같이 경영학은 정확한 문제인식을 바탕으로 과학적인 이론의 구축을 추구하면서, 그와 함께 실천적인 적용을 통한 창의적 문제해결을 강조하고 있다. 따라서 경영학은 '왜?' 라는 인과적 관계를 강조하는 과학적 이론지향의 성격과 함께, '어떻게?' 문제를 해결할 것인가라는 실천지향성을 동시에 추구하고 있다(그림 1-4 참조).

그림 1-4 ◐ 현대 경영학의 이중적 성격

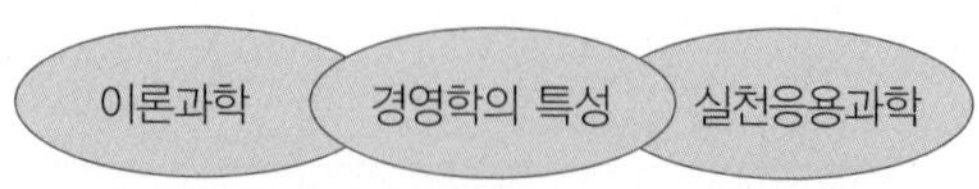

06 | 경영학의 학문적 접근

경영학은 실용적인 학문으로 기업 및 조직에 많은 영향을 끼치고 있다. 여기에 우리가 경영학을 연구하고 학습해야 하는 이유에 대해서는 드러커(P. Drucker)를 비롯하여 실버(G. A. Silver), 앤더슨(C. R. Anderson), 로빈스(S. P. Robbins) 등 여러 학자들이 언급하고 있다. 그 중 슈바르츠(D. Schwartz)의 견해는 다음과 같다.

(1) 개인적인 생활에 직접적으로 관련되어 있다

현대는 조직사회이며 인간이 삶을 영위하면서 기업이나 각종 조직에 소속되어 여러 가지 활동을 하고 있다. 조직을 떠나서는 현대인의 생활을 상상할 수 없으며 그들은 자기가 소속된 조직에서 어떤 형태로든 다른 사람을 관리하거나 다른 사람에 의해 관리되고 있다. 따라서 현대인은 경영의 원리와 실제에 관한 기본적인 지식을 함양함으로써 개인적인 생활에서도 효율성과 효과성을 발휘할 수 있다.

(2) 지적인 자극을 유발시켜 준다

경영은 과학적인 요소와 기술적인 요소를 공유하고 있을 뿐만 아니라 이론과 실천의 양면적인 특성을 지니고 있는 분야이다. 따라서 어떤 현상에 대하여 절대적으로 옳거나 옳지 않은 양자택일적인 접근방식이 있을 수 없기 때문에 경영학의 학습은 더 흥미를 자아낼 수 있다.

(3) 경력 개발의 기회를 제공해 준다

우리는 인생의 대부분의 시간을 일과 함께 생활하게 된다. 자신이 좋아하지 않는 일을 하는 것은 바람직하지 못하고 자기 파괴적인 것이다. 그러므로 개인적인 입장에서 경영자가 되기 위한 기회를 추구하는 것은 각자의 할 일이고 조직은 조직의 입장에서 경영능력을 갖추고 있는 사람을 필요로 하게 된다.

(4) 변화를 일으키는 데 도움이 된다

경영자는 자신이 소속되어 있는 조직에서 크고 작은 문제에 직면하게 되는데 이의 성공적인 해결은 개인은 물론이고 조직에게도 발전의 기회를 제공한다. 조직의 성과를 실현하기 위해서는 경영자의 능력이 중요하고 상위 계층의 경영자일수록 복잡한 상황에 대응할 전문적인 지식과 경험을 활용할 기회가 더욱 커지게 된다.

제2장

경영학의 발전단계

경영학의 역사적 발전에 관심을 갖는 이유는 현대 경영학의 발전을 보다 깊이 있게 이해하기 위해서와 경영 현장에서 반복되는 실수를 피하기 위해서이다. 다양한 종류의 경영접근 방법들이 존재하지만 여기에서는 현대경영이론을 형성하는 데 있어 중추적인 역할을 한 산업혁명 이후의 경영 이론 및 접근 방법을 중심으로 고전적 경영학, 행동학적 경영학, 시스템이론 및 기타 경영 이론들을 살펴보기로 하자(그림 2-1 참조).

그림 2-1 현대경영의 태동과 발전

〈초기의 경영학〉

이론	주요 학자 및 이론	시기
고전적 경영이론 (classical management theory)	F.W. Taylor의 과학적 관리 H. Fayol의 일반관리론	1900년대
행동주의 경영이론 (behavioral management theory)	E. Mayo의 호손실험(인간관계론) D. McGregor의 X이론, Y이론 C. Argyris의 성숙, 미성숙이론	1930년대

〈현대경영학〉

이론	주요 학자 및 이론	시기
시스템이론 (system theory)	A. Church의 관리론 N. Wiener의 정보이론 C. Shannon이론	1940년대
상황적합적 이론 (contingency theory)	P.R. Lawrence J.W. Lorsch	1970년대
기타 경영이론	Z이론 Chaos이론	1990년대

01 | 고전적 경영이론

고전적 경영이론이란 1890년대 이후 작업과 조직을 더욱 효율적으로 관리하는 방법에 대한 연구를 강조하면서 발전한 경영이론을 말한다. 고전적 경영학은 크게 작업자 개인의 직무에 초점을 둔 과학적 관리와 기업 전체에 초점을 둔 조직관리로 구분된다.

1.1 테일러의 과학적 관리

과학적 관리(Scientific Management)는 생산성을 향상시키기 위해 미국의 테일러(Frederick W. Taylor; 1856~1915)가 창안한 것이다. 테일러가 활동하던 19세기 후반은 산업혁명이 급속하게 진행되던 시기로서 대규모 공장이 생기고 철도, 도로, 통신 등 산업사회를 위한 많은 간접시설들이 건설되었다. 그러나 당시 종업원들 대부분은 교육수준이 아주 낮은 상태였고 경영자들도 경영에 관한 별다른 지식이 없이 단지 상식과 경험에 의존해서 기업을 경영하고 있었다.

이러한 상황 속에서 테일러는 자신의 경험을 통하여 작업 현장 곳곳에 비효율적인 요소가 산재해 있음을 발견하였다. 테일러는 그 주된 원인으로 종업원들이 그들의 생산성 증가로 인해 자기 자신이나 동료가 직장을 잃게 될 수도 있다는 두려움과 경영자에 의해 설정된 불안정한 임금체계, 일반적 작업의 비효율성 때문이라고 보았다. 따라서 이를 바로잡기 위해서는 과학적인 관리원칙이 있어야 된다고 주장하였다. 이것이 바로 근대 경영이론의 효시를 이룬 과학적 관리이다.

테일러는 동작 연구(motion study)와 시간 연구(time study)를 통해 작업자의 표준 동작과 표준 도구를 찾아내었다. 이렇게 함으로써 한 작업자가 하루에 일하는 일일 작업량을 구할 수 있었고, 이를 기준으로 합리적인 조직 운영을 위한 테일러의 과업 관리가 만들어졌다. 따라서 경영 관리자들은 작업 현장에서 작업자들이 무엇을 할 것인가에 대해 잘 알 수 있도록 동작의 규칙과 직무 수행의 표준, 직무 요건 등을 명확히 규명한 다음 각 직무에 적합한 능력을 가진 작업자를 선발했으며, 선발자를 직무 요건에 맞게 훈련시켜, 훈련된 작업자들이 열심히 일할 수 있도록 경제적 유인책을 생각하게 되었다.

테일러의 과학적 관리론은 다음과 같은 크게 네 가지의 관리원칙을 제시하여 적용하였다.

(1) 과학적인 작업과정 연구

종업원들이 자신의 생산성을 최대로 발휘할 수 있도록 하기 위해 작업에 관한 일련의 행위를 면밀히 분석한 후 그것에 맞는 작업원칙 및 관리방법을 개발하여야 한다.

(2) 종업원의 과학적 선발

종업원을 채용한 후에는 생산성을 극대화시키기 위한 작업훈련에는 한계가 있으므로 종업원을 선발할 때부터 특정 작업에 적합한 사람들을 과학적으로 선발하여야 한다.

(3) 성과급 제도

테일러는 종업원들이 일률적인 시간제 임금을 받기 때문에 맡은 일을 게을리 한다고 보고 하루에 생산한 생산량에 비례하여 서로 다른 임금을 받도록 하는 인센티브 제도(Incentive System)의 실시를 주장하였다.

(4) 직능별 감사제도

테일러는 작업의 내용이나 성격이 바뀌면 그 작업을 관리 · 감독하는 사람도 바뀌어야만 종업원들이 해야 할 자신의 작업에 집중할 수 있다고 보았다. 따라서 작업계획, 작업지시, 작업평가 등과 같이 각 기능별로 나누어 감독함으로써 보다 높은 생산성을 올릴 수 있다고 주장하였다.

테일러의 과학적 관리법이 성립되는 데는 길브레스 부부(F.B. Gilbreth and L.E. Gilbreth)와 헨리 간트(Henry L. Gantt; 1861~1919)가 많은 공헌을 하였다. 길브레스 부부는 생산성과 효율성을 증가시킬 수 있도록 작업방법을 개선하는 데 초점을 두고, 작업할 때에 사용되는 동작들을 분류할 기호를 개발하여, 작업의 과학화에 기반을 만들었다. 간트는 테일러의 차별적 성과급의 결점을 보완하기 위해 일급 보장부과업상여제(Task and bonus plan)를 고안하여 업무활동을 요약하였다. 동시에 수행되어야 할 작업과 차례로 수행되어야 할 활동을 구별하는 데 많이 사용되는 도표에 의한 프로젝트의 일정계획 및 통제기법으로 시간의 차원에서 생산할 양을 작업별, 기계별, 작업자별 등 작업의 순위와 할당결과를 나타낸 간트도표(Gantt chart)를 만들었으며, 또한 작업자가 그 날의 목표량을 달성하든 달성하지 못하든 최소한의 일급만을 받게 하는 최소임금제를 주장함으로써 생산관리에 크게 공헌하였는바 간트도표의 장 · 단점은 〈표 2-1〉과 같다.

테일러에서부터 시작된 과학적 관리법의 핵심은 기계 및 도구의 효용성의 극대화, 철저한 전문화 및 불필요한 작업활동의 제거, 그리고 차별성과급제도를 통해 생산성을 증대시키는 것으로 당시의 노동 능률 성과 향상에 크게 기여하였고, 오늘날에도 기업과 국가의 생산성 향상운동의 기초가 되고 있다(그림 2-2 참조).

표 2-1 ◎ 간트도표의 장 · 단점

장 점	단 점
• 도식화를 통한 작업 계획과 실질 진행상황 파악 및 잔여 공사 기간을 지속적으로 파악 가능 • 작업에 차질이 생길 경우 쉽게 원인을 파악, 대처할 수 있음	• 작업 과정이 복잡하며 도표의 유지에 많은 인력과 비용이 들어감 • 신축성이 결여되어 있고, 공정계획에 대한 확률적 분석 불능

그림 2-2 ◎ 테일러의 과학적 관리체계

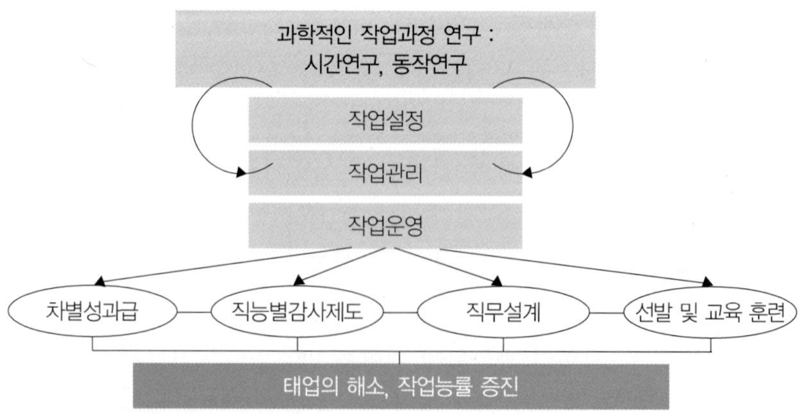

하지만 과학적 관리법은 기계인, 경제인의 인간관에 입각해 지나치게 능률이나 생산성만을 강조하고 사람에 대한 배려가 없다는 인간 없는 조직(organization without people)이론이라는 비판을 받기도 한다. 그러나 태업과 주먹구구식 관리방식을 탈피하고 과학적관리와 공정한 보상으로 생산성 향상을 추구하는 것이 기업과 구성원 모두가 공존공생할 수 있는 길이라는 점을 밝혀준 점은 높이 평가되어야 할 것이다.

1.2 페욜의 관리원칙론

과학적 관리가 개별 종업원의 직무에 초점을 둔 반면 프랑스의 실업가 페욜(Henry Fayol; 1841~1925)은 기업 전체를 관리하는 데 초점을 맞추어 현대 경영관리이론의 발전에 결정적인 역할을 하였다. 페욜은 최고경영자들이 어떻게 하면 조직이, 그리고 그 안에 있는 구성원들이 조직의 목표를 더 효과적으로 달성할 수 있을 것인가에 많은 관심을 기울였다.

페욜은 기업의 조직내부활동을 체계적으로 분류하고, 각 활동에 대해 계획, 조직화, 지휘, 통제라는 일련의 경영관리기법을 적용하였다. 또한 기업의 활동을 수행함에 있어서, 다음 14가지 원칙들을 잘 활용함으로써 조직 목표를 달성하는 데 도움이 된다고 주장하였다.

페욜의 관리 원칙론(principles of management)은 그가 실무면의 과거 경험을 집약, 체계화 한 것으로서 이것이 없으면 능률적 활동을 할 수 없는 중요한 관리지침이라고 강조하였다.

① **권한과 책임(authority and responsibility)의 원칙:** 주어진 일을 수행하기 위해 관리자는 각 직책에 맞게 영향력을 행사할 수 있는 장치를 만들어주고, 그 대신 일의 결과에 대해 책임을 지도록 하였다.

② **규율(discipline)의 원칙:** 조직구성원은 조직 활동의 행동 준수 사항으로서 업무 수행의 행동 지침을 정하고 지키도록 하였다.

③ **분업(division of work)의 원칙:** 작업을 하나의 한정된 부분에서 일할 수 있도록 특화함으로써 전문화시키는 원칙으로, 전문적인 기술과 지식을 함양시켜 생산성을 높인다.

④ **지휘 통일(unity of direction)의 원칙:** 성과의 목표가 동일한 한 가지 목적을 위한 활동에는 지휘권이 한 사람에게 부여되어야 한다.

⑤ **명령 일원화(unity of command)의 원칙:** 조직의 한 구성원은 한 사람의 상급자로부터 명령을 받게 하여 일을 수행하는 과정에서 생기는 혼란을 막도록 하였다.

⑥ **공익 우선(subordination of individual interest to the general interest)의 원칙:** 조직 또는 사회의 공동이익은 개인의 이익보다 항상 우선되어야 한다고 하면서 조직의 목표 달성의 중요성을 강조하였다.

⑦ **집권화(centralization)의 원칙:** 조직 활동의 구심점을 상위층에 두어 조직의 각 부문을 총괄, 조정할 수 있게 함으로써 조직의 유효성과 효율성을 높였다.

⑧ **보상(remuneration of personnel)의 원칙:** 조직 구성원에게 돌아가는 몫을 공정하게 배분함으로써 구성원들의 적극적인 협조를 얻고 조직에 충성할 수 있도록 하였다.

⑨ **계층 연쇄(scalar chain)의 원칙:** 조직의 모든 활동들은 최고 경영자로부터 현장에서 일하는 감독자에 이르기까지 일관된 계층간의 연결 구조가 만들어져 명령이나 보고 등의 흐름이 원활하게 이루어져야 한다.

⑩ **질서(order)의 원칙:** 조직의 인적 · 물적 자원을 적재 적소에 배치하게 되면 조직의 생산성은 높아진다.

⑪ **공정성(equity)의 원칙:** 개인관계에 있어서 친절과 정의의 개념을 강조하여 조직 구성원이 충성심을 갖고 헌신적으로 일할 수 있게 하였다.

⑫ **고용 안정(stability of tenure of personnel)의 원칙:** 조직의 구성원이 장기적으로 조직에 봉사할 수 있도록 함으로써 작업 생산성의 향상을 도모하였다.

⑬ **주도권(initiative)의 원칙:** 구성원 각자가 조직 활동을 수행함에 있어서 창의력을 바탕으로 실행 계획을 세우고 집행함으로써 맡은 바 일을 주도할 수 있게 하였다.

⑭ **단결(esprit de corps)의 원칙:** 집단 구성원의 단합을 강조함으로써 팀워크의 중요성을 강조하였다.

또한, 페욜은 경영의 활동에는 기술 활동, 영업 활동, 재무 활동, 안전 활동, 회계 활동, 관리 활동의 여섯 종류의 활동이 있다고 주장하였다. 관리는 여섯 번째의 관리적 활동을 의미하며, 이것은 '계획, 조직, 명령, 조정, 통제하는 것' 을 의미한다. 이것이 관리원칙의 골자를 이루는 '관리 5요소' 이다(그림 2-3 참조).

그림 2-3 ◐ 페욜의 관리체계

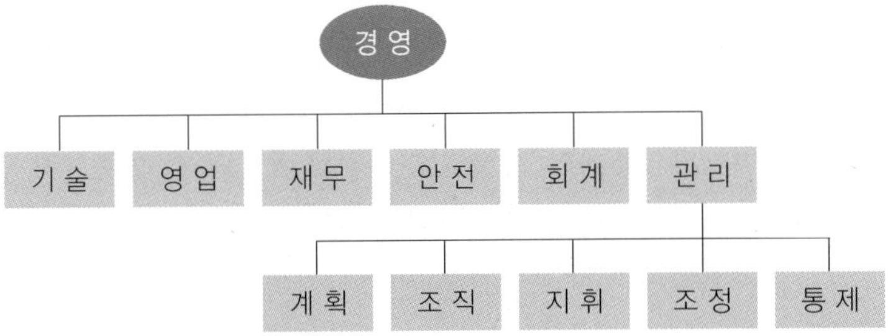

페욜은 이러한 관리 원칙들이 기업뿐만 아니라 정부, 군대, 종교기관 등에도 적용될 수 있다고 주장하였다. 또한 이러한 원칙들은 절대적인 것이 아니고 변화하는 상황이나 특수한 여건에 맞게 융통성 있게 적용되어야 한다고 강조하였다.

02 | 행동주의 경영이론

고전적 경영이론에서는 생산성을 향상시키기 위해 조직 구성원을 기계의 부속품과 같이 취급하였고, 그에 따라 구성원들은 인간적인 소외감을 느껴 작업능률의 저하를 초래하였다. 공식적이고 비인간적인 경영 관리는 조직 구성원들의 사회적 욕구나 성장 욕구 등 다른 욕구들을 파악하는 데 주력하지 않았고, 이로 인해 기대하던 만큼의 생산성 증가를 이룰 수가 없었다. 이에 따라 조직 구성원들의 인간적인 측면에 초점을 맞추는 행동론적 경영학이 대두되게 되는데, 그 시발점이 된 것이 바로 메이요(Elton Mayo; 1880~1949)의 호손 실험(Hawthorne experiments)이다. 이 실험을 통해 비로소 인간관계가 생산능률을 증대시키는 데 커다란 영향을 미친다는 사실이 공식적으로 확인되었다.

2.1 메이요의 인간관계론(호손실험)

호손실험은 메이요를 포함한 하버드대학 연구팀이 시카고에 있는 웨스턴 전기회사(Western Electric Company Works)의 호손공장에서 인간행동에 관한 연구를 4차례의 실험으로 구분하여 실시하였다. 1차 실험(조명실험)에서는 현재의 조명하에서 평균능률을 예비조사한 뒤 실내의 조명도를 점차로 변화시킨 실험집단과 조명도를 변화시키지 않은 통제집단의 두 그룹으로 나누어 조명도와 작업능률과의 관계를 비교 관찰하였다. 2차 실험(계전기 조립실험)에서는 종업원의 감정, 태도 등에 관한 문제가 새로운 연구주제로 대두되었다. 3차 실험에서는 종업원의 작업의욕이 개인적 감정에 의해 영향을 받지만 그 이상으로 자신이 속한 집단의 사회적 조건에 크게 좌우된다고 보았다. 4차 실험에서는 회사의 공식조직과는 별개의 비공식조직이 있음을 알아냈다.

이 실험으로 생산성에 영향을 미치는 것은 작업자들의 심리적 반응이라는 결과를 얻게 되었다. 즉, 작업능률을 향상시키는 것은 조명밝기와 같은 물질적 작업환경이나 임금, 초과수당 등과 같은 경제적인 노동조건에 의해서 만이 아니라 종업원의 태도나 감정 등의 인간관계(Human Relations)에 의해서도 크게 좌우된다는 것을 알아냈다. 또한 기업의 종업원들 사이에 이루어진 조그마한 모임인 비공식 집단이 생산성 향상에 중요한 역할을 하고 있음이 밝혀졌다. 결론적으로 하버드대학 연구팀은 사회적 환경의 중요성을 강조하면서, 특히 비공식 집단이 존재함을 처음으로 찾아내어, 관리자의 통제행위보다 작업집단의 압력이 강하게 작용한다고 판단하였다.

2.2 행동과학이론

행동과학이론(behavioral science theory)은 인간행동에 영향을 미치거나 이를 결정하는 요인에 관한 지식을 체계화하려는 학문이다. 이는 심리학, 사회학, 인류문화학, 정신분석학 등 서로 다른 학문 분야에서 인간행동이라는 하나의 문제에 집중하여 조직과 인간을 분석함으로써 경영에 기여하고자 한 것이다.

독일의 유명한 심리학자인 문스터버그(H. Munsterberg)는 심리학자들이 종업원들의 선발과 동기부여의 분야에 있어서 경영자들에게 경험적으로 가치 있는 공헌을 할 수 있다고 함으로써 산업심리학(industrial psychology)이 태

그림 2-4 ◎ 행동주의 경영이론의 체계

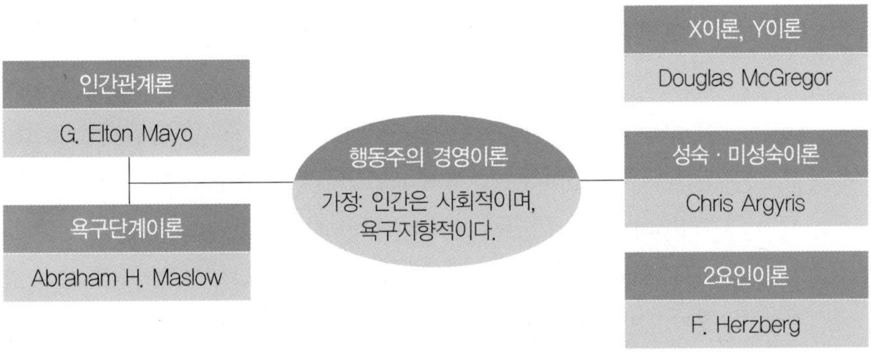

동하는 계기가 되었고, 이후 매슬로우(Abraham H. Maslow)의 욕구단계 이론, 맥그리거(Douglas McGregor)의 X · Y이론, 아지리스(Chris Argyris)의 성숙 · 미성숙이론, 허즈버그(F. Herzberg)의 2요인이론 등 행동과학이론으로 발전하였다(그림 2-4 참조).

이러한 행동과학이론은 경영자들에게 물질적 보상에 의해서만 성과가 향상되는 것이 아니라 심리적인 요인에 의해서도 영향을 받는다는 사실과, 종업원들을 단순한 도구로 인식하기보다는 가치있는 자원으로 보게 하는 긍정적인 효과를 가져오게 하였다. 그러나 개인행동을 예측하는 것이 그리 간단한 것이 아니기 때문에 현재는 경영전반에서의 활용보다는 주로 종업원들의 동기부여를 설명하는 이론으로 받아들여지고 있다.

행동과학이론은 제7장 지휘활동에서 자세하게 알아보도록 하겠다.

03 | 시스템이론

19세기 후반부터 테일러의 과학적 관리론을 시작으로 조직의 능률을 향상시키기 위한 여러 가지 이론들이 개발되었지만, 조직의 핵심적인 활동은 환경의 변화에 항상 개방되어 있으며 상호 연관되어 있기 때문에 모든 시대, 모든 상황에 보편 타당하게 적용할 수 있는 일반 원리는 존재할 수 없다. 이에 따라 경영활동을 부분적으로 이해하고 분석하기보다는 전체적인 시스템으로 보고 상호간의 관계를 중심으로 연구하는 노력들이 나타났는데, 이를 시스템이론이라고 한다.

프렌치(W. French)는 시스템(system)이란 어떤 하나의 목적을 가지고 이를 성취하기 위하여 여러 구성인자가 유기적으로 연결되어 '상호 작용하는 결합체이다' 라고 하였다. 즉, 시스템이란 상호 연결(interrelatedness)되어 있고 상호 의존적(interdependency)인 많은 부분들로 구성되어 있는 조직체로서 투입(input)과 변환과정(throughput), 산출(output)간의 상호작용으로 이루어진다. 따라서 경영활동을 하나의 시스템으로 보면 사람 등의 인적 자원과 시설 · 장비 등의 물적 자원, 그리고 자본 · 정보 등이 투입되고 숙련된 기술 · 경영활동 등을 통해 투입물이 변환되면 제품이나 서비스가 산출된다고 볼 수 있다. 이러한 시스템적인 활동에 의해 기업은 이익을 얻으면서 계속해서 존속한다는 것이 시스템이론이다.

이 이론에 따르면 모든 기업은 공동의 목표를 달성하기 위해 각기 다른 일을 하는 부분들로 구성되어 있으며, 각 부분들의 변화는 나머지 부분들에게 영향을 미치게 된다. 따라서 경영자들은 기업을 상호 작용하는 부분들의 집합체로 보고 시스템적으로 경영문제를 해결해야 한다.

특히 오늘날 글로벌시대의 치열한 경쟁력과 불확실성하에서 통제불가능한 외부환경인자에 능동적으로 대처하기 위하여 종래 폐쇄 시스템(closed system)으로부터 조직의 내 · 외적 여건과 상호작용하면서 동태적 균형(dynamic equilibrium)을 유지해야 하는 개방 시스템(open system)으로 전환하는 것이 조직의 생존 및 발전의 핵심인 것이다(그림 2-5 참조).

그림 2-5 ○ 시스템이론

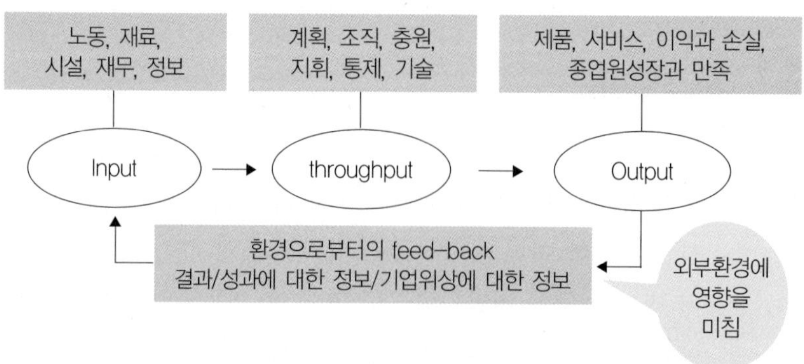

04 | 상황적합이론

현대 사회는 불확실성의 사회이다. 언제 어디서 무슨 일이 일어날지 모르는, 급속하게 변화하는 환경 속에서 우리는 살고 있다. 이러한 환경 속에서 기업을 비롯한 모든 조직체는 시시각각 변화하는 환경에 맞춰 가장 적합한 원리를 찾아내야 한다는 것이 바로 상황적합이론(Contingency Theory)의 논리이다. 이 논리에 의하면, 과거 고전학파에서 추구해온 어떠한 상황에서든지 공통적으로 적용되는 유일무이(唯一無二)의 최선의 방법(Unique one best way)이란 존재하지 않으며 상황(Situation)에 따라 다르다는 것을 강조하는 접근방법이다. 상황접근적 경영학의 주요한 결정요인은 기업을 둘러싼 외부환경과 기업 내부의 환경이다. 정치, 경제, 사회, 기술, 문화적 환경으로 분류되는 외부적 환경과 기술, 자원, 과업 등의 내부적 환경에 맞춰 경영이 이루어져야 한다는 것이다.

이러한 상황적합이론의 기본적 개념은 상황과 조직특성과의 적합여부가 조직 성과를 결정한다는 사고를 기초로 상황과 조직특성간의 적합적 관계를 경험적, 조작적, 특정화하려고 하는 것으로 그 기본모형은 [그림 2-6]과 같다.

그림 2-6 ◯ 상황적합이론

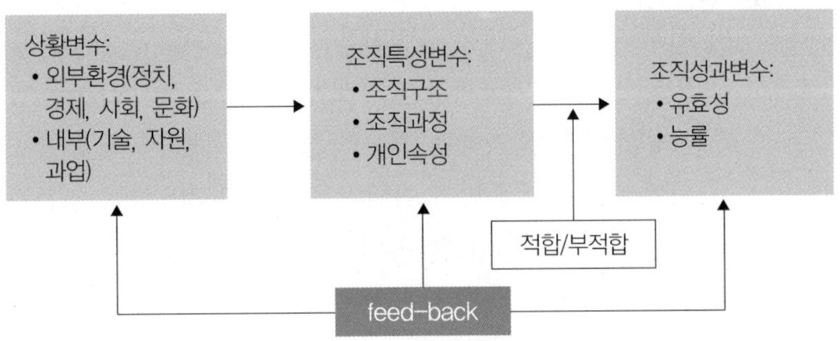

05 | 기타 경영이론

5.1 Z이론

1970년대부터 미국기업의 경영자들은 일본식 경영에 대해 깊은 관심을 갖고 미국 기업들의 생산성 향상을 위해 일본식 경영을 미국 기업에 이식해 보려는 관심을 갖고 있으면서도 사회적, 경제적, 기술적 배경을 달리하고 있는 일본의 경영철학을 액면 그대로 도입하는 데는 어려움이 많음을 또한 알고 있었다.

그리고 독일 경영학이나 미국 경영학의 직수입과 그 소화에서 한걸음 더 나아가 양대 조류의 경영학을 객관적인 관점에서 비교학적, 비판적으로 연구하여 일본의 실정에 알맞은 일본류의 경영학을 탄생시키고자 하는 여러 가지 노력과 또 한편으로는 성공적인 일본기업의 경영을 검토하여 일본의 독자적인 경영방식을 이론적으로 체계화하려는 노력도 시도되었다. 1981년 캘리포니아 대학의 오우치(W. Ouchi) 교수가 일본과 미국에 다같이 효과적인, 미국의 경영학자인 맥그리거(D. McGregor)의 이른바 'X이론-Y이론'의 뒤를 이은 것이라 해서 그렇게 명명된 듯하다. 그러나 명칭 자체는 오우치의 이론과는 아무런 상관도 없다.

좀더 구체적으로 Z이론의 등장배경을 설명하면 미국 경영학은 실천적 경영접근방식으로 20세기 경영학을 주도적으로 이끌어 왔다. 그러나 20세기 중반 이후 일본의 경제는 급성장을 하고 있으며, 급성장의 중추적인 역할을 하고 있는 기업들은 국제적인 경쟁력을 갖추고 일부 미국 기업들을 흡수 합병하는 등의 위협을 가하는 정도의 성장 발전을 하고 있다.

이에 대해 미국뿐만이 아니라 전세계의 기업들은 일본기업을 주시하게 되었으며 그들의 경영접근방식이 무엇인가에 관심과 함께 이들 방식을 도입하려는 시도를 하고 있다. 특히 세계 시장에서 성공을 거듭하고 있는 자동차, 전자제품, 컴퓨터분야 기업의 경영방식을 경영이론의 주류를 이루고 있는 미국 경영이론에서 도입을 적극 검토하게 되었다.

미국 정서를 고려한 일본 기업의 독특한 경영방식을 미국 경영방식에 접목시켜 미국 경영접근방법이 지니고 있는 문제점을 보완 · 보충함으로써 경영의 효율성을 기할 수 있다는 것이다. 즉 미국 경영접근방식보다 우위에 있는 일본의 일부 경영방식을 미국경영이론에 접목시킨 새로운 경영개념이다(그림

그림 2-7 ◎ Z이론

유형A(미국)	유형Z(수정된 미국)	유형B(일본)
• 단기고용 • 개인적 의사결정 • 개인적 책임 • 신속한 평가와 승진 • 공식적인 통제 • 전문화된 경력경로 • 세분화된 관심	• 장기고용 • 집단적 의사결정 • 개인적 책임 • 느린 평가와 승진 • 비공식적 통제와 공식적 통제 • 적절히 전문화된 경력경로 • 종업원과 그 가정에 대한 포괄적인 관심	• 종신고용 • 합의적 의사결정 • 집단적 책임 • 느린 평가와 승진 • 비공식적 통제 • 비전문화된 경력경로 • 전체적인 관심

자료 : K.M. Bartol and D. Martin, *Management*, 2nd ed., McGraw-Hill Company.

2-7 참조).

Z이론의 새로운 경영개념은 장기고용 또는 종신고용을 통한 소속 조직에의 전력투구, 합의적 의사결정과정을 통한 공동의 책임과 참여의식을 높여 스스로 효율적인 목표관리, 비공식 통제를 통한 높은 동기부여, 폭넓은 경력인정을 통한 장인정신의 고취와 품질 향상 및 생산성 향상, 집단주의 경영을 통한 시너지효과(synergy effect) 창출 등을 그 내용으로 하고 있다. 따라서, 종업원들은 신뢰와 협동을 장려하는 문화에서 나은 성과를 보이며 종업원들은 고용보장을 필요로 하고 느린 성과평가 및 승진을 수용한다. GM, Ford, IBM, 인텔, Hewlett Packard, Eastman Kodak 등 미국의 많은 대 · 중소기업뿐만 아니라 세계적으로 많은 기업들이 미쓰비시, 혼다, 미쓰이 등의 일본식 경영 시스템을 결합한 복합 경영 시스템을 현장 경영에 도입하여 많은 성공을 거두었다.

5.2 Chaos이론

지금까지 논의한 경영이론의 주류는 기업의 성공은 질서정연한 안정의 상태에서 이루어지며, 예측은 항상 가능하다는 사실을 전제로 하였다. 즉, 경영이론은 기업의 성공은 질서정연한 미래의 예측에 달려 있기 때문에 경영자의 역할은 예측 가능한 미래의 환경변화에 전략적 계획 등을 맞춰 기업의 경영활동을 조정해 나아가는 것이라고 보는 견해를 기본으로 발전하였다.

반면 Chaos이론은 기업의 경영환경의 불안정성을 수용함으로써 지금까지의 경영이론이 선형관계와 일방적 인과관계에 중심을 두는 것과는 대조적으로, 불안정성을 시스템 자체가 인정하는 비선형관계와 상호 인과적 순환고리를 강조한다. 즉, 경영환경의 불안정성을 우연이 아닌 인과관계가 있는 상황으로 인식하는 경영이론이다.

key word 나비효과

중국 베이징(北京)에 있는 나비의 날갯짓처럼 작은 변화가(Butterfly Effect) 다음 달 미국 뉴욕에서 폭풍을 발생시킬 수도 있다는 과학이론이다. 미국의 기상학자 에드워드 로렌츠(E. Lorentz)가 1961년 기상관측을 하다가 생각해낸 이 원리는 훗날 물리학에서 말하는 카오스 이론(Chaos Theory)의 토대가 되었다. 변화무쌍한 날씨의 예측이 힘든 이유를, 지구상 어디에서인가 일어난 조그만 변화로 인해 예측할 수 없는 날씨 현상이 나타났다는 것으로 설명한 것이다.

컴퓨터 화면에 나타난 기상계는 한없이 복잡한 궤도가 일정한 범위에 머무르면서도 서로 교차되거나 반복됨이 없이 나비의 날개모양을 끝없이 그려내고 있다. 혼돈 속에 질서가 내재되어 있다는 나비효과가 확인됨에 따라 카오스이론이 등장하게 되었다.

처음에 이 현상을 설명할 때는 나비가 아닌 갈매기가 사용되었지만, 이후에는 시적으로 표현하기 위해 갈매기를 나비로 바꾸었다. 이 현상은 기존의 물리학으로는 설명할 수 없는 이른바 '초기조건에의 민감한 의존성', 곧 작은 변화가 결과적으로 엄청난 변화를 초래할 수 있는 경우를 표현하고자 한 것이다.

오늘날 세계화 시대에서 나비효과는 더욱 강한 힘을 갖는다. 디지털과 매스컴 혁명으로 정보의 흐름이 매우 빨라지면서 지구촌 한 구석의 미세한 변화가 순식간에 전세계적으로 확산되는 것 등을 예로 들 수 있다.

06 | 경영학의 생성과 발전

인류역사에서 경영은 오래전부터 존재해 온 보편적 현상이지만 이 현상을 연구의 대상으로 하는 경영학의 역사는 그렇게 오래되지 않았다. 일반적으로 경영학은 크게 독일경영학과 미국 경영학으로 분류되고 있다. 독일 경영학은 13~16세기 이탈리아에서 생성된 상학이 유럽으로 건너가 17세기 독일에서 경제학으로부터 독립하여 상업학으로 연구되기 시작하였으며, 20세기 접어들며 경영경제학으로 발전하여 왔다. 반면에 미국 경영학은 20세기 초반 유럽 경영학의 영향을 받지 않고 자생적으로 태동하여 실제 경영에서 발생하는 문제해결을 위한 합리적인 방안을 모색하는 과정을 통하여 독자적인 체계로 발전되어 왔으며,

표 2-2 미국 경영학과 독일 경영학의 태동과 발전

구분	미국 경영학	독일 경영학
출발	1911년 테일러(F. W. Taylor)의 『과학적 관리의 원리』 출판으로 출발	1675년 프랑스 경제학자 사바리(J. Savary)의 『완전한 상인』 출판으로 출발
근간	실용주의와 경영자를 위한 경영관리학	상업학을 과학화 하는 형태로 성립
명칭	전통적, 고전적 관리론	경영경제학으로 통일
인식	1961년 쿤츠(H. Koontz)의 논문 『경영이론의 밀림(Management Jungle)』	기업의 실체를 경영으로 인식

오늘날의 경영학은 주로 미국 경영학을 중심으로 세계적으로 확산되고 있다(표 2-2 참조).

6.1 미국 경영학의 발전과정

현대 경영학의 주류를 형성하고 있는 미국 경영학은 시대적 요구에 따라 대략 여섯 가지 분야로 전개되어 왔다. 19세기와 20세기 초의 산업화 과정을 겪으면서 경영학의 최대 관심은 생산관리 분야에 집중되었다. 그러나 제1차 세계대전 이후 생산을 위한 관리의 초점이 인력과 조직으로 이동하면서 인사, 조직분야가 태동하고 1950년대에 접어들면서 생산효율화로 잉여생산물이 넘쳐나자 경영학의 중심이 생산에서 마케팅으로 옮겨가기 시작됐다.

그 후 세계경제의 불황국면에 따른 기획관리 시대를 거친 다음 1970년대의 석유파동을 계기로 전략 중심의 경영시대로 변모하게 되었다. 아울러 생산과 마케팅의 활성화로 기업자금이 풍부해지고 기업규모도 커지면서 대규모 기업자금의 흐름을 관리하고 운영하기 위한 재무관리와 회계관리가 경영학의 관심분야로 자리잡게 되었다. 이와 같은 발전과정을 거치면서 정보처리기술의 발달로 정보시스템분야가 기업의 기간시설로 중요한 위치를 차지하게 되었다. 오늘날 정보시스템 분야는 정보시스템의 확산과 정보통신기술의 급속한 발전으로 전자상거래, e-비즈니스 등으로 확대되고 있다(표 2-3 참조).

6.2 현대 경영학의 발전과정

경영학이 학문으로서 체계화 된 것은 20세기 들어와서이지만 경영학의 기

표 2-3 미국 경영학의 시대별 구분

분류	시기	특징
생산관리시대	1900~1919년	- 테일러(F. W. Taylor)의 과학적 관리법 - 포드(H. Ford)의 대량생산체제
인사 및 조직관리시대	1919~1945년	- 인간존엄과 조직관리 중요성 증대(호손공장실험) - 고객지향적 마케팅 개념 - 메이요(E. Mayo)의 인간관계론
마케팅관리시대	1945~1958년	- 소비 활성화로 생산시설의 지속적 가동 - 고객지향적 마케팅개념 - 마케팅 중심의 경영관리체제 - 멕카시(E. J. Mccarthy)의 4P모형
기획관리시대	1959~1972년	- 세계경제의 불황기에 따른 시장경기예측의 중요성 인식 - 기획실 중심의 경영관리체제 - 앤소프(H. I. Ansoff)의 경영계획
전략경영시대 (전기)	1973~ 1980년 중반	- 기존의 관리중심에서 전략중심의 경영체제 확립 - 외적인 환경변화에 대한 질적인 전략개발 - 포터(M. E. Porter)의 산업조직론 관점
전략경영시대 (후기)	1980년 중반 이후~현재까지	- 핵심역량 · 자원 등 기업 내부측면 강조 - 정보지식과 파괴적 혁신활동의 창조경영 - 신기술에 의한 생산성 향상과 자본활용의 금융경영
메가경영시대	향후	- 글로벌 네트워크경영의 심화 - 글로벌 금융경영의 새로운 전개 - 지속적 녹색성장경영의 도래

원은 인간이 공동의 목표를 달성하기 위하여 협동적인 노력을 시작한 수천 년 전으로 거슬러 올라간다. 즉, 고대와 산업혁명의 훨씬 이전에도 체계화된 지식으로까지 발전하지는 않았지만 경영학적 사고는 존재하였으며 산업혁명을 계기로 하여 경영원칙과 경영이론의 개발 필요성이 점증하게 되었다.

이 시대의 대표적인 이론가들로는 오웬(R. Owen), 베비지(C. Babbage), 타운(H. R. Towne), 앤드류 우르(A. Ure)와 찰스 듀핀(C. Dupin), 아담 스미스(A. Smith) 등을 꼽을 수 있으며 이들은 경영학적 사고의 체계화에 공헌을 한 바 있다. 그러나 경영이론에 대한 본격적인 연구는 그리 오래되지 못했으며 경영학이 학문적인 체계를 형성하기 시작한 것은 20세기에 접어들면서 부터로 볼 수 있다.

이와 같이 경영학은 그 역사가 일천함에도 불구하고 자본주의 체제와 고도산업사회를 배경으로 한 시대적 요청에 부응하여 빠른 속도로 발전하여 왔으며 일반적으로 경영이론에 관한 연구의 흐름을 종합해 보면 크게 다음과 같은 여섯 가지 단계로 구분해서 살펴볼 수 있다.

첫째, 작업현장에서 효율성을 강조하는 테일러(F. W. Taylor)의 과학적 관리법과 페이욜(H. Fayol)의 일반관리이론 및 베버(M. Weber)의 관료제론을 들 수 있다. 이러한 이론들은 전통적 경영이론 혹은 고전적 경영이론으로 불리고 있다.

둘째, 인간의 심리적 측면과 행동적 측면에 초점을 맞춘 신고전적 경영이론을 들 수 있다. 일반적으로 메이요(E. Mayo)의 호손실험을 주축으로 한 인간관계론과 이들의 이론을 계승, 발전시킨 맥그리거(D. McGregor)의 X이론, Y이론 및 매슬로우(A. H. Maslow)의 욕구계층이론 등의 행동과학론이 있다.

셋째, 2차 대전 이후 기업규모의 증대와 콩글로머리트(conglomerates: 복합기업)의 출연으로 조직과 의사결정의 중요성이 증대됨에 따라 조직이론이 등장하게 되었다. 고전적 경영관리론이 인간성을 무시한 조직우선 이론으로서 인간을 하나의 부품화하여 관리하는 측면만 강조하였고, 인간관계론에서는 공식조직을 경시한 사람이 우선인 이론이라는 점에서 고전적 경영이론과 행동주의 경영이론 공히 대내적 · 부분적 · 정태적 시각에서 경영을 이야기했다면, 조직이론에서는 두 입장을 종합하여 대외적 · 전체적 · 동태적 시각에서 경영 문제에 접근함으로써 통합균형이론이라고도 불린다. 조직이론은 바나드의 시스템론적 조직관과 사이몬의 의사결정론 등이 있다.

아울러 이시기에는 수학 · 공학 · 컴퓨터의 활용을 통한 계량적 방법으로 경영성과를 도모하는 계량적 경영이론이 개발되었는데, 이를 통합적 운영연구(OR: operation research)라고 부른다.

넷째, 경영활동을 부분적으로 이해하고 분석하기보다는 전체적인 시스템으로 보고 상호간의 관계를 살펴보는 시스템이론이 있다. 시스템이란 상호관련되어 있고 상호 의존적인 부분들로 구성되는 유기체로서 투입과 변환과정, 산출 간의 상호작용으로 이루어진다. 따라서 경영자들은 기업을 상호작용하는 부분들의 집합체로 시스템적으로 경영문제를 해결해야 한다.

다섯째, 모든 상황에 적합한 보편적 경영원리보다는 조직이 처한 특별한 상황에 따라 문제의 해결책도 다르다고 주장하는 상황적합이론이 있다. 오늘날과 같은 글로벌 경쟁시대에 있어서 급변하는 환경에 능동적으로 대처하기 위한 글로벌 경영, 전략경영과 같은 상황적합적 경영이론의 중요성이 점증하

표 2-4 경영이론의 형성과정

<table>
<tr><th>구분</th><th>주요이론</th><th>시대적 상황</th><th>주 요 내 용</th></tr>
<tr><td>능률과
합리성</td><td>고전적
경영이론</td><td>- 기업, 시장규모의 증대
- 전문경영자 출현
- 전횡적 조직경영</td><td>- 생산현장의 과학적 관리론 : 테일러(F. W. Taylor)의 과학적 관리
- 조직차원의 일반관리론 : 페이욜(H. Fayol)의 경영원칙
- 대규모조직의 관료조직론 : 베버(M. Weber)의 관료제 이론</td></tr>
<tr><td>구성원의
심리와 행동</td><td>행동주의
경영이론</td><td>- 노동조합의 결성
- 정부의 규제
- 작업자의 불안</td><td>- 호손실험</td></tr>
<tr><td>조직과
의사결정</td><td>조직이론</td><td>- 냉전상태
- 기업규모의 증대
- 콩글로머리트 출현</td><td>- 근대조직론 : 바나드(C. I. Barnard)의 시스템론적 조직관
- 의사결정론 : 사이몬(H. A. Simon)의 제한된 합리성
- 계량경영학: 통계학의 이용, 의사결정모형 개발</td></tr>
<tr><td rowspan="2">상황과
환경적응</td><td>시스템이론</td><td>- 기업규모의 증대
- 기업 다각화
- 불확실성 증대</td><td>- 시스템의 어원 : 여러 개의 조합
- 경영활동의 성과 : 환경과의 상호작용의 산물</td></tr>
<tr><td>상황적합
이론</td><td>- 경제팽창
- 국제교역의 증가
- 사회적 욕구 불만
- 고도기술제품의 등장</td><td>- 상황적합이론
- 자원중심이론</td></tr>
</table>

고 있다.

여섯째, 기업이 활용할 수 있는 물적 자원뿐만 아니라 정보, 지식 등의 자원을 전사적인 차원에서 효율적으로 관리하고 활용하는데 초점을 맞춘 자원중심이론이 있다. 지식정보화사회를 기반으로 한 정보경영이나 지식경영을 비롯하여 최근에 새롭게 부각되고 있는 지식과 정보를 유용하게 가공하고 새로운 무엇인가를 창조하여 활용하는 창조경영이야말로 자원 중심적 경영이론의 전형적인 실례로 볼 수 있다(표 2-4 참조).

제3장

Global Management

기업이란?

01 | 현대 기업의 의의와 생성

경영학의 연구 대상으로는 일정한 목적을 위하여 합리적으로 행동하는 모든 조직이 포함된다고 할 수 있으나, 그 연구대상을 주로 기업에 초점을 둔다고 하였다. 따라서 이 장에서는 기업의 본질에 대해서 논의해 보고, 기업의 형태에는 어떤 것들이 있는지 살펴보도록 하자.

1.1 현대기업의 의의

경영학은 경영체의 경영활동을 합리적으로 수행하기 위한 제 법칙을 연구하는 학문임을 이미 앞에서 언급한 바 있다. 그러나 일반적으로 경영학(협의의 경영학)은 경영체(개별경제) 중 기업을 그 연구대상으로 한다. 이는 기업경영체가 자본주의 경영체제를 지탱하는 핵심체를 이루고 있기 때문이다. 현대사회가 고도의 산업경제사회화되어 가고 있으며 기업경영은 산업사회화의 핵심인 것이어서 경영의 연구대상은 기업(business, firm, corporation)에 초점을 두고 있다.

기업은 본질적인 목적과 외재적인 특수한 목적이 있다. 교과서에서 배우듯이 기업의 본질적인 목적은 이윤의 극대화이다. 여기에 이의를 제기하는 사람은 없을 것이다. 기업의 외재적 목적은 기업이 속한 사회와 국가 등을 토대로 살펴볼 수 있다. 일본의 SONY의 경우 전후 무너진 일본의 경제를 재건하고자 하는 목적을 세우고 그를 위해 매진했다. 우리나라의 경우도 삼성, 현대, LG, SK 등 많은 재벌들이 가난과 궁핍에서 벗어나고자 지난 수십년간 달려왔다. 뿐만 아니라, 더 나아가 인류의 복지 증진, 기술의 발전 등을 목적으로 하는 기업이 많다. 미국의 제약사인 Merck, 세계적인 비행기 제조업체인 Boeing 등은 이윤의 극대화를 넘어서는 위에서 언급한 이타적인 목적들을 추구하고 있다. 이상의 기업의 목적을 종합해 보면, 이윤의 극대화를 통한 인류, 국가, 사회의 효익 증진이 기업의 목적이다.

또한 기업이 이윤을 창출하는 것을 목적으로 한다면, 생산의 주체인 노동자가 될 수도 있고, 경영의 주체인 주주 및 경영자가 될 수도 있다. 이것에 대해서는 사회 각계 각층의 이견이 있고, 구체적인 물리적 충돌도 빈번하다. 그러나, 나아가 기업은 사회 속에서 존재한다. 만약 기업이 사회를 벗어나서 존재한다면, 기업은 시장이라는 동반자를 잃게 된다. 즉 기업이 사회의 효익 증대라는 목적을 갖는다고 하면, 기업의 주인은 소비자를 포함한 사회 전체가 되어야 한다. 이런 결론이 모호하다고 할 수는 있겠으나, 현실적으로 많은 경우 우리는 기업의 주인으로서 행동하게 된다. 예를 들어, 한국의 경우 국민이 내는 세금으로부터 마련된 공적자금의 대부분은 민간 기업의 회생에 투여되었다. 이는 정치논리와 여러 가지 역학관계가 존재하기 때문이기도 하지만, 그러한 경제 밖의 논리가 존재하는 현실이 기업이 사회를 떠나서 존재할 수 없다는 명제를 더더욱 뒷받침한다.

드러커(Peter Drucker)는 기업의 목적을 고객의 창조를 통해 사회에 기여한다는 고객창조 목적론을 주장함으로써 마케팅과 혁신을 강조하였다.

이익의 획득과 축적을 위한 도구로 인식되었던 과거의 기업개념에서 벗어나 현대기업은 협동적 생산실체(cooperative production entity)로 합리적인 기업경영을 통하여 대내 · 외적인 다양한 변화를 체계적으로 통제하고, 경영시스템의 전 구성인자를 유기적으로 파악하여 총괄적인 관점에서 경영문제를 해결하는 접근방법을 제시하고 있다.

현대 산업경제구조는 대량의 생산 · 판매 · 소비로 기업의 대규모화를 요구하고 있다. 다수의 자본공급자를 필요로 하고, 기업의 전문 경영자가 요구되므로 기업의 소유와 경영이 분리되고 있다. 현대의 기업경영은 주식회사경영이라 해도 과언이 아니어서 주식회사의 특성을 지닌 기업에 비중을 둔다.

G·l·o·b·a·l·M·a·n·a·g·e·m·e·n·t

기업의 목적과 주인은?

기업의 목적과 주인이 누구인가를 재확인하는 면에서 CEO 안철수 씨의 창립 10주년 메시지내용은 시사하는 바가 크다.

오랜 산고를 겪고 세상에 태어난 안철수연구소가 이제 열 돌을 맞이하게 되었다. 기업의 5년 생존확률이 10% 정도이니 10년 생존확률은 1%일 테고, 벤처기업의 생존확률을 일반기업의 1/10 이하라고 본다면 0.1%도 안 되는 확률을 뚫고 살아남은 셈이다. 안철수연구소가 이렇게 살아남고 자리 잡기까지는 저와 저희 임직원들의 노력뿐만 아니라 저희를 지켜보고 격려해주신 많은 분들의 도움이 있었기에 가능한 일이었다고 생각하며, 이 자리를 빌어서 진심으로 감사의 말씀을 드리고 싶다.

저는 10년 전 창업을 하면서 기업이 가지는 의미에 대해서 나름대로 많은 고민을 했다. 의사이자 프로그래머로서 혼자 전문 분야의 일을 하는 것에는 익숙했지만 조직이나 경영에 대해서는 완벽한 문외한이었기 때문에, 제가 시작하려는 일에 대해서 저 나름대로 생각을 정리하고 의미부여를 하지 않으면 일을 시작할 수 없었기 때문이다. 기업이 가지는 가장 기본적인 기능은 소속된 구성원들이 생활을 영위하고 자아실현을 할 수 있는 장으로서의 역할일 것이다. 그러나 이것만으로는 프리랜서와 크게 다르지 않다. 저는 사람들이 모여서 기업이나 조직을 이루어 일하는 진정한 의미는 '혼자서는 할 수 없는 의미 있는 일을 여러 사람들이 모여서 함께 이루어가는 것' 이라고 나름대로의 생각을 정리할 수 있었다.

또한 창업을 하면서 '기업의 목적은 수익창출' 이라는 명제에 대해서도 의문을 품었다. 기업이 수익을 창출하기 위해서는 먼저 고객들로부터 가치를 인정받을 수 있는 물건이나 서비스를 만든 다음에 그것을 판매해야 한다. 이러한 과정을 생각해본다면 수익이란 목적이라기보다는 결과에 해당한다는 생각이 들었다. 오히려 수익창출이 목적이 되다보면 수단방법을 가리지 않고 돈을 벌려고 하면서 사회적으로 여러 가지 문제를 일으키는 모습을 우리는 많이 보아 왔다. 어쩌면 인간사의 많은 갈등들은 목적과 결과의 혼동에서 빚어지는 것은 아닐까 생각한다. 따라서 저는 '기업에서의 수익창출은 결과'라는 생각을 가지고 있다. 그리고 이것은 본질과 과정에 충실하다면 결과는 따라오는 것이라는 믿음과 일맥상통한다고 생각한다.

저는 안철수연구소를 경영하면서 지난 10년간 세 가지를 이루고자 노력해왔다. 첫 번째로 한국에서도 소프트웨어 사업으로 자리를 잡을 수 있는 워킹 모델(working model)을 만들어 보고 싶었다. 지식정보의 가치가 인정받지 못하고 왜곡된 시장구조의 척박한 토양 하에서도 다음 세대를 위한 한 가닥 희망의 빛이라도 남겨놓고 싶었다. 두 번째로 현재 한국의 경제 구조 하에서 정직하게 사업을 하더라도 자리를 잡을 수 있다는 것을 증명해보고자 노력해왔다. 투명경영 · 윤리경영이 장기적으로 더 큰 힘이 되는 사례를 만들어 보고 싶었다. 세 번째로 공익과 이윤추구가 서로 상반된 것이 아니라, 양립할 수 있다는 것을 보여드리고 싶었다. 이 세 가지가 안철수연구소 구성원 모두가 이 땅에서 숨쉬고 살아가면서 스스로 인식하고 노력해온 '존재 의미'가 아닌가 생각한다.

저는 CEO로서 지난 10년간을 절벽을 올라가는 등반가의 심정으로 살아왔다. 아래를 내려다보면 까마득하고 무섭지만, 위를 올려다보면 구름에 가려서 정상이 어디쯤인지 짐작도 할 수 없다. 그렇지만 힘이 빠지면 떨어져 죽는 수밖에 없기 때문에 한시도 긴장을 늦출 수 없었다. 이러한 과정 속에서 매일 스스로에게 던졌던 두 가지 질문이 있었다. "우리 회사가 어떻게 하면 살아남을 수 있을까?" 그리고 "내가 이 조직에 적합한 사람인가?"가 그것이다. 여기서 두 번째 질문은 다시 두 가지 질문으로 나눌 수 있겠다. 즉, "내게 지금의 회사를 더 발전시킬 수 있는 능력이 있는가?"와 "내 에너지를 120% 쏟을 수 있는가?"였다. 등반가의 심정으로 끊임없이 자기 검증을 하면서 10년을 보낸 셈이다.

자료: http://www.ahnlab.co.kr

1.2 기업의 설립과 성장 발전

현대 경영학의 우선 추구대상으로 기업의 설립, 성장 그리고 청산은 기업의 모든 경제적 특성을 내포하고 있다. 기업의 설립은 향후 기업성장발전에 절대적으로 영향을 주는 경제적 활동의 시작이다.

기업 설립시에는 관련 요건에 대해 과학적 분석을 하고 그 분석 결과 경제적 타당성이 입증될 때 해야 한다. 기업의 설립은 곧 투자이며 투자의 경제적 가치는 현재의 확실한 경제적 희생과 미래의 불확실한 경제적 결과치와의 비교에 있다. 미래의 경제적 결과는 예측의 결과치로 불확실성을 지니고 있다. 따라서 기업설립 여부는 미래의 실제 결과치와 현재분석을 통한 예측치와의 차이를 얼마나 줄이느냐에 있다. 결국 기업 설립에 앞서 미래의 실제 결과치와 현재의 예측치의 차이를 줄일 수 있는 충분한 경제적 분석을 하여야 한다. 현재 및 장래시장을 분석하고 미래 부가가치가 높은 품목(item)을 선정, 제품의 기획 설계, 기업입지의 선정과 기업규모 및 형태의 결정 등을 한다. 기업의 입지, 규모, 형태는 기업 설립의 3대 요건이 된다.

1.3 기업 입지와 규모

기업 입지(location of enterprise)는 기업설립의 기초적인 요건으로 정치, 경제, 사회적으로 가장 적합한 기업의 지리적 위치이다. 최적 기업 입지선정

그림 3-1 ◎ 기업입지의 제 요인

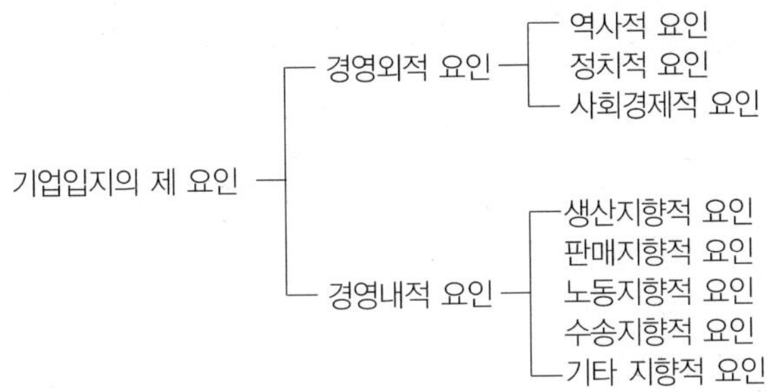

에 따른 제 수익에서 제 비용을 차감한 부의 값이 최대인 것 이외에도 정치, 사회, 공해문제 등 여러 가지 요인을 고려해야 한다. 입지 선정요인은 경영외적 요인과 경영내적 요인으로 구분한다(그림 3-1 참조).

기업규모(business scale)는 기업의 입지, 형태, 자본력에 따라 결정된다. 경제적으로 최적의 기업 규모는 투자한 자본 이익이 최대가 되는 시점이다. 규모의 최적점의 산출은 불확실한 시장 상황에서는 어려우며, 자본조달, 구매, 경영자의 능력, 경제의 발전전망, 산업업종 등을 고려하여 최적규모(optimum size)를 결정하게 된다.

1.4 기업의 성장과 발전

기업경영의 최대 목표는 기업의 계속성(going-concern)에 있다고 하겠다. 기업의 계속성은 기업이 도산하지 않는 것을 의미한다. 기업의 도산은 기업이 성장 발전하지 못하는 데 기인하는 것으로 경쟁격화 속에서 많은 기업들의 유지 · 성장 · 발전에 영향을 주는 요소가 다각화되는 상황에서 앤소프(H.I. Ansoff)는 기업성장전략을 제시하였다. 기존의 사업영역 내에서 판매계획전략의 적극화를 통한 시장침투(market penetration), 새로운 시장개발(market development)과 제품개발(product development)로 기존의 기업경영활동을 확대시키는 방법, 새로운 제품 및 시장의 추가 · 흡수합병에 의한 새로운 사업영역으로 진출하는 다각화 방법을 제시하였다. 결국 기업이 도산하지 않고 성장 · 발전할 수 있는 것은 경영활동의 확대와 새로운 사업 영역으로 다각화하는 데 있음을 설명하고 기업성장 방향 매트릭스를 제시하였다(표 3-1 참조).

표 3-1 기업성장 방향의 매트릭스

시장(수요) \ 제품	현 재	신 규
기존시장	시장침투(확대화)전략	제품개발전략
신시장	시장개발전략	다각화전략

자료 : H.I. Ansoff, *Corporate Strategy: An Anlaytic Approach to Business Policy for Growth and Expansion*, McGraw-Hill, 1965.

02 | 기업형태

2.1 기업형태의 의의와 발전

(1) 기업형태의 의의

기업형태(forms of enterprise)는 업종, 규모, 시장, 인적자원, 물적자원 및 입지 등의 제반 여건을 고려한 최적의 형태를 선택하여야 한다. 이와 같은 일은 기업 설립의 필수적 요건이며, 동시에 기업의 성장과 발전을 전제로 한 제조직문제에도 중요한 영향을 미친다.

기업형태는 자본금 및 종업원수에 따라 대 · 중 · 소기업으로 구분하고, 자본운용과정에 따라 사기업 · 공기업 · 금융기업 등으로 구분하며, 또는 출자자를 공사별로 분류하여 공기업과 사기업 및 공사공동 기업으로 나눈다.

원래 기업이라고 하면 사기업을 의미하는 것이 일반적이다. 그러므로 협의의 기업형태는 자본과 경영 및 지배의 관계로 보아 사기업형태를 말한다. 즉, 기업이 경영의 최고목적인 기업이익을 획득하기 위하여 자본과 노동력을 결합하여 직 · 간접으로 필요로 하는 재화 및 용역을 생산 · 공급하는 경제단위체이다.

따라서 기업은 경영 목적 달성을 위해 필요로 하는 소요자본을 조달해야 한다. 소요자본의 조달은 기업주가 출원하는 자기자본과 기업외부로부터 조달하는 타인자본이 있다. 기업주가 자본을 각출하는 것을 출자라 하고, 채권자들로부터 자본을 차입하는 것을 사채 · 차입 또는 금융이라고 한다. 조달된 기업자본은 목적 달성을 위해 기업자산에 투자운영되어야 하는데 이것을 경영활동이라고 한다. 경영활동이란 생산 · 판매 · 재무 · 인사 등에 관한 중요방침을 결정 · 집행함과 동시에 조달된 자본을 기업 자산에 투하 · 운영하는 행동을 의미한다.

사유재산제를 기초로 하는 자본주의경제체제하에서는 재산의 소유자가 그 재산을 운영하는 것이 원칙이다. 그러므로 기업에서 출자자인 기업주가 그 재산을 소유하고 그 성과를 얻어야 하므로, 출자와 경영 지배 사이에는 불가분의 관계가 있다.

중소기업에서는 출자자인 기업주가 기업을 소유하는 동시에 기업경영에 종사하는 예가 많다. 소유와 경영이 직결되어 있는 소유경영자가 그것이다. 그러나 경제사회의 발전에 따라 기업규모가 대형화되면서 소유와 경영은 분리되었다. 소유와 경영의 분리는 출자자인 기업주, 즉 자본가가 아니라 기업경영에 대한 지식과 기술 및 경험이 있는 전문경영자가 기업의 경영권을 장악하게 된다.

경영자 지배가 발생하게 된 큰 이유는 출자자, 기업주(주주)가 법률적으로 기업을 지배할 수 있는 권한(power)을 가지고 있으면서도 실제로 그 권한을 행사하지 않다든지 또는 행사할 수 없다는 데 있다. 이러한 주주들의 무기능화는 구체적으로 주주총회가 무의미한 존재로 되어 있다는 점과 이사회도 형식화되어 있는 점에 있다. 그러므로 기업의 지배권은 실제적으로 대표이사인 사장과 전무이사 및 상무이사 등 최고경영자가 장악하고 있다.

기업은 출자와 경영 및 지배 중심으로 성립되어 있어 기업형태를 연구하는 데는 출자 · 경영 · 지배의 관계를 중심과제로 삼아야 한다.

(2) 기업형태의 발전

기업의 형태는 역사상 가장 오래된 개인기업(Sole proprietorship)에서부터 발전해 왔다. 개인기업은 단독 출자자가 무한의 책임을 지고 자본을 투자하여 경영하게 되므로 그 성취감과 일관성 및 신속성을 유지할 수 있는 장점이 있지만, 개인의 능력이나 자금력 등에 한계가 있어 성장 · 발전에 어려운 문제가 있다.

그러므로 다른 자본가와의 결합에 의한 발전이 불가피하여 공동기업의 개념이 등장하게 됐다. 공동기업 중에서도 출자자의 책임 한계, 거대한 자본조달의 필요성에 따라 합명회사 · 합자회사 · 주식회사가 등장하였다.

한편, 경제력과 자본력이 사기업에 집중되면서 공공에 피해를 입히는 폐해

그림 3-2 ◐ 기업형태의 발전

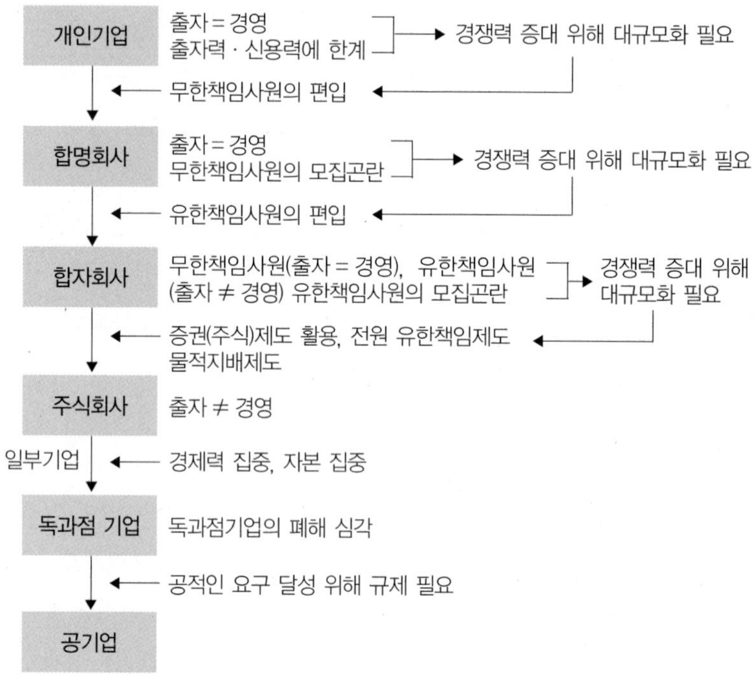

가 심각해짐에 따라 공적인 요구 달성을 위해 규제가 필요하게 되면서 공기업 및 공사기업이 등장하게 되었다(그림 3-2 참조).

2.2 기업형태의 분류

기업형태에 관해서는 많은 학자들이 법률형태와 경제형태로 분류하여 연구하여 왔는데 독일에서도 1910년을 전후하여 기업의 법률형태가 논의의 중심이 되었으나 패소우(Passow)와 독일의 리프만(Robert Liefmann) 등에 의하여 기업의 경제형태를 중시하여 왔다.

기업의 법률형태는 민법 또는 상법에 규정된 법률적 형식을 기준으로 하는 분류이고, 경제형태는 경제적 실체면에서의 분류이다.

같은 기업이라도 기업형태를 법률적인 입장에서 파악해야 하느냐 또는 경제적 실체면에서 보느냐에 따라 두 가지로 해석할 수 있는데, 단독으로 개인상사를 설립하였을 경우에 경제적 실체면에서는 개인기업에 속하게 되나, 주식회사 설립에 관한 법률요건을 완전히 갖추었을 때에는 법률 형태의 주식회사이다.

기업형태 분류 방법은 규모 · 업종 · 출자자의 수와 성질 및 관계법령에 따라 달리하는데, 일반적인 분류방법은 다음과 같다.

① 자본 및 종업원 규모에 따라 대기업 · 중기업 · 소기업으로 구분한다.
② 업종에 따라 공업 · 상업 · 광업 · 농업 · 금융업 · 서비스업 등으로 구분된다.
③ 출자자의 공사적인 성질에 따라 공기업 · 사기업 · 공사공동기업 등으로 구분된다. 공기업의 성질은 출자자가 정부 또는 지방자치단체이고, 사기업은 민간인이 출자자이며, 개인과 정부 및 지방자치단체가 공동으로 출자한 경우에는 공사공동기업으로 분류된다.
④ 법률상 규제에 따라(상법 제170조) 합명회사 · 합자회사 · 유한회사 · 주식회사 등의 형태로 분류한다.
⑤ 소유와 지배의 형태를 중심으로 개인기업과 인적공동기업, 자본적 공동기업으로 구분되는데 이 방법은 현대 사회에서 가장 중요시되는 분류방법이다.

이상은 광의로 기업형태를 분류한 것이며, 협의의 분류는 소유자(출자)와 경영을 중심으로 구분하고, 그 중에서도 주식회사는 대표적인 기업형태이다(그림 3-3 참조).

그림 3-3 ◐ 기업형태의 분류

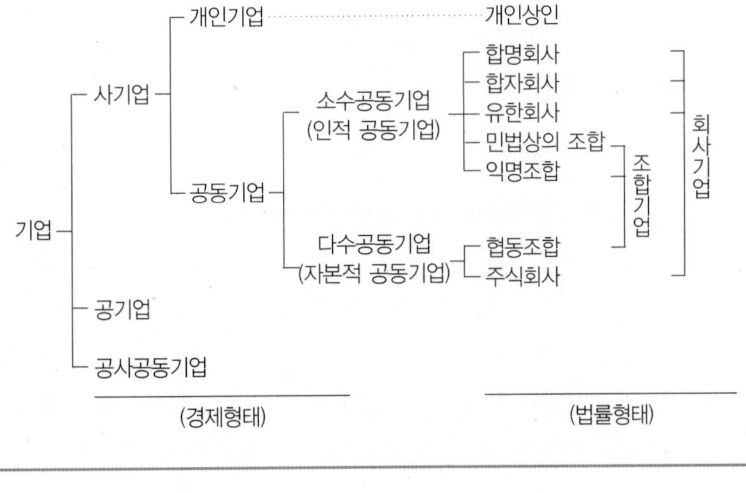

(1) 개인기업

개인기업(sole proprietorship/individual enterprise)이란 사기업 중 가장 오래 전부터 존재했고, 간단한 기업형태로 개인단독으로 출자하고 경영을 지배하는 형태를 말한다. 출자와 경영 및 지배가 직결되어 있으므로 자본과 경영성과에 대한 위험은 단독으로 부담하고 경영활동을 감독 · 지휘한다. 따라서 이러한 형태를 단독기업이라고 부르며 보통 개인상인(personal merchant), 소규모의 판매상, 전파상, 제과점, 양복점 등을 예로 들 수 있다. 개인기업에서는 출자와 경영 및 지배 등의 세 가지 요소가 개인중심의 경영활동이 이루어지는 것을 원칙으로 하고 타인에게 위임하여 경영하는 경우도 있다.

이 경우에도 물론 개인기업의 본질적인 요소가 일치되는 것을 원칙으로 하여 위임 · 위촉된 것으로 이해하여야 하는데 개인기업 형태는 관리적인 면에서 볼 때 유리한 점과 불리한 점도 있다.

개인기업의 장점으로는,

- 기업의 개업과 폐업이 용이하며 이익을 독점할 수 있다.
- 의사결정을 신속하게 할 수 있고 광범위한 대인관계를 형성할 수 있다.
- 비밀을 유지할 수 있으며 세제상의 절약이 가능하다.

단점으로는,

- 경영자가 무한책임을 부담하기 때문에 위험부담이 크며 기업을 대형화하기가 힘들다.
- 기업가가 사망한다든지 경영능력을 상실하였을 때에는 기업이 소멸되기 쉽고 자금조달이 어렵고, 개인의 경영능력에는 한계가 있다.

(2) 공동기업

1) 소수공동기업

① 합명회사(ordinary or general partnership)

합명회사는 2명 이상의 사원이 공동출자하고, 회사에 대해 발생하는 일체의 채무에 연대책임을 지면서 직접 회사경영에 참여하여 지휘, 감독하는 기업형태이다. 회사채무에 대하여 만일 회사 재산을 가지고도 완제할 수 없는 경우에는 사원이 연대하여 무한책임을 진다. 회사운영상의 의사결정이나 지분을 양도할 때에는 모든 사원의 동의가 필요하며, 출자는 금전 이외에 채권이나 신용 및 노무도 무방하지만, 근본적으로 각 사원이 정관을 작성하고 법원에 등기함으로써 설립이 인정된다.

② 합자회사(limited partnership)

합자회사는 출자와 동시에 업무집행에 직접 참여하는 무한책임사원과 출자액을 한도로 변제의 책임만 지는 유한책임사원으로 구성된다. 무한책임사원은 합명회사의 사원과 같이 출자의 의무와 회사채무에 대하여 무한책임을 지며 회사의 업무를 집행하고 대표권을 갖는다. 유한책임사원은 권한과 책임이 적은 대신 손실에 대한 부담이 출자한도액에 한정되고 있다. 무한책임사원의 지분은 전사원의 동의가 있어야 양도할 수 있으며 유한책임사원의 지분은 무한책임사원의 동의를 얻으면 양도할 수 있다.

③ 유한회사(limited company)

사원이 회사에 대하여 출자금액을 한도로 책임을 질 뿐, 회사채권자에 대하여 아무 책임도 지지 않는 사원으로 구성된 회사이다.

유한회사는 2인 이상 50인 이내의 유한책임사원으로 구성되며 물적회사 중 소규모인 회사로 주식회사가 간이화한 형태로서 중소기업 경영에 많이 활용된다. 지분의 양도시 사원총회의 특별결의가 필요하며 사원의 책임이 유한임에도 불구하고 법의 간섭과 공시주의가 비교적 완화되어 있다. 사원 전원이 간접유한책임을 지는 자본단체라는 점에서는 인적회사와 다르고 주식회사와 같지만, 소규모에 폐쇄적이고 지분의 양도에 제한이 있으며 자본형성방법에 관하여 법의 규제가 완화되어 있다는 점에서는 주식회사와 다르고 인적회사와 유사한 형태이다.

④ 민법상의 조합(partnership)

2인 이상의 당사자가 상호 출자하여 공동사업을 경영할 것을 약속함으로써 효력을 갖는 조직으로 조합계약을 체결하고 각기 출자하여 공동으로 사업을 경영하며 그 손익을 분배한다. 조합원은 금전, 기타 재산 또는 노무 등의 출자가 가능하며, 조합원은 연대 무한의 책임을 부담하기 때문에 합명회사와 비슷하나 조합은 법인이 아니라는 점이 다르다.

⑤ 익명조합(undisclosed association)

출자와 경영을 동시에 담당함으로써 무한책임을 지는 현명조합원과 단순히 출자만을 하고 경영에 참여하지 않고 유한책임을 지는 익명조합원으로 구성된 조합을 의미한다.

2) 다수공동기업

① 주식회사

• 주식회사의 의의

주식회사(stock corporation, joint stock company, Aktiengesellschaft)는 자본적 공동기업으로서 사원의 출자와 권리 및 의무의 단위로서 주식은 분할된 출자자본으로 구성된다.

출자자인 사원(주주)은 회사의 채무에 대하여 주식의 인수가액을 한도로 변제의무를 부담할 뿐이고 기타 아무런 책임도 부담하지 않는 기업형태이다. 주식회사는 주식이라는 소액분할증권의 발행으로 불특정 다수인으로부터 거액의 자본조달이 가능할 뿐만 아니라, 조달된 자본은 출자자인 주주로부터 독립되어 전문경영자에 의해서 운영되기 때문에 경영능률을 높일 수 있다.

또한 주주의 유한책임제도로 주주들의 개인재산 안전성이 유지되고 주식은 자본시장에서 매매양도할 수 있으며, 주식의 증자발행, 사채 발행 등으로 회사의 추가적 소요자본을 쉽게 조달할 수 있는 장점이 있는 반면, 주식회사를 설립하는 데에는 복잡한 절차와 거액의 창업비가 소요되고 재무제표 등의 공개로 기업의 비밀유지가 어려우며, 경영자 및 종업원들은 피고용자들이기 때문에 기업의 경영성과 등에 관심이 적으므로 회사경영의 비능률적인 요인이 되기도 한다.

• 주식회사의 특징

한정된 소수의 출자자로부터 자본을 모으는 것이 아니라 널리 일반 대중에 산재하는 자본으로 대규모의 자본을 조달하는 기업형태로서 유한책임제도(limited liabilities of stockholders), 자본의 증권화제도(securitization of capital), 소유와 경영의 분리(separation between ownership and management)제도이다.

❶ 유한책임제도: 출자자인 주주는 모두 유한책임사원으로서 '출자액(주식매입가격)'을 한도로 회사의 '적자 · 채무 · 자본 리스크'에 대한 책임을 진다. 이러한 제도 때문에 대규모의 자본조달이 가능하며, 또한 주주의 개인재산과 주식회사의 재산은 뚜렷이 구별된다. 주식회사를 그 소유권자인 주주로부터 분리된 '법적 존재'라고 하는 것은 그 때문이다. 주식회사는 수익성이 높을수록 얼마든지 기업신용을 창출하고 추가로 자본을 조달할 수가 있다.

출자자의 수는 다수이며 그 전부가 '유한책임사원' 으로서 주식의 매매 · 양도를 통하여 자유로이 주주의 지위를 떠날 수 있으므로 출자자가 반드시 기업에 관여할 필요가 없다. 사업을 경영하는 직분은 전문경영자인 이사에게 할당되고 출자자인 주주는 사업의 위험을 부담하는 직분만이 남게 된다.

❷ 자본의 증권화제도: 출자는 모두 균일한 주권으로 분할되고, 그것을 표시한 '주식' 이 발행된다. 주주는 회사에 대한 '출자의무' 를 진다. 주주는 주주총회에 참석하여 '의결권' 을 행사할 수 있으며 동시에 '이익배당' 을 청구할 수 있다. 주식을 표시할 수 있는 증권은 '유가증권' 이며 원칙적으로 그 매매 양도가 자유이다. 공개된 주식은 '주식시장(stock market : 증권거래소, 인터넷 등)' 을 통해 매매할 수 있다.

❸ 소유와 경영의 분리제도: 소유와 경영의 분리는 자본과 경영의 분리라고 하며 이는 기업의 출자자와 경영자가 분리되어 경영자가 기업을 지배하는 것을 말한다. 기업의 경영활동이 다양해지고 규모가 증가함에 따라 경영활동 또한 전문적인 지식과 경험이 요구되었다. 기업의 전문경영자가 경영을 총체적으로 담당하고 기존의 소유경영자는 경영일선에서 후퇴하여 자본에 대한 대가로 이익 배당만 받게 됨으로써 소유와 경영의 분리를 가져왔다(그림 3-4 참조).

주식회사의 장점으로는 ① 다수의 대중을 상대로 주식을 발행하고 자본을 끌어들일 수 있어, 대규모의 회사설립에 용이하며, ② 소유와 경영을 분리 할 수 있어 경영전문화에 따른 회사의 고성장, ③ 자본시장의 건전한 육성과 회

그림 3-4 ◐ 소유와 경영의 분리

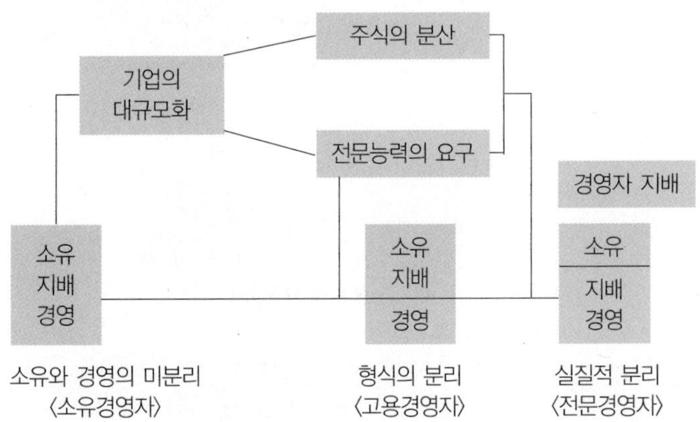

사의 성장에 따른 과실을 대중에게 나누어 줄 수 있어 분배문제 개선에 도움이 된다.

• 주식회사의 기관

최고 의사결정기관으로 주주총회(general meeting of stockholders)와 경영을 실제 담당하는 기관으로 이사회(board of directors), 주주의 권익을 보호하는 감사(auditors) 및 이사회에서 결정된 정책을 집행하는 이사(top management)로 분류한다.

❶ 주주총회: 회사의 기본적 의사를 결정하는 회사의 최고 의사결정기관으로, 권한은 상법 또는 정관에 정해진 사항에 한정되며, 주요 사항에 대한 결정권을 갖는 회의체 형식의 의사결정기관이다(그림 3-5 참조). 주주총회는 이사와 감사의 선임 해임권이 있고, 정관도 변경할 수 있다. 총회의 소집시기에 따라 정기총회와 임시총회로 나눈다. 정기총회는 매년 1회 일정한 시기에, 임시총회는 연 2회 이상의 결산기를 정한 회사는 매기에 총회를 소집하며, 또한 필요시 수시로 소집한다. 권한으로는 ① 회사의 기구나 업태의 기본에 관한 사항, ② 이사 및 감사의 선임 및 해임, ③ 업무운영의 적정화와 주주의 이익을 위한 사항 등이다.

❷ 이사 및 이사회: 이사(director)는 주주총회에서 선임한다. 이사의 선임

그림 3-5 ◎ 소유주가 경영에 미치는 영향

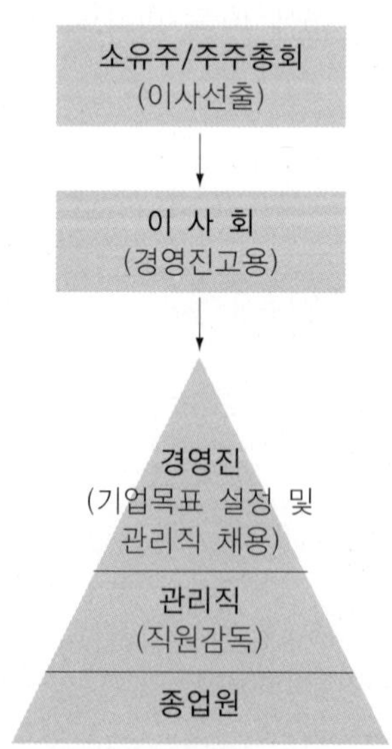

결의는 정관에 다른 정함이 있는 경우에도 발행주식총수의 과반수에 해당하는 주식을 가진 주주의 출석으로 그 의결권의 과반수로 하여야 한다. 이사회(board of directors)는 회사의 업무집행에 관한 의사를 결정하기 위하여 이사전원으로 구성되는 주식회사의 필요상설 기관이다. 그리고, 이사회는 상설 존재이지만, 그 활동은 정기 또는 임시의회의 형식으로 하게 되며, 법령 또는 정관에 의하여 주주총회의 권한으로 되어 있는 것을 제외하고는 회사의 업무집행에 관한 모든 의사결정을 할 권한이 있다. 이사회에 의해 선임된 경영진은 최고경영자(CEO), 부사장, 재무담당자, 비서실장 등으로 기업목표달성에 책임을 진다. 경영진은 이사회의 일원이자 주주가 될 수 있다.

❸ 감사: 감사는 회사의 회계 및 업무 감사를 주임무로 하는 필요 상설기관으로서 주주총회에서 선임된다. 감사는 ① 기업자산 관리자들을 감독, ② 경영진의 각 계획을 승인, ③ 회사의 성과 평가, ④ 최고 경영진의 고용 · 해고 및 보수결정, ⑤ 신의성실의무(due care)를 지니고 있으며, 전문적인 지식과 경험이 필요하기 때문에 감사의 자격을 제한하거나 공인회계사에 의한 외부 감사제도를 도입하기도 한다.

❹ 사외이사: 상술한 주식회사의 기관들은 모두 법률로서 정해진 상설기관이다. 그러나 사외이사(outside director)제도를 두는 경우도 있다. 사외이사는 통상 전문적인 지식과 능력을 갖추고 경영실무를 담당하지 않으면서 업무집행기관으로 부터 독립적인 지위에서 이사회의 구성원으로 활동하는 이사를 말한다. 그 직무와 역할이 사내이사와 다르지만, 이사회의 구성원으로서 주주총회에서 선임되고 회사의 업무집행에 대한 의사 결정 및 다른 이사의 업무집행에 대한 감독 · 감시 등 사내이사와 동일한 권한과 책임을 가지게 된다.

key word 소액주주

• 소액주주의 정의

소액주주(minority shareholders)란 총발행주식의 1/100에 미달하는 주식을 소유한 주주를 말한다. 소득세법에서는 특정법인의 발행주식 총액 또는 출자총액의 1%에 해당하는 금액, 또는 1억원 미만의 금액 중 적은 금액 이하를 소유하고 있는 주주를 소액주주라 한다. 유가증권 상장규정과 법인세법에서는 발행주식수의 1%에 미달하는 주식을 소유한 주주를 소액 주주로 정의하고 있다. 이런 소액주주의 총소유 주식수가 유동주식수의 40% 이상이 되어야 하는 것이 유가증권의 상장요건이다. 다만 기관투자자의 소유주식은 대주주 1인이 아니라 소유규모에 관계없이 소액주주의 보유분으로 인정하고 있다.

• **소액주주의 권리**

① 소수주주권 행사지분

소수주주권(right of the minority shareholders)이란 단독주주에 의한 주주권의 남횡을 막고자 회사의 공정한 이익 보호를 위해 일정 비율의 주식을 보유한 소수주주에게 부여하는 권리를 말한다. 상법은 다수결의 원칙하에서 다수파 주주의 전횡을 막고, 다른 한편 단독 주주건에 의한 주주권의 남횡을 막고자 소수주주권 제도를 두고 있다.

② 임시주주총회소집청구권

소수주주는 회의의 목적사항과 소집의 이유를 기재한 서면을 이사회에 제출하여 임시총회의 소집을 청구할 수 있다. 회의의 목적사항이 주주총회의 권한에 속하는 결의사항이어야 함은 물론이다.

③ 이사 · 감사 · 청산인의 해임청구권

이사 · 감사 · 청산인이 그 직무에 관하여 부정행위 또는 법령이나 정관에 위반한 중대한 사실이 있음에도 불구하고 주주총회에서 그 해임을 부결한 때에는 총회결의가 있는 날로부터 1개월 내에 그 이사의 해임을 법원에 청구할 수 있다.

④ 위법행위의 유지청구권

이사가 법령 또는 정관에 위반한 행위를 하여 이로 인해 회사에 회복할 수 없는 손해가 생길 염려가 있는 경우에는 감사 또는 소수주주는 회사를 위하여 이사에 대하여 그 행위를 유지할 것을 청구할 수 있는데, 주주 또는 감사의 이러한 권리를 유지청구권이라 한다.

⑤ 대표소송

회사가 이사에 대한 책임추궁을 게을리할 경우 주주가 회사를 위하여 이사의 책임을 추궁하기 위해 제기하는 것이 대표소송이다.

⑥ 회계장부열람권

소수주주는 이유를 붙인 서면으로 회계의 장부와 서류의 열람 또는 등사를 청구할 수 있다. 회사는 주주의 부당함을 증명하지 아니하면 이를 거부하지 못한다.

⑦ 업무, 재산상태의 검사권

회사의 업무집행에 관하여 의심이 있을 때에는 소수주주권자는 그 업무와 재산상태를 조사하게 하기 위하여 법원에 검사인선임을 청구할 수 있다.

⑧ 주주제안권

소수주주가 회사에 대하여 일정한 사항을 주주총회 의제와 의안으로 채택할 것을 제안할 수 있는 권리를 말한다.

key word ⊙ 사외이사

사외이사(outside director)는 사내이사(inside director)와 대응되는 개념으로서 통상 전문적인 지식과 능력을 갖추고 경영실무를 담당하지 않으면서 업무집행기관으로부터 독립적인 지위에서 이사회의 구성원으로 활동하는 이사를 말하는 것으로, 사외이사제도는 미국에서 처음으로 도입되었고, 약 30~40년 동안 다듬어져 왔다. 미국의 뉴욕증권거래소가 상장기업에 의무적으로 사외이사를 두도록 한 것은 1960년이었다. 1979년부터는 사외이사만으로 구성된 감사위원회를 이사회 내에 설치했다. 그렇게 하지 않으면 주식상장을 못했다. 이사는 10~20명 규모로 그 중 80%는 사외이사이며 CEO와 집행임원(COO; Chief Operation Officer) 등 극히 일부(보통 3명)만이 경영과 관련이 있는 이사다.

미국에서 사외이사는 부실경영을 한 CEO를 교

체할 정도의 막강한 권한을 갖고 있다. 실제로 미국의 통신회사 AT&T의 존 월터 사장은 전격 영입된 지 8개월 만에, 컴퓨터회사 애플사의 길버트 아멜리오 회장은 1년여 만에 자리를 내놓았다. 사외이사들이 부실경영 책임을 물어 과감하게 CEO를 교체해 버린 것이다. 미국에선 주식투자를 많이 하는 캘리포니아 공직자 퇴직연금 등에서 각 기업의 이사회가 경영감시를 제대로 해냈는지 성적을 매긴다. 미국 비즈니스위크지 같은 경제전문지도 이사회를 평가한다. 점수가 나쁜 사람은 좋은 회사에 이사로 선임되지 못하는 것은 당연하다.

미국기업의 이사회제도는 이사회 내부에 위원회를 설치 운영하고 있다. 대체적으로 미국기업의 이사회에 빠짐없이 설치되어 있는 위원회로는 감사위원회(Audit Committee), 보상위원회(Compensation Committee), 지명위원회(Nominating Committee), 집행위원회(Executive Committee), 재무위원회(Finance Committee), 기업지배위원회(Corporate Governance Committee), 기타위원회로 구성된다.

한국의 이사회 운영도 마찬가지다. 최대 과제는 세계표준의 이사회 수준으로 끌어올리는 것이다. 이사회의 업무집행에 대한 감독 · 감시 견제기능을 살리고 투명한 정책결정이 이뤄지도록 하는 것이 급선무다. 글로벌 스탠더드를 어떻게 수용해 운영하는지의 선택은 각 기업들의 몫이다.

자료 : www.koob.com에서 일부 수정 인용.

② 협동조합

협동조합(cooperative)은 자본주의경제의 발달과 대기업의 성장 및 출현으로 중소생산업자와 소비자의 경제적 지위가 불리하게 되자 이들 경제적 약자가 자신들의 이익을 보호하기 위해 공동출자하여 사업을 운영하는 기업형태이다.

조직활동에 의해 혜택을 받는 사람들이 공동의 목표를 실현시키기 위하여 운영되는 조직으로, 다양한 협동조합의 당사자, 즉 생산자 · 소비자 · 종업원에 의해 운영되는 조직이다. 농산품의 가공판매, 다양한 장비와 원자재의 구매도 · 소매업, 발전소, 은행업, 주택 건설업 등의 다양한 분야에서 성공적으로 운영되어 있다.

유한책임을 보장받고 무한한 생명주기를 가지며, 이사회를 선출하고 행정부서까지 갖춘, 주식회사와 닮은 꼴의 법적 존재이다. 조합원들은 연회비를 납부하며 이에 따른 모든 이익을 공유한다.

이러한 협동조합은 1844년 영국의 신흥공업도시인 랭카셔어(Lancashire)에서 설립된 로치데일(Rochdale) 소비조합에서 그 기원을 찾을 수 있다.

이 로치데일 소비조합은 28명의 방직공들이 공정개척자조합(society of equitable pioneers)을 설립한 데서 비롯되었다. '상호협조'와 '상호협동' 정신에 따라 공동출자형태로 생활필수품을 저렴한 가격으로 구입하려는 데 목적을 두고 소비조합을 설립한 것이 협동조합의 정신이라고 하겠다. 그 후에 이 제도가 프랑스로 보급되어 중소 생산업자의 권익보호를 위해 생산조합으로 발달하였고, 또 독일에서는 신용조합의 형태로 출현하게 되어 협동조합의 발달을 보게 되었다. 우리나라는 협동조합은 농업협동조합, 수산업협동조합, 축산업협동조합, 신용협동조합, 소비협동조합 등이 있다.

(3) 공기업

공기업(public enterprise)은 좁은 의미로 해석하면, 국가 또는 공공단체가 기업자본의 전액을 출자하고 경영 · 지배하는 기업을 말한다. 공기업은 국가 또는 지방자치단체와 같은 공공단체에서 재정상의 수입을 목적으로 하거나, 독점에 의한 부작용을 방지하기 위한다든지 또는 사회정책상의 견지에서 출자하고 운영 · 지배하는 기업이다.

공기업을 설립해서 운영하는 이유로는, 첫째, 경제정책상의 목적과 국민복지를 목적으로 하여 설립 · 운영한다. 사적 독점의 폐해를 방지하기 위해 설립 · 운영하는 것 또는 기간산업의 건설 및 중소기업의 보호육성을 위해 설립 · 운영한다.

둘째, 사회정책상의 목적을 달성하기 위해서 설립 · 운영하는 경우로, 국민대중의 생활안정과 실업의 구제 및 국민보건을 위해 설립 운영되는 것으로 간이생명보험, 각종 사회보험, 주택사업, 공영전당포, 구호병원, 시도립병원, 간이식당 등이 있다.

셋째, 재정상의 목적을 달성하기 위해서 설립 · 운영하는 경우로, 국가 또는 지방공공단체가 재정상의 수입을 목적으로 사기업형태와 같이 경영하지 못하도록 하고 독점해서 운영하는 사업 등이 있다.

정부 산하기관 중에서 정부가 투자한 기관으로 한국전략공사, 대한무역투자진흥공사, 한국석유개발공사가 있고, 정부출자기관으로는 포항종합제철(주), KT(주), 한국가스공사가 있다. 이 밖에도 한국조폐공사, 대한석탄공사, 한국도로공사, KBS 등이 있다.

(4) 공사합동기업

사기업과 공기업의 단점을 배제하고 장점만을 취하려는 목적으로 국가 또는 지방공공단체가 개인 또는 사적 단체와 공동 출자하여 경영하는 기업이다.

03 | 기업집중과 지주회사

일반적인 기업경영전략 유형으로 현상유지전략, 선택성장전략, 다각화전략, 수확(harvest)전략 그리고 즉시 출구(exit)전략으로 구분되는데, 현상유지에 급급하는 기업은 결국 소멸할 것이며, 격변의 환경하에서 생존하기 위해서는 부단히 성장을 추구하지 않으면 안된다.

3.1 기업집중

(1) 기업집중의 의의

오늘날의 기업은 대량생산에 의한 대량판매를 통하여 기업이익의 실현을 궁극적인 목적으로 하기 때문에 그 규모가 대형화되어 가는 것이 가장 큰 특징이다.

따라서 기업은 자체의 자본축적에 의한 내부적 성장(internal growth)과 더불어 타기업과의 상호결합을 통하여 확대하는 이른바 외부적 성장(external growth)을 추구하게 된다. 여기서 전자는 개별자본 스스로가 획득한 이윤을 축적하여 자기확대를 해가는 자본의 집중이며, 후자의 경우는 기업집중(industrial concentration) 현상이라 한다.

기업이 국가, 사회 및 인류의 발전을 위한 핵심요체로써 계속기업으로서의 성장은 필수불가결한 요소이다.

기업집중은 자유경쟁을 바탕으로 하는 근대자본주의 경제체제에서 모기업의 규모확대와 성장 및 국제화를 지향하는 과정에서 대두되는 특징적인 현상이다. 더욱이 현대적인 생산설비와 과학적인 관리방법에 따라 대량 생산방식을 택하고 있는 대기업집단은 시장다변화정책을 통한 대규모 시장의 확보문제가 심각하게 대두됨으로써 자연히 과당경쟁이 나타나게 되었다. 이에 기업은 과다경쟁을 제한 및 완화시키거나 완전 배제시킴으로써 합리적으로 시장을 지배하고 경영합리화를 통한 과잉공급이나 가격하락을 억제함으로써 계속적으로 기업을 유지 · 발전시키려 한다.

이와 같이 시장경쟁을 배제 또는 제한하여 기업을 유지하고 발전시키기 위해서 기업의 결합 또는 기업의 집중을 하게 되는데 이것이 현대기업의 특징 중의 하나이다. 이렇듯 기업집중은 몇 개의 기업이 결합하여 보다 큰 경제단위로 집중하는 것을 의미하는데 이로 인하여 기업은 보다 더 대규모화된다.

(2) 기업집중의 형태

기업집중의 형태는 집중방법에 따라 ① 카르텔(cartel), ② 트러스트(trust), ③ 콘체른(concern)으로 구분한다(그림 3-6 참조).

1) 카르텔

카르텔은 기업연합형태(association)라고도 하며 동종 또는 유사기업이 경쟁의 제한 또는 완화를 목적으로 시장 통제에 관한 협정을 맺음으로써 이루어지는 기업 연합의 형태를 카르텔(cartel, kartell)이라 한다. 리프만(R. Liefmann)은 '카르텔이란 독점을 유지하는 동종기업간의 자유로운 협정이며, 시장의 독점적 지배를 목적으로 하는 것이다.' 라고 하였다. 시장통제를 목적으로 동종 또는 유사 업종간의 협정을 통한 기업집중의 형태를 의미한다. 따라서 참가기업들은 법률적으로나 경제적으로 독립성을 유지하면서 협약에 의

그림 3-6 기업집중의 형태

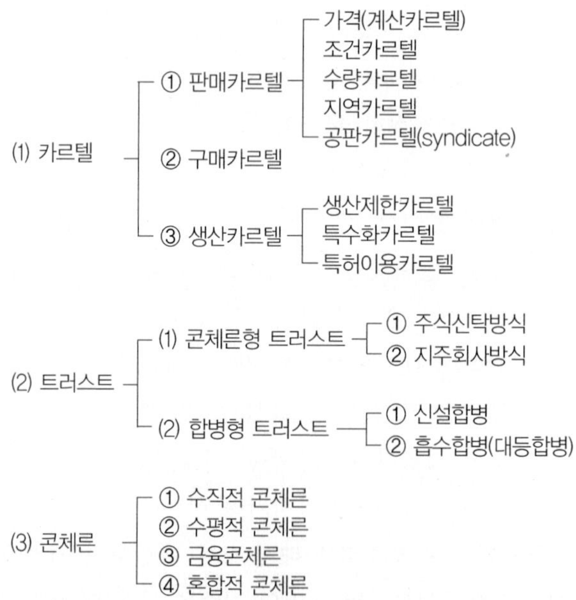

거 시장통제상의 일정사항에 관해서만 협정을 체결하는 것이다. 그러나 카르텔은 일정지역 내의 동업자 상호간에 친목을 도모하고 경영개선을 기하기 위해서 조직되는 동업조합과는 그 성격이 다르다.

카르텔과 같은 기업의 집중을 횡적 집중 또는 수평적 조합이라고 하며 참가기업들이 제한을 받는 내용에 따라 판매카르텔, 구매카르텔, 생산카르텔로 분류한다.

2) 트러스트

트러스트(trust)는 동종 또는 유사업종의 기업이 무리한 기업경쟁을 억제하고 생산을 기술적으로 합리화함으로써 시장을 독점하는 것을 목적으로 새로운 기업을 형성하는 것을 의미한다. 트러스트는 법률적으로 독립성을 유지하는 경우도 있고 또한 다른 기업에 흡수 · 합병되는 경우가 있다. 그러나 트러스트에 참가한 기업들은 경제적으로 그 독립성을 포기하고 새로운 기업에 합동되는 경우가 많은데, 이 때문에 트러스트를 일반적으로 기업합동(combination)이라고 한다. 따라서 트러스트는 카르텔보다 시장통제력 내지 시장독점력이 강한 기업의 집중형태이다. 트러스트는 재산의 소유권을 양도하여 이를 타인에게 관리하도록 의뢰하는 것을 의미한다. 트러스트에는 흡수합병(merger)과 신설합병(consolidation)이 있다. 흡수합병은 어느 기존 회사가 그대로 존속하면서 다른 회사를 흡수하는 합병방식이고, 신설합병은 기존의 모든 기업을 해체하고 전혀 새로운 형태의 기업으로 발족하는 합병방식이다(표 3-2 참조).

표 3-2 카르텔과 트러스트

비 교	카르텔	트러스트
목 적	자유경쟁 지양, 시장 통제 및 지배, 가격 유지 및 안정	시장 지배력의 강화와 생산공정의 합리화, 생산 비용 절감
독 립 성	법률적 · 경제적 독립성을 유지	법률적 · 경제적 독립성을 상실
존속기간	계약기간이 끝나면 자동으로 해체	조직자체가 해체될 때까지 계속 존속
간 섭	내부간섭의 배제	내부간섭이 심함
결합관계	주로 동종기업의 횡단적 결합	동종 혹은 이종기업의 종단적 결합
발생원천	유럽에서 주로 발생	미국에서 주로 발생

표 3-3 ◎ 카르텔과 콘체른

비 교	카르텔	콘체른
목 적	대외적 시장통제를 목적으로 하여 개개 기업의 이익을 추구하고 시장경제적 결합을 이룸	대기업이 출자 관계를 통해 여러 산업에 걸친 기업들을 지배할 목적으로 형성
특 성	계약에 의한 단체	자본적 통일체
독 립 성	참가기업의 법률적 · 경제적 독립성을 유지	법률적으로 독립이나 경제적으로는 독립성을 상실
활동내용	참가기업의 특수활동을 구속	전경영활동을 구속, 통일적으로 지휘
의사결정	다수결의 원칙에 의해 의사결정	중앙기관이 단일의사에 의해 지배
결합형태	협정에 따라 공동 보조를 취하는 수평적 결합	수평적 및 수직적 결합으로 복잡한 기업 결합 형태
구 분	생산, 판매, 구매 카르텔	생산, 판매, 금융 콘체른

3) 콘체른

콘체른(financial group, concern, konzern)은 법률적(형식적)으로는 여러 개의 기업이 각각 독립성을 유지하면서 자본의 소유 내지 금융관계를 통하여 결합된 것으로서 실제적으로는 주식의 소유 또는 금융관계를 통하여 경제적 독립성을 상실한 채 결합되는 형태이다. 기업결합의 최고형태로 기업연휴라고도 한다.

콘체른은 대기업, 특히 금융기업들이 중소기업을 지배할 목적으로 중소기업의 주식을 구입함으로써 경영권을 장악할 경우에 나타난다. 콘체른의 대표적인 형태로서 지주회사(holding company)가 있다(표 3-3 참조).

3.2 지주회사

지주회사(holding company)라 함은 재벌이 진화되어 오늘에 각광을 받고 있는 한국형 콘체른으로 여러 주식회사의 주식을 보유함으로써 다수기업을 지배하려는 목적으로 이루어지는 대규모의 기업집중 형태이며 피라미드 형태 지배관계를 가져 지배의 정점에 있는 지주회사를 모회사(parent company)라 하며, 그 지배하에 있는 타회사를 자회사 또는 종속회사(subsidiary company)라 한다. 모자회사(지배회사와 피지배회사)간에 지배관계를 형성할 목적으로 자회사의 주식총수에서 과반수 또는 지배에 필요한 비율을 취득하여 해당 자회사의 지

그림 3-7 ◎ 지주회사에 의한 지배

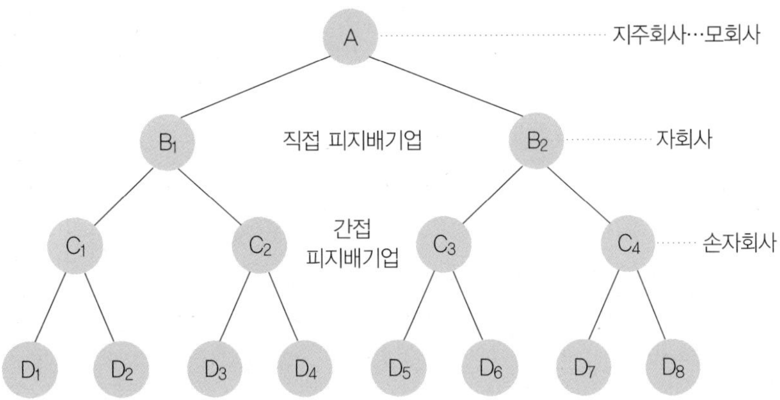

배권을 갖고 자본적으로 관리기술적인 차원에서 지배관계를 형성하는 기업을 말한다.

이러한 지주회사에는 타기업의 지배권만 장악하고 자신의 생산 및 판매업무를 하지 않는 순수지주회사(pure holding company)와 타기업을 지배하면서도 동시에 자신도 사업을 영위하는 사업지주회사(operating holding company)의 두 가지 형태가 있는데, 어느 형태이든간에 콘체른이라 하면 지주회사를 중심으로 지배하는 형태가 압도적이다(그림 3-7 참조).

G•l•o•b•a•l•M•a•n•a•g•e•m•e•n•t

지주회사와 금융지주회사

지주회사(holding company)란 타기업의 주식소유를 통해 상대기업의 경영을 지배하는 것을 목적으로 하는 회사를 의미한다. 지주회사는 지배목적 외에 고유한 사업을 영위하는 "사업 지주회사(operating holding company)"와 순수한 지배목적으로 자회사의 주식을 보유하는 순수지주회사(pure holding company)의 두 종류로 분류된다.

사업지주회사로는 GE, Citicorp, ABB, IBM, 포드, P&G, 펩시, 바이엘, 글락소 등 글로벌 기업 대부분이 여기에 속한다. 순수지주회사는 뚜렷한 실체도 없고 독자적인 사업부문도 없이 전략수립, 인사, 재무 등 자회사의 경영활동을 총지휘하는 본부기능만 한다.

기술적으로 지주회사는 "회사의 총자산에 대한 자회사 주식가액의 합계가 50%를 넘는 회사"로 정의한다. 우리나라의 경우 자회사를 지주회사의 직간접비율이 30%가 넘는 경우로 정의하고 있다.

지주회사는 20세기 초 이후 기업의 성장이나 시장지배를 위한 대표적인 수단으로 활용되어 산업자본과 금융자본을 중심으로 트러스트, 콘체른 등의 여러 형태의 기업결합조직이 출현하면서 이를 실행하기 위한 유효수단을 제공하였다. 기업조직 측면에서 지주회사는 기업결합의 한가지 예로 기업결합은 독립된 기업들을 인적 · 물적 · 자본적으로 결합을 통해 동일한 관리체계하에서 기업활동을 영위하도록 조직하는 것이다.

금융지주 회사(financial holding company)의 형태를 몇 가지로 나누어 볼 수 있는바, 은행 · 증권사 · 보험사 등의 자회사로 분류하는 경우, 금융지주회사 내에 은행 · 증권회사 · 보험회사 등 업종이 다른 금융회사를 자회사로 두는 대형 금융회사들이 주로 채택하고 있는 방식이다.

또한, 다수의 기존은행을 자회사로 보유하는 경우에 있어서는 대형화를 통한 규모의 경제 실현, IT부분의 공동투자 등을 기대할 수 있다.

아울러, 기존은행이 회사 분할된 형태의 은행을 자회사로 보유하는 경우에는 기존은행의 사업 부서를 기업금융, 개인금융, 카드회사 등의 자회사로 분할하여 지주회사를 설립하는 방식으로 이것은 주로 자본 확충이 필요한 부실은행에서 구조조정 수단으로 사용된다.

다수의 비은행 금융회사를 자회사로 보유하는 경우에는 보험사 · 증권사 등 산업자본에 의해 비은행 지주회사를 건립하고, 중장기적으로 금융전업기업 또는 금융 주력기업에 대한 은행업진출이 허용되면 이들 비은행지주회사들을 통해 은행을 자회사로 편입시킴으로써 완전한 형태의 겸업화를 이루려는 전략에 이용된다.

key word 가상기업

미국 리하이대학 부설 아이아코카 연구소의 로저나겔 교수가 미국 제조업체의 침체를 집중적으로 연구하면서 창안한 개념으로 가상기업은 상호보완적인 핵심역량을 보유한 독립된 의사결정 주체들이 네트워크로 연결되어 통합된 하나의 기업처럼 운영되는 한시적인 기업형태이다. 다시 말하면, 가상기업(virtual corporation)이란 필요에 따라 교체하고 참여하거나 나가는 것이 가능한 조직들이 임시로 네트워킹된 조직이다. 디자인업체, 공급업체, 생산업체, 유통업체, 심지어는 경쟁업체 등과 같은 독립적인 기업들이 전략적 제휴나 합작관계를 통해 형성되는 기업 네트워크로서 특정 목적을 달성한 후에는 해체된다. 극히 제한적인 핵심분야만 활동하고 대부분의 활동은 아웃소싱하는 형태의 기업이다. 이는 네트워크를 통해 시장의 거래활동을 조직화 함으로써 수직적 통합 보다 유연성을 지닌다. 이 경우, 지나친 아웃소싱으로 공동화기업(hollow corporation)이 될 가능성이 있다. 공동화 기업은 지나친 외주(外注)로 인하여 활동범위와 핵심역량이 점차 축소되어 기업자체가 텅 비게 된다. 순수한 의미에서의 가상기업은 시간과 공간의 제약을 극복하고 활용할 수 있으며,

기업간 협력 형태의 발전

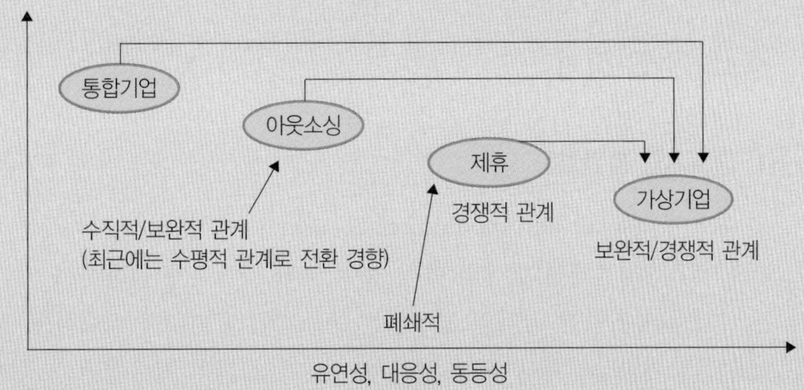

가상기업

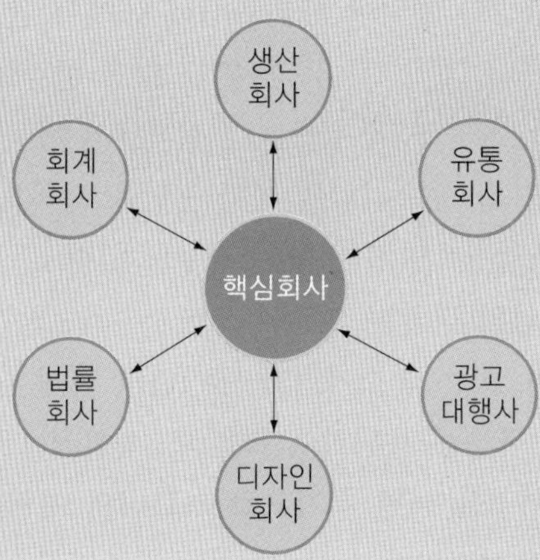

조직, 업종, 국가의 경계를 초월하여 존재하고 핵심역량간의 결합을 통해 최고를 추구하는 기업으로 사업 기회의 변화에 따라 개방된 환경에서 파트너를 선택함으로써 유연한 조직형태를 취하게 된다. 즉, 가상기업은 정보기업에 의해 연결된 조직으로서 자체의 독자적인 사무실이나 조직, 직급 체계가 없고, 수시로 그 모습을 변경할 수 있는 미래의 기업형태라 할 수 있다. 참여기업간 동등성을 가지고 기업간 지식이나 정보의 공유체계의 고도화와 핵심역량의 지속적인 교체가 이루어지게 함으로써 우수한 제품 및 서비스를 고객에게 신속히 제공할 수 있도록 특정기간 동안 일시적으로 제휴하는 기업이다.

04 | 중소기업 경영

4.1 중소기업의 정의

(1) 중소기업 범위설정

중소기업(small and medium size business)을 정의하는 기준은 국가마다 중소기업 육성정책의 방향과 목적 등에 따라 상이하게 적용하고 있다. 중소기업의 기반이 취약한 국가의 경우에는 중소기업의 범위를 확대하여 정하고, 중소기업의 기반상태가 비교적 양호하거나 기업 간의 자유경쟁을 중시하는 국가의 경우에는 중소기업의 범위를 좁게 설정하고 있다.

또한 중소기업을 정의하는 기준은 시대와 상황에 따라 변화될 수 있다. 중소기업의 경영환경이 취약한 개발도상국 등에서 단기간 내에 중소기업을 중점 육성할 목적으로 중소기업의 범위를 넓게 설정했다가 중소기업이 활성화되고, 경영기반이 구축된 경우에는 중소기업의 범위를 축소하는 방향으로 조정하는 경우도 있고, 중소기업에 대한 판단을 정책을 시행하는 담당 공무원이 자율적으로 판단할 수 있도록 하는 경우도 있다.

결국 중소기업의 정의는 기업의 생성 · 유지 · 발전 · 소멸의 배경과 과정을 규명하기 위하여, 또는 중소기업과 대기업의 관계설정이나 정부의 지원 대상에 대한 경계를 구분하기 위하여 학문적 · 법률적으로 다양하게 내릴 수 있지만 결국, 이는 기업을 어떤 시각으로 보느냐의 차이이고 실은 이 정책목적에 따라 탄력적으로 설정된다고 볼 수 있는데 결과적으로 기업은 대기업과 중소기업으로 나누어 볼 수 있는 것은 분명한 사실이다.

(2) 양적인 기준과 질적인 기준

1) 양적인 기준

중소기업을 정의하고 있는 대부분의 국가는 양적인 기준과 질적인 기준을 병용하는 것이 일반적인데, 중소기업의 양적인 기준으로는 근로자수, 매출액, 자산액, 부가가치액, 생산량 등 계량화할 수 있는 요소들이 사용되고 있다.

양적 기준의 장단점은 첫째, 측정가능성으로써 양적 기준은 계수적으로 규정되기 때문에 정책담당자의 재량권의 범위를 축소시키고 해석상의 문제가 제기될 가능성이 적다는 장점이 있다. 둘째, 현실적합성으로써 정책의 목적상 계수의 조정을 통하여 정책지원 대상자를 용이하게 조정할 수 있다. 특히 새로운 경제정책이나 조치가 신속히 취해져야 할 경우 정책 집행기관에서의 정책시행이 용이해 진다. 셋째, 임의성으로써 중소기업을 정의하는 기준을 설정한 근거가 명확하지 않고 임의적이라는 비판의 대상이 될 수 있다는 점이다. 즉, 중소기업의 정의로 인하여 혜택을 받지 못하는 기업에서 기준설정상의 근거 제시를 요구하는 경우 명확한 답변이 곤란하다는 점이다.

중소기업에 대한 양적 정의는 대체로 근로자수를 기준으로 상시근로자수 300명 이하 또는 500명 이하의 기업을 중소기업으로 규정하는 예가 많으나 구미 각국에서는 매출액을, 일본과 우리나라는 자본금과 자산총액을 기준으로 정하기도 한다. 또한 정책 차원에서 적용되는 양적 정의는, 그 대상에 따라 근로자수와 매출액을 기준으로 하기가 적절하지 않은 업종에 있어서는 그 업종 형태에 적합한 기준을 따로 정할 수 있는데, 예를 들면 운송업종은 차량 보유대수, 도소매업은 매장의 면적, 숙박업은 객실의 수 등을 기준으로 설정할 수 있다.

2) 질적인 정의

전통적으로 중소기업이 강하고 산업정책 자체가 중소기업 위주로 운용되는 서구 여러 나라의 경우 중소기업법인이 따로 없기 때문에 중소기업에 대한 정의도 선언적 의미의 질적 정의에 의존하고, 별도 지원이 필요한 경우에 행정부가 그 대상을 정하고 있다.

미국의 '중소기업법(small business act)' 제3조는 "중소기업이라 함은 독립하여 소유하고, 경영되며, 그 영업분야에서 지배적이지 않은 기업이다. 이 기준 이외에 더 상세히 정의할 필요가 있을 때에 중소기업 청장은 근로자수와 매출액을 기준으로 사용할 수 있다. 이 법률의 목적을 위하여 중소기업을 정의함에 있어 근로자수를 그 기준으로 채택하는 경우, 근로자수의 최대한은 각종 산업의 서로 다른 본질을 반영하고, 그 관련요인을 충분히 참작하기 위하여 필요한 범위 안에서 각 산업별로 다르게 정하여야 한다"고 규정하고 있다.

영국의 '볼튼 위원회' 보고서(1971)는 중소기업을 시장점유율이 상대적으로 낮고, 소유주 또는 일부의 소유권을 갖고 있는 소유주에 의하여 개인이 사적인 방법으로 운영되고, 대기업의 일부를 구성하는 계열 회사가 아니며, 소유 경영자는 기업의 중요 의사결정을 외부의 통제를 받지 않고 독립적으로 하

표 3-4 업종별 중소기업 기준

[중소기업의 업종별 상시 근로자 수, 자본금 또는 매출액의 규모기준]

해당 업종	분류기호	규모 기준
제조업	C	상시 근로자 수 300명 미만 또는 자본금 80억원 이하
광업	B	상시 근로자 수 300명 미만 또는 자본금 30억원 이하
건설업	F	
운수업	H	
출판, 영상, 방송통신 및 정보서비스업	J	상시 근로자 수 300명 미만 또는 매출액 300억원 이하
사업시설관리 및 사업지원 서비스업	N	
전문, 과학 및 기술 서비스업	M	
보건업 및 사회복지 서비스업	Q	
농업, 임업 및 어업	A	상시 근로자 수 200명 미만 또는 매출액 200억원 이하
전기, 가스, 증기 및 수도사업	D	
도매 및 소매업	G	
숙박 및 음식점업	I	
금융 및 보험업	K	
예술, 스포츠 및 여가 관련 서비스업	R	
하수 · 폐기물 처리, 원료재생 및 환경복원업	E	상시 근로자 수 100명 미만 또는 매출액 100억원 이하
교육 서비스업	P	
수리 및 기타 개인 서비스업	S	
부동산업 및 임대업	L	상시 근로자 수 50명 미만 또는 매출액 50억원 이하

비고: 해당 업종의 분류 및 분류부호는 「통계법」 제22조에 따라 통계청장이 고시한 한국표준산업분류에 따른다.

는 기업으로 정의하고 있다. 이러한 정의를 종합해 보면 중소기업은 질적으로 다음과 같은 특성을 가진 기업이라고 할 수 있다.

① **독립적 소유**(independent ownership): 기업의 독립적인 소유와 독립적인 경영, 그리고 경영상의 통제권을 가지고 있어야 한다는 것은 개인기업, 주식회사 또는 공개기업 여부를 불문하고 당초의 소유주, 경영인 또는 대주주가 50% 이상의 지분을 보유하여야 한다고 일반적으로 해석하고 있다.

② **독립적인 경영**(independent management operation): 중소기업을 독립적으로 경영한다는 것은 경영통제(management control)와 동일한 의미로 해석할 수 있다. 또한 기업의 소유주가 경영에 참여하는 것만이 독립적 경영이라고 해석할 수 없고, 실제적인 경영관리가 고용된 관리자에 의하여 수행하는 경우라도 기업의 궁극적인 통제권을 소유주가 가지고 있는 경우에는 독립적인 경영으로 해석하는 것이 바람직할 것이다.

③ **영업분야에서의 비독점**(a small share of the market): 동일 산업 내에서 독점을 규제하고 경쟁을 중시하는 미국의 정신을 반영한 부분이라 할 수 있는데 시장의 지배력이 너무 크지 않아 시장의 경쟁상태를 유지할 수 있느냐 하는 것을 중요한 고려요인으로 하고 있다.

미국은 중소기업법(Small Business Act of 1958)을 따로 정하고 있지만 중소기업에 대한 정의를 입법차원이 아닌 행정차원의 문제로 보는 데에서 서구 여러 나라와 같은 방법을 취하고 있다. 중소기업법 제3조는 먼저 중소기업을 질적으로 정의하고, 정책집행의 필요에 따라 양적기준을 따로 정하도록 명문화하고 있다.

4.2 중소기업 경영자의 꿈

(1) 경영자의 꿈

경영자는 어떤 꿈을 이루기 위해 창업하고 경영하는 것일까? 경영학 교과서는 기업의 목적은 이윤추구라고 정의한다. 그렇다면 경영자의 창업과 경영의 목적과 꿈은 이윤추구에 있는 것일까?

그런데 많은 경영자들은 돈벌이(이윤추구)가 경영의 목적이 아니고 성장하는 기업을 만들어 고용을 창출하고, 경제발전에 기여하는 것이 꿈이라고 말한다. 즉, 작은 기업을 창업해서 대기업으로 만드는 것이 기업 경영의 목적이라는 것이다.

돈벌이가 목적이었다면 중소기업, 특히 중소제조업을 하지는 않을 것이라고 말한다. 중소기업 특히 제조업을 영위하는 중소기업 경영자들은 돈벌이보다는 기업을 성장 발전시키는 꿈을 갖고 있고, 그 꿈을 실현하기 위해 노력하기 때문에 중소기업 경영자는 진정한 애국자이다. 한국의 국가경제 발전과정에서 중소기업들은 많은 희생과 노력을 통해서 국가경제의 초석을 다지는데 기여해 왔다. 중소기업의 노력과 희생이 없었다면 한국이 지금과 같은 경제대국으로 성장하는 것을 불가능했을 것이다. 특히 중소기업 경영자들이 돈벌이 수단으로 기업을 경영하지 않고, 끊임없는 기술개발과 생산성 향상을 위해 노력해왔기 때문에 한국경제가 세계의 중심으로 일어설 수 있었을 것이다.

중소제조업을 영위하는 경영자들이 이윤 추구만을 목적으로 기업을 경영하지 않았다는 사실은 연차별 재무제표를 보면 확인할 수 있다.

창업 기업의 첫 번째 목표는 손익분기점(break-even point)을 넘어서는 것이다. 그리고 두 번째 목표는 계획했던 이윤(margin)의 추구이다. 그런데 대부분의 기업들은 적정 이윤 목표를 달성했음에도 불구하고 계속 기업을 확장시킨다. 기술개발을 하고, 설비투자를 하며, 종업원을 늘려간다. 어렵게 개발한 기술을 대기업들이 빼앗는 일이 빈번하기 때문에 투자비용의 회수 가능성이 낮은데도 불구하고 R&D 비용을 계속 투자해서 신제품을 개발하고 있다. 왜 그럴까? 그들은 소명의식이 있기 때문이다.

기업 경영의 목적이 이윤추구라면 적정 이윤 목표를 달성했으면 현상유지를 하면서 경영자의 주머니를 채워나가면 안정적이다. 그러나 기업 경영의 목적이 이윤추구가 아닌 기업을 성장 발전시키는 것이기 때문에 또 다른 어려움을 겪으면서도 투자활동을 계속하는 것이다.

따라서 경영자들의 꿈속에는 상품 개발에 성공한 신제품이 불티나게 팔려 24시간을 가동해도 수요를 충족시키지 못해 생산설비를 늘리고, 우수한 신규 인력을 채용하기 위해 면접에 땀을 흘리며, 연구소에서는 또 다른 대박신상품을 개발하기 위해 밤새 연구하는 꿈을 꾸고, 현실에서도 그런 노력을 기울인다. 기업을 위한 기업가 정신을 실천하고 있는 것이다.

(2) 기업 경영의 현실

중소기업 경영자의 꿈은 환상적이고, 멋지고, 인생에서 꼭 경험해 보고 싶은 멋진 꿈이 아닐 수 없다. 그러나 한국에서 중소기업을 경영한다는 것은 고난의 길이다. 중소기업 경영환경은 지극히 열악하다. 경영자들은 행복한 꿈을 실현시키면서 신바람 나는 경영을 하기가 여간 어렵지 않다. 한국의 중소제조업을 영위하는 경영현실을 보자.

대부분의 중소제조업체와 그 경영자들은 늘 자금난에 허덕인다. 원자재 가격은 현금으로 지급해야 하는데 , 납품 대가는 6개월짜리 어음으로 돌아온다. 가끔은 받은 어음이 부도 처리되기도 한다. 그래서 은행을 찾아가 머리를 조아리며 부족한 자금을 조달하기 위해 노력하지만 은행 담당자는 담보가 없으면 대출해 줄 수 없다는 답변을 한다.

어렵게 대출을 받았지만 금리는 눈만 뜨면 올라가고, 대출금 만기일과 월급날은 어느새 또 돌아오고 있다. 그래서 경영자의 하루하루는 속이 타들어가고, 어느 순간 재(ashes)가 되어 속이 새까맣게 변해버린다.

생산현장의 상황은 어떠한가? 직원들은 경영자의 속 타는 마음을 아는지 모르는지 불량은 늘어나고, 생산성은 떨어지고, 생산현장에서 일하겠다는 젊은 인력은 찾을 수 없고, 그나마 생산현장의 문제가 무엇이냐고 하면 인력부족 타령만 한다.

기술개발에 착수했지만 예산만 들어갈 뿐 성과는 쉽게 나오지 않는다. 어렵사리 신제품을 개발했지만 중소기업 제품에 대한 고객의 반응은 신통치 않다. 또 연구개발비만 날리는 것 아닌가 잠 못 이루는 밤이 늘어간다. 어쩌다 창고에 가보면 재고가 가득 쌓여있고, 영업부서에는 이번 달에도 매출 목표를 맞추기 어렵다는 푸념만을 하고 있다.

중소기업 현장에서는 모든 문제가 있을 때 사장을 찾는다. 자금에 문제가 있어도 사장님, 생산에 문제가 있어도 사장님, 영업의 문제도 사장님, 그래서 중소기업 경영자는 항상 해결사가 되어야 하고, 전지전능한 능력의 소유자가 되어야 한다.

경영자의 꿈은 어디에서 찾을 수 있을까? 이렇게 힘들고 어려운데 왜 경영자들은 계속 사업을 지속하는 것일까? 경영자들의 DNA 구조가 궁금하다. 그래도 경영자들은 꿈을 버릴 수 없고, 꿈을 이룰 수 있다는 믿음과 신념이 있기에 오늘도 현장에서 밤을 지새우고 있을 것이다. 그래서 한국의 중소기업

경영자, 특히 제조업을 영위하는 중소기업 경영자는 한국경제의 받침돌이자 그 자체로 애국자라고 아니할 수 없다.

(3) 정부의 기업지원

정부는 중소기업을 육성 발전시키기 위하여 다양한 정책을 시행하고 있다. 그런데 경영상의 어려운 현실을 조금이나마 벗어나기 위해 정부의 지원제도를 활용해 보려고 하지만 지원 대상으로 선정되는 일은 그렇게 녹녹치 않다.

정부의 지원제도를 홍보하는 기사(news)를 보면 다 되는 것처럼 선전하고 있지만 상담을 해보면 되는 조건보다 안 되는 조건이 더 많다. 홧김에 정부와 지원기관을 욕 해보지만 돌아설 수밖에 없다. 결국 성공한 기업은 운이 좋았고, 실패한 기업은 운이 나빴기 때문이라고 해야 할까?

어쩌면 운이 좋고 나쁨의 문제라고 할 수도 있겠지만, 중소기업 경영의 원칙과 원리가 그 기업의 현실과 맞았던 경우에는 성공했을 것이고, 맞지 않았던 경우에는 실패했을 것이라고 하는 것이 옳을 것이다.

중소기업은 성공한 기업들의 성공사례나 일반적인 기업 경영의 원리와 원칙을 그대로 적용하기가 쉽지 않은 특성과 상황이 있다. 그렇기 때문에 경영학 교과서나 경영이론을 적용해도 성공하는 경우와 실패하는 경우가 있는 것이다.

그래서 기업경영은 종합예술이라고 했다. 오케스트라는 같은 곡을 연주해도 연주자나 지휘자가 누구냐에 따라서 느낌이 전혀 다르다. 곡을 듣는 위치에 따라서도 감동이 달라진다. 마찬가지로 같은 업종을 영위하는 기업일지라도 기업이 처한 상황과 특성은 모두 다르기 때문에 경영성과는 천차만별 차이가 나타나게 되는 것이다.

(4) 성공하는 중소기업 만들기

성공하는 중소기업, 성장 · 발전하는 중소기업, 경영자의 꿈을 이루는 중소기업을 만들기 위해서는 어떻게 해야 할까?

첫째, 중소기업이 처한 경영환경의 분석이 있어야 한다. 한국 경제의 상황과, 지역적 특성, 업종 특성 등 다양한 경영환경에 대한 철저한 분석이 선행되어야 대응방안이 마련될 수 있을 것이다. 경제나 업종의 성장기에 사업을 하게 되면 성공확률이 높다. 반대로 경제침체기나 업종의 쇠퇴기에 사업을 하게 되면 실패확률이 높아지게 된다. 환율의 영향을 많이 받는 경제구조에서 원자재가격의 등락에 따라 기업 경영에 많은 영향을 미치게 된다. 지역에 따라서 인력확보가 용이한 지역이 있는 반면, 인력난에 어려움을 겪는 경우도 있다. 어떤 업종의 사업을 어느 지역에서 어느 때 해야 되는지에 대해서도 충분히 검토해야 할 것이다.

둘째, 생산하는 상품의 특성에 맞는 경영전략이 수립되어야 한다. 대부분의 기업들은 경영전략을 수립하고 있다. 그런데 많은 기업들이 경영전략을 수립하고 있지만 가장 중요한 핵심적인 문제에 오류가 있다고 판단한다. 우리 기업이 생산하는 재화(service & goods)에 따라 기업의 경영방식은 달라져야 한다. 생산 재화에 따라 경영의 핵심요소가 달라져야 한다. 아무리 훌륭한 경영전략이라고 해도 기본적인 핵심요소가 잘못된다면 성과는 나타날 수 없게 되기 때문이다.

셋째, 중소기업은 혼자 힘으로 성장할 수 없다. 다양한 지원제도를 활용할 수 있어야 한다. 대부분의 중소기업 경영자들은 정부나 중소기업지원기관들이 우리 기업을 지원해 주지 않는다고 불평한다. 그런데 중소기업 지원제도를 활용하지 못하는 경영자들이 간과하고 있는 점이 있다. 그것은 정부나 중소기업 지원기관은 하나하나의 기업을 위한 제도를 시행하지 않는다는 점이다. 정부나 중소기업지원기관은 정책목적을 갖고 지원제도를 운영하기 때문에 기업이 그 정책목적에 부합되는 조건을 갖추어야 한다는 것이다. 아무리 정부에 불만을 표시해도 지원 대상이 될 조건을 갖추지 못한다면 지원받을 수 없다. 결국 중소기업이 정부의 지원제도를 이용하기 위해서는 몸(우리 기업)에 맞는 옷(지원제도)을 찾는 것이 아니고, 옷에 몸을 맞추는 노력을 해야 한다. 중소기업은 유연성을 갖고 있기 때문에 정부 지원제도가 제시하는 조건에 부합하는 기업으로 변화시켜야 한다. 정부의 중소기업 지원제도는 매우 다양하게 운영되고 있다. 따라서 중소기업 지원제도를 잘 활용하면서 기업을 경영한다면 성공의 길로 접어들었다고 희망을 가져도 될 것이다. 왜냐하면 정부가 지원 대상 중소기업을 선정하는 평가모형은 성공기업의 조건을 모형화한 것이기 때문이다.

넷째, 기업은 만들어진 것이 아니고 만들어 가는 과정에 있는 생물체라고 표현하기 쉽다. 매일매일 기업을 새롭게 변화시키고 의도하는 대로 만들어 가야 한다. 경영환경은 계속 변화되고 있다. 누구도 환경의 변화를 멈추게 할 수는 없다. 경영환경의 변화는 치열한 무한경쟁의 상황이다. 죽느냐 사느냐의 문제인 것이다. 경영환경 변화에 적응하면 성장 발전하지만 그렇지 못하면 기업은 망하게 된다. 한국에서 중소기업이 망하게 되면 경영자는 비록 주식회사인 경우에도 제한된 범위 내에서 책임을 지는 것이 아니고 패가망신(敗家亡身)의 신세가 된다.

다섯째, 기업의 주인을 똑바로 인식해야 한다. 기업의 주인은 누구인가? 경영자라고 생각할지 모르지만 경영자가 기업의 주인이 아니다. 주주도 아니다. 종업원들도 아니다. 그렇다면 기업의 주인은 누구인가? 기업의 주인은 고객이다. 고객이 우리 기업의 생과 사를 결정할 권한을 갖고 있다. 고객이 원하는 조건을 모두 갖추었다면 고객은 기업에 충성한다. 이윤을 창출할 수 있도록 해 준다. 고객의 마음은 일편단심이 아니다. 늘 변화무쌍한 고객을 어떻게 만족시킬 것인가가 기업경영의 관건이다. 따라서 기업의 경영은 경영자의 입장이 아니라 고객의 입장에서 결정되고 운영되어야 한다.

마지막으로 중소기업의 특성을 이해해야 한다. 중소기업의 특성은 새로운 경영환경을 만들어가기 때문이다. 예를 들어 최근에 청년실업 100만명 시대라고 한다. 청년 실업자가 그렇게 많다고 하지만 중소기업 현장에서는 인력을 충당하기가 쉽지 않다. 기술개발을 위해서 고급기술 인력을 영입하려고 해도 중소기업 현장에는 응모조차도 하지 않는다. 급여가 낮은 이유만은 아니다. 중소기업이기 때문이다.

중소기업이기 때문에 모든 것을 포기해야 한다는 것은 아니다. 중소기업의 경영에는 중소기업의 특성을 이해하고 그에 따른 새로운 경영전략이 마련되어야 하는 것이다.

4.3 중소기업만의 경영전략의 차별화

(1) 경영전략의 필요성

대기업은 말할 것도 없고 중기업이나 소기업들조차도 기업의 비전(vision)과 목표(goal), 그리고 비전과 목표를 달성하기 위한 세부지침인 경영전략이 필요하다. 그런데 기업의 비전과 목표, 경영전략은 기업마다 차이가 있는 것이 당연한데도 생산성 향상, 고객만족, 이익확대와 같은 일반적인 내용으로 되어 있어 큰 차이를 찾아보기 어렵다.

기업마다 경영전략이 비슷비슷한 이유를 보면, 컨설턴트나 전문가에게 의뢰하여 경영전략을 수립하기 때문이다. 외부에 의뢰하여 작성된 경영전략은 보기에는 그럴듯해 보이지만 기업의 특성이 반영되지도 않고 차별화되지 않은 교과서적인 내용으로 채워져 있다. 어떤 경우에는 모델이 될 만한 기업의 이야기인 경우도 있다.

우리 기업에 필요하거나 우리 기업의 현실에 맞는 이야기가 아닌 다른 기업의 멋져 보이는 경영전략을 만들어서 어디에 쓸 것인가? 아무리 볼품없는 것이라도 내게 필요한 것이고 내게 도움이 되는 것이라면 가치가 있지만 아무리 폼 나는 것이라도 내 것이 아니면 아무런 도움이 안 된다.

기업의 비전과 목표, 그리고 경영전략은 기업이 지향하는 바를 달성하기 위한 로드맵(Road Map)이기 때문에 중요하다. 그럼에도 불구하고 기업의 특성을 충분히 반영하지 못하고 있는 이유는 무엇일까? 이는 기업의 성격에 따라 그에 합당한 경영전략이 수립되어야 한다는 가장 기본적인 요소를 간과하고 있기 때문이다.

(2) 원료생산기업의 경영전략

원료와 소재는 제품을 생산하는데 필수적인 요소가 되기 때문에 성분과 품질, 그리고 품질에 대한 시험결과가 상품을 선택하는 가장 중요한 기준이 된다. 원료를 생산하는 기업의 고객은 원료를 이용하여 부품이나 완제품을 생산하는 기업이다. 따라서 원료나 소재 생산 기업의 경영 핵심은 성분과 품질이 우수한 상품을 개발하는 것이고, 주요 마케팅 대상은 이 원료를 이용하여 부품이나 2차 가공품, 완제품을 생산하는 기업이 된다.

따라서 이들 수요처인 기업의 욕구를 충족하기 위한 방법으로 성분과 품질유지 또는 향상, 더 나아가서 보다 우수한 품질의 신상품의 개발과 함께 원료를 이용하여 제품을 생산하는 기업들의 구매층을 확대하는 것이 중요한다. 아무리 우수한 원료를 개발하고 생산한다고 해도 원료를 구매하는 고객이 많지 않은 제품을 개발한다면 기업의 성장은 한계성을 보이기 때문이다.

결국 원료를 개발하여 생산하는 기업은 우수한 품질의 제품을 생산할 수 있어야하고(생산성), 그에 앞서 구매층이 넓은 제품을 개발하여 생산해야 한다. 그리고 이를 어떻게 달성할 것인가의 문제가 경영전략의 포커스(focus)가 될 것이다.

그러므로 원료나 소재를 생산하는 기업의 경영전략서에는 생산제품의 품질경쟁력을 높일 수 있는 전략, 생산과정에서 품질의 안정성과 균일성을 확보할 수 있는 전략, 그리고 주요 마케팅 대상을 선정하고 고객들에게 접근하는 방법에 대한 세부적인 방안들로 채워져야 한다.

(3) 부품생산기업의 경영전략

부품을 생산하는 기업은 어떠한가? 부품을 생산하는 중소기업이 전체기업에서 차지하는 비중이 가장 많다. 현대의 산업은 부품과 부품을 결합하여 완성품을 생산하는 체제이기 때문에 하나의 기업이 모든 부품을 생산하고 이를 조립하여 완성품을 만든다는 것은 비효율적이기 때문에 부품생산기업의 비중이 높을 수밖에 없다.

부품을 생산하는 기업도 1차 가공과 2차 가공으로 나눌 수 있고, 완성품을 생산하는 기업의 1차 납품기업의 지위를 갖고 있을 수 있고 2차 또는 3차 납품지위를 갖고 있을 수 있다. 그런데 부품을 생산하는 기업은 원료를 조달하여 그 부품을 납품받는 기업의 욕구를 충족하는 것이 기업 경영의 가장 중요한 포인트(point)이다. 즉 아무리 우수한 부품을 개발하여 생산하는 기업이라도 구매할 기업이 원하는 사양이나 가격조건, 납기 등을 충족하지 못한다면 납품자체가 어려워진다. 따라서 구매기업이 완성품이거나 1차 벤더이거나를 불문하고 납품처의 욕구충족이 기업경영의 핵심이 된다.

앞서 언급한 바와 같이 중소기업들 중에 부품을 생산하는 기업이 가장 많다는 것은 기업 간 경쟁이 치열한 부분도 부품을 생산하는 기업이라고 할 것이다. 자동차에는 약 2만 여개의 부품이 들어가는데 2만 여개의 부품 중에 우리 기업이 가장 경쟁력을 갖고 생산할 수 있는 부품은 무엇인가? 완제품을 생산하는 기업이 원하는 사양은 무엇인가? 납기를 충족시키기 위한 생산계획, 완제품 생산기업의 사양 변화 등에 관한 정보수집으로부터 그에 충족하는 제품을 개발하고 생산하는 능력 등 완제품 생산기업의 욕구 충족방안이 경영전략의 핵심이라고 할 것이다.

부품 생산기업이 경영전략은 두 가지로 구분될 수 있다. 첫째, 자체 개발한 부품을 납품할 기업에 제시하고, 공급물량을 수주 받아 생산계획을 수립하는 경우가 있고, 둘째, 납품받는 기업이 제시하는 조건의 제품에 대한 물량을 수주 받아 생산계획을 수립하는 경우로 나누어 볼 수 있다.

첫 번째 경우에는 원료나 소재를 생산하는 기업과 같이 개발제품의 품질과 성능이 우월하거나 공급받는 기업이 관심을 가질 수 있도록 우수한 제품을 개발하는 것이 경영전략의 포커스가 되고, 협상과 설득전략이 마련되어야 할 것이다. 또한 핵심기술의 보완문제도 충분히 검토되어야 할 것이다.

두 번째 경우에는 공급받는 기업이 제시하는 조건과 사양에 맞추어 생산계획을 수립하여야 하는데, 이 경우 이익 창출방안이 경영전략의 핵심이 되어야 할 것이다. 왜냐하면 계약의 주도권은 납품처가 갖고 있기 때문에 충분한 이윤확보가 쉽지 않을 것이기 때문이다.

국가 경제적 입장에서도 부품생산기업이 가장 중요하다. 기업체의 수적 우위도 그렇지만 완성품의 품질은 부품 생산기업의 품질과 가격경쟁력에 좌우되기 때문이다. 물론 현재의 상황은 부품생산기업보다는 완성품을 생산하는 기업들이 주도권을 갖고 있지만 하나의 부품에 발생한 문제는 전체 완성품의 이미지 전체를 훼손하기 때문이다.

(4) 완제품 생산기업의 경영전략

완제품을 생산하는 기업의 경우는 어떠한가? 이 기업의 흥망성쇠(興亡盛衰)의 열쇠는 소비자가 갖고 있다. 아무리 우수한 제품을 개발하여 생산한다고 해도 소비자가 구매할 수 있는 제품을 생산해야 한다. 따라서 완제품을 생산하는 기업은 소비자의 욕구를 파악하여 그에 맞추는 것이 경영전략의 핵심이 되어야 한다.

결국 기업이 생산하는 재화에 따라서 경영전략이 다르게 수립되어야 한다는 것이다. 물론 재화에 따른 경영전략의 차별적 수립은 창업단계부터 고려되어야 할 사항이고, 업력이 아무리 오래되어도 차별적 경영전략은 유지되어야 한다.

하나의 부품을 생산하는 기업에게 있어서 가장 중요한 것은 그 부품을 이용하여 반제품이나 완제품을 생산하는 거래처가 필요로 하는 제품을 생산하는데 여기에서 중요한 것은 고객인 납품처와 생산자가 원하는 가격과 생산역량, 공급역량, 품질 등이 부합되어야 한다는 것이다.

아무리 첨단기술의 부품을 생산한다고 해도 고객인 완제품 생산 기업에서 채택하지 않으면 그 생산제품은 재고가 된다. 또한, 발주처에서 납품의뢰를 받았다고 해도 정해진 기한 내에 제품의 생산량을 맞추지 못해 제때 공급하지 못하거나 불량품이 많아서 클레임이 발생하면 문제가 된다.

또한 아주 오랫동안 거래관계를 유지하고 있었기 때문에 새로운 거래처를 만들 필요도 없었고, 발주처가 여러 기업과의 거래를 원하지 않았기 때문에 한 기업과의 거래관계만을 유지했는데, 어느 날 갑자기 발주처가 다른 거래처와 거래를 하게 된다면 어떤 현상이 나타날까? 그러기 때문에 기업은 기업이 생산하는 재화의 종류에 따라서 경영전략이 달라져야 한다. 이것이 경영전략 수립의 핵심이고 기초이다.

4.4 21세기 중소기업의 역할과 비전

(1) 중소기업의 시대 도래

21세기는 규모보다 속도가 중요하고, 대량소비시장에서 틈새시장으로 변화할 것이며, 모방기술로는 치열한 경쟁체제에서 살아남기 힘들고 창조기술만이 기업 생존을 보장하게 될 것이다. 이와 같은 패러다임의 변화를 어떻게 이용하느냐에 따라 중소기업은 대기업보다 유리한 위치를 점할 수 있다. 따라서 21세는 창업을 촉진하고 새로운 형태의 사업군 탄생 등을 통해 중소기업이 산업발전의 주역으로 등장하게 될 것으로 기대된다.

(2) 중소기업의 역할

1) 중소기업에 대한 시각의 변화

지금까지 중소기업은 경제적 약자로서 보호대상이라는 시각이 팽배해 있었고, 우리 중소기업들도 경제적 약자로서 정부의 지원강화만을 주장해 왔었다. 그러나 21세기는 중소기업이 활력 있는 다수(vital majority), 또는 창조의 모체로서 그 역할을 강화해 나가고 보호대상에서 공정한 경쟁관계를 유지할 수 있도록 제도적 보완을 주장해 나가야 할 것이다.

2) 중소기업의 기능과 역할

중소기업은 국가산업의 생산, 고용, 소득증대부문에서 중요한 부분을 차지하고 있으며 많은 기여를 하고 있다. 이러한 중소기업은 21세기에도 경제활력의 원천으로서 기술개발 촉진, 지역사회 발전, 자유경쟁시장의 확립, 부문간 균형발전, 국제수지의 개선 등의 면에서 다양하고 중요한 기능과 역할을 수행하여야 한다. 특히 21세기의 우리 중소기업들은 ① 중산층 확대를 통한 사회경제의 안정 도모, ② 신규 및 유휴노동력의 흡수를 통한 고용창출, ③ 개인의 창의력 발휘의 장으로서 사회 전체에 활력 제공, ④ 기업간 분업 촉진기능, ⑤

G·l·o·b·a·l·M·a·n·a·g·e·m·e·n·t

21세기 중소기업의 역할

■ **미국 중소기업청 및 백악관 중소기업협의회**

① 고용창출의 원동력, ② 이노베이션과 기술개발에 크게 기여, ③ 창업을 통한 개인의 가치 실현, ④ 소기업운동은 경제적으로 약자인 사람들에게 힘을 제공, ⑤ 젊은이들의 기업가 정신은 미래의 희망을 대변

■ **영국 볼튼 위원회**

① 창업기회의 제공, ② 적정규모로서의 효율적인 활동, ③ 다품종 소량 수요에 대한 효율적인 대응, ④ 대기업에 대한 보완, ⑤ 경제력 집중화의 저지와 경쟁의 촉진, ⑥ 신제품의 묘상(苗床), ⑦ 새로운 산업의 묘상

■ **미 하원 보고서**

① 경쟁의 첨병, ② 이노베이션의 전위, ③ 고용창출자, ④ 리더십의 원천, ⑤ 기업가 능력 발휘의 장

수출증대와 부품전문화를 통한 국제수지 개선, ⑥ 지역사회발전에 공헌, ⑦ 다품종 소량생산으로 소비자를 만족시키는 역할을 수행해 나가야 할 것이다.

(3) 21세기 중소기업의 비전

1) 중소기업 활동영역의 확대

21세기는 기술혁신의 가속화, 생명공학의 발달에 따른 고령화 사회, 라이프스타일의 변화, 규제완화 등으로 인하여 새로운 산업분야가 나타나고, 신산업분야에서 소비자 욕구가 다양화될 것으로 전망된다. 이와 같은 산업 기저의 변화에 있어 중소기업은 변화에 유연하게 대응할 수 있는 중소기업의 활동영역의 폭이 점차 확대되고 있다.

2) 기술 · 지식집약적 중소기업의 약진

21세기는 정보통신, 신소재, 생명과학 분야에서 과거에 경험하지 못했던 대변혁이 일어날 뿐만 아니라 기존 산업분야에서도 기술의 융합화와 소비자 수요의 증대, 정보화 · 소프트화 등의 추세로 지식집약적 중소기업과 전문기술 중소기업의 창업과 발전이 활발해질 전망이다. 또한 기업간 분업 및 협력이 기술과 지식을 중심으로 전환되어 중소기업의 기술 · 지식집약화는 국내기업의 기술 · 집약화를 선도하는 견인차 역할을 담당할 것이다.

제4장

Global Management

경 영 자

01 | 경영자란?

경영자(manager)란 일반적으로 기업가로부터 경영기능을 위임받아 기업경영을 전담해 나가는 자이다. 즉 현대의 전형적인 경영자는 출자자로서의 기업가를 대신하여 기계설비, 원재료 등의 물적 요소와 인적 요소로서의 노력을 결합함으로써 기업활동이 합리적으로 수행되도록 조직의 목표를 수정하고, 목표를 달성하기 위하여 조직의 제 자원을 조직화하고, 계획, 지휘, 통제하는 자이다. 따라서 경영자는 조직의 계획수정자(planner), 조직화담당자(organizer), 리더(leader), 및 통제자(controller)라고도 할 수 있다.

원래 기업이란 기업목적을 달성하기 위하여 설립, 운영되는 하나의 조직체다. 이러한 기업은 기업 스스로가 경영정책을 수립하여 기업의 경영 활동을 집행, 통제, 조정할 수는 없다.

그러므로 기업의 경영정책을 합리적으로 수립해서 기업의 경영활동을 지휘, 감독, 통제할 수 있는 기관으로서의 역할을 담당하는 사람을 선임하여야 한다. 이러한 기관으로서의 성격을 가지는 사람이 경영자이다. 따라서 경영자는 그가 수행하는 기능으로 보아 출자기능만을 수행하는 출자인기업가나 단순히 작업 내지 노동기능만을 수행하는 종업원과는 다른 독립적인 존재이다.

오늘날 인적 사기업에 있어서는 소유경영자 또는 고용경영자들이 기업경영을 담당하고 있지만 소유와 경영이 분리된 대기업에서는 전문경영자들에 의해서 기업이 지배되고 있다. 기업에 있어서 소유와 경영이 분리되고 있다는 것은 기업의 지배권을 장악하고 있는 자가 출자자인 기업가가 아니라 경영자라는 것이다. 그럼으로써 경영자 지배가 발생하게 되었는데 경영관리계층을 보면 [그림 4-1]과 같이 관리의 세층을 나타내고 있다. 대부분의 기업은 중간관리층안에 또 몇개의 층이 더 있다. 그러나 최근 기업들은 스스로 관리

그림 4-1 ◎ 경영관리계층

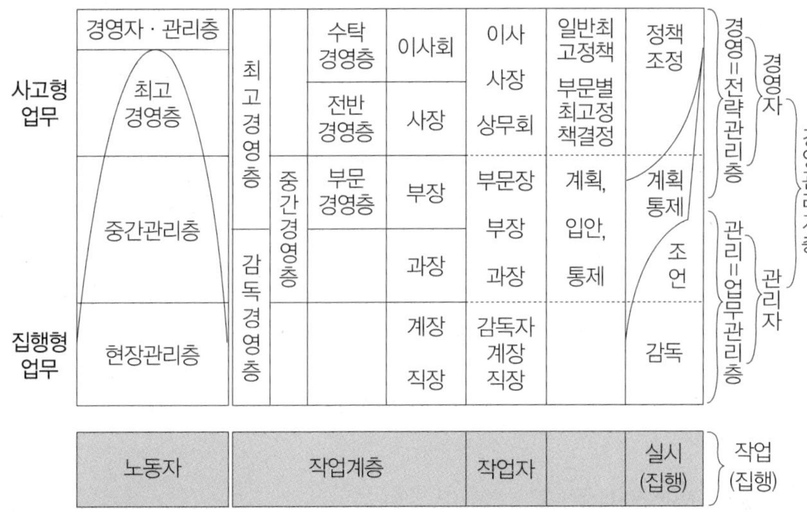

자료: 김원주, 입문경영학원론, 경문사, 1987, p. 412.

능력을 갖춘 종업원들로 구성된 팀을 증가시키면서 중간관리자들을 축소하고 있다.

key word ◎ 경영자 지배와 혁명

현대 기업은 점차적으로 대기업화되고 기업환경이 복잡해지므로 해서 대자본을 필요로 하며 기업을 경영하는 데 있어서 고려하여야 할 요소가 다양하고 전문적인 지식이 요구되는 것도 많아지고 있다. 따라서 자본출자자(주주)에 의한 기업경영이 곤란하게 되었으며 기업의 소유자인 자본출자자는 전문성을 지닌 전문경영인에게 경영을 위탁하여야 하는 자본과 경영이 분리되고 있다.

주식회사의 발달과 함께 소액투자자가 많아지므로 해서 소액투자자 한 개인이 여러 주주들에 의해 위탁된 전문경영자에게 주주총회를 통하여 기업경영에 대한 권한행사가 약화되고 경영자가 실질적으로 경영을 지배하는 소유와 경영의 분리(separation between ownership and management)가 더욱 심화되어 가고 있다. 이와 같이 소유와 경영의 분리로 경영자가 기업의 실질적인 지배자가 되는 것을 가리켜 기업의 경영자 지배(management control)라고 한다. 주식의 분산으로 경영자가 기업의 기본적인 방침 등을 지배한다는 경영자 지배론은 실질적으로 주식이 다수의 소수 주주로 분산되면 될수록 소수비율의 주주가 주주총회를 지배하는 데 훨씬 용이하다는 것과 재벌주주가 자기명의가 아니라 다른 사람의 명의로 다수의 주식소유를 통하여 주주총회에서 원하는 사람을 경영자로 선임한다는 측면에서 비판을 받고 있다.

경영자 지배는 대주주의 실질적인 기업지배에서 벗어나 다수의 소수주주가 참여하는 주주총회를 통하여 선임된 경영자가 소신을 가지고 기업을 경영할 수 있다는 주식회사의 민주화 측면에서 긍정적으로 해석할 수 있으나 경영자의 지위가 상대적으로 강화되어 조직의 구성원을 자신의 인맥화하고 자리 유지에 연연하여 안정적인 것을 추구한 나머지 혁신적인 사고와 발상이 둔화될 가능성이 있다.

미국의 버남(J. Burnham)은 1941년 그의 저서 『The Managerial Revolution』에서 1차 세계대전 이후 선진국을 중심으로 자본가적 사회에서 자본주의 사회의 경제의 중심인 기업을 경영자가 지배하고, 기업지배자인 경영자는 경제의 주체인 기업뿐만이 아니라 정치 · 사회까지 지배한다는 경영자사회로 이행되고 있다는 경영자혁명론을 주장하였다.

자료: J. Burnham, *The Managerial Revolution, what is happening in the World*, Indiana Univ. Press, 1941.

02 | 경영자의 유형

경영자는 조직 내에서 각각 다른 과업과 책임을 지기 때문에 유형을 각기 다르게 분류할 수 있으나, 일반적으로 조직 내에서의 활동범위(the range of organizational activites)와 조직 계층(organizational levels)에 따른 분류방법이 있다.

2.1 소유와 경영의 분리에 따른 분류

(1) 소유경영자(owner manager)

기업에 투자한 기업의 주인이자 경영을 담당하는 사람으로, 기업 초기에는 조직의 규모가 작고 조직 활동이 단순하기 때문에 한 개인이 자본 조달, 조직 운영, 의사결정 및 통제 등 모든 조직 활동을 담당한다. 직접 기업을 소유하고 있는 사람, 즉 대주주나 출자자가 직접 경영에 참여하는 경영자를 말한다.

(2) 고용경영자(employed manager, salaried manager)

소유경영자에게 고용된 경영자로, 기업의 규모가 커지고, 조직의 기능과 역할이 다양해짐에 따라 소유경영자 혼자서는 모든 활동을 담당할 수가 없게 된다. 이에 따라 특정 부분에 대한 관리를 위해 경영자를 대리인으로 임명하

표 4-1 ◉ 경영자의 유형에 따른 장 · 단점

구 분	소유경영자	전문 · 고용경영자
장 점	- 강력한 리더십 - 과감한 경영혁신 - 환경변화에 빠른 적응	- 민주적 리더십 - 경영의 전문화 - 회사의 안정적 성장
단 점	- 가족경영, 족벌경영의 위험 - 개인 이해와 회사 이해의 혼동 - 능력부족 위험 - 부와 권력 독점	- 임기제한, 개인의 안정추구 - 주주의 이해관계 경시 - 장기적 전망 부족 - 단기적 이익에 집착

여 소유경영자 대신 관리를 하게 하는데, 이를 고용경영자라고 한다.

(3) 전문경영자(professional manager, expert manager)

기업이 점점 거대해지고 그에 따른 대규모의 자본이 필요해짐에 따라 소유와 경영이 분리되고, 전문적 지식과 능력을 가진 전문경영자가 필요하게 되었다. 전문경영자는 실제 회사의 소유자인 주주들의 이익을 극대화시킴과 동시에 기업이 사회에 기여할 수 있는 경영활동을 한다.

한편, 역량있는 우수인력인 전문경영인을 영입하려는 유인책으로 스톡옵션(stock option)을 부여하는 인센티브(incentive)가 활용되기도 한다.

key word 스톡옵션

새로운 보상수단으로서 기업에서는 스톡옵션이 빠르게 확산되고 있다. '스톡옵션(stock option)' 이란 임직원이 자기 회사 주식을 미리 약정한 가격으로, 일정한 수량을, 일정 기간 동안 매수할 수 있는 권리를 의미하며, '주식 매입선택권' 이라고도 한다.

기업의 입장에서는 일종의 업적 달성에 따라 지급하는 성과급적 보수제도라고 할 수 있으며, 임직원의 입장에서는 시장에서 주가가 행사가격보다 높아지면 그 권리를 행사하여 차액을 남길 수 있는 일종의 장기적 인센티브 제도이다.

이러한 스톡옵션의 효과는 긍정적/부정적 측면의 양면의 효과를 모두 지닌다. 긍정적 효과로는 기업의 성장에 따른 과실의 분배로 주인의식 고취 및 근로의욕 상승을 통한 실적 향상을 도모할 수 있으며, 최소의 비용으로 우수한 인재의 확보가 가능하다. 따라서 몇 해 전 IT 및 벤처붐이 조성되었을 당시, 많은 벤처회사에서 스톡옵션을 제시하며, 많은 대기업 등의 인재를 유입할 수 있었다. 스톡옵션 지급에 따라 주주와의 이해 상충을 줄임으로써 대리인 비용의 감소 효과를 얻을 수 있고, 소유와 경영의 분리 유도로 전문 경영인을 육성할 수 있는 측면도 있다. 또한 회사, 주주, 경영자의 이해의 일치로 경영의 민주화와 투명성을 제고할 수 있고, 성과 보상시 다른 성과급과는 달리 당장의 현금 지출 부담이 없고 향후 주가 상승시 고액의 보상 효과를 가져온다. 마지막으로 기업에 우호적인 임직원이 많아져 협조적인 노사관계가 구축되고 적대적 인수 · 합병으로부터 자사의 경영권 방어가 가능해져 안정적인 경영을 할 수 있게 된다.

한편, 부정적 효과로는 몇몇 소수에게 지나치게 많은 보상이 지급되어 직원간 신뢰 · 화합을 저해할 수 있다. 또한 기업의 임직원들이 스톡옵션 기간 내에 경영성과를 올리기 위해 장기적 성장의 잠재력보다는 단기 성과에 집착하는 근시안적 경영 행태를 보일 가능성이 있으며, 기업의 실적과 주가와의 상관 관계가 약한 기업의 경우 시장 전체의 움직임에 의해 주가가 형성됨에 따라 주식시장이 약세일 경우 실익이 줄어들 수 있어 스톡옵션제의 효과를 감소시킬 수 있다. 또한 경영진의 과다한 이익의 향유로 주주의 이익이 침해당할 위험이 있다.

2.2 계층에 따른 분류

(1) 최고경영자

최고경영자(Top manager)란 기업의 전반적인 경영을 책임지는 경영자로서, 기업의 대내 · 외의 환경변화에 능동적으로 대응하기 위한 전략적 사고, 즉 기업의 비전, 사명, 중장기 목표와 전략 등을 결정하여 기업의 활동 방향을 제시하고, 기업 외부와의 관계 형성을 위한 업무를 주로 맡는다. 아울러 다음은 무엇인가?(What is next?)하는 차세대의 제품, 서비스에 대한 관심에 초점을 맞춘다.

최고경영자에 속하는 사람으로는 회장, 대표이사, 사장, 이사 등 임원이 주로 해당한다.

최근에는 조직계층상 최고의 지위에 있으면서 조직의 전략과 경영성과에 책임을 지며 이사회의 구성원이 되어 총괄적 업무를 총지휘하던 CEO(Chief Executive Officer)가 업무의 특성에 따라 CEO를 정보기술 측면에서 보좌하는 정보담당 최고 경영자 CIO(Chief Information Officer), 지식을 기업의 주요 자산으로 구축하기 위한 전략적 책임을 지는 지식담당 최고경영자 CKO (Chief Knowledge Officer), 최고 프로젝트 관리 경영자로서의 CPO(Chief Project Officer) 등으로 다양하게 변신하고 있다.

- **COO(Chief Operating Officer)**: 최고운영경영자. 조직 전체의 사업부 총

괄, 내부 업무 및 전략 조직의 제2인자로서 미국에서는 CEO와 함께 이사회의 구성원이 된다. 우리나라에서는 COO는 부사장 또는 전무가 맡는 경우가 많다.

- CFO(Chief Financial Officer): 최고재무경영자. 재무실적평가, 지표개발, 실적연계보수체계 설계, 영업/재무 연계활동 등 기업의 재무 기능에 관한 모든 책임을 담당한다.
- CSO(Chief Staff Officer): 최고스탭경영자. 전략, 인적 자원관리, 공공정책, 법적인 사안 및 스탭직무를 담당한다.
- CIO(Chief Information Officer): 최고정보경영자. 기술 정책 및 IT 관련 인프라 계획 수립, 정보 시스템 부문 총괄, 변화관리 등 정보 시스템 기능, 데이터 베이스 구축 , 정보기술센터, 커뮤니케이션 네트워크, 컴퓨터 프로그램 개발, 컴퓨터 시스템 운영등의 의사 결정에 책임을 진다.
- CMO(Chief Marketing Officer): 최고마케팅경영자
- CTO(Chief Technology Officer): 최고기술경영자
- CRO(Chief Risk Officer): 최고위험경영자
- CCO(Chief Convergence Officer): 최고융합책임자
- CGO(Chief Growth Officer): 최고성장책임자
- CBO(Chief Brand Officer): 최고브랜드경영자
- CCO(Chief Communication Officer): 최고홍보경영자
- CDO(Chief Design Officer): 최고디자인책임자 또는 기업발전최고책임자(Corporate Development Officer)
- CCO(Chief Compliance Officer): 최고준법책임자
- CDO(Chief Diversity Officer): 최고 다양성책임자

key word Empowerment와 CEO

각종 매체나 경영관련 서적을 보면 'Empowerment' 라는 말을 종종 볼 수 있다. 이 말을 '권한위임' 으로 번역한다. 그 동안 조직의 상부에서 갖고 있던 여러 가지 권한을 하부로 이관한다는 것이 주된 내용이라고 할 수 있다. 이는 급박하게 변화하는 환경 속에서 발 빠른 의사결정과 실행이 요구되는 일선 현장에 실질적인 권한을 부여하는 추세에 발맞춘 조치라고 할 수 있다. 그러나, 우리나라의 'Empowerment' 는 그다지 실효를 거두지 못하고 있다. 그 이유로는 자신의 권한을 타인에

게 이관하는 것 자체가 조직내에서 자신의 입지를 좁히는 것으로 생각하기 때문이다. 즉, zero-sum 게임의 관점에서 'Empowerment'를 바라보고 있기 때문이다. 권한을 위임하는 사람이나, 새로 권한을 받는 사람이 달라지지 않은 상황에서 단순히 결재권, 의사결정권 등의 권한이 이전되는 것은 의미가 없다. 또한, 미국의 경우에는, 학계에서 주장하는 진정한 'Empowerment'는 우리가 알고 있는 권한(Authority)만을 의미하지 않는다. 그들은 'Empowerment'에 대해 권한, 법적인 강제력, 보상을 결정하는 능력, 전문적인 지식 등 개인이 독립된 리더로서 활동하는 데 필요한 모든 것들을 위임하는 것이라고 주장한다. 과거까지 자신이 올렸던 성과와 그로 인해 얻게 된 권한을 의미하는 것이 아니라, 현재 자신의 역량과 능력, 미래에 올릴 잠재적 성과를 포괄하여 의미하는 것이다. 이런 관점에서 'Empowerment'는 zero-sum게임이 아닌 positive-sum게임이다. 즉, 사장이나 부장이 행사할 권한을 보유하는 것은 전혀 의미 없는 일이다. 오히려 그런 일은 부장에게 맡기고 자신은 사장이 갖추어야 할 역량을 개발하고 획득하는 데 노력을 들일 수 있기 때문이다.

우리나라는 오너(Owner) 중심의 재벌기업들이 재계의 근간을 이루고 있다. 과거, 굴지의 대기업들은 각각 엄청난 카리스마를 갖고 있는 소유주에 의해 좌지우지되었다. 이와 같은 소유구조는 우리나라의 기업들을 IMF의 위기에까지 내몰게 만든 원인 중 하나라고 지적받기도 했다. 이런 이유로 한국에서도 '소유와 경영의 분리'라는 현상이 더욱 활발하게 벌어지고 있다. 그러나, 우리나라에는 진정한 의미의 전문경영인(CEO)이 부재한 실정이다. 그들 전문경영인마저 소유주가 지명하는 형식이 일반적이기 때문이다. 우리가 21세기에도 지속적인 경제성장을 이루려면, 전문적 지식을 갖춘 리더들에 의해 사회가 개혁되어야 한다. 기업으로 말하면, 전문적인 CEO들이 기업을 이끌고 세계 시장에서 경쟁해야 한다. 그러기 위해서는 무엇보다 소유주 중심의 경영방식을 탈피하고 활발한 'Empowerment'를 통해 CEO 중심의 경영방식으로 전환해야 한다. 또한, CEO들도 조직의 하부에 'Empowerment'를 실시하고 모든 조직원들이 자신의 업무분야에서 전문적인 역량을 갖춘 리더로 설 수 있도록 지원해야 할 것이다. 아직 우리에게는 생소하지만 CFO, COO, CIO 등 각 기능 분야의 리더들이 미국과 같은 서구 선진국에는 보편화되어 있다. 'Empowerment'를 통해 역량을 키운 개개인들은 자신의 권한과 능력 안에서 더욱 창의적이고 능동적으로 업무를 추진하여 자신의 기량을 십분 발휘할 수 있다. 서구의 기업들이 창의적이고 혁신적인 성과를 올리는 근간에는 'Empowerment'의 영향이 크다고 할 수 있다.

(2) 중간경영자

중간경영자(Middle manager)란 최고경영자가 설정한 기업의 방침과 계획을 실제로 실행하면서 일선경영자를 지휘하는 경영자를 말한다. 이들의 가장 중요한 역할은 최고경영층과 같은 상위자의 요구와 하위자인 일선관리자 또는 작업자의 능력을 관리하며 의사결정을 조화시키는 데 있다.

예를 들면 공장장, 부장, 과장, 부서장, 재무담당 책임자 등이 중간경영자에 속한다.

표 4-2 경영자의 유형

발전과정	경영계층	직무범위
소유경영자	최고경영자	라인경영자
고용경영자	중간경영자	스탭경영자
전문경영자	일선경영자	기능경영자

(3) 하위경영자

하위경영자(Low manager)란 현장경영자 또는 일선경영자(first-line manager)라고도 불리우며, 자신이 담당하고 있는 작업에 대해 전문적인 지식과 기술을 가지고 작업자들의 활동을 감독하고, 작업 일정 등을 조정하는 운영상의 결정을 하는 역할을 담당한다. 일선 경영자의 예로는 제조 공장의 직장(foreman)이나, 생산감독자(production supervisor), 사무실의 감독자(clerical supervisor) 등이 있다.

03 | 경영자의 기술

경영자가 계획 수립, 조직화, 지휘 및 통제 등의 관리 직능을 얼마나 효과적으로 그리고 효율적으로 수행하는가는 각 경영자가 갖고 있는 경영기술(management skills)에 의해 좌우된다고 할 수 있다. 카츠(R. L. Katz)에 의하면 경영자에게 요구되는 자질로는 개념적 자질, 인간적 자질, 기술적 자질 등 크게 세 가지로 분류된다고 한다.

최고 경영자에게는 개념적 기술이, 중간 관리자에게는 인간관계 기술이, 하위관리자에게는 기술적 기술이 중요하다.

3.1 개념적 기술

개념적 기술(conceptual skills)이란 기업의 모든 이해관계와 활동을 조정하고 통합할 수 있는 상황판단 능력을 말한다. 이는 경영자로 하여금 조직을 전체적인 안목에서 바라볼 수 있게 하며, 조직 내부의 각 부분이 서로 어떤 관계를 가지고 있는지 파악할 수 있게 한다. 또한 조직의 어느 한 부분에서 일어난 변화가 조직 전체와 조직과 연관을 맺고 있는 외부환경에 어떤 영향을 미치는지 예측할 수 있는 능력이다.

3.2 인간관계 기술

인간관계 기술(human skills)이란 대인관계능력으로 경영자가 조직의 구성원으로서 다른 구성원들과 상호 작용하고 의사소통을 하며, 종업원들에게 동기부여를 하고 이들에게 영향력을 행사할 수 있는 능력을 말한다.

즉, 경영자는 조직의 내부와 외부의 활동 가운데 많은 시간을 사람들과 서로 상호작용 하면서 보내게 된다.

좋은 관계형성을 위한 인간적 기술이란 대인이해력과 관련된 자질로써 표현력, 절충력, 설득력, 추진력 그리고 섭외교섭력, 지휘통솔력, 부하육성력 등이며, 인간관계기술이야말로 업무추진능력보다 더욱 중요한 것이다.

3.3 전문적 기술

전문적 기술(technical skills)이란 현장실무능력으로 전문화된 활동을 수행하는 데 필요한 기술과 지식, 즉 특정 업무 분야와 관련된 지식과 기술을 활용할 수 있는 능력으로, 경영자로 하여금 현실에서 발생하는 문제를 해결할

그림 4-2 ◐ 경영자계층별 필요한 기술의 비중

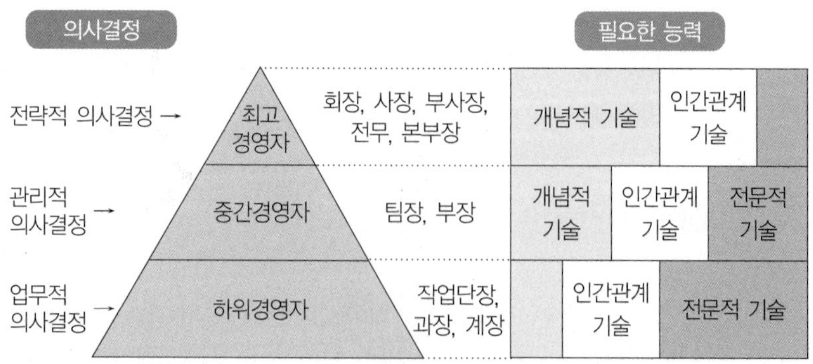

자료 : 임창희, 경영학, 학현사, 2002, p.25.

수 있게 할 뿐만 아니라, 종업원의 과업을 감독하고 평가할 수 있게 한다. 따라서 어떤 부서의 최고 경영자나 중간 경영자는 자신이 하위자를 감독하고 관리하기 위해서는 그 분야와 관련된 전문적 지식, 기술적 자질이 없이는 불가능하다.

이러한 3가지의 기술은 경영자의 계층에 따라 요구되는 중요성이 다르다. 즉 최고경영자, 중간경영자, 일선경영자에게 필요로 하는 개념적 기술, 인간관계 기술, 전문적 기술은 다르다고 할 수 있다(그림 4-2 참조).

3.4 글로벌 리더의 역량과 특성

글로벌 리더는 구조보다 프로세스를 신뢰해야 하는 어려운 과제에 직면하게 되는바, 이는 하나의 생활 방식, 세계관, 스킬 등에 지나치게 익숙해져 버린 사람에게는 쉬운 일이 아니다. 빠른 환경변화에 잘 적응하고, 그것을 처리할 수 있는 글로벌 기업 문화를 잘 수용해 나가려면 유연성(flexibility) 있는 글로벌 매니저가 필요하다.

G•l•o•b•a•l•M•a•n•a•g•e•m•e•n•t

매니저와 리더의 차이

미국의 대통령자문위원으로 미국 대통령이 그를 스승이라고 지칭하는 워렌 베니스(Warren Bannis)는 성공한 기업의 네 가지 특징을 언급하면서 매니저와 리더의 차이를 아래와 같이 구분하였는바 글로벌 시대에 성공하는 리더의 모습을 살펴보자.

- 매니저는 관리하지만 리더는 혁신한다.
- 매니저는 모방하지만 리더는 창조한다.
- 매니저는 현상을 유지하지만 리더는 발전시킨다.
- 매니저는 구조에 초점을 맞추지만 리더는 사람에게 초점을 맞춘다.
- 매니저는 통제에 의존하지만 리더는 신뢰를 쌓는다.
- 매니저는 단기적인 관점을 갖지만 리더는 장기적인 전망을 가진다.
- 매니저는 '어떻게', '언제'를 묻지만 리더는 '무엇'과 '왜'를 묻는다.
- 매니저는 시야를 발 끝에 두지만 리더는 먼 수평선을 본다.
- 매니저는 현상을 받아들이지만 리더는 자기의 의지에 따라 움직인다.
- 매니저는 일을 올바르게 하지만 리더는 올바른 일을 한다.

그림 4-3 ◎ 글로벌매니저의 역량과 특성

자료: Stephen H. Rhinesmith, *American in the Global Learning process.*

경영자의 마인드와 개인의 특성이 글로벌 리더의 기반을 이루는 존재의 측면(being side)이라 한다면, 역량은 실천으로 드러나는 행동의 측면(doing side)이다. 글로벌 매니저의 여섯 가지 역량은 [그림 4-3]과 같다.[1)]

04 | 경영자의 역할

경영자가 수행하는 경영직무를 관찰한 프랑스의 실업가 민쯔버그(H. Mintzberg)는 경영자의 역할을 대인관계 역할(interpersonal roles), 정보전달 역할(informational roles), 의사결정 역할(decisional roles)의 세 가지 범주로 분류하였다. 그리고 각 역할의 범주를 세분화하여 대인관계 역할을 대표자(figurehead), 리더(leader), 연락자(liaison)로, 정보전달 역할을 모니터(monitor), 전파자(disseminator), 대변인(spokesperson)으로, 그리고 의사결정 역할은 기업가(entrepreneur), 문제해결자(disturbance handler), 자원배분자(resource allocator), 협상자(negotiator)로 분류하여 총 10가지 역할을 제시하였다(표 4-3 참조).

1) 삼성국제경영연구소, 글로벌기업을 향하여, p.79에서 응용.

표 4-3 ◐ 민쯔버그의 경영자 역할

역할의 범주	역 할	활동내용
대인관계 역할	대표자	대표자로서 행사 참석, 내빈접견, 문서서명 등 상징적 업무 수행
	리 더	리더로서 부하직원 지휘, 동기부여, 훈련, 상담, 커뮤니케이션
	연락자	우편, 전화, 회의, 인터넷으로 조직 내외간 정보 네트워크 연결
정보전달 역할	모니터	정보 검색과 수집, 정보 분석과 보고, 개인적 접촉을 통한 모니터 역할
	전파자	조직 내외에서 수집한 정보를 메모, 보고, 인터넷으로 구성원에게 전파
	대변인	대변인으로서 내부정보를 강연, 구두설명, 보고, 홍보, 인터넷으로 외부전달
의사결정 역할	기업가	조직의 성장과 발전을 위해 새로운 사업기회나 아이디어 개발
	문제해결자	구성원간의 갈등 해결, 예기치 못한 환경적 위기나 애로사항 해결
	자원배분자	경영자원의 적절한 배분, 사업계획의 스케줄, 예산집행의 우선순위 조정
	협상자	단체협약, 외부와의 구매와 판매계약, 예산 편성시 협상자 역할

자료 : Henry Mintzberg, *The Nature of Managerial Work*, Englewood Cliffs, N.J.: Prentice-Hall, 1980.

그러나 민쯔버그가 지적한 경영자의 역할은 조사표본수가 너무 적고, 종래 관행으로 적용되고 있는 전통적 경영관리 직능의 활용 · 분류 · 적용상 미흡하다는 문제점을 지적받고 있다.

4.1 경영자의 윤리경영

투자자와 소비자로부터 신뢰를 얻는 기업들이 초우량기업으로 발전하는 반면에, 도덕성 논란에 휩싸인 기업들은 시장에서 퇴출되는 경우가 부쩍 늘고 있다. 최근, 미국의 경우 2001년에 터진 최대의 에너지회사인 엔론(Enron)사의 회계부정사건을 시작으로 업계 2위의 장거리 통신회사인 월드컴 등이 회계부정으로 시장의 신뢰를 잃어 파산하거나 파산보호 신청을 한 상태이다. 즉, 아무리 성과가 높은 우량기업이라 하더라도 기업윤리를 저버리면 살아남을 수 없는 시대가 왔다.

(1) 윤리경영의 의의

기업의 경제적 · 법적 책임 수행은 물론, 사회적 통념으로 기대되는 윤리적 책임의 수행까지도 기업의 기본적인 업무로 인정하고 주체적인 자세로 기업윤리 준수를 행동원칙으로 삼는 경영을 윤리경영이라 할 수 있다. 즉, 기업이 윤리적 책임을 다함으로써 이해관계자(stakeholder: 고객, 주주, 종업원, 경쟁자, 공급자, 정부, 지역사회 등)들에게 신뢰를 얻을 수 있도록 기업경영을 하는 것이다. 여기서 유의할 점은 윤리경영의 궁극적인 목적은 역시 기업의 이윤추구의 범주를 벗어나지 않아야 한다는 점이다. 기업이 막연히 도덕적이어야 한다는 개념이라기보다는 잘못된 관행이나 비용구조를 윤리적인 기준에 맞도록 바로잡아 기업의 경쟁력을 향상시키고 경제적 부가가치를 극대화하는 방향에서 수용하는 것이 바람직하다는 것이다.

(2) 윤리경영의 중요성

경영윤리는 기업이 사회속에서 계속기업(going concern)으로 건전성을 지속시키는 생명력을 제공하는 것으로 윤리경영은 생존을 위한 선택이 아닌 필수요소로 재인식되고 있다. 그 중요성을 들면 다음과 같다.

첫째, 기업이 사회적으로 정당한 역할이나 활동을 하여 시장으로부터 지속적인 신뢰를 얻는 데 기여할 수 있다.

둘째, 기업의 경영성과에도 영향을 미친다. 즉 구성원의 정당한 대우가 보장되는 등 높은 수준의 윤리성이 요구되는 기업에서는 구성원들이 자부심과 보람을 느끼고 열심히 일하려는 의욕이 생겨나 생산성이 크게 향상되기 때문이다.

셋째, 윤리경영이 기업의 국제 경쟁력을 평가하는 글로벌 스탠다드의 최우선 기준으로 떠오르고 있다. 기업들이 앞으로 기업윤리를 무시하거나, 국제적 수준에 도달하지 못하는 기업은 세계시장의 투자자나 소비자 단체들로부터 외면받게 될 가능성이 높다.

실례로 OECD는 1999년 '국제상거래에서 외국 공무원에 대한 뇌물제공 방지를 위한 협약(Convention on Combating Bribery of Foreign Public Officials in International Business Transactions)' 일명 '뇌물방지협약'을 발효시켰다. 이는 비윤리적인 기업은 국제사회에서 규제하자는 데 기인한 것이다.

동 협약은 국제상거래상 뇌물 공여가 이루어지는 경우 국제법상의 민 · 형사 책임을 묻는 한편, 기업회계기준의 강화, 독립적 외부감사기능의 확충, 개선된 내부통제 시스템 설정 등 기업의 뇌물공여를 예방하기 위하여 내부단속 메커니즘에 대한 연례보고를 공표하고 기업준수기준을 공식화하고 있다. 2009년도 말 현재 최근 우리나라 주요 상장기업에서는 회계재무보고의 글로벌화인 국제재무회계표준(IFRS: International Financial Reporting Standards) 도입에 따른 전면적인 회계보고시스템 정비에 나서고 있다. 이렇게 함으로써 해외 주요 업체와 우리나라 주요 기업들간 회계실적을 정확하게 비교 검토할 수가 있다.

현대경영은 활동범위가 세계화되면서 국제적 도덕성 유지가 성과를 결정하는 데 중요하게 작용한다.

(3) 윤리경영 관리

윤리가 기업의 중요한 경영요소로 제기됨에 따라 윤리를 대상으로 하는 경영관리가 필요하다.

첫째, 윤리강령(Codes of Ethics)의 제정 및 이행이다. 윤리강령이란 경영윤리의 효과적 실천을 위한 제도화로서 조직 구성원들이 따를 것을 기대하는 조직의 주요 가치와 윤리적 규칙을 서술한 공식적인 서류로서 무엇이 윤리적인가를 알려주는 윤리경영의 기준서로 강령은 보통 문서로 되어 있으며, 경영자 스스로의 자존심과 타인의 존경을 받기 위해 제정된다. 이것은 비윤리적 행동의 가능성을 미연에 방지하고 구성원들의 윤리적 행동을 자율적으로 주도하는 데 의의가 있다. 이러한 윤리강령의 유형으로는 통제력을 높이고 잘못에 대해 처벌함으로써 불법행위를 막는 것에 강조점을 두는 준수기반 윤리규범(compliance-based ethics codes)과, 윤리적으로 건전한 행동을 지원하는 환경을 만들고 구성원들 간에 공유된 책임감을 강조하는 조직 문화를 만드는 청렴기반 윤리규범(integrity-based ethics codes)이 있다.

둘째, 최고경영자의 지원(Top Management Support)이다. 아직도 많은 기업의 경영자들은 윤리경영을 잘하면 피할 수 있는 비용이라고 인식하고 있다. 그러나 장기적인 관점에서 경영실적을 제고시키기 위한 투자로서 윤리경영을 인식하고 추진해야 한다. 즉, 최고경영자는 윤리경영에 대한 긍정적인 인식 전환을 바탕으로 윤리경영의 도입 및 추진과정에서 적극적인 지원을 아끼지 않아야 한다. 아울러 최고경영자는 추진 과정에서 생겨날 기업윤리준수에 관한 여러 유혹을 뿌리칠 수 있는 강한 의지를 가진 최고윤리경영자(Chief Ethical Officer)가 되어야 할 것이다. 브랜차드와 펄(Blachard & Peale)은 "윤리경영의 활력"이라는 그의 저서에서 조직을 위한 윤리경영의 혁신적인 실천을 강조하면서 조직은 무엇이 윤리에 알맞은 행동인가를 결정하는지 목적(Purpose), 개인이나 조직에 대한 자긍심(Pride), 윤리적 가치와 이념에 따라 행동하면 장기적으로 볼 때 성공하리라는 인내(Patience), 윤리적 가치와 이념에 따라 활동하며 행동하는 지속성(Persistence), 조직의 방향설정을 위한 목적, 정책에 따라 충분한 시간을 갖고 성찰하는 전망(Perspective)의 "5P"로 나누어 설명하였다.

셋째, 제도적인 측면에서 윤리경영시스템을 도입한다. 즉, 준수기반 윤리규범(compliance based ethics codes) 메카니즘을 수립한다. 모집 · 선발에서부터 훈련까지 기업윤리를 강조하여 종업원에게 동기를 유발하고 잘 따르는지 여부를 확인하는 감사를 한다. 윤리강령의 선포 후 이에 대한 실천이 제대로 이루어지기 위해서는 임직원에 대한 윤리교육, 윤리기준을 갖고 지속적으로 감사 · 조사하여 결과를 공유하고 개선방향을 토론하는 등 비윤리적 행위에 대한 감독체계, 실천에 대한 평가 및 보상, 윤리담당 임원 및 부서 설치, 조직의 잘못을 보고하려는 종업원의 활동, 즉 내부신고제도(Whistle-blowing) 등 윤리경영을 실행할 수 있도록 제도화 한다. 일부 회사는 윤리 핫라인(직통전화)을 마련해서 사법기관이나 언론에 곧바로 신고할 수 있도록 하고 있다. 내부고발자(Whistle-blowers)는 보복으로부터 반드시 보호받아야 한다.

(4) 윤리경영의 제도화

윤리경영의 과제는 경영윤리를 제도화하는 것이다. 경영윤리의 제도화는 윤리경영의 실천을 위한 제도화로서 뿐만 아니라 경영제도 개혁을 위한 대안으로서도 의미가 있다. 윤리경영을 높이기 위한 기본문제로서 정부규제, 법적 해결 등 외부적 요인과 경영조직 등 내부적 요인이 있다. 경영조직의 개혁을 위해 개인간의 권력이동, 내부 규정과 절차의 확정, 형식적 조직구조의 변경 등이 필요하다.

존슨 앤 존슨(Johnson & Johnson)은 1943년 윤리강령을 실천함으로써 CEO에 대한 신뢰를 바탕으로 한 노사간 협력문화를 돈독히 하고 있는 회사로 '소비자 → 종업원 → 지역사회 → 주주'라는 믿음으로 사회적 책임을 다하는 기업이다. 1999년, 2000년 연속으로 월스트리트 저널이 선정하는 '미국의 존경 받는 기업 1위' 에 꼽힌 기업으로서 윤리경영으로 성공을 거둔 대표적인 사례로 꼽힌다. 존슨 앤 존슨의 본관 건물에 들어서면 사람 키보다 조금 큰 석판에 새겨진 크레도(Credo)라고 부르는 존슨 앤 존슨의 윤리규범이 보인다(www.jij.com/careers/ourcredo.html). 1943년 이 회사 설립자의 손자인 로버트 존슨(Robert Wood Johnson)이 처음 명문화한 '우리의 신조' 는 미국식 기업 윤리강령의 대표격으로 꼽힌다. 50년 이상 윤리강령을 경영에 반영함으로써 기업의 사회적 책임(4그룹에 대한 책임: 고객, 종업원, 지역사회, 주주)을 강조해 온 미국에서 존슨 앤 존슨은 '기업윤리(Business Ethics)' 분야의 선두 기업으로 자리잡았다. 자칫 그럴싸한 웅변에 그치기 쉬운 윤리강령이 존슨 앤 존슨의 기업 경쟁력의 핵심 요소로 떠오른 데에는 '타이레놀 사건' 이 결정적 계기가 됐다. 지난 1982년 미국 시카고에서 주력 제품인 타이레놀을 복용한 사람 8명이 사망한 사건이 발생했다. 이 회사는 발빠르게 '고객에 대한 책임' 을 명시한 '우리의 신조' 에 따라 행동했다. 존슨 앤 존슨은 시카고 지역 제품만 수거하라는 미국식품의약국(FDA) 권고를 뛰어넘어 전국에서 약 3,000만 병, 1억 달러 어치의 타이레놀을 전량 회수했다. 또 사건 원인이 규명되기 전에는 타이레놀 제품을 절대 복용하지 말라고 소비자들에게 대대적으로 홍보했다. 당시 타이레놀은 이 회사의 연간 매출액의 7%(3억 5,000만 달러), 이익의 17%를 차지하는 주력 상품이었던 점을 감안할 때 이러한 조치는 상당한 불이익을 감수한 결정이었다. 사건 직후 35%였던 시장점유율은 7%까지 떨어졌으나 3년 만에 제자리를 회복했다. 소비자들이 존슨 앤 존슨의 윤리적 태도를 신뢰하는 쪽으로 기운 것이다. 존슨 앤 존슨에는 '우리의 신조' 와 함께 정책결정과정에서 통과해야 할 과정이 한 가지 더 있다. '빨간 얼굴 테스트(Red Face Test)' 라 불리는 불문율이 바로 그것이다. 자신이 내린 결정이나 행동을 자신의 가족에게 얼굴을 붉히지 않고 설명할 수 있을 만큼 윤리적이었는지 자문하는 것이다.[2)]

(5) 윤리경영의 성공, 실패사례

1) 성공사례

① 한국전력공사

공룡이라 불리던 한전은 오랫동안의 구조조정을 겪으면서 분위기가 침체되었고 내부개혁이 부진하였다. 그 결과 국가청렴위원회의 기관 청렴도 조사

2) LG경제연구원, LG 주간경제, 2002. 8. 7.

그림 4-4 ◎ 한국전력공사의 연도별 청렴도 조사 결과

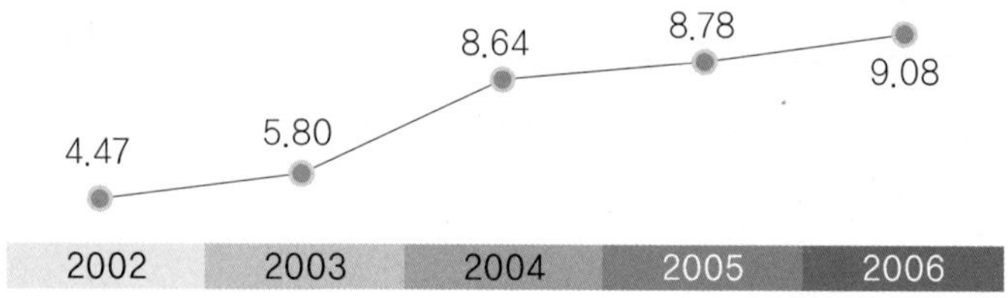

에서 2년 연속(2002년, 2003년) 최하위로 평가받는 불명예를 안았다.

'윤리경영 확립'을 사장 경영방침의 첫 번째로 설정하고 강력한 의지를 천명하였다. 각종 제도적 · 문화적 개선은 물론 경영진이 솔선수범하여 강도 높게 부패척결과 청렴문화 정착에 노력한 결과 청렴기관의 기준인 9.0점을 돌파하여 9.08점에 도달하게 되었다.

❶ 윤리경영의 제도화: 'Clean Power KEPCO 9.9' 라는 윤리경영 브랜드를 선정하여 글로벌 스탠더드 수준의 투명경영 정착과 청렴지수 9.9를 지향하는 윤리기준과 제도를 정비하였다. 신규 전기사용신청, 계약, 건설공사 등 부조리 개연성이 높은 업무 47개 과제를 발굴하여 제도를 개선하고 부조리를 차단하였다. 또한 임직원 행동강령 및 부조리 신고 포상제도를 현실에 맞게 개정하여 기준을 강화하고 고위간부 자율 재산 등록제, 임원 직무 청렴계약제를 도입하여 간부직원의 윤리규범을 마련하였다.

❷ 업무처리절차의 시스템화: 경영의 투명성 제고를 위해 ERP를 구축하여 69개 단위업무 425개의 프로세스 개선과 정보공유로 319억 원의 비용 절감과 업무 효율성을 꾀하였다.

❸ 윤리문화의 내재화: 사업소 실정에 맞는 윤리교육 프로그램을 개발하고 자율윤리 실천과제를 발굴하여 실천토록 함으로써 윤리문화를 체질화하여 현장중심의 자율윤리 실천문화가 정착되도록 지원하였다. 또한 윤리브랜드 확산을 위한 슬로건을 공모하여 사원증에 부착하게 하고 윤리경영 수기 공모집과 윤리경영 가이드북을 발간, 윤리경영의 딜레마를 극복한 생생한 경험을 공유하고 임직원 행동강령을 판단의 준거로 삼도록 했다. 조직 내 벽허물기를 위한 교차 보직제를 도입하여 동일 직군 간 형성되기 쉬운 온정 · 연고주의를 타파하고 인사정보 전면공개, CEO 및 경영진 일정과 각종 회의자료 공개 등으로 공정하고 투명한 업무수행 관행이 정착되도록 하였다. 뿐만 아니라 1,975

개 협력회사와 투명사회협약 체결, 무료 교육 제공 등 전력산업 및 공기업투명사회협약으로 윤리경영 확산을 계승 발전하여 전력산업계와 공기업 전반에 대한 윤리경영의 선도적 역할을 수행하였다.

② 우리은행

❶ UNDP-Global Compact 국내 금융권 최초 가입: 우리은행은 2006년 2월 28일 제2006-1차 윤리위원회의 결의에 의해, 2006년 3월 20일 은행장이 책임 있는 기업으로서 사회적 기대에 부응하고, 여타 사회적 파트너들과 협력을 통하여 보다 지속적이고, 포괄적인 글로벌시장을 구현하는 데 앞장서고자 “Global Compact 10 대원칙”을 천명하고 지지함으로써, 국내 금융권 최초로 UN-Global Compact에 가입하였다. 우리은행은 국민은행과 2004.4.30 UNEP/FI 국내 첫 서명은행으로서, 사회책임경영 실천으로 2005.1.26 경제5단체 주관 “투명경영 우수상” 수상 및 2006.2.28 전경련 주관 “존경받는 기업대상”, 2006.9.27 노동부 주관 “노사문화우수기업 최우수상”, 2006.11.9 한국경제신문사 주관 “사회공헌대상”, 2006.11.14 능률협회 주관 “대한민국 고객만족경영대상”을 수상하는 등 윤리경영 선도은행으로서의 역할을 수행하고 있다.

UN-Global Compact는 1999년 1월 31일 스위스 다보스에서 열린 “세계경제 포럼”에서 코피 아난 UN 사무총장이 행한 연설에서 처음으로 제안하여, 2000년 7월 26일 UN 뉴욕본부에서 공식 출범하였으며 반기문 유엔사무총장도 글로벌 컴팩트를 적극 지원하고 있다. 유엔 사무총장 산하의 사무국에서 운영을 하며, 인권 · 노동 · 환경 · 반부패 4대 분야의 10대 원칙을 준수하겠다는 의사를 밝힌 기업이 회원으로 참여하고 있다.

❷ 내부제보시스템 Out-Sourcing으로 내부제보 활성화: 임직원의 위법 · 부당행위 등에 대한 내부제보 활성화를 통하여 경영리스크를 사전적 · 효과적으로 관리하고, 불건전 금융행위 및 불공정거래행위 등으로 인한 Risk 발생을 회피하여 건전정도경영 문화정착과 관련 임직원의 고충 · 불편사항 등을 공정 · 신속하게 해결하기 위하여, 내부제보시스템을 외부 전문기관에 아웃소싱을 하였다.

제보대상으로는 은행 임직원 윤리강령 위반행위, 법령 또는 내규에 저촉되는 위법 · 부당한 업무처리 행위, 성희롱 · 성차별 · 인사관련 비위행위, 위반 사실 신고를 저해하거나 은닉 · 방조하는 행위 등이며, 사실에 근거하지 않은 단순비방 또는 개인 사생활과 관련된 개인적 사항은 제보대상에서 제외하였다.

기존 행내 Clean Center를 운용하고 있으나, 제보자에 대한 신분보장에 대한 의구심, 근무시간 외 접근의 곤란성, 제보자에 대한 불이익 우려 등으로 현실적으로 제보사항이 미미한 상태이었으며, 내부제보 활성화를 통하여 임직원의 불법 · 부당한 행위 및 비윤리적인 행위 등의 묵인 · 방조를 사전에 회피하여 경영리스크를 효과적으로 관리하기 위하여 익명제보 제도인 Out-Sourcing 제도를 도입하였다. 제보방법은 제보자가 인터넷으로 KBEI 헬프라인에 접속하여 익명으로 제보하면, 제보내용이 우리은행 담당자 앞으로 e-Mail로 통보되어 처리결과를 동사이트에 입력하면 제보자에게 자동 회신 처리된다. 본 내부고발제도는 제보자의 동의(기명) 없이는 절대로 신분이 알려지지 않도록 비밀이 보장된 시스템이며, 신분노출을 꺼리는 제보자들에게 마음놓고 제보할 수 있는 창구이다.

2) 실패사례

① 미쓰비시 자동차

미쓰비시 자동차는 1990년대 후반 기업윤리와 관계되는 수차례의 불상사가 발생하여 회사평판에 타격을 받은 후 2004년 3월 트럭에 대한 리콜도 고의로 은폐한 사실이 추가로 드러나면서 시장의 불신이 극도에 달하여 창사이래 최대의 위기를 맞고 있으며 2005년 3월에는 과거 리콜 은폐사실에 대하여 인정하는 내용의 최종보고서를 국토 교통성에 제출하는 등 곤욕을 치르고 있다.

이는 성희롱사건, 뇌물증여 및 제품결함 은폐 등 윤리적인 문제가 발생할 때 마다 솔직히 문제를 인정하고 근본 대책을 세우기보다는 지난 10년간 7명

표 4-4 미쓰비시 자동차의 윤리경영 실패 사례

불상사	시기	핵심내용
성희롱 사건	1996년	미국 미쓰비시 자동차 제조공장에서 성희롱으로 제소당해, 화해금으로 49억엔을 지급
총회꾼 사건	1997년	별장 이용료 명목으로 총회꾼에게 이익을 공여, 현역임원을 포함하여 3명의 간부가 기소
리콜은폐 사건	2000년	리콜, 클레임 정보 은폐 사실 발각되어 63만대 이상을 강제로 리콜

자료: 삼성경제연구소, Global Issues(미쓰비시 자동차의 위기와 시사점, 2005.4.12 제18호, p.5)(미쓰비시 자동차 실패 사례); 우리은행 http://www.wooribank.com/(우리은행 성공); http://www.kepco.co.kr/(한국전력 성공)

의 CEO를 교체하는 등 미봉책으로 일관한 때문이다.

② 엔 론

미국 최대의 에너지기업인 엔론은 내부자 거래를 통하여 편법 자금조달을 행하고 순이익을 부풀리고 부채를 줄이는 방법 등으로 회계부정을 자행하여 부회장이 자살하고 2001년 12월 회사는 파산하였다. 포춘지 기업순위 7위였던 엔론의 파산은 총체적인 미국 시스템의 위기로 인식되어 기업의 내부통제 시스템 및 회계 감사제도의 강화와 기업회계에 대한 기업 최고경영자에게 책임을 묻는 사베인 옥슬리-법안(Sarbanes-Oxley Act)의 입법을 초래하였다.

key word 윤리가 핵심역량

윤리는 트렌드가 아니라 하나의 핵심역량이다. 비즈니스 세계에서 탐욕에 따라 행동하는 사람들은 훗날 후회할 일을 당하게 될지 모른다. 정치인이나 고위관료의 경우 국회청문회를 거치게 되는데 이때 과거에 했던, 비윤리적인 사소한 사건이나 큰 사건들 때문에 망신을 당하거나 자신의 앞길에 걸림돌로 작용하기도 한다.

정직과 신뢰는 하루아침에 생기는 것이 아니기 때문에 대학시절부터 실천하고자 하는 의지가 중요하다. 최근에는 리포트를 중개하는 인터넷 사이트도 많다. 이런 사이트에서 리포트를 구입하거나 타 학생 리포트를 짜집기해서 제출하기보다는 다소 부족하더라도 직접 공들여 작성하는 것처럼 정직과 신뢰를 쌓는 작은 실천이 중요하다. 최근 연구조사 결과 학생시절의 부정직성이 학교 졸업 후 직장에서의 부정직성과 매우 높은 관련이 있음이 밝혀졌다. 중간 · 기말고사 기간에 과거에 보지 못했던 알림문구가 일부 대학가 곳곳에 붙여 있는 것을 보게 된다. '정직한 B학점이 부정직한 A학점보다 낫다' 라고 하는 내용이다. 과거보다 커닝이 많이 줄었는지는 모르겠지만 이러한 사소한 습관들은 대학 때부터라도 고치는 것이 바람직하다.

글로벌 시대의 경쟁력은 자신의 정직으로부터 나온다. 인류의 역사상 가장 오래된 거래가 무엇일까? 많은 사람들은 '뇌물' 을 든다. 그만큼 부패(腐敗)는 뿌리가 깊고, 인류 역사와 함께 해 왔기에 쉽게 사라지지 않는다. 개인도 살아남기 위해서는 정직과 신뢰가 중요하다. 배운 만큼 도덕적 책임도 더욱 따른다. 시오노 나나미의 '로마인 이야기' 에 의할 것 같으면 로마 천년을 지탱해준 철학은 바로 '노블레스 오블리주' 였다고 한다. 혜택받은 자들의 신뢰와 정직을 바탕으로 한 책임 또는 솔선수범이다. 도덕적 의무를 통해 자신의 삶의 질을 높일 수 있다.

05 | 경영자에 대한 평가

경영자는 주식회사 정관상 규정되어 있는 사업의 경영책임자로서 상법에 의해 주주총회에서 선임된 사람이라고 정의할 수 있다. 일반적으로 우리나라의 기업현실에서는 이사(대우) 이상을 경영자라고 통칭한다.

경영자평가 요소는 기본적으로 사원평가요소와 다르게 되는데 사원평가에 요구되는 자질과 능력을 보유하고 있으면서, 실무적인 기술보다 개념적인 전략적 능력이 요구되기 때문이다.

경영자평가의 개념적 틀은 [그림 4-5]와 같이 나타낼 수 있다.

그림 4-5 ◐ **경영자평가의 개념적 틀**

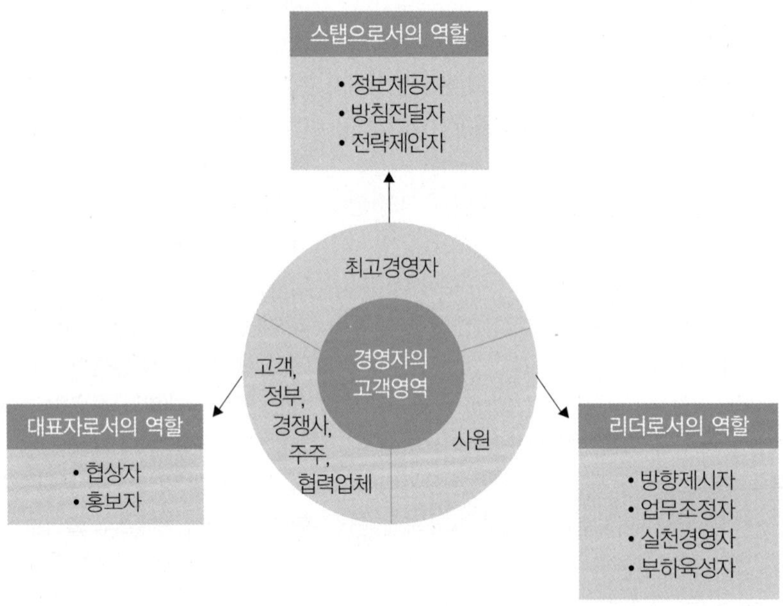

06 | 기업가의 의의와 그 기능

6.1 기업가의 의의

기업가(entrepreneur)란 영리를 목적으로 기업 자본을 투하하여 기업을 경영함으로써 획득한 경영성과에 대하여 일체의 책임을 지는 사람을 말한다. 그러므로 기업가는 기업 자본을 기업에 제공한 출자임과 동시에 직접 기업 자본을 운용하기 위해서 기업의 경영활동 결과 손실이 발생한 경우에는 기업가 자신이 직접 그 위험부담을 하게 된다. 기업이익이 발생한 경우에는 기업의 이해관계자들에게 적정한 성과배분을 하고 난 나머지 부분은 기업가 이윤으로 획득하게 되는 것이다.

따라서 기업가는 기업경영과 관련되는 제 생산요소를 합리적으로 결합하여 기업활동을 조직화하여 능률적으로 기업의 경영활동을 전개하고 수행하여야 한다.

이상에서와 같은 의미에서 기업가는 기업자본의 투자자임과 동시에 기업의 조직책임자이며 기업의 경영자, 관리자일 뿐만 아니라 기업의 위험 부담자이며 수익자인 것이다. 그러므로 기업가가 가지고 있는 성격과 기업가가 수행하여야 할 기능은 다양하고 복잡한 것이다.

이러한 소유경영자인 기업가는 기업규모가 확대됨에 따라 기업의 소유와 경영이 점차 분리되면서 그들이 종래 수행하여 오던 다양한 기능은 기업자본의 출자기능과 기업의 경영 내지 관리 기능만을 담당하는 출자자(투자주주)로서의 역할을 하게 되었다. 새로운 기업경영 내지 관리기능(혁신을 포함)은 전문적으로 담당 수행하는 전문경영자가 출현하게 되었다.

6.2 기업가의 기능

기업가는 경영사적인 면에서 볼 때 개인이 단독으로 사업체를 설립해서 경영 · 관리 · 운영하는 단독기업에서 성립되었다.

일반적으로 기업가가 담당 · 수행하여야 할 기능에는 다음과 같은 네 가지의 기능이 있다.

① **투자기능**(investment function): 기업을 창설해서 운영하는 데 필요한 기업자본을 출자하는 기능이다.

② **혁신기능**(innovation function): 혁신을 단행하여 종래의 생산방법에서 벗어나 새로운 생산방법, 새로운 제품, 새로운 시장, 새로운 공급원, 새로운 조직을 개발하고 개척하는 기능이다.

③ **관리기능**(management function): 기업을 창설하고, 조직하며, 경영 및 관리계층의 간부를 임명하며 또한 기업활동을 계획 · 조직화하여 종업원들을 지휘 · 감독하는 기능이다.

④ **위험부담기능**(risk taking function): 기업의 경영활동과 경영성과에 대하여 위험을 부담하는 기능이다.

6.3 기업가 정신

기업가 정신에 대한 개념은 기업이 처한 국가나 시대상황에 따라 다른바, 기업의 생존목적인 이윤창출을 목적으로 하고, 동시에 기업의 이윤을 사회에 환원한다는 사회적 책임을 가지는 양면성을 가지고 있다. 따라서 기업경영자는 올바른 기업가정신(entrepreneurship)을 가져야 한다.

원래 기업가들은 그들 스스로 혁신적인 아이디어를 가지고 이를 실현함으로써 사업화하려는 것이었다. 그러므로 사업에 소요되는 자본을 기업가가 직접 출자하여 원자재를 구입해서 생산하고, 생산된 제품을 판매하는 등 노동 내지는 작업활동을 이들 기업가들이 직접 수행하였던 것이다. 이러한 경우에는 이들 기업가들이 수행하였던 가장 중요한 기능은 미국의 경제학자 슘페터(Schumpeter)가 경제성장의 이론을 전개하면서 지적한 바와 같이 혁신이었던 것이다. 슘페터에 의하면 새로운 생산방법과 새로운 상품개발을 기술혁신으로 규정하고, 기술혁신을 통해 창조적 파괴(creative destruction)에 앞장서는 기업가를 혁신자로 보았다.

이것은 다른 사람들이 일상적으로 반복해서 하고 있는 관행적 방법을 그대로 따르면 이룩할 수 없는 그 활동 내지 기능을 의미하는 것이다.

슘페터는 기업에 의해서 수행되는 생산요소의 새로운 결합, 즉 혁신 기능의 내용으로서 ① 새로운 재화의 생산, ② 새로운 기술의 도입, ③ 새로운 시장의 개척, ④ 새로운 자원의 활용, ⑤ 새로운 조직의 결성 등 다섯 가지를 들고 있다.

key word 스티브 잡스의 기업가 정신

스티브 잡스(Steven Jobs, 1955. 2. 24.~2011. 10. 5.)는 애플사의 창업자이자 IT와 혁신의 아이콘으로 통한다.

미국 샌프란시스코 출생인 스티브 잡스는 태어난 지 몇 주 만에 양부모 폴과 클라라에게 입양되었다.

스티브 잡스가 3살 되던 해 그의 가족은 아버지의 직장(자동차 영업, 부동산 중계)을 따라 사우스 샌프란시스코의 산업단지에 들어선 주택가로 이주하였고, 주변 전자회사에 다니는 사람과 어울리며 성장하였다. 이 때 전자 분야에 관심이 많았던 동년배 빌 페르난데스, 5살이 많았던 스티브 워즈니악(Steve Wozniak)을 만나 교류했으며 스티브 잡스에게는 매우 긍정적인 영향을 주었다. 그들은 모두 학교에서 낙제생이자 독선적인 성격을 가진 외톨이였지만 전자적인 지식과 집념 그리고 유쾌한 성격은 비슷했다. 홈스테드 고등학교를 마친 뒤 오리건 주 포틀랜드에 있는 리드대학교에 입학하였으나 1년 만에 학교를 그만두고 캘리포니아로 돌아가 아타리(Atari)라는 전자게임 회사에 취업하였다.

하지만 얼마 지나지 않아 회사를 그만두고 천부적인 전자 엔지니어였던 워즈니악과 함께 1976년 컴퓨터(회로기판)를 제조하는 애플사를 공동창업하였다.

회로기판에 있는 퍼스널컴퓨터 '애플Ⅰ'을 만들어 발표했으며, 당시 퍼스널컴퓨터 시장이 주목받게 되자 곧 새로운 컴퓨터 플랫폼인 애플Ⅱ를 만들어 냈다. 확장슬롯으로 기능을 향상시킬 수 있었고 획기적인 운영체계를 적용하여 컴퓨터에 대한 지식이 없는 사람들도 불편없이 사용할 수 있도록 만들었다. 하지만 영세한 업체로서는 사업 여건이 불리했다. 스티브는 이런 환경에 굴하지 않고 자신이 믿는 비전을 열정적으로 설득해 나갔다. 마침내 그들이 만든 퍼스널컴퓨터는 시장에서 큰 반응을 보이며 판매에 성공했고 그에 힘입어 1980년에는 주식을 공개했다.

그러나 매킨토시와 리사 컴퓨터를 개발하면서 핵심 엔지니어와 경영진 사이에 반목이 심해졌고, 스티브 잡스는 이런 불화를 조화롭게 리드하지 못했다. 스티브 잡스는 자신이 주도했던 리사 프로젝트에서 밀려나자 새로운 컴퓨터를 개발하는 매킨토시 프로젝트를 추진하였다. 하지만 그를 믿고 따랐던 매킨토시 프로젝트 담당 엔지니어들은 노력에 비해 형편없는 연봉을 받고 있다는 불만이 고조되었고 스티브 잡스에 대한 배신감으로 표출되기 시작했다.

마침내 1984년에는 IBM에 대항하여 매킨토시를 선보이고 대대적인 성공을 거두었지만 회사 내부에서는 실패한 리사 프로젝트팀과 파워게임이 벌어지고 있었다. 게다가 매킨토시 발표 후 얼마 동안의 시간이 지나자 사람들은 맥(Mac)에서 사용할 수 있는 소프트웨어가 부족하다는 사실을 알았고 판매는 급속하게 줄었다. 스티브 잡스는 독특한 스타일과 분위기와 함께 매킨토시에 매료되었던 사람들은 이제 불편함을 호소하기에 이르렀고, 동업자 워즈니악은 회사를 떠나고 말았다. 결국 스티브도 현실성 없는 망상가이자 회사를 도탄에 빠뜨린 인사로 지목되어 1985년 5월 경영 일선에서 쫓겨났다.

애플을 떠난 뒤 넥스트(NeXT)社를 세워 세계최초의 객체지향 운영체제인 넥스트스텝(NeXTStep)을 개발하였고 1986년에는 조지 루카스 감독으로부터 픽사(Pixar)를 1,000만 달러에 인수하였다. 그러나 두 회사 모두 수익을 내지 못하고 스티브 잡스를 위기로 몰았다.

그러던 중 픽사의 레스터가 감독한 '토이스토리(Toy story)'의 원형이 되는 '틴토이(Tin Toy)'를 만들어 아카데미상 단편 애니메이션상을 수상하며 세간의 관심을 받게 되었고, 1996년 적자에 허덕이며 새로운 운영체계를 원했던 애플이 넥스트사를 인수하면서 스티브 잡스에게 기회가 찾아왔다. 13년 만에 다시 애플로 복귀하였고 경영 컨설턴트로 역할하며 4억 달러 흑자를 내는 데 공을 세웠다. 또한 쓸모없던 회사로 생각했던 픽사는 존 래스터가 제작한 애니메이션 토이스토리의 대대적인 성공에 맞추어 주식시장에 상장하여 거의 빈털터리에 내몰렸던 스티브 잡스를 단번에 억만장자에 올려놓았다. 2006년에 월트 디즈니가 픽사를 인수하면서 잡스는 월트 디즈니의 이사회 임원이 되었다.

스티브 잡스가 애플의 CEO로 복귀한 2년 동안 애플은 자본이 20억 달러에서 160억 달러로 증가했으며 픽사는 연이은 흥행 성공으로 애니메이션 역사상 가장 성공한 영화사로 기록되고 있었다. 한층 여유로워진 스티브 잡스는 새로운 미디어인 인터넷과 접목한 새로운 제품개발에 눈을 돌렸으며 그 대상은 음악이었다. 그는 항상 제품에서 모양과 색깔 등의 디자인 결정을 매우 중요시 여겼다. 아이튠즈 개발에 이어 아이팟이라는 MP3플레이어를 개발하여 세계적인 히트상품 반열에 올려놓았다. 그는 이제 사업가에서 세상을 바꾸는 인물로 인지되고 있었다. 많은 청중들 앞에서 청바지에 검은색 셔츠로 연설하는 그의 모습은 바뀌어가는 세상의 서막을 알리는 행사로 각인되었고 사람들은 그가 만든 제품에 열광했다. 2007년 맥월드에서 아이폰이 발표되고 전세계적으로 선풍적인 인기를 끌었으며 애플은 약 500억 달러의 수익을 올렸다. 특히 아이폰은 통신업계 전반을 뒤흔들어 놓았고 문화적인 파급효과도 지대했다. 또한 2010년 발표된 아이패드라는 태블릿 컴퓨터를 발표하면서 스티브 잡스가 주도하는 변화는 가속화되었다.

자료: 두산백과 자료 인용 일부 수정.

Global
Management

제 2 부

경영관리론

제5장

계획수립과 의사결정

01 | 계획수립의 의의와 목적

1.1 계획수립의 의의

계획은 관리과정의 통합부분으로 조직의 목표달성을 위해서 사전에 결정된 행동경로를 포함하는 것이다. 경영활동의 최대목표는 합리적인 경영활동을 통하여 기업의 목표를 달성하는 데 있다.

경영관리과정을 전제로 경영학에서 목표달성을 위한 경영활동의 논리 전개는 합리적이며, 효율적인 관리과정에 있으며 관리과정의 첫 단계는 앞으로 수행하여야 할 과정의 의사결정이며, 동시에 이를 선택하는 것이다. 이같은 선택행위를 계획수립이라고 한다.

경영활동에서 계획수립활동은 다음과 같은 의미를 갖는다.

첫째, 계획은 목표를 향해 미래에 행하여야 할 활동과정에 대한 구체적인 선택이다. 따라서 불확실성에서 계획의 선택은 불가피한 것이며, 여러 합리적인 예측을 통하여 불확실성을 감소시켜 줌으로써 경영활동을 보다 실제에 가깝도록 이끌어 줄 수 있다.

둘째, 계획수립의 방향은 기업목표의 달성에 두고 있다. 따라서 계획은 기업활동이 지향하는 목표와 일치하도록 하는 목표지향성을 가지도록 하여야 한다.

셋째, 계획수립은 일관성 있는 최적 대안의 선택활동이므로 기업목표 달성에 가장 경제적으로 그 활동을 할 수 있게 하여 준다.

넷째, 계획은 관리과정의 최종단계인 통제의 기준이 됨으로써 경영자가 성과측정, 평가활동 등의 통제활동을 수행할 수 있는 기준을 마련해 준다.

이상과 같이 계획수립을 기업목표 달성을 향한 장래의 경영활동과정에 관한 의사결정 또는 여러 대안들 중 최적의 안을 선택하는 활동이라고 정의할 때 광의적으로 계획을 목표, 경영정책, 경영전략으로 보고 경영정책, 경영전략을 관리기능의 하나로 포함시키는 논자도 있다. 뿐만 아니라 계획을 절차(procedures), 규칙(rules), 프로그램(program), 예산(budgets)까지 포함하기도 한다.

그러나 경영목표는 기업이 달성해야 할 방향과 지침을 나타내는 것으로 계획은 목표달성에 대한 구체적인 사고방식 또는 수단을 가리키는 것이다. 경영전략은 대외적인 성격을 갖는 반면에 계획은 대내적인 성격을 갖는 것으로 간주하는 것이 타당하다. 또한, 경영정책을 대외적인 정책(경영전략)과 대내적 정책(경영계획)으로 대별하는 데 있어서는 경영계획을 방침, 절차, 규칙, 프로그램, 예산 등을 포함한 개념으로 보는 것이 타당하다.

광의적인 개념으로서의 경영전략과 협의적인 개념으로서의 경영계획을 다음과 같이 구분할 수 있다(그림 5-1 참조).

그림 5-1 경영전략과 경영계획

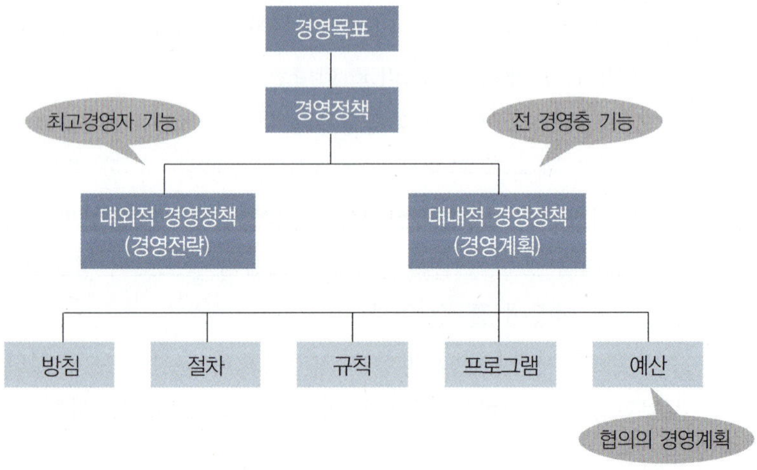

표 5-1 계획수립의 요소

계획요소	핵심적 경영관련 의사결정
목 표	• 언제 각 목표가 달성되는가? • 어떻게 각 목표들이 측정될 것인가? • 어떤 목표를 추구할 것인가? • 목표마다 상대적 중요성은 어떠한가? • 목표들간의 관련성은 어떠한가? • 어떤 사람 또는 조직단위가 목표달성에 책임을 져야 하는가?
행 동	• 각 행동마다 어떤 정보들이 있는가? • 각 중요 행동마다 미래의 모습을 보여 줄 기법은 무엇인가? • 어떤 사람 또는 조직단위가 이 행동을 책임져야 하는가? • 어떤 중요한 행동이 성공적 목표달성을 가져오는가?
자원들	• 어떤 예산기법이 사용되어야 하는가? • 어떤 사람 또는 조직단위가 예산의 준비에 사용되어야 하는가? • 어떤 자원들이 이 계획에 포함되는가? • 여러 자원들 간의 상호 관련성은 무엇인가?
실 천	• 어느 정도의 정책발표, 탄력성, 조정, 윤리성, 문서화가 있어야 하는가? • 어떤 정책 발표가 전반적인 계획을 실행하는 데 필요한가? • 누가, 어떤 조직단위가 정책발표에 영향을 받는가? • 이 계획은 권위 또는 설득을 통해 실천될 수 있는가?

1.2 계획수립의 요소

계획수립은 관리자의 최우선적인 일이다. 계획은 조직의 효과적인 성과를 위해 필수적이므로, 글로벌 시장에서 경쟁우위를 확보하려면 변화에 민감해야 한다. 이러한 기능은 미래에 대한 목적과 이를 달성하기 위한 수단을 결정하는 것으로서, 계획수립에 포함되어야 할 요소들은 〈표 5-1〉과 같다.

1.3 계획수립의 단계

합리적인 계획수립이 이룩되기 위해서는 과학적인 방법을 기초로 하여 단계적으로 수립되어야 한다. 쿤츠(H.D. Koontz), 오도넬(C. O'Donnell) 등은 다음과 같은 여덟 단계로 구분 설명하였다(그림 5-2 참조).

그림 5-2 ◎ 계획수립 단계

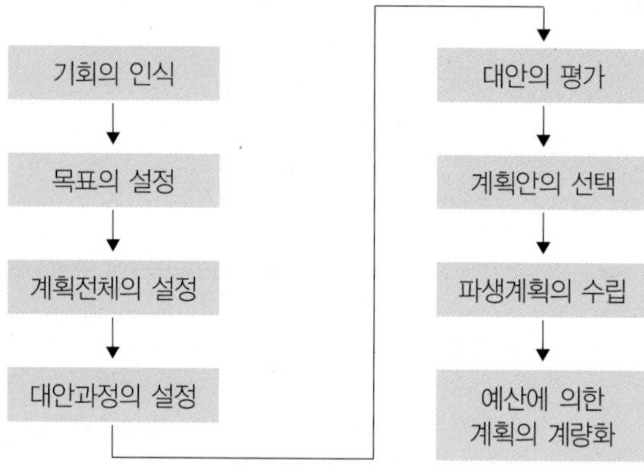

(1) 기회의 인식(being aware of opportunity)

계획수립의 첫 단계는 기회의 인식이다. 계획수립을 하는데 첫 단계로서 기회를 인식한다는 것은 미래에 다가올 기회를 예비적으로 검토하는 것이다.

가능한 기회를 명백히 그리고 완전히 아는 능력, 자사의 장 · 단점에 대한 지식, 미래의 여러 불확실성을 해결하고자 하는 이유에 대한 이해, 회사가 얻고자 하는 것에 대한 전망 등을 포함한다. 현실적인 목표의 설정은 이같은 인식에 의해서만 가능해진다.

(2) 목표설정(establishing objectives)

두번째 단계는 기업전체에 대한 목표와 그 하위 단위에 대한 목표를 수립하고 설정하여야 한다. 목표는 최종적으로 무엇이 구성되어야 하며, 어디에 주된 강조점을 두어야 할 것이며, 또한 전략 · 방침 · 절차 · 규칙 · 예산 및 실시계획 등을 통하여 무엇을 해야만 하는가를 나타내 주는 것이다.

(3) 계획전제의 설정(planning premises)

세번째 단계는 계획전제의 설정이다. 계획전제란 계획수립을 위한 실제에 대한 예측자료, 적용가능한 기본방침 및 회사의 기존계획 등을 말한다. 이런 의미에서 전제는 계획상의 가정으로서 계획을 실행하는데 있어서 기대되는 환경이라 할 수 있다. 계획전제의 설정은 예측(forecasting)을 통하여 이루어진다. 매매시장 · 가격수준 · 임금수준 · 세율 · 제품원가 · 인구성장 · 기술과학의 발전 등에 대한 합리적인 예측을 통하여 계획 전제가 설정되어야 한다. 여기서 합리적인 예측이라고 하는 것은 계획수립이 모든 장래환경에 대하여 지나칠 정도로 상세하게 예측하는 것이 아니라 계획실행에 대하여 전략적인 것으로 한정하는 것이다.

(4) 대안과정의 설정(determining alternative courses)

네번째 단계는 기업목표달성을 가능케 하여 주는 여러 가지 대표적인 과정을 모색 · 검사한다는 것이다. 계획을 위한 여러 가지 행동대안을 모색하는데 있어서 여러 가지 대안들 중에서 가장 유망하거나 수치적 분석을 하는 데 적합한 몇 가지 대안만을 남겨 놓고 충분히 검토하여야 한다.

(5) 대안의 평가(evaluating alternative courses)

다섯번째 단계는 대안을 탐색하고 그 장 · 단점을 검토한 후의 다음 단계로서 전제목표와 계획전제의 관점에서 여러 가지 요소들을 측정함으로써 각 대안들을 평가하는 것이다.

수익성 측면에서 어떤 대안은 수익성이 높은 반면에 현금유출이 많이 필요하다든지, 위험성이 높은 경우가 있고, 다른 대안은 수익성이 낮은 반면에 위험성이 낮을 수 있는 등 저마다 모두 다를 수 있다. 따라서 대안의 평가는 기업목표와 전략적인 요소를 기준으로 하여 평가하여야 한다.

이처럼 대안을 평가하는 데 여러 가지 어려움으로 해서 오늘날 수학적 기법, OR기법, 컴퓨터활용 등의 발전된 새로운 방법 및 도구가 활용되고 있다.

(6) 계획안의 선택(selecting of course)

여섯번째 단계는 미래의 활동과정을 선택하는 단계로 여기서 구체적인 계획의 선정이라는 의사결정이 이루어지는 단계이다.

(7) 파생계획의 수립(formulating derivative plans)

일곱번째 단계는 본 계획이 선택된 다음에 이를 뒷받침해 줄 파생적 계획 또는 부수적 계획을 수립하는 단계이다. 어떤 계획이라도 보완이나 지원이 없이는 완벽하게 이루어질 수 없는 것이며, 그 실행 또한 가능해질 수 없기 때문이다.

(8) 예산에 의한 계획의 계량화(numberizing plans budgeting)

마지막 단계는 계획이 수립된 후 이를 최종적으로 예산이란 수치로 환산시키는 것이다. 예산은 계획의 요소로서 통제의 기준도 된다.

1.4 계층별 계획의 유형

계획의 유형(types of plans)을 알게 되면 계획을 보다 능률적으로 수립하는 데 도움을 받을 수 있다. 계획은 하나의 계층(hierarchy)을 이루어 다양하게 펼쳐지고 있다. 계획의 계층은 유형별로 목적, 목표, 전략, 방침, 절차, 규칙, 실시계획 및 예산으로 분류한다.

(1) 목적(purpose) 또는 사명(mission)

조직화된 모든 집단이 의미있는 존재가 되기 위해서는 목적을 가지고 있어야 한다. 모든 사회시스템 내에서, 기업은 사회로부터 할당받은 기본적인 직능을 가진다. 일반적으로 기업의 목적은 경제적 재화 및 용역의 생산과 판매라 할 수 있다.

(2) 목표(objectives or goals)

목표는 활동(activity)이 지향하는 것이다. 그것은 계획수립이 지향하는 종점(end point)일 뿐만 아니라 조직화 · 충원 · 지휘 및 통제가 지향하는 종점이다. 기업목표는 기업의 기본계획을 구성하는 것이지만 각 부문도 또한 목표를 가지고 있다.

(3) 전략(strategy)

전략은 행동의 일반적 실시계획(general program of action)을 나타내며 포괄적인 목표(comprehensive objectives)를 달성하기 위하여 자원을 배치하는 것을 의미한다. 안소니(R.N. Anthony)는 전략을 “조직의 목표, 이들 목표에 있어서의 변화, 이들 목표를 달성하기 위하여 사용되는 자원 및 이들 자원의 획득, 사용 및 처분을 지배하는 방침을 결정하는 과정"이라고 정의하고 있다.

(4) 방침(policies)

방침은 의사결정에 있어서 사고와 행동을 이끌어주는 지침으로서 정책이라고도 한다. 방침은 의사결정이 이루어지는 한계를 정하여 주며, 또한 의사결정이 목표에 일관성있게 기여할 수 있도록 보장해 주는 것이다.

방침은 중요한 회사방침으로부터 부문방침을 거쳐, 과 · 계에 적용되는 파생적 방침에 이르기까지 많은 계층에 펼쳐져 있다. 방침은 또한 마케팅 · 재무 · 생산 · 인사 등과 같이 기능별로도 관련되어 있다.

방침이 의사결정에서 사고의 방침이 되기 위해서는 계층에 따라 차이는 있지만 어느 정도의 자유재량이 허용되어야 한다. 그렇지 않으면 그것은 방침이 아니라 규칙이다.

(5) 절차(procedures)

절차는 장래의 행동을 나타내는 습관적인 방법을 설정하는 계획이다. 그것은 사고가 아니라 실제로 행동을 제시해 주는 것이며, 어떤 특정한 행동을 성공적으로 진행시키는 방법을 상세히 규정한 것이다. 절차의 본질은 필요한 행동을 시간적 순서로 나타낸다고 하는 것이다.

절차는 조직의 모든 계층에 존재하며, 하위계층으로 내려갈수록 보다 신중한 통제의 필요성 때문에 더 엄격해지고 그 수가 많게 된다. 즉 절차는 계획의 다른 형태의 것과 마찬가지로 그 중요성에 있어서 계층을 이루고 있는 것이다.

(6) 규칙(rules)

규칙은 다른 계획과 마찬가지로, 여러 대안으로부터 선택된 필요한 행동이라는 점에서는 계획이다. 규칙은 일반적으로 계획의 가장 간단한 형태이다.

규칙은 방침 혹은 절차와 혼동되는 일이 많다. 규칙은 상황과 관련하여 명확한 행동이 행해져야 할 것인지 혹은 행하여지지 않아야 할 것인지를 요구한다. 규칙은 절차에 관련되어 있다는 점에서 행동을 이끌어 주지만, 그것은 행동의 시간적 순서를 나타내고 있는 것은 아니다.

규칙은 방침과도 구별되어야 한다. 방침의 목적은 의사결정에서 자유재량을 가지고 사고를 이끌어 주는 것이다. 비록 규칙 역시 지침으로서의 역할을 하고 있지만, 규칙의 적용에 있어서는 자유재량이 없다.

(7) 실시계획(programs)

실시계획은 목표, 방침, 절차, 규칙, 직무할당, 취해야 할 계층, 동원해야 할 자원 및 그 밖에 주어진 행동과정을 수행하는데 필요한 요소들의 복합체이다. 이와 같은 실시계획은 필요한 자본과 예산에 의해 보조를 받는 것이 보통이다.

(8) 예산(budgets)

예산은 기대되는 결과를 수치로 표시한 것이다. 그것은 수치적으로 표시된 실시계획이다. 예산은 재무적 수치로도 표시된다.

02 | 계획수립의 유형

2.1 기본계획과 실행계획

기본계획은 경영체의 전반에 관한 경영활동 계획으로 경영활동의 전반적인 방향과 내용을 설계하는 계획이다. 실행계획은 경영체의 조직을 구성하고 있는 각 분야별 실제활동의 지침에 관한 계획이다.

기본계획은 제품 · 기술 · 시장 등에 대한 경영활동계획이며, 실행계획은 조직의 수평적으로 분야별 각각에 대한 계획으로 구매계획, 생산계획, 판매계획 등이 이에 해당한다.

기본계획을 전반적 계획, 실행계획을 부분계획이라고도 한다.

① **구매계획:** 일정기간 경영계획의 실행이 수반되는 원자재 · 기계시설 등의 조달에 관한 그 가격 · 수량 · 시기 · 방법 등에 관한 계획

② **생산계획:** 일정기간에 제조 생산할 제품의 종류 · 수량 · 시기 · 제조활동의 장소적 · 시간적인 조정배분에 관한 계획

③ **판매계획:** 일정기간의 판매할 제품의 종류 · 수량 · 시기 · 지역 등에 관

그림 5-3 계획수립의 유형

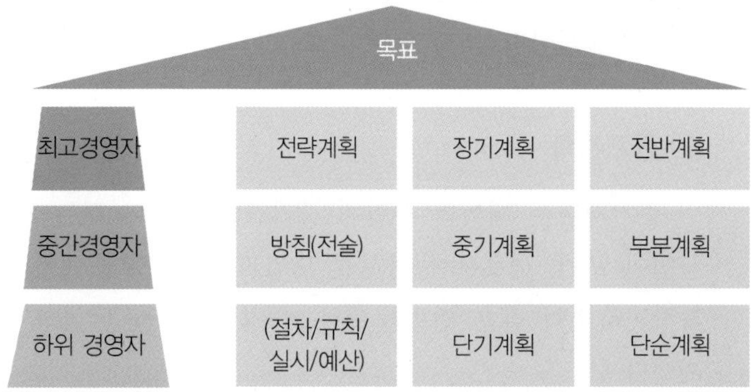

한 계획

④ **재무계획:** 일정기간의 경영 자금의 조달과 운영에 관한 계획

⑤ **인사계획:** 일정기간 동안의 경영조직에 요구되는 인력자원의 모집 · 선발 · 배치 · 교육 등에 관한 계획

2.2 장 · 중 · 단기 계획

경영계획은 기간적 단위로 구분하여 장 · 중 · 단기 계획으로 나눈다. 기간적 단위의 구분이 뚜렷한 것은 아니지만 일반적으로 계획기간 단위가 5년이상인 경우에는 장기계획, 2~3년인 경우에는 중기계획, 1년 이내인 경우에는 단기계획으로 구분한다. 기업의 업종과 규모 등에 따라 장 · 중 · 단기 계획 의 기간 정도가 다르다. 유통 · 서비스 등은 장기 · 중기 · 단기의 기간을 3년 · 1년 · 6개월로 하고 있으며, 생산시설이 대규모인 제조업은 5년 · 3년 · 1년으로 하고 있다. 광산 · 대규모건설 업종은 7년 · 5년 · 2~3년 정도로 하고 있다.

(1) 장기계획

장기계획은 장래의 이상적인 목표를 추구하는 것에 두고 충분한 시간적 안배를 하여 수립하는 계획이다. 또한 장기적인 상황변화를 예측하여 미래지향적인 것을 수반하며, 연도별 · 항목별로 구체적인 계획을 세우는 것이다. 장기적인 예측으로 수립된 장기계획은 급변하는 환경변화 속에서 장기계획 기간 동안 뿐만이 아니라 5년 이후의 경영환경 상황이 예측상황과 잘 맞지 않을 수 있으므로 매년마다 연동하여 장기계획을 수정 수립하여 실현가능성을 높이는 것이 바람직하다.

(2) 중기계획

중기계획은 계획의 수립에 장기간을 두어야 하는 새로운 사업의 모색, 현 사업이 포기, 새로운 생산시설 도입과 같은 것에 대한 계획이 아니라 시설의 확장 · 축소와 같은 변화를 통하여 경영효과를 달성하기 위하여 수립하는 계획이다.

(3) 단기계획

단기계획은 신설, 사업포기, 시설확장 · 축소 등과 관련한 기간계획이 아닌 단지 기존시설을 개선하기 위한 계획을 말한다.

03 | 계획수립과 조직목표

3.1 조직의 목적과 목표

계획의 계층별 유형에는 목적 · 목표 등이 있으며 이에 대하여 좀더 구체적으로 살펴보자.

목적과 목표의 의미를 구분하여 명확히 정의하기는 어려우므로 논자들간에도 양자를 동일한 개념으로 취급하기도 하고 구분하여 사용하기도 한다.

양자를 구분하여 사용하는 논자들은 목적(objective)을 조직이 추구하는 최종적(final end), 장기적(long time)인 도달점(destination)으로서 추상적이고 포괄적인 개념으로 정의한다. 그리고 목표(goal)는 목적의 충족을 위해 충분하지 않은 중기적인 목적으로 정의하고 있다.

이와 같이 양자를 구분하여 사용하는 논자들은 목적을 목표보다 상위 개념으로 보면서 양자를 다음과 같은 기본측면에서 구분정리하고 있다(표 5-2 참조).

표 5-2 목적과 목표의 구분

구 분	시간성	구체성	초 점	측정 척도
목 적	무 한	광범, 일반적	외부환경 관련적	상대적, 기술적
목 표	유 한	구체적, 특수적	자원활용의 능률적	절대적, 계량적

자료: 이한검, 경영정책전략론, 형설출판사, 1986, p. 145.

그림 5-4 목적, 목표의 계층성

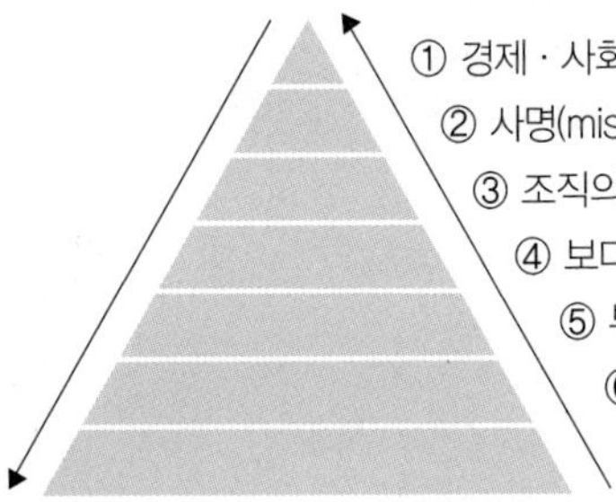

자료: H. Weilhrich and J. Mendlesm, *Management: An MBO Approach*, William C. Brown Co., 1978, p. 11.

또한, 목적과 목표를 계층(hierarchy)의 개념측면에서 설명할 수 있는데 상위 개념인 목적은 보다 하위의 개념인 목표로 이어지면서 계층을 이룬다. 즉, 목적과 목표는 조직의 임무에서 계층을 이룬다(그림 5-4 참조).

조직의 목적은 기업의 영속적인 존립과 경제적 가치의 극대화를 위한 경제적 재화 및 용역의 생산과 판매이다. 그리고 이와 같은 목적을 달성하기 위해서는 일반적인 모든 활동의 목표설정이 요구되며 또한 이를 보조할 때 보다 상세히 세분화된 목표가 필요하다. 그러나 여기서 주의해야 할 점은 목적과 목표를 엄격히 구분하여 사용하지 않는다고 하는 것이다. 즉, 용어상 목표로 통일하여 사용하며 목표의 상위개념, 하위개념으로 의미를 부여하고자 할 때에는 그 앞에 형용사 어구를 사용한다.

3.2 목표의 설정 및 내용

기업의 목표는 여러 가지 유형으로 구분할 수 있으나, 본래적인 기업의 목표는 기업의 영속적인 생존과 이윤획득에 두고 있으며 오늘날에 와서는 기업의 사회적 책임과 기업의 진정한 생존과 발전을 위해서는 경제적 부의 극대화(maximization of wealth)에 목표를 두고 있다. 그러나 이와 같은 광범위하고 구체적인 방향을 제시하지 못하는 목표내용을 전제로 한 경영활동은 결국 그 목표도달이라는 궁극적인 목적을 이룰 수 없다. 따라서 기업의 목표는 본래적인 목표와 더불어 구체적이고 다원화된 내용이 담겨있는 목표를 포함시켜야 한다는 것이다. 목표 속에 담겨져야 할 내용에 대해 드러커(Drucker)는 다음과 같이 열거하였다.

① **시장지위**(marketing standing): 타 경쟁업체와 비교하여 본 기업의 경쟁적 위치에 대한 목표를 두어 타기업에 대한 경쟁수준을 유지 · 발전시켜 나간다.

② **혁신**(innovation): 신제품개발에 목표를 두어 평균제품 수명주기를 성숙 · 절정기를 유지하도록 한다.

③ **생산성**(productivity): 생산의 목표를 두어 생산성향상을 도모하여야 한다.

④ **물질 및 재무적 자원**(physical & financial resources): 물질 · 재무적 자원의 안전한 확보 및 경제적인 활동의 목표를 두어 효율적 · 합리적 자원활용이 이루어지도록 한다.

⑤ **수익성**(profitability): 경영에 대한 이윤의 목표를 두어 이윤을 추구하도록 한다.

⑥ **경영자의 성과 발전**(manager performance & development): 경영자로 하여금 지속적인 성과 발전을 도모하도록 한다.

⑦ **작업자의 성과와 태도**(worker performances & attitudes): 작업자로 하여금 성과 향상을 위해 작업에 임하는 태도를 진지하도록 한다.

⑧ **사회적 책임**(public responsibility): 기업의 내외 모든 이해관계자 및 사회에 대한 책임의 목표를 두어야 한다.

그렇다면 위와 같은 내용이 담겨져 있는 조직목표는 어떠한 수립과정을 요구하는가? 크게 세 단계로 구분하면 다음과 같다.

첫째, 조직에 영향을 미치는 모든 환경요소에 대하여 분석 · 평가한다.

둘째, 이 분석결과에 대한 조직전체의 목표를 개발한다.

셋째, 조직전체의 목표달성을 위한 단계적이고 세부적인 실제적 목표를 수립한다(그림 5-5 참조).

그림 5-5 조직목표 수립과정

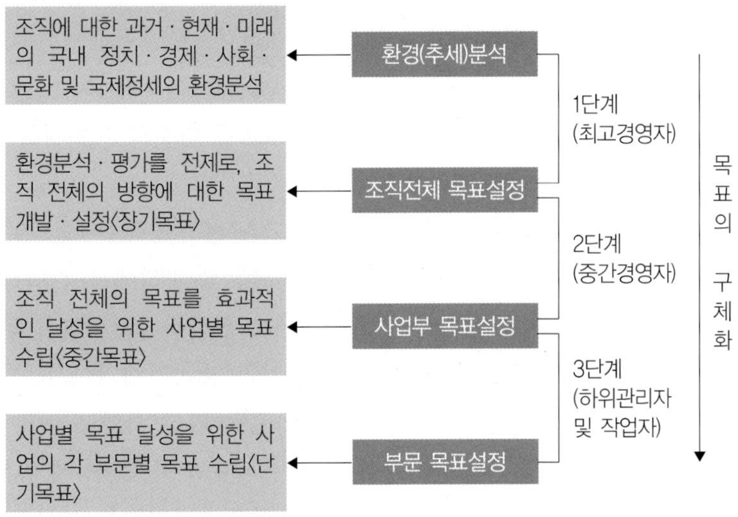

04 | 목표관리(MBO)

4.1 의 의

목표관리의 개념은 드러커(Peter F. Drucker)의 저서 『경영관리의 실천』(*The pratice of management*, 1954)에서 최초로 제안된 목표설정 기법이다.

목표관리(management by objectives; MBO)란 효율적인 조직목표의 달성을 위하여 조직구성원 스스로 목표수립에 참여하고, 이를 수행하며, 그 결과에 대한 자발적인 자기통제(self-control)를 행하는 관리제도이다. 즉 조직구성원의 자기통제를 통한 효과적인 목표달성에 목적을 둔 관리기술이다. 한편으로는 목표를 강조하고 다른 한편으로는 관리를 강조한다.

MBO는 기존의 관리제도와 전혀 무관한 관계에서 생성된 것이 아니라, 기존의 제도가 발전하는 과정에서 생성 · 발전된 것이다. 계획의 수립시에 이를 적용한 사람은 드러커(P.F. Drucker)이고, 이를 업적평가에 이용한 사람은 맥그리거(D. McGregor)이다.

이 저서에서 드러커는 MBO에 대해 조직구성원이 자주적으로 계획을 설정 실시하고, 그 결과를 평가하도록 강력한 모티베이션(motivation)을 제공하는 것이라고 정의하였다.

또한 MBO는 드러커에 의하여 보급된 이후에 오디온(G.S. Odirone), 맥그리거(McGreger), 험블(J.W. Humble) 등 다수의 지지자들에 의하여 관리의 주요 방법으로 사용되고 있다.

MBO는 오늘날 더욱 구체화되고 발전하고 있는 것으로 조직목표의 수립 · 수행 · 통제의 관리방식을 과거의 피동적 관리에서 관리참가(participation)의 능동적 관리에, 과업중심의 관리에서 인간관계중심의 관리에 두는 것이다.

따라서 MBO는 조직구성원 각자가 조직전체의 목표 및 자기가 속해 있는 부분목표를 충분히 이해하고 이에 구성된 자신의 노력과 목표를 대응시킴으로써 모든 구성원으로 하여금 조직 전체의 목표달성에 공헌하도록 한다. 그리고 스스로가 목표의식을 가지고 능동적 · 자발적으로 목표달성에 참여하여 협동의욕을 환기시키고 나아가서는 자신의 업적목표설정 및 이의 달성과 관련하여 항상 창조적 사고를 하게끔 함으로써 조직의 발전과 자기발전에 이바지하도록 의도한 관리기술이다.

4.2 목표관리의 과정

목표관리의 과정은 크게 목표의 발견, 목표의 설정, 검증(확인), 수행, 통제의 5단계로 나누어 볼 수 있으며, 이 과정은 연속적 순환과정으로 이루어지고 있다. 이 다섯 단계의 목표관리과정을 단계별로 살펴보면 다음과 같다.

(1) 목표의 발견(finding the objectives)

이 단계는 조직의 존속 · 성장 · 발전을 위하여 조직환경의 분석과 더불어 이 환경에 대응할 수 있는 조직이 이용가능한 목표를 찾으려고 노력하는 단계이다.

(2) 목표의 설정(setting the objectives)

목표 발견 단계를 통하여 제공된 기초자료를 바탕으로 조직이 미래에 성취하여야 할 방향과 수준을 설정하는 단계이다. 즉, 조직 전체 및 각 조직구성 부문별 그리고 그 구성원이 성취하여야 할 방향과 수준을 설정하는 것이다. 설정된 목표는 조직 각 부문별, 계층별 및 구성원 각자의 목표달성을 향한 활동영역과 그 활동결과의 성과를 평가하는 기준이 된다. 이 목표 설정 절차는 어느 특정 계층에서 상호 협동적인 참여를 통하여 이루어져야 한다. 목표의 설정은 조직의 모든 구성원의 목표가 되어야 하는 것으로 조직 구성원의 참여와 함께 수직 · 수평적으로 반복되는 순환과정을 통하여 이룩되어야 한다. 또, 목표설정은 목표달성을 향한 활동결과의 성과측정기준이 될 수 있도록 객관적으로 측정가능한 용어(objective measurable terms)로 설명되어야 한다.

(3) 목표의 검증(validating the objectives)

이 단계는 설정된 목표를 수행하는 데 관련되는 모든 것을 검증하는 단계이다. 이 검증절차는 목표의 실시상 나타날 수 있는 신뢰성, 위험 및 가능성을 높이거나 낮추는 것으로 목표달성에 대한 위험성, 변동사항과 설정된 목표수행에 있어서 목표달성 가능성에 영향을 미치게 될 요인들을 검사 · 분석하는 것이다. 이같은 목표검증 절차를 통하여 장래의 목표달성의 가능성을 더욱 높이는 것이다.

(4) 목표의 수행(implementing the objectives)

이 단계는 목표검증이 끝난 후 그 목표의 장래 성취를 향한 구체적인 수행전략을 수립하고 이와 더불어 구체적인 행동을 전개하는 단계이다.

즉, 목표에 따른 업무수행을 확인하고 동기부여 시스템을 통한 업무수행을 촉진시키고 부진한 부분이 있으면 보완조치를 취한다. 또한 부득이하게 목표 자체를 변경 · 수정하여야만 할 경우에는 다시는 이와 같은 반복이 일어나지 않도록 하는 변경 및 수정을 한다. 여기서 설정된 목표와 실제의 상황과는 차이가 나는 것이 보통이므로 목표관리의 수행을 지도 · 훈련 · 실천 · 결과에 대한 피드백(feed-back)이 요구된다.

(5) 통제 및 보고(controlling & reporting)

이 단계는 설정한 목표가 계획대로 진척되고 수행되었는지의 여부를 측정 · 평가하고 그 목표와 차질이 있을 경우에는 이를 조정 또는 시정하고 통제하기 위한 보고를 하는 단계이다.

그림 5-6 ◐ 목표관리 과정

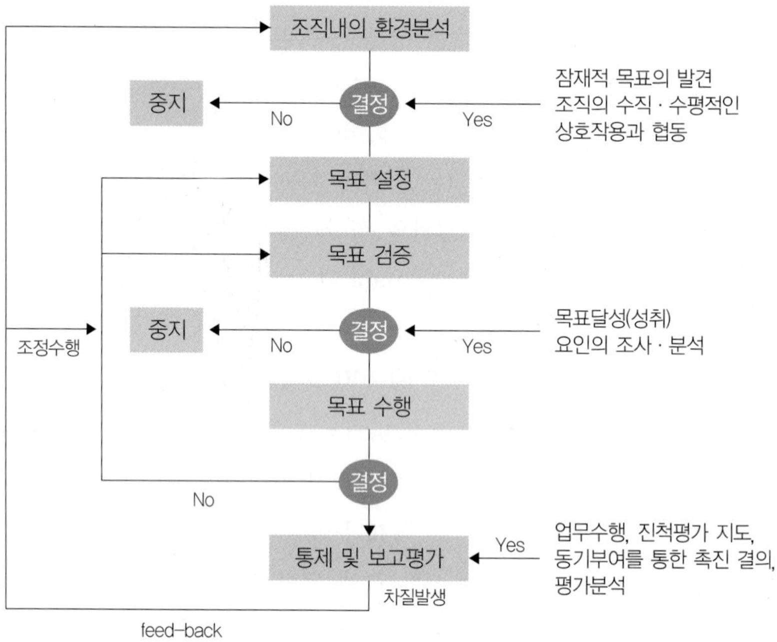

이 과정은 실제의 활동이 어떻게 변화하는가를 감지하는 것이며 결과에 대한 평가를 함으로써 목표의 수행자들에게 앞으로 나갈 방향에 대한 현재의 위치를 확인하여 주는 것이다.

이와 같은 통제 및 보고과정은 매년 정기적으로 실시되는 것으로 먼저 목표에 따른 진척정도를 평가 분석하여 그에 대한 조정 · 촉진을 실시하고 분기말에는 최종결과에 대한 평가 · 분석을 통하여 업무담당자의 업적을 평가하고 차질이 있는 결과부분에 대해서는 통제와 보고를 통하여 피드백 과정을 행함으로써 장래의 MBO를 개선하려는데 있다. 이상과 같은 목표 관리과정은 [그림 5-6]과 같다.

4.3 MBO의 본질과 특성

MBO의 본질은 인간의 의욕에 대한 신뢰를 바탕으로 조직의 존립요소인 성과중심의 사고하에 조직의 목적과 조직원 개인의 목표를 통합하고 조직내의 권한의 위양 및 책임을 강조함으로써 관리자의 자기통제의 원리에 의하여 궁극적으로 조직의 영속적인 존립과 성장 · 발전을 도모하는 데 있다.

또한 MBO의 특성은 조직의 목표를 조직원 스스로가 설정하고 이 목표달성을 위한 방법을 개인의 능력에 맡김으로써 경영의 능률이 향상된다는 데 있다. MBO의 구체적인 특성은 다음과 같다.

첫째, 달성하여야 할 목표를 명확히 함으로써 조직원 스스로가 목표를 관리할 수 있는 기회를 제공한다. 부하에게는 가장 중요한 과업을 수행하고, 목표를 달성하기 위하여 노력해야 할 업무가 무엇인지를 알 수 있게 하고, 상사에게는 부하와의 합의하에 설정한 목표달성을 위하여 부하를 어떻게 지원해야 하는지를 분명히 알 수 있다.

둘째, 목표 달성에 있어서 무엇이 갈등인가를 확인한다.

셋째, 성과의 측정과 피드백을 가능케 함으로써 통제 매커니즘을 보장한다.

넷째, 결과에 대한 책임을 인식시키고 관리자를 합리적으로 평가하는 수단을 제공한다. 상사와 부하가 직접 얼굴을 맞대고 협의하기 때문에 상하간의 관계형성에 도움을 준다.

4.4 MBO의 효과

이상과 같은 목표관리방식을 통하여 다음과 같은 효과를 기대할 수 있다.

첫째, 조직원 상호간의 이해를 증진시킴으로써 조직의 의사소통을 개선 · 원활하게 함으로써, 부하는 자신에게 영향을 미치는 업무 의사 결정에 직접 참여할 수 있는 제도화된 기회를 갖는다.

둘째, 구성원의 업무활동을 목표지향적(objective-oriented)으로 이끈다.

셋째, 목표가 통제의 기준이 되므로 자기통제(self-control)를 쉽게 한다.

넷째, 성과에 대한 평가제도를 통하여 책임을 분명히 하고, 참가자의 적극적인 활동을 조정한다. 이로 인해 부하는 외부적인 통제에 의해서 움직이기보다는 자신이 스스로 하려는 의지를 갖게 된다.

다섯째, 인적자원의 개발과 활용을 가능케 하며, 혁신을 촉진함으로써 미래 환경변화에 대응할 조직변화를 용이하게 할 수 있다.

따라서, 당연히 설정된 목표를 달성하려는 의지 또한 강해져 조직전반에 큰 기여를 하게 된다.

4.5 MBO의 단점

질보다는 양을 중시하고, 단기 목표를 강조하여 비탄력적인 위험성이 있으며, 성과를 지나치게 강조함으로써 사기와 같은 직무의 무형적인 측면을 소홀히 할 가능성이 있다. 또한 결과에 의한 평가가 이루어지므로 그 과정에 대하여는 유용한 정보를 제공해 주지 못하며, 목적이 수단을 정당화 할 수 있는 위험이 있다. 뿐만 아니라 지나친 경쟁을 유발하고, 톱다운식으로 진행됨으로써 수평적인 업무 흐름보다는 수직적 구조가 강조되는 등 경직적인 면이 있다.

4.6 목표관리 시스템(MAP: MBO Action Program)

MBO를 우리나라 기업실정에 맞게 개선한 종합적인 혁신프로그램인바, 인간에 대한 신뢰에 바탕을 두고 있는 것으로 vision, workshop, 목표, 업적평가 등을 통해 실질적인 성과와 질의 경영을 추구하는 내부경쟁 프로그램이다.

고객중심적으로 전략적 관점이 강조되고, 시스템 자체가 유연성을 지니고 개인보다는 집단이, top-down보다는 bottom-up이 강조되며 MBO의 한계점을 극복하고자 한다.

05 | 의사결정이란?

의사결정이란 기업의 경영활동에서 나타나는 문제를 발견 · 인식 · 해결하는 일련의 과정을 말한다. 일반적으로 문제란 기업의 입장에서 바람직하지 않거나 불리한 상황을 나타낼 때 표현하는 말로, 의사결정(decision making)과 문제해결(problem solving)이란 용어는 명확하게 구분되지 않고 사용된다. 훌륭한 의사결정은 짧은 시간 내에 이루어질 수 있는 것이 아니라 충분히 많은 시간과 정보 · 노력을 요구한다.

의사결정에 대한 고전적 시각은 인간의 합리적 경제 활동을 전제로 하고 있다. 즉, 경영자는 항상 객관적이고 합리적인 태도로 기업의 이익을 극대화하는 방향으로 의사결정을 한다는 것이다. 그런데 이러한 합리적 의사결정을 하기 위하여 경영자는 문제를 명확하고 확실하게 알고 있어야 하며, 뚜렷하게 정의된 목표가 있어야 하고, 문제 해결을 위해 가능한 모든 대안과 각각의 대안에 따른 결과까지도 알고 있어야 한다. 하지만 현실적으로 경영자는 하루에도 수백 가지의 의사결정을 내려야 하기 때문에 모든 의사결정을 고전적 시각에서 제시한 바와 같이 논리적이고 합리적으로 내린다는 것은 불가능하다. 뿐만 아니라 이러한 의사결정에 필요한 모든 정보를 얻는다는 것도 매우 힘든 일이다.

이러한 배경을 바탕으로 제한된 합리성을 전제로 한 의사결정이 제기되었다. 제한된 합리성이란 의사결정자의 정보수집능력 또는 분석능력이 제한적이기 때문에 모든 대안을 찾아낼 수도 없으며, 각 대안의 결과를 예측할 수도 없다는 것이다. 따라서 제한된 합리성의 범위 안에서 객관적이고 합리적인 해답을 찾기보다는 만족할 수 있는 수준의 해답을 찾아야 한다.

G•l•o•b•a•l•M•a•n•a•g•e•m•e•n•t

코카콜라의 의사결정 사례

코카콜라가 1985년 자사 탄산음료의 제조법을 바꾸기로 했을 때 시장조사 결과도 이를 지지하는 듯했다. 시음회에서 실험대상 그룹은 신제품을 이전 제품이나 펩시보다 선호한다고 계속해서 말했다.

소수의 시장 조사 그룹들만이 부정적인 반응을 보였을 뿐이었는데, 이들은 코카콜라가 신제품을 도입하면서 이전 제품을 없애버릴 것이라는 점을 알고 있었던 사람들이었다. 코카콜라가 의도했던 것이 바로 이것이라는 점을 알게 된 사람들은 분노했다.

회사는 이러한 반응들을 무시했고 그 결과는 치명적이었다. 클래식 코크가 사라질 것이라는 점은 분노를 유발시켰다. 코카콜라는 회사 명예에 상당한 손상을 입은 후에야 구 제품을 부활시켰다.

기업들이 잘못된 결정을 내리는 이유는 무엇일까? 하나의 이유는 통제권을 갖고 있는 사람들은 무엇인가 극적인 일을 통해 명성을 얻고 싶어한다는 것이다. 그들은 회사를 변혁시킴으로써 역사적으로 기억되기를 희망한다. 코카콜라 사장이었던 로베르토 고이주에타가 뉴 코크를 내놓았을 때 그는 이를 "회사의 100년 역사상 가장 중대한 음료 마케팅의 발전"이라고 선언했다.

영국 와위크 대학 '응용인지과학연구소'의 닉 체이터 이사는 "사람들은 '이것은 내가 했다' 고 말하기를 무척이나 원한다"고 말한다.

경영자가 어떤 프로젝트에 자신의 이름을 집어넣기로 결정한 순간, 조직에 있는 많은 사람들은 아무리 이에 회의적이라고 해도 이를 지원하는 것이 정치적으로 타당하다고 믿는다. 잠재적 위험에 대해 계속해서 말하는 사람들은 부정적이고 충성심이 없다고 간주된다. 사장과 의견충

돌을 벌여서는 출세하기 어렵다. 생계를 위해 CEO의 눈치를 볼 필요가 없는 사외이사들도 의견충돌을 피하기는 마찬가지다.

뉴 코크의 출시를 논의하기 위한 이사회에서 코카콜라의 이사들은 자리에 놓인 클래식 코크와 뉴 코크를 비교 시음했다.

고이주에타의 전기 작가인 데이빗 그레이싱은 "이사회에서 뉴 코크의 새로운 맛은 정중하기는 하지만 열렬하지 않다는 반응을 얻었다. 고이주에타에 대한 맹종과 그가 자신이 무엇을 하고 있는지 알고 있으리라는 기대로 이사회는 판단을 보류했다. 하지만 많은 사람들은 달고 진하고 뭔가 밋밋한 맛의 새로운 콜라에 대해 회의적이었다"고 말한다.

강력한 지도자가 없는 경우에도 다른 많은 이사회와 위원회는 이들과 비슷한 반응을 보인다. 개인적으로는 결코 하지 않을 결정을 집단적으로는 행하게 되는 것이다. 회의실 탁자 건너편에 있는 동료가 동의의 표시로 고개를 끄덕이면 자신의 의심을 억누른다. 모든 현명한 사람들이 옳다고 여기면 아마도 그것은 옳은 결정일 것이라 믿는다. 다른 임원 모두가 자신처럼 회의적인 생각을 품고 있으리라고는 전혀 생각하지 않는다.

책임감 있는 경영자들은 보통 결정을 내리기 전에 이를 뒷받침할만한 근거를 찾는다. 하지만 앞에서 보았듯이 이들은 자신의 판단을 지지하는 것에만 의존한다. 좋고 나쁜 모든 증거를 고려하는 경영자들도 한 가지 문제만은 고려하지 못한다. 전문가의 전망은 종종 틀리게 마련이라는 점이다.

캘리포니아 기술 연구소의 콜린 캐머러와 콜롬비아 경영대학원의 에릭 존슨은 전문가들이 얼마나 예측을 잘하는지에 대해 광범위한 조사를 실시했다. 조사 결과 전문가들은 '경험으로부터 배우지 못한다'는 한 가지 중요한 결점을 갖고 있다는 결론이 나왔다.

'전문가들은 그렇게 많이 알고 있음에도 불구하고 왜 전망은 잘못하는 것일까?'라는 부제가 딸린 이 보고서에서 이들은 임상 심리학자들의 연구결과를 인용했다. 경험이 많은 임상심리학자들은 성격장애자를 판단함에 있어 훈련받지 않은 학생이나 비서들보다는 정확했지만 대학원 학생에 비해서는 좋은 성과를 거두지 못했다. 또 다른 연구 결과, 숙련된 외과 의사나 경험이 적은 신출내기 의사나 수술 이후 환자가 얼마나 빨리 퇴원할 것인가를 예측하는데 있어 별 차이를 보이지 못했다. "훈련을 통해 어느 정도 정확성을 기할 수는 있지만 경험은 정확성에 거의 영향을 미치지 않는다"고 캐머러 교수와 존슨 교수는 주장한다.

체이터 교수는 와위크대 심리학과 교수인 코엔 램버트와 함께 기업들이 잘못된 결정을 내리는 원인을 연구한 결과 기상예측자와 브릿지 선수 두 그룹만이 경험을 통해 학습한다는 사실을 밝혀냈다. 이는 그들이 피드백을 빠르게 그리고 자주 받기 때문이다. 브리지 선수들은 (한 패가 끝나게 되면) 그들이 자신의 예상한 대로 트릭을 얻어낼 수 있는지 거의 즉각적으로 알게 된다. 기상캐스터는 24시간 이내에 예보가 정확했는지를 알게 된다.

경영자들은 중대한 의사결정을 내리는 경우가 드물기 때문에 경험으로부터 배울 수 있는 것이 거의 없다. 프로젝트가 실패했다는 점을 알기까지 수년이 걸릴 수 있고, 왜 실패했는지 그 원인도 분명치 않다. 일반적으로 일이 잘못되는 경우 몇 가지 이유가 있고, 경영자도 모두가 그런 것처럼 다른 누군가 혹은 무언가를 탓하기 마련이다. 가령 경제가 예상 밖으로 둔화했다든지, 유가가 급상승했다든지 또는 언론의 방해로 사업이 실패했다든지 등등이다.

프로젝트 실패가 분명해졌음에도 많은 경영진들은 이를 계속 추진하고자 한다. 중단하기에는 너무 많은 돈이 투입되었고, 경영진들의 명성이 위기에 처하게 되기 때문이다. 프로젝트를 중도에 포기하고자 하는 사람은 시작할 때 반대했던 사람들보다 더한 배신자라고 생각되어진다.

그러면 기업들이 틀린 결정을 하지 않는 방법은 무엇일까? 위험한 사업에 참여하지 않는 것일까? 그렇지는 않다. 만일 모든 기업들이 위험을 회피했다면 비행기, 위성방송, 혹은 철도 같은 것들은 존재하지 않았을 것이다. 아무리 조심성이 많은 경영자라 하더라도 자신이 벌이는 프로젝트가 성공할 것이라고 전적으로 확신하는 사람은 없다.

체이터 교수는 해결책으로 사업프로젝트에 일정 기준을 설정하고 이를 충족시키지 못하면 중단할 것을 사전에 합의할 것을 제시한다. 또한 그는 사업중단의 결정을 독립 사외이사처럼 당초 사업진출 의사결정에 참여하지 않은 사람에게 이양할 것을 제의한다. 하지만 그는 이 방식이 기업지배의 문제를 초래할 수 있음을 인정한다. 이사들은 기업 의사결정에 집단적으로 책임을 져야 하기 때문이다.

사외이사가 사전에 의문을 제기하는 것이 훨씬 더 좋은 방법이다. 또한 조직 내 반대자들의 소리에 귀 기울이는 것도 바람직할 것이다. 하지만 체이터 교수는 회의론자들에게 감사 표시를 기대하지 말라고 충고한다. "커다란 실수를 저지르고 난 후 뒤돌아 서서 '고맙다. 애초부터 당신 말에 귀 기울였어야 했었다' 라고 말할 사람은 아무도 없을 것이다."

자료: FINANCIAL TIMES(英) 2001. 2. 27 일부인용.

06 | 의사결정의 단계

문제를 해결하기 위한 의사결정은 계량적 또는 비계량적 요소들을 기초로 하여 여러 대안 중에서 하나의 대안을 선택하는 것을 의미하는 것이다. 이와 같이 하나의 대안을 선택하는 데 [그림 5-7]에서 보는 바와 같이 몇 개의 단계를 거친다.

그림 5-7 ◎ 의사결정의 단계

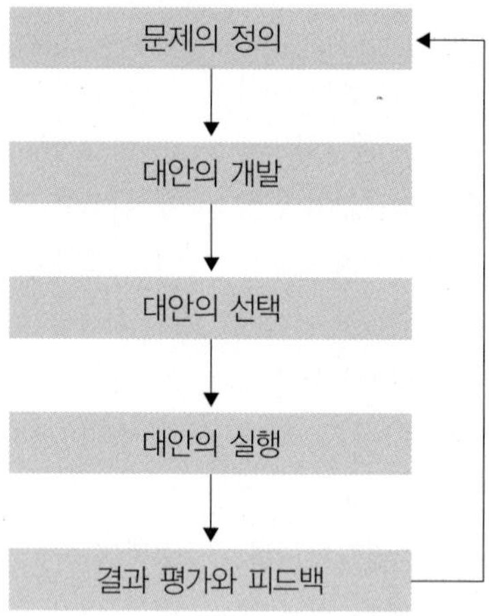

6.1 1단계: 문제의 정의

의사결정 과정에서 제일 먼저 이뤄져야 할 일은 문제의 성격을 인식하는 것(the clear realization)을 통해 문제를 명확하게 정의하는 일이다. 문제란 자신의 현재상태(existing state)와 원하는 상태(desired state)가 차이가 날 때 발생한다. 여기에서 문제 그 자체에 관해 정리해 보면 [그림 5-8]과 같다.

문제가 발생된 원인, 문제의 범위, 문제해결을 통한 목표 등을 정확하게 인식하고 확실히 한다. 따라서 다루어야 할 문제가 일반적인 것(generic problems)으로서 오직 새로운 규칙, 즉 새로운 원칙을 확립하는 의사결정을 통해서만 해결될 수 있다는 사실을 명백히 인식해야 한다.

그림 5-8 ◎ 문제란 무엇인가?

- 문제의 정의 ———— 기대와 현실의 차이
- 문제의 종류 ———— 명확한 문제와 불명확한 문제
- 문제의 해답 ———— 단답형과 다답형
- 문제의 발생 ———— 발생형과 발견형

6.2 2단계: 대안의 개발

일단 문제에 대한 명확한 정의가 되었다면 문제 해결을 위한 대안들을 찾는다. 이 경우 의사결정자는 대안에 대한 판단은 하지 않으며 가능한 모든 대안을 개발하기 위해 노력한다. 과거의 경험과 개인의 창의력을 바탕으로 한 대안들이 제시될 수 있으며, 브레인스토밍과 같은 집단토론에 의해 대안들이 제시될 수 있다.

6.3 3단계: 대안의 선택

2단계에서 개발된 각각의 대안(alternatives)을 평가하여 문제 해결에 가장 적합한 대안을 선정한다. 각각의 대안에 따른 결과를 예측하고, 어떠한 대안이 기업이 직면한 문제를 가장 잘 해결할 수 있는지 평가한다. 또한 그 대안을 실행하기 위한 내부 자원이 가능한지를 평가하여야 한다. 아무리 좋은 대안이라 할지라도 기업의 자원으로 실행할 수 없다면 쓸모 없는 대안이 될 수밖에 없기 때문이다. 이러한 평가를 통해 기업의 자원을 적절히 활용하여 가장 좋은 결과를 가져올 수 있는 대안을 결정한다. 올바른 의사결정의 밑바탕이 되는 합의는 다양한 의견의 대립과 갈등, 그리고 엇비슷한 대안에 대한 진지한 검토를 통해 도달할 수 있다.

6.4 4단계: 대안의 실행

문제해결을 위한 대안을 결정하면, 대안을 실행하기 위한 구체적인 행동계획을 수립하여 실행한다. 실행방법을 구체화하는 것(the building into the decision of the action)으로서, 대안을 실행하기 위한 자원을 확보하고, 확보된 자원을 적절하게 배분하며, 업무의 내용과 책임 · 권한 등에 관한 계획을 마련한다.

6.5 5단계: 결과 평가와 피드백

의사결정 과정의 마지막 단계는 의사결정의 내용 및 실행 결과를 평가하고 피드백(feedback)하는 것이다. 이것은 의사결정의 타당성(validity)과 문제해결을 통한 목표달성 여부를 평가하고, 의사결정 과정에서의 실수나 개선해야 할 사항들은 없는지 검토한다. 이러한 과정을 통하여 또 다른 의사결정시에 더 좋은 결과를 기대할 수 있을 것이다.

07 | 의사결정의 유형

의사결정은 분류기준에 따라 여러 가지로 구분될 수 있는데 이들 중 몇 가지에 대해 살펴보기로 하자.

7.1 기업환경에 따른 분류

기업이 직면하는 기업환경에 따라 확실성(certainty)하의 의사결정, 위험(risk)하의 의사결정, 불확실성(uncertainty)하의 의사결정, 상충하의 의사결정(conflict)으로 구분할 수 있다.

(1) 확실성하의 의사결정

확실한 상황(certainty states)이란 의사결정자가 문제의 내용과 문제해결을 위한 모든 대안, 그리고 그 대안에 따른 결과에 대한 충분한 정보를 가지고 있는 상황을 말한다. 따라서 경영자는 대체안별 성과를 비교평가하여 최선의 대체안을 선택하면 된다. 현실 상황에서 이러한 확실한 상황하에서 의사결정을 하는 경우는 거의 찾아보기 힘들다. 확실성하의 의사결정기법에는 선형계획법(linear program), 수송법(transportation method), 목표계획법(goal programming), 정수계획법(integer programming), 동적계획법(dynamic programming) 등이 있다.

(2) 위험하의 의사결정

위험한 상황(risk states)이란 의사결정자가 문제해결을 위한 모든 대안과 그 결과에 대한 완전한 정보는 없지만 각각의 대안에 따른 결과가 나타날 수 있는 확률을 알고 있는 상황을 말한다. 부분적인 정보가 주어지거나 두 가지 이상의 상황이 있으며 이러한 상황의 발생 빈도에 관한 확률이 상당한 신뢰성을 지니고 있을 때의 의사결정이다. 위험하의 의사결정기법에는 의사결정나무(decision-trees), 대기행렬이론(queueing theory), 시뮬레이션(simulation) 등이 있다.

(3) 불확실성하의 의사결정

불확실한 상황(uncertainty states)이란 문제의 내용과 해결할 수 있는 대안, 대안의 결과 등에 관한 정보가 거의 없거나, 객관적인 확률을 전혀 알 수 없는 경우에서의 의사결정을 말한다. 따라서 불확실성하에서 의사결정을 하기 위해서는 무엇보다도 신뢰할 수 있는 정보를 수집하는 데 노력을 기울여야 하며, 의사결정자의 경험과 창의력 등을 발휘하여야 한다. 불확실성하의 의사결정기법으로는 게임이론(game theory), PERT(Program Evaluation Review Technique) 기법 등이 있다.

(4) 상충하의 의사결정

두 사람 또는 그 이상의 의사결정자가 경쟁적인 이해관계 상태에 있을 때의 의사결정이다.

7.2 의사결정의 성격에 따른 분류

사이몬(Herbert A. Simon, 1965)은 의사결정의 성격에 따라서 정형적 의사결정과 비정형적 의사결정으로 구분했다. 일반적으로 경영계층이 높을수록 비정형적 의사결정을 많이 하게 된다(표 5-3 참조).[1)]

(1) 정형적 의사결정

정형적 의사결정(programmed decisions)은 반복적으로 발생하는 구조화된 문제에 대한 의사결정으로서, 이미 준비되어 있는 표준화된 절차나 방침 · 규정 등을 통하여 해결한다.

---

1) R.L. Daft and R.M. Steers, *Organizations : A Micro/Macro Approach*, Scott, Foresman, 1986, p.440.

표 5-3 의사결정의 성격에 따른 기법

유 형	의사결정	의사결정 기법	
	내 용	전통적	근대적
정형적 의사 결정	• 일상적이고 반복적인 의사결정(조직은 이를 취급하기 위한 프로세스를 발전시키고 계획을 설정한다) • 결정주체 : 중간 경영층	• 습관적 결정 • 일상적 업무(표준화된 업무절차) • 조직구조 • 공통의 기대 • 하위목표시스템 • 명확한 정보경로 • 동일한 결과를 가져올 수 있는 의사결정	• Operation Research, 수학 계량적 분석모델, 컴퓨터 시뮬레이션 • EDPS(전자자료처리) • PERT와 LP활용
비정형적 의사 결정	• 비반복적, 비구조적 결정 • 새롭고 특이한 정책결정(일반적인 문제해결의 프로세스로서 처리 또는 새로운 해결 안의 강구) • 결정주체 : 최고경영층	• 판단력, 직관, 창의력 • 주먹구구식(rules of thumb) • 경영자의 선발 및 훈련	• 자기발견적 문제해결 기법의 대상 • 인간으로서의 의사결정의 훈련 • 자기발견적 computer program의 작성

(2) 비정형적 의사결정

비정형적 의사결정(non-programmed decisions)은 일시적 · 우발적으로 발생하는 비구조적인 문제에 대한 의사결정으로서 의사결정자의 직관이나 판단력, 경험에 의존하는 의사결정을 말한다. 일반적으로 이러한 문제들은 기업에 중대한 영향을 끼치므로 신중한 의사결정이 필요하다.

7.3 의사결정의 수준에 따른 분류

앤소프(H.I. Ansoff, 1965)는 의사결정의 중요도와 내용을 대상으로 하여 전략적 의사결정, 관리적 의사결정, 일상적 의사결정으로 나누어 설명하고 있다.

(1) 전략적 의사결정

전략적 의사결정(strategic decisions)은 기업의 성격을 기본적으로 좌우하는 기업의 경영활동과 기업 외부의 환경과의 관계에서 발생하는 문제로서, 기업 경영활동에 근본적인 영향을 끼치는 문제들에 대한 의사결정이다. 전략적 의사결정은 주로 최고 경영층에서 이루어지며, 기업목표의 수정이나 새로운 사업의 도전, 전략변경 등 장기적 · 거시적 · 기업전체적으로 영향을 미치는 의사결정이다.

(2) 관리적 의사결정

관리적 의사결정(administrative decisions)은 전략적 의사결정의 구체적인 실행을 위해, 인적 · 물적 자원을 조달하여 최대의 수익성을 올릴 수 있도록 기업의 내부 자원을 구조화하는 의사결정이다. 관리적 의사결정은 주로 기업의 중간 계층에서 이루어지며, 기업의 목표 달성을 위한 자원의 배분 · 책임 · 권한 등과 관련된 의사결정이다.

(3) 일상적 의사결정

일상적 의사결정(operational decisions)은 일상적으로 행하는 업무에 관한 각 기능별 부분의 관리와 운영에 관한 의사결정으로, 기업 경영활동을 위한 가장 구체적인 의사결정이다. 일상적 의사결정의 목적은 기업자원의 전환과정에서 능률 또는 수익성을 최고로 하고자 함에 있으며, 중간관리층 이하의 계층에서 이루어지며, 생산일정이나 재고, 마케팅 방침과 같은 사항의 의사결정이다.

08 | 의사결정의 제 기법

의사결정을 하는 데는 여러 가지 접근방법이 이용된다. 그 접근방법으로는 의사결정자의 예감에서부터 복잡한 수학적 분석에 이르기까지 광범위하다. 논자에 따라서 이들의 구분은 다소 차이는 있으나 그 내용은 거의 같음을 보여주고 있다.

사이몬(H.A. Simon)은 이미 앞에서 언급한 바 있듯이 정형적인 의사결정과 비정형적인 의사결정 기법으로 나누었으며, 호제트(R.M. Hodgetts) 등은 시대적 개념에 따라 전통적인 것과 현대적인 것으로 나누었다. 또한 테리(George R. Terry)는 계량적인 것과 비계량적인 것으로 구분하였다.

본서에서는 의사결정을 하는 데 있어 접근하는 여러 가지 방법을 테리 등이 구분하고 있는 계량적인 것(quantitative bases)과 비계량적인 것(nonquantitative bases)으로 구분하여 살펴보기로 한다. 실제적으로 모든 환경하에서 적용될 수 있는 가장 좋은 접근방법 또는 조합접근방법(combinational approach)이란 없다. 따라서 그 선택은 개별적인 것이며 보통 관리자의 지식 및 경험과 이용할 수 있는 자원들에 의해서 이루어진다.

8.1 비계량적인 방법(nonquantitative approach)

의사결정을 함에 있어 비계량적인 접근방법은, 비구조화 · 비과학화 · 비시스템화된 수단으로 직관(intuition), 사실(facts), 경험(experience), 신중한 의견(considered opinion) 등을 말한다.

(1) 직 관

직관(intuition)에 의한 의사결정은 그 결정을 접근하는데 있어 개별적인 예감 또는 느낌(feeling)에 의존한다. 개인적인 의사결정에 대해서 예측, 경향, 선호 그리고 심리구조는 매우 중요하게 작용한다. 그것은 많은 사람들이 직관적인 의사결정자는 사전자료가 결여된 미래에 대해 즉흥적으로 예상할 수 있다고 믿고 있는 것이다. 직관적인 의사결정자는 무의식적으로 과거의 지식 · 훈련 · 경험 등에 의존하게 된다. 미래잡지(Future Magazine)의 저자인 로완(Roy Rowan)은 5년 내에 기업이익을 2배 이상 올린 상위관리자들의 80% 이상이 평균수준 이상의 직관력을 지니고 있음을 한 연구에서 밝히고 있다. 직관적인 의사결정자는 일반적으로 활동적이며 신속하게 대처하고 문제상황을 예리하게 간파한다. 그리고 어려운 문제에 대해 독특한 해결방법을 찾으려 한다.

그들은 어느 상황판단을 본능(instincts)과 감정(feeling)에 의지하나 실제적인 모든 행동에 있어서는 그 조절을 한다. 직관적인 사람들은 어떠한 상황에 대하여 어떻게 행동하고 왜 그렇게 행동하여야 하는가를 완전히 깨닫는 경우는 없지만 그들은 가치와 경험들에 의해서 매일같이 상황판단을 요구하고 있다. 직관적인 의사결정의 효율성을 높이기 위해서는 첫째, 실제 결정해야 할 영역에 속하는 실제(facts)와 경험(experience)을 더욱 고려하여야 하며, 둘째 의사결정에 유용한 예감력이 개발되도록 노력을 해야 한다.

(2) 사 실

사실(fact)은 의사결정하는 데 아주 중요한 요소이다. 타당한 사실에 의한 의사결정은 실제적인 자료를 근거로 했다는 것으로 이 의사결정을 요구한 특별한 상황에 대해 매우 적절함을 의미한다. 따라서 오늘날 의사결정에 사실들을 이용하기 위해서 컴퓨터의 이용이 더욱 강조되고 있다.

그것은 컴퓨터로 많은 사실자료를 의사결정에 신속하게 정리 · 분석할 수 있기 때문이다. 그러나 모든 사실들이 항상 유용한 것은 아니다. 그것은 실제적인 자료들을 확보하는 데는 많은 비용과 어려움이 뒤따르며 많은 시간이 요구되기 때문이다. 실제로 단지 사실만 근거로 하여 어떤 결정을 한다는 데는 좀처럼 충분하지 못하며 일반적으로 사실을 유용하게 이용하기 위해서는 이미지 · 경험 · 신념들이 그 사실을 해석하는 데 요구된다.

(3) 경 험

의사결정을 할 때 과거의 사건들에 대한 경험(experience)이 보통 활용된다. 어떤 결정에 있어서 그와 비슷한 상황에서의 과거에 행했던 의사결정경험과 증거 등은 그 결정의 방향을 예시해 준다. 따라서 의사결정에 있어 경험의 활용은 매우 유용한 것이 된다. 그러나 맹목적인 경험에 의한 의사결정은 배제되어야 한다.

8.2 계량적인 방법(quantitative approaches)

경영관리의 많은 결정이 계량적인 접근방법에 의해 이루어지고 있다. 따라서 오늘날 경영관리연구의 한 분야로 매우 중요하게 대두되고 있다.

경영관리상에 명백한 목표들은 계량적 기법의 발전을 이끌었다. 계량적 기법에 대한 모든 활동에는 총비용을 극소화하거나 총수익을 극대화하여야 한다는 목표를 지니고 있다. 따라서 이같이 명백한 목표를 지닌 의사결정에 대한 접근방법으로는 계량적 기법이 가장 과학적인 기법이다.

계량적 의사결정기법으로는 OR(operations research), 선형계획법(linear programming method: LP), 시뮬레이션(simulation) 등이 있다.

OR(operations research)은 사전 관리적 문제해결을 위해서 어떤 형태의 것이든 분석모형을 사용하는 의사결정을 말한다. OR은 물리, 화학, 사회학, 컴퓨터과학, 의사소통이론, 공학, 시스템과학 등에서 널리 도입되어 발전하고 있다.

경영 및 산업분야에서 일상적이고 반복적인 정형적 의사결정에 널리 활용되는 OR은 최근 대형 컴퓨터의 급속한 발전과 이용으로 자원할당, 생산계획, 재고관리, 수송 및 일정계획분야에서 크게 공헌하였다.

제한된 자원으로서 기대하는 목표의 달성을 높여야 하는 생산활동문제, 언제 얼마의 제품 주문에 대해 항상 공급할 수 있는 최소한 보유하여야 할 제품의 수량문제, 고객들의 대기시간을 최소화하면서 업무능률을 극대화시킬 수 있도록 하는 문제, 그리고 새로운 시설투자에 대한 경제적 가치 평가문제 등을 해결하는 데 OR기법이 가장 적합한 것으로 사용되고 있다.

일반적으로 의사결정을 위한 계량적 분석방법의 특징은 관찰 측정 및 실험이 체계적이고 객관적으로 반복된다는 데 있다. 따라서 OR에 의한 의사결정, 즉 문제해결을 위한 과정은 다음과 같은 단계로 이루어 진다.

① 문제의 명확한 규정(precise statement of the problem)
② 정확한 자료의 수집(collection of relevant data)
③ 타당한 모형의 탐색(creation of a valid mathematical model)
④ 모형에 자료대입과 여러 환경하에서의 결과 산출(substitution of data in the model and results under varying circumstance)
⑤ 최적의 활동코스 선택(selection of the optimum course of action)
⑥ 새로운 자료를 이용하여 모델의 타당성 탐색(follow up an the model validity with availability of new data)

OR모델로는 선형계획법(LP), 시뮬레이션 등을 들 수 있다.

(1) 선형계획법(linear programming method: LP)

선형계획법(LP)은 일정한 제약조건하에서 최적해를 도출하는 기법으로서 1947년 단쯔(Dantz)에 의해 최초로 개발된 것으로 제한된 자원을 생산적 용도에 최적으로 배분하는 데 유용한 기법이다. LP는 제한된 자원을 여러 가지 상이한 대안에 어떻게 할당하는 것이 이익을 극대화 또는 비용을 극소화할 것인가를 제시하는 기법이다.

이같은 유용성을 지닌 선형계획법을 적용하는 데는 다음 몇 가지 전제조건이 충족되어야 한다.

첫째, 목적이 극대가치 또는 극소가치로 표시되며 이들은 이익 또는 비용 · 시간 · 수량으로 표시된다.

둘째, 변수값이 일정량 변하면 그 변수에 따른 결과의 값이 비례적으로 일정량 변하는 변수와 그 결과는 선형(linear)관계를 이루어야 한다.

셋째, 변수의 상호관계에는 어떤 장애물 또는 제한이 존재한다. 제한이 없으면 목적달성의 최적해 도출은 방해되는 것이 없이 이루어지기 때문에 최적해(最適解)의 도출에 선형계획법은 아무런 의미를 지니지 못한다.

이와 같은 특성을 지닌 선형계획법은 생산계획, 시장계획, 재고통제, 제품선정, 인력계획, 수송계획, 자금할당, 투자계획 등 다양한 분야에 걸쳐 활용되고 있다.

(2) 시뮬레이션(simulation)

시뮬레이션이란 어떤 문제나 사회적 현상들을 해결하고자 할 때 실제시스템이나 업무를 모형화하여 이를 현실의 예상으로 보아 실험하는 방법을 말한다. 컴퓨터를 이용하여 어떤 실제시스템이나 그 업무를 모형화하고 이를 현실의 예상으로 보아 시스템 행동을 변화시키는 요소가 변동함에 따라 실험을 반복하는 과정을 의미한다.

그 예로 보면 TV화면을 이용한 비행조정훈련, 자동차운전훈련, 범죄자의 훈련 등과 같은 기능훈련이 있는가 하면 비즈니스게임(business game), 모의주주총회를 통하여 전반적인 경영관리에 대하여 일종의 관리자로서의 훈련이 있다. 이같이 시뮬레이션은 어떤 시스템이나 업무의 개선, 문제해결, 교육훈련의 수단으로서 널리 이용되고 있으며 특히 최근에 고성능컴퓨터의 개발로 수학적 모형으로 해결할 수 없는 문제해결 수단으로 이용할 수 있는 장점을 지니고 있다.

한편 비용이 많이 들고 시간이 오래 걸리며 관리층의 인력이 많이 요구되고 또한 많은 자료를 수집해야 하는 등의 단점을 지니고 있다. 이것을 해결하고 보다 효과적인 경영관리를 하는 데 시뮬레이션이 이용되기 위해서는 시뮬레이션에만 사용하려는 특수목적의 컴퓨터언어와 컴퓨터하드웨어가 더욱 개발되고 발전되어야만 한다.

시뮬레이션을 이용할 때는 그 관련시스템을 모의하는 모델을 개발하여야 한다. 이때 타당한 모델을 개발하는 데 필요로 하는 일반적인 절차를 보면 [그림 5-9]와 같다.

그림 5-9 ◎ 시뮬레이션을 위한 일반적인 절차

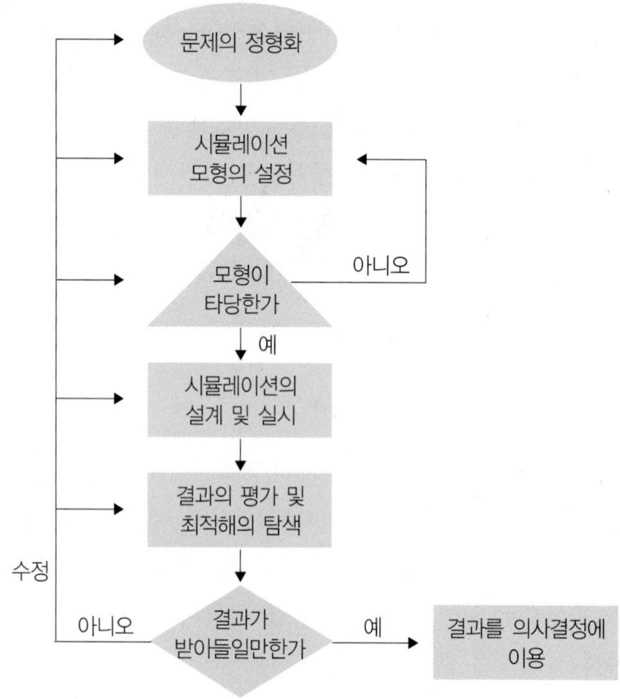

09 | 집단의사결정

지금까지 논의한 내용들은 모두 개인에 의한 의사결정(individual decision making)에 관한 것이다. 하지만 현실적으로 대부분의 기업에서는 개인에 의한 의사결정보다는 집단에 의한 의사결정 방법(group decision making)을 더 많이 사용하고 있다. 집단의사결정은 의사결정과정에서 여러 사람들간의 의견 및 아이디어, 지식의 교환과 같은 집단적 상호작용을 거치는 경우를 말한다. 기업의 경영활동은 내외부적으로 급속하게 변화하는 환경에 대응하고 상호작용해야 하는데, 이를 위해서는 개인의 지식과 경험에 의하기보다는 다수의 전문적인 지식과 충분한 정보를 필요로 하기 때문이다. 또한 의사결정사항의 효과적인 실행을 위해서는 집단 성원의 참여가 매우 중요하기 때문에 집단의사결정에 의해 대안을 선택한다면, 이를 수행하기도 매우 용이할 것이다.

9.1 집단의사결정의 장 · 단점

(1) 집단의사결정의 장점

첫째, 집단 구성원들은 개인보다 문제해결에 대한 많은 지식과 정보를 얻을 수 있다. 따라서 더 많은 대안을 개발할 수 있으며, 대안의 평가에도 광범위한 시각을 가질 수 있다. 둘째, 의사결정 사항을 실행하는 단계에서 집단 구성원들의 폭넓은 지지를 얻을 수 있다. 셋째, 집단의사결정은 개인에 의한 의사결정보다 더욱 합리적인 것으로 평가되어 결정에 만족하는 사람들이 많다.

(2) 집단의사결정의 단점

집단의사결정의 가장 큰 단점은 개인에 의한 의사결정보다 시간이 많이 소요된다는 점이다. 문제 해결을 위한 노력보다 성원의 의견을 종합하는 데에만 많은 시간과 노력을 기울이게 되기 때문이다. 또한 집단의사결정의 결과가 기업 전체적인 차원에서 바라볼 때 최적의 의사결정이 아닌 절충안이 될 수 있다. 그리고 집단의사결정 과정에서 지위상의 우위를 점하고 있는 사람이나 전문가의 의견이 지나치게 존중되는 경우, 집단 구성원의 창의력 · 경험 · 판단력 등이 반영되지 않을 수 있다. 마지막으로 집단의사결정에 대한 책임 소재가 불분명하다는 점이다. 집단 성원이 책임을 공유한다고는 하지만 누가 실제로 책임을 지느냐 하는 것은 명확하지 못한 경우가 많다.

9.2 집단의사결정의 기법

집단의사 결정에는 일반적으로 상호작용기법, brainstorming, 명목집단기법(nominal group technique), 계층분석법(AHP), Delphi기법, 전자회의 등이 널리 활용되고 있다(표 5-4 참조).

(1) 상호작용기법

상호작용기법(interacting group method)은 집단의사결정기법의 가장 보편적인 방법으로, 집단 구성원의 상호 작용으로부터 정보와 아이디어를 모아 문

표 5-4 ◉ 집단적 의사결정의 기법

방법	내 용	장/단점
상호작용법	집단상호작용으로부터 정보와 아이디어를 모아 문제해결(의사결정)하는 방법	많은 정보와 아이디어를 확보할 수 있음/획일적인 집단에서는 경직된 결과를 가져올 수 있음
브레인 스토밍	구체적인 문제를 해결하기 위하여 다양한 사고 활동으로 잠재적인 아이디어를 대량으로 생산하는 방법	잠재적인 아이디어 대량 생산
명목집단 기법	구성원들간 상호간 토론없이 구성원이 독립적으로 행하는 의사결정 기법	구성원 간 동등한 지위를 가짐. 짧은 시간 소요/리더 자질이 요구되고, 한번에 한 문제 처리
계층분석법	평가기준과 대안을 계층적인 구조로 파악하여 최적안을 선택하는 기법	부서간 대립 안, 시간이 촉발할 때 등 활용 표본오차와 비표본오차가 공유
델파이기법	우편질문서를 통하여 전문간의 의견을 수집하여 의사결정에 활용하는 기법	타인의 영향없이 전문가들의 아이디어를 제공받을 수 있다. 시간이 많이 소요됨. 통제력 결여
전자회의	네트워크로 연결된 컴퓨터를 이용하는 방법	지위, 능력 · 분위기에 휩쓸리지 않고 자신의 의견을 당당히 말할 수 있음

제를 해결하는 기법이다. 일반적으로 이 기법은 어떤 특별한 회의를 소집하여 구성원들의 토론을 이끌어낸다. 즉 문제에 대한 언급으로부터 문제해결을 위한 대안을 도출하고, 평가하여 결론에 도달한다. 이러한 상호작용기법의 장점은 개인의 의사결정과 비교하여 많은 정보와 아이디어를 확보할 수 있고, 구성원들간의 상호 작용을 통해 여러 의견들의 시너지(synergy) 효과가 발휘되어 개인의 의사결정보다 좋은 결론을 도출할 수 있다는 것이다. 그러나 집단의 문화가 집단 사고(group thinking)와 같은 획일적인 성격을 갖는 집단은 경직된 결론을 생산할 수 있는 폐단도 있다.

(2) 브레인스토밍

브레인스토밍(brainstorming)은 정형화된 범주를 벗어나 다양한 사고활동으로 잠재적인 아이디어를 대량으로 생산하는 기법으로 오스본(Alex Osborn)이 제안한 창의적인 대안을 개발하기 위한 기법이다. 이 방법은 대게 10명 정도로 구성된 집단이 원탁에 둘러앉아 구체적인 문제를 해결하기 위해 새로운 아이디어를 제출한다. 성공적인 브레인스토밍을 진행하기 위해서는 질(質)과 관계없이 최대한 많은 아이디어가 나올 수 있도록 타인의 아이디어에 대해 비판하지 말고, 자유로운 아이디어를 교환할 수 있는 분위기를 만들고 이를 수용하는 노력이 필요하다.

(3) 명목집단기법

명목집단기법(nominal group technique)은 이름만 집단이지 구성원들 상호 간의 대화나 토론은 이루어지지 않는다는 점에서 붙여진 이름으로 집단 구성원이 직접 참여하여 독립적으로 행하는 의사결정기법이다. 이 기법은 회의를 시작할 때 리더가 문제를 소개하고 구성원들에게 조용히 각자 자신들의 생각을 적어내라고 한다. 구성원들이 자신의 아이디어나 의견을 제출하면, 제출된 아이디어를 칠판이나 차트에 기록한 후, 각각의 아이디어에 대해 토론을 거쳐 최적안을 선택한다. 명목집단 기법은 집단 구성원들이 동등한 지위에서 의사결정에 참여할 수 있고, 상급자나 동료의 압력으로부터 피할 수 있고 의사결정을 마치는데 짧은 시간이 소요되는 등의 장점이 있는 반면, 리더가 훈련된 자질을 갖추어야 하며, 한번에 한 문제밖에 처리할 수 없는 단점이 있다.

(4) 계층분석법(AHP)

계층분석법(AHP; Analytic Hierarchy Process)는 다수 대안에 대한 다면적 평가기준을 통한 의사결정지원 방법의 하나로, 토머스 셔티(T. L. Saaty)가 1980년에 처음 제창하였다. 이 기법은 평가기준과 대안을 계층적인 구조로 파악하여 최적 안을 선택하는 데, 부서 간 의견대립이 있을 때 그 대응방안을 수립하는 데, 시간적으로 촉발한 상황에서 의사결정을 지원하는 데 활용된다.

계층분석법의 최적안을 선택하는 일반적인 단계는 [그림 5-10]과 같다.

1단계, 문제의 정의로부터 목표를 설정한다.

그림 5-10 계층분석의 선택단계

2단계, 의사결정 문제를 상호관련된 의사결정 사항의 계층으로 분류하여 의사결정 계층을 설정한다.

3단계, 의사결정 요소들 간의 쌍대비교(1:1 비교)로 판단자료를 수집한다.

4단계, 의사결정 요소들간의 상대적인 가중치를 구한다.

5단계, 산출된 가중치를 종합하여 각 대안들에 대한 복합가중치를 종합한다.

계층분석법으로 의사결정하는 데 계산과정 등을 자동으로 할 수 있는 Expertchoice, Rightchoice, Excel Tool이 있다.

(5) 델파이법

델파이법(Delphi technique)은 1950년대에 미국 Santa Monica의 RAND연구소에서 개발된 것으로 국방에 응용하기 위한 것이었다. 델파이법은 공식적인 회의나 집단 토론 없이 특정 문제에 대해 몇명의 전문가들의 독립적인 의견을 우편으로 수집하고, 수정된 의견을 요약하여 전문가에게 다시 배부한 다음, 서로의 의견에 대해 합의가 이루어질 때까지 논평하도록 하여 해결방안을 찾아내는 방법이다. [그림 5-11]과 같이 델파이 기법은 익명성(anonymity), 통제된 환류(controlled feedback), 장기적인 예측, 기술예측, 회의 의제의 확인 등 미래의 불확실성에 대한 의사결정에 전문가들이 타인의 영향 없이 독립적으로 아이디어를 제공할 수 있는 장점이 있지만, 시간이 많이 소요될 뿐더러 응답자에 대한

그림 5-11 델파이법

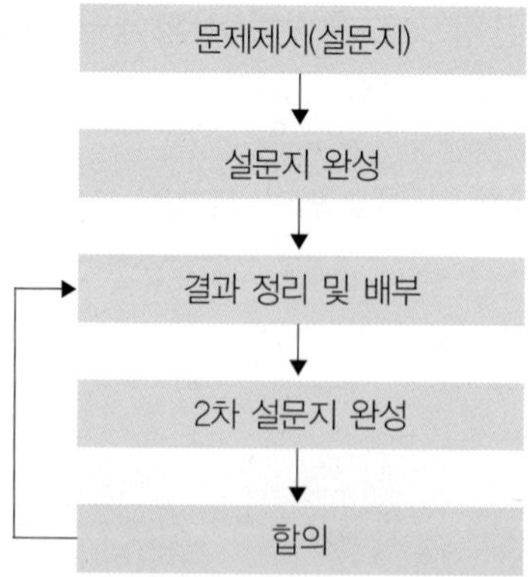

통제력이 결여되기 쉬운 단점이 있다.

(6) 전자회의

전자회의(teleconferencing)는 멀리 떨어져 있는 사람들이 회의를 위해 일정한 시간에 일정한 장소에 모이는 불편을 해소하기 위해 컴퓨터 화면에서 익명으로 자기 의견을 입력하면서 논의가 시작된다. 이는 네트워으로 연결된 컴퓨터를 이용하여 상호 작용에 의한 집단 의사결정방법으로 명목집단기법과 컴퓨터 기술을 합하여 의사결정을 한다. 오프라인이 아니라 온라인이라서 지위, 능력 분위기에 휩쓸리지 않고 자신의 의견을 당당히 말할 수 있는 장점이 있다. 최근에는 화상회의(videoconferencing)도 많이 발달해 컴퓨터 모니터를 통해 상대방의 얼굴을 보면서 토론하기도 한다.

전자회의를 하기 위해서는 화상을 입력할 수 있는 디지털 카메라와 음성을 전달할 수 있는 스피커와 같은 특수장비가 필요하다.

제 6 장

Global Management

조 직 화

01 | 조직화란?

기업의 경영관리과정은 계획-조직화-지휘-통제의 4가지 과정으로 이루어져 있다. 앞에서 배운 바와 같이 기업이 무엇을 해야 할 것인지를 정하는 과정을 계획이라고 한다. 기업이 이러한 계획을 실행하기 위해서는 어떠한 형태로 조직을 구성할 것이며, 업무 수행에 필요한 인적 · 물적 자원들을 배분하고 조정하는 활동이 필요한데, 이러한 과정을 조직화(organizing)라고 한다. 조직화 과정은 기업의 경영활동의 한 부분으로 목표를 달성하기 위해 어떤 업무가 이루어져야 하며, 누가 그것을 할 것이고, 업무에 관한 보고는 누구한테 할 것이며, 문제 발생시 의사결정이 어디에서 이루어지는가에 관한 내용을 다루는 활동이다.

조직화에 관한 본격적인 논의에 앞서 먼저 조직화(organizing)와 조직(organization)의 차이를 분명히 알 필요가 있다. 조직이란 조직화 과정을 거쳐 조직구조가 형성되어 체계를 갖춘 완성된 결과물을 의미한다. 따라서 조직화는 조직을 형성시켜 나가는 과정으로, 조직은 조직화 과정을 통해서 만들어진 형태로 이해해야 한다.

한편 조직도(organization chart)는 조직의 모습을 잘 보여주는 것으로써 명령계통이 최고직위에서 하위까지 어떻게 전달되는지를 잘 보여준다.

02 | 조직화의 과정

조직화란 경영자가 기업의 목표를 달성하기 위해서 자원과 업무를 적절하게 배분하고 조정해 나가는 과정(process)이라고 하였다. 이처럼 조직화는 여러 과정을 통해 이루어지는 활동이라고 할 수 있다. 조직화에 관한 의사결정 시 고려해야 할 기본요소로서는 과업의 분할(division of work), 부문화(departmentation), 권한의 유형(pattern of authority), 통제의 범위(span of control), 조정(coordination)이 있다(그림 6-1 참조).

2.1 과업(활동)의 내용 결정

과업(task)은 가장 작은 단위의 일로, 직무는 비슷한 과업들로 구성된 경우도 있고 다른 활동으로 구성된 경우도 있다. 기업의 목표를 달성하기 위해서 필요한 모든 과업을 분석하는 단계이다. 이 단계에서 가장 중요한 원칙은 분업의 원리(division of labor)와 작업의 전문화(specialization of labor)이다. 분업의 원리란 하나의 과업을 가능한 세분화하여 단순화시켜야 한다는 것을 의미하고, 작업의 전문화란 작업자들을 하나하나 세분되어진 단순화된 업무에 대하여 전문화시켜야 한다는 것을 의미한다. 분업의 원리가 잘 지켜질수록 작업의 전문화도 증가되는데, 그 이유는 작업자들이 단순한 몇 가지 일에만 몰두하다 보면 그 작업에 필요한 기술과 전문적인 지식을 빨리 습득할 수 있기 때문이다. 하지만 작업이 지나치게 단순화되면 작업자들은 자신들의 일에 대해 쉽게 싫증이 나서 일하고자 하는 의욕을 상실할 수 있는 위험이 있다. 따라서 과업의 내용을 결정할 때는 분업의 원리와 작업의 전문화를 이용하여 생산성을 높임과 동시에 작업자들이 일에 대한 욕구를 잃지 않을 수준으로 과업의 내용을 정해야 한다.

2.2 과업(활동)의 분류

기업의 목표를 달성하기 위해 필요한 모든 과업에 대한 분석이 끝나면, 이를 관리하기 쉽도록 작업 단위로 분류하고 집단화(그룹화)한다. 이 단계에서는 작업 과정이나 기술의 유사성에 따라 작업을 집단화 한다. 이렇게 과업이 기능적 · 활동적 유사성을 기초로 작업 단위로 분류되면, 관리와 조정의 편의를 위해 부문조직이 나타나게 된다. 일반적으로 기능별, 고객별, 제품별, 지리적으로 부문조직을 구성하게 된다.

2.3 과업(활동)의 할당과 권한 위임

기업의 목표를 달성하기 위해 필요한 모든 과업을 분류하고 부문별로 집단화한 후에는 구성원들에게 그 과업을 할당하고 과업을 수행하는 데 필요한 권한을 부여한다. 특히 권한의 위임이라는 과정은 조직화에 있어서 매우 중요한 단계로, 각 부문의 성격과 목표, 과업의 내용 등이 명확히 결정되어 있어야 그에 적합한 권한의 형태와 수준을 부여할 수 있다.

2.4 부문별 조정과 통합

기업의 목표를 달성하기 위해 필요한 각 부문별로 할당된 과업을 기업 전체적인 입장에서 조정 · 통합한다. 이 단계에서는 전문화되어 분업화된 개인이나 부문간의 과업을 수평적 · 수직적으로 연결시키는 활동을 한다. 먼저 수평적으로는 부문별 상호 작용을 통한 조직의 균형을 갖추고, 수직적으로는 의사결정 경로와 책임의 소재를 명확히 한다.

03 | 조직화 과정의 원칙

조직화의 원칙은 조직화과정이 효과적으로 전개되어 효율적인 조직구조가 형성되도록 하는 행동지침이다. 또한 조직화는 경영관리과정의 한 과정인바, 조직화의 모든 원칙은 결국 합리적인 경영관리를 향상시키기 위한 지침이라 할 수 있다. 그러나 이 같은 모든 원칙은 반드시 절대적인 것이 아니라 조직화에 효과가 있다고 인정되는 일반적 원칙이다. 따라서 학자들간에 통일된 견해가 정립되지 않은 실정(몇몇 학자들이 조직화의 원칙으로 제시한 원칙의 개수는 테일러가 과학적 관리의 원칙으로 4가지를, 페욜이 관리의 일반원칙으로 해서 14가지를 제시하였다.

조직화의 원칙으로는 명령일원화의 원칙, 권한위임의 원칙 등이 있으나 그

그림 6-1 **조직화 과정**

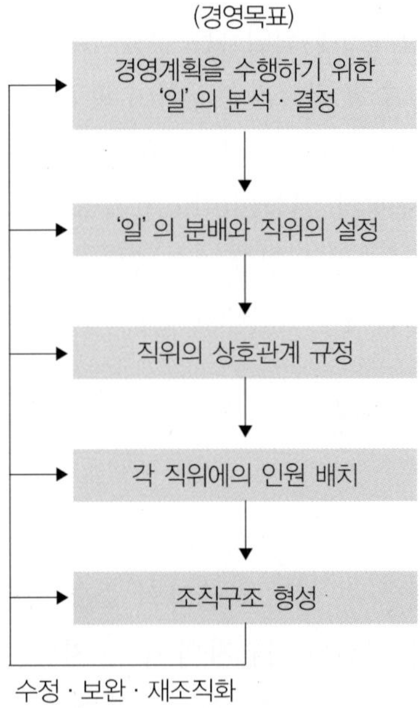

중 공통적으로 중요하다고 하는 몇 가지를 들면 다음과 같다.

3.1 명령일원화의 원칙

명령일원화의 원칙(principle of unity of command)은 조직에 속해 있는 사람은 오직 한 사람으로부터 명령을 받고 한 사람에게 보고를 해야 한다는 원칙이다. 만약 이러한 원칙이 지켜지지 않고 두 사람 이상의 상급자로부터 명령을 받을 경우 누구의 명령을 이행해야 할 것인가 하는 문제와 명령의 내용이 상충될 경우 어떤 명령을 이행해야 할 것인가 하는 문제 등을 발생시킬 수 있다. 명령일원화의 원칙이 잘 지켜질 경우 조직 활동에서 야기되는 갈등이 점차 감소될 수 있다.

3.2 권한 위임의 원칙

권한 위임의 원칙(principle of delegation of authority)은 조직의 목표를 달

성하기 위한 활동을 함에 있어서 상급자의 명령이나 지시를 받지 않고, 담당자의 재량으로 과업을 수행할 수 있도록, 상급자가 갖고 있는 직무 권한의 일부를 필요에 따라 담당자에게 위임하는 것을 말한다. 이러한 원칙을 통하여 상급자에게 집중되는 직무 수행 권한을 분산하여 환경 변화에 신속하게 대응할 수 있도록 하며, 직무 담당자에게도 만족을 줄 수 있게 된다. 그러나 권한 위임의 원칙에는 상급자가 하급자에게 권한(authority)을 위임했다 하더라도 그에 대한 책임(Responsibility)까지 위임할 수는 없는 책임 절대성의 원칙과 상급자는 예외적이고 중요한 활동에만 전념해야 하는 예외의 원칙이 있다.

3.3 통제 범위의 원칙

통제 범위의 원칙(principle of span of control)은 한 사람의 상급자가 효과적으로 통제할 수 있는 하급자의 수를 확정하는 원칙이다. 상급자의 입장에서 자신에게 보고하는 하급자의 수가 지나치게 많아지면 통제와 조정이 어려워진다는 것이다. 이때 경영자는 명령계통에 따라 누가 누구에서 보고할 것인가에 관한 의사결정을 하게 된다. 일반적으로 조직도는 명령계통에 따른 보고라인을 규정하게 된다. 따라서 기업의 조직을 구성할 때 해당 부서의 업무에서 요구되는 적정 인원과 상급자가 효과적으로 관리 · 통제할 수 있는 하급자의 수를 철저히 조사할 필요가 있다. 일반적으로 상위계층에서는 4~5명의 하급자를, 하위계층에서는 8~15명의 하급자를 통제할 수 있다고 한다. 하지만 상급자의 능력과 통제력, 하급자의 교육수준, 조직 활동의 지역적 분포, 통신수단, 과업의 중요성과 다양성 등을 고려하여 그 수는 달라질 수 있다.

3.4 계층단축화의 원칙

계층단축화의 원칙(principle of scalarship or hierarchy)이란 최고경영층부터 작업자에 이르기까지 상하의 계층이 길게 되면, 그 만큼 상하의 의사소통이 어려워지고, 명령이나 정보도 신속히 전달될 수 없을 뿐만 아니라 중간관리자의 수도 많아지고 인건비도 많이 든다. 따라서 이러한 폐단을 없애고 조직의 효율을 높일 수 있도록 조직계층은 가능한 한 단축하여야 한다는 원칙을 말한다.

그림 6-2 ◎ 삼면등가의 법칙

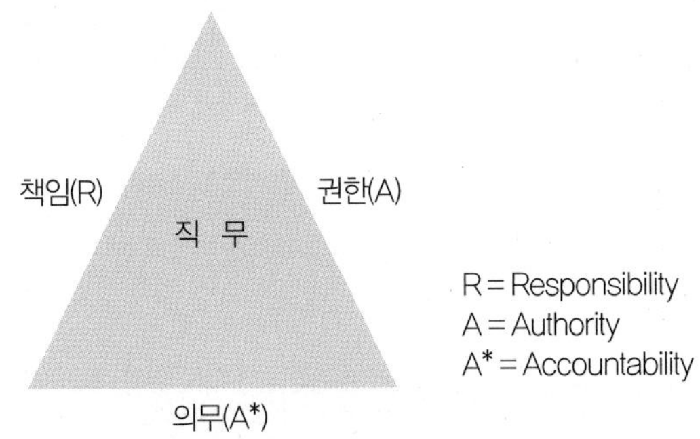

3.5 책임과 권한 동등 원칙

책임과 권한 동등 원칙(balanced responsibility and authority)은 책임에 상응하는 권한이 부여되어야 한다는 것이다. 이 원칙은 한 직무에 있어서 권한, 책임, 의무 3면은 등가, 즉 균형 관계가 이루어져야 한다는 것을 의미한다(그림 6-2 참조). 책임이란 어떤 직위에 부과된 일을 수행해야 하는 의무를 말한다. 따라서 책임이란 직무상의 의무이며 직책이라는 말로 표현할 수 있다. 권한(authority)은 조직에 의해 합법적으로 주어진 의사결정권을 의미한다. 또한 의무(accountability)란 수행된 직무의 결과 및 그 결과에 대해서 상사에게 보고해야 하는 책임을 말한다.

3.6 전문화의 원칙

전문화의 원칙(principle of specialization)이란, 조직의 각 구성원은 될 수 있는 한, 단일의 특수화된 업무를 전문적으로 담당함으로써 경영활동의 능률 증진을 기할 수가 있다는 원칙이다. 즉 숙련이나 전문적 지식의 습득을 용이하게 하고 경영능률을 향상시키기 위해서는 여러 가지 활동에 종사할 것이 아니라 특정의 한정된 종류의 활동에 노력을 집중해야 한다는 조직원칙이다.

3.7 유연성 원칙

유연성(flexiblity)이란 항상 예외적인 규정이 있기 마련임을 의미한다. 이 원칙은 직무를 수행함에 있어서 조직이 개인을 배려하는 정도와 빠른 의사 결정을 수행할 수 있는가에 대한 평가이다. 조직의 유연성을 조직원에 대한 업무 부담감 경감 및 효율성 있는 인력배치 차원에서 필요하며, 결재단계를 줄임으로써 빠른 의사결정을 기할 수 있어 조직전체의 유연성을 확보하는 데 용이하다.

04 | 조직 구조에 영향을 미치는 요인

조직구조(organizational structure)란 조직구성원의 활동을 조정하고 통제하기 위한 기구(mechanism)라고 정의할 수 있다. 일반적으로 조직구조는 전략, 내 · 외부의 환경, 조직규모, 기술, 조직문화에 따라 달라진다(그림 6-3 참조).

4.1 전 략

기업의 목표를 달성하기 위하여 조직화를 한다는 관점에서 본다면 전략은 조직구조를 결정하는 요인이 된다. 만일 기업이 원가상의 우위를 앞세워 원가우위전략을 선택했다면 철저한 원가 관리 등 내부적 효율성과 분명한 책임관계가 있는 조직구조를 필요로 하게 될 것이다. 반면 기업이 차별화 전략을 택했다면 구성원의 아이디어가 잘 반영되고, 의사소통이 원활하며 내부적으로 조정이 필요한 조직구조가 적합할 것이다.

4.2 환 경

기업의 경영활동은 기업환경과 상호 작용 관계에 있기 때문에, 조직 구조는 환경변화에 적합하여야 한다. 기업환경이 안정적이고 예측 가능한 상태라면 중앙 집권적인 의사결정시스템과 공식화, 분업화된 조직구조가 적합하다. 반면 기업환경이 불안정하고 예측 불가능한 불확실한 상태라면 권한을 위임하고 비공식적인 절차에 의해 업무를 수행하는 유연성 있는 조직구조가 적합할 것이다. 특히, 글로벌 기업 환경 아래에서는 가능한 한 많은 쟁점에 대한 역할 · 책임 · 권한을 명확히 하는 것이 바람직하다. 아울러, 공식 · 비공식 네트워크 구축을 통해 글로벌 차원의 의사결정을 촉진할 수 있어야 할 것이며, 대립되는 의견이나 아이디어를 글로벌 차원에서 조정하는 또 다른 조직적 메커니즘으로서 수행토록 하여야 할 것이다.

4.3 규 모

기업의 규모는 보통 종업원의 수, 매출액, 자본의 크기 등으로 판단할 수 있다. 규모가 작은 기업에서는 한 사람이 여러 가지 일을 하는 경우가 많고 환경의 변화에 민첩하게 변화해야 하는 경우가 많기 때문에 권한이 분산되어 있고 수평적 의사소통이 원활한 자유로운 조직구조가 적합하다. 반면 규모가 커질수록 기업의 경영활동을 위한 상호 관계가 복잡해짐에 따라 모든 활동들이 공식화되고, 강력한 통제하의 중앙집권화된 조직구조로 변하게 된다.

4.4 기 술

기술이란 기업의 경영활동에서 투입물(inputs)을 산출물(outputs)로 변환시키는 지식이나 작업절차, 기법 등을 말한다. 우드워드(Woodward)는 생산기술의 복잡성에 따라 기술을 소량다품종 생산기술, 대량생산기술, 연속공정생산기술로 분류하였다. 이 때 생산기술의 복잡성이란 생산 과정의 기계화 정도와 예측 가능성의 정도를 나타내며, 복잡성이 높다는 것은 대부분의 작업이 기계에 의해 이루어져 그 결과를 예측하기 쉽다는 것이다.

그림 6-3 조직구조에 영향을 미치는 요인

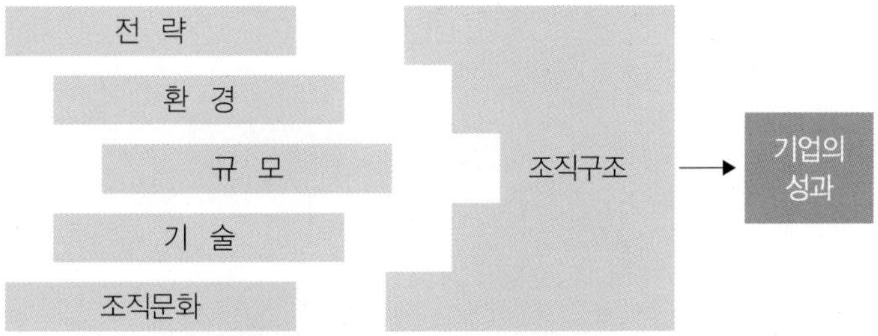

수직적/수평적 조직구조가 알맞게 혼합되어야 조직구조에 영향을 미치는 요인들과 조화를 이룬다.

소량다품종 생산기술은 선박이나 기계장치 등과 같이 고객의 주문에 의해 생산이 이루어지기 때문에 대부분 수작업에 의해 생산되는 기술 유형이다. 따라서 생산활동이 비반복적이고 기계화의 정도가 매우 낮다. 이런 기술을 사용하는 기업의 조직구조로는 통제의 정도가 낮으며 분권화된 유기적인 구조가 적합하다.

대량생산기술은 표준화된 제품생산을 위한 조립공정에 의한 기술유형으로서, 반복적이고 산출물의 결과에 대한 예측이 가능하다. 따라서 권한이 집중되어 있고, 통제의 정도가 높은 조직구조가 적합하다.

연속공정생산기술은 모든 생산과정이 연속적이고 기계화되어 있기 때문에 기계적인 변환과정으로 생산된다. 이러한 경우에는 통제의 정도가 낮고 분권화된 유기적 구조가 적합하다.

4.5 조직문화

제5의 생산요소라고도 하는 조직문화(organizational or corporate culture)는 기업을 이끄는 동인(動因)이며 조직의 저변에 흐르는 정신적인 배경으로써 조직의 구성원들이 상호간의 학습과정을 통해 공유하는 가치관(values)과 신념(belief), 이념(ideology)과 규범(norm), 전통(tradition)과 관습(habit), 의식(rites)과 관행(practice), 지식(knowledge)과 기술(skill) 그리고 상징(symbol)

그림 6-4 ○ 조직문화의 7S 모형

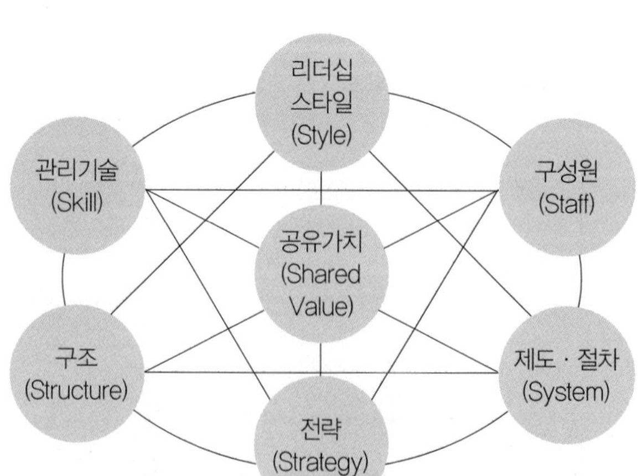

자료 : R.T. Pascale and A.G.Athos, *The Art of Japanese Management*, New York: Penguin, 1981, pp. 78-84.

등을 의미하며 조직의 태도와 행동에 지대한 영향을 미치며 조직의 성패가 좌우된다.

그리고 조직문화는 문화적 동질성을 강화하기 위한 규범을 증가시키고, 한계를 벗어난 행동에 제재를 가하는 등 조직체계의 안정성을 높이게 되며, 조직원들로 하여금 조직에 대하여 학습하도록 함으로써 구성원들의 사고와 행동을 원하는 방향으로 변화시켜 나갈 수 있으며 그들을 결합시키고 조직생활의 의미와 목적을 부여해준다.

생산적인 문화의 핵심은 상호 신뢰이다. 훌륭한 기업들은 정직, 신뢰성, 공정성, 환경보호, 사회참여활동과 같은 도덕적이고 윤리적인 가치를 강조한다.

반면에 지나치게 경직화(solid)된 조직문화는 외부환경변화에 신속하게 대응할 수 있는 적응행동을 저해시킬 뿐만 아니라, 바람직한 조직문화로의 전환을 어렵게 하기도 한다.

조직문화를 형성하는 대표적인 요소는 현대경영관리의 핵심으로 제시된 맥킨지의 7S 모델(Mackinsey's 7S Model)을 들 수 있다. 맥킨지의 7S 모델은 1981년 파스케일(R.T. Pascale)과 애토스(A.G. Athos)에 의해서 창안된 후 피터스(Tom Peters)와 워터맨(Robert Waterman)이 합류하여 4인이 공동연구를 통해 발표하였으며, 그후 피터스와 워터맨이 매킨지사의 컨설턴트로 활동한 관계로 매킨지의 7S 모델로 명명되었다.

7S 모델의 상위목표인 공유가치(shared value)는 모든 요소들을 통합하는 가장 중요한 역할을 하며, 전략 · 구조 · 시스템은 조직의 하드웨어 요인에 속하고, 스타일 · 구성원 · 관리기술 · 공유가치는 소프트웨어 요인이라고 할 수 있다.

조직문화는 조직외부의 환경변화나 내부의 상황으로 인하여 변화하게 되는데, 특히 조직의 성장단계에 따라 조직문화의 기능이 크게 달라지게 되므로 각 단계별로 요구되는 조직문화의 특성을 고려해야 할 것이다.

key word LG의 상생문화 -사업보국의 기업혼과 경영-

LG그룹은 창업과 성장의 명암을 국내 여타 대기업들과 같이 공유하면서도 결정적으로 다른 면에서 차별화 된다. 즉 많은 한국 대기업들이 패망해 한반도를 떠난 일제로부터 환수한 귀속재산의 불하과정에서 부를 축적한 데 반해 LG는 전혀 다른 궤도를 달려왔다. LG는 다른 재벌 기업들과 달리 창업 초기부터 기술혁신에 박차를 가하고 획기적인 사업모델을 개척해 냄으로써 엄청난 부를 일

궈냈다. 끊임없이 창의적으로 생각하고 혁신적 실행을 구체화함으로써 그룹의 반열에 뛰어올랐다. 이 점은 그 어떤 것보다 LG를 높게 평가하는 근거가 된다. 그리고 그 선봉에 탁월한 창업자이자 기업가 연암 구인회가 있었던 것이다. 처음부터 연암의 사업 동기는 집안을 일으켜야 하는 무한책임의 가부장적 마인드로 사업에 매진했을 것이 분명하다. 하지만 일찍이 한계가 없는 여성시장을 간파한 점이나 신문과 방송의 새로운 정보매체에 접한 점도 놀랍지만, 미제에 맞서 국산 화장품을 만들거나, 일제에 맞서 국산 라디오를 만드는 것 등에서 볼 수 있듯이 나라를 지키자는 사업보국의 의지도 강했던 것으로 보인다.

이러한 정신은 연암이 서울중앙고등보통학교 2년을 수료하고 고향에 돌아와 협동조합 일을 맡아하며, 상권을 장악하고 있는 무라카미(村上)를 겨냥하여 석유, 비누, 광목 등을 공동구매하며 소비협동조합운동을 전개한 사실에서도 읽을 수 있다. 연암은 마케팅의 천부적인 귀재였다. 마케팅은 물론 경영의 개념도 없던 시절 기업인으로의 연암의 면모를 가늠하게 하는 것은 우선 그의 상호이다. 1931년 25세의 나이에 타지 진주에서 포목상을 개업하면서 그는 "구인회 상점"과 같이 자신의 실명을 그대로 상호로 사용하였다. 당시 사농공상의 직업차별의식이 팽배하던 시대에 신식교육을 받은 연암은 당당하게 자신의 이름을 내걸고 상인의 발걸음을 내디뎠던 것이다. 1947년 연암은 일개 상점 주인에서 기업인으로 탈바꿈한다. 즉 락희화학공업사(현 LG화학)를 설립하는데 CI 작업이 정말 놀랍다. 당시 미군들 사이에 유행하는 '럭키스트라이크' 담배에서 따와 상호를 같은 발음의 '락희(樂喜)' 로, 그리고 상표를 '럭키(LUCKY)' 로 정하였다. "즐거움과 기쁨이 넘치는 회사" 그리고 "행운의 상품" 을 뜻하는 것으로 발음하기도 좋고, 기억하기도 쉽고, 또 고객에게 좋은 의미의 연상으로 다가가는 것이다.

마침내 락희는 LG그룹으로 성장하였으며, 2005년 LG와 GS로 분리되며 동업을 성공적으로 마무리한다. 창업 집안의 경영권 분쟁이 수시로 언론에 오르내리는 데 그룹 분리 전 LG는 57년간 동업을 하면서도 밖으로 잡음 하나 흘러나오지 않았다. 1969년 12월 창업자 연암이 타계한 후 구씨 형제와 조카 간, 구씨와 허씨 간 내분이 생기지 않나 하는 항간의 우려에도 불구하고 승계과정은 조용하고 차분하였다. 1995년 3대 회장으로 이어지는 경영권 승계과정도 순조롭고 뒷말이 없었다. 이런 사실은 현대, 두산, 한진 등을 비롯한 재벌의 이전투구식 경영권 다툼과는 거리가 먼 것이었다. 그 비법은 여타 기업은 물론 특히 국가안위를 책임지는 정치권에 널리 전파되기를 기대한다. 동업은 험난하기만 한 생존과 번영에의 길을 걷기 위해 굳게 손을 잡고 헤쳐 나가는 것을 말한다.

LG그룹의 역사는 한국경제의 발전사와 궤를 같이 한다. 일제 강점기와 해방기를 통한 창업기에서 60년대 이후의 수성과 성장 시대, 90년대 이후의 혁신과 글로벌 경쟁의 시대가 그것이다. 각 단계별로 LG호를 이끈 사령관은 달랐음에도 가훈이자 사훈인 "인화(人和)" 라는 상생철학에 의존해 미래를 설계하며 부단한 노력으로 오늘의 성공적인 동업신화를 이루었다. 동업의 핵심 사상인 '인화' 는 자제력과 화합의 정신이 전제되어야 한다. 그리고 합의가 존중되고 이를 서로 존중하며 실행해야 한다. 결과에 대해서도 투명하고 공정하게 처리해야 한다. 여기에는 내부적으로 긴밀하고 밀도 높은 소통과 믿음이 절대적으로 필요할 것이다. 요즘 화두가 되고 있는 지속가능경영도 눈앞의 성과나 효율만이 아닌 구성원들 간의 친화를 최우선 가치로 삼는 상생경영을 통해 이룰 수 있음을 LG의 사례에서 배울 수 있다. 안으로는 책임감 있고 유능한 인재를 하나의 나무를 정성들여 키우듯 공을 들이고 애정을 쏟으면서 길러내야 할 것이다. 그리고 밖으로는 누구와도 상생의 노력을 다할 것이 요구된다. 서구적 경영기법의 단순한 적용이 아니라 우리 것의 좋은 강점을 발견하고 자신있게 발전시키는데 힘써야 할 것이다. 전통기법과 서구기법의 성공적인 조화로 윈윈하며 상승하는 세계 속의 한국 기업으로 성장해야 할 것이다. 구씨와 허씨의 동업이 자신의 부를 위한 것이든 고객을 향한 것이든, 대한민국 기업의 상생 모델로 성공했음을 부인할 수 없다.

글로벌화가 가속화되는 시점에서 모범적인 동업 경영으로 찬사를 받으며 나라의 국격을 높인지 오래이다. 오늘날 경제전쟁의 시대에 기업은 국가안보의 첨병이다. 5대양 6대주에서 "사랑해요. LG" 하고 윙크하며 한국과 한국인과 한국 상품이 사랑을 받는 것 이상 애국이 있을까. 1942년 7월 연암을 찾아온 백산 안희재 선생에게 독립운동자금 1만원을 선 뜻 내놓았다는 사실은 그의 애국애족정신의 일면을 보여주는 대목이다. 하지만 LG와 많은 기업의 성공은 일자리 창출, 인재양성, 기술발전, 수출, 세금납부, 이익의 사회환원, 국민의 생활 향상, 국가 이미지 제고 등 국부(國富)와 연결된다는 점에서 독립운동자금 지원 못지않은 애국으로 평가할 수 있을 것이다.

자료 : 이승영, 경영학100주년기념학술대회, 한국경영사학회, 2011.1.6.

05 | 조직구조의 유형

조직 활동의 구성요소와 성원의 활동 및 업무수행과정의 관련성 여부에 따라 조직구조의 유형이 각기 다르다.

5.1 라인조직

라인조직(line organization)은 조직 내에서 상급자의 명령 · 지시가 하급자에게 이르기까지 직선적으로 하달되는 조직형태이다. 이것은 군대의 명령전달계통과 같다고 하여 테일러(F.W. Taylor)가 군대식 조직이라고도 하였다. 이 조직은 가장 단순하고 기초적인 것으로 모든 조직의 기본적인 골격을 이루는 조직구조이며, 직선적인 권한관계에 놓여 있다. 이 조직에서는 명령과 지휘를 오직 상사인 한 사람에게만 받게 되므로 명령계통의 일원화가 되어 조직의 질서유지 및 규율유지가 잘 이루어진다. 또한 조직 구성원들간의 관계가 가족적이며 서로 협동하며 조직에의 사명감과 일체감을 갖고 목표를 달성하기 위해서 몰입하게 된다(그림 6-5 참조).

보통 라인조직의 목표는 비용절감과 같은 효율성의 제고 및 생산성 향상

그림 6-5 라인 조직

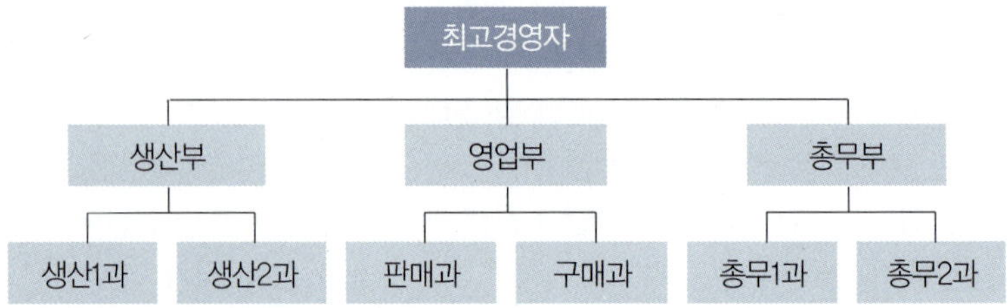

표 6-1 라인조직의 장 · 단점

장 점	단 점
• 권한과 책임의 구분이 분명하여, 강한 지배력을 유지할 수 있다. • 신속한 의사결정과 임기응변적 대응이 가능하다. • 직무평가를 효과적으로 할 수 있다.	• 자발적 의욕과 창의성을 발휘하기 어렵다. • 각 부문간의 유기적 조정이 어렵다. • 직장(職長)을 양성하기 어렵다.

에 두게 된다. 라인조직은 위계질서 및 분업의 원리에 따라서 부서가 나누어지는 분화가 일어나는 동시에 동일하거나 유사한 기능을 한데 모아 통합 관리하는 부문화가 이루어져 생산부, 영업부 등의 기능별로 조직이 짜여진 형태가 나타난다.

라인조직에서는 의사결정을 신속하게 내릴 수 있고, 관리자로서의 개인능력을 발휘할 수 있는 기회가 제공되며, 강력한 추진력을 가지고 업무 수행을 할 수 있다는 장점이 있다. 하지만 조직이 대규모이거나 환경의 변화가 신속히 이루어지는 때에는 그것에 맞춰 경영활동을 수행하기가 쉽지 않다는 한계가 있다.

라인 조직은 경영환경이 안정적이거나 확실성이 높은 상황, 규모가 작은 기업일 때 효과적인바, 라인 조직의 장 · 단점은 〈표 6-1〉과 같다.

5.2 라인-스탭 조직

라인-스탭 조직(line and staff organization)은 명령계통의 일원화가 유지되는 라인조직에 전문화의 이점을 겸할 수 있도록 스탭을 보강한 조직형태이다. 라인-스탭 조직에서는 명령일원화에 따라 명령 · 지휘의 권한은 라인계층의 상급자에게 부여되고, 스탭은 이 라인조직의 각 부분의 관리자에게 전문적인 기술과 지식 · 경험을 전제로 조언, 조력만 할 수 있다. 라인-스탭 조직의 발생 배경은 기업의 규모와 복잡성이 증대되면 될수록 생산이나 판매와 같은 기업의 핵심적인 활동뿐만 아니라 기획 · 회계 · 재무 · 인사와 같이 특정 분야에 대한 전문적인 지식이나 기술이 중요해졌기 때문이다(그림 6-6 참조).

이러한 라인-스탭 조직에서는 라인부문이 스탭의 전문적인 협조를 받을 수 있기 때문에 더욱 효과적인 의사결정을 할 수 있게 된다. 하지만 라인과 스탭 간에는 대립이나 갈등이 발생할 가능성이 높고, 스탭의 협조를 받기까지 의사결정이 지연될 뿐만 아니라 스탭부문을 운영하는 데에 비용이 든다는 단점이 있다.

라인-스탭 조직은 조직이 대규모화되는 초기상황에서와, 경영환경이 안정적이고 확실성이 높은 상황에 효과적인 조직형태인 바, 라인-스탭 조직의 장 · 단점을 표로 정리하면 〈표 6-2〉와 같다.

그림 6-6 라인-스탭 조직

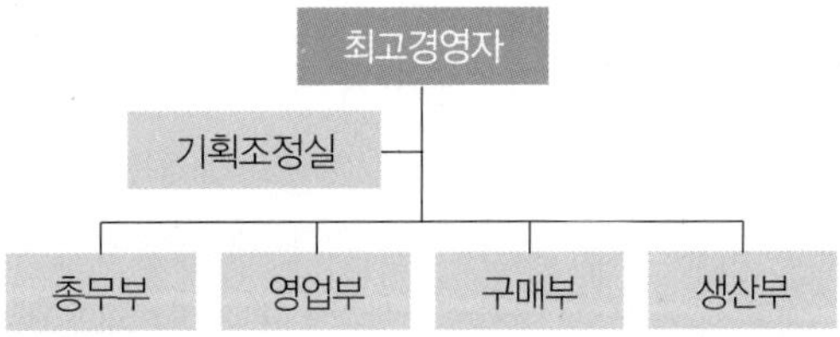

표 6-2 라인-스탭 조직의 장 · 단점

장 점	단 점
• 라인은 스탭으로부터 조언 · 권고를 받을 수 있고, 자신의 일에 전념할 수 있어서 라인담당자의 부담을 경감시킬 수 있다. • 라인조직의 장점을 살려, 의사결정 · 집행을 빨리 할 수 있고 책임과 권한이 뚜렷하며, 통솔력이 강하다.	• 스탭의 연구 · 개발 · 유지를 위한 비용이 발생한다. • 라인과 스탭간의 불화와 혼란의 가능성이 있고, 상호 의존심이 생겨 경영활동상 지장을 줄 수 있다. • 스탭의 조언 · 권고를 받기 위해 의사결정과 집행이 늦어진다.

5.3 사업부제 조직

사업부제 조직(divisionalized organization)은 기업의 경영활동을 제품과 서비스, 지역, 시장, 고객 등을 기준으로 사업부를 편성하고, 각 사업부별로 독자적인 생산과 판매, 인사, R&D 등 모든 기능을 수행하도록 하여 자율적인 운영을 하도록 하는 조직형태이다. 각 사업부는 자주적이고 독립적인 지위를 가지며, 하나의 이익단위가 되고 책임단위가 된다. 경영자는 각 사업부가 기업의 전체 목표를 달성하는 데에 기여할 수 있도록 조정하고 통제하는 역할을 담당한다.

따라서, 구조적으로 전문화의 정도가 목적별로 높고, 권력이 사업부단위로 분권화되어 있다. 때문에 복잡성은 높고, 집권화의 정도는 낮으며, 공식화의 정도는 높다(그림 6-7 참조).

사업부제 조직은 사업 단위별로 권한과 책임을 부여함으로써 신속하게 시장의 변화에 대응할 수 있으며 업무 수행에 대한 통제를 용이하게 해준다. 또한 사업부의 특성에 맞게 경영활동을 집중할 수 있으며, 사업에 대한 책임소재가 명확하다는 장점이 있다. 하지만 각 사업부마다 같은 업무를 담당하는 부서가 중복되어 있고, 사업부 간의 지나친 경쟁으로 인해 갈등이 발생하기도 한다. 또한 사업부의 이익추구를 위해 기업 전체의 이익을 해치는 등의 문제가 발생한다.

사업부제 조직은 조직의 규모가 대규모이면서 환경의 변화가 빨라 불안정적이고 예측하기 힘든 상황, 그리고 시장을 제품별 사업부(product division) 또는 지역별 사업부(regional division)로 세분화가 가능한 상황에서 효과적이다.

사업부제 조직의 장 · 단점을 표로 정리하면 〈표 6-3〉과 같다.

그림 6-7 ➲ 사업부제 조직

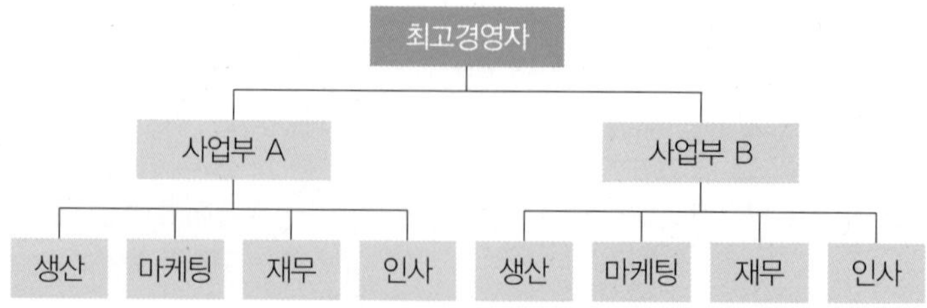

표 6-3 ◎ 사업부제 조직의 장 · 단점

장 점	단 점
• 이익 및 책임 중심적으로 운영하므로 경영성과가 향상되고 업무수행에 대한 통제와 평가를 용이하게 한다. • 의사결정의 합리성을 도모할 수 있다. • 동기부여와 관리자의 능력개발에 공헌하며, 유능한 경영자의 양성이 가능하다.	• 사업부간 이익 갈등으로 전체 이익에 반할 수 있다. • 공통관리비가 중복되는 경향이 있다. • 사업부간의 이익 대립 및 기업전체의 이익이 희생될 우려가 있다. • 사업부간 조정 및 평가가 어렵다.

5.4 매트릭스 조직

매트릭스 구조(matrix design)는 일종의 애드호크라시(adhocracy · 특별임시조직)조직에 해당하는 조직개념으로, 애드호크라시란 다양한 전문적 기술을 가진 사람들의 집단에 의해 해결될 수 있는 프로젝트를 중심으로 조직화된 신속한 변화와 적응이 가능한 임시적 시스템을 말한다.

매트릭스 조직(matrix organization)은 조직활동이 전문적 기술을 필요로 하고, 사업부 활동의 혁신이 요구될 때 조직 구성원 모두가 기능부서에 소속됨과 동시에 프로젝트팀에도 소속하게끔 하는 조직형태이다. 따라서 종업원들이 기능부서에서 일하며 자기 부서의 상사에게 보고하는 동시에 특정 프로젝트에 속하여 프로젝트 관리자에게도 보고하는 이중역할 구조로서, 명령계통이 다원화되어 있는 2상사제도(two boss system)이다. 이는 한쪽으로는 생산 · 재무 · 마케팅 · 인사 · 연구개발 등과 같은 전통적인 기능별 부문을, 또 한쪽으로는 프로젝트별 또는 지역별 부문을 축으로 하여 매트릭스처럼 만든 조직이다.

매트릭스 조직의 경우에 종업원들은 대부분 원래의 기능별 부문에서부터 파견된다. 그러나 어떤 프로젝트 업무가 진행되는 기간에는 프로젝트 조직의 관리자에게 속하게 된다. 따라서 모든 종업원들은 원래의 기능별 부서의 관리자와 프로젝트 조직의 관리자로부터 이중지휘를 받게 된다(그림 6-8 참조).

매트릭스 조직에서는 고객의 요구나 시장의 변화에 신속하게 대응할 수 있고, 조직의 인적 자원을 최대한 활용할 수 있다. 따라서 조직의 기능적 효율성과 조직 구성원의 만족을 동시에 높일 수 있다는 장점이 있다. 또한 프로젝트 팀이 영구적이 못하기 때문에 조직이 문제를 해결하거나 새로운 제품을 개발하기 위해 형성되었다가 프로젝트가 끝나면 없어지는 것이다. 하지만 기능별 부서의 관리

그림 6-8 ◐ 매트릭스 조직

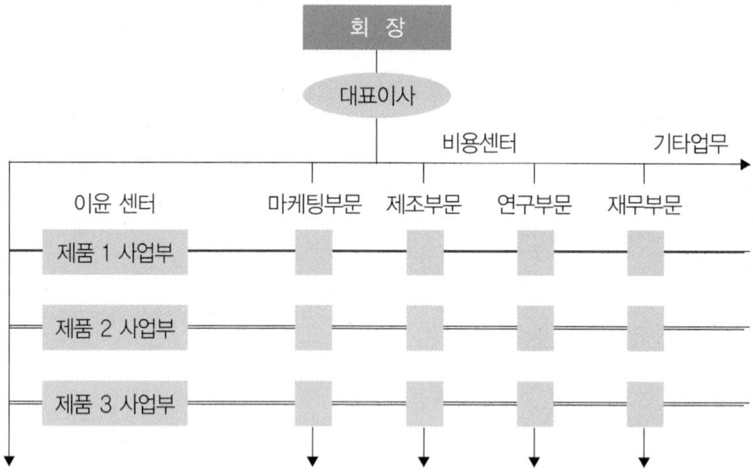

자료: 이봉수 외 3인, 경영학원론, 명경사, 1997, p. 245.

자와 프로젝트 조직의 관리자로부터 서로 상충되는 요구를 받게 될 때 갈등의 소지가 있으며, 책임과 권한의 소재가 애매하다는 단점이 있다.

매트릭스 조직은 시장환경이 급속하게 변화하는 상황, 조직의 규모가 지역별로 다변화된 상황에서 효과적인 조직형태이다.

매트릭스 조직의 장 · 단점을 표로 정리하면 〈표 6-4〉와 같다.

표 6-4 ◐ 매트릭스 조직의 장 · 단점

장 점	단 점
• 인력을 탄력적 · 경제적으로 활용할 수 있을 뿐만 아니라 종업원의 재능과 능력을 최대한 이용할 수 있다. • 시장 상황에 따라 유연하게 대처할 수 있다. • 조직이 고객의 특별요구나 시장에서의 급격한 변화에 신속하게 대응할 수 있다. • 상호견제가 이루어지므로 관리의 일관성을 기할 수 있다. • 직능별 전문직원의 시야를 넓혀 주고 혁신을 촉진시킨다.	• 기능부서와 프로젝트 부서간의 충돌이 일어날 수 있으며, 명령일원화의 원칙에서 벗어나므로 권력갈등(power conflict)이 유발될 수 있고, 종업원의 역할갈등이 발생한다. • 전문적 분화의 재통합이라는 성격 때문에 조직내의 권한 및 권력구조면에서 문제점(기능부서와 프로젝트 관리자들 간에 권력투쟁 등)을 야기할 가능성이 있다.

06 | 현대 경영 조직

경영환경이 변화함에 맞추어 경영조직도 상황변동에 적합한 형태로 변화해야만 한다. 최근 경영환경은 정보통신기술의 발달 등으로 매우 급격히 변화하고 있으며, 변화양상도 매우 다양한 상태이다. 예를 들면 경영환경의 추세는 정보사회화, 소비자 주도의 시장화, 사회문화적 가치의 다양화, 근로자 의식수준의 향상, 인간가치 및 창의성의 존중, 사회적 · 경제적 글로벌화, 기업간 경쟁격화 등을 들 수 있다. 이에 따라 조직구조도 새로운 형태로 설계될 필요가 있다. 이러한 사회변화를 감안할 때 현대의 경영조직은 사내벤처 · 분사조직, 팀조직, 역피라미드형 조직, 네트워크 조직, 프로젝트팀 등 여러 가지 방향으로 설계될 것으로 예상된다.

6.1 사내 벤처 · 분사 조직

사내벤처 · 분사조직은 기업가적(entrepreneurial) 조직이라고도 하는데 (Robey, 1991: 484) 조직구성원들에게 기업가로서의 동기를 부여하기 위하여 조직의 내부 또는 외부에 자율적인 사내기업을 설치 · 운영하여 기업의 지속적인 혁신과 변화를 촉진시키려는 조직이다.

이는 중소기업의 장점과 대기업의 장점을 통합할 수 있는 조직으로 조직구성원의 창의성과 기업가 정신을 높일 수 있다. 아울러 신규사업에 진출할 때 위험을 줄일 수 있다.

사내벤처 · 분사조직의 양상은 기존 사업부문의 일부 혹은 신규 사업부문을 본사로부터 독립시켜 독립 · 법인화시키거나, 신규사업팀 조직을 완전 자율경영체제로 운영하고 있는 사내벤처 · 분사조직의 형태로 나타난다. [그림 6-9]와 같이 커다란 대규모기업에 속한 독립적 소사업단위가 무수히 존재하거나 또는 새로운 제품아이디어를 가진 독립적 창업법인이 본사와 다른 분사들과 유기적으로 연결관계를 구축하고 있는 모습을 보인다.

사내벤처 · 분사조직으로는 조직내부에 사내벤처 · 소사장제가 있으며, 조직외부로는 분사(독립법인)가 있다. 이 조직은 대기업에서 인사적체문제의 해결을 통한 중간관리자들의 사기진작이 가능하다는 점, 자기책임하에 움직여지

그림 6-9 ◎ 사내벤처 · 분사 조직의 형태

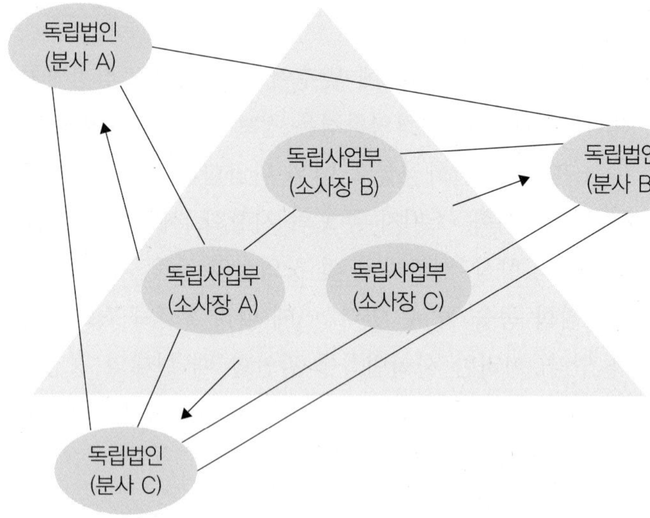

자료 : 신유근, 경영학원론, 다산출판사, 2002, p. 281.

기 때문에 불량률을 줄이고, 원가절감효과를 기대할 수 있고, 조직구성원의 창의력과 도전의욕을 높여 조직의 지속적인 혁신성향을 높인다는 등의 긍정적인 효과를 기대할 수 있다. 반면에 본사와 사내벤처 간에 갈등관리를 잘해야 하는 등의 단점도 있다.

표 6-5 ◎ 사내벤처 · 분사 조직의 장 · 단점

장 점	단 점
• 대기업 인사적체 문제의 해결을 통한 중간 관리자들의 사기진작이 가능하다. • 불량률을 크게 낮추고 품질향상 효과와 원가절감 효과를 기대할 수 있다. • 납기단축과 적기조달이 향상된다. • 조직구성원의 창의적인 도전의식을 높여 조직의 지속적인 혁신성향을 높인다. • 노사관계관리에 대한 부담을 줄일 수 있다.	• 본사와 사내 벤처 분사 간에 갈등이 있을 수 있다. • 모든 사업장에 적용하기보다는 제한된 사업영역에 활용하는 것이 유리하다. • 본사는 소사장기업의 육성에 대한 구체적인 청사진을 제시하여 근로자들이 신뢰할 수 있는 분위기를 조성하여야 한다.

6.2 팀조직

전통적인 조직형태로는 급변하는 기술환경과 시장의 요구에 신속히 대응할 수 없기 때문에 조직활동의 경쟁력을 높이기 위한 유연성 확보의 일환으로 팀조직의 개념이 도입되게 되었다.

팀조직은 [그림 6-10]과 같이 명령지휘계통을 떠나 업무중심, 과제중심, 주제중심으로 팀을 형성하고 이들 팀들 간에 유기적 연결관계를 갖도록 조직을 편성하는 것이다. 팀조직은 잉여 관리업무를 과감하게 폐지하거나 축소시키며, 이사나 부장 · 차장들이 팀장이 되어 결재단계를 파격적으로 축소시킴으로써 수평조직화한다(표 6-6 참조). 팀조직은 조직활동에서 시너지(synergy)를 확보할 수 있도록 상호보완적 기능과 능력을 가진 성원으로 이루어지기 때문에 조직구조는 계층적이 아니라 모든 조직활동이 수평적인 팀을 만들게 된다. 전통적 계층형 조직에서 관리를 위하여 결재만 하던 대리 · 과장과 같은 중간관리자는 담당업무의 전문가로서의 역할을 하도록 한다. 이렇게 함으로써 활동의 권한과 책임의 한계가 분명해 지는 동시에 자율성과 창의성 발휘를 통해 경쟁력을 높일 수 있는바, 팀의 특징과 팀업적평가의 틀은 다음과 같다(그림 6-11 참조).

첫째, 팀원의 수가 중요한데, 가장 성공적인 팀원의 수는 2~25명 정도로 보지만 이상적인 것은 10명이내이다.

둘째, 보완적인 기능이 필요하다. 팀이 성공을 하려면 구성원들은 문제해결과 의사결정 스킬, 기술적 · 기능적 전문성, 대인간 스킬의 유형과 경험을 기여해야 한다.

그림 6-10 ◎ 팀조직

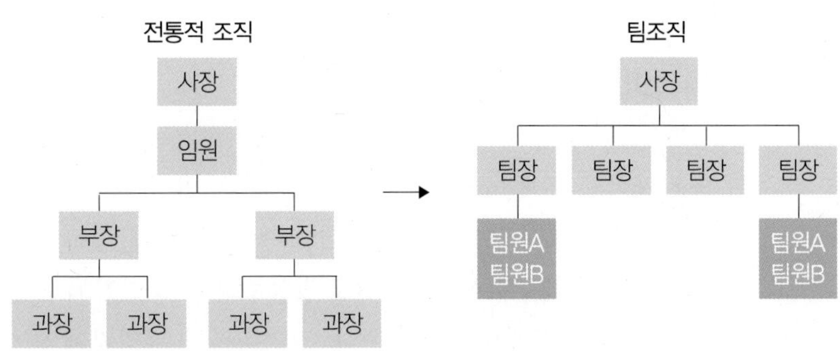

그림 6-11 ◯ 팀업적평가

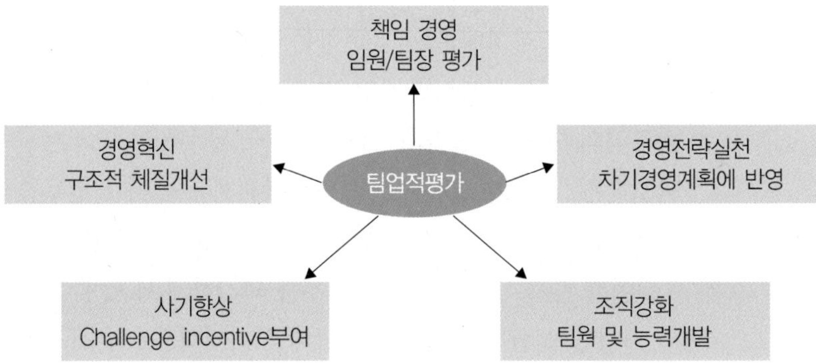

자료 : 박기찬, 경영혁신, 명경사, 2008. 8, p. 105.

표 6-6 ◯ 팀조직의 장 · 단점

장 점	단 점
• 의사결정의 신속성과 기동성을 기할 수 있다. • 이질성과 다양성의 결합과 활용을 통한 시너지 효과를 촉진할 수 있다 • 전사적인 정보와 특수한 정보를 모든 계층, 모든 부서의 사원들이 공유할 수 있다. • 서로의 사고를 교류하고 공유하기가 다른 조직보다 훨씬 수월하다.	• 팀장의 능력에 크게 의존하므로 팀장의 리더십이 부족한 경우 조직운영이 비효율적일 수 있다. • 팀원이 독자적으로 업무를 수행할 수 있는 전문적인 능력이 없을 경우 팀이 원활히 유지될 수 없다.

셋째, 팀의 성과는 조직 리더에 의해 좌우된다. 경영진은 모든 팀원들로부터 인정받는 목표를 제공하고, 팀원은 자신의 조직목표를 알아야 하는데, 이는 클린목표(clean purpose)라고 불린다.

6.3 역피라미드 조직

역피라미드 조직(inverted organization)은 일명 고객주도형 조직(customer-driven organization)이라고도 한다. 고객을 맨 위에 놓고 경영자가 맨 아래로 가는 형태의 고객주도형 조직으로, 경영조직이 경영자에 의한 명령보다 고객의 요구에 따라 설계되고 운영된다. 경영조직이 경영자에 의한 명령보다 고객의 욕구에 맞추어 설계되고 운영되는 조직이다. 이 조직에서 경영자의 위치는

그림 6-12 ◎ 역피라미드 조직

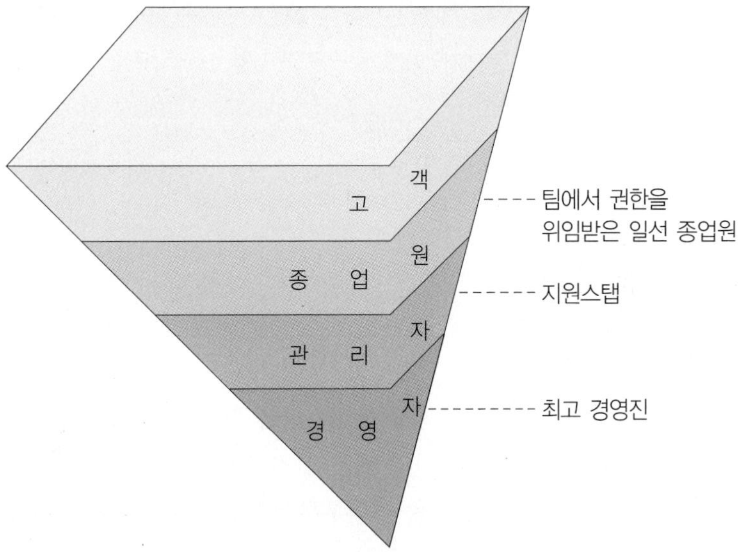

사원들에게 군림하는 자리가 아니라 자율팀들이 고객에 대한 서비스를 향상시키는 데 필요한 자원과 정보들을 제공하는 역할, 또한 새로운 기술정보를 즉각 흡수 · 적용할 수 있도록 지원하는 역할 등을 하는 공복으로서의 리더십(servant leadership)을 발휘하는 자리이다. 이 조직구조에 기반한 회사들은 대내외적 데이터베이스와 신속한 커뮤니케이션 시스템과 전문적인 지원을 통해 일선 종업원을 돕는다.

역피라미드 조직은 고객가치를 존중하는 조직문화가 전 조직에 확산되도록 할 뿐 아니라 조직구성원들이 고객지향적으로 행동하고 사고할 수 있도록 한다(그림 6-12 참조).

6.4 네트워크 조직

전통적인 조직의 형태인 피라미드형 조직은 위계질서가 명확한 관계로 일을 수행하는 것은 뛰어나지만, 업무과정상 일일이 승인을 받아야 하는 등 새로운 것을 창조하는 데에는 한계가 있는 조직이다. 이러한 단점을 해결하기 위한 수단이 바로 네트워크 조직(network organization)이다.

표 6-7 네트워크 조직의 장 · 단점

장 점	단 점
• 소수의 인력으로 대기업이 할 수 있었던 경영 활동을 할 수 있다. • 새로이 출현하는 기술이나 사회적 유행 및 조류 변화에 신속히 적응할 수 있다. • 조직구성원 개개인의 능력발휘를 극대화할 수 있다. • 사업부문간의 의사소통의 활성화를 도모할 수 있다.	• 조직구성원이 전문적인 지식과 기능을 지녀야 한다. • 패션산업, 영화산업 등 급속한 환경변화가 있는 산업에 효과적이다

네트워크 조직은 정보통신기술을 활용함으로써 조직의 위계서열과는 무관하게 조직구성원 개개인의 전문적 지식에 근거한 자율권을 기초로 개인능력 발휘의 극대화와 제반기능, 사업부문간의 의사소통의 활성화를 도모하기 위한 신축적인 조직운영방식을 지니는 조직이다(표 6-7 참조).

한편, 미래의 창조성은 누군가가 생각해 낸 아이디어를 함께 지혜를 모아 사용할 수 있는 것으로 만들어가는 프로세스를 통하여 창출해 나가야 한다. 이를 실천하기 위해서는 구성원간 협력작업(collaboration)이 필요하다. 여기서 공동작업을 위한 커뮤니케이션을 원활하게 하기 위해서는 전자메일이나 그룹웨어 같은 협력작업을 위한 상호통신기술이 필요하다.

정보화사회에서 요구되는 조직은 유연성이 풍부하고 기동력이 넘치는 조직이다. 이러한 조직에서는 각 단계에서 자율적으로 창조성을 발휘할 수 있어야 한다. 이러한 네트워크조직은 특히 패션산업, 출판산업, 영화산업, 생명공학산업처럼 소비자의 욕구가 유형에 따라 급변하거나 새로운 기술이 급속히 변화, 발전하는 단계에 있는 산업의 경우에 네트워크조직이 매우 적합하다.

6.5 프로젝트팀 조직

프로젝트팀 조직(project organization)은 일명 태스크포스(task force) 조직이라고도 한다. 특정 프로젝트를 수행할 필요가 발생했을 때, 프로젝트의 목표달성에 필요한 능력을 지닌 구성원들을 각 조직의 부문에서 차출하여 편성, 운영하고 목표가 달성되면 해체하여 원래 부서로 돌아가게 하는 유연한 조직이다(그림 6-13 참조).

그림 6-13 ◎ **프로젝트팀 조직**

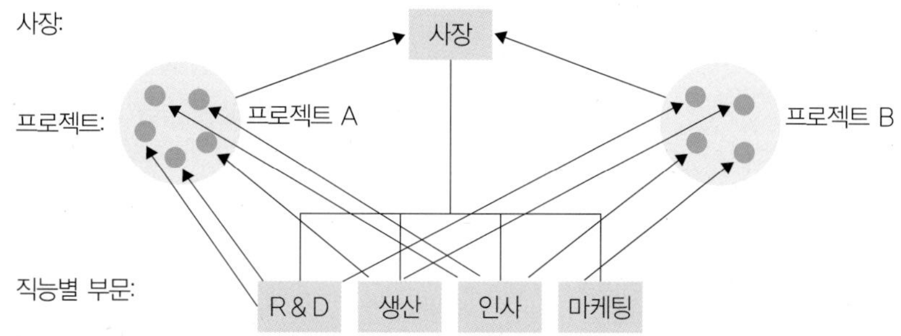

표 6-8 ◎ **프로젝트팀 조직의 장 · 단점**

장 점	단 점
• 다양한 인재의 수급으로 업무의 전문성을 향상시킬 수 있으며, 목표지향적 업무로 종업원의 사기가 향상된다. • 기동성 및 신축성, 유연성이 있어 환경에 대한 적응이 쉽다. • 일정한 과업에 대량의 재능과 자원을 집중하고 신축성이 부여된다. • 강력한 목표지향적이므로 사기가 높아진다.	• 과업의 성공여부가 프로젝트 관리자의 능력에 크게 의존한다. • 본래 소속부서와 프로젝트 부서간의 갈등의 소지가 있다. • 과업의 성공여부는 프로젝트 관리자의 수완에 강하게 의존한다. • 조직의 단결을 저해할 수 있다.

프로젝트팀 조직은 프로젝트의 내용이나 성격에 따라 인원구성에 유연성이 있으며, 목표가 명확하여 사기가 높아지는 장점이 있다. 반면에 프로젝트 관리자(PM; project manager)가 새로 구성된 팀원들의 팀워크를 유지하는 문제나, 팀내의 갈등조정, 원래부문과 프로젝트팀간의 관계조정 등의 역할을 잘 소화해야 하는 등의 문제를 안고 있다(표 6-8 참조).

프로젝트팀 조직이 성공하기 위해서는 프로젝트팀 내의 팀워크, 최고경영자의 지원, 치밀한 계획 및 프로젝트 관리자에 대한 권한의 이양 등이 필요하다.

6.6 심포니 오케스트라형 조직

심포니 오케스트라(symphony orchestra)형 조직은 구성원들의 고도의 자율성과 팀워크를 기반으로 한 수평적이고 슬림화된 조직으로, 자율경영과 참

그림 6-14 ◐ 심포니 오케스트라형 조직

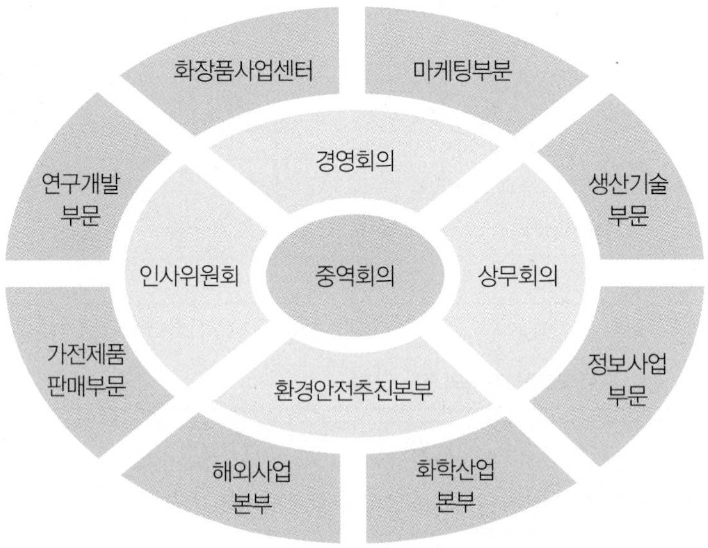

자료 : 일본 KAO사의 1994년 조직도 참조.

여경영, 효율성과 유연성을 모두 담당할 수 있는 조직이다(그림 6-14 참조). 전통적인 조직에서는 위계적이고 수직적인 통제에 의해 조직을 운영함으로써 조직구성원들이 타율적인 업무수행을 하게 되는데 비해, 이 조직은 미래의 변화된 경영환경에 적합한 것으로 높은 분권화, 낮은 복잡성, 낮은 공식화, 더욱 평면적이고 꼭 필요한 부분만으로 이루어진 조직이다. 이러한 심포니 오케스트라형 조직이 성공적으로 이루어지기 위해서는 구성원간 경영조직의 바람직한 가치 및 규범, 규율을 공유해야 한다(신유근, 2002: 289 참조).

제 7 장

Global Management

지휘활동

01 | 지휘활동이란?

지휘활동이란 기업의 목표를 달성하기 위하여 종업원들이 적극적으로 몰입할 수 있도록 하는 경영자의 활동을 말한다. 기업은 이윤추구라는 경제적 목표와 함께 사회를 발전시키고 종업원들의 자아실현 욕구를 충족시키는 등의 사회적 목표를 갖고 있다. 또한 이러한 목표를 달성하기 위해 많은 전략과 계획들을 수립하며, 구체적인 실행을 위해 조직화를 한다. 하지만 기업의 종업원들의 활동이 전체와 조화를 이루지 않고 각자의 생각과 판단으로 행해진다면 목표를 달성할 가능성은 희박하며, 기업의 생존 자체에도 큰 위협이 될 수 있다. 따라서 경영자는 기업의 목표를 달성하기 위하여 종업원이 일관성 있고 체계적으로 경영활동을 할 수 있도록 동기를 유발하고 이끄는 활동을 해야 하는데, 이러한 활동을 지휘라고 한다(그림 7-1 참조).

다음에서는 동기부여(motivation), 리더십(leadership), 의사소통(communication)을 통한 지휘활동에 대해 자세히 알아보도록 한다.

그림 7-1 ● 지휘활동

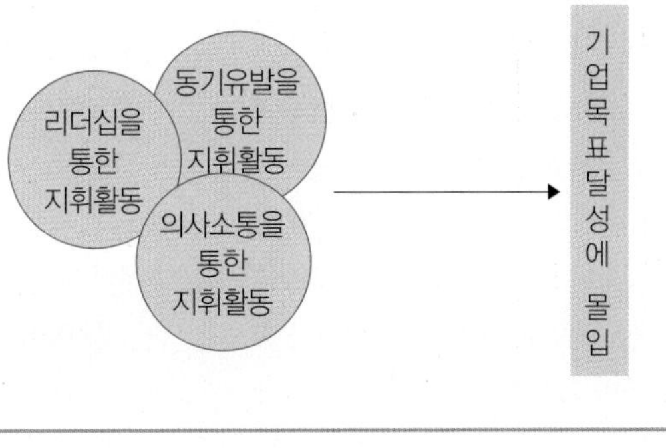

N-Leader의 A에서 Z까지

A 리더십은 예술이다(Art Management)
B 초심으로, 기본으로 돌아가자(Back to Basics)
C 경쟁체제를 도입하라(Competition System)
D 디지털 마인드로 무장하라(Digital Mind)
E 권한을 위임하자(Empowerment)
F 가족도 고객이다(Family Satisfaction)
G 세대차이와 세대공존(Generation Gap)
H 잡종문화와 경쟁력(Hybrid Culture)
I 혁신적인 사고(Innovative Thinking)
J 애직심과 애국심(Job Commitment)
K 지식경영의 활성화(Knowledge Management)
L 평생학습체제의 구축(Learning Organization)
M 찬찬찬 운동으로 동기부여를(Motivation)
N 3맥(三脈)의 활용과 네트워크사회(Network Society)
O 리더는 동물원에 갇혀 있다(Open Management)
P 크로스체크하라(Plan! Do! See!)
Q 떠날 때를 대비하자(Quitting Prepareation)
R 책임감이 생명이다(Responsibility)
S 스피드경영(Speed Management)
T 신뢰를 심어주어야 한다(Trust)
U 보편성을 추구하라(Universal Thinking)
V 부가가치의 창출(Value Creation)
W 여성은 이제 당당한 파트너(Women in Partnership)
X X-Leader는 되지 말자(X-Leaders are out)
Y 젊은 피 수혈과 도전정신(Young Blood)
Z 미쳐야 살아 남는다(Zeal)

자료: 양병무, '디지털시대의 리더십,' 좋은 사람들, 2001.

*N세대(Net generation)는 1997년 이후 출생한 집단을 말한다. 시기적으로 베이비붐 시대(1946-1963)와 X세대(1964-1976)를 따르고 있으나, 성격은 근본적으로 다르다. 20세기가 X세대 세상이었다면 21세기는 N세대의 시대라는 주장이 나와 흥미를 끌고 있다. N세대라는 용어를 처음 쓴 사람으로서 '패러다임 시프트', '디지털경제' 등의 저자이기도 한 미국의 미래학자 론 텝스코트(Ron Tapscott)에 의하면 '디지털문명의 도래-N세대 부상' 이란 저서를 통해 N세대가 X세대의 뒤를 이을 것으로 전망했다.

02 | 동기부여

2.1 동기부여의 의의

동기(motive)는 개인의 욕구(needs)에 의하여 발생되고, 그 강도는 욕구의 결핍(deficiency) 정도에 따라서 직접적인 영향을 받게되는 것이다.

동기부여(motivation)란 종업원이 기업의 목표를 달성하기 위해 해야 하는 경영활동을 자신의 목표를 달성하기 위한 활동이라고 생각하게 하여, 그러한 활동을 적극적이고 능동적으로 열심히 하게끔 유도하는 과정을 말한다. 즉 종업원이 가지는 욕구를 자극하여 기업의 경영활동을 하도록 유도하는 것이다. 따라서 기업이 원하는 행동을 하도록 유도하기 위해서는 경제적 보상뿐 아니라 기타 여러 가지 보상으로 종업원의 욕구를 충족시켜 줄 수 있어야 한다.

경영자들의 대부분은 종업원이 더욱더 열심히 일할 수 있도록 그들에게 어떠한 동기부여(motivation)를 할 것인가하고 매일같이 고심하고 이에 관한 관리활동을 하고 있다.

경영자들은 각 조직원들의 직무수행이 기업의 목표달성을 지향하도록 그 여건을 만들어 주고 유지되도록 관리하여야 한다. 결국, 이와 같은 관리를 하고자 할 때에는 종업원들이 스스로 기업의 목표와 일치되는 행동을 하도록 하는 동기부여의 프로그램과 변수(motivational programs and variables)들을 알아야 한다.

이는 인간이 의식적 또는 무의식적으로 행동을 한다는 것은 그 어떤 동기(motive)에 근거를 둔 것이며 이 행동의 모습은 행동을 유발시킨 동인에 따라 그 특성과 정도가 다르다는 것이다.

행동을 유발시킨 동기가 인간이 원하는 것을 만족시켜 주는 것이라면 인간행동은 목표지향적이고 능률적으로 나타난다. 그렇지 못하였을 경우에는 그들의 행동은 비능률적으로 나타낸다.

인간의 행동을 유발시키는 동인을 부여하는 과정은 [그림 7-2]와 같으며 여기서 동기부여란 무엇을 하려고 하는 의욕을 불러 일으키는 작용이라고 하는 것이다.

따라서 지휘활동에 있어 동기부여라고 하는 것은 종업원들에 대해 동기유발요인들을 만족시켜 줌으로써 그들이 기업목표달성을 위해 자발적이며 적극

그림 7-2 동기부여 과정

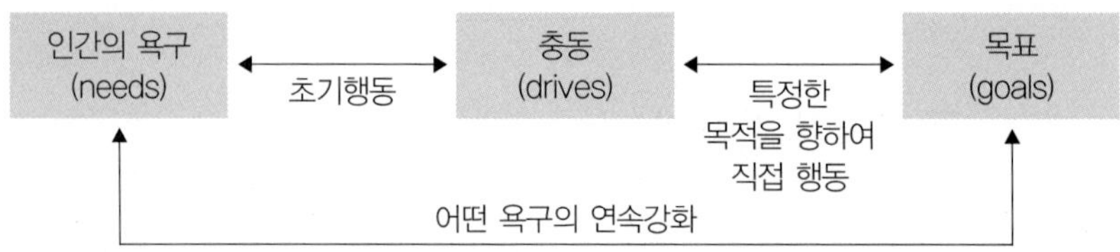

적으로 책임을 갖고 직무활동을 하도록 의욕을 유발시키는 과정이라고 할 수 있다.

동기부여는 이미 언급했듯이 종업원들이 기업의 성장과 발전에 자발적이며 적극적으로 직무수행을 하도록 하는데 그 목적을 두고 있다. 여기서 기업의 성장과 발전은 전반적으로 기업이익의 극대화를 통하여 수립되는 것인데, 기업이익의 창출을 인적요인 측면에서 접근하였을 때에는 종업원들의 직무성과에 의해 결정되는 것이다. 그리고 이 직무성과는 종업원의 능력과 그들에 대한 동기부여에 의해 결정되는 것이다. 따라서 동기부여를 종업원과의 관리활동에서 중시하고 있다.

먼저 동기부여의 이론들을 살펴보면, 동기를 부여하는 실질적인 내용이 무엇인가에 초점을 둔 이론으로서, 매우 주관적인 성격을 지닌 내용이론(content theory), 어떤 과정을 통해 동기부여가 발생되며 동기부여로 이끄는 변수들이 어떻게 상호작용하는지에 초점을 둔 이론으로서 대부분 수량적인 접근을 취하는 과정이론(process theory)이 있다.

2.2 전통적 동기부여 이론

동기부여의 내용이론(motivation content theory)은 개인의 욕구 중 만족된 욕구와 만족되지 않은 욕구를 파악함으로써 동기부여를 설명할 수 있는 방법과 개인의 욕구에 초점을 맞춘 이론이다.

(1) 매슬로우의 욕구 단계설(needs hierarchy theory)

매슬로우(A. Maslow, 1908~1970)는 동기부여이론으로 유명한 욕구단계설을 주장하였는데 이는 다음과 같은 주장을 근거로 하고 있다.

① 인간의 욕구는 가장 낮은 욕구인 생리적 욕구로부터 가장 높은 욕구인 자아실현 욕구까지 계층을 이루고 있다.

② 인간의 욕구는 지속적이며 따라서 모든 욕구는 완전히 충족되지 않는다. 하나의 욕구가 만족되면 그것의 우월성은 감소되고 다른 욕구가 나타나 그 자리를 차지한다. 이것은 끊임없는 과정에서 인간으로 하여금 자신의 욕구를 충족시키기 위해 노력하도록 하게 하는 것이다.

③ 한 욕구가 어느 정도 만족이 되면 그 욕구는 더 이상 행위를 동기화하지 못한다. 그때 인간은 만족되지 않은 높은 차원의 욕구에 의해 동기화되지만 낮은 차원의 욕구가 위협되면 반대방향으로 동기화 될 수 있다.

④ 욕구는 상호의존적이고 중복된다. 다른 욕구가 나타나더라도 기존의 욕구는 사라지지 않기 때문에 모든 욕구들이 부분적으로 만족된다.

매슬로우는 인간의 욕구를 [그림 7-3]과 같이 5가지 단계로 파악하고 단계를 올라감에 따라 욕구의 중요성이 증대된다고 보았다.

① **생리적 욕구**(physiological needs) : 생리적 욕구는 삶 자체를 유지하기 위해서 필요한 것이다. 여기에는 공기, 음식, 물 등이 포함된다. 이 욕구가 만족되지 못하면 다른 욕구들에 비해 우월성을 갖게 된다. 이 생리적 욕구들은 다음과 같은 공통적 특성이 있다.

- 욕구들이 상호독립적이다.
- 신체의 생리와 관련이 있다.
- 풍요한 사회에서는 비정상적 동기요인이다.
- 계속 만족하기 위해서는 단시간에 걸쳐 반복적으로 충족되어야 한다.

그림 7-3 ◯ 매슬로우의 욕구 5단계

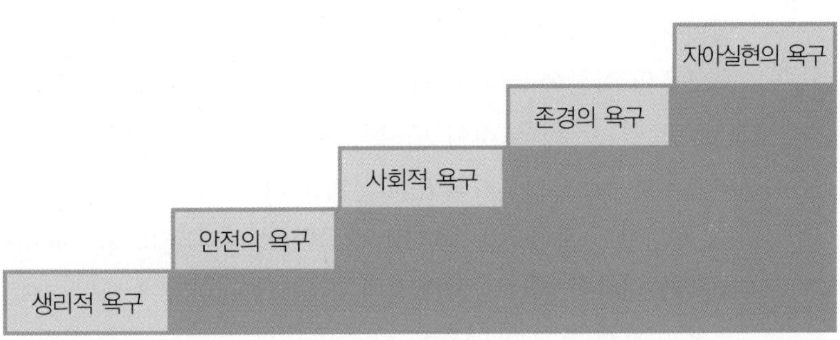

② **안전의 욕구**(safety needs): 생리적 욕구가 상대적으로 만족이 되면 보다 높은 차원의 욕구인 안전욕구가 인간의 행위를 지배하게 된다. 안전욕구는 위험, 위협 또는 박탈로부터 보호받으려는 욕망이다. 이것은 생리적 욕구와 더불어 친숙한 것에 대한 선호, 질서 있고 예측할 수 있는 세계를 원하는 것, 받아들여질 수 있는 행위의 한계를 알려고 하는 것 등이 포함된다.

③ **사회적 욕구**(social needs): 생리적 욕구와 안전욕구가 상대적으로 만족되면 사회적 욕구가 동기요인이 된다. 여기에는 소속, 친교, 동료들의 인정, 우정과 애정을 주고 받는 것들이 포함된다.

④ **존경의 욕구**(esteem needs): 존경 또는 자아욕구로서 저차원의 욕구가 만족이 되지 않으면 나타나지 않는다. 저차원의 욕구와는 달리 완전히 만족되는 경우는 드물다. 그러나 이 욕구가 개인에게 중요하게 되면 계속적인 만족을 추구하게 된다. 존경욕구에는 자기존경과 다른 사람들의 존경이 있다. 자기존경 욕구에는 자기 확신, 자존심, 일에 대한 능력, 성취, 독립, 자유 등이 포함된다. 이러한 욕구가 만족되면 가치, 가능성 외에도 세계에서 쓸모있고 필요하다는 느낌을 갖게 되며, 만족되지 못하면 열등감, 무력감 등을 갖게 된다. 다른 사람으로부터의 존경욕구에는 지위, 안정, 평가, 긍지 등 원하는 것이 포함된다.

⑤ **자아실현의 욕구**(self-actualization needs): 이 욕구는 다른 욕구들이 만족되어야만 나타난다. 자아실현욕구는 자신의 잠재력 실현, 자기만족, 계속적 자기개발 및 넓은 의미에서의 창조적활동 등으로 이루어져 있다. 다른 욕구들이 모두 만족이 되더라도 자기에게 꼭 알맞은 일을 하지 못하면 불만이나 불안을 느끼게 된다. 사람은 자기의 잠재력을 실현하려고 하는 것이다.

이 욕구의 형태는 인간의 개성이 다른 것처럼 사람마다 다르게 된다. 창조적 상태는 자신의 잠재력을 완전한 정도로 실현하는 것을 의미한다. 그러면 성취나 달성의 느낌과 자아에 대한 만족을 느끼게 되는 것이다. 이와 같은 매슬로우의 이론에 대하여 많은 실증적 조사가 이루어졌다. 욕구가 과연 계층을 따르고 있는가하는 것이 조사의 초점이었는바 매슬로우의 욕구 5단계 동기부여이론을 표로서 정리하면 〈표 7-1〉과 같다.

에드워드 로울러(E. E. Lawler)와 스티어스(R. M. Steers)는 두 개의 다른 조직에 대하여 약 1년간에 걸쳐 187명의 관리자에 대한 자료를 수집하였다. 그들은 인간의 욕구가 계층을 따르고 있다고 하는 매슬로우의 이론을 입증할 만

표 7-1 욕구 5단계와 동기부여

욕구유형	경영에 관련된 분야
자아실현	직무 도전감, 창의성을 위한 기회, 높은 성취감을 위한 동기부여
존 경	성과에 대한 공공의 인정, 중요한 직무활동, 존경스런 직무명칭, 책임감
사회적(정서적)	사회적 상호작용 기회, 집단 안정성, 협력을 향한 독려
안 전	안전한 작업조건, 작업 안정성, 복리후생
생리적	공정한 월급, 냉난방, 조명

한 증거를 발견하지 못하였다. 그러나 그들은 두 가지 계층의 욕구 —생물적 욕구(biological needs)와 기타의 욕구(other needs)—가 있다고 하는 것과, 또 기타의 욕구는 생태적 욕구가 적절하게 충족되고 난 후에야 비로소 나타난다고 하는 것을 발견하였다. 또한 그들은 높은 계층에 있어서는 욕구의 강도가 개인에 따라 다르다고 하는 것을 발견하였다. 즉 어떤 사람들에게는 존경의 욕구가 우세하였으며, 다른 사람들에게는 자기실현욕구가 가장 강했다.

포터(L.W. Porter) 역시—특히, 낮은 계층의 욕구가 충족되고 난 후에는—욕구는 계층을 따르고 있지 않다는 것을 발견하였다. 그는 모든 계층의 관리자들은 비슷한 안전 및 보장욕구를 가지고 있었으며, 매슬로우의 계층에 있어서의 보다 높은 나머지 세 개의 욕구는 관계층에 따라 다르다고 하는 것을 발견하였다.

매슬로우 이론에 대한 여러 가지 조사결과는 이들 욕구의 계층적인 측면의 정확성에 관하여 의문을 제기하고 있다. 그러나 욕구의 종류를 파악한 것은 유용하다고 생각된다. 만일 기본적 욕구, 생리적 욕구와 안전 욕구가 전혀 충족되고 있지 않다면, 이것이 동기부여에 중대한 영향을 미치리라는 것을 의심할 바 없이 사실일 것이다.

(2) 맥그리거의 X이론, Y이론

맥그리거(Douglas McGregor, 1906~1964)의 연구는 직무수행상의 업적에 대한 새로운 행동주의적 접근에 있어 좋은 예를 제시했다고 할 수 있는바, 그에 따르면 전문화된 직무, 집권적 의사결정, 상의하향식 커뮤니케이션 등의 전통적 조직은 경제적 필요에 의한 산물이 아니라 인간행동에 대해 양극단적인 가정을

그림 7-4 ◎ X이론

X 이론의 가정

- 사람은 일하기를 싫어하고 회피한다.
- 사람은 야망이 없으며, 책임을 회피하려 한다.
- 사람은 지시받기를 좋아하고, 안전을 추구한다.
- 사람은 스스로 문제를 해결할 창의력이 없다.

↓

기업의 목표를 달성하기 위해서는 강제로 명령을 내리거나 처벌하는 등의 적극적인 지도가 필요하다.

그림 7-5 ◎ Y이론

Y 이론의 가정

- 사람은 강제나 처벌이 없어도 자기 관리를 잘 한다.
- 사람은 일을 즐겁게 한다.
- 사람은 경제적 보상만이 아닌 자아실현, 존경의 욕구를 충족하고 싶어한다.
- 사람은 스스로 창의력을 발휘하고 문제를 해결한다.

↓

사람은 일을 할 때 작업조건에 따라 고통스럽게 느낄 수도 있지만 기쁨을 가져올 수도 있으므로 강제적인 분위기보다는 협력적인 분위기가 필요하다.

자료 : Douglas McGregor, *The Human Side of Enterprise*, New York : McGraw-Hill, 1960.

하고, 경영관리자의 인간에 대한 관념이 어느 쪽에 더 기울어져 있느냐에 따라 서로 다른 관리를 하게 된다고 주장하였다(그림 7-4, 7-5 참조).

(3) 알더퍼의 ERG 이론

ERG이론은 개인의 욕구를 조직적 차원에서 현실적으로 설명한 것으로, 매슬로우의 욕구계층이론을 수정하여 인간의 욕구를 세 가지로 분류하여 접근하였다(그림 7-6 참조).

그림 7-6 ◎ **Alderfer의 욕구계층**

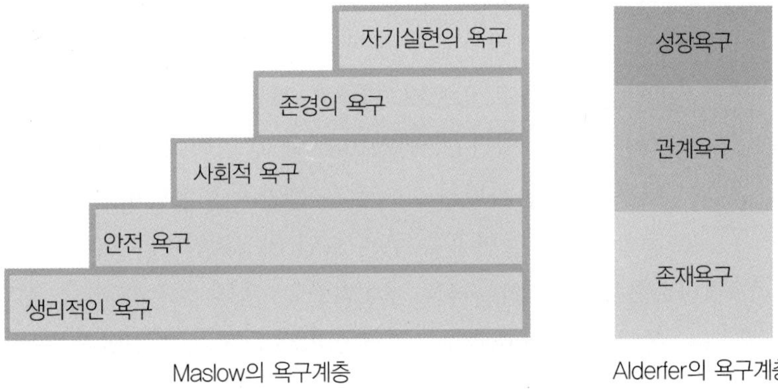

① **존재욕구**(existence need): 의식주와 관련된 생리적 욕구와 임금과 관련된 안전의 욕구에 해당하는 것으로 모든 종류의 물질적 · 육체적 욕구를 포함한다. 매슬로우의 생리적 욕구와 안전 욕구와 유사하다.

② **관계욕구**(relation need): 가족을 비롯한 타인과 관련되는 소속과 사랑의 욕구, 존중의 욕구로 매슬로우의 사회적 욕구와 존경의 욕구와 유사하다.

③ **성장욕구**(growth need): 자신의 능력을 최대한 발휘하고 새로운 능력개발을 필요로 하는 일에 종사함으로써 충족 가능한 욕구로 매슬로우의 자아실현의 욕구와 유사하다. 능력개발, 창의성, 성취감 등을 포함한다.

이 이론에서는 욕구단계가 미리 정해진 것이 아니라 다른 욕구의 충족정도에 따라 증감될 수 있다고 하였다. 또한 상위 욕구가 만족되지 않거나 좌절될 때 그보다 하위 단계 욕구의 중요성이 커진다.

하위욕구가 충족될수록 상위욕구에 대한 욕망이 보다 더 커진다는 점은 매슬로우의 욕구이론과 유사하나, 차이점은 첫째, 상위 욕구가 만족되지 않을 때나 좌절될 때 오히려 하위 욕구의 중요성이 커진다. 둘째, 한 가지 이상의 욕구가 동시에 작용할 수 있다. 셋째, 존재욕구가 충족되지 않아도 관계욕구나 성장욕구 쪽으로 행동하는 사람도 있다는 것이다.

(4) 허쯔버그의 2요인 이론

허쯔버그(F. Herzberg)의 2요인 이론(two-factor theory)은 위생-동기 이론이라고도 하며, 인간에게 불만족을 주는 요인과 만족을 주는 요인은 별개의 군(群)을 형성하고 있으며, 만족과 불만족은 양극단에 있는 것이 아니라 전혀 별개의 차원에 있다는 이론이다. 즉 종업원에게 만족을 주는 요인(동기요인)이 아무리 없다 하더라도 그것은 불만족을 유발하지는 않는다는 것이다. 반대로 종업원에게 불만족을 주는 요인(위생요인)이 아무리 없다 하더라도 그것이 만족을 주지도 않는다는 것이다.

동기요인(motivators)은 종업원들로 하여금 만족을 느끼게 하는 요소로서, 인간성장의 욕구와 인간이 직무를 이용하는 방법과 관련이 있고, 직무 자체와 관련되는 요인으로 성취감, 안정감, 도전감, 책임감, 성장과 발전, 자아실현 등 인간으로 하여금 보다 향상된 만족성과를 가져오게끔 동기를 부여한다는 의미이며 만족요인이라고도 하는 것으로 종업원이 행하는 직무의 성격과 직접적으로 관련이 있다. 경영자가 동기요인을 제공하지 못했을 때 종업원들은 만족을 느끼지 않는다. 또한 이러한 요인이 결핍되어도 종업원은 불만족을 느끼지는 않는다. 이러한 동기요인으로는 성취감과 인정, 책임, 승진, 일 자체 등이 있다.

위생요인(hygiene factors)은 개인의 저차원욕구들을 충족시킬 수 있는 회사정책과 관리, 감독, 작업조건, 개인상호간 관계, 임금, 보수, 승진, 지위의 안정 등을 들고 있다. 이 불만요인들에 대해서 위생이란 말은 예방의학적 환경의 의미로서 사용되었다. 깨끗한 음료수 공급이나 오물처리는 질병의 예방을 위한 필요조건이긴 하나 그것만으로 질병을 치료하지는 못하는 것과 마찬가지로 직무에 대한 불만족을 미리 예방할 수 있는 환경적 조건을 말한다.

종업원들로 하여금 개인의 욕구를 충족시키는데 있어서 주로 개인의 불만족을 방지해 주는 효과를 가져오게 하는 요소로서 불만족요인(dissatisfiers)이라고도 하며, 주로 직무 환경과 관련된 요인들이다. 경영자가 위생요인을 제거하지 못했을 때 종업원들은 불만족을 느끼며, 이러한 위생요인이 완전히 제거된 상태라 할지라도 종업원들이 만족을 느끼지는 않는다.

그렇다면 경영자가 종업원들을 동기부여시키기 위해서는 어떻게 해야 할까? 위생요인과 관련된 직무환경을 개선시킴으로써 종업원들의 불만족을 해소시키고, 동기요인을 많이 제공하여 종업원들이 직무에 만족할 수 있도록 해야 할 것이다. 2요인 이론은 매슬로우의 욕구단계 이론과 비교하여 보면 [그

그림 7-7 ◐ **2요인 이론**

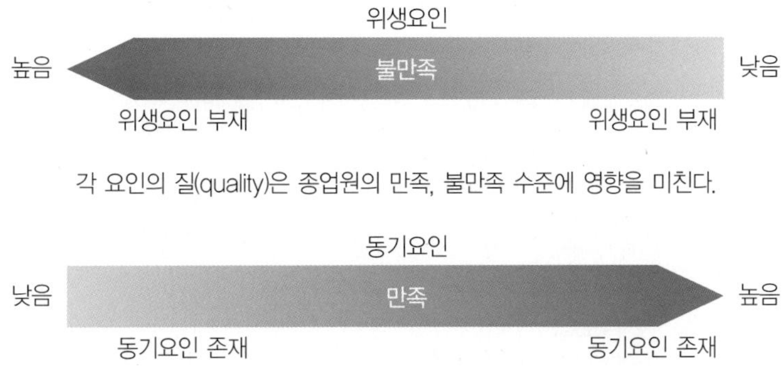

자료: W.R. Plunkett and R.F. Attner, *Introduction to Management*, International Thomson Publishing, 1994.

림 7-7]과 같이 정리할 수 있다.

(5) 아지리스의 미성숙 · 성숙이론

미국의 행동과학자 아지리스(C. Argyris)는 인간에게 있어서 자아실현욕구는 인간다운 욕구이므로 관심을 기울여야 한다고 주장했다. 행동과학의 여러 분야를 연구한 학자로서 아지리스는 조직의 유효성을 증진시키고 인간의 모티베이션을 최적화하는 데 연구의 초점을 두었다.

아지리스는 대규모 기업에서 채택되고 있는 관리기법은 종업원의 사회적 및 이기주의적 욕구를 무시하는 경우가 많다고 주장하였다. 따라서 이와 같은 개인의 욕구와 기업의 욕구간의 간격이 크면 클수록 종업원은 더 많은 불만, 무관심, 갈등, 긴장 및 파괴의 감정을 느끼게 된다고 한다. .

이와 같은 관점에서 공식조직의 제원리(강압적 명령, 감시감독)는 종업원을 수동적 · 의존적 · 종속적 · 미성숙 상태로 유도, 정상적인 성숙화를 방해한다는 것이다. 경영자는 종업원에게 추가적인 책임을 보유하여 그들에게 성장 및 성숙에의 유연성을 제공해야 한다는 것이다. 효과적인 관리자 혹은 지도자는 사람들이 미성숙 혹은 종속상태로부터 성숙상태로 발전하는 것을 도와주어야 한다고 주장하였다. 그의 주장은 만일 조직이 사람들에게 성숙할 수 있는 기회와 성숙한 개인으로서 취급받을 수 있는 기회를 제공해 주지 못하면, 그들은 좌절감과 분노를 느낄 것이며, 따라서 조직목표에 역행하는 행동을 할 것이라는 것이다.

표 7-2 미성숙-성숙이론

미성숙 성격	성숙 성격
(1) 수동성(passive)	능동성(activity)
(2) 의존성(dependence)	독립성(independence)
(3) 행동방법이 한정 (few ways of behaving)	다양한 행동방법 (diverse behaving)
(4) 얕은 관심 (shallow interests)	깊은 관심(deep interests)
(5) 단기적 안목 (short-time perspective)	장기적인 안목 (long-time perspective)
(6) 예속적인 지위 (subordinate position)	우월한 지위 (superordinate position)
(7) 자아의식의 결여 (lack of self-awareness)	자아의식과 자기통제 (self-awareness and control)

아지리스는 개인의 발달경향을 〈표 7-2〉와 같이 퍼스낼리티가 미성숙에서 성숙으로 나아가는 7가지 지표로서 나타내고 있다.

아지리스는 미성숙-성숙이론을 통하여 성격의 발전과정과 성숙에 관하여 어느 정도의 이해를 가능하게 했다는 점과 대부분의 조직에서 인간의 성숙이 저해를 받고 있으며, 이로 인하여 각 개인은 수동적이고 종속적인 행동을 하게 되어 독창성의 발휘가 저해되고 있다는 조직현실을 밝혀내는 데 공헌을 하였다.

아지리스는 자아실현을 추구하는 성숙한 인간의 욕구에 대응하기 위해서는 조직구조를 변경하지 않을 수 없는바, 이를 위한 문제해결 방안으로 직무확대(job enlargement), 참여적 종업원 중심적 리더십(participative of employ-centered leadership), 현실중심적 리더십(reality-centered leadership)을 제시하고 있다.

(6) 맥클리랜드의 성취동기유발이론

맥클리랜드(D. McClelland)는 인간의 욕구를 성취욕구, 권력욕구, 친화욕구로 유형화 하였다. 사람들이 일련의 욕구를 가지고 태어난다고 주장하는 매슬로우와는 달리 맥클리랜드는 사람들이 환경과 상호작용하면서 욕구를 개발한다고 주장하였다.

1) 성취욕구(need for achievement)

어떤 목표와 과업을 효과적으로 성취하려는 개인의 욕망으로서 탁월성의 추구, 표준이상의 성취, 성공을 위한 노력과 관련된 욕구를 말한다. 성취동기가 높은 사람은 성취에 대한 강한 욕구를 가지고 있다.

2) 권력욕구(need for power)

타인으로 하여금 자기가 바라는 대로 행동하도록 하고 싶은 욕구를 말한다. 권력욕구가 강한 사람들이 자기를 추종하도록 수단과 방법을 강구한다.

3) 친화욕구(need for affiliation)

타인과 우호적이고 친밀한 관계를 발전시키고 유지하고 싶어하는 욕구이다. 친화욕구가 강한 사람은 다른 사람과 친밀하게 지내려는 욕구가 강하다.

2.3 과정이론

동기부여의 과정이론(process perspectives on motivation)은 행동이 활성화되는 동기유발과정에 초점을 맞추는 행동수정 학습이론으로써 기대이론, 공정성이론 등이 있다.

(1) 기대이론

내용이론에서 매슬로우(Abraham Maslow)의 욕구 단계이론이 관심을 얻고 있다면, 과정이론에서는 기대이론(expectancy theory)이 많이 연구되었는바, 여기에서 기대이론의 대표적인 모형인 브룸(Victor H. Vroom)의 모형을 소개한다.

기대이론이란 한 개인의 어떤 행동에 대한 동기부여의 정도는 다음과 같이 세 가지에 의해 결정된다는 이론이다.

첫째, 특정 행동이 성과를 가져다 줄 가능성(기대: expectancy)이다. 즉 성과를 얻기 위해 얼마나 많은 노력이 필요한가, 특정 행동으로 인한 성공의 가능성이 얼마나 많은가 등에 대한 관계이다.

둘째, 성과가 보상을 가져다 주리라는 주관적 확률치(수단성: instrumentality)이다. 즉, 노력을 통해 어떤 성과를 이루었을 때 그 성과로부터 자신이 바라는 보상이나 결과를 얻을 수 있는 가능성이 얼마나 되는가에 대한

그림 7-8 ◎ 기대이론

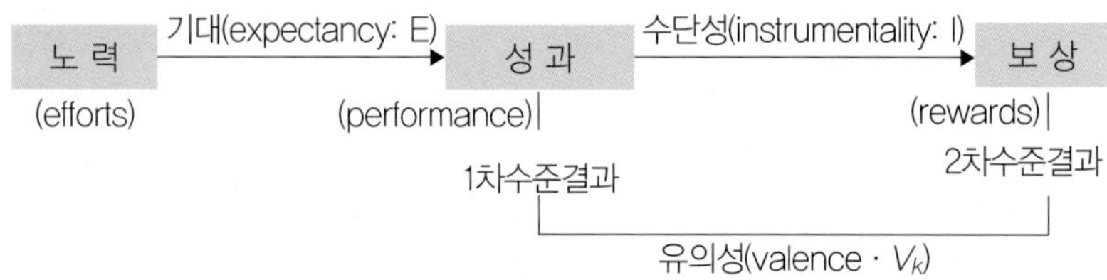

동기부여 = 기대 × 수단성 × 유의성

- 기대(E): 행위나 노력이 성과를 가져올 것이라는 주관적 가능성(확률)
- 수단성(I): 성과가 보상이나 결과와 연결될 주관적 확률
- 유의성(V_k): 개인에게 있어서 결과의 중요성(또는 가치의 정도)

관계이다.

셋째, 행동이 가져다 주는 결과의 매력성(유의성: valence)이다. 즉 성과를 이루었을 때의 보상이 자신에게 얼마나 가치있는 것인가를 나타내는 것이다.

따라서 경영자가 종업원을 동기부여하기 위해서는, 노력을 하면 성과를 얻을 수 있다는 기대를 크게 해 주어야 하고, 성과에 따른 보상을 확실히 해주며, 종업원에게 가치 있는 보상이 될 수 있도록 해야 한다.

브룸의 기대이론을 그림으로 정리하면 [그림 7-8]과 같다.

(2) 공정성 이론

아담스(J.S. Adams, 1963)는 공정성 모형(equity model)에서, 각 개인의 동기부여는 자신의 노력과 그 결과로 받게 되는 보상이 다른 구성원들과 비교하여 공정한가에 따라 결정된다는 이론이다. 이는 주로 개인의 주관적인 판단에 의해 이루어지는 것으로서 사람들은 자신의 업적에 따라 주어지는 보상이 공정하다고 느끼면 동기가 부여된다는 것이다. 즉 자신의 노력과 그 결과에 따른 보상이 다른 사람들과 비교하여 같을 경우에는 공정성이 유지된다고 생각하지만, 그렇지 않을 경우에는 불공정성이 있다고 판단한다.

불공정성이 지각되면 공정성을 회복하기 위해서 긴장이 유발되며, 불공정성이 크면 클수록 긴장이 커진다. 그리고 불공정성의 원천과 긴장에 따라 행동과정이 달라질 수 있다. 즉, 종업원들이 그들의 투입(노력)에 대한 산출(보상)의 비율이 다른 종업원들의 비율과 일치함을 지각할 때 공정성이 존재하고, 종업원이 자신의 투입에 대한 산출의 비율이 다른 종업원의 비율보다 더

그림 7-9 공정성 모델

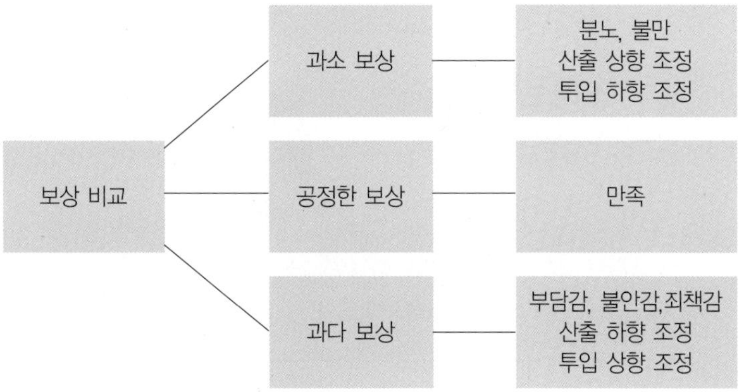

*투입(input): 시간, 노력, 경험, 조직에 대한 충성 등
*산출(outcome): 봉급, 승진, 인정, 성취감 등

크거나 작을 때 불공정성이 존재한다.

공정성 이론에 따르면 종업원들은 의식적으로 자신과 다른 사람을 비교하면서 노력과 보상에 대한 공정성을 관찰하기 때문에 개인의 노력이나 성과에 상응할 수 있도록 공정하게 보상을 배분하지 않으면 종업원들의 동기를 유발시키기는 어렵게 된다. 따라서 경영자는 종업원들의 노력이나 성과에 따라 공정한 보상이 이루어질 수 있도록 노력해야 한다.

2.4 강화이론

(1) Skinner의 동기부여 강화이론

강화이론은 사람의 행동에 변화를 주기 위한 행동수정전략으로 사람의 행동에 대한 조직의 반응을 주기적 학습과정을 통해서 그들의 행동을 바꾸고 지속해 나간다는 것이다

즉, 경영자가 종업원들의 행동을 변화시키고자 한다면 그들의 행동에 대해 차별적인 조직의 반응을 보여야 한다는 것이다. 개인의 긍정적인 행동이든 부정적인 행동이든 그에 따른 반복적인 조직의 반응으로 개인의 행동을 활성화 또는 억제하는 결과를 갖는다. 이러한 행동을 수정하는데 있어 4가지 형태의 강화가 있다. 그 유형은 다음과 같다(그림 7-10 참조).

그림 7-10 동기부여 강화유형

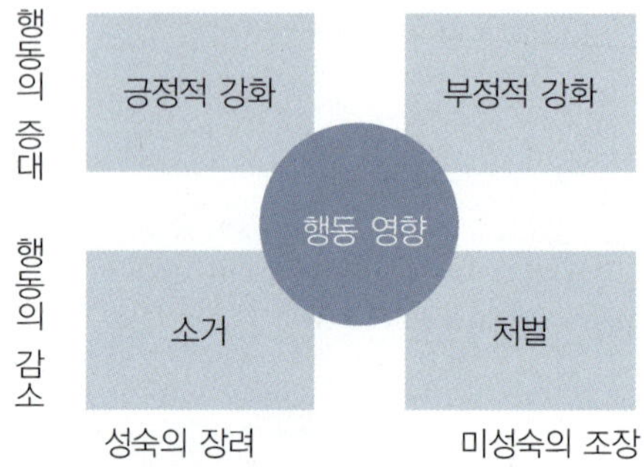

1) 긍정적 강화(positive reinforcement)

유쾌한 보상을 반복적으로 제공하는 행위를 통하여 바람직한 행위를 유도하고자 하는 것으로 임금인상, 승진, 휴가, 칭찬 등과 같은 긍정적인 자극이 해당된다.

2) 부정적 강화(negative reinforcement)

불쾌하거나 해가 되는 것을 반복적으로 가함으로서 이를 벗어나고자 하는 데서 바람직한 행위를 유도하고자 하는 것이다.

3) 처벌(punishment)

바람직하지 않은 행위에 대해 부정적인 결과(처벌)을 제공하는 것을 통하여 그와 같은 행위를 금지 또는 약화시키는 것이다.

4) 소거(extinction)

과거의 어떤 행위에 대한 긍정적 강화를 철회함으로써 그와 같은 특정행위를 제거 또는 약화시키는 것이다.

03 | 리 더 십

우리들 주변에 훌륭한 리더십을 발휘하여 성공적으로 기업을 이끈 경영자의 예로 GE의 CEO 잭 웰치, 제프 이멜트(Jeff Immelt), 샘 왈튼(Sam Walton),

사우스웨스트항공의 허브 켈러허(Herb Kelleher), AT & T의 마이클 암스트롱(Michael Armstrong) 등 많이 찾아 볼 수 있다. 그러면 리더십이란 무엇인가, 시간과 공간에 따라 요구되는 리더십이 다르겠지만, 리더십(leadership)이란 조직의 목표를 달성하기 위해서 조직의 구성원들에게 영향을 미치는 능력이라고 할 수 있다. 이를 기업의 입장에서 정의한다면, 기업의 목표를 달성하기 위해서 종업원들에게 영향을 미치는 능력을 리더십이라 할 수 있다. 따라서 리더십이 뛰어난 경영자란 종업원들로 하여금 기업의 목표를 달성하기 위하여 각자의 업무에 몰입할 수 있도록 유도하는 능력을 지닌 리더를 의미한다.

이러한 경영자의 리더십은 권력에 근원을 두고 있다. 권력은 지위로부터 나오는 권력과 개인적인 특성에서부터 나오는 권력으로 나눌 수 있다. 개인적인 특성이란 전문적인 지식이나 기술 또는 능력을 뜻하기도 하고, 개인적 존경심이나 호감 또는 카리스마와 같은 개인적인 매력을 뜻하기도 한다.

지금까지 리더십에 대한 많은 연구가 있었는데, 행동과학적 리더십 개념에는 리더, 추종자, 상황요소 등 이들 변수와 상호관계를 중심으로, 리더십이론은 특성이론, 행동이론, 상황이론 등 3가지 유형으로 발전하여 왔다(표 7-3 참조).

아울러 현대적 리더십에는 하급자를 스스로 판단하고 행동에 옮기며 그 결과도 책임질 수 있는 셀프리더(self leader)로 키우는 '슈퍼리더십(super leader ship)', 명확한 목표, 권한, 책임, 지도를 제공해 맡은 일에 주인의식을 심어주는 '임파워링 리더십(empowering leadership)', 하급자가 자기 통제에 의해 이끌어 나가는 능력을 갖도록 지원하는 '자율적 리더십(self-management leadership)' 이 있다.

3.1 특성이론(traits theory)

최초의 리더십에 대한 체계적 연구는 리더의 개인적인 특성을 찾으려는 시도에서 출발되었다. 특성추구이론이란 리더십에 대한 초기단계의 이론으로 리더에게는 리더가 아닌 사람과 구별할 수 있는 남다른 특성이 있다고 보고, 이러한 개인적 특성을 추출하고자 하는 이론이다.

일반적으로 리더가 가진 남다른 특성으로 신장 · 외모와 같은 신체적 특성, 자신감 · 정직함 · 성실함과 같은 성격, 지능 · 통찰력 · 언어의 유창함과 같은 능력 등을 고려하였다. 하지만 지금까지 이러한 리더의 특성에 대한 명확하고도 일치된 견해는 없다. 또한 이러한 특성을 지닌 리더들이 모든 상황에서 동

표 7-3 리더십 이론

특성이론	리더의 개인적 특성에 초점을 맞춤
행동이론	조직구성원들의 행위와 비교해 리더의 행위에 초점을 맞춤
상황이론	리더의 행위와 상황특성을 비교하는 데 초점을 맞춤

자료 : J.R. Schermerhorn, *Management*, John Wiley & Sons, 1996.

일한 리더십을 발휘하는가, 리더십이 없는 사람에게는 리더로서의 특성이 없다고 볼 수 있는가, 훌륭한 리더는 이들 특성을 어느 정도 지녀야 하는가 등의 문제에 과학적 근거를 둔 해명을 할 수 없다는 비판을 받고 있다.

3.2 행동이론(behavioral theory)

리더십 행동이론은 1940년대에 오하이오 주립대학교와 미시간 대학교에서 활발히 연구되었다. 행동이론이란 리더가 종업원들에게 보여주는 행동에 따라 리더십의 효과가 결정된다는 이론으로서, 리더가 나타내는 반복적인 행동유형을 밝혀내고 그 여러 가지 유형 가운데서 가장 효과적인 유형이 무엇인지를 찾아내는 것이다.

위의 연구들은 조직의 유효성을 높이는 데 리더십이 얼마나 중요한가를 시사해 주지만, 어떤 방향으로 리더의 행동을 개발하는 것이 가장 효과적인가에 대해서는 명확한 결론을 내리지 못하고 있다. 이 점에 착안하여 블레이크와 모우턴(R.R. Blake and J.S. Mouton)은 오하이오 주립대학교의 연구를 바탕으로 리더십 유형을 사람중심행동과 일중심행동의 두 가지의 기준으로 분류하였다. 이들은 각각의 기준에 대해 1에서 9까지의 등급으로 나누어 81개의 리더십 유형을 제시하였다[1](그림 7-11 참조).

81개의 리더십 유형 중 대표적인 5가지의 유형은 다음과 같다.

1) (1,1)형 : 소극형, 방임형, 무기력형, 무관심형(impoverished)

인간에 대한 관심과 생산에 대한 관심이 최소수준에 머무는 유형으로 관리자는 상위자로부터 하위자로 정보를 전달하는 사람에 불과하다.

1) Robert R. Blake and Jone S. Mouton, *Corporate Excellent through Grid Organ*, National Development, Houston: Gulf, 1968.

그림 7-11 관리격자도(managerial Grid)

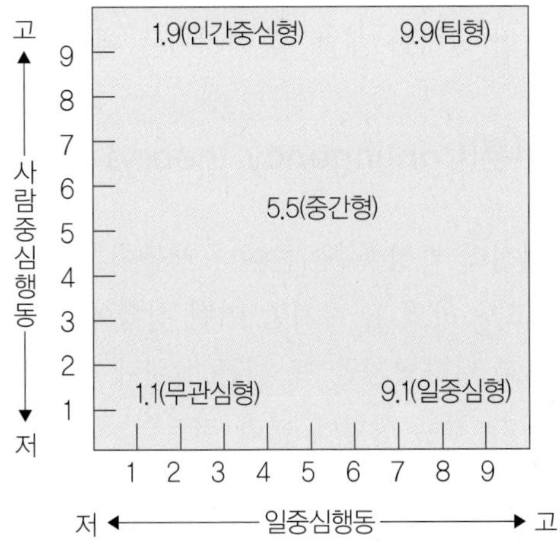

2) (1,9)형 : 친목형, 인간중심형(club)

생산에 대한 관심은 매우 낮으나, 인간에 대한 관심은 매우 높은 유형으로, 종업원들에게 안전하고 즐거운 직무환경을 제공하려고 노력한다. 하지만 업무수행에 있어서는 주어진 지시사항만을 이행한다.

3) (9,1)형 : 과업형, 일중심형(task)

인간관계의 유지에는 작은 관심을 보이지만, 생산에 대해서는 지대한 관심을 보이는 유형으로, 독재적인 리더십을 발휘하는 경향이 있다. 권한과 복종관계를 유지하고 강조하는 데 초점을 맞춘다.

4) (5,5)형 : 절충형, 중간형(middle of the road)

인간관계의 유지와 생산에 모두 적당한 정도의 관심을 보이는 유형으로서, 기업의 목표와 종업원의 욕구 사이에 균형을 이룰 수 있도록 노력한다.

5) (9,9)형 : 단합형, 팀형(team)

생산과 인간관계 모두에 지대한 관심을 보이는 유형으로 종업원의 자아실현욕구를 만족시켜주고, 신뢰와 지원의 분위기를 이루며, 생산에 있어서의 욕구도 충족시킨다.

이상의 리더십 유형 중 가장 효과적이고 이상적인 유형은 (9,9)형의 단합형 리더십이다. 따라서 경영자는 이에 접근할 수 있도록 변화해야 할 뿐만 아니라 그러한 리더를 개발 · 훈련시키는 데에도 노력해야 한다.

3.3 상황이론(Contingency theory)

리더십의 특성추구이론이나 행동이론들은 하나의 이상적인 리더십 유형을 찾아내고자 하였다. 하지만 어떤 상황에서는 특정한 유형의 리더십이 효과적인 것으로 나타났지만, 또 다른 상황에서는 반대의 결과가 나타나기도 하였다. 즉 리더가 처한 상황에 따라 리더의 특성이나 행동이 다르게 나타나는 것이다. 이러한 배경하에 모든 상황이나 조건에 적합한 최적의 리더십 특성이나 행동 유형은 존재하지 않으며, 처해진 상황에 가장 적합한 리더십 유형을 찾으려고 상황이론이 등장하게 되었다.

(1) 피들러의 상황 적응적 이론

피들러(F.E. Fiedler)의 상황적응적(specific situation interaction) 이론은 리더의 행동과 어느 특정한 상황적 요소를 상호 연관시킨 것이라 할 수 있다. 즉 리더의 효과는 리더의 행동과 그가 속해 있는 특정한 상황 요소들과의 상호작용에 따라 결정된다는 것이다(그림 7-12 참조).

먼저 리더의 행동 유형은 과업지향적인 리더십(task-oriented leader)과 인간관계지향적인 리더십(relationship-oriented leader)으로 구분한다.[2)]

그리고 리더십에 영향을 미치는 상황변수로 리더와 부하와의 관계, 과업의 구조, 직위권한을 들고 있다. 리더와 구성원의 관계는 구성원들이 리더를 어느 정도 신뢰하고 좋아하는가 하는 정도로, 좋음/나쁨으로 구분하였다. 또한 과업의 구조는 과업이 어느 정도 명확하고 구체적으로 규정되어 있는가 하는 정도로 구조화/비구조화로 구분하였다. 마지막으로 직위권한이란 리더의 직위가 구성원들로 하여금 명령을 받아들이도록 만들 수 있는 정도를 말하며 권한과 상벌에 대한 결정권이 클수록 강하게 나타난다. 이 세 가지 상황변수의 결합이 리더에 대한 상황의 호의성, 즉 상황이 리더로 하여금 집단에 영향력을 행사할 수 있게 하는 정도를 결정한다.

---

2) Frederick E. Fiedler, "The Effects of Leadership Training and Experience: A Contingency Model Interpretation," *Administrative Science Quarterly* 17, 1972.

그림 7-12 ◐ 피들러의 상황모델

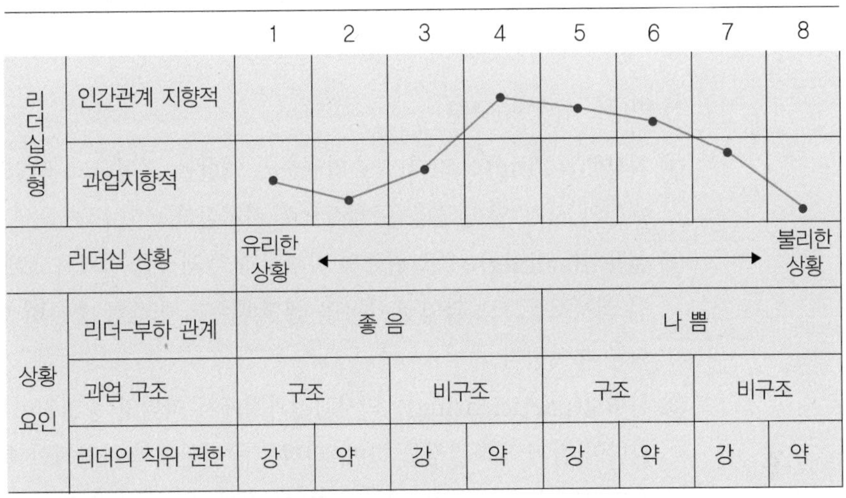

자료 : Frederick E. Fiedler, *A Theory of Leadership Effectiveness*, New York: McGraw-Hill, 1967.

가장 호의적인 상황은 리더가 강력한 지위를 차지하고 있고(강력한 지위 권한), 명확하게 정의된 직무를 지시할 수 있으며(명확한 과업구조), 종업원들이 모두 리더를 좋아하고 신뢰(리더와 부하관계 좋음)하는 상황일 때이다. 이 때 리더는 과업지향적 리더십을 사용하는 것이 효과적이다.

피들러에 주장에 의하면, 경영자는 자신의 리더십 유형이 무엇인지 파악하고, 그에 적합한 상황을 만들거나 주어진 상황에 적합한 리더십 유형으로 변화시켜야 한다. 하지만 리더십 유형은 오랜 경험과 개인의 성격에 관련되어 있기 때문에 교육이나 훈련을 통해 쉽게 변화시킬 수 없으므로, 훌륭한 리더십을 발휘하기 위해서는 자신의 리더십 유형에 적합하도록 상황적 특성을 적절하게 변화시킬 수 있는 능력을 갖추어야 한다.

(2) 허시와 블랜차드의 리더십 수명주기이론

허시와 블랜차드(Paul Hersey and Kenneth H. Blanchard)는 오하이오 주립대학교의 배려-구조주도 이론에 기초하여 리더십 유형을 구분하고, 종업원의 성숙도에 초점을 맞춰 적합한 리더십 유형을 제시하였다. 이 이론에 의하면 리더는 부하의 성숙 수준을 먼저 파악하여 그 수준에 적합한 리더십을 사용해야 한다는 이론으로써 현장관리자들에게 인기가 있는 이론이다. 이들은 리더십의 효과가 다르게 나타나는 이유는 종업원들의 성숙도(maturity)가 다르기 때문이고, 효과를 향상시키기 위해서는 종업원들의 성숙도에 맞는 리더십 유형을 적합시켜야 한다고 주장하였다(그림 7-13 참조).

1) 리더십 유형의 구분

① **지시형(telling)**: 리더가 종업원들의 역할을 결정하고, 과업의 종류나 과업 수행의 시기 및 방법을 구체적으로 지시한다.

② **설득형(selling)**: 종업원들의 자주성과 주체성을 인정하고 배려하여, 쌍방적인 의사소통으로 과업의 내용을 설명해주고, 이해를 충분히 할 수 있도록 기회를 부여한다.

③ **참여형(participating)**: 의사결정과정에서 리더와 종업원이 서로 의견을 교환하여 함께 의사결정을 하며, 리더는 종업원들의 자발적인 행동을 조장한다.

④ **위임형(delegating)**: 리더가 종업원들에게 영향력을 거의 행사하지 않으며,

그림 7-13 ◎ 허시와 블랜차드의 리더십 수명주기 이론

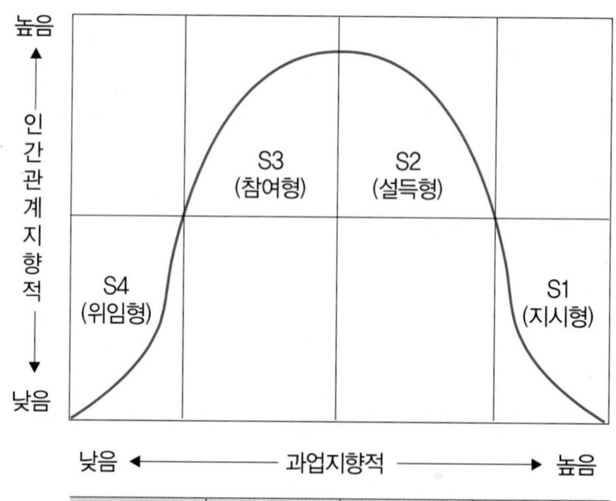

	M4(높음)	M3(약간 높음)	M2(약간 낮음)	M1(낮음)
종업원 성숙도	능력 고 의지 고	능력 고 의지 저	능력 저 의지 고	능력 저 의지 저
리더십행동	책임 위양 결정 위임	정보 공유 공동 결정	지도 설득	구체적 지시 밀착 감독

종업원의 자율적 행동과 통제에 의존하고 그 실행 책임도 종업원에게 귀속시킨다.

2) 종업원의 성숙도

M_1 : 종업원의 성숙도가 가장 낮고, 일 하고자 하는 의지도 없으며 무능하다.

M_2 : 무능하지만 일을 하려는 의지가 있는 중간 정도의 성숙도를 나타내는 종업원이다.

M_3 : 능력은 있지만 의지가 없는 구성원이다.

M_4 : 성숙도가 가장 높은 종업원으로서 일에 대한 의지가 높고 유능하다.

3) 리더십 행동

① 성숙도가 가장 낮은 종업원은 인간관계 배려를 최소화하면서, 업무를 구체적으로 지시하고 밀착 감독하는 지시형리더십이 효과적이다.

② 성숙도가 조금 나은 종업원은 어느 정도의 과업지향과 인간관계 배려를 적절히 조화하여 호의적인 방식으로 설득하면서 업무를 지도하는 설득형리더십이 효과적이다.

③ 성숙도가 비교적 높은 종업원은 인간관계 배려와 과업을 점차 줄여나가면서 정보를 공유하고 함께 의사결정을 내리는 참여형리더십을 발휘하는 것이 좋다.

④ 종업원의 성숙도가 최고조에 달하면 인간관계 행동과 과업지향을 최소화하여 책임과 결정을 위양하는 위임형리더십이 효과적이다.

이 이론은 마치 부모가 자녀를 가르치는 모습과 비슷하여 수명주기의 리더십이론이라고 부른다.

3.4 섀클턴의 리더십

오늘날 많은 기업은 세계화 시대를 맞이하여 무한경쟁 시대에 돌입하고 있다. 학자들은 기업의 수명도 짧아지고 있다고 밝히고 있다. 이렇게 기업이 빨리 쇄락하는 이유가 여러 가지가 있겠지만, 장기적인 경영마인드의 부재 역시 하나의 큰 이유가 될 것이다. 경영자는 자신이 이끄는 조직이 어디로 가야하는지에 대한 명확한 인식이 있어야 한다.

모든 기업은 나름대로의 문제를 안고 있다. 그 문제를 해결하는 과정은 기업의 발전과 매우 밀접한 관계를 갖는다. 그 기업이 안고 있는 문제가 무엇이며, 어떤 해결책이 있는지에 대한 인식은 기업 발전의 초석이 된다고 할 수 있다.

경영자의 문제인식은 더욱 중요하다. 기업을 이끄는 지도자가 어떤 관점에서 문제에 접근하느냐가 전체적인 방향을 제시하기 때문이다. 올바른 방향으로 접근하기 위해 경영자는 세계적인 흐름에 충실해야 한다. 또한 지속적인 연구가 있어야 한다. 문제의 명확한 정의가 내려진 다음에는 그것을 해결할 수 있는 창의적인 프로그램이 있어야 한다. 탁월한 경영자는 언제나 창의적인 발상으로 역경을 헤쳐 나가곤 한다.

영국 BBC 방송에서 발표한 지난 천년 동안 가장 위대한 탐험가 10인 중 유일하게 탐험에 실패한 어네스트 섀클턴경의 리더십을 분석해 본다.

실패를 극복한 서바이벌 리더십

- **어네스트 섀클턴**(1874–1922)

1914.8.1 인듀어런스호 영국 출발
1914.12.5 사우스조지아섬 출발
1916.5.10 사우스조지아섬 귀환→635일 만에 28명 전원 생환

기적적인 무사귀환요인

- 신뢰감
- 강한 책임감
- 긍정적 사고
- 팀워과 주인정신
- 뛰어난 자기관리/조직관리
- 포기하지 않음
- 최종목표(생환)에 집중

G·l·o·b·a·l·M·a·n·a·g·e·m·e·n·t

섀클턴의 리더십

섀클턴은 성공적인 탐험가는 아니었다. 그는 실패한 가장 위대한 탐험가였음에는 분명하다. 남극 탐험에는 실패했지만, 누구보다도 대원들을 잘 통솔하고 그 어려운 역경 속에서도 평정심을 잃지 않았다.

바깥세상은 1차 세계대전 중 어니스트 섀클턴은 남극을 탐험하기 위해 28인을 이끌고 남극탐험에 나선다. 이들은 과학자, 선원, 지리학자,

해군, 요리사 등 다양한 직업을 가진 사람들이었다. 서로에 대한 정보가 전혀 없었고, 오직 남극 탐험에 가겠다는 광고를 보고 모인 사람들이었다. 남극 탐험을 위해 모인 그들은 남극에 도착하자 생사의 갈림길에 서게 된다. 배가 침몰한 것이다. 그들은 그 때부터 생존을 위한 사투를 벌인다. 그는 배를 포기하고 최소한의 짐만 꾸린 채 행군에 나선다. 무엇보다도 팀원을 생각했고, 불화가 일어날 수 있었던 상황에서도 팀을 하나로 유지할 수 있었을 만큼 리더십이 있었다.

전직 기상학자 '허시' 가 기상일정을 맞추지 못해 팀원들 간에 불신이 생길 수 있었다. 섀클턴은 모든 짐을 버려야 했던 상황에서도 허시가 아끼던 밴조를 챙겨주어 팀원 모두의 화합을 이끌어 냈다. 이들의 목숨을 책임져야 하는 선장 어니스트 섀클턴, 그는 남극탐험의 광고를 낸 사람이었다. 그는 28인의 무사귀환을 책임져야 하는 막중한 임무를 지녔다. 그가 내린 첫 명령은, 짐을 한 사람당 1kg으로 줄일 것으로 가장 먼저 버린 것은 두꺼운 돈뭉치였다. 애완견과 고양이를 사살하고 생존을 위해 명령을 내린다. 그는 정확한 행선지도 모를 뿐더러 무사귀환을 하겠다는 확신도 없다. 하지만 이런 처절한 상황에서 대원들을 위해 현명하고 냉철한 리더십을 보인다. 좋은 침낭을 일반 대원들에게 배분하고, 대원들에게 무시 당한 기상학자 허시에게는 버리고 왔던 벤조를 건넨다. 그는 무엇이 중요한지, 무엇이 필요한지를 판단해 낼 수 있는 리더십을 가졌다. 또한 그는 그들이 정체되었을 때 음식을 비축해놓지 말라고 명령한다. 대원들이 다시는 나가지 못할 것이라는 좌절감보다는 굶어 죽는 것이 더 낫다고 판단하며, 그러한 판단을 내린 것이다. 이러한 그의 리더십은 대원들에게 전달되어, 그가 인적이 있는 섬으로 목숨을 버릴 각오를 하며 함께 갈 대원을 뽑을 때, 대부분의 대원들이 지원을 했다. 대원들이 그를 무척 신뢰하고 있음을 반증한다. 섀클턴은 그가 일정시간 동안 돌아오지 않으면 기다리지 말라고 했지만, 나머지 대원들은 섀클턴을 믿고 기다렸다. 그간 자신을 희생하면서 보여줬던 리더십은 모든 팀원들이 그를 믿을 수 있게 하였고, 팀원들은 다른 섬으로 배를 가지러간 섀클턴을 오랫동안 믿고 기다릴 수 있었던 것이다. 섀클턴의 희생적인 리더십은 팀원들이 무사하게 기적적인 귀환을 이룩할 수 있었고, 남극 횡단 성공이라는 성취보다 더욱 소중한 28인의 생명을 지킬 수 있었다. 위기상황에서 리더로서 어떠한 모습을 보여야 한다는 것을 보여주는 예이다. 위기에 직면했을 때 섀클턴은 정으로써 사람을 지도하는 자다. 정을 잃지 않고 팀원을 생각한 그의 따뜻한 리더십이 모두를 구한 것이다. 팀원들의 사기를 올리기 위한 작은 배려가 큰 효과를 나타냈다. 악기는 분명 작은 것이었지만 모두에게 신경 안정제의 역할을 했다. 작은 것에 신경쓰기가 쉽지 않은 위치에서 세심한 리더십이 빛을 발했다.

자료 : 섀클턴의 서바이벌 리더십에서 재구성(데니스 N.T. 퍼킨스), 뜨인돌출판사.

3.5 거래적 리더십과 변혁적 리더십

거래적 리더십(Transactional Leadership)은 전통적인 리더십으로 부하들에게 목표달성을 위한 업무의 할당과 역할을 주고 그 할당된 업무를 잘할 수 있도록 동기를 부여하고 지도하는 리더의 행위이다. 변혁적 리더십(Transformational Leadership)은 혁신주도형 리더십, 비전적 리더십 등으로 불리어지는 것으로 1980년대 이후의 새로운 리더십 형태로 부하들에게 항상 새로운 창조와 혁신을 할 수 있도록 비전 제시를 선도적으로 이끌어가는 리더의 행위이다. 따라서 변혁적 리더는 비전의 제시와 제시된 비전을 부하들이 완전히 이해하고 각자가 나아가야 할 방향을 알 수 있도록 하여야 하는 자질과 부하들로부터 충성과 신뢰를 받을 수 있는 능력, 끝임 없는 자기개발을 통한 자기관리에 능통한 자여야 한다(표 7-4 참조).

표 7-4 거래적 리더십과 변혁적 리더십

거래적 리더십 (Transactional Leadership)	변혁적 리더십 (Transformational Leadership)
• 부하의 노력과 업적에 따라 보상과 칭찬을 함. • 높은 성과에 보상하겠노라고 약속 내지 언질을 줌. • 부하 행동이 규정이나 관례에 어긋남이 없는지 감독, 관찰, 시정해 줌. • 책임을 피하고 중요 결정사항은 위아래로 미룸.	• 부하들에게 비전과 미션을 제시하고 신뢰하며 자긍심을 유발시킴. • 부하들의 지혜와 논리성, 문제해결력 등을 일깨워 줌. • 부하 한 사람 한 사람을 존중하며 개별적 관심을 쏟음. • 목표를 쉽게 설명해주고 높은 기대를 갖도록 동기부여시키며 영감을 불어넣어 줌.

자료: 임창희, 경영학, 학현사, 2002, p.213.

3.6 서번트 리더십

서번트 리더십(Servant Leadership)은 봉사와 사랑에 바탕을 둔 사랑의 리더십, 섬기는 리더십이다. 부하들의 말에 귀를 기울이고 존중함으로써 그들로부터 인정받고 그들을 자연스럽게 조율하고 스스로 참여하게 함으로써 조직목표를 달성한다는 것이다.

표 7-5 전통적 리더십과 서번트 리더십

	전통적 리더십	서번트 리더십
목 표	효율적 관리	변화에 대한 대응
방 법	명령과 통제	합의
조직구조	중앙집권적, 위계조직	분권적, 수평조직
리더와 부하의 관계	리더	파트너 관계
권한과 책임의 위치	리더	리더와 구성원
적합한 상황	안정적인 외부환경 반복적, 일상적인 업무	지속적 변화가 필요한 상황 장기적인 성장 필요

04 | 의사소통

의사소통(communication)이란 기업 내의 개인과 개인, 개인과 집단, 집단과 집단간에 필요한 정보를 상호교환, 감정이입(感情移入), 의사전달을 하는 과정이라고 정의할 수 있다. 기업이 목표를 달성하기 위하여는 구성원 개개인의 업무 활동이 원만하게 조정되고 통합되어야 할 필요가 있고, 이러한 조정과 통합을 위해 의사소통이 원활하게 이루어져야 한다. 즉 의사소통은 기업의 목표 달성을 위한 수단으로서, 의사소통을 통해 기업의 경영활동에 필요한 모든 정보가 제공되며, 모든 활동을 조정한다.

인간관계의 기본으로써 일상생활에 잠시라도 빠져서는 안 될 의사소통을 보다 쉽게 설명한다면, 말하기와 듣기를 번갈아 주고받는 행위라고 할 수 있다. 말하기와 듣기 중 어느 한 부문만 충족되었다고 해서 상대방과의 성공적인 커뮤니케이션이 될 수 없을 것이다. 상대에게 호감을 주는 듣는 기술과 말하는 기술이 필요하다. 잘 말하기 위해서는 잘 들어야 하고 호감 가는 사람들이란 잘 들어주는 사람을 말한다. 우리 주변에 능력은 남보다 뛰어나지만 "다른 사람과의 의사소통이 되지 않는다", "말로 표현하는 게 아주 서툴다"고 고민하는 사람이 많다. 커뮤니케이션 능력향상이야 말로 글로벌 경쟁력의 핵심이라고 할 수 있다.

커뮤니케이션의 첫째는 말하기이다. 말을 곱게 하도록 우리들의 입에 때로는 재갈을 물리자. '가는 말이 고와야 오는 말이 곱다' 라는 속담이 있잖은가? 말은 우리 삶의 윤활유 역할을 한다. 사회생활의 모든 관계가 말로 시작된다. 말은 나의 삶뿐만 아니라 남의 기분까지도 바꾸어 놓을 수 있는 강력한 무기인 셈이다. 말은 마음을 전하는 것이고 마음을 전할 때에도 기술이 필요하다. 사람이 말하는 언어에 진심어린 마음이 들어있지 않으면 기계와 다를 바 없다. 태도나 말을 통해 구체적으로 표현 하여야 한다. 마음속 깊이 생각만 하고 태도나 말로 표현하지 않으면 상대에게 전달되지 않는다. 마음속으로 깊이 감사하는 마음이 있다면 감사하다는 뜻을 말 한마디라도 표현해야 한다.

몇 가지 기술을 소개한다. 말할 때 마음을 담아서 웃는 얼굴로 온 몸으로 표현하고 상대방과 눈을 마주하며 대화하도록 해야 한다. 목소리 톤도 상황에 따라 적절하게 변화를 주고 첫인상이 좋도록 노력해야 한다. 첫 인상을 좋게 하는 방법은 내편에서 먼저 인사를 하고 인사말에 한마디를 덧붙이면 효과적이다.

커뮤니케이션의 두 번째는 듣기이다. 커뮤니케이션은 '말하기' 가 아니라 '듣기' 에서 시작된다. 잘 듣지 못하면 깊은 인간관계가 될 수 없다. 커뮤니케이션이 제대로 되지 않아 고민하는 경우를 보면 대부분 내 말만 하고 상대방의 말을 제대로 들어주지 않는데서 오는 경우가 많다. 상대의 말을 잘 듣기만 해도 대화는 성공적이다. 오히려 커뮤니케이션에 유능한 사람은 말하기보다 듣기에 강한 사람이다. 남의 말을 잘 들어주는 사람은 듣는 과정에서 말하는 단계로 돌아서는 타이밍을 포착하는 데 능숙하다.

말을 듣는데도 단계가 있다. 먼저, 마음을 듣는 단계이다. 말 속에 상대방이 전하고자 하는 의미를 생각하고 말하는 사람의 감정을 읽어준다면 더 많은 것을 들을 수 있으며 효과적인 소통을 하게 된다. 다음으로, 그 사람을 듣는 단계이다. 상대방을 소중하고 존귀하게 여기는 마음으로 듣는 것이다. 상대의 말에 진심을 기울이는 것이야 말로 최고의 배려이다.

커뮤니케이션에는 1:2:3의 법칙이라는 것이 적용된다. 우리의 얼굴 구조를 보면 입은 하나이고 귀는 둘이다. 말하는 동안 3번 맞장구치라는 것이다. 적게 말하고 경청하며 상대방이 말할 때 듣고 있다는 표현을 적극적으로 응수하면서 듣는 예절과 책임이 따른다는 것을 잊지 말아야 한다. 평소 커뮤니케이션 능력을 향상시켜 개인과 개인, 개인과 집단, 집단과 집단 간에 필요한 정보를 상호 전달하는 원만한 의사소통을 통해 글로벌 경쟁력을 향상시키도록 하자.

4.1 의사소통의 과정

라스웰, 샤논, 그리고 웨버(H. Lasswell, C. Sahnnon, and W. Weaver)는 커뮤니케이션은 어느 일정한 과정을 거쳐서 하게 된다고 하였으며, 1945~1949년에 다음 [그림 7-14]와 같이 그 모델을 제시하였다. 이들은 모든 상황에서의 일반적인 커뮤니케이션 과정을 제시하려 하였으며, 그 과정의 구성요인으로 커뮤니케이션, 암호를 만드는 사람, 메시지, 전달자, 해독자, 수신자, 피드백, 그리고 소음을 제시하였다. 이들 요인들을 중심으로 커뮤니케이션 과정에 대해 다음과 같이 살펴보기로 하자.

1) 1단계 : 송신자(sender)

송신자는 전달하여야 할 생각, 아이디어, 정보를 선별하고 계획하여 전달하여야 한다. 의사소통의 출발점이 된다.

2) 2단계 : 암호화(encoding)

수신자가 이해할 수 있도록 암호화한다. 즉 언어적 기호, 대화, 제스처, 접촉, 표정 등을 통하여 메시지를 전달한다.

3) 3단계 : 메시지(message)

송신자가 수신자에게 전달하고자 하는 것으로서 하나의 메시지는 대화, 글, 제스처 등으로 필기한 메모, 컴퓨터, 전화, TV, 게시판 등과 같은 매개체를 통하여 수신자에게 전달된다. 메시지는 수신자가 이해하는 정도의 차이에 따라

그림 7-14 ◉ 의사소통의 과정

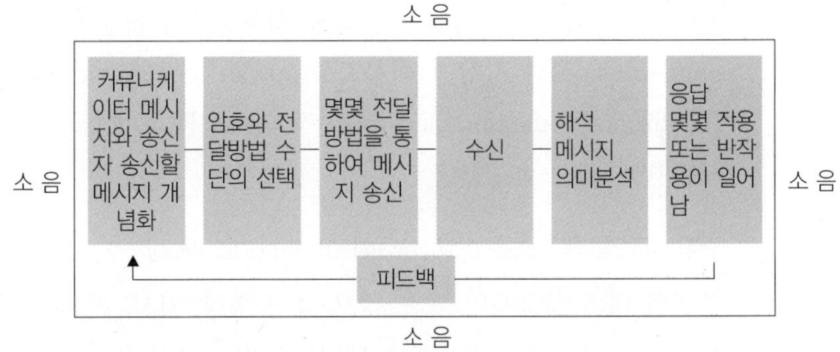

받아들여지기도 한다.

4) 4단계 : 수신(receiving)

송신자의 메시지를 수신자가 보고, 듣고, 느낌으로 받아들이는 것이다.

5) 5단계 : 해석과 응답(decoding and response)

받아들인 메시지를 수신자가 해독하고 송신자가 전하고자 하는 뜻을 이해하는 것이다.

6) 6단계 : 피드백(feed-back)

수신자의 메시지에 대한 반작용으로 송신자로부터 수신자까지의 메시지 전달단계를 역의 단계과정을 통하여 송신자의 의도대로 수신자에게 전달되었는가를 확인하는 것이다.

7) 7단계 : 소음(noise)

소음은 커뮤니케이션의 과정을 더욱 어렵게 만들고 혼잡하게 하는 요소이다.

4.2 의사소통의 종류

(1) 공식적인 의사소통

공식적인 의사소통(formal communication)이란 기업이 미리 정해 놓은 경로와 방법, 절차에 따라 정보가 전달되는 것을 말한다. 공식적 의사소통에서는 종업원들간의 의사소통이 체계적으로 이루어질 수 있도록 여러 가지 규칙이나 절차를 마련하게 된다. 이러한 규칙이나 절차는 주로 정보의 전달자와 수신자는 누가 될 것이며, 어떤 경로와 방법을 통해 정보가 전달되어야 하는지를 규정하게 된다. 기업의 공식적 의사소통은 하향적 의사소통(downward communication)과 상향적 의사소통(upward communication), 수평적 의사소통(horizontal communication), 사선적 의사소통(diagonal communication)으로 구분된다(그림 7-15 참조).

1) 하향적 의사소통(downward communication)

기업 내의 상급자의 의견, 정보 등이 명령, 지시, 게시판, 사내방송, 사내신문 등을 통하여 하급자에게 전달되는 상의하달식 의사소통으로, 하급자의 행

그림 7-15 ⊙ **공식적 의사소통(formal communication)**

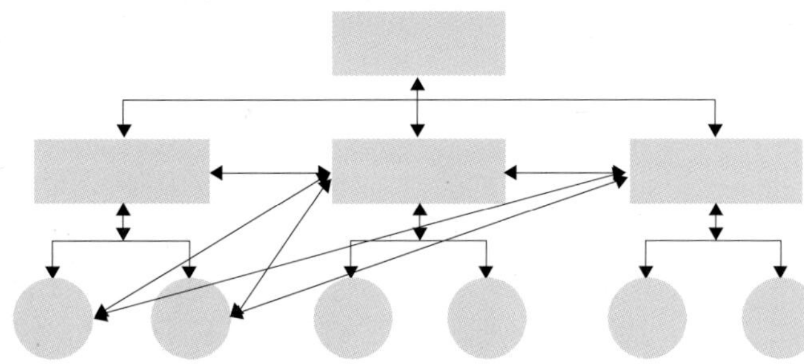

동을 일으키고, 그 활동을 조정하는 기능이 있다.

2) 상향적 의사소통(upward communication)

하급자의 의견 및 정보 등이 보고, 제안, 면담방법을 통하여 상급자에게 전달되는 하의상달식 의사소통으로, 통제를 위한 정보의 제공이라는 점에서 매우 중요하다.

3) 수평적 의사소통(horizontal communication)

동일계층에서 지위가 같은 사람 또는 부문간에 회의, 회담, 통보, 심의 방법 등을 통하여 정보를 교환하는 의사소통으로, 업무의 중복이나 불필요한 갈등을 줄이고 서로 협력을 얻고자 한다.

4) 사선적 의사소통(diagonal communication)

조직구조상 지위는 다르지만, 동일한 명령계통에 속하지 않는 사람들간의 의사소통으로 라인부문과 스탭부문 간의 의사소통을 그 예로 들 수 있다.

(2) 비공식적인 의사소통

비공식적인 의사소통(informal communication)이란 동기회, 취미서클 등 기업 내에서 자연스럽게 생겨난 조직을 통해 의사소통이 이루어지는 것으로서 실제적으로 기업 안에서 이루어지는 의사소통 중 많은 부분이 비공식적 조직을 통해 이루어지고 있다. 종업원들은 비공식적 의사소통을 통하여 자신의 감정이나 느낌을 자연스럽게 표현하게 되므로 기업에서 비공식적인 의사소통의 중요성은 상당히 크다고 할 수 있다(그림 7-16 참조).

그림 7-16 ◐ 비공식적 의사소통(informal communication)

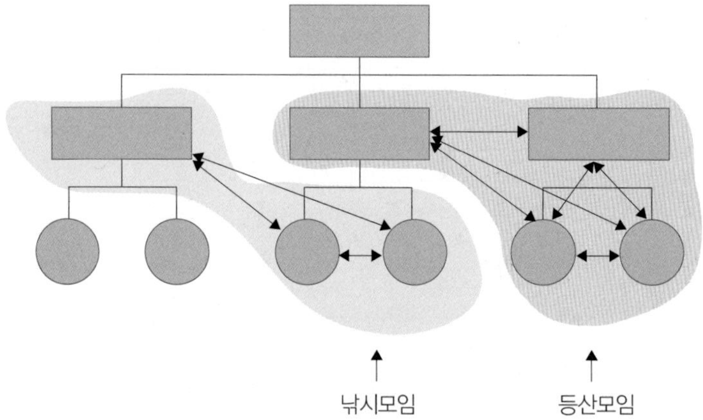

4.3 의사소통 네트워크

의사소통 네트워크(communication network)란 조직의 의사소통에 있어서 누가 누구와 의사소통을 할 수 있는가를 지시해 주는 사전에 결정된 패턴이다. 기업의 구성원들은 의사소통을 통해서 서로의 정보를 교환하여 공유하게 된다. 이때 의사소통체계는 각 구성원들이 업무를 처리하기 위해 필요한 정보를 잘 얻을 수 있도록, 또한 그들의 업무가 다른 사람들의 업무와 잘 결합될 수 있도록 만들어져야 한다. 하지만 기업이 점차 대규모화 됨에 따라 모든 구성원들이 필요할 때마다 필요한 사람과 직접 의사소통을 한다는 것은 매우 어려울 뿐만 아니라 비효율적이다. 따라서 효율적인 구성원들의 의사소통을 위해 언어적 혹은 비언어적 메시지의 흐름을 사전에 의사소통을 해야 할 것인지를 결정하는 것이다. 그 집중성에 따라 쇠사슬형, Y형, 수레바퀴형, 원형, 완전연결형 등이 있다(그림 7-17 참조).

(1) 쇠사슬형

쇠사슬형(chain)은 대부분의 의사소통이 공식적인 명령계통에 따라 위아래로만 흐르는 경우로서, 구성원들은 자신의 직속 상급자와 직속 하급자와만 의사소통을 한다.

그림 7-17 ⊙ 네트워크의 유형과 조직의 성과

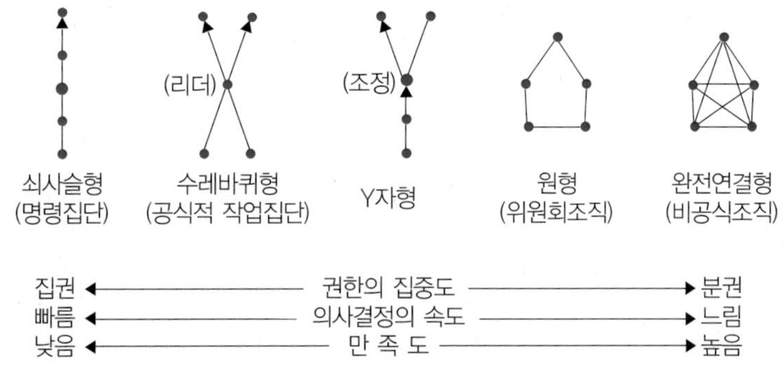

(2) Y자형

리더가 의사소통의 중심역할을 맡고 이를 중심으로 상위집단과 하위집단이 연결된 패턴으로 라인과 스탭의 혼합조직에서 흔히 볼 수 있다.

(3) 수레바퀴형

수레바퀴형(wheel)은 구성원들이 한 사람의 리더에게 보고를 하는 집단에서의 의사소통 패턴으로, 가운데 있는 리더가 중심적인 인물로 다른 구성원들은 리더와만 의사소통을 한다.

(4) 원 형

원형(circle)은 구성원들의 서열이나 지위가 비슷하여 서로 동등한 입장에서 의사소통이 이루어지는 패턴으로 프로젝트 조직이나 위원회에서 흔히 볼 수 있다.

(5) 완전연결형

완전연결형(all channel)은 리더가 없고 구성원 누구나 다른 사람과 자유롭게 의사소통을 할 수 있는 패턴이다.

위 그림에서 보는 바와 같이 단순과업의 경우 집중적 커뮤니케이션 네트워크(예: 수레바퀴형), 복잡한 과업의 경우에는 분산된 커뮤니케이션 네트워크(예: 완전연결형)가 좋은 성과를 가져온다.

4.4 의사소통과 소셜네트워크

소셜네트워크 서비스(Social Network Service: 이하 SNS)는 간단히 말해 온라인 인맥구축 서비스이다. 1인 미디어, 1인 커뮤니티, 정보 공유 등을 포괄하는 개념이며, 서로에게 친구를 소개하거나 친구관계, 즉 인간관계를 형성, 유지하기 위한 목적으로 개설된 커뮤니티(Community)형 웹사이트이다. 오늘날 대부분의 SNS는 웹을 기반으로 서비스되고 있으며, 이외에도 전자 우편이나 인스턴트 메신저 서비스를 통해 사용자들끼리 서로 연락할 수 있는 수단을 제공하고 있다. 오늘날, 매일 수백만 명의 사람들이 SNS를 이용하고 있으며, 뉴미디어로서 지난 몇 년간 많은 사람들의 관심을 받아온 결과, 다른 사람들과 서로 의사소통하거나 정보를 공유하는 데 있어, SNS는 새로운 수단으로 자리잡고 있다.[3)]

(1) SNS의 성장

트위터는 대표적인 SNS 서비스다. 트위터, 미투데이(Me2day), 마이스페이스(MySpace), 페이스북(Facebook), 싸이월드(Cyworld), 베보(Bebo) 등으로 대표되는 SNS사이트엔 이미 전 세계적으로 수천만 명의 가입자가 활동하고 있다. 이들은 SNS사이트를 통해 기존의 인간관계를 유지하는가 하면, 새로운 사회관계를 형성하고 발전시켜 나가고 있다.

SNS사이트의 성장은 2008년 미국의 대통령선거가 기폭제가 됐다. 당시 오바마 후보는 미국 내 비주류 출신으로 매케인 공화당 후보에 비해 조직이나 자금력에서 열세였다. 하지만 트위터를 이용하여 13만 명 이상의 친구를 맺고 대선과정에서 빠른 시간에 정치의 중심에 등장할 수 있었다. 또한 트위터를 통해 소액 선거자금 모금을 성공적으로 수행해 자금력의 열세도 상당히 극복할 수 있었다고 한다.

SNS사이트 성장의 또 다른 원인은 사회적 성격에서 찾을 수 있다. 그동안 인터넷은 '키보드 워리어'나 '인터넷 폐인' 등 사회 부적응자를 양산해 개인을 사회로부터 고립시키고 있다는 비난을 받아왔다. 하지만 이젠 고립되고 파편화된 개인이 SNS사이트를 통해 세상과의 소통욕구를 분출시키기 시작했다. SNS사이트를 통한 세상과의 소통은 익명의 개인들로 하여금 사회적 존재감을 느낄 수 있게 해준다. 사회적 존재감이란 개인이 사회에 대하여 자신의 존재

3) 조선닷컴, '트위터로 분출된 현대인의 소통욕구', 2009. 11.

를 알림으로써 사회의 다른 구성원들로부터 자신의 존재를 인정받는 느낌이다. 가상공간에서 무의미하게 존재하던 개인, 인터넷이란 바다에서 익명으로 존재했던 개인이 SNS사이트를 통해 사회에 자신의 존재를 알리고 인정받기 시작하면서 사회변화의 중심으로 우뚝 서기 시작했다.

(2) SNS의 핵, 트위터(Twitter)

2006년 미국에서 탄생한 트위터는 휴대폰과 인터넷을 통해 140자 이내의 짧은 메시지를 전달하는 대표적인 소셜 네트워킹 서비스다. 트위터(Twitter)는 2006년 3월 미국 벤처기업 오비어스 코프가 개발한 소셜 네트워크 서비스(SNS)이다. 블로그의 인터페이스와 미니홈페이지의 인맥(친구맺기) 기능, 메신저 기능을 합했다. 관심사를 짧은 글로 완성해 올리면 순식간에 팔로워에게 전달된다. “트위터”란 영어 뜻 그대로 “짹짹거리다”란 의미를 담고 있다. 즉 장문의 글을 쓸 수 있었던 기존의 블로그 서비스와는 달리 단문만을 전용으로 이용하는 서비스이다. 더불어 단문만을 이용함으로써 이동 통신으로도 사용이 편리하다는 장점을 살렸다. “트윗”을 140자 이내의 글자 수로 제한한 점 또한 이것 때문이다. 실제로 미국의 SMS(문자 메시지)는 160글자로 한정되어 있는데, 여기서 나머지 20글자는 사용자 아이디가 입력될 공백으로 보면 된다.

이용 방법은 간단하다. 사이트에 접속해 성명과 아이디 등 기본사항을 입력하고 자신의 계정을 만든 후 이용자 리스트를 검색, 구독하고 싶은 이의 트위터를 목록에 추가(following)하면 된다. 상대가 동의하지 않아도 얼마든지 목록을 늘려갈 수 있어 한꺼번에 수십만 명의 트위터를 등록할 수도 있다.

(3) 트위터의 특성

1) 정보교환의 즉시성

이메일이나 블로그 등과 비교해도 트위터 같은 SNS사이트는 정보교환의 즉시성과 실시간성이 매우 높다. 바로 모바일 인터넷과 결합돼 있기 때문이다. 실시간 정보 확산과 피드백은 사회적 부존재감이나 사회와 격리돼 있다는 불안감이 생길 시간을 주지 않는다.

2) 무계층성

트위터 서비스에는 위계질서가 존재하지 않는다. 그 안에서 개인은 아무런 장벽 없이 누구와도 직접 대화를 나눌 수 있다. 현실에선 쉽게 만나기 어려운 유명 정치인이나 기업인들, 더 나아가서 대통령과도 직접 소통할 수 있다. 오프라인에선 생각도 할 수 없는 상황이다. 정치인 등 공적 인물과 직접 연결돼 있다는 생각은 트위터에 참여하는 개개인에게 자부심을 심어줄 수 있다. 그리고 교환되는 정보를 통해 사회의 변화가 실제로 일어난다면 개인이 느끼는 효능감과 자긍심은 매우 커지게 된다. 불특정 다수에 대한 공허한 외침이 될 수 있는 게시판이나 블로그와는 큰 차이가 있다. 참여의 효능감과 자신감은 더욱 적극적인 참여로 이어질 수 있다.

3) 공개성

트위터는 각각의 개인이 맺고 있는 사회적 네트워크가 공개되며 공간의 투명성이 확보된다. 물론 비공개 운영도 가능하지만 그렇게 되면 네트워크의 확대가 제한되기 때문에 대부분의 이용자들은 공개된 상황에서 트위터에 참여한다. 공개적 정보의 교환은 정보의 전달을 더욱 빠르게 할 뿐만 아니라 정보의 진실성을 높이는 효과가 있다.

4.5 의사소통의 장애요인과 개선방안

송신자가 전하고자 하는 실제적인 의도가 수신자에게 그대로 정확하게 전달되었을 때 가장 효과적인 의사소통이라 할 수 있다. 송신자로부터 수신자에 이르는 의사소통의 과정 중에는 여러 가지 장애요인이 발생하는데, 효과적인 의사소통을 방해하는 모든 요인들을 소음(noise)이라고 한다. 따라서 효과적인 의사소통을 위해서는 의사소통을 방해하는 모든 장애요인들을 찾아내어 개선해야 한다.

의사소통의 대표적인 장애요인들은 다음과 같다.

(1) 송신자와 관련된 장애

송신자의 의도가 정확하게 표현되지 못하거나 표현의 기술이 부족한 경우, 혹은 전달하고자 하는 메시지의 양이 지나치게 많은 경우, 수신자의 송신자에 대한 신뢰가 부족한 경우에 발생한다.

(2) 전달과정 및 경로와 관련된 장애

전달내용이 전달과정에서 잘못 해석된다든지, 자기가 알고 있는 지식 범위 내에서 그리고 사고방식 범위 내에서 중요하다고 하는 것을 여과하여 전달하는 경우, 어의상의 표현이 잘못된 경우, 시간의 압박을 받는 경우 발생한다. 또한 상향식 의사소통에 있어서 좋은 메시지가 아닌 경우 이를 올바르게 전달하지 않으려는 의도에서 시간을 지연시키려는 경향이 있다.

(3) 수신자와 관련된 문제

전달된 정보를 받아들이는 능력이 부족한 경우, 정보에 대한 선입견을 가지고 있는 경우에 발생한다. 즉 정보를 해석하는 전문성이나 경험이 부족하고 어떤 일에 몰두하는 것 등으로 인해 전달된 정보를 신중하게 받아들이지 않은 경우이다.

그렇다면 효과적인 의사소통을 방해하는 이러한 장애요인을 어떻게 개선해야 할 것인지 고려하여야 한다.

첫째, 송신자는 자신의 의사소통 방법을 파악하고 다른 구성원의 의사소통 방법과 조화를 이루도록 한다.

둘째, 조직구성원들간의 인간관계 개선을 통하여 구성원들간의 거리를 좁혀 나간다. 일반적인 견해를 가지고 구성원들과 대화를 통하여 원활한 의사소통이 이루어지도록 한다. 특히 상향적 의사소통이 원활하게 이루어질 수 있도록 제안제도, 종업원 상담제도, 하급자의 의견조사, 건의함 설치, 사내보 발간 등 의사소통 시스템을 적극 활용하여야 한다.

셋째, 전달 언어가 가능한 한 간단하고 명료하여야 하며 일관성이 있어야 한다. 숫자로 표현할 수 있는 것은 숫자로 표현하는 것이 정확하고 수신자가 쉽게 이해할 수 있으며, 때로는 어떠한 것에 대한 표현을 하나의 그림으로 표현함으로써 수천 마디의 말로 전달하는 것과 같은 효과를 가져오기도 한다.

넷째, 전달 내용의 정확성을 높이고 수신자의 이해를 높이기 위해서 같은 내용을 반복해서 전달할 필요가 있다.

다섯째, 전달 내용을 수신자가 가장 잘 받아들일 수 있도록 적시에 전달하여야 한다.

여섯째, 상급자는 하급자의 의견을 항상 경청하는 자세를 보여주어야 한다. 이때, 침묵의 소리도 경청해야 한다. 말하는 것만 듣지 말고, 말 뒤에 숨은 침묵의 소리도 들을 줄 알아야 한다. 귀 뿐만 아니라 가슴으로도 경청 · 청취한다는 것은 대단히 효과적인 경영기법이다. 다른 사람이 말하는 것을 듣는 것은 경청의 제1단계이다. 첫 몇마디 후, 속으로 다음에 나올 말을 짐작하거나 대답할 말을 준비하기 시작한다. 그러나 마음과 정신, 그리고 직관을 포함하는 훨씬 더 강력한 경청단계로 들어가야 한다. 커뮤니케이션에 있어 보이지 않는것, 생략된 것, 편견을 가진 것까지 100% 좇아 들어야 한다. 우리들의 듣는 태도를 개선할 필요가 있다.

끝으로, 메시지의 내용이 실제로 어떻게 전달되었는지 사후 검토하고 피드백할 수 있는 시스템을 발전시켜 나가야 한다.

제8장

경영통제

01 | 통제란?

통제(controlling)는 실제로 이룩한 업적과 계획된 업적과의 차이를 측정하고 그 원인을 찾아내어 수정해 나가는 과정이다. 경영계획대로 경영활동이 효과적으로 달성되고 있는가를 일정기준에 따라 측정 · 평가하여 확인하고 기준과 편차가 있을 경우에는 이에 대한 지도 · 지휘를 통하여 시정해 나가는 활동이 곧 통제인 것이다. 통제는 계획, 조직화, 지휘, 조정과 분리된 독립된 경영활동이 아니라 상호의존관계에 있는 활동이다. 특히 최근에 소개된 통제 모델인 균형성과표(Balanced Score Card: BSC)는 회사의 비전과 전략을 응집력을 가진 일단의 성과측정지표들로 전환시켜 주는 광범위한 틀을 제공할 뿐만 아니라 가장 영향력 있는 측정지표에 초점을 맞춘다. 이는 고객지향적이며 사용이 용이하고, 또한 조직으로 하여금 정형화된 시각과 최고의 목표를 달성케 해주는 데 도움을 준다.

오늘날 기업환경의 변화가 불확실해지고, 기업의 조직이 더욱 복잡해짐에 따라 통제활동에 대한 중요성이 더욱 증대되고 있다.

02 | 통제활동의 과정

통제는 실제로 이룩된 업적을 측정하고(업적측정), 이 측정된 업적과 계획된 업적(설정기준)과의 비교 · 평가(업적의 비교 · 평가)를 통하여 나타난 편차를 수정해 나가는(편차의 수정) 기능이라고 하였다. 이런 점에서 통제의 과정을 ① 표준 설정, ② 성과 측정, ③ 편차 수정이라는 3개의 과정으로 구분하는 경우도 있으나 이같은 과정 전에 통제의 기준이 설정된다는 점에서 통제의 과정을 ① 표준의 설정, ② 성과의 측정, ③ 성과와 기준의 비교, ④ 편차 수정의 네 과정으로 구분하는 경우도 있다. 다음에서 이 네 과정에 대해 설명하기로 한다.

2.1 표준 설정(establishment of standards)

표준은 어느 일정 기간에 기업이 달성하여야 할 목표를 나타내는 것으로서 경영활동을 통하여 실제로 성취된 업적의 성과를 측정하는 척도로 통제의 기준이 설정되는 것이라고 단정짓기보다는 기업 목표 달성을 위한 경영계획의 구체적인 내용의 설정이 곧 통제의 표준이라 할 수 있다. 일반적으로 많이 사용되는 표준으로는 양, 질, 비용 및 시간측면에서 산출결과인 성과를 측정하는 산출표준과 성과를 달성하기 위해 투입된 자원의 이용 정도를 나타내는 투입표준이 있다.

2.2 성과측정(measuring performance)

성과측정은 표준의 설정단계에 이어 통제과정의 두번째 단계로 전개되고 있고 전개되어질 것을 측정하여 미리 세운 계획이 어떻게 이루어지고 있으며, 이루어졌는가를 파악하는 것이다. 좁은 의미로는 통제과정의 첫 단계가 되는 성과측정은 실제로 전개되고 있는 경영활동을 정확히 측정하여 이미 설정된 계획(통제기준)과 비교평가하고 이를 통하여 파악된 편차를 적절하게 수정 조치하는 것이다. 한편 이상적인 성과측정활동이란 것은 업무수행결과에 대한 정확한 실적측정으로 정확한 편차를 찾아내는 것 이전에 그 편차가 발생하기 전에 찾아내어 이를 조정하여 수정하는 것이 바람직하다.

성과측정시에 수량적인 것은 그 측정이 용이하므로 기준과 비교 평가하여 객관적이고 정확한 편차를 파악할 수 있는 반면, 추상적이고 질적인 것은 그 자료수집이 쉽지 않을 뿐만 아니라 그 측정이 매우 곤란하다. 따라서 통제는 질적인 것보다는 양적인 것에 치우치는 경향이 많다. 그러나 모든 기업에 있어서는 추상적인 결과도 많이 있는데, 그렇다고 질적인 성과를 소홀히 하여서는 안된다. 질적인 것에 대한 측정방법으로는 측정자의 판단과 간접적인 단서와 같은 것을 이용하여야 한다. 종업원의 사기, 효과적인 의사소통, 효율적인 구매활동 등에는 추상적인 성과요소가 더욱 중요하게 여겨지고 있다.

2.3 성과와 기준의 비교(comparing performance with the standards)

이 단계는 정확하게 측정된 실적을 통제기준과 비교하고 평가하는 것이다. 즉 측정된 실적은 통제의 권한이 있는 상부에게 구두 · 서면 등으로 보고되고, 보고를 받은 통제권자는 이를 이미 설정한 기준과 비교하여 이 비교를 통하여 나타난 결과에 대해서 그 중요도를 평가하는 것이다. 기준과 비교를 통하여 나타난 결과가 만족스러운 것일 때에는 현재의 업무과정을 계속 유지하도록 하며 만족스럽지 못한 편차가 있을 때에는 그 편차들 중 일정한 범위 내에서 받아들여지는 것과, 받아들여지지 않는 것을 구분한다. 그리고 받아들여지지 않는 편차에 대해서는 그 편차의 원인에 대해서 면밀히 조사하여야 한다.

2.4 편차 수정(correcting deviations)

통제의 마지막 과정은 편차의 수정 단계이다. 이 단계는 측정된 실적과 기준과의 사이에서 만족스럽지 못한 편차가 생기면 편차를 빚어낸 원인을 찾아내고 이에 대한 적절한 수정조치를 하는 것이다. 수정 방법으로는 기업의 내 · 외부 환경을 조정하거나, 종업원의 감독 · 훈련 · 선발 시스템을 검토하거나, 동기부여 방법을 개선하는 방법이 있다. 또한 필요한 경우에는 계획 자체를 다시 수립하기도 한다. 수정활동은 단지 편차의 원인을 찾아내고 그것을 수정 · 제거하는 것 이상의 의미를 지니고 있다. 즉 수정활동을 통하여 업무활동에서 실제로 어려운 일은 무엇인가를 발견하고, 그 모순점 및 원인을 제거하려고 노력한다는 것이다. 편차 수정행동에는 즉각적인 수정행동(immediate corrective action)과 기본적 수정행동(basic corrective action)이 있다. 전자는 현재의 성과에 영향을 미치기 위한 것이며, 후자는 미래의 성과에 영향을 미치기 위한 것이다. 그러므로 참된 조언과 협동이 이루어지며 더욱이 통제에 대한 선호의 태도가 이룩된다고 하는 것도 다른 중요한 의미를 지닌다.

03 | 통제의 유형

통제활동은 통제, 투입, 진행 시기나 통제내용 등의 시스템 단계에 따라 몇 가지 형태로 나누어 볼 수 있다.

3.1 통제 시기에 따른 구분

데이비스(Davis), 도넬리(Donnelly) 등 많은 학자들은 통제의 유형을 세 가지로 분류하고 있다(그림 8-1 참조).

(1) 사전통제

사전통제(preliminary or steering or feed forward control)는 계획에 따라 실제적으로 경영활동이 시작되기 전에 수행되는 통제로 계획 수행에 대한 방침, 절차, 규정의 의미를 가지고 있는 것으로 선발과 배치, 원료검사, 자본 및 금융계산 등이 있다. 이 통제의 목적은 결과를 기다리고 그 실제적인 결과들을 목표와 비교하는 것이라기보다는 실제적인 결과가 그 목표를 향해 진행이 가능하도록 하는 데 있다. 실제적으로 방침과 절차의 통제영향은 계획과 통제 담당자에게 밀접한 영향을 미친다. 그리고 이것은 방법과 절차에 대한

그림 8-1 통제시기에 따른 통제유형

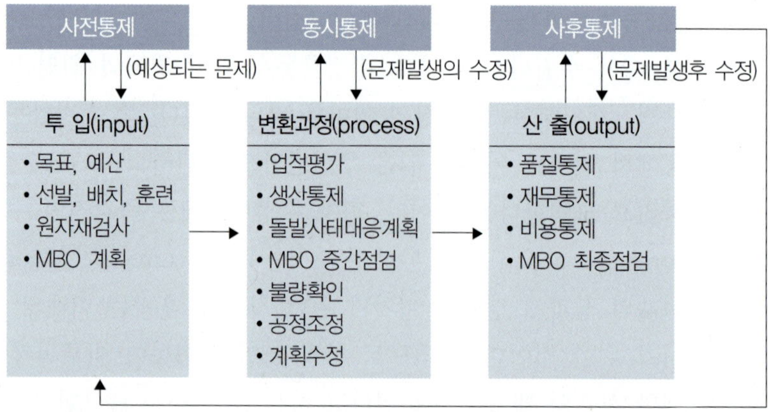

이해를 일치하게 하는 것이다.

(2) 동시통제

동시통제(concurrent screening or yes/no control)는 계획에 따라 실제적인 경영활동이 진행되는 동안에 수행되는 통제로 지도 · 감독의 의미를 지닌다. 통제는 실질적인 작업이 사전기준에서 벗어나지 않도록 지도 · 감독하는 것을 의미한다. 사실 실적이 이룩되기 전에 그 실적이 기준을 벗어나지 않도록 사전에 지도 · 감독하는 것이 바람직하나 일반적으로 작업 과정 중에 또는 일부 실제적인 작업이 수행된 후에 그 실책의 결과를 근거로 하여 피드백을 통한 통제를 한다.

동시통제는 목표가 달성되도록 과정마다 진행 상황을 검토하는 것으로, CPM(critical path method)이나 PERT(program evaluation and review technique)와 같이 어떤 활동의 단계나 절차에 있어서의 일정계획 기법이 주로 이용된다.

(3) 사후통제

사후통제(feedback or post-action/output control)는 최종 결과에 초점을 두는 것으로 실제적인 경영활동이 완료된 후에 결과를 측정하고 평가하여 수정

그림 8-2 ◎ 피드백통제 시스템 활용

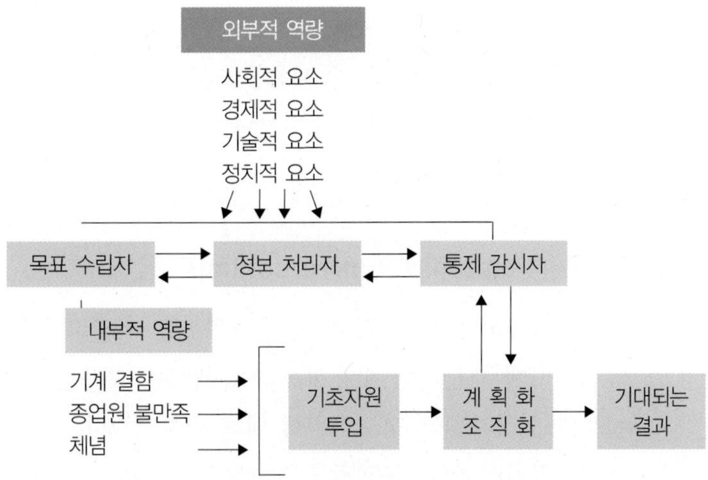

조치를 취하는 활동을 말한다. 이러한 사후통제는 계획이 합리적이었는지 여부를 확인하여 실적과 계획치간에 차이가 있으면 그 원인을 분석하고 다음 계획을 수립하는 데에 기초자료로 사용한다.

피드백통제는 [그림 8-2]와 같은 하나의 시스템으로 생각할 수 있다. 이 시스템에서 목표수립자 또는 관리자는 정보처리자에게 필요한 것들을 제공하는데, 이 정보처리자들은 통제를 위하여 필요한 정보를 갖는 사람 또는 적정한 정보를 지닌 컴퓨터 모드를 말한다. 다음으로 정보처리자는 통제감시자에게 필요한 정보를 제공해 주고 그 통제감시자는 계획수립자가 기대하는 것과 기본적인 관리기능에 의해서 실제로 성취될 것을 비교하는 통제과정을 수행한다. 결국 이같은 활동을 통하여 목표의 설정 또는 수정을 행한다.

피드백통제는 어떤 자료를 수집 · 분석하고 그 결과를 수정 · 통제하는 데 이용하도록 작업자, 기계에 제공하는 것이다.

3.2 통제내용에 따른 구분

통제활동은 통제시기에 따른 구분 이외에 통제내용에 따라서도 구분할 수 있다. 통제내용에 따라 물적자원의 생산활동을 통제하는 생산통제, 인적자원이나 정보자원 등을 통제하는 지원통제, 자본의 조달이나 운용을 통제하는 재무통제로 나눌 수 있다.

(1) 생산통제(production control)

생산통제는 생산의 효율성을 달성하는 측면에서 주로 투입된 물적자원의 변환과정에서 이루어지는 통제활동을 말한다. 예전에는 주로 운영에 관한 일정통제에 초점이 맞추어져 있었으나, 최근 들어서는 품질에 대한 통제활동이 더욱 중요시되고 있다.

(2) 지원통제(administrative control)

지원통제는 기업 내의 모든 경영활동을 지원하기 위해 필요한 자원을 시기 적절하게 배분하여 활용하도록 통제하는 활동을 말한다. 이러한 지원통제는 주로 인적자원과 정보자원에 대해 이루어진다.

인적자원에 대한 통제활동은 종업원을 선발하고 훈련시키며, 제대로 평가하여 보상하도록 통제하는 것을 말한다. 정보자원에 대한 통제활동은 기업의 경영활동에 필요한 정확한 정보를 적절한 시기에 확보하도록 통제하는 것을 말한다.

(3) 재무통제(financial control)

재무통제는 자본을 효과적으로 조달하고 운용하기 위해서 통제하는 활동을 말한다. 이는 기업의 기본 목표인 이윤극대화 문제와 관련이 있기 때문에 경영자에게는 매우 중요한 통제활동이기도 하다. 이러한 재무통제는 수익의 통제 이외에도 예산의 통제, 운전자본의 통제, 재무비율의 통제 등 자본의 조달과 운용에 관한 각종 통제활동을 포함한다. 특히 최고경영자의 입장에서는 기업이 정상적으로 운영될 수 있도록 하기 위해 현금흐름 측면에서 계획대로 이루어지고 있는가를 면밀히 검토하여 적정 유동성을 확보하도록 해야 할 것이다.

3.3 통제 강조점에 따른 구분

(1) 시장에 의한 통제(market control)

시장에 의한 통제는 외부 시장메커니즘의 사용을 강조하는 통제 접근방법이다. 여기서 통제기준은 경쟁사와의 가격차이나 시장점유율 등이 이용된다. 기업들은 일반적으로 경쟁이 심한 상황에서 주로 이 접근법을 채택하고 있다. 이러한 상황에서는 각 사업부들이 대부분 이익센터(profit center)역할을 수행하며 이들은 기업전체의 이익에 대한 기여도, 즉 전체이익에 대한 이익기여도의 비율에 따라 평가받게 된다. 예를 들면, 가전 및 산업제품을 생산하는 마쓰시타는 각 사업부를 전사 이익에 기여한 이익비중에 따라 평가한다.

(2) 사회화에 의한 통제(clan control)

사회화에 의한 통제는 종업원들의 행위가 공유된 가치, 전통, 규범, 신념, 그리고 조직의 다른 문화적 양상에 의해 규정받는 데에 강조를 두는 통제 접근법이다. 권위에 의한 통제가 타율적이고 엄격한 위계 관리 메커니즘에 초점을 두는 것에 반해 클랜 통제는 개인과 집단의 실체를 개인에게 기대되는 과업행위와 성과측정을 통한 비전 공유를 추구하는 메커니즘에 초점을 두고 있다. 이러한 통제를 주로 사용하고 있는 조직은 팀제를 도입하고 있는 곳이거나 기술의 변동이 심한 곳이다. 예를 들면 마이크로소프트의 경우 종업원들은 성과목표를 달성하기 위해 요구되는 자신들의 올바른 행동규범을 모두 알고 있다. 이들은 사장에서부터 말단사원에 이르기까지 조직에서 가장 중요한 것이 무엇인지 공유하고 있는 것이다.

(3) 글로벌 기업에서의 통제

글로벌 기업하에서 활용되는 통제영역으로는 일관성이 있고 문화적으로 세심하게 배려된 글로벌 매니저를 위한 업적 평가표와 세계적 차원에서 일관성 있는 사업단위별 평가와 보상제도 등이 요구된다. 글로벌 조직의 재무 단위와 화폐 기준을 명확히 정의하는 것이 오해와 비방, 시간을 낭비하는 미팅, 논란, 언쟁들을 피할 수 있는 유력한 수단이 될 수 있을 것이다.

04 | 효과적인 통제 시스템

효과적으로 통제의 목적을 달성하기 위하여 통제활동에는 여러 가지 원칙이 요구되는바, 통제과정에 적용되는 원칙은 다음과 같다.

4.1 통제에 관한 제 원칙

(1) 표준의 원칙(principle of standards)

효과적인 통제가 이루어지려면 객관적이고 정확하며 또한 적합한 기준이 있어야 한다. 그러나 통제는 사람을 통하여 이루어지는 것이므로 아무리 훌륭한 통제자라 할지라도 통제자의 개인적인 요인에 의해 전혀 영향을 받지 않는다고 할 수 없다. 따라서 실적에 대한 판단의 기준이 객관적으로 이루어졌을 때 그것은 곧 구성원들에 의해 공정하고 합리적인 것으로 받아들여진다.

(2) 주요 항목 통제의 원칙(principle of critical-point control)

효과적인 통제는 각 계획에 대응하여 실적을 평가하는 데 있어 결정적으로 중요한 항목에 대해서만 집중적인 관심을 기울이는 데서 이룩된다. 이는 경영자가 모든 계획에 그 집행여부의 상세한 내용 또는 모든 사항까지 관심을 기울인다고 하는 것은 시간낭비이며 불필요한 경우가 많다는 것이다.

(3) 예외의 원칙(principle of exception)

관리자가 예외적인 것에 통제의 노력을 집중적으로 기울이면 기울일수록 그 통제의 결과는 그만큼 더 효과적으로 이룩된다는 것이다. 이것은 관리자가 예외적으로 매우 중요한 편차에 대해서만 관심을 갖고 관여하여야 함을 나타내는 것이다. 특히 좋다거나 나쁜 상황에 대해서만 관심을 가지면 족하다는 것을 의미하는 것이다.

그림 8-3 ◎ **통제설계시 고려사항**

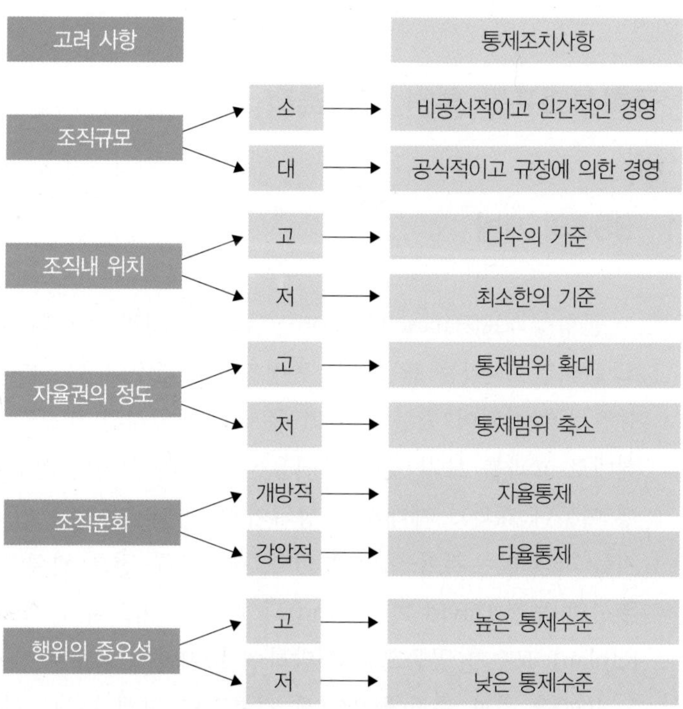

자료: S.P. Robbins and D.A. De Cenzo, *Fundamentals of Management*, Prentice-Hall, 1998.

(4) 통제 융통성의 원칙(principle of flexibility of control)

계획이 실패하였거나 예측하지 못한 변화에 직면하였을 때 통제가 효과적으로 되기 위해서는 융통성 있는 통제가 요구된다. 이것은 계획 자체가 잘못될 수 있으며 예측하지 못한 상황변화가 있을 수 있다는 것을 전제로, 변화된 상황을 반영하지 않고 획일적인 계획 위주의 통제는 그 실효를 거둘 수 없다고 하는 것이다.

(5) 행동의 원칙(principle of action)

통제는 실제적인 편차가 발생하였을 경우, 이 편차가 계획, 조직화, 지휘 및 조정을 통해 수정될 때에 비로소 정당화된다. 수정행동이 뒤따르지 않는 통제는 관리자나 스탭의 시간을 낭비할 뿐이다. 만약에 계획과 실적간에 편차가 있다면 편차를 수정하는 데는 계획을 다시 수립하거나 추가적인 계획을 작성한다든지, 조직을 재편성하고 이에 따른 새로운 충원과 교육훈련을 한다든지 또는 지휘를 개선한다든지 하는 등의 실제적인 제 활동이 뒤따라야 한다.

05 | 균형성과표를 통한 성과측정

5.1 BSC의 개념

균형성과표(Balanced Score Card: BSC)란 조직의 사명과 전략을 측정하고 관리할 수 있는 포괄적인 측정지표로 바꾸어주는 틀이다. 기업경영에서 그동안 등한시되어 왔던 측정의 문제를 부활시킨 것으로, 특히 뛰어난 전략이 제대로 효과를 보지 못하는 이유는 그것의 실행과 관련된 문제로, 전략의 실행 여부나 효과가 제대로 측정되어 피드백되지 않아 전략이 제대로 실행되는지를 파악하는 것이 어렵게 되자, 성과측정 전문 컨설팅 회사인 르네상스 솔루션의 노턴(David P. Norton)과 하버드 비즈니스 스쿨의 카플란(Robert S. Kaplan) 교수가 공동으로 개발하여 1992년에 최초로 제시하였다.

BSC란 성과 측정에 있어서 전통적인 회계나 재무시각만으로 기업경영을 보면 장기적인 전략과 일치하지 못하기 때문에, 비재무적인 상태나 무형자산

그림 8-4 ◎ BSC적용 framework

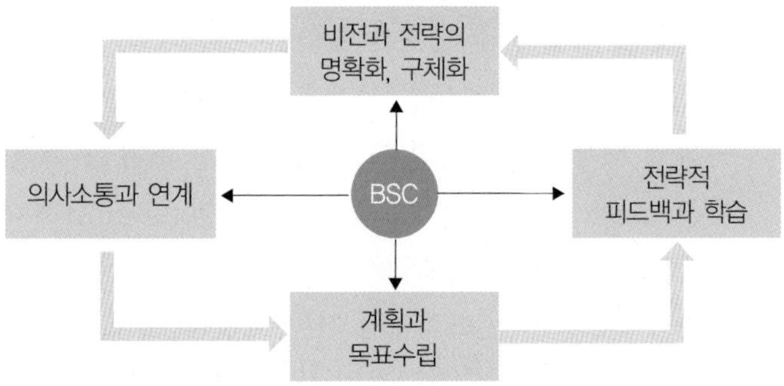

자료 : Norton and Kaplan, The balanced score card.

등에 대해서도 균형 있게 비즈니스 전략을 세우고, 균형적인 평가 모델을 만들어 비즈니스에 활용해야 한다는 종합적인 평가 시스템을 말한다(그림 8-4 참조).

BSC는 또한 기업의 미래 성장을 위해 필요한 능력을 구축하며 무형 자산을 획득하는 단계를 확인하는 동시에 모든 재무적인 결과에 대한 원인을 추적할 수 있게 한다. 1995년 이후 많은 기업들은 새로운 전략 경영 시스템의 기본으로 BSC에 관심을 두기 시작하였는데, 이는 기존의 성과 측정이 기업의 단기 재무목표에만 치우쳐 장기적인 목표와 연결시키지 못하고 전략개발과 수행 사이에 거리가 생기는 단점이 있기 때문이다.

BSC는 과거 성과에 대한 재무적인 측정을 통해서 미래 성과를 창출하는 지표이다. 재무 · 고객 · 내부 프로세스 · 학습과 성장 등 4분야로 구분하여 각 관점간의 균형잡힌 시각에서 기업경영을 바라보아야 한다는 관리시스템으로 기업별 특성에 맞는 지표를 선정하고 각 지표별 가중치를 적용하여 값을 산출한다.

따라서, BSC는 현재의 기업상황을 평가하는 것 뿐만 아니라 미래에 대한 경고등 역할을 하며 사업전략을 세울 때 중요한 정보로서 역할을 수행한다.

5.2 BSC의 필요성

재무분야에서는 BSC 지표의 구축과정을 통해 회사 전략을 자신의 재무목표로 연결할 수 있어야 한다. 회사의 재무목표는 사업단위에 투자된 자본에서 더 높은 수익을 얻기 위한 것이다. 균형잡힌 성과측정기록표는 재무 목표를 명백하게 밝히고 성장과 유지, 수확단계의 사업 단위들이 그 위치에 맞는 재무목표를 설정할 수 있도록 도와준다.

또한 대상이 세분화된 시장에서 고객목표를 파악해야 한다. 세분시장을 파악하고 대상이 설정되면 그 시장에 대한 목표와 측정지표를 결정할 수 있다. 관리자들은 내부 프로세스를 구체화해야 한다. 현재와 미래의 고객욕구를 파악하고 욕구에 대한 새로운 해결책을 발견하는 혁신 프로세스에서 출발해야 한다. 따라서 기존 고객에게 기존 제품과 서비스를 전달하는 운영프로세스에서 고객의 가치를 증가시키는 사후서비스로 이어져야 한다.

재무 · 고객 · 내부 프로세스에서 목표를 충족하는 힘은 조직의 학습과 성장 역량에 달려있다. 학습과 성장을 가능하게 하는 세 가지 원천은 직원과 시스템, 조직이다. 균형성과기록표는 전통적인 단기투자영역이 아니라, 새로운 설비와 신제품 연구개발과 같은 미래에 대한 투자의 중요성을 강조한다. 그러므로 균형잡힌 성과측정기록표는 전략에서 도출된 측정지표들을 통합하는 새로운 관리 시스템이다. 네 가지 다른 분야의 목표를 측정지표로 전환하여 기업의 사명과 전략을 하나의 틀과 언어로 제공한다.

(1) BSC구축의 활용

BSC는 조직의 사명과 전략을 측정하고 관리할 수 있도록 포괄적인 측정지표들의 집합으로 바꾸어주는 툴(tool)이다. BSC는 투하자본 수익률과 같은 과거의 재무측정지표들을 포함하면서 과거 성과에 대한 재무적인 측정지표를 추가해서 미래성과를 창출하는 측정지표를 제공하고 있다.

BSC는 네 가지 시각에 따라 조직전략과 비전을 가시화하고, 목표를 달성할 수 있게끔 해준다. 또한 회사 구성원들이 어떻게 현재와 미래고객들을 위

그림 8-5 BSC구축의 활용

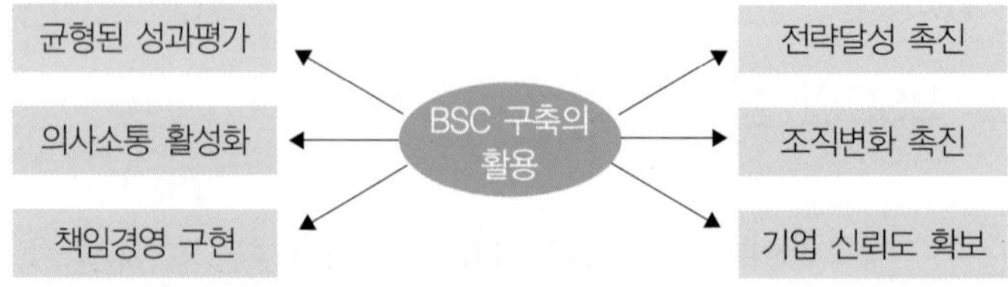

해 가치를 창조할 것인지, 미래 성과를 향상시키는 데 필요한 사람과 시스템, 절차에 대한 투자와 내부역량을 어떤 방법으로 조합해야 하는지를 측정하게 해준다. 결국 재무적 시각으로 단기적인 성과에 관심을 기울이는 한편, 또 다른 측면에서는 장기적으로 뛰어난 재무적 · 경쟁적 성과를 위한 가치동인(value driver)을 명확하게 규명해주는 것이다(그림 8-5 참조).

(2) 장기적 경쟁역량 흡수하기

재무회계 모형은 물리적 자산이나 유형자산 관리에 탁월한 기능으로 수백년간 회사전반의 관리시스템으로 중추적인 역할을 해왔다. 그러나 정보시대에서는 무형자산과 비물리적인 요소의 관리가 더 중요해지고 있다. 전통적 재무회계 모형이 장기적인 경쟁역량을 흡수하는 형태로 재구축돼야 한다는 요구가 팽배해지면서 부각된 것이 바로 BSC다.

(3) BSC의 네 가지 관점

BSC에서 가장 핵심요소 중 하나인 관점(perspective)은 기업의 가치창출 근원에 대한 시각을 제시한다. BSC에서 설정한 관점(시각)을 통해 그 기업이 추구하는 가치의 원천이 무엇인지 파악할 수 있다. 관점(perspective)은 '조직가치 창출의 원천' 혹은 전략적 성과지표들의 묶음(categories)으로 정의될 수 있는바, 노톤과 캐플란의 기본모형에서는 재무적 관점(financial perspective), 고객관점(customer perspective), 내부비즈니스 프로세스 관점(internal business process perspective), 학습과 성장(learning and growth perspective)의 네 가지 관점들을 도와주고 있다(다음 표 8-1 참조).

1) 재무적 관점(financial perspective)

사업단위들은 BSC구축과정을 통해 회사 전략을 자신의 재무적 목표로 연결시킬 수 있도록 해야 한다. 재무적 목표들은 성과측정기록표에 있는 다른 시각에서 도출된 목표들과 측정지표의 핵심으로 작용한다.

기존 측정지표의 한계로, 불행하게도 많은 조직들이 고객관계와 핵심역량, 그리고 내부 프로세스에 관한 전략을 신봉하면서도 오로지 재무적인 측정지표만을 갖고 성과를 측정하려는 오류에 빠진다.

성과측정기록표는 장기적으로 지속되는 재무적 목표에서 출발, 장기적으로 지속될 경제적인 성과를 전달하기 위해 재무적 프로세스와 고객, 내부 프로세스 그리고 궁극적으로 직원 및 시스템을 함께 연결함으로써 전략의 줄거리를 말해줄 수 있어야 한다. 단 하나의 목표가 모든 사업단위에 적용되는 것은 바람직하지 않다. 그러므로 사업단위의 중역진은 BSC의 재무적 시각을 개발할 때 전략에 부합되는 재무적 측정기준을 결정해야 한다. 다시 말해 재무적 목표와 측정지표는 전략으로부터 기대되는 재무적 성과를 규정하고, 성과측정기록표의 네 가지 시각의 목표와 측정지표에 근거해서 이를 모두 목표와 연결할 수 있어야 한다.

기업의 재무적 목표는 사업의 라이프사이클(Lifecycle)단계에 맞춰, 전략적인 목표와도 부합되게 설정해야 한다. 즉 성장단계, 유지단계, 수확단계에 대응하는 재무적인 목표를 세워 성과를 측정해야 한다.

2) 고객관점(customer perspective)

BSC의 고객 관점에서는 기업이 경쟁하기로 선택한 고객과 세분시장을 파악한다.

세분시장은 기업의 재무적 목표에서 수입 원천을 나타내며, 고객 관점은 만족도, 충성도, 확보율, 유지율, 수익성 등 핵심적 고객성과 측정지표를 대상으로 삼은 고객과 세분시장에 맞게 정렬할 수 있도록 해준다.

또 대상으로 삼은 고객과 세분시장에 전달할 가치명제를 명확하게 파악하고 측정할 수 있도록 해준다. 사업단위 관리자는 고객을 만족시키고 기쁘게 하는 것 외에도 BSC의 고객관점에서 사명선언문과 전략선언문을 구체적인 시장 및 고객중심의 목표로 전환시켜야 한다.

3) 내부 비즈니스 프로세스 관점(internal business process perspective)

관리자들은 고객과 주주의 목표를 달성하는 데 어떤 프로세스가 가장 핵심인가를 밝혀내야 한다. 또한 관리자들은 내부 프로세스 가치사슬을 구체화해야 한다. 가치사슬은 현재와 미래의 고객 욕구를 파악하고 그 욕구에 대한 새로운 해결책을 발견하는 혁신 프로세스에서 출발해야 한다. 따라서 고객사슬은 기존 고객에게 기존 제품과 서비스를 전달하는 운영 프로세스로, 나아가 기업이 제공하는 제품 및 서비스로부터 고객의 가치를 증가시키는 사후서비스로 이어진다. 내부 비즈니스 프로세스 관점에서, 관리자는 주주와 타깃고객 세분시장의 목표를 달성하기 위해 탁월한 주요 프로세스를 파악한다. 전통적인 성과측정목표시스템은 단지 기존 비즈니스 프로세스의 원가, 품질, 시간 측정지표를 통제하거나 향상시키는 데 초점을 맞추는 반면, BSC 접근방법은 내부 프로세스 성과에 대한 요구가 개별적인 외부 고객의 기대로부터 도출될 수 있도록 유도한다.

4) 학습과 성장관점(learning & growth perspective)

궁극적으로 재무, 고객, 내부 비즈니스 프로세스에서 야심적인 목표를 충족시키는 힘은 조직의 학습과 성장 역량이다. 기업들의 평균 시장가치 중 75퍼센트 이상이 전통적인 재무지표가 측정하지 못하는 무형자산으로부터 발생한다. BSC는 무형자산을 정량화 할 수 있도록 하는 성과측정시스템이다. 그리고 학습과 성장을 가능하게 하는 세 가지 원천은 직원과 시스템, 조직이다. 일반적으로 전략이 효과적으로 달성되기 위해서는 조직 역량을 구축하도록 도와주는 사람과 시스템 그리고 프로세스에 대해 상당한 투자가 필요한바, 위 네 가지 관점에서 보여주는 각종 지표들은 〈표 8-1〉과 같다.

BSC는 다음과 같은 장점을 가지고 있다.

① 기업의 단기적인 회계 연도 예산이 기업의 장기목표와 일치할 수 있도록 해 준다.

② 기업의 비전과 가치에 연계하여 재무, 고객만족, 종업원 만족, 내부 프로세스, 학습과 성장 등에 대한 상호 연결관계를 찾을 수 있다.

표 8-1 ◐ BSC의 주요지표

재무적 관점 [F]	기업의 이해관계자들에게 재무적 지표를 통해 조직의 성과를 보여주기 위한 것. – 대차대조표상 지표, 성장성, 활동성, 안정성 등의 경영분석 지표 – 수익, 비용, 이익지표, 기타 재무비율 상으로 귀결되는 개념으로 추가된 지표
고객 관점 [C]	기업가치의 가장 근원이 되는 고객의 시각에서 전략을 수립하고 고객의 가치에 직접적으로 기여하거나 가치창출을 위해 관리 · 통제하는 행위 – 가격, 품질, 시간, 기능, 관계, 브랜드 등
내부비즈니스 프로세스 관점 [I/P]	고객만족 및 기업성과를 극대화 하기 위하여 내부적으로 수행하는 업무활동을 평가하기 위한 관점 – 운영관리, 고객관리, 혁신관리, 규제 및 사회적 책임관리
학습과 성장 관점 [L/G]	미래의 지속적인 성장을 위한 끊임없는 변화창출을 주도할 수 있는 활동 및 인프라(시스템)을 평가할 수 있는 관점 – 인적자산(기술 · 재능 · 지식), 정보자산(D/B, 정보시스템, 네트워크, 기술인프라), 조직자산(문화, 리더십, 팀워크, 지식관리)

③ 기업의 전략이 회사 전체에 전파되어 기업의 전략이 제대로 실행되고 있는지를 확인할 수 있으며, 실행되지 않았을 경우 근본 원인을 찾아 이를 수정할 수 있다.
④ 무형의 자산을 측정하여 이를 의사결정에 활용할 수 있다.
⑤ 종업원과 팀, 사업단위별로 목표 설정과 이에 대한 성과 측정을 통하여 보상 시스템에 적용할 수 있다.
⑥ 조직내 학습 분위기를 만들어 종업원들의 업무능력을 개선시킬 수 있다.
⑦ 조직내 지식이 정체되어 있지 않고 상호 공유하는 분위기를 만들어 낼 수 있다.

(4) 목표를 달성하는 과정

BSC를 요약하자면, 전략으로부터 도출된 측정지표들을 통합하는 새로운 관리시스템을 뜻한다. BSC는 과거 성과의 재무적인 측정지표들을 유지하는

그림 8-6 ◎ BSC의 목표달성 과정

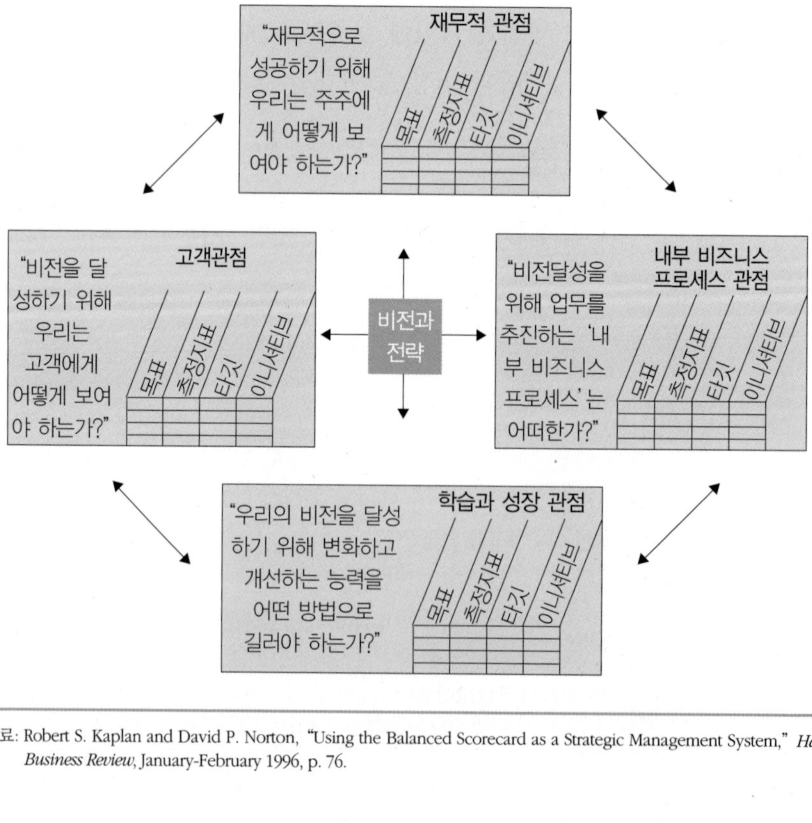

자료: Robert S. Kaplan and David P. Norton, "Using the Balanced Scorecard as a Strategic Management System," *Harvard Business Review*, January-February 1996, p. 76.

한편, 미래 재무성과의 요인들을 전략적 목표달성을 위해 가시화하면서 관리할 수 있도록 여러 가지 측정지표들로 도와준다.

이런 목표달성 과정은 초기요인과 기업을 둘러싼 고객, 내부 비즈니스 프로세스 그리고 학습과 성장 관점들을 가시적인 목표들과 측정지표들로 명백하게 전환시킴으로써 가능해진다(그림 8-6 참조).

5.3 BSC의 응용

(1) CRM과의 연계

CRM(Customer Relationship Management)이란 기업과 고객과의 상호작용을 효과적으로 관리하기 위해 조직, 프로세스, 정보기술을 전략적으로 변화시키는 과정이며, 다양한 고객접점에서의 정보를 통하여 고객에 대한 지식을 습득하고 전략적으로 활용함으로써 기업의 수익성과 운영상의 효율성을 제고하는 것이라 정의할 수 있다. 즉 CRM을 통하여 고객을 세분화하고, 이들에게 가장 적절한 채널과 상품 및 서비스를 제공함으로써, 장기적인 관계를 형성하여 안정적 수익기반을 마련할 수 있는 기본적 목적을 가지고 있다.

CRM은 고객의 평생에 걸쳐 여러 단계별로 고객에 맞는 관계를 구축하고 유지하거나 강화함으로써 고객으로부터의 최대 수익을 실현하려는 기본적 목적을 가지고 있다. CRM의 특성은 다음과 같이 요약된다.

첫째, 고객중심적이어야 한다. 고객에게 필요한 제품, 서비스는 물론 차별화된 보상 등 적절한 혜택을 제공하여 고객과 관계관리에 중심을 두는 고객지향적인 경영방식이다.

둘째, 장기적 이윤을 추구한다. 고객의 평생에 걸쳐 여러 단계에 걸쳐 관계를 구축하고 유지하거나 강화시켜 장기이윤을 목표로 한다. CRM은 한번에 큰 수익을 올리기보다는 고객과 평생을 같이하면서 필요로 할 때마다 수익을 창출하는 장기적 경영이다.

셋째, 고객과 기업의 만족을 한꺼번에 추구한다. 개인 고객들의 평생에 걸쳐 관계를 발전시켜 나가면서 거래를 증대시키려 한다. 고객의 욕구를 만족시킬수 있는 제품과 서비스를 제공하여 고객의 만족을 바탕으로 기업의 이윤을 추구하므로 고객과 기업이 상호 만족할 수 있는 상호이익적 신뢰경영이다.

넷째, 정보기술을 활용하는 첨단 과학경영을 추구한다. 정보기술을 적극적으로 활용하여 고객에 대한 정보를 수집 및 축적하고 고객을 계량화하며 고객의 선호나 취향을 첨단기법의 개별 고객수익성 분석을 통해 가시적인 경영성과를 목표로 한다. 따라서 마케팅에도 대중을 목표고객으로 하는 매스마케팅보다 개별고객을 목표고객으로 하는 원투원 마케팅을 추구하며 여러 마케팅 기법들을 통합한 통합마케팅을 지향한다.

BSC는 CRM을 추진하는 조직에게 좀더 균형된 시각에서 고객을 바라 볼 수 있는 시각을 제시한다. 마케팅, 판매, 고객서비스에 대해 기업이 어떻게 고객 관련 성과를 향상하고, 고객들의 만족도가 기업의 재무적 가치와 연계되는지를 설명하기 위해 BSC는 효과적인 CRM성공, CRM성과를 BSC의 핵심성과지표를 통해 계량화하고 구체적인 목표를 수립하게 되면, 기업이 추구하고자 하는 CRM이 좀더 명확하게 구체화되고, 조직 구성원들에게 고객관리 방법을 가장 현실적이면서도 효과적으로 설명하는 도구가 된다.

(2) 지식경영과의 연계

지식경영(Knowledge Management)은 조직의 지식을 정의하고, 구성원들간에 공유함으로써 기업의 핵심역량을 발굴하고, 이를 경쟁우위(competitive advantage)의 기반으로 삼자는 기본개념에서 시작되었다.

조직의 핵심성과 관리지표는 조직 지식으로 관리되어야 하는바, BSC를 수행하는 많은 기업이 당면하고 있는 공통적인 문제 중의 하나는 지표를 관리하기 위한 기본 데이터와 조직적 역량이 부족하다는 것이다. 따라서 지식경영과 BSC를 연계시키는 조직적 노력은 성과지표들을 어떻게 관리하고 측정해 나갈 것인가에 대한 구체적인 방안을 마련하는 것으로부터 시작되어야 할 것이다.

G·l·o·b·a·l·M·a·n·a·g·e·m·e·n·t

BSC적용사례

KT

정부 경영 아래 지배적 위치를 차지해 오던 중 1998년 이후 급격한 변화를 맞게 되었다. 경쟁자의 진입 가속, 경제 악화, 신규 사업 등으로 위기에 직면하게 되어 환경변화에 대응 못하고 순이익이 1/8로 감소하게 되어 21세기 새로운 비전으로 "Cyber World Leader"를 선포하고, 기존의 성과관리 체계로는 새로운 비전과 전략의 실행을 유도하는 데 한계가 있다고 판단, 이를 해결하기 위한 방안으로 BSC를 추진하게 되었다.

당시의 경영분석 기능을 가지고 6만 명의 조직원에게 비전과 전략을 알리는 것은 복잡한 조직 체계와 폐쇄적인 커뮤니케이션 장벽 등으로 불가능한 일이었다. 따라서 BSC를 통해 전략 실행여부를 입체적으로 계량화하여 측정하고, 지표의 의미와 달성 현황을 커뮤니케이션하고, 동시에 지표결과를 보상 체계와 연계하려고 시도하였다.

따라서, 제도적 측면, 정보시스템 측면, 변화관리 측면 3가지 방향의 프로젝트를 3단계로 추진하게 되었다.

1. 평가 요구 사항 검토, 실용 가능성 검토, 벤치마킹, TFT 구성
2. 전략검토, 전사 BSC개발, 사업부서 BSC 개발
3. 요구사항 검토, 시스템 통합, 데이터베이스 개발

프로젝트 추진과정에서 전략의 성공적인 실행을 위해 구성원들에게 철저히 교육하고, 전체 사업단위의 전략과 평가지표를 연계하였다.

1998년 신규 서비스인 초고속 인터넷 서비스 ADSL 사업의 추진이후 KT는 BSC 도입을 통해 많은 효과를 얻었다고 평가하고 있다.

우선 도입 3년이 안된 2002년 말까지 당기순이익(3억2천만 달러→15억 8천만 달러)과 EVA(−3억8천만 달러→1억3천만 달러) 등이 상당히 개선되었으며, 유선전화 사업에서 인터넷, 데이터 및 솔루션 시장으로의 사업구조 전환에 성공했다. 정성적 측면에서 전체 조직 내 부서 커뮤니케이션이 활성화 되는 효과도 나타났다. 과거에는 현장의 소리가 숨겨지고 위로 전달되지 못한 경우가 많았지만, BSC 도입 이후 전략이 특정부서의 전유물이 아니라 조직 내에서 공유됨으로써 이에 대한 다양한 논의가 일어나게 되었다. 다양한 커뮤니케이션 채널을 통해 공통의 언어인 KPI(Key Process Indicator)를 중심으로 전략 및 실행상의 문제 및 이슈에 대한 논의가 활성화되었고, 개선에 대한 니즈 및 해결책이 바로 나타날 수 있게 된 것이다.

포스코

1998~2005년 기간에 걸쳐 PI(Process Innovation)를 완료하고, 고객 중심 경영을 통해 주주 가치를 극대화하는 가치 경영을 실현하며, 프로세스 중심조직 설계, 글로벌 스탠다드에 맞는 전사통합경영정보 시스템 운용, 회사 내부 및 외부를 관통하는 고객 중심 업무 프로세스를 정립하였다.

세계 최고의 경쟁력을 보유한 초일류 기업으로 거듭나기 위하여 반드시 개선해야 할 36대 중점 혁신 과제를 선정하였다.

BSC는 36대 중점 혁신 과제 중 21번째 과제인 BSC 기법에 의한 성과관리 체제를 구축하여 BSC를 도입한 후 변화를 보면 다음과 같다.

첫째, 전략의 구체화: 기존에 애매한 용어(예: 노력한다)로 표현되었던 전략이 KPI(Key Process Indicator: 성과지표핵심)를 통해 실행 가능하게끔 구체화되었다. 또한 구체적인 KPI와 목표값이 제시됨에 따라 회사가 가고자 하는 방향을 명확히 할 수 있게 되었다.

둘째, 전략의 실행력 제고: 전략, BSC, 예산의 연계가 강화됨에 따라 전략을 수립하고 관리할 수 있는 KPI가 선정되고 KPI 목표값을 달성하기 위한 실천계획에 예산이 배분됨에 따라 전략 실행력이 높아졌다. 실제로 BSC를 도입한 이후 경영성과는 지속적으로 좋아져 2004년 창

사 이래 최대의 성과(매출 증가율 80%, 순이익 증가율 375%)를 달성했다.

셋째, 전략에 대한 공감대 형성: 전략체계도와 KPI 선정과정에 대한 직접참여 확대 및 조직의 전략과 KPI를 담은 BSC 총괄표를 배포함으로써 많은 사람들이 회사와 본인이 속한 조직의 전략에 대해 충분히 이해한 후 업무를 수행함으로써 더 높은 성과를 거두게 되었다.

포스코 사례에서의 시사점은 다음과 같다.

첫째, 단계적인 대상 조직 확대: 포스코는 3년에 걸쳐 BSC를 전사·부문·부실 단위로 확장함으로써 BSC의 자연스런 정착을 유도하였다.

둘째, 일정 기간 후 보상과의 연계: 많은 기업들이 BSC 도입 즉시 평가 및 보상의 도구로 사용하는 데 비해 포스코는 4년 동안 유예기간을 거쳐 평가 및 보상에 적용함으로써 성공적으로 BSC를 정착시켰다.

셋째, 타 경영혁신 기법과의 연계: 포스코는 BSC를 통해 PI의 성과를 관리하도록 PI 지표를 BSC에 포함하고, 6시그마와 BSC를 연계하여 관리하도록 PI 지표를 BSC에 포함하고, 6시그마와 BSC를 연계하여 추진하는 등 여러 경영혁신 기법들이 BSC를 통해 전사적 시너지를 창출하도록 관리하였다.

넷째, 변화관리의 중요성: 기업의 BSC를 정착시키지 못하는 가장 큰 이유는 변화관리의 문제라고 할 수 있다. 이와 관련 최고경영자의 강력한 관심과 후원, 임직원에 대한 지속적인 교육, 사내 다양한 매체를 통한 홍보 등의 변화관리 활동이 포스코 BSC의 가장 큰 성공 원인임을 시사한다.

자료 : BSC 연구회, 한국형 BSC 성공사례 11.

Global
Management

제3부

기능관리론

제 9 장

Global Management

생산운영관리

01 | 생산관리의 개념

1.1 생산관리의 개념

생산관리(production management)란 기업의 목표를 효과적으로 달성하기 위하여 기업의 유형 · 무형의 자원을 이용하여 제품이나 서비스를 가공하는 생산시스템을 계획 · 운영 · 통제하는 일련의 관리활동이며, 효율성의 극대화를 위한 경영활동을 말한다. 특히 현대사회의 서비스산업 비중이 높아짐에 따라 교육, 은행, 보험, 회계서비스, 의료, 운송 등 서비스산업의 생산관리에 관심이 증대되고 있으며. 서비스업의 생산 활동을 관리하는 용어로는 운영관리(operation management)라는 용어가 이용되고 있으며, 기업의 생산기능을 관리하는 활동을 생산관리 또는 운영관리, 혹은 생산/운영관리(production/operation management)라는 용어로 혼용하여 이용하고 있다.

스트로브와 아트너(Straub & Attner)는 고객이 요구하는 양질의 제품이나 서비스를 적기에 적량을 적가로 생산 공급하는 생산목표를 달성하기 위하여 생산시스템을 설계하고 이것을 관리하는 기업 활동으로서 투입된 원재료가 최종제품으로 가공 제조되기까지의 과정에서 생산 활동이 합리적으로 수행되도록 계획을 세우고 조직화하고 통제하는 것이라고 정의하였다.

1.2 생산관리의 발전 및 형태

생산관리는 기업의 발전과 그 궤적을 같이하면서 발전해 왔다. 이를 주요 시기별로 구분하여 본다면 그 기원을 과학적 관리법으로 알려진 테일러(F. Taylor)시대로 거슬러 갈 수 있으며. 다음으로 대량생산방식의 기원이 된 미

그림 9-1 ◎ 테일러의 과학적 관리와 포드시스템

Frederick W. Taylor

- 1875 Harvard대 합격-시력저하로 포기
- 1878 필라델피아 Midvale Steel 입사
- 1881 Midvale 공장 시간연구발표
- 1890~93 Bethlehem Steel 근무
- 1911 The Principle of Scientific Management 발표
- 1912 하원 청문회: 과학적 관리론에 관한 증언
- 완고하고 노조를 인정하지 않음

Taylor의 실험적 연구
- 선철(銑鐵) 운반작업
- 삽작업: 표준삽의 사이즈와 디자인
- 자전차용 볼 검사, 금속절삭작업
- 효율 4배 증가, 개별임금 60% 증가, 종합노무비 50% 감소

Taylor system과 노동조합
- Watertown 병기창 사건의 발생
- 의회 특별위원회에서 증언
- 정신적 혁명: 노사쌍방 분쟁이 불필요

Herny Ford

Ford system

1. 생산의 표준화: 작업 및 제품의 단순화, 부분품의 규격화, 기계공구의 전문화 (3S)
   - 작업의 단순화:

1일 이내 습득 작업	43%	
1~7일 이내 습득 작업	36%	
1~2주 이내 습득작업	6%	......85%
1개월~1년 습득작업	14%	
1년~6년 습득작업	1%	......15%

   - T형 작업 공정 7,882개를 구분(세분화)
     - 숙련 남성 필요공정 949개; 보통 남성 필요공정 3,338개
     - 허약한 남성, 여성 필요공정 3,595개
2. Conveyor system(Assembly Line) 채용
   - 1913 디트로이트 하이랜드 파크 공장 $3,500 투입
3. 고정급 원칙: 9시간 작업에 일급 평균 $2.5가 높은 수준
   → 8시간 작업에 최저임금 $5 - 산업계에 폭탄선언

자료: 임재식 · 최원용 · 최근영, 생산운영관리, 형설출판사, 2012.

국 포드자동차회사의 포드시스템(Ford system)을 거쳐 현재에 이르고 있다(그림 9-1 참조).

현재 시스템은 포드시스템 이후 생산관리 연구가 생산의 능률에만 치우쳐 인간의 기계화를 야기한 점을 비판함과 더불어 생산담당자에 대한 관심이 증대되고 있고, 또 한편으로는 보다 정확하고 효과적인 문제의 분석과 해결을 위해 수학이나 통계학 그리고 컴퓨터 등의 계량적 방식을 활용하여 생산관리 발전의 기틀을 마련하는 한편, 컴퓨터 등의 기술적인 도움에 힘입어 보다 정

확하고 효과적으로 문제를 분석하고 해결하는 방향으로 나아가고 있다

한편, 예전에는 생산관리의 초점이 단지 제품의 생산에만 맞추어져 있었으나 서비스업의 비중이 점차 제고되면서 서비스에 대하여도 관심을 많이 갖게 되었다. 하지만 제품의 생산과 서비스의 생산 간에 차이가 현격하게 나는 것은 아니다. 최근에는 제조업체들이 고유의 제품 생산 외의 부가서비스를 제공하기 시작하면서, 제품 생산으로 인한 이익이 점차 줄어들고 있는 반면에 부가서비스에서의 이익은 점차 증가하고 있다.

1.3 생산시스템의 요소

기업의 생산활동은 다음과 같은 네 개의 요소들로 구성된 생산시스템에 의하여 수행된다.

① **투입물(input)**: 생산활동에 필요한 인력, 자재, 장비, 자금 등의 유형자원과 정보, 경영능력 등의 무형자원으로 크게 분류된다.

② **가공과정(transformation)**: 가공과정은 생산활동의 핵심으로 원자재 등을 이용하여 생산활동에 투입된 투입물을 고객이 원하는 제품이나 서비스로 가공하는 과정이다.

③ **산출물(output)**: 산출물은 투입된 자원이 가공되어 유형의 형상이 있는 가전제품, 자동차 같은 물리적 제품(tangible goods)과 무형의 서비스(intangible goods)제품인 교육, 은행, 보험, 회계서비스, 의료, 운송 등과 같은 형태로 나누어진다.

④ **피드백(feedback)**: 설정된 목표와 기준에 따른 적절한 생산과 필요한 자원의 적절한 투입 및 고객중심의 형태로 생산되었는지 등을 통제하고 조정하는 통제과정을 피드백(feedback)이라 한다. 기업들은 이 과정을 통해 보다 효과적 · 효율적으로 생산활동을 수행하게 된다(그림 9-2 참조).

이와 같은 생산시스템의 요소와 생산활동에 유기적으로 활동할 협력시스템으로 업무 연관 부서와 깊은 관련이 있다.

인사부서는 생산부서로부터 제공받은 생산활동에 필요한 인적자원의 종류와 양에 관한 정보에 따라 필요한 인적자원을 채용하여 교육, 훈련, 배치, 조달 등의 업무를 수행하게 된다

그림 9-2 ◎ 생산시스템 요소

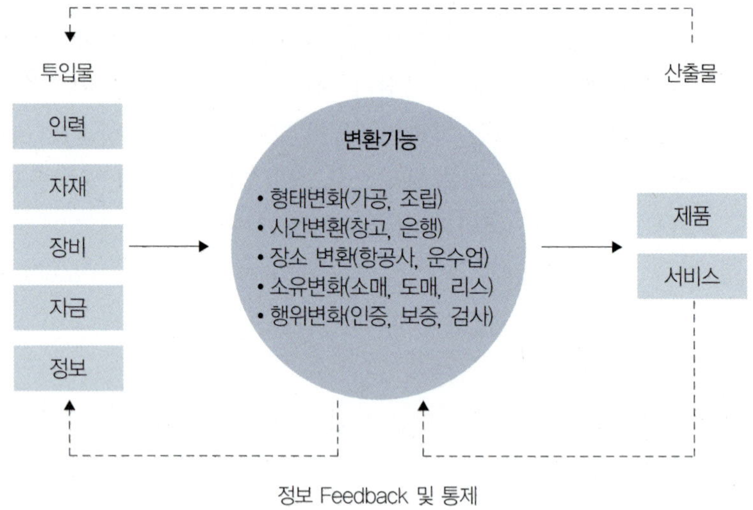

재무 · 회계 부서는 신제품 개발이나 시설확장 등에 필요한 투자정보에 따라 적절한 투자 및 자금조달계획, 예산수립 및 집행 등의 업무를 수행한다.

구매부서는 생산계획 정보를 이용하여 필요한 원자재와 부품을 공급자로부터 좋은 품질의 재료를 낮은 가격에 구매하여 원활한 생산활동을 수행하게 만들어 준다.

기술개발부서는 개발정보를 생산부서에 제공함으로써 생산부서가 생산능

그림 9-3 ◎ 유기적 협력 시스템

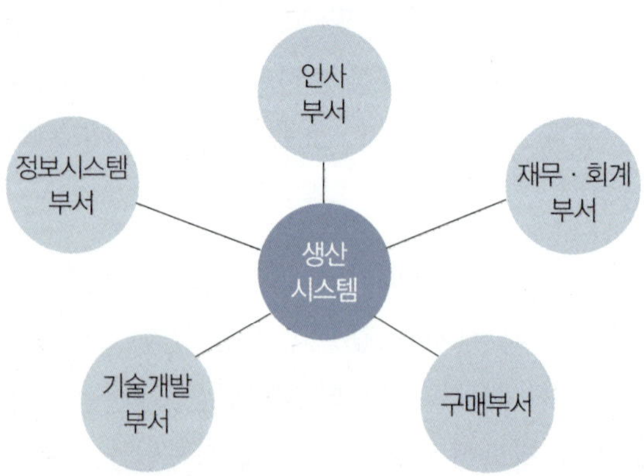

력에 대한 장기적 계획을 수립 가능하게 한다.

정보시스템부서는 경영활동에 필요한 정보시스템을 개발하고, 생산부서에서는 생산 활동 정보를 입력하여 유기적으로 관련 부서가 이용하여 효율성을 높이게 해준다(그림 9-3 참조).

1.4 생산관리의 목표

기업들의 경쟁력(competitiveness)은 글로벌 경영환경의 변화와 무한경쟁 속에 생존의 기본조건이다. 기업의 경쟁력은 제품과 서비스의 가격, 품질, 디자인, 서비스, 특성 등 다양한 측면에서 경쟁자들에 비하여 상대적 우위를 통한 더 높은 가치를 소비자들에게 제공할 때 경쟁력이 있다고 볼 수 있다.

간혹 경쟁력과 혼용하여 사용되고 있는 생산성(productivity)은 자본, 원자재, 간접비 등의 투입량과 산출량의 비율로서 측정되며, 생산성은 기업경쟁력을 나타내는 지표 중 하나이다. 이러한 생산성은 경쟁력 지표 중 하나지만 기업의 경쟁력 확보에 가장 중요한 역할을 한다. 따라서 생산관리의 가장 큰 목표는 생산시스템의 생산성 향상과 기업경쟁력을 향상시키는 일이다.

02 | 생산관리의 기능

생산관리의 가장 큰 목표인 생산시스템의 생산성 향상과 기업경쟁력을 향상시키는 생산관리 활동 기능을 생산시스템의 설계, 생산시스템의 관리, 생산시스템의 개선의 세 가지 단계로 나누어 구분하였다.

2.1 생산시스템의 설계

(1) 생산제품의 종류와 제품설계

생산시스템 설계 시 어떤 제품 또는 어떤 서비스를 생산할 것인가를 결정하는 일이 가장 중요하다(TIP 7 참조). 이는 기업의 미래가 결정될 중대한 의사결정이다. 신제품이나 서비스에 대한 아이디어는 시장조사를 통한 소비자 요구의 파악과, 내부 구성원의 의견과 창의적 사고, 기업의 기술개발 및 생산능력 등이 고려되어 아이디어가 발굴 및 수집되며, 아이디어 수집 후 기업의 목표와 기술적 · 경제적 · 마케팅 측면의 타당성 분석을 통하여 제품의 종류를 결정해야 한다.

제품이나 서비스의 종류를 결정한 다음 제품의 특성과 사양(specification)을 결정한다. 이때 제품의 단순성(simplification)과 표준화(standardization)를 기본으로 하여야 한다.

제품특성의 단순화는 제조원가의 절감과 품질을 향상시킬 수 있고, 소비자의 이용 및 유지 관리가 편하고 쉽기 때문에 만족도를 높일 수 있으며, 표준화는 유사 부품들을 표준화하여 동일부품의 생산량 증대와 자동화를 통한 제품 품질의 향상과 단위당 원가절감 및 적정 재고관리가 용이하다.

제품설계(product design)란 시장에 내보낼 제품(product)이나 서비스를 공정에서 제조하기 위해 제품의 크기, 모양, 색깔, 기능 등과 같은 제품 특성과 서비스 시스템을 결정하는 것을 말한다. 따라서 제품설계에서는 제품의 기능에 대한 설계뿐만 아니라 서비스에 대한 설계까지도 하게 된다. 하지만 아무리 제품을 훌륭하게 설계했다 하더라도 고객이 그 제품을 선호하여 찾지 않는다면 그것은 실패한 제품설계가 될 것이다. 따라서 다양하게 견본이나 시제품(prototype)을 제작하여 가장 적절한 사양을 선택하면 좋지만 시간과 비용의 절감을 위해 컴퓨터를 이용한 설계시스템(computer-aided design)을 이용하여 다양한 디자인을 빠른 시간에 만들어 3D로 입체적 형상과 기능을 시각적으로 확인할 수 있어 설계생산성을 향상시킬 수 있다.

(2) 생산 공정

제품이나 서비스의 종류를 결정하고 특성과 사양을 결정한 후 생산공정을 결정하는 일이다. 제품품질과 고객서비스는 기본적 경쟁수단이다. 따라서 기업들은 품질과 고객서비스의 향상, 생산 유연성과 생산원가 절감의 생산공정을 설계하지 않으면 안된다. 제품을 생산하는 공정은 크게 세 종류로 나누어 질 수 있다.

첫 번째는 제품중심 생산공정(product-focused)이다. 제품중심 생산공정은 전자제품처럼 조립라인을 통하여 생산되는 반복생산(repetitive production line)과 석유제품처럼 연속적으로 생산되는 연속생산(continuous production line) 등으로 나누어질 수 있다.

두 번째는 공정 중심의 생산공정(process-focused)이다. 생산 제품이 반복적 · 연속적이 아니고, 필요한 공정만 선택되는 형태로 병원, 차량 정비공장, 기계제작소 등에서 주로 활용된다.

세 번째는 셀룰러 생산(cellular manufacturing) 형태이다. 이 방법은 다른 기능들의 기계나 설비들을 하나의 집단(cell)으로 구성하여 제품설계 제조시 유사제품들을 하나의 집단으로 하여 생산 효율을 향상시키는 생산 방법으로 유사한 제품들을 생산하는 다품종 소량생산 환경의 기업에서 주로 수요의 다양화를 위해 이용되고 있다.

(3) 수요예측

수요예측(demand forecasting)은 기업의 산출물인 재화나 서비스에 대한 미래의 시장수요를 추정하는 과정으로 생산시스템을 결정할 때 제품이나 서비스에 대한 미래의 수요를 정확하게 예측하는 일은 경영계획의 중요한 부분이다.

수요를 과대하게 예측하면 과잉 생산으로 많은 재고를 갖게 되고, 적게 예측하면 생산량 부족으로 잠재적인 고객을 잃게 되어 수요를 잘못 예측하면 기업은 많은 손실을 보게 된다. 따라서 미래에 대한 불확실성을 줄일 수 있는 여러 종류의 과학적 예측기법들을 이용하여 미래의 수요를 예측하는 전략적 의사결정이 중요하다.

수요예측기법에는 정성적 방법과 계량적인 방법으로 분류할 수 있으며, 기간에 따라 장기적 · 중기적 · 단기적 수요예측 등으로 나눌 수 있다

정성적 방법(qualitative methods)은 전문가의 주관적인 판단과 의견이나 추정을 통하여 예측하는 기법으로 판매원조사 및 고객 조사를 통한 시장조사법, 전문가들이나 경영자들의 의견을 이용한 델파이기법 등이 있다.

계량적 방법(quantitative methods)은 자료를 이용해 수학적 모형을 이용해 예측하는 기법으로 시계열 분석방법, 인과형모형 등이 있다.

장기적 수요예측은 보통 연도별 수요예측으로 공장의 신설, 공정의 변경, 생산시설의 변화, 신제품 개발 등의 장기적인 전략적 의사결정에 활용된다.

중기적 수요예측은 보통 월별 수요예측으로 인력수급, 원자재 구매, 재고관리 등의 관리적 의사결정에 활용된다.

단기적 수요예측은 보통 주별 수요예측으로 생산활동에 필요한 작업일정, 자원수급, 재고관리, 납기 등의 운영적 의사결정에 활용된다.

(4) 생산능력

생산능력(capacity)은 생산공정이 정상적인 상태에서 인적 및 물적 능력에 의하여 일정기간에 달성할 수 있는 최대 생산량의 수준을 의미하며, 생산능력은 주로 설비나 시설 관점에서 평가한다.

생산능력 결정은 기업 경쟁력의 중요한 전략적 결정으로 생산 규모에 따라 적시에 고객 수요를 충족 못 시켜 고객을 잃어버리고, 잠재 경쟁사들이 진입할 가능성이 많아지거나, 이와 반대로 시설투자에 따른 많은 재정부담과 금융비용 발생 및 재고증가 가능성과 생산의 효율성이 떨어진다. 따라서 신제품 개발 또는 미래 수요를 예측하고, 이에 대처할 수 있는지를 검토 후 생산능력의 확장시기와 규모를 결정하여야 하며, 시장변화에 대한 기업의 반응속도, 원가구조, 노동력 수급, 기술수준, 재고 등 여러 요인들에 많은 영향을 주는 중요한 전략적 의사결정으로 생산능력을 결정하는 일반적인 방법은 선형계획법과 확률적 기법이 있다.

선형계획법은 장래제품수요와 경쟁기업의 공급능력을 비교적 정확히 예측할 수 있는 상황에서의 결정기법이며, 장기적 추세를 추정하는 확률적 기법은 시장환경과 경쟁기업의 공급능력을 예측하기 어려운 불확실한 상황에서의 결정기법으로 확률적 모델인 대기행렬이론, 시뮬레이션 모델 등의 방법을 사용할 수 있다.

(5) 사업장시설(공장) 입지

사업장시설의 위치는 기업의 장기적 경쟁력을 결정하는 중요한 일 중의 하나로 생산능력 결정 후 결정하는 일이다. 사업장입지(location)선정이란 생산을 위한 건물과 제 설비를 배치시킬 지역을 결정하는 것으로 입지관련 비용을 최소화하는 데에 초점을 맞추고 있다.

사업장(공장)입지는 제품이나 서비스의 원가와 제품의 품질수준, 판매활동에 상당한 영향을 미치며 한번 결정되면 시간과 비용 때문에 바꾸기 어려우므로 신중하게 검토되어야 한다. 입지를 선정할 때 영향을 미치는 요인으로는 원자재의 근접성, 지형과 지질, 기후와 풍토, 공업용수 등 자연적 요인과 토지

가격, 원재료, 전력, 연료의 획득가능성 및 가격, 시장과의 거리, 노동력, 수송비 등 경제적 요인, 그리고 지역사회의 수용태도, 지역개발계획, 관계법규, 복지시설, 환경문제 등 사회적 요인이 있다.

사업장입지의 결정은 국가, 지역, 사회 등의 특성을 고려한 거시적인 분석을 통해 개략적인 위치를 결정하고, 토지가격, 원재료, 전력, 연료, 수송비, 인건비, 환경 및 세금 등의 지역비용 등 생산에 필요한 총비용을 최소화한 미시적인 분석을 통해 구체적 위치를 결정한다.

(6) 생산시설 배치

사업장 입지 결정 다음 단계는 생산시스템 시설의 적절한 배치이며, 앞 단계에서 이루어진 생산공정을 세부적으로 구현하는 일이다. 사업장 시설배치(facility or plant layout)는 생산활동의 최적흐름을 실현함으로써 생산시스템의 유효성을 높일 수 있도록 생산설비들을 공장내에 공간적으로 적절히 배치하는 것을 말한다. 즉 인적 · 물적 자원의 이동을 최소화하고 작업특성에 따라 업무가 원활히 이루어질 수 있게 전체 가용공간, 공정유형, 공정기술, 설비의 구조, 작업특성, 작업흐름, 작업자의 수 등을 고려하여 합리적으로 배치하여 비용의 최소화로 생산시스템 운영을 효율적으로 수행하도록 설계하는 일이다.

생산시설의 배치형태는 크게 제품별 배치(product layouts), 공정별 배치(process layouts), 셀룰러 배치(cellular layouts), 고정형 배치(fixed-position layouts)로 나눌 수 있다(그림 9-4 참조).

1) 제품별 배치(product layout, line layout)

특정제품을 생산하는 데 필요한 기계설비를 제조과정의 순서에 따라 배치하는 방법으로, 소품종 대량생산이나 연속생산공정에 적합하다. 자동차나 전기제품의 조립공정, 석유화학 정유공장, 뷔페식당 등의 설비배치는 제품이나 서비스가 수행되는 과정에 따라서 배치가 된다.

2) 공정별 배치(process layout)

동일한 기능을 가진 설비를 공정별로 작업장에 모아 배치하는 방법으로 기능별 배치(functional layout) 또는 작업장별 배치(job shop layout)라고도 하는 것으로, 단속 생산공정이나 다품종 소량생산에 적합하다. 기계공구공장에서 드릴공정, 페인팅공정, 조립공정별로 배치하거나 병원 등에서 외과, 내과,

그림 9-4 생산시설의 배치

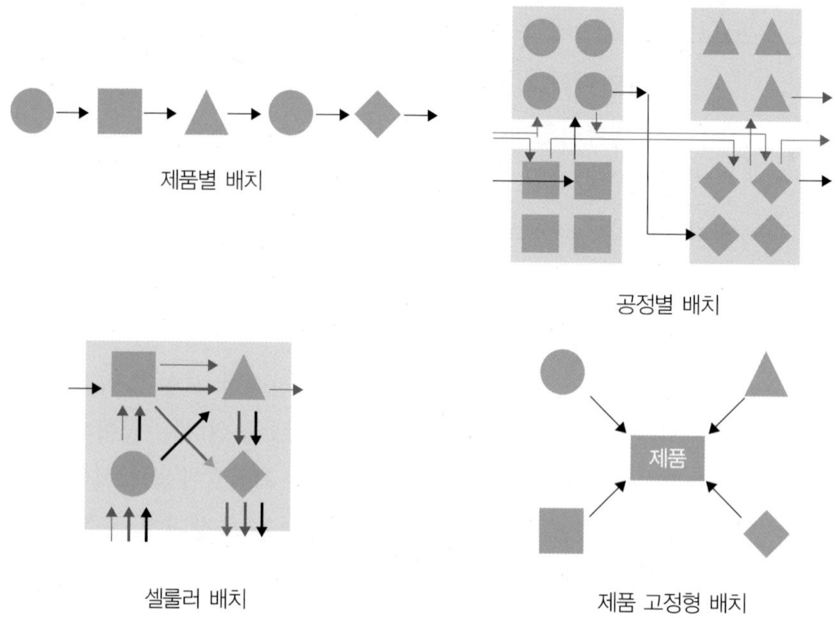

자료: 제조혁신 OTRS 강의자료 중에서 발췌.

임상부서 등으로 배치하는 형태이다.

3) 셀룰러 배치(cellular layouts)

공정별 배치의 발전 형태로 다품종 소량생산에 적합하게 설계한 배치형태로 서로 다른 기능들을 수행하는 기계나 설비들을 하나의 집단(cell)으로 구성하여 별도의 생산시설처럼 운영되는 형태이다. 제품의 사양(specification)이 다양한 전자제품이나 컴퓨터 생산에 이용되고 있다. 이 방법은 주로 소규모 로트의 주문생산이나 수요의 다양화를 위해 이용되며 준비시간이 짧고 비용 절감이 가능하며 공정 중 운반 대기시간을 줄일 수 있다.

4) 제품 고정형 배치(fixed-position layout)

제품의 특징 크기 또는 형태 때문에 제품을 움직이는 것이 아니라 제품은 한곳에 고정시키고, 제품생산에 필요한 원재료, 기계설비, 작업자 등을 제품의 생산현장에 이동시키는 방법이다. 제품의 이동을 최소한으로 줄일 수 있어 제품의 취급비용을 최소화 할 수 있다. 이는 프로젝트형태의 생산활동에 적용할 수 있는 목표지향적 계획 및 통제기법을 이용할 수 있게 해준다. 선박, 항공기, 아파트의 건축과 같이 크고 복잡한 제품을 생산하는 경우에 적합하다.

(7) 직무설계

인적 자원은 원가, 납기, 생산성, 고객만족 등과 같은 경영성과에 중요한 영향을 미치므로 정확한 직무의 설계와 주의 깊은 관리가 요구된다. 직무설계(job design)는 누가, 언제, 어디서, 어떻게 업무를 수행하는가를 결정하는 일이며, 분업화의 정도(degree of labor specialization)를 결정하는 일이 가장 중요한 점이다. 적은 수의 업무만을 반복적으로 수행하는 경우를 완전분업이라 하며, 이 경우 반복적 업무수행으로 비용의 최소화 및 생산성은 향상된다. 그러나 단순하고 반복적 업무수행은 작업자들은 단조롭고 권태로워 사기가 떨어져 만족도 및 동기부여 측면에서 역효과의 문제점을 갖고 있다.

이에 따라 나태, 결근, 이직률이 높고, 불량률이 높아져 생산성이 떨어질 수 있다. 따라서 이에 대한 문제 해결방법으로 작업자들의 직무분업화의 정도를 적절하게 설계하여 해결하는 방법들이 제시되고 있다.

① **직무확대**(job enlargement): 작업자가 여러 가지 업무를 다양하게 수행하도록 유사한 업무들을 수평적으로 추가하여 작업 전체를 수행할 기회부여로 흥미와 만족감을 갖도록 하는 것이다.

② **직무순환**(job rotation): 작업자들이 일정기간마다 다른 업무를 수행할 수 있도록 하여 다양성을 추가하는 것으로 직무의 지루함을 줄이고 새로운 기술개발을 조장케 함으로써 직무만족을 높이는 것이다.

③ **직무충실화**(job enrichment): 작업자가 스스로 업무를 계획, 조직, 통제하는 일련의 과정을 수직적으로 확대 · 참여케 하여 직무에 더 많은 의미와 만족을 갖도록 하는 것 이다.

(8) 작업방법과 성과평가

직무설계 후에는 효율적 업무수행을 위한 작업방법(work methods)을 설계한다. 작업자들의 작업방법은 생산성에 큰 영향을 미치므로 역사적으로 효율적 성과를 낼 수 있는 작업방법을 개선하려는 많은 시도가 있었다.

작업자의 작업과정을 분석하여 불필요한 동작의 낭비나 불합리를 제거하

그림 9-5 동작연구의 길브레스 부부

작업방법 개선에 초점, 작업 동작 분류 기호화

고 보다 생산성이 높은 동작이나 과정으로 개선하기 위해 1900년대 길브레스(F.B. Gilbreth)가 동작연구(motion study)기법을 개발한 이후 20세기 중 생산성 향상의 많은 부분이 이 방법연구 적용으로부터 비롯되었다고 볼 수 있다.

작업방법의 결정 후 노동생산성 기준(standard of labor productivity)의 개발 및 노동생산성 향상을 목적으로 작업자들의 작업성과를 객관적으로 평가하는 직무평가(work measurement)를 하고, 작업자들의 업무생산성을 파악함으로써 작업자들에 대한 보상시스템(wage payment plans)을 설계해야 한다.

2.2 생산시스템의 관리

(1) 총괄생산계획

총괄생산계획(aggregate production planning)은 향후 1년에 걸친 계획대상기간에 대한 변화하는 수요를 가장 경제적으로 충족시킬 수 있도록 예상수요에 대한 생산계획 제품의 종류 · 수량을 결정하고, 생산방법, 일정 등에 대한 합리적인 계획을 수립하는 것을 의미하며, 예상수요를 충족시키면서 생산원가를 낮추기 위하여 월별로 기업의 생산수준, 고용수준, 재고수준 등을 결정하는 중기 생산능력계획이다.

총괄생산계획 수립을 통하여 생산시설의 적절한 이용으로 과잉 또는 과소생산에 따른 생산비용을 절감할 수 있고, 불규칙한 수요에 대하여 탄력적 대처로 기업의 경쟁력 향상과 생산에 필요한 원자재의 적절한 확보로 생산에 차질이 없도록 할 수 있다.

(2) 기본생산계획(주생산계획)

기본생산계획(master production scheduling)은 개괄적 계획인 총괄생산계획을 보다 짧은 시간대별로 구체적으로 분해한 실행계획으로 고객의 수요에 적절한 대응과 효율적인 생산시설의 운영을 목표로 주별 또는 월별로 제품의 주문량, 재고수준, 생산정보 등을 고려해 기업이 실제로 무엇을, 얼마나, 언제 생산할 것인지 구체적인 생산량과 납기를 결정하는 계획을 수립하는 것이며, 주생산계획(主生産計劃)이라고도 말한다.

(3) 재고관리

재고관리(inventory control)란 기업에서 가장 많은 관심을 가지고 있는 분야 중 하나로 시장수요에 신속하고 경제적으로 적응할 수 있도록 재고를 최적 상태로 관리하는 절차이다.

제조기업으로써는 시장의 제품 수요동향에 신속히 적응할 수 있는 생산체제를 갖추고 제품 · 부품 · 원재료 등의 재고량을 경제적 관점에서 가능한 한 최저한도로 유지하는 것이 바람직한 재고관리이다. 즉 고객의 서비스수준을 만족시키면서 품절로 인한 손실과 재고유지비용 및 구매비용을 최적화하여 총재고비용을 최소로 하는 것이 재고관리의 기본목표이다.

재고는 원자재와 부품(material and parts), 반제품(work-in-progress), 완제품(finished goods) 등 세 종류로 분류된다. 충분한 재고 보유는 고객의 수요에 적절한 대처와 원활한 생산할동을 수행할 수 있는 긍정적인 측면과 재고를 많이 보유함으로써 재고에서 발생하는 재고유지비(inventory holding cost), 금융비용, 보관비, 수송비, 검사비, 하역비 등 부담의 부정적인 측면을 가지고 있다. 반대로 적은 재고 보유는 금융비용, 재고유지비용 등을 줄일 수 있지만, 재고부족으로 생산 활동에 차질이 빚어져 발생하는 비용인 재고 부족비(shortage cost), 판매기회 상실, 고객불신, 생산기회차질 등이 빚어질 수 있다.

따라서 재고보유를 통한 비용과 이익을 평가하여 최적량의 재고를 유지해야 하며 효과적으로 재고관리를 하기 위해서 효과적 관리 기법을 이용해야 한다.

재고관리기법으로는 적시재고(JIT: just in time), 경제적 생산량(EPQ: economic production quantity), 경제적 주문량(EOQ: economic order quantity) 등이 있다. 여기서 JIT란 적시생산시스템(just in time production system)으로 적당한 부품을 적시 · 적소에 제공하여 최소의 재고가 공장 내 유지되고 부품 · 물품과 다른 필요품들은 조립라인에 투입되기 위해 적시에 배달되는 생산공정으로 재고감소, 비용절감을 도모하고자 하는 생산시스템이며, EPQ는 재고관련비용이 최소가 되는 1회 생산량을 뜻한다. EOQ는 재고수준이 일정한 점까지 떨어지게 될 때마다 일정수량을 주문하는 재고통제 기법이다.

(4) 자재소요계획

자재소요계획(Material Requirements Planning: MRP)이란 기본생산계획(주생산계획)이 완성되면 제품의 생산에 필요한 원자재나 부품의 종류, 주문량, 주문시기 등을 결정하는 계획을 수립하는 것이다. 여기에서는 구체적으로 자재의 소요량을 계산하고 그에 따른 발주계획을 수립하며, 아울러 노동력과 설비능력이 언제 필요한가를 나타내는 생산능력계획을 수립하게 된다(그림 9-6 참조).

자재소요계획의 중요한 목적은 재고를 적절하게 관리하여 생산효율성의

그림 9-6 MRP 시스템 실행 구조도

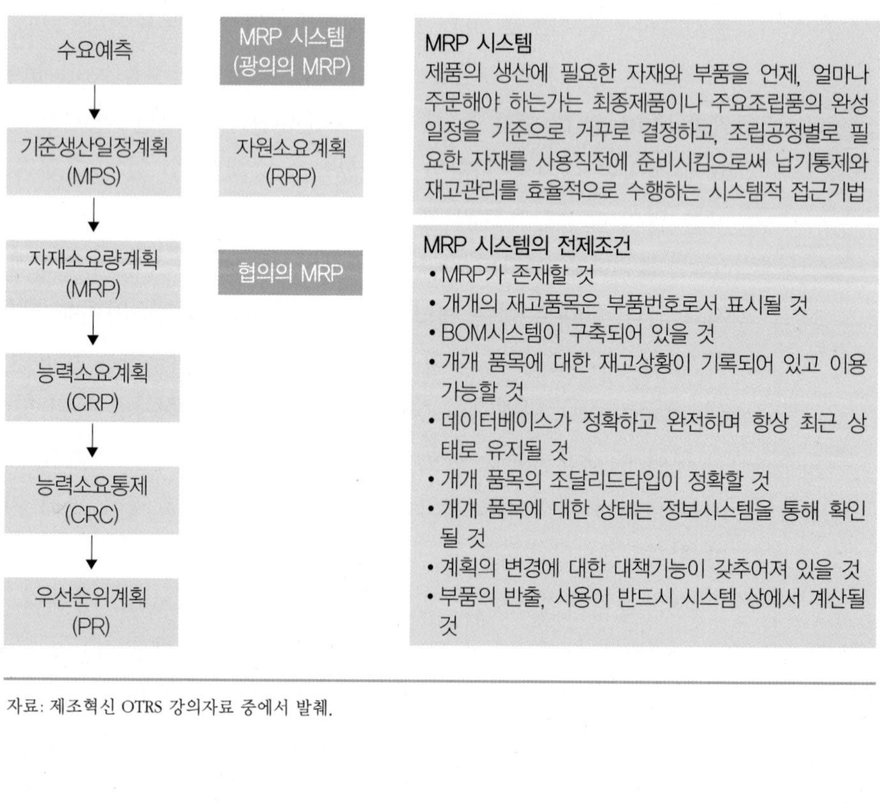

자료: 제조혁신 OTRS 강의자료 중에서 발췌.

그림 9-7 ◎ 조직화 과정

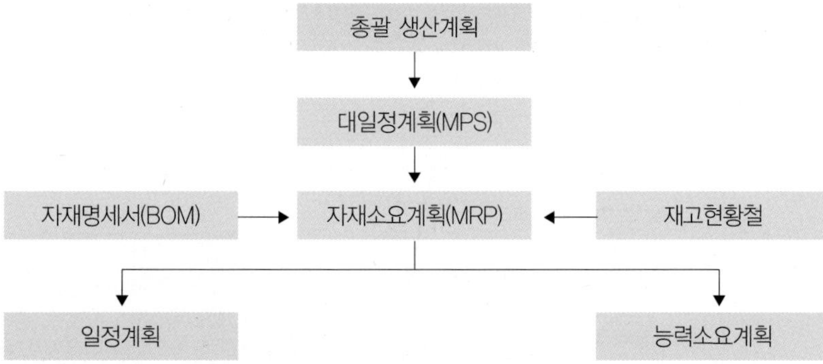

증가, 고객 서비스의 질 향상, 재고비용을 절감하는 것이며, 많은 기업들이 기업환경에 맞게 자재소요계획을 수립 이용하고 있다(그림 9-7 참조).

(5) 일정계획

일정계획(scheduling)은 보다 구체적으로 누가, 언제, 어디서, 무엇을, 어떻게, 얼마만큼 생산을 해야 하는지를 계획하는 것이며 생산하는 품목의 종류, 생산 공정, 작업유형, 직업순서 등에 따라서 특성을 달리하고 있다(그림 9-8 참조).

① **대일정계획**(MPS: master production schedule): 최종 제품이 언제 얼마만큼 생산되어야 하는가를 결정하는 것으로, 보통 12개월 또는 24개월 정도의 기간에 걸친 계획이다. 이는 MPS품목(기본생산일정의 계획대상품목)에 대한 생산일정표이다.

② **재고현황철**(inventory record file): 각 품목의 재고에 대한 모든정보(조달기간, 현보유재고, 주문 등의 양 등)가 나타나 있다.

③ **자재명세서**(BOM: bill of material): 제품 한 단위를 제조하는 데 필요한 부품, 반제품, 원재료 등의 품목과 수량에 관한 정보를 나타낸 표를 말하는데, 제품 전개기법으로 파악할 수 있다.

그림 9-8 일정계획 구축 개념

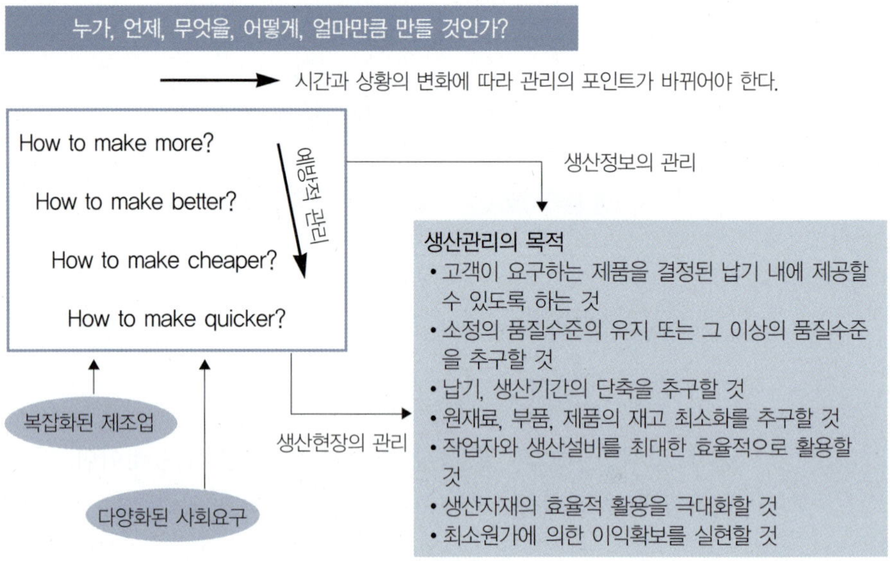

자료: 제조혁신 OTRS 강의자료 중에서 발췌.

2.3 생산시스템의 개선

(1) 품질관리

품질관리(quality control)란 소비자가 요구하는 품질의 제품이나 서비스를 경제적으로 산출하기 위한 모든 수단과 체계를 의미한다. 제품의 품질은 기업의 이미지와 직결되는 중요한 요인으로 기업의 경영성과에 큰 영향을 미치기 때문에 제품품질에 대한 철저한 관리는 더욱 강조되고 있다. 품질관리의 내용으로는 구입한 원재료나 산출된 완제품의 품질관리에 이용되는 발췌검사법(sampling inspection)과, 품질이 초기부터 제품에 구현되도록 생산 공정의 모든 단계를 지속적으로 감시하기 위해 관리자들이 생산공정에서의 품질관리에 이용되는 관리도법 등의 통계적 품질관리 SQC(statistical quality control)가있다. 현대 기업들의 식스시그마품질(six sigma quality) 관리 기준은 생산 백만개당 불량을 3–4개 이하로 줄인다(그림 9-9 참조).

아울러 제품자체의 결함뿐만 아니라 사용자가 사용중에 당한 안전사고 및 인적 · 물적 · 정신적 피해까지 책임을 지는 PL(Product Liability)법으로 인하여 제품의 통상적 안정성 결여에 대한 생산자 · 판매자의 책임으로, 도의적 책

그림 9-9 ⊙ 식스시그마품질(six sigma guality) 관리 기준

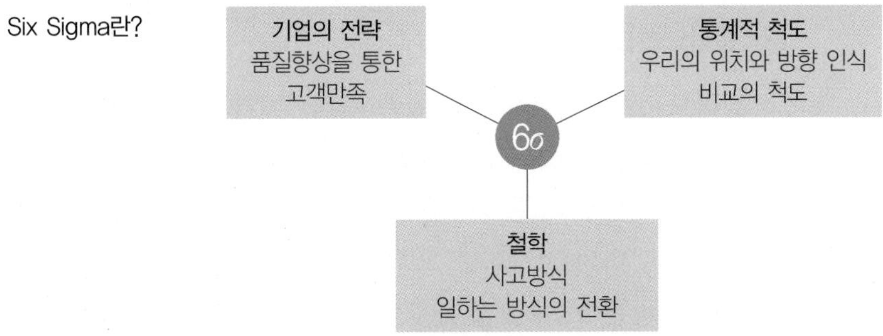

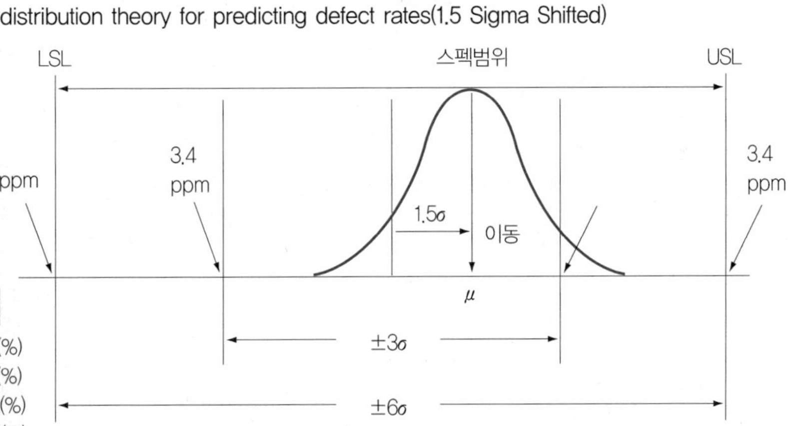

양품률

1σ=39.23(%)
2σ=69.12(%)
3σ=93.32(%)
4σ=99.38(%)
5σ=99.977(%)
6σ=99.9987(%)

n 관리수준	양품률(%)	불량률(ppm)
1σ	68.27	317300
2σ	95.45	45500
3σ	99.73	2700
4σ	99.9937	63
5σ	99.999943	0.67
6σ	99.9999998	0.002

n 관리수준	양품률(%)	불량률(ppm)
1σ	30.23	697700
2σ	69.13	308700
3σ	93.32	66810
4σ	99.379	6210
5σ	99.9767	233
6σ	99.999966	3.4

자료: 제조혁신 OTRS 강의자료 중에서 발췌.

임보다는 배상책임의 성격을 갖게 되었다. 또한 종합적 품질관리(TQC; total quality control)는 통계적 기법뿐만 아니라 모든 수단을 활용하며, 기업의 전 부문이 참가하고 책임지는 품질관리이다.

아울러 품질향상 프로그램으로 무결점운동(ZD; zero defect programs)을 강조하고 있는바, 이는 종업원에게 계속적으로 불량생산의 사전방지라는 일상의 작업태도를 고취하는 동기를 부여함으로써, 작업상의 결함을 0(zero)으로 하여 제품의 품질향상, 납기엄수, 원가절감 등을 달성하는 노력을 하고 있다.

(2) 설비보존관리

설비보존관리(maintenance)란 기계설비가 정상적인 상태를 유지할 수 있도록 관리하는 과정으로, 최소의 보존비용으로 기계설비의 가동률을 극대화하는 방안을 모색하고, 운영하는 것을 목적으로 한다. 기계화, 자동화, 컴퓨터화되어 있는 설비의 고장이나 오작동되는 경우 그 기업의 생산시스템은 치명적인 영향을 받는다. 예를 들어, 전산망이 잘못되거나 산업용 로봇의 오작동, 제철회사의 용광로 고장 등의 문제가 발생하면 기업 경영에 큰 영향을 받게 되므로 기계와 설비보존관리는 매우 중요하다.

설비보존 업무는 고장 전에 관리하는 예방보전(preventive maintenance)과 고장이 발생하였을 때 보수하는 수리보전(repair maintenance)으로 나누어지는데, 설비보존에 있어서 예방보전과 현장 작업자 참여가 특히 중요하게 강조되고 있다.

(3) 적시생산시스템

적시생산시스템(Just-In-Time)은 도요타 생산방식, 칸반시스템으로 불리기

그림 9-10 ◎ JIT의 개념 및 구조

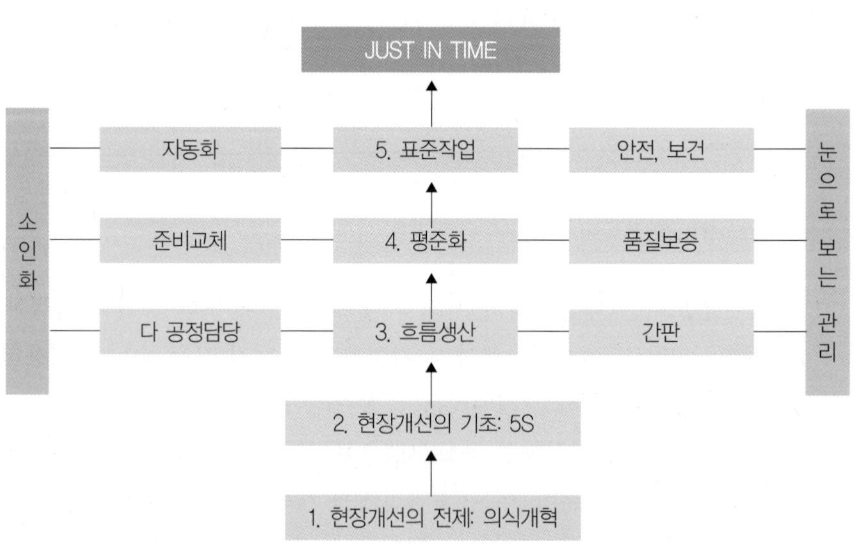

도 하는 일본의 Toyota 자동차회사에서 개발한 시스템이다(TIP 참조).

JIT의 개념은 적기에 적량을 구매하고 생산하여 재고와 공간을 줄여 효율성 증대와 원가의 절감, 표준화 · 평준화 · 소인화로 생산시간을 줄이는 시간의 중요성을 강조하고 있다. JIT는 반복적인 생산공정, 대량생산, 생산일정이 정확하고 안정된 생산시스템에 적합하다. 그러나 최근에는 JIT의 개념을 확대하여 보다 다양한 작업환경, 업종에까지 적용되고 있다. 이 개념은 모든 업종의 다양한 생산시스템에 이용될 수 있는 유용한 개념이다(그림 9-10 참조).

G•l•o•b•a•l•M•a•n•a•g•e•m•e•n•t

적시생산시스템(JIT)

(1) JIT의 의의

① 일본의 도요타자동차회사에서 개발한 시스템으로, 소비자가 원하는 제품을 적시에 적량 생산하여 적기에 공급하려는 생산철학을 기초로 한 생산시스템이다.

② JIT의 경쟁우선순위는 저원가와 일관적 고품질이며, 위치전략은 제품중심 전략이다.

③ 낭비의 극소화가 JIT시스템이 추구하는 기본목표이다. 여기에서 낭비란 비용만 발생시키고 부가가치를 창출하지 않는 활동 또는 자원을 말한다.

(2) JIT시스템의 구성요소

① pull system

뒷공정이 필요에 따라 앞공정에 가서 물품을 인출하며, 앞공정은 뒷공정에 의하여 인출된 양만큼만 생산하는 시스템이다. 풀시스템의 실현을 위하여 개발된 생산시스템 중 가장 널리 알려진 것은 간판 시스템이다.

② 칸반시스템(kanban system)

복잡한 서류 대신에 표준화된 용기(container)와 반복해서 이동하는 요구서(마분지 카드)를 사용, 생산허가와 부품운반의 기능 등을 담당하는 JIT의 핵을 이루는 정보시스템으로서, 간판을 이용하여 신속하고 용이하게 수요변동에 대처한다.

1. 이동간판: 작업장간의 자재의 이동을 허가하는 수단이다.
2. 생산간판: 특정 작업장에서의 생산을 허가하는 수단이다.

자료: http://www.toyota.com, http://www.toyota.co.jp, 동아닷컴, 제프리 라이커 지음 · 김기찬 옮김, 도요타방식(The Toyota Way).

TIP ❶ 낭비공정을 제거한 효율적 공정 개선

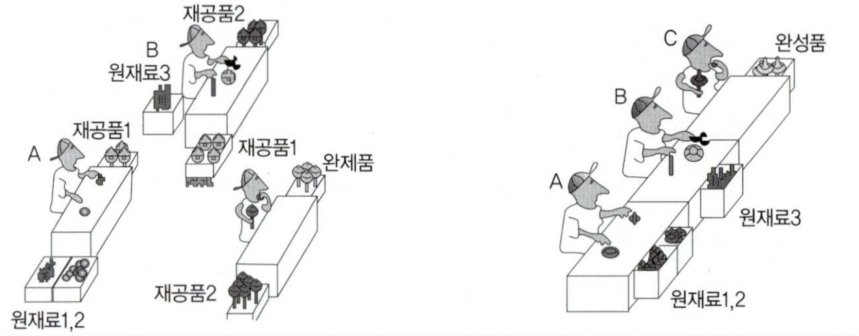

TIP ❷ 눈으로 보는 관리의 도요타 현장 모습

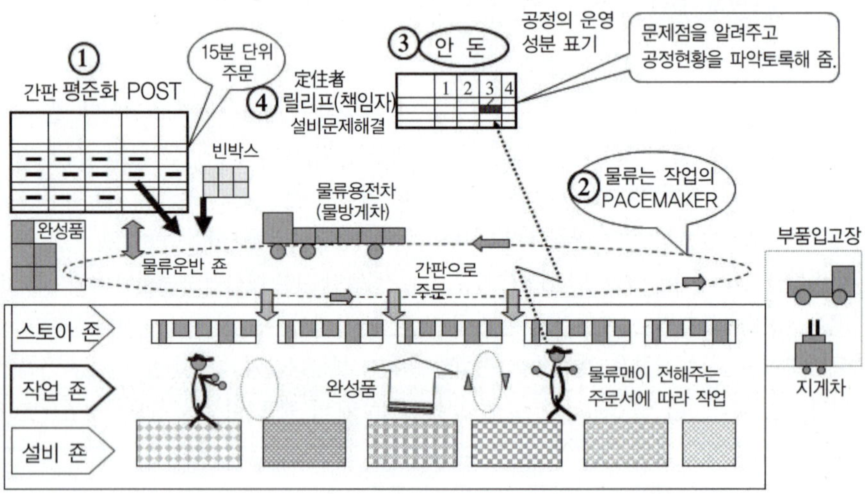

TIP ❸ KANBAN/간판 Batch Building Box

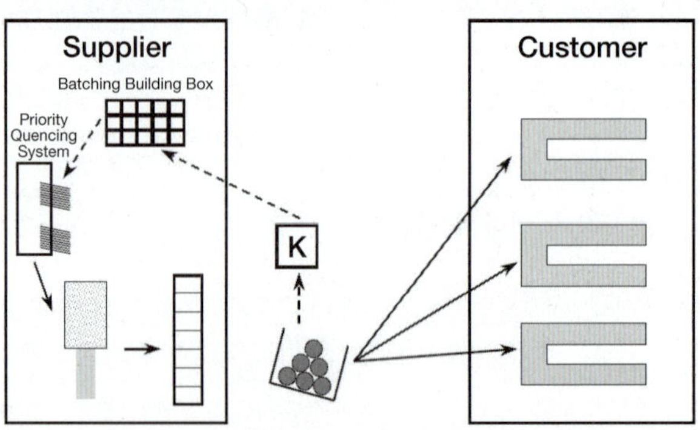

TIP ④ 도요다 자동차의 현장 조립라인

사람 만들기의 사상을 잊으면 어떠한 우수한 시스템도 계승이 되지 못한다.

(간판의 예)

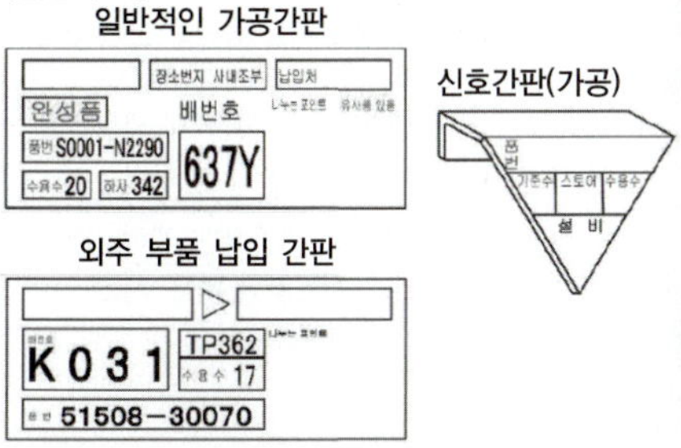

NEC의 간판적용 평준화 POST 사례

현장 모든 작업이 간판에 의해 움직임
(NEC CUSTOM TECHNICA)

TIP ⑤ 셀(cell) 방식과 컨베이어 벨트 방식의 차이

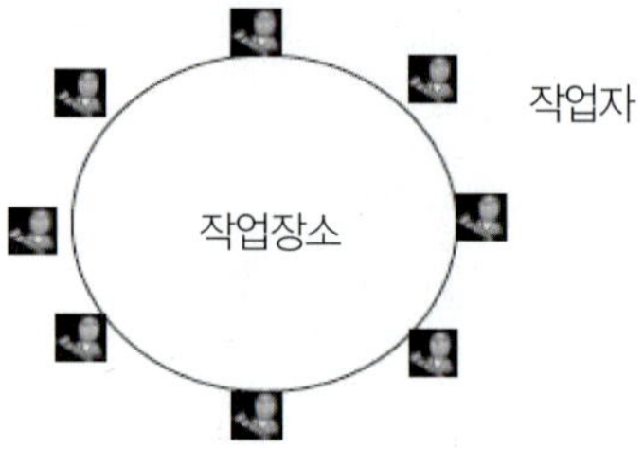

셀 방식

컨베이어 벨트 방식

셀 방식 전환 이후 생산직 의식 변화(Cannon 자료: 한국 경제 신문)

항목	셀 방식	컨베이어 벨트 방식
성취감이 있다.	83.7%	38.5%
책임감이 있다.	95.0%	65.0%
직장 내 활기가 넘친다.	47.6%	37.5%
일하는 보람이 있다.	71.4%	32.5%
육체적으로 피로하다.	19.0%	22.5%

- 多 機 能 工 제도로 탄력 생산 체제 가능
- 최소 2종류 이상 제품제작 및 복잡한 공정 순서 암기

[사례] 캐논에 있는 마스터 제도는 "생산 기본단위인 8인 셀에서 한 명을 줄이면 어떨까?"라는 개선(가이젠: 改善)식 사고에서 출발했다. 한 명을 줄이면 1인당 작업량 15% 늘어났지만 직원들이 빠른 시간 내에 흡수한다. 최종을 1명으로 줄이면 마스터 탄생된다.(2,700부품 4명 14시간 작업 1인 4시간)

삼성전자 갈란타 공장에선 [셀 방식]이라는 다소 낯선 생산 방식을 통한 제조혁신이 진행 중이다. 여직원이 컨베이어 벨트가 아닌 별도 작업대 앞에서 LCD(액정화면) 모니터를 처음부터 끝까지 조립하고 있다. (사진 오른쪽) 아직은 수십 명의 직원이 컨베이어 벨트를 따라 길케 늘어선 채 자기 앞으로 오는 작업을 반복하는 전통 컨베이어 방식 제조도 병행하고 있다. (사진 왼쪽)

TIP ⑥ Cell 생산방식의 추진 과정

1. 추진 1단계

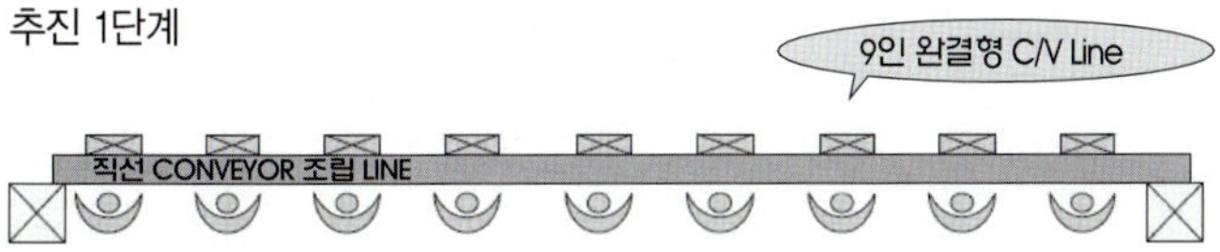

2. 추진 2단계

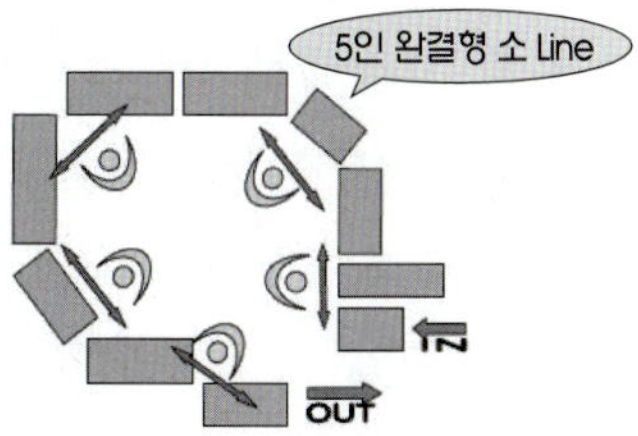

3. 추진 3단계

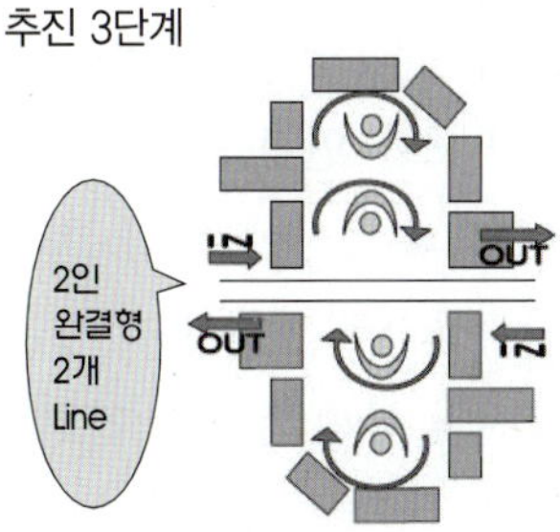

4. 추진 4단계

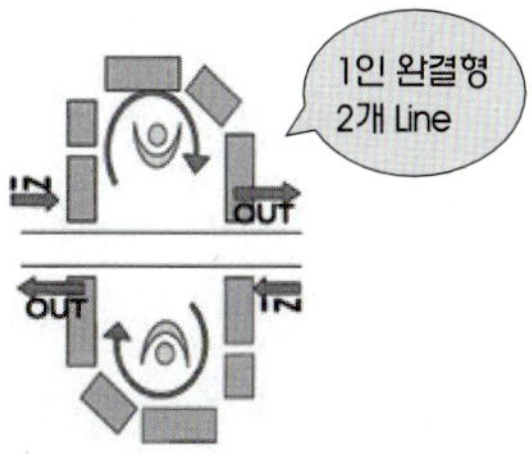

5. 추진 5단계

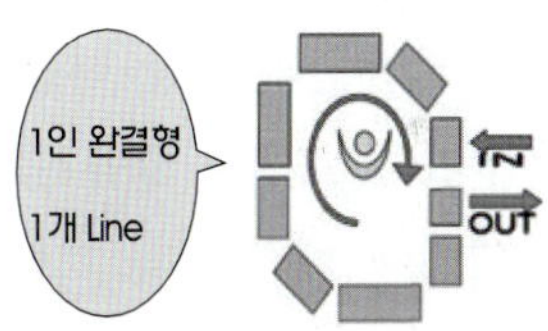

TIP ⑦

기발하게 창의적인 아이디어는 상식수준에서 이해받지 못하곤 한다. 프레드릭 스미스는 페더럴 익스프레스사업 아이디어를 예일대학 졸업논문 "특송사업, 새로운 비즈니스모델"로 제출 했을 때 C학점을 받았다.

지도교수: "터무니없는 발상, 엄청난 조직과 자본이 소요되지만 수익성은 꿈 같은 이야기"

스미스의 창의적인 수레바퀴(hub-and-spoke)시스템: 페덱스는 하루동안 전국 각지에서 수거한 우편물들을 지리적으로 미국의 중앙에 위치한 멤피스에서 모아 밤새 서로 바꾸어 싣는다. 교환한 우편물들은 새벽에 자기 지역에 도착하는 대로 다시 분류되어 아침 10시 30분 이전에 배달된다.

자료(TIP 1~6): 제조혁신 OTRS 강의자료 중에서 발췌.

제10장

Global Management

인적자원관리

인적자원관리(human resource management)란 기업의 목표를 달성하기 위하여 필요한 인력을 조달하고, 이들의 현재 또는 잠재적 능력을 최대한으로 발전시킴과 동시에, 이를 효율적으로 경영에 이용하기 위한 활동을 말한다. 최근에는 장기적 안목에서 기업의 목표와 개인의 목표의 통합을 중시하고, 기업의 발전과 함께 개인의 안정과 발전도 동시에 달성할 수 있도록 하는 것을 의미한다.

인적자원관리의 내용을 구체적으로 살펴보면 어느 정도의 인원이 어디에 필요한지를 파악하여 인적자원계획을 수립하는 것에서부터 시작된다. 인적자원계획을 수립하고 나면 기업에서는 필요한 능력을 갖춘 인적자원을 모집하게 되고, 그 가운데 가장 적당한 인적자원을 선발하게 된다. 선발된 인적자원은 교육훈련 및 경력개발을 통하여 기업에서 필요한 업무나 능력을 배양하고 적당한 위치에 배치된다. 그리고 개인별로 해당 업적을 평가하여 이에 맞는 보상을 지급하게 되며, 승진이나 이동 등을 통해 인원이 교체된다. 이때 필요한 인력의 이직을 막기 위해 이직관리를 하게 된다.

인적자원관리의 기능을 요약하면 다음과 같다. 즉, ① 효율적 고용(effective employment), ② 종업원 훈련(employee training), ③ 승진, 전직, 휴직 및 징계방침(promotion, transfer, layoff, disciplinary policy), ④ 임금 및 보상(wage & compensation), ⑤ 복리후생(welfare and service), ⑥ 건강 및 안전(health and safety), ⑦ 노사관계(labor management relations), ⑧ 인간관계(human relations) 등이 있다.

01 | 인적자원계획의 수립

인적자원계획은 인적자원관리의 출발점으로서 미래의 특정시점에서 어느 정도의 인력이 필요할 것인지, 그리고 그 시점에서 필요한 인적자원을 제대로 확보할 수 있는지를 파악하는 것이다. 또한 기업이 현재 보유하고 있고 또 보유해야 할 인적자원을 중심으로 최적의 인적자원규모를 결정한다. 이런 인적자원계획은 다음과 같은 네 가지로 나누어 생각해 볼 수 있다.

① **적정인원계획**: 세부 조직별로 필요한 전문기술을 가진 인적자원이 얼마나 필요한가를 파악한다.

② **인원수급계획**: 세부 조직별로 현재의 종업원과 필요한 종업원간의 수급불균형을 어떻게 맞출 것인가를 계획한다.

③ **구인, 해고계획**: 필요한 인적자원을 어떻게 채용할 것인가와, 불필요한 인적자원을 어떻게 줄일 것인가를 계획한다.

④ **인적자원개발계획**(human resource development planning): 종업원의 능력을 개발하기 위한 계획을 세운다.

02 | 모집, 선발 관리

모집관리란 선발을 전제로 하여 양질의 인력을 기업으로 유인하는 과정이다. 즉 기업이 필요로 하는 사람들이 적극적으로 지원하도록 정보를 제공하고, 동기를 부여하는 활동이다. 모집관리의 목적은 선발의 효과를 높이기 위하여, 적합한 능력이 있는 지원자가 지원하도록 하는 데 있으며, 지원자의 수를 적절히 확보하여 선발의 여지를 만들어야 효과적이다.

이러한 모집의 방법에는 크게 사내모집과 사외모집으로 구분할 수 있다.

사내모집은 기업 내부의 기존 종업원 중에서 승진이나 이동배치를 통해 인력을 충원하는 방법이다. 일반적으로 인사부서에서 기능목록이나 인력배치표를 통해 해당 직위에 적합한 인물을 찾아내는 방법을 사용한다. 최근에는 사내 공개모집을 통한 방법도 많이 사용되고 있다. 사내모집은 절차가 간편하고,

그림 10-1 ◎ **선발과정**

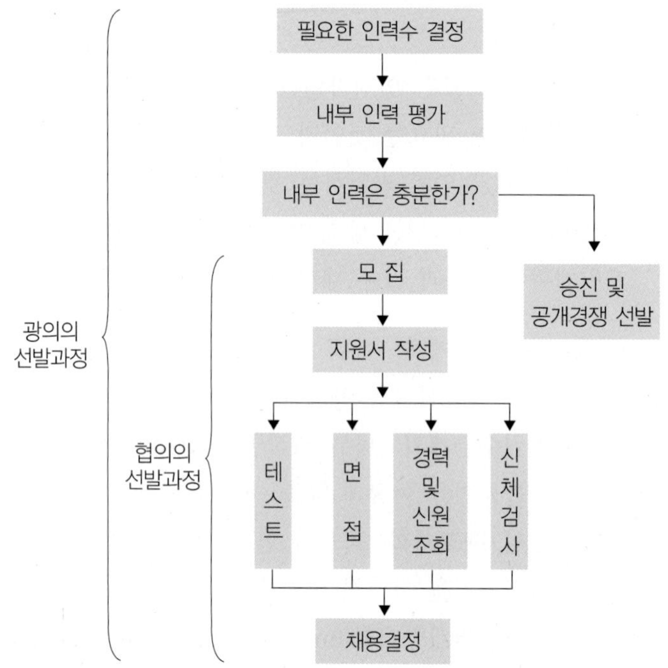

자료: W. French, *The Personnel Management Process: Human Resources Administration*, 3rd ed., Boston: Moughton Mifflin Co., 1974, p. 267.

종업원들의 사기 진작에도 좋은 영향을 미친다는 장점을 가지고 있다. 사외모집은 광고, 직업소개소, 교육훈련기관, 노동조합 등을 통하여 외부로부터 기업에 필요한 인원을 모집하는 방법이다.

선발이란 응모자 중에서 기업이 필요로 하는 자질을 갖춘 사람을 선별하는 과정이다. 일반적으로 시험과 면접이라는 전형방법을 통하여 선발이 이루어진다. 이와 같은 선발에 대한 과정은 기업마다 다소 차이는 있지만 [그림 10-1]과 같다.

03 | 교육훈련 및 개발

3.1 교육훈련과 개발의 의의 및 필요성

선발에 이어 뒤따르는 충원활동은 조직 및 조직원의 발전에 도움이 되도록 새로 선발되어 채용된 사람은 물론 내부승진자 등 모든 조직원이 장점 및 잠재력을 개발하는 것이다. 개발의 관리활동은 조직원들을 교육 · 훈련하는 데 있다.

그것은 선발을 통하여 신규채용된 관리자들에게 조직의 특성과 그들이 담당할 직무에서 그들의 능력을 최대한 발휘할 수 있도록 그 직무에 대한 충분한 교육과 실무적 훈련 등 전반적인 교육과 훈련을 실시하는 것이다. 또한 기존 조직원에게는 현직무활동의 효율성을 높이고 새로운 기술개발을 유도하여 상급직무에 대한 충분한 업무담당 능력을 갖추도록 교육과 훈련을 실시하는 것이다.

교육훈련은 다음과 같은 환경변화와 기업목적의 질적변화에 대한 인식을 통하여 그 필요성이 분명해진다.

첫째, 기업내 업무가 다양화되고, 고도화되어가고 있다. 기업규모의 확대, 제품판매시장의 광역화, 제품종류의 다양화, 경영정보화 등과 같은 변화내용으로 해서 새로운 판매전략, 새로운 생산기술을 통한 제품의 다양화, 컴퓨터의 도입을 통한 경영정보시스템화 등 업무의 다양화, 고도화가 요구됨으로써 그에 따른 교육훈련이 필요하다.

둘째, 기업간 경쟁이 격화되어가고 있다. 경제규모의 확대와 성장에 의한 기업발전은 기업의 설비능력의 증대와 더불어 시장을 둘러싼 기업간의 경쟁은 치열해지고 있다. 이와 같은 경쟁에 있어 기술경쟁, 원가경쟁, 마케팅경쟁 등은 최종적으로 개개인의 능력에 의존하는 것이기 때문에 교육훈련에 의한 능력 개발은 기업에게는 필수 불가결한 것이다.

셋째, 노동력 부족현상을 들 수 있다. 기업의 규모가 급격히 팽창함으로써 노동력의 부족이 발생한다. 또한 신기계의 도입 등으로 인해서 새로운 기술을 필요로 하는 인력이 요구된다. 따라서 개개인에게는 전과 다른 새로운 창의력과 기술개발에 필요한 교육훈련이 필요하다.

넷째, 인사관리 시스템 자체가 변화하고 있다. 기업의 내외적인 환경의 변화가 인사관리의 방법과 제도에 대해서도 변화를 가져오게 한다.

이상과 같은 것들에 대해 효율적으로 대처할 수 있도록 조직원들의 교육훈련은 절대적으로 필요하다. 교육훈련은 조직과 개개인의 성장 · 발전을 실현시켜 줄 수 있다.

3.2 교육훈련의 방법

효과적인 교육훈련은 잘 구성된 교육훈련 체계하에서 그 대상과 내용 및 특성에 따라 적절한 교육훈련의 방법을 선정 실시하는데 있다. 그 중 몇 가지를 정리해 보면 다음과 같다.

(1) 강의식 방법(lecture method)

이 방법은 교육자가 피교육자에게 지도해야 할 새로운 내용에 대한 이론과 실제의 상호관계를 강의를 통하여 교육훈련시키는 것이다. 교육시켜야 할 내용을 정확히 피교육자에게 전달하는 데는 유용하나 그 내용에 대한 피교육자의 실제적인 태도의 변화(실무습득행위)를 주는 효과에는 제한적일 수 있다.

(2) 회의식 방법(conference method)

이 방법은 교육자나 피교육자가 습득을 요하는 새로운 내용들에 대해 스스로가 지니고 있는 경험 및 지식 그리고 의견 등을 교환하는 가운데서 새로운 내용에 대해 이해하고 판단하는 능동적인 자세를 통하여 교육훈련을 하는 것이다.

(3) 실습적 방법(demonstration method)

이 방법은 교육자가 피교육자에게 교육현장에서 실제적으로 작업방법 이나 기계조작방법 등을 실연(demonstration)해 보여줌으로써 이에 대한 관찰과 함께 실제로 실험하는 등의 직접적인 경험을 통하여 교육훈련을 하는 것이다.

(4) 참여식 방법

이 방법은 피교육자들의 자발적인 참여를 성공의 조건으로 하는 교육훈련 방법으로 그 몇 가지 방법을 정리하면 다음과 같다.

① **사례연구**(case studies)

분석을 위한 가정적 상황을 피교육자에게 제시해 주고 이러한 사례에 의해서 피교육자들로 하여금 문제를 통해 생각하게 하고, 해결안들을 제시하여 그 중에서 선택한 뒤 의사결정의 결과를 분석하게 하는 기법이다.

② **역할연기법**(role playing method)

피훈련자 상호간에 상대의 역할을 실제 상황하에서 연기하도록 함으로써 피교육자를 교육훈련하는 극화된 훈련방법이다.

③ **비즈니스 게임방법**(business game method)

피교육자가 직접활동에 참여함으로써 가장 잘 배울 수 있다는 논리에서 출발된 것으로 피교육자들을 몇몇씩 나누고, 그 나누어진 각 팀에서 가상의 회사를 구성하도록 하여 각 회사팀들에게 회사의 목표를 부여해준다. 그리고 그들에게 경영활동 전반에 대한 의사결정을 스스로 하도록 하는 것으로서 일종의 사례연구법이라 할 수 있다.

④ **인바스켓 기법**(in-basket-technique)

피훈련자로 하여금 편지나 전화호출에 응답하게 함으로써 교육훈련하는 방법이다. 이 기법은 실제 상황과 비슷한 상황을 설명함으로써 관리자 개발 및 잠재적 관리능력을 평가하는 데 도움을 준다.

(5) 지식개발 방법

이 방법은 피교육자들에게 인간관계를 개선하고 원활하게 하고자 하는데 근거를 두는 것으로 피교육자의 태도나 가치관에 변화를 주는 방법이다. 이 방법들을 정리하면 다음과 같다.

① **감수성 훈련**(sensitivity training)

조직에서 피교육자들의 인간관계 개선, 자기의 직무에 대한 태도, 가치관과 사명감을 불러 일으키기 위해서 피교육자들의 감수성을 집중적으로 자극시키는 훈련이다. 감수성훈련은 훈련자와 피교육자가 한자리에 모여서 훈련자는 그 자리를 이끌어 가는 주체가 아니라 단지 도와주는 사람에 불과하다는 것을 인식시켜주고 피교육자들 스스로가 리더입장에서 또는 하나의 성원의 입장에서 상호대화를 하도록 하는 것이다.

이같은 상태에서의 대화는 구성원들로 하여금 자기자신의 감정에 대해 깨닫게 되고 타인에게는 어떻게 영향을 미치는가를 이해하며 집단화과정에 대한 통찰력을 키우는 것은 물론 개인의 특수한 행동을 개발하는데 있다.

감수성 훈련은 처음에 실험실 훈련(Laboratory Training)이라고 불렸는데, 미국 캘리포니아 대학에서 개발하고, 감수성훈련이라는 명칭을 사용하게 되었다. 1946년 미국에서 인종편견을 없애기 위한 훈련으로 시작되어 리더십 훈련에서도 중시되었으며, 미국의 메사추세스 공과대학의 K. Lewin이 공동 연구원들과 함께 개발하여 세계 각국으로 퍼지게 되었다.

G·l·o·b·a·l·M·a·n·a·g·e·m·e·n·t

감수성 훈련

삼성에서는 노사갈등으로 흐트러진 조직 분위기를 개선하고 생산성과 능률을 제고시키기 위해서 한마음 공감성 훈련을 실시했다. 개인의 능력과 실력보다는 인간성과 인간관계를 중시하는 이 훈련은 경험을 토대로 학습하는 교육방법으로 구성되어 있다. 모든 진행과정이 강사에 의한 교육이 아닌 동료와 함께 다양한 프로그램에 참여하는 식으로 진행된다. 대표적인 프로그램으로는 자신을 발견하기 위한 '이미지 익스체인지', 자신의 개인적 고민과 가정 및 조직과의 갈등문제를 해소하는 과정인 '프리토킹', 협조의 중요성과 위기관리의 역량을 쌓기 위한 '블라인드 워킹', 타인의 입장을 이해하는 훈련인 '사이코 드라마' 등이 있다. 이를 통해 모두가 동료의 고마움과 협조의 중요성을 터득하고, 서로의 역할을 바꾸어봄으로써 타인의 입장도 이해할 수 있는 기회를 갖게 되었다. 그 결과 사장부터 시작해서 전 사원들의 마인드가 변화되고, 또 관리자 및 경영자들이 사람들을 대하는 태도가 친절해지며, 사원들의 표정이 참 밝아졌고 굉장히 행복하게 변화했다. 삼성의 사원들과 관리자들은 감수성 훈련을 마치고 두달 뒤에 가족과 같은 친밀성을 바탕으로 서로 협동하는 분위기를 형성해, 종업원들의 업무능력이 향상되었고 기업에 혁신적인 성과를 가져왔다.

20세기 최대발명은 "첫째는 반도체의 발명이요, 둘째는 감수성훈련의 발명"(Carl Rogers, 1970)이라고 말한 것만 보아도 이 훈련의 가치를 잘 알 수 있다. 감수성 훈련은 기업뿐만이 아니라 우리의 실생활까지 확장될 수 있다. 위에 사례로 그 효과가 입증된 감수성 훈련은 우리가 자기의 감정에 대해 깨닫고, 타인에게 어떻게 영향을 미치는 가에 대해서 이해할 수 있게 해준다.

자료: 한배선, "신기법 신경영 갈등해소 감수성 훈련 각광", 매일경제, 1996.02.22 참조.

② 그리드훈련(grid training)

피교육자들이 한자리에 모인 곳에 훈련자가 직접 참여하지 않고 그 자리에 자기 관리적인 도구를 도입, 피교육자들이 그 도구에 어떠한 반응을 보이는지를 관찰하고 이를 정리 분석한 후 다시 반복시켜서 여기에서 정리된 결과를 조직의 발전과 피교육자의 성장 · 발전에 사용하는 것이다.

③ 팀 빌딩

각 개인의 능력은 뛰어남에도 불구하고 이들이 소속된 집단이 그들이 가진 능력을 제대로 발휘하지 못하고 있다는 평가가 있을 경우 그 원인을 찾아 문제를 해결하는 신경영기법을 말한다. 1947년 미국의 행동과학연구소에서 집단역할에 대한 연구를 본격화하면서 단위조직 내에 존재하는 문제를 해결하기 위해 최초로 개발되었고, 이후 MIT 대학의 심리학 교수인 레빈에 의해 학문적으로 개념이 확립되고 기업의 경영에 본격적으로 응용되었다. TB는 조직을 개발하고 활성화시키기 위한 팀워크 훈련프로그램의 일종으로 조직 전체의 성과를 높이는 데 목표를 두고 있다.

3.3 교육훈련의 내용

교육훈련의 내용은 교육훈련이 달성하고자 하는 구체적인 목적에 따라 결정하는 것으로 교육훈련의 주 내용은 피교육자가 장래 맡아야 할 직위와 직무를 중심으로 구성된다.

교육훈련의 대상과 직능을 중심으로 교육훈련 내용을 설명하면 다음과 같다.

(1) 계층별 교육훈련

상급경영자는 하급경영자의 경영활동에 대해 지휘 · 통제하며 또한 그에 대한 책임을 갖고 있다. 따라서 상급경영자는 하급경영자의 관리적 활동에 대해 잘 알아야만 비로소 하급자가 담당하고 있는 권한과 책임을 그에게 위양할 수 있으며 계층간의 위계질서를 유지할 수 있다. 이러한 관리기능은 합리적으로 수행할 수 있는 기능 내지 능력을 지니도록 하기 위하여 각 계층에 따라 어떠한 내용을 교육훈련할 것인가가 중요한 과제가 된다. 조직계층별 교육훈련에는 경영자 교육훈련, 감독자 교육훈련, 일반사원 교육훈련, 신입사원 교육훈련이 있다.

G·l·o·b·a·l·M·a·n·a·g·e·m·e·n·t

유한킴벌리의 인재육성제도

유한킴벌리는 유연한 근무 제도를 바탕으로 평생 재충전학습 체계를 통해 체계적으로 사원들을 육성하고 있다. 특히 생산직 사원들을 대상으로 실시하는 4조 2교대 근무 형태는 4일 일하고(야간 12시간), 4일 쉬고, 4일 일하고(주간 12시간), 3일 쉬고, 나머지 1일을 회사에 나와 교육을 받는다. 이 때 회사의 교육 장려 정책에 따라 초과근로수당을 받으면서 교육을 받는다는 것이 특징이다. 연간 일정에 근거해 프로그램을 사전에 제시해주고 있으며, 직무 교육은 주로 직무 통합을 위한 다기능화 교육을 실시하며, 창의적 제안 활동과 건강한 삶을 위해 교양 과목을 확대 시행하고 있다. 4조 2교대제하에서 생산직 사원이 받는 교육시간은 1인당 연간 평균 306시간(의무교육일 4주당 1.75일)이다.

공정한 평가 및 성과 지급

유한킴벌리 사원들은 연말에 멤버, 동료 사원, 고객으로부터 개인의 리더십 역량에 대해 360도 다면평가 피드백과 성과 평가를 받는다. 팀 리더가 1차적으로 성과 평가를 하며, 최종 성과 평가는 평가위원회에서 확정한다. 참고로 리더십 역량은 비전경영, 감동경영, 혁신경영, 판단 · 결정력, 팀 · 조직경영, 인재육성경영의 6개로 구성되며, 팀 멤버, 팀 리더, 리더들의 리더 행동모델이 정의되어 있다.

계층별 리더십 교육 체계

성과 평가의 객관성 향상 및 사원 강점 개발을 위한 노력

2008년에 성과 평가의 방식을 보다 현실에 맞게 변화시켰다. 연 4회 성과 협의 횟수를 연 3회로 줄이고, 연말에 성과 종합 의견을 성과 평가서 양식에 반영하여 평가의 객관성을 향상시켰다. 또한 다면평가 피드백의 평가 등급을 5점 척도에서 3단계 평가 등급으로 변경하고 제도 취지대로 행동 중심의 피드백을 실시하여 강점 및 개발이 필요한 영역을 파악하는데 중점을 두도록 하였으며, 시행 일정(10.01~11.30)을 2주 앞당겨 시간을 갖고 피드백을 제공하도록 하였다. 그리고 이러한 평가 제도의 변화 내용과 성과 관리 프로세스의 이해도를 높이기 위해 2008년 10월 6~8일 사이에 사업장 별로 성과 관리 교육(2시간)을 실시하였다.

사원들의 성과 관리(GPM) 프로세스

유한킴벌리는 사원들의 지속적인 성과 점검 및 향상을 위해 성과 관리 프로세스를 운영하고 있다. 모든 성과 관리는 연초 팀 리더와 팀 멤버의 협의를 통해 이루어진다. 회사 · 부문 · 팀의 목표에 기여하는 개인 목표를 세우고, 분기 별로 진행 상황을 협의하며, 적절한 피드백과 코칭을 실시한다.

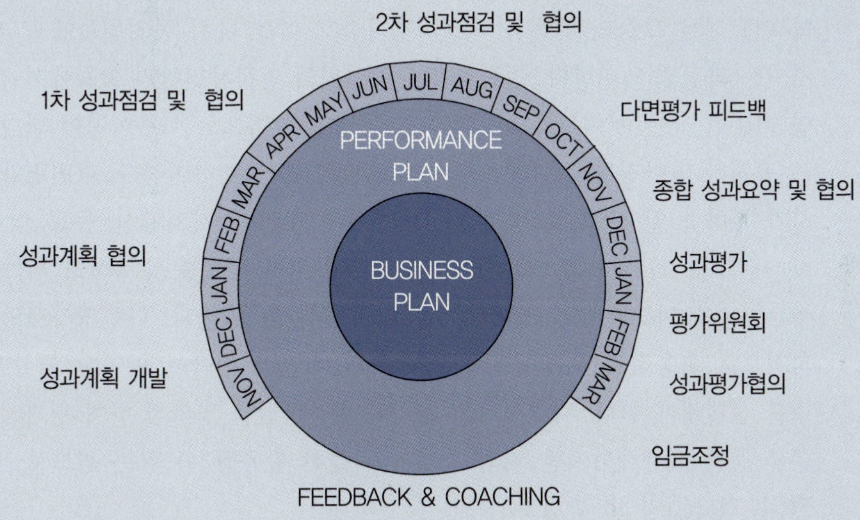

자료: 유한킴벌리 2009 SR보고서, '사람이 희망이다'.

(2) 직능별 교육훈련

직능별 교육훈련은 조직의 수평적 부문인 구매, 생산, 판매, 회계, 인사부문 등을 대상으로 하는 것이다. 각 직능에 대한 교육훈련은 그 직능의 상급자로부터 일반사원까지 전 구성원이 참여한 가운데 실시하는 것이다. 따라서 그

교육내용은 해당직무에 전문적인 것에 관한 것이다.

구매부에 대한 교육훈련은 구매에 관한 것으로 구매품목, 구매방법, 구매처 선정, 재고조사 등을 주 내용으로 하며, 생산부에 대해서는 생산기술, 생산일정, 생산성, 공정관리 등을, 판매부에 대해서는 판매관리, 시장조사, 판매전략 등을, 인사부는 채용, 배치, 인사고과, 승진, 충원 등을 주 내용으로 한다. 직능별 교육훈련은 그 직무에 대한 전문적인 것을 교육대상으로 하므로 교육 후 곧바로 실무에 적용할 수 있다. 그러므로 업무에 관한 전문가를 교육훈련자로 선정하는 것이 일반적이다.

3.4 인사평가

인사평가(performance appraisal)란 종업원들이 얼마나 만족하며 성공적으로 직무를 수행하고 있는가를 판단하는 활동이다. 즉 종업원에 대한 기대치와 비교해서 그들의 업적을 측정 · 평가하고 이를 다시 종업원들에게 피드백시키는 과정을 의미한다. 인사평가는 종업원의 인적자원관리 활동에서 결정적인 기준이 되는 것이므로 합리적이고 공정한 방법으로 이루어져야 한다.

공정한 인사평가를 위해 다면평가(多面評價)가 행하여진다. 다면평가는 상사가 부하를 일방적으로 평가하는 방식에서 벗어나, 자기자신, 동료, 상사, 부하, 내부 및 외부 고객으로부터 피평가자에 대한 정보를 수집하고 피드백 해주는 360도 피드백(360 degree feedback)평가를 말한다. 다면평가제도를 효과적으로 활용하기 위해서는 기업/조직의 비전과 전략이 반영된 핵심역량요소를 설계해야 한다. 다면평가의 목적과 활용방안을 명확히 하여 평가지표 및 문항 등을 설계해야지만 기업 경영에 적절히 활용될 수 있는 정보로 피드백될 수 있다(그림 10-2 참조).

최근 인적자원관리의 형태가 연공주의에서 능력성과주의로 전환되면서 인사임금제도 개선이 활발히 이루어지고 있다. 이러한 전환에는 무엇보다도 평가의 객관성과 공정성 문제가 중요한 현안으로 대두하고 있다. 평가의 신뢰와 공정성이 결여된다면 그 누구도 그 결과에 승복하지 않을 것이기 때문이다. 요즘 들어 다면평가가 주목을 받는 것도 바로 이러한 이유에서다. 기존의 상사가 부하를 일방적으로 평가하는 것에서 벗어나 피평가자에 대해 여러 사람이 다양한 각도에서 평가함으로써 평가의 객관성을 유지할 수 있다는 장점 때문에 기업에서는 이 평가제도의 도입을 적극적으로 검토하고 있다.

그림 10-2

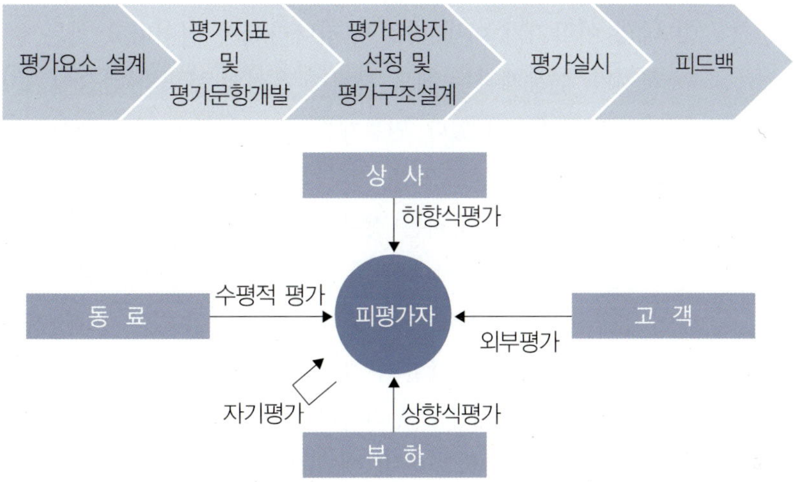

3.5 임금관리

임금관리란 기업이 종업원에게 지급하여야 할 임금의 금액 및 제도를 합리적으로 계획 · 조직하고, 그 성과를 통해 통제 · 개선하는 과정을 말한다. 즉 임금관리는 종업원 개개인의 임금지급액, 임금단위 및 지급방법, 임금의 사회적 수준, 생활급으로서의 안정여부, 승진가능성 등을 고려하여 실시된다. 기업의 입장에서는 이러한 임금을 비용으로 인식하기 때문에 줄이려고 하는 반면에 종업원들은 소득으로 인식하여 더 많이 받으려고 한다. 따라서 종업원의 욕구를 충족시키면서 기업의 이익을 동시에 보장할 수 있는 과학적 임금관리가 필요한 것이다.

최근 성과배분제 등 성과주의 임금주의의 지속적인 증가 추세에 따라 연봉제(年俸制)가 행하여지고 있다. 우수 인재의 확보를 위해서는 합법적으로 많은 급여를 지불해야 하고, 이를 위해서는 연봉제 도입이 불가피하기 때문이다. 한국, 일본 등 동아시아의 유교문화권에서도 점차 서구의 합리주의, 개인주의의 영향으로 직장을 옮기는 현상이 두드러지게 증가하고 있다. 즉 과거의 평생직장의 개념보다 자신에게 더 많은 급여 등 좋은 조건을 제시하는 곳으로 직장을 옮기는 현상이 늘어나고 있다. 이에 대한 기업의 반응이 연봉제의 도입이고, 각 기업은 인재 유치 및 직원의 사기 진작 등을 위해 경쟁적으로 여러 가지 방안을 내놓고 있다. 그 결과, 억대 연봉자의 탄생은 물론이고, 상급자보다 더 많은 연봉을 받는 하급자가 탄생하는 것도 가능해졌다. 이 모든 것이 남의 이야기가 아닌 바로 우리나라에서 일어나고 있는 현상이다.

하지만, 연봉제라는 제도 자체가 우리의 문화와 관습에 얼마나 잘 융화되는가를 살펴볼 필요가 있다. 연봉제를 실시하기 위해서는 객관적이고 체계적인 평가가 선행되어야 한다. 또한, 지나치게 경직된 조직구조를 타파해야 한다. 현실적으로 평가는 사람이 하는 것이고, 이에 대한 불신이 쌓이게 되면 조직 전체적으로 커다란 위험요소로 작용할 가능성이 매우 크다. 실제로 이미 많은 직장인들이 연봉산출의 근거에 대해 불만을 제기하고 있다. 또한, 자신보다 더 많은 봉급을 받는 하급자를 용납할 수 있는 문화적 토양이 우리나라에서는 아직 발달되지 못했다. 이러한 이유로 우리나라의 연봉제는 자칫하면, 조직의 단합과 직원의 사기를 저하시키는 요인이 될 수도 있다. 따라서 연봉제를 도입하고자 하는 기업에서는 먼저 회사의 철학을 뚜렷하게 세운 다음 그에 맞는 급여제도를 도입해야만 한다.

3.6 이동관리 및 이직관리

이동관리는 종업원의 성격, 능력, 근무상태 등을 재평가하여 수직적 · 수평적으로 배치상의 변화를 가져오는 인사관리상의 절차를 의미한다. 기업 내에 인적자원을 계속 보유하면서 현재의 직무에서 다른 직무로 이동시키는 것을 승진과 전환이라고 한다. 승진은 기업에서 구성원의 직무서열 또는 자격서열이 상승하는 것이다. 일반적으로 승진과 함께 보수, 권한, 책임이 확대된다. 또한 전환은 동일하거나 비슷한 계층의 다른 직무로 이동하는 것으로 종업원에게는 경험을 넓히고 새로운 기술을 배울 수 있는 기회가 된다.

효과적인 인력배치와 인사이동의 원칙에는 다음과 같은 것들이 있다.

① **적재적소주의:** 조직구성원의 능력과 성격을 고려하여 최적의 직위에 배치하여 최상의 성과와 목표를 달성할 수 있도록 해야 한다는 것이다. 이를 위해 최근 기업에서는 사내공모제 방식을 많이 활용하고 있다.

② **적정인력주의:** 인적자원의 양적인 측면을 고려한 인원배치에 관한 것으로써 이를 위해서는 가장 먼저 직무의 성격을 명확히 파악하는 것이 중요하다.

③ **능력주의:** 능력과 성과에 따라 합리적인 성과평가와 보상이 이루어지도록 해야 한다.

④ **인재육성주의:** 미래에 기업이 필요로 하는 인재를 실무경험을 통하여 육성될 수 있도록 해야 한다.

⑤ **균형주의:** 조직전체의 성과 증진과 사기앙양을 꾀하도록 조직과 개인의 적재적소를 동시에 고려해야 한다.

한편 종업원들은 한 기업에서 평생 일하기도 하지만 사직, 해고, 은퇴 등 여러 가지 이유로 기업을 떠나는 경우가 있다. 이렇게 기업에서 이탈하는 모든 경우를 이직이라고 하는데 기업의 인사담당자는 이직이 발생하는 이유를 철저히 분석하여 그에 대한 대책을 준비하는 이직관리를 해야 할 것이다.

3.7 디지털시대의 인적자원관리: eHRM

디지털이 인사 시스템을 변화시킨다. 불확실성에 대처하기 위해 각 단위조직을 스스로 창조력, 혁신력을 가진 프랙탈(fractal = fracture(분할)+fraction(파편)) 조직으로 전환하여 인트라넷, 인터넷 등 e-비즈니스도구를 통해 효율적인 인사정보 서비스를 제공하며, 직원들과 경영진간 쌍방향의사 소통이 이루어지고 있다. 이에 걸맞은 인적관리로서 eHRM이 제기되고 있다. 이를 요약하면 다음과 같다.

① **인재 확보와 활용**(e-recruiting): 신규, 경력입사자의 채용절차 자동화로 종업원의 채용 및 선발에 관련된 일련의 작업들을 온라인으로 운영하고, 채용뿐만 아니라 사내인력의 활용극대화를 위해 '직무공모제'가 활발하게 운영되고 있는데, 종업원에게는 경력개발의 기회로 활용된다.

② **인재개발**(e-learning): 회사주도형 교육에서 개인주도형 교육으로 전환하는 계기를 제공하고, 종업원 개개인의 역량과 교육 니즈에 따라 차별화된 '맞춤형 교육체계'를 구축한다.

③ **종업원 서비스**(e-employee service): 기존의 집단적, 일괄적 인사서비스에서 종업원 개개인에 대한 개별 서비스로 전환하고, 인사서비스 업무의 분리와 중앙집중화를 통해 종업원을 내부고객으로 인식하는 의식이 강화되고 전문적인 인사지원체제를 구축한다

④ **조직 커뮤니케이션**(e-communication): 온라인 커뮤니케이션은 거리

의 격차, 신분의식의 격차를 축소시킬 뿐만 아니라, 정보의 동시성으로 정보흐름의 벽을 제거할 수 있다.

⑤ **관리자 지원**(e-manager support): 조직은 관리자에 대해 운영에 필요한 풍부한 자료를 제공함으로써 현장중심의 인력 운영을 도모하게 한다.[2)]

G•l•o•b•a•l•M•a•n•a•g•e•m•e•n•t

핵심인력의 핵심역량

핵심인력의 핵심역량 요건은 다음 표와 같이 여섯 가지 차원에서 파악될 수 있다.

구 분	내 용	측 정 항 목
World-wide	글로벌한 눈	• 국제 시장환경 이해도 • 글로벌 커뮤니케이션 능력
Opportunity	기회를 찾는 발	• 고객 DB 구축 정도 • 현장 접점력
Responsiveness	유연한 몸	• 인적 네트워크 구축 • 새로운 디지털 정보 수용능력
Knowledge	지적인 머리	• 지식검색 능력 • 지식확산력
Ethic	윤리적인 가슴	• 기업 시민정신 수준 • 사회기여 정도
Recreation	일하며 놀 수 있는 양손	• 컴퓨터 게임을 잘하는 능력 • 팀 워커(분위기 메이커)

자료: 강신규 외, 경영학원론, 형설출판사, p. 533.

2) 김인수, 세계가 두려워 할 미래의 한국기업, 삼성경제연구소, 2001, p. 166.

04 | 근무방식 및 시간제도

4.1 재택근무제도(telecommuting)

재택근무제도란 직장에 출근하지 않고 자신의 집에서 워드프로세서, pc, 팩시밀리 등 사무용 기기를 이용하여 근무하는 제도로 출퇴근 시간을 조절하여 1일 근무시간을 늘리고 휴일을 추가하는 방법, 1주일 중에 1일 정도를 출근하고 나머지 시간을 집에서 근무하는 방법 등의 여러 가지 유연근무 방법 중 가장 파격적인 근무방식이다.

이 제도의 도입은 컴퓨터 기술과 정보통신기술의 발달, 교통난의 해소, 고령층 및 주부층 근로자의 확대, 가옥의 면적 증가 등에 따라 일부 기업에서 도입하고 있다. 앞으로 재택근무는 직장과 거주지의 접근이 아니라 재택근무를 포함한 pc시대의 새로운 근무형태를 실험하는 장으로서 주목받고 있다.

4.2 집중근무 시간제도(intensive working hours)

집중근무 시간제도는 특정 시간대(예: 오전 9시~11시, 오후2~4시)를 정해 놓고 그 시간에는 회의나 업무지시, 전화통화를 하지 않으며, 사내방문, 커피 마시기, 담배태우기 등도 금지되며 오직 고유업무에만 전념하도록 하는 제도이다. 이 제도의 핵심은 사무직 종업원들에게 낭비시간을 최대한 줄여 시간을 효율적으로 이용하는 시테크라고 할 수 있다.

시테크는 화이트칼라의 시간 생산성을 높이자는 말로 과거 테일러시스템이나 포드시스템이 블루칼라를 중심으로 붙였던 생산성 혁명의 붐이 화이트칼라로 옮긴 제도라고 할 수 있다.

4.3 근무시간 선택제도(flexitime)

종업원들에게 일정한 기간 동안 소정의 총근로시간(1일 8시간, 1주 40시간) 범위 내에서 출퇴근시간을 자유롭게 결정토록 하는 제도이다. 이 제도는 근로시간의 단축과 효율적 배분 및 활용이라는 측면에서 도입하고 있는데 도입효과는 첫째, 업무의 양에 따라 하루의 근로시간을 정할 수 있어 합리적인 시간 배분을 할 수 있고 연장근무의 시간을 단축할 수 있으며, 종업원의 근무시간과 개인생활 시간과의 조정이 쉽다. 둘째, 시차 출퇴근으로 교통난 해소에 도움이 되며, 효율적 영업활동이 가능하다는 점이다.

제11장 마케팅관리

기업은 수없이 많은 제품(서비스)을 생산하지만 소비자는 그 모든 제품을 구매하지는 않는다. 소비자들은 자신들의 욕구(wants)나 필요(needs)에 맞는 제품(products)만을 선택하여 구매한다. 따라서 기업들은 소비자로 하여금 기업이 생산한 제품을 구매하도록 소비자의 욕구를 만족시키기 위해 많은 노력들을 기울이는데, 이러한 모든 활동을 마케팅(marketing)이라고 한다.

과거에는 마케팅이란 개념이 기업이 생산한 제품을 소비자에게 판매하여 이익을 극대화시키는 것이라고 국한되었다. 하지만 근래에 들어서는 소비자들의 욕구를 충족시키고, 더 나아가 소비자들의 욕구를 불러일으키도록 하는 적극적인 개념이 도입되고 있다. 따라서 마케팅관리란 기업이 소비자의 욕구를 파악하고 경쟁기업보다 효과적 · 효율적으로 그 욕구를 충족시키기 위해 제품, 가격, 유통경로, 촉진 등의 경영활동을 계획 · 실행하는 과정이라고 할 수 있다. 마케팅관리는 시장분석과 소비자행동분석을 기본으로 하여 선정된 목표시장에 대해 기업이 통제할 수 있는 제품(product), 가격(price), 유통경로(place), 촉진(promotion) 등의 네 가지 요소(4P)를 적절히 관리함으로써 이루어진다.

01 | 다양한 마케팅의 개념

(1) 온라인 마케팅

인터넷, 콜센터, 팩스, PC통신, 무인화 자동기기, Kiosk 등 전자적 수단을 매개로 한 마케팅 활동에 초점을 두는 것이다. 따라서 온라인 마케팅 개념 안에 인터넷 마케팅이 한 부분을 차지하고 있다. 온라인 마케팅은 오프라인 마케팅이 가지고 있는 시간적, 공간적 제약을 온라인 마케팅에서는 찾아보기 힘들기 때문에 전통적 마케팅과 대별되기도 한다. 온라인 마케팅이 기존의 마케팅과 다르게 시공의 제약을 벗어날 수 있었던 것은 정보기술의 발전 때문이다.

(2) 인터넷 마케팅

인터넷을 마케팅 채널의 하나로 인식하는 것이다. 인터넷이 온라인 마케팅의 주류로 자리를 잡게 된 이유는 그 파급 효과가 다른 어떤 매체보다도 강력하기 때문이다. 우선, 인터넷이라는 매체의 확산 정도가 다른 어떤 매체보다도 단기간에 급속도로 이루어지고 있다는 점을 주시할 필요가 있다. 이러한 인터넷의 급속한 확산에 부응하여 실제 고객들을 인터넷으로 끌어들일 수 있다면, 보다 많은 고객을 대상으로 판매 증대 효과를 높일 수 있을 것이다.

(3) 이메일 마케팅

인터넷의 기능 중에서 전자메일을 통한 마케팅 커뮤니케이션의 활용을 강조한 것이다. 이메일 마케팅은 TV, 라디오, 신문, 잡지, 옥외광고 등 기존의 마케팅 커뮤니케이션 도구보다 비용 측면에서 매우 저렴하고 보다 광범위한 커뮤니케이션의 대상에 대해 깊이 있게 접근할 수 있다는 장점을 가지고 있다. 이메일 마케팅에서 중요한 점은 고객의 정보를 이용하거나 고객에게 정보를 전달하고자 할 때, 고객의 사생활을 최대한 존중하는 선에서 이루어져야 한다는 것이다.

(4) 데이터베이스 마케팅

고객과 관련된 다양한 데이터를 수집 · 분석해 마케팅의 효율성을 극대화하는 것을 말한다. 이러한 데이터베이스 마케팅의 이용으로 기업은 전체 고객을 대상으로 하는 매스 마케팅 전략에서, 전체 수익의 상당 비중을 차지하는 소수의 우수 고객에 초점을 맞추는 타깃 마케팅으로 옮겨갈 수 있게 되었다. 흔히 20:80법칙으로 불리는 우수 고객 중심의 경영전략이 실현된 것이다.

따라서 데이터베이스 마케팅의 주요 관심사는 소수의 우량 고객을 더욱 잘 관리해 충성도를 높이는 동시에 기업이 가지고 있는 다른 상품을 교차 판매하거나 이미 보유한 상품을 자사의 상품으로 대체할 수 있는가에 모아졌다.

(5) 맞춤 마케팅

고객을 전체 또는 일정한 집합으로 묶지 않고 고객 개개인을 독립적으로 파악하여 각각의 고객이 원하는 욕구를 충족시키는 마케팅을 의미한다. 그러나 실제 기업의 모든 고객을 하나하나 파악해 고객의 욕구를 일일이 충족시키는 것은 아직까지 무리로 받아들여지고 있다. 따라서 유사한 고객을 묶어 공통적인 욕구를 충족시켜 가는 접근방법이 활용되고 있다. 맞춤 마케팅은 고객과 장기적으로 우호적인 관계를 맺어 나가는데 매우 중요한 역할을 한다. 맞춤 서비스에서 만족한 고객들은 기업에게 매우 강한 충성도를 가지고 있으며, 향후 기업이 제시하는 다른 상품에 대해서도 쉽게 구매하는 경향을 보인다.

(6) 감성 마케팅

향기, 음악, 맛 등과 같은 인간의 오감(청각, 시각, 촉각, 후각, 미각)을 이용한 판매촉진 중심의 마케팅으로 가격이나 제품의 질과 같은 이성적인 측면보다 감성적 측면을 강조한다. 감성 마케팅은 크게 두 가지로 나뉜다. 알리고자 하는 감성의 특성을 상품의 구성요소에 직접 넣는 경우와 직접적인 제품이 아닌 유통점이나 판매촉진활동의 일부에 그 특성을 첨가하는 경우이다.

향 마케팅(Fragrance 또는 Aroma Marketing)은 감성 마케팅 중에서 향기와 관련된 후각기관을 이용하는 마케팅이다. 직접적인 향마케팅의 사례로는 샴푸, 의류 등과 같이 제품 자체에 향기를 첨가하는 경우다. 반면, 간접적인 향 마케팅의 사례는 주위에서 더욱 찾아보기 쉽다. 백화점의 고급 의류 매장에 라벤더 향을 방향제로 써서 쾌적한 쇼핑 분위기를 조성한다든지, 호텔 라운지에서 고급 커피 향을 피워 고객을 유도하는 활동 등을 말한다.

(7) 지역 마케팅

고객의 욕구는 개인마다 서로 다르기 때문에 마케팅에 종사하는 사람들은 흔히 고객의 특성에 따라 전체 고객시장을 여러 개의 유사한 성질을 가지고 있는 고객들을 묶어 여러 개의 그룹으로 나누게 된다. 이때 고객이 사는 장소나 활동하는 장소를 기준으로 고객을 세분화하기도 하는데, 이와 같이 지역에 따라 고객을 분류하는 마케팅을 지역 마케팅이라고 한다. 지역 마케팅은 기업이 속해 있는 국가가 매우 크거나, 지역별로 서로 문화적 · 이념적 · 규범적으로 상이한 경우 많이 이용되는 마케팅의 일종이다.

(8) 그린 마케팅

기업의 마케팅이 고객이라는 소비 주체에 초점이 맞춰져 있던 것을, 이제는 고객뿐만 아니라 고객을 둘러싼 환경, 사회까지 고려해야 한다는 사회학적 마케팅 컨셉트에서 비롯된 것이다. 유한 킴벌리의 “우리강산 푸르게 푸르게” 캠페인과 같은 것이 좋은 예이다. 이는 마케팅이 기업의 이윤 추구에 그 의의를 두었던 과거 전통적인 마케팅의 역할을 넘어서 기업의 윤리의식을 강조하기 시작했다는 것이다. 그린 마케팅은 당장 기업의 매출에 큰 영향을 미치는 마케팅 활동은 아니지만, 장기적인 관점에서 고객에게 신뢰감을 심어줄 수 있는 마케팅 활동이다.

(9) 네트워크 마케팅

기업이 어떤 고객을 자사의 판매원으로 가입시키면, 그 가입된 고객이 또 다른 고객을 자신의 하위 판매원으로 등록할 것을 권유하여 연쇄적이고 기하급수적인 유통 조직망을 형성하는 데 초점을 맞추는 유통 측면의 마케팅이다.

네트워크마케팅을 추구하는 기업은 이런 유통 조직망을 통해 연고 판매를 중심으로 수익을 올리는 데 목적을 두며, 대부분 다단계와 네트워크 마케팅은 혼용되고 있으며, 특별히 그 용어상의 차이점을 찾아보기는 힘들다.

이론상으로는 기업이 광고비나 유통, 물류비 등을 절감하여 그 절감한 이익을 판매원과 소비자에게 배분한다는 강점을 가지고 있다. 특히, 판매원에게는 상품 판매에 따른 마진 이외에 다른 고객을 판매원으로 유치시킨 것에 대한 보상 플랜을 제공한다.

02 | 시장분석

시장분석이란 기업이 소비자에게 팔고자 하는 제품이 시장성이 있는가를 판단하는 것이다. 즉 기업이 당면하고 있는 특정 시장의 상황과 관련되는 모든 정보를 수집하여 분석하는 활동이다. 일반적으로 시장분석은 기업이 제품을 생산하고 판매하는 등의 경영활동에 영향을 미치는 모든 환경인 마케팅환경에 대한 분석으로 이루어진다. 마케팅환경 분석은 경쟁기업, 원자재 공급업자, 유통업자, 고객 등 미시적 환경에 대한 분석과 미시적 환경에 영향을 미치는 정치적, 경제적, 인구통계적, 사회적, 문화적 요소 등 거시적 환경에 대한 분석으로 이루어진다.

03 | 소비자행동분석

소비자행동분석(consumer behavior analysis)이란 소비자가 어떤 동기와 태도로 특정 제품이나 서비스의 구매를 결정하는가를 규명하는 것이다. 즉 소비자들이 제품을 구매하는데 어떤 의사결정과정을 거치는지, 그러한 의사결정과정에 영향을 미치는 요인들은 무엇인지, 구매에 있어 나타나는 특성은 무엇인지 등에 대해 분석하는 것이다.

소비자들의 구매 의사결정 과정은 문제인식, 정보의 탐색, 대체안의 평가, 선택과 구매행동, 구매후 평가의 5가지 단계로 이루어진다. 마케팅관리자는 각 단계에서 구매자의 행동과 그 행동에 영향을 주는 요소들이 무엇인지를 파악해야 한다. 소비자들의 구매의사결정 과정에 영향을 미치는 요소로는 다른 사람들의 태도, 예상치 못했던 상황, 소비자의 구매후 만족 수준과 그 기업에 대한 구매후 평가 등이 있다. 또한 소비자의 행동에 영향을 미치는 요인은 개인적 · 심리적 요인과 사회적 · 문화적 요인으로 크게 구분할 수 있다. 개인적 · 심리적 요인에는 동기, 지각, 학습, 신념과 태도, 인구통계적 특성, 라이프 스타일, 개성, 나이, 직업 등이 있으며, 사회적 · 문화적 요인에는 문화, 준거집단, 사회계층, 역할 및 지위, 가족 등이 있다.

04 | 목표시장의 선정

시장분석과 소비자행동에 대한 분석을 마친 후에는 시장세분화를 통해 목표시장을 선정하고, 그 시장의 소비자에게 자신의 제품을 어떻게 인식시킬 것인지를 결정해야 한다. 즉 시장세분화(market segmentation), 표적화(targeting), 포지셔닝(positioning)의 세 가지 활동을 실행해야 한다.

(1) 시장세분화(market segmentation)

시장을 상이한 특성을 지닌 세분시장(상이한 욕구, 행동, 특성을 가지고 있는 소비자 집단)으로 분류하는 과정이다. 즉 기업이 제품이나 서비스를 판매할 목표시장을 선정하기 위하여, 구매자들간에 존재하는 중요한 차이를 기준으로 전체시장을 세분함으로써 효율적인 마케팅활동을 수행하고자 하는 과정이다. 지역에 따라 소비자시장을 구분하는 지리적 세분화(geographic segmantation), 나이 · 수입 · 교육수준 등에 따라 시장을 구분하는 인구통계학적 세분화(demographic segmentation), 집단의 가치관 · 태도 · 관심 등에 따라 시장을 나누는 심리적 세분화(psychographic segmentation) 등이 있다.

(2) 표적화(targeting)

세분화된 시장을 평가하여 그 가운데 기업이 진출하고자 하는 하나 또는 그 이상의 시장을 선택하는 과정이다. 즉 기업의 제품이나 서비스를 구매할 만한 고객들이 누구인가를 찾아내는 과정이다.

(3) 포지셔닝(positioning)

포지셔닝이란 자사의 제품을 시장과 목표고객의 마음 속에서 명백하고, 특색있게, 바람직한 위치에 배치하는 것으로, 목표시장을 삼은 세분시장별로 가격, 품질, 기능 등 다양한 면에서 차지해야 할 위치를 결정하는 것이다.

05 | 마케팅믹스(4P & 7P)

마케팅믹스(marketing mix)란 목표시장에서 기업의 목표를 달성하기 위하여 통제 가능한 마케팅 변수(제품, 가격, 유통경로, 촉진)를 최적으로 배합하는 것을 말한다. 마케팅관리에서의 4P는 별개의 과정을 통해 결정되어 이루어질 수 있다. 하지만 하나하나 따로 볼 때는 적절할 결정이지만 기업 전체적인 입장에서는 적절하지 못한 경우가 있을 수 있다. 따라서 마케팅믹스인 4P는 기업 전체적인 측면에서 적절하게 혼합되어 결정되어야만 효과적일 수 있다.

5.1 제품관리전략

제품(product)이란 소비자들의 욕구를 충족시키기 위해 시장에 제공하는 모든 재화와 서비스를 말한다. 제품은 마케팅믹스의 가장 핵심적인 요소이며, 다른 마케팅믹스 요소를 결정짓는 데에도 영향을 미친다. 또한 물리적인 모양을 지닌 제품 그 자체뿐만 아니라 브랜드, 포장, 디자인 그리고 제품판매장소의 분위기 등도 제품의 범위에 포함된다.

제품관리전략이란 시장의 변화를 검토하여 시장의 욕구와 필요에 부응하도록 제품의 구성을 끊임없이 조정하는 것을 말한다. 제품관리의 핵심은 제품수명주기에 대한 이해에 있다. 사람도 유아기 – 청년기 – 장년기 – 노년기에 따라 역량과 역할이 달라지듯 제품도 라이프 싸이클에 따라 판매 전략이 달리 수립되어야 한다. 제품수명주기(PLC: Product Life Cycle)는 신제품이 시장에 도입된 후 시간경과에 따른 매출액 수준을 나타내는 시장수요의 변화패턴을 말하는 것으로 일반적인 모습은 다음과 같다(그림 11-1 참조).

시간과 판매액의 기준에 따른 전형적인 제품수명주기는 S자형을 가진다. 제품수명주기의 단계별로 살펴보면 하나 또는 소수의 제품으로 시장이 구성되어 경쟁자가 거의 없고 판매량이 매우 낮은 단계의 도입기(introduction stage), 급속한 판매성장과 경쟁자의 등장으로 시장에서 급격히 수용되고 있는 성장기(growth stage), 성장기에 진입한 많은 경쟁자들로 인해서 잠재적으

그림 11-1 ○ 제품수명주기

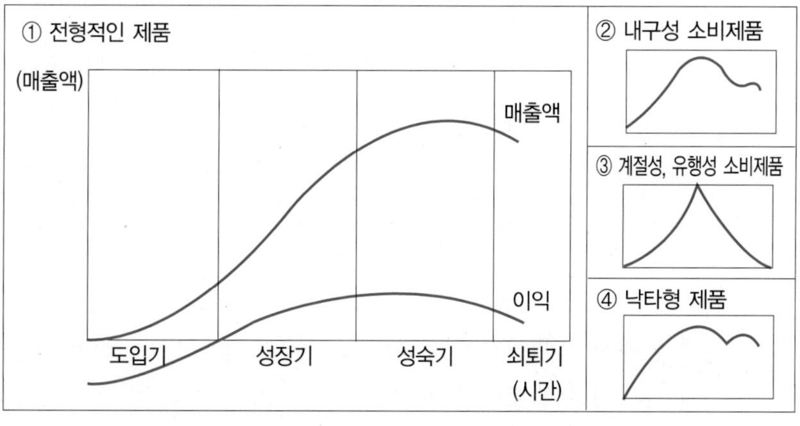

표 11-1 ◯ 제품수명주기에 따른 관리전략

특징	도입기	성장기	성숙기	쇠퇴기
판매량	낮음	급속 성장	판매의 극대점 도달	감소
상품원가	높음	점차 하락	낮아짐	낮음
이익	적자 또는 낮은 이익	점차 증가	높은 이익	감소
고객층	혁신층	조기수용자	중간다수층	후기수용층 (보수층)
고객당 비용	높음	평균	낮음	낮음
경쟁자	없거나 소수	증가	많음	감소
마케팅목표	상품인지도 형성, 시용 창출	시장점유율 확대	이익극대화를 위한 시장점유율 유지	비용절감, 투자 회수
브랜드전략	브랜드 구축 전략	브랜드 강화 전략	브랜드 리뉴얼 전략	
제품관리	기본 형태의 상품	상품 확대, 서비스 향상, 품질보증의 도입	브랜드, 모델의 다양화	경쟁력 없는 취약 상품의 철수
가격관리	고가 전략 (또는 저가 전략)	시장 침투 가격	경쟁사 대응 가격	저가 전략
광고	조기 수용층과 중간상에 대한 상품 인지 형성	일반 소비자층의 인지도, 상품 관심의 향상	브랜드간 차이와 상품편익 차이 강조	핵심, 고정 고객유지만을 위한 최소한의 광고
촉진관리	시용 구매를 유도하기 위하여 강력한 중간상, 소비자 촉진 수행	수요성장에 따른 매출액 대비 판촉 비율의 감소	자사 브랜드로의 전환을 유도하기 위한 판촉비 증대	최저 수준으로 감소
유통경로 관리	선택적 유통–좁은 경로 커버리지	집약적 유통–경로 커버리지 확대	집약적 유통–경로 커버리지 최대화	선택적 유통–수익성 적은 유통경로 폐쇄

로 그 제품을 사용할 의향이 있었던 소비자들은 대부분 제품을 수용한 상태에서 매출액의 성장이 둔화되는 단계인 성숙기(maturity stage), 새로운 기술개발로 인하여 동일한 욕구를 만족시켜 주거나, 성능이 동일하고 가격이 싼 제품이 등장했거나, 제품에 대한 소비자의 욕구가 사라져 매출액이 급격히 감

소하는 쇠퇴기(decline stage)의 싸이클을 지닌다. 제품관리자는 각 제품수명주기상에서의 소비자의 욕구를 잘 파악하여 제품을 수정하고, 신제품을 개발하며, 기존제품의 폐기에 관련한 의사결정을 내려야 한다.

제품수명주기에 따른 관리전략을 정리하면 〈표 11-1〉과 같다.

5.2 가격관리전략

가격(price)이란 소비자가 제품을 구입하기 위하여 지불하고자 하는 금액이다. 가격은 기업의 입장에서는 이익과 직결된다는 면에서, 소비자의 입장에서는 구매능력과 직결된다는 면에서 매우 중요하고 예민한 요소라고 할 수 있다.

기업의 가격관리전략은 최초의 가격결정과 상황에 따라 결정된 가격의 조정으로 이루어진다. 최초의 가격결정은 일반적으로 가격목표 설정, 수요결정, 원가추정, 경쟁기업분석, 가격설정방법 선택, 최종가격 선택이라는 과정을 거친다. 또한 시장 상황의 변화에 따라 기업은 가격관리를 통해 시장의 확대나 현재의 소비자를 유지하는 것 등을 목표로 정할 수 있다. 기본적인 가격전략은 상대적 고가전략, 상대적 저가전략, 대등가격전략 등이 있다. 상대적 고가전략이란 고소득층의 소비자를 노리고 가격을 높게 결정하는 것이다. 상대적 고가전략이 성공하기 위해서는 소비자들이 더 높은 가격을 지불하고라도 자사의 제품을 구매할 수 있게 하는 제품의 차별화가 이루어져야 한다. 상대적 저가전략이란 가격을 낮추어서 많은 소비자를 확보하고자 하는 전략이다. 경쟁이 심화되어 있을 때 시장을 확대하기 위해 사용될 수 있는 전략이다. 그러나 저가전략은 시장에서 성공하는 예가 많지 않으므로 신중히 고려할 문제다.

5.3 유통경로 관리전략

유통경로(place)란 생산자로부터 소비자에게로 제품이 전달되기까지 통과하게 되는 모든 기관 및 과정을 말한다. 따라서 유통경로관리란 제품이 적절한 시기에 적절한 장소에서 적절한 양만큼 소비자에게 공급될 수 있도록 전달하는 과정을 결정하는 것이다.

기업이 생산한 제품을 직접 최종소비자에게 판매해야 한다면 엄청난 비용과 시간이 낭비될 것이다. 따라서 제품을 생산한 기업과 최종소비자 사이에는 수많은 중간상(middleman)이 존재하게 된다. 유통경로관리의 초점은 이러한 수

많은 중간상 가운데 어떠한 경로를 거쳐 소비자에게 제품이 전달되도록 할 것인가에 맞추어져 있다. 즉 유통경로상에서 중간단계의 수를 얼마로 할 것인가 그리고 각 단계에서의 판매자의 수를 얼마로 할 것인가에 대해 결정해야 한다.

일반적으로 가장 많이 활용되는 유통경로는 생산자로부터 도매상, 소매상을 거쳐 소비자에게 전달되는 유형이다. 그리고 도매상과 소매상 사이에 중간도매상이 관여하여 두 경로 참가자 사이의 거래를 조정하는 유형도 많이 사용된다. 식료품이나 의류 등의 제품인 경우에는 생산자로부터 소매상을 거쳐 소비자에게 전달되는 유형이 사용되기도 한다. 최근 들어 인터넷이나 TV 홈쇼핑을 통한 통신주문판매를 이용해 생산자로부터 직접 소비자에게 전달되는 유형이 있다.

5.4 촉진 관리전략

촉진(promotion)이란 고객이 될 수 있는 사람들에게 적절한 정보를 제공 · 설득하고 영향력을 행사함으로써 그들의 수요욕구를 환기시키고자 하는 모든 활동을 말한다. 오늘날은 다양한 제품들이 대량으로 시장에 공급되기 때문에 소비자는 자신의 욕구와 필요를 충족시키기 위해 대단히 넓은 선택범위를 갖게 된다. 소비자들이 특정 제품에 대한 충성도를 가지지 않은 경우라면, 그들은 이전의 구매경험이나 습관에 의해 구매결정을 내리는 경향이 있다. 즉 기업이 훌륭한 제품을 생산한다 할지라도 그것을 소비자에게 적극적으로 알리지 않는다면, 소비자 스스로 그러한 제품의 존재나 그 제품이 제공하는 효익 등에 대한 정보를 얻을 수 없다. 따라서 기업은 소비자에게 제품에 대한 적절한 정보를 효과적으로 제공함으로써 그들의 구매의사결정에 영향을 미칠 수 있도록 노력해야 한다. 이러한 촉진활동에는 광고, 인적판매, 판매촉진, 홍보 등이 있다.

(1) 광고(advertising)

광고란 확인된 광고주가 일정한 대가를 지불하고 제품, 서비스를 비개인적으로 제시하고 촉진하는 것을 말한다.

(2) 인적판매(personal selling)

판매원이 예상 고객과 직접 접촉하여 대화를 나누면서 예상 고객의 욕구나 필요를 환기시키거나, 판매저항을 배제함으로써 구매활동을 일으키게 하는 것을 말한다. 인적판매는 고객과의 쌍방향 의사소통이 가능하기 때문에 제품에 대한 자세한 정보를 전달할 수 있다는 장점이 있다.

(3) 판매촉진(sales promotion)

판매촉진이란 소비자의 구매를 촉진시키고, 자사제품을 취급하는 거래점의 효율성을 자극하기 위하여 비상례적으로 수행되는 활동 등을 말한다. 소비자를 직접 대상으로 하는 판매촉진에는 샘플제공, 쿠폰, 환불, 무료사용, 경연회 등이 있으며, 거래점을 대상으로 하는 판매촉진에는 후원금, 협동광고, 전시회 등이 있다.

(4) 홍보(publicity)

홍보란 라디오, 신문, TV 등과 같은 대중매체를 통하여, 제품이나 서비스 또는 기업에 관하여 의미있는 정보를 제공함으로써 수요를 자극하는 활동을 말한다.

한편, 붐과 비트너(Boom & Bitner, 1981)는 전통적 마케팅믹스 요인에 3P를 추가하여 서비스마케팅믹스인 7P를 제시하였다. 여기에서 3P는 참가자(participants or people), 물리적 증거(physical evidence), 서비스 절차(process)를 말한다.[1)]

일반적으로 서비스(service)는 제품(product)과 달리 몇 가지 특성을 가진다. 즉, 생산과 소비가 동시에 발생하고(비분리성: inseparability), 생산되는 즉시 소비되므로 사용하고 나면 그 자체가 사라져 저장이 불가능하며(소멸성: perishability), 형태가 없는 "무형성"을 띄고 있고(무형성; intangibility), 인간적인 요소가 포함되어 있어서 제품과 같이 표준화하기 어렵고, 성과의 표준을 개발하기도 쉽지 않다(이질성: heterogeneity). 이처럼 서비스는 공산품과는

1) Nernard H. Boom & Mary J. Bitner, "Marketing Strategies and Organization Structures for Service Firms", in James H. Donelly & William R. Georage, *Marketing of Service, Proceedings Series*, American Marketing Association, 1981.

달리 서비스가 생산되고 소비되는 과정에 소비자가 참여하게 된다는 큰 차이점을 지나고 있어서 전통적 마케팅 믹스에 3P를 추가하게 된 것이다.

전통적 마케팅믹스(4P)에 추가된 3P는 다음과 같다.

① **참가자(Participants 또는 People)**: 기업과 외부고객, 기업과 내부고객(종업원), 종업원과 고객과의 관계에 따른 마케팅 개념이다. 먼저 기업과 외부고객 간에는 상품과 서비스를 통하여 고객만족을 추구하는 요소이며, 기업과 종업원 간에는 합리적인 인사관리와 교육훈련, 직무와 작업환경 개선, 더 좋은 성과를 낼 수 있도록 동기부여를 하는 활동 등을 전개하는 요소이고, 마지막으로 종업원과 고객 간에는 CRM(Customer Relationship Management) 등을 통하여 기업의 약속을 고객에게 전달하고 실천하는 요소이다.

② **물리적 증거(Physical evidence)**: 물리적 증거란 서비스가 전달되어지고, 서비스 제공자와 고객의 상호작용이 이루어지는 환경으로써, 시설 및 기구와 같은 유형적인 증거를 통해 고객에게 만족을 추구하는 마케팅 요소이다. 물리적 증거의 구성요소로는 물리적 환경과 기타 유형적 요소가 있다. 물리적 환경에는 외부환경과 내부환경이 있는데, 외부환경은 시설의 외형, 간판, 안내표지판, 주차장, 주변 환경 등이 여기에 속하며, 내부환경은 내부장식과 표지판, 벽색상, 가구, 시설물, 공기의 질과 온도, 향기 등이 해당된다. 기타 유형적 요소로는 종업원의 유니폼, 광고 팜플렛, 메모지, 영수증 등이 있다. 서비스에서 물리적 증거가 중요한 이유는 고객의 눈에 보이는 가시적인 것에 의해 서비스를 평가하고 만족하는 경향이 많기 때문이다.

③ **서비스절차(Process)**: 서비스절차란 서비스가 전달되어지는 절차나 메커니즘 또는 활동들의 흐름을 의미한다. 대부분의 서비스는 일련의 과정(process)이며 흐름(flow)의 형태로 전달되는데, 예를 들어 서비스를 구매하기 위한 대기과정에서는 대기관리가 철저히 이루어져야 하고, 구매과정에서도 구매접점관리(MOT: Moment of Truth)가 이루어져야 하고, 구매 후에도 인과관계도표(cause and effect diagram) 등을 활용하여 고객의 불만과 건의사항 등을 추적하여 반응하는 노력을 기울여야 한다. 인과관계도표는 고객의 불만을 직접 추적하는 데 도움을 주는 피쉬본 다이어그램(fishbone diagram) 등이 있다.

05 | 글로벌 시대의 마케팅

글로벌 시대의 마케팅은 글로벌 기업으로서 사회에 대한 기여와 책임의식을 늘 염두에 두고 있어야 한다.

e-Commerce의 발전과 함께 지역적, 사업별 확장을 통해 경쟁자들과의 차별화를 가능케 하여야 하며 다양한 커뮤니티를 활성화시켜서 무결점을 지향하고 최고의 서비스를 제공하기 위해 최선을 다해 종업원의 재능을 발굴하고 이를 개발시켜야 할 것이다. 시장의 미래를 예측하고 시장의 변화에 발빠르게 대처함은 물론 고객의 신뢰에 보답하기 위해 종업원 개개인의 책임을 중시하고 임직원 간의 협력을 통해 책임감을 가지고 고객의 목소리에 귀 기울이는 고객 제일주의의 마케팅 전략을 펼쳐나가야 할 것이다.

G•l•o•b•a•l•M•a•n•a•g•e•m•e•n•t

스타벅스의 5P 마케팅

스타벅스의 5P마케팅이란, 최고급 품질의 커피(Product), 아늑한 공간(Place), 서비스와 제품에 걸맞는 가격(Price), 적절한 홍보(Promotion)의 4P에 커피를 만들고 서비스하는 사람(People)을 합친 개념이다.

스타벅스의 직원은 스타벅스가 고객에게 자랑하는 최고의 마케팅무기이자, 회사가 가장 처우에 신경쓰는 내부고객이기도 하다. 미국 본사의 경우 1990년 전 직원에게 우리사주를 도입했고, 6개월만 근무해도 스톡옵션을 획득할 자격을 갖게 되며 또 임시직이라도 의료보험혜택을 보장한다.

제12장

Global Management

재무관리

재무관리(financial management)란 기업가치 극대화라는 목표를 달성하기 위해서 자본을 조달하고 운용하는 기업의 활동을 말한다. 즉 기업의 경영활동에 필요한 자본을 합리적으로 조달하고, 조달된 자본을 효과적으로 운영하는 활동이라고 할 수 있다. 따라서 재무관리는 기업이 필요한 자본을 언제, 어디서, 어느 정도나 조달할 것인가 하는 조달측면과 조달된 자본을 언제, 어디에, 어느 정도나 투자할 것인가 하는 운용측면에서 살펴볼 수 있다.

01 | 재무관리의 의미와 기능

재무관리(financial management)란 기업의 자금조달 및 운용과 관련된 문제를 해결하기 위한 이론과 실제를 다루는 것으로서 기업재무(corporate finance)라고도 한다. 자금조달은 장 · 단기 자금의 원천에 관한 것으로 화폐시장 및 자본시장에 대한 이해가 중요하다. 자금운용은 장기 설비투자 및 단기 자금운용에 관한 내용이며, 배당정책도 이에 포함된다(그림 12-1 참조).

재무관리의 주요 기능(역할)으로는 신규투자기회의 발견과 집행, 창업과 철수, M&A 등과 관련된 자본예산결정, 장기 및 단기 현금예금, 매출채권, 재고자산, 매입채무 등 단기자금조달과 운용에 관한 운전자본관리 등이 있다. 기업에서 재무관리를 담당하는 최고책임자는 결국 기업의 수익성은 증대시키고 위험은 최소화하여 기업가치가 창출되도록 최고경영자의 의사결정을 지원함으로써 그 중요성이 증대되고 있다.

그림 12-1 재무관리자와 자본시장과의 관계

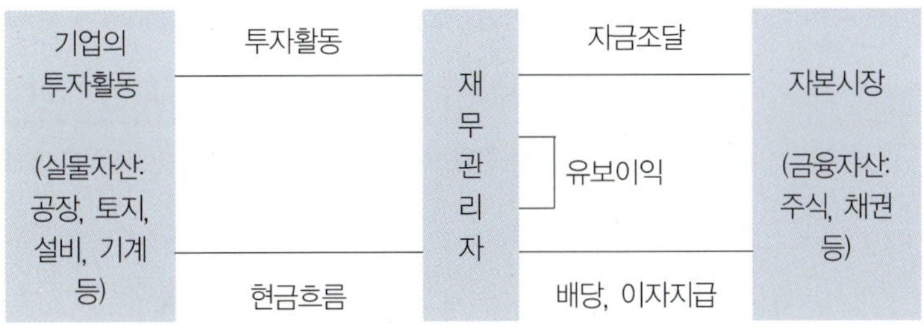

02 | 재무관리의 목표: 기업가치의 극대화

재무관리의 목표는 기업의 목표라고도 할 수 있다. 일반적으로 언급되고 있는 기업의 목표로는 ① 생존, ② 재무적 부실과 파산의 회피, ③ 경쟁력 확보, ④ 매출 또는 시장점유율, ⑤ 원가절감, ⑥ 이익극대화, ⑦ 안정적인 이익 증가 등을 들 수 있다. 이 중에서도 이익 극대화는 가장 널리 제시되고 있는 목표이다. 그러나 이익극대화는 사업자체의 위험도 또는 기업의 재무구조의 차이에 의한 위험도를 고려하고 있지 못하며, 수선유지비 삭감 및 재고감축, R&D투자의 삭감 등에 의한 단기이익의 극대화 방안은 오히려 기업의 장기성장을 저해하는 등의 문제가 있다.

위에서 제시한 다양한 목표 중 매출이나 시장점유율의 확대, 원가절감 등은 기업의 수익성과 관련이 있고, 파산의 회피나 이익안정성 유지 등은 위험의 감소와 관련이 있다. 결국 기업의 목표는 수익성 증대와 위험 감소라는 기업활동의 두 측면을 모두 포함하는 것이 되어야 하는데, 이에 해당하는 기업목표가 바로 기업가치의 극대화이다.

기업가치는 기업이 보유하는 자산을 영업활동에 투입하여 창출하는 현금흐름(수익성)을 위험을 반영한 적절한 할인율로서 할인함으로써 측정된다. 그런데 기업가치는 창출된 현금흐름이 부채의 원리금상환에 충분한 한도에서는 일정한 수준을 유지할 것이므로, 기업가치를 극대화한다는 것은 곧 주주가치 즉 현재의 주가를 극대화한다는 것과 같은 의미가 있다. 그러므로 재무관리의 목표는 기존 주식의 가치를 극대화한다는 것과 크게 다르지 않으며, 좋은 재

그림 12-2 ◎ 재무관리의 기능과 목표

실질자본투자
자본예산
||
자금의 효율적 운용
투자가치의 극대화
기업자산의 최적 배합
기업의 가치 = f(수익, 위험)

자본 조달
||
자금의 합리적 조달
자본비용의 극소화
기업자본의 최적 배합
기업의 가치 = 자기자본의 가치 + 타인자본의 가치

기업가치의 극대화 (주주부의 극대화)

무적 결정은 현재의 주가를 상승시키며, 나쁜 재무적 결정은 현재의 주가를 하락시키는 것으로 나타난다.

여기서 기업가치라 함은 기업이 가진 자산의 가치를 뜻하는데 기업의 자산은 결국 기업이 외부의 채권자로부터 차입한 부채(타인자본)와 주식발행을 통하여 조달한 자본(자기자본)으로 구성된다. 그런데 부채는 시간이 지나도 크게 변동하지 않고 고정적 성격을 가지기 때문에 결국 주로 기업가치에 영향을 미치는 것은 자기자본, 즉 주식의 가치이며, 자기자본의 변화는 주로 주가의 변동에 의해서 나타난다.

다시 말하면, 재무관리에서 다루는 커다란 두 가지 영역은 자금조달 측면과 자금운용 측면이라고 볼 수 있으며, 재무관리의 목표는 기업가치의 극대화인바, 이를 정리하면 [그림 12-2]와 같다.

key word 주주관계 활동

주주관계활동(Investor Relations: IR)은 '기업이 자본시장에서 정당한 평가를 얻고 자본조달을 용이하게 하기 위하여 주식 및 사채투자자들을 대상으로 실시하는 홍보활동'을 의미하며, '투자자, 관계기업 설명활동'이라고도 한다.

IR을 설명하기 위해 이미 알고 있는 개념인 PR과 비교해서 살펴보면 다음과 같다. 첫째, 홍보 대상의 차이점이다. PR(public relations: 홍보)은 일반 사람들을 대상으로 기업활동 전반에 대하여 홍보를 하는 반면, IR은 주식시장에서 기업의 우량성을 확보해 나가기 위해서 투자자들만을 대상으로 기업의 경영활동 및 이와 관련된 정보를 제공하는 홍보활동을 말한다. 둘째, 전달하는 정보가 지니는 측면에서의 차이점이다. PR은 일반 대중을 상대로 하고 회사의 장점만을 전달하는 반면, IR은 기관투자가를 상대로 하고 회사의 장점뿐 아니라 단점까지도 전달한다.

현재의 대부분의 기업의 자본조달은 금융시장을 통해 조달하게 된다. 자사의 영업이익 이상의 자본이 필요할 경우, 기업 외부에서 자본을 조달해야 하며, 이 경우 채권 혹은 주식을 발행하거나 대출을 받는 형식으로 자본을 공급받게 된다. 만약 긴급히 대규모 자본이 필요할 경우 평소에 IR을 소홀히 한 기업일 경우, 더욱 비싼 비용을 들이고 자본조달을 하게 되거나, 최악의 경우 자본조달을 적시에 하지 못해 기업이 파산할 가능성도 배제할 수 없는 것이다. 따라서 기업 외부로부터의 자본조달은 기업에 있어서 매우 필수적인 활동이며, 이러한 외부자금의 원활한 공급을 위해 IR은 점점 더 중요해지고 있는 추세이다.

03 | 자본의 조달

3.1 자기자본과 타인자본

자본의 조달은 기업의 경영활동을 위해 필요한 자본을 어디로부터 조달할 것인지, 어느 정도나 조달할 것인지를 결정하는 것으로, 자본구조결정이라고도 한다. 기업이 자본을 조달할 수 있는 원천은 크게 주식발행, 사채발행, 그리고 금융기관으로부터의 차입으로 구분할 수 있다. 이 중 주식발행을 통한 자본을 자기자본, 사채발행과 금융기관으로부터의 차입을 통한 자본을 타인자본이라고 한다. 즉 자본을 어디로부터, 어느 정도나 조달할 것인지를 결정하는 것은 자기자본과 타인자본의 구성비율을 결정하는 것과 같다.

주식발행을 통한 자본조달은 자기자본의 형태여서 재무의 건전성 측면에서 다른 방법을 통한 자본조달방법보다 유리하다.

3.2 단기자본조달과 장기자본조달

자본조달은 조달기간에 따라 단기자본조달과 장기자본조달로 구분할 수 있다.

단기자본조달은 기업이 경상적 경영활동을 하는 데 필요한 운전자금을 조달하는 경우이다. 운전자금도 고정적으로 필요한 부분은 장기자금으로 조달되는 편이 좋으나, 장기자금을 운전자금으로 이용한다는 것은 기대하기 어려울 뿐만 아니라, 오히려 단기부채로 고정자산을 구입하는 경우가 많다. 단기자본조달에는 일반적으로 ① 금융기관 등에서 조달하는 단기차입금, ② 고객의 신용에 의한 금융, ③ 미지급금처리 등이 포함된다. 이것들은 엄밀히 말하면 자본조달이라고도 할 수 없는 것도 있으나 실제로는 중요한 것이다.

장기자본조달은 기업이 대규모화됨에 따라 계속적 경영활동에 필요한 자금을 조달하는 경우이다. 장기자본의 조달에는 주식회사의 경우에 주식발행, 사채발행, 장기차입금의 세 가지가 취급되고 기업 내부에서 영업이익의 사내유보, 감가상각자금 등의 자기금융 등이 포함된다.

04 | 자본의 운용

기업이 수행하는 투자는 주로 대규모 장기투자이다. 이 투자의 성패는 기업의 장기적인 경영성과뿐만 아니라 기업의 존립 자체에 결정적인 영향을 미치게 된다. 이처럼 투자란 기업이 미래에 불확실한 수익을 위해서 현재의 확실한 자금을 지출하는 것을 말한다. 따라서 자본투자결정이란 조달한 자금으로 어느 자산에 어느 정도의 자금을 투자할 것인가를 결정하는 것을 말한다. 기업은 자본투자결정을 통해서 미래에 현금흐름 즉 수익을 기대하게 된다. 일반적으로 투자에는 생산시설, 부동산 등과 같은 실물자산에 대한 투자와 주식, 채권 등과 같은 금융자산에 대한 투자가 있다. 이러한 투자는 투자목적의 설정, 투자대상의 선정, 각 투자대상의 미래 현금흐름 측정 및 평가를 통해 이루어지는데, 이 중 가장 중요한 것은 투자대상의 미래 현금흐름 측정 및 평가이다. 기업이 미래에 더 많은 현금을 바라고 현재의 현금을 투자하고, 미래의 재투자도 미래의 현금으로 하며, 주주에게 배당도 현금으로 하기 때문에 현금흐름이 투자안 선택에 있어서 가장 중요한 판단기준이 된다.

05 | 재무분석

기업의 목표를 달성하기 위해서 경영자들은 자본조달을 적절히 하여 자본구조 또는 재무구조를 최적으로 하고, 자산 운영과 투자결정을 기업의 목표에 적합하게 수행하여야 한다. 재무에 관한 합리적인 의사결정을 위하여 필수적으로 따라야 하는 기능이 재무분석인데 재무분석을 원활히 하기 위하여는 재무제표의 목적과 구성요소를 반드시 알아두어야 한다.

5.1 재무제표의 목적

재무제표의 목적은 광범위한 정보이용자의 경제적 의사결정에 유용한 기업의 재무상태, 경영성과와 재무상태 변동에 관한 정보를 제공하는 데 있다.

재무회계의 목적은 기업의 외부 이해관계자들에게 재무적 정보를 제공하는 데 있으며 재무적 정보란 자산상태, 경영성과, 그리고 현금의 변동으로 나누어진다. 재무제표의 목적은 구체적으로 기업의 자산상태, 경영성과 그리고 현금의 변동에 관해 기업의 외부 이해관계자들이 경제적 의사결정을 하는 유용한 정보를 제공하는 데 있다.

재무제표는 기업의 외부 이해관계자들 중 특히 투자자들에게 필요한 정보를 제공하는데 중점을 두고 있는데 그 이유는 투자자들의 정보요구에 맞추어 작성된 재무제표는 일반적으로 다른 종류의 기업외부 이해관계자들의 공통된 재무정보 요구도 충족시켜 주기 때문이다. 재무제표가 비록 기업외부 이해관계자들에게 경제적 의사결정을 내리는 데 필요한 정보를 제공하는 것을 목적으로 하고 있지만 기업에 관한 모든 정보를 제공하지는 못한다. 이는 재무제표가 과거 사건의 재무적 효과만을 설명할 뿐 비재무적 정보까지 제공하지는 않기 때문이다. 이는 회계정보의 한계이다.

5.2 재무제표의 구성요소

재무제표의 주요 구성요소는 거래의 재무효과를 그 경제적 특성에 따라 재무상태를 측정하는 재무상태표 또는 경영성과를 측정하는 포괄 손익계산서, 기업의 현금흐름을 나타내는 현금흐름표, 한 회계기간 동안 발생한 소유주지분의 변동을 표시하여 주는 자본변동표 및 주석으로 구성되어 있다.

주석에는 본문에 보고되지 않지만 기업의 내용을 이해하는데 매우 중요한 정보가 포함된다. 예를 들면, 특수관계자와의 거래 등을 들 수 있는데 특수관계자와의 거래가 부정이나 횡령 등의 단초가 되는 경우도 있다.

(1) 재무상태표

이 보고서는 기업의 특정시점에 있어서의 재무상태를 나타낸다. 이것은 스냅사진과 마찬가지로 특정일 현재 기업이 보유하고 있는 경제적 자원, 즉 자산과 이들 자원에 대한 청구권인 지분을 나타낸다. 지분은 외부 이해관계자가 갖고 있는 것은 부채, 소유주가 갖고 있는 것은 자본으로 구분된다.

(2) 포괄손익계산서

손익계산서는 한 회계기간 동안의 기업의 영업성적을 나타내는 보고서이다. 손익계산서의 항목으로는 크게 수익과 비용이 있다. 포괄손익계산서 중 당기순이익까지를 주요 대상으로 하므로 포괄손익계산서와 손익계산서를 같은 의미로 사용하기도 한다.

(3) 현금흐름표

이는 한 회계기간 동안의 현금변동 내용을 명확하게 보고하기 위하여 당해 회계기간에 속하는 현금의 유입과 유출내용을 적정하게 표시하는 보고서이다. 현금도 재무상태표에 보고되는 자산 중의 한 항목이므로 한 시점의 현금 액수가 보고되기는 하지만 현금이 다른 자산에 비하여 매우 중요한 자산이므로 이 자산만을 분리하여 자세하게 변동 상황을 보고한다.

(4) 자본변동표

자본변동표는 한 회계기간 동안 발생한 소유주지분의 변동을 표시하는 재무제표이다. 자본변동표는 재무제표간의 연계성을 제고시키며 재무제표간의 이해 가능성을 높인다. 재무상태표에 표시되어 있는 자본의 기초잔액과 기말잔액을 모두 제시함으로써 재무상태표와 연결할 수 있고, 자본의 변동 내용은 손익계산서와 현금흐름표에 나타난 정보와 연결할 수 있어 정보이용자들이 더욱 명확히 재무제표간의 관계를 파악할 수 있게 된다. 자본을 구성하고 있는 자본변동표에는 자본금, 자본잉여금, 자본조정, 기타 포괄손익누계액 및 이익잉여금의 변동을 나타낸다.

(5) 전반적인 고려사항

유사한 사항은 각 주요 종류별로 구분하여 표시하고 상이한 성격이나 기능을 가진 항목은 구분하여 표시하되 중요하지 않은 항목은 통합하여 표시할 수 있다. 자산과 부채 그리고 수익과 비용은 상계하여 표시할 수 없다. 단, 국제회계기준에서 요구하거나 허용하는 경우는 상계가 가능하다. 재무제표 항목을 표시하고 분류하는데 있어 사업내용의 중요한 변화가 있는 경우 또는 다른 표시나 분류방법이 더 적절한 것이 명백한 경우를 제외하고는 매기 동일하여야 한다.

06 | 재무위험관리

기업의 경영성과는 경영자가 통제할 수 없는 외부환경요인에 의해서도 좌우될 수 있다. 예를 들어 원화에 대한 달러의 환율이 1,000원/$에서 1,100원/$로 인상될 경우 미국에 수출을 하는 회사는 이익을 볼 수 있으나, $표시 외화부채가 있는 기업이나 미국으로부터 부품을 수입하고 있는 회사는 손실을 보게 된다.

그러므로 환율이나 이자율의 변동, 원유 등 원자재가격의 변동에서 발생하는 재무위험을 어떻게 관리할 것인가는 중요한 재무관리 과제이다. 재무위험의 관리를 위해서 기업이 활용할 수 있는 금융상품으로 선도계약, 선물계약, 옵션계약, 스왑계약 등이 있다. 이들 금융상품은 그 가격이 계약의 기본이 되는 기초자산의 가격변동에 연동되어 결정된다는 점에서 파생금융상품이라고도 한다. 파생금융상품을 활용한 기업의 재무전략은 국제재무, 금융공학 등에서 다루어진다.

07 | 기업가치의 극대화와 대리문제

대리문제는 대리인인 경영자가 소유자인 주주의 이해에 반하는 행동을 함으로써 나타나는 양자의 이해관계의 충돌문제로서, 이는 소유와 경영의 분리로 인하여 발생하며 소유의 분산이 잘되어 대주주가 없을 때 더 심각하다. 대리문제로 인하여 발생하는 비용을 대리비용이라 하는데, 여기에는 호화판 사무실과 자가용비행기 등 경영자만의 특권적 소비를 위한 필요 이상의 지출 및 경영자의 행동을 감시하기 위한 외부감사 비용 등의 직접비용, 그리고 자신의 자리 유지만을 목적으로 보수적 경영을 고집함으로써 위험은 있으나 수익성이 양호한 투자기회를 포기하는 데서 나타나는 간접비용 등으로 구성된다. 우리나라의 경우 경영자와 소액주주간의 대리문제보다는, 대주주(혹은 소유경영자)와 소액주주간의 대리문제가 더 심각하다.

주주가 경영자를 얼마나 통제할 수 있는가는 경영자를 감시하는데 들어가는 비용과 통제를 함으로써 얻을 수 있는 이득(주주가치의 상승)에 의존하게 된다. 일반적으로 주주들이 사용할 수 있는 통제장치로는 ① 주주총회(이사회 구성), ② 주식옵션 및 성과연계주식 제공 등 인센티브제도의 실시, ③ 기업인수의 가능성, 즉 경영성과가 악화되어 주가가 하락한 기업에 대하여 공개매수 또는 위임장대결 등에 의한 경영자 퇴진압력, ④ 무능한 경영자를 도태시키는 경영자 노동시장의 존재, ⑤ 좋은 기업지배구조 마련 등을 들 수 있다.

08 | 경영분석

자본주의의 발전과 더불어 기업규모가 확대되자 경영분석은 경영자의 효율적인 재무관리 및 경영합리화를 위한 수단으로 이용되는 등 사용범위가 점차 확대되었다. 이에 따라 경영분석방법도 과거의 재무유동성 중심에서 수익성 중심으로 바뀌는 등 재무상태표 중심의 정태적 분석에서 손익계산서 중심의 동태적 분석으로 이행되었다.

최근에는 현금흐름을 중시하는 현금흐름분석이 보다 유용한 정보를 제공하므로 이를 널리 사용한다. 또한 종전의 기업경영분석이 주로 과거와 현재의 재무상태분석에 중점을 두었으나 최근에는 재무예측에 의한 미래의 현금흐름을 예측하여 새로운 투자안의 채택여부결정, 자금의 조달과 운용에 대한 재무계획수립 및 통제에 활용하는 등 미래지향적이다.

경영분석의 중요성은 최근 들어 점차 고조되고 있다. 특히 단순한 외형 위주의 경영에 제동이 걸리고 수익성과 위험에 기초하여 경영할 필요성이 절실해지면서, 기업에 대한 철저한 경영분석은 은행뿐 아니라 주주, 정부, 기업인수자 등 기업의 이해관계자 모두에게 필수적인 분석으로 자리 잡아가고 있다.

많은 사람이 자동차를 운전한다. 하지만 자동차는 기름을 넣지 않으면 달리지 못한다. 또 정기적으로 오일과 타이어를 교환해주어야 한다. 쾌적한 주행을 위해서는 일상적인 점검과 세심함이 필요하다. 회사 경영도 마찬가지이다. 매일매일 경영분석 데이터를 체크함으로써 쾌적하게 회사를 운영할 필요가 있다는 뜻이다.

8.1 수익성과 효율성 체크

회사의 종합력을 파악하기 위해서는 경영분석의 종합지표라고 하는 총자산경상이익률을 살펴볼 필요가 있다.

총자산이란 회사가 사업을 하기 위해 투자한 자산을 말하며 경상이익이란 회사가 창출한 종합적인 이익을 가리킨다. 곧 회사에 가장 중요한 이 두 가지 항목을 비교함으로써 투자한 총자산으로 종합적인 이익을 얼마나 창출했는가를 알 수 있다. 다시 말해 총자산을 효율적으로 운영하여 경상이익을 얼마나 능률적으로 계산했는지를 보는 것이다. 이 지표는 당연히 높은 편이 좋다.

총자산경상이익률의 공식은 다음과 같다.

$$\text{총자산경상이익률} = \frac{\text{경상이익}}{\text{총자산}} \times 100(\%)$$

이는 투하자본이 효율적으로 운용되고 있는지, 적절한 이익이 계산되고 있는지, 유동자산, 고정자산, 투자자산은 각각 타당한 금액인지를 체크하고, 회사의 종합력은 총자산이라는 회사의 총 운용자금으로 얼마나 종합적인 이익인 경상이익을 계산하고 있는지 분석하는 지표이다. 그런데 총자산경상이익률은 아래와 같이 분해할 수 있다. 분자와 분모에 각각 매출액을 곱하면 아래와 같은 경영지표가 만들어진다.

총자산경상이익률 = 매출액 경상이익률 × 총자산회전율

$$총자산경상이익률 = \frac{경상이익}{매출액} \times \frac{매출액}{총자산}$$

총자산경상이익률을 이렇게 매출액경상이익률과 총자산회전율로 나누어 검증해보면 회사 경영의 문제점을 종합적으로 분석할 수 있게 된다. 경영을 분석할 때 '회전율' 이라는 단어가 나오면 '효율성' 이라는 단어와 바꿔보자. 흔히 "저 가게는 손님의 회전율이 높다"라는 식으로 말하는데 이 말은 결국 "저 가게는 효율성이 좋다"는 의미이다.

총자산회전율이란 매출액과 총자산을 비교하여 '매출액이 총자산의 몇 배인가' 를 보는 것이다. 다음의 공식에서도 알 수 있듯이 총자산에 대한 매출액의 배수를 회전율로 나타낸다. 이 회전율이 클수록 총자산이 효율적으로 운용되어 매출액으로 전환되고 있다고 할 수 있다.

총자산회전율은 건설업 · 제조업이 약 1회전, 도매업 · 소매업이 약 2회전의 경향을 보인다. 건설업과 제조업은 자산이 크기 때문에 회전율이 낮은 편이다. 한편 도매업과 소매업은 자산이 비교적 작기 때문에 거꾸로 그 몇 배에 이르는 매출액을 올리지 않으면 효율적이라고 말할 수 없다.

총자산회전율의 공식은 다음과 같다.

$$총자산회전율 = \frac{매출액}{총자산}(회)$$

8.2 지불능력 체크: 유동비율, 당좌비율

회사의 지불능력이란 결국 자금조달 상황을 말한다. 회사 운영이란 궁극적으로는 돈이 끊임없이 드나드는 것이고 돈의 흐름이 막히고, 자금을 조달할 수 없게 되는 순간이 바로 회사가 도산하는 순간이다. 이러한 자금조달 상황을 보여주는 경영지표가 유동비율이자 당좌비율이다. 유동부채라는 눈앞에 닥친 채무를 갚아야 하는데, 자산 가운데 비교적 현금화하기 쉬운 유동자산과 특히 당장 현금화할 수 있는 당좌자산이라는 자금이 얼마나 있는지 안다면 자금조달에 여유가 있는지 아닌지가 뚜렷해진다.

(1) 유동비율

유동자산과 유동부채를 비교한 비율로서 기업의 단기 지급 능력, 즉 만기가 도래한 유동부채를 즉시 상환할 수 있는 능력을 평가하기 위해 주로 사용되는 측정치로 유동비율은 잠재적 채권자 그리고 신용거래의 확대를 고려하고 있는 공급업자 등에게 특히 중요하다. 유동비율은 200%를 넘는 것이 바람직하다고 한다. 이는 재고자산 가운데 불량, 과잉재고는 없는지, 은행 차입금 가운데 쓸데없이 빌린 것은 없는지를 체크할 수 있다.

$$\text{유동비율} = \frac{\text{유동자산}}{\text{유동부채}} \times 100(\%)$$

(2) 당좌비율

유동자산에서 재고자산을 제외한다는 점만 다를 뿐 유동비율과 유사한 측정치로 이것은 유동비율의 좀 더 보수적인 버전이라고 할 수 있다. 유동자산 가운데 재고자산이란 상품의 재고이기 때문에 반드시 당장 팔아 현금화할 수 있는 것은 아니다. 유동자산이라고는 하지만 시장성에 따라 시간이 다소 소요되기도 하기 때문이다.

당좌비율은 보통 100% 이상이 바람직하다고 한다. 매출채권의 회수기간은 적정한가, 구입처에 대한 지불 시기는 균형이 잡혀 있는가를 체크할 수 있다.

$$\text{유동비율} = \frac{\text{당좌자산}}{\text{유동부채}} \times 100(\%)$$

8.3 고정비율과 자기자본비율: 재무기반 분석

회사의 재무기반 안전성이란 곧 '자산운용에서 차지하는 자기자본의 비율이 어느 정도인가'이다. 다시 말하면 자기 조달자금이 얼마나 고정자산이나 총자산에 투입되었는지를 말한다. 자기 조달자금이 크면 클수록 재무기반은 안전하다고 판단할 수 있다.

고정비율은 재무기반을 미시적 관점에서 자기자본비율은 거시적 관점에서 보는 것이다.

(1) 고정비율

자기자본으로 어느 정도 고정자산을 구입했는가를 보는 것이다. 고정자산 구입은 일반적으로 대규모이며 장기간의 지출을 수반하기 때문에 자기자본 비율에 따라 회사의 재무기반 상황을 알 수 있다. 그래서 고정비율은 100% 이하가 바람직하다고 한다. 회사의 단기적 재무기반 상태를 나타내는 고정비율의 공식은 다음과 같다.

$$\text{고정비율} = \frac{\text{고정자산}}{\text{자기자본}} \times 100(\%)$$

(2) 자기자본비율

자기자본비율이란 총자산 운용에 투입한 자기자본의 비율을 나타내는 것이다. 부족분은 타인자본에 의존해야 하므로 자기자본의 비율이 높은 편이 좋다. 타인의 돈에 크게 의지하는 경영은 당연히 제3자의 개입을 불러와 경영 판단에 지장을 가져올 때도 있기 때문이다. 자기자본비율은 보통 40% 이상이 바람직하다고 한다.

장기적인 재무기반을 나타내는 자기자본비율의 공식은,

$$\text{자기자본비율} = \frac{\text{자기자본}}{\text{총자산}} \times 100(\%)$$

8.4 세 가지 이익률: 수익성 체크

비즈니스의 목적이 수익을 올리는 것인 만큼 수익성 분석이 중요하다. 이때 유익한 데이터가 매출액총이익률, 매출액영업이익률, 매출액경상이익률이다. 각각 순서를 따라 살펴보기로 하자.

(1) 매출액총이익률

매출총이익은 이익의 원천으로써 여기에서 관리비와 판매비 등 회사운영에 관한 여러 가지 비용이 지불되기 때문에 이 이익이 줄어들면 사업을 근본적으로 재검토하지 않을 수 없다. 그래서 매출액총이익률은 수익성을 분석하는 데 가장 기본이 되는 데이터이다.

$$\text{매출액총이익률} = \frac{\text{총이익}}{\text{매출액}} \times 100(\%)$$

(2) 매출액영업이익률

영업이익이란 글자 그대로 회사 본래의 영업활동에서 창출한 이익이다. 이 영업이익이 매출액에서 차지하는 비율이 매출액영업이익률이므로 이 데이터로 회사의 영업 수익력을 알 수 있다.

$$\text{매출액영업이익률} = \frac{\text{영업이익}}{\text{매출액}} \times 100(\%)$$

(3) 매출액경상이익률

경상이익이란 여유자금 운용 등에서 얻어지는 이익 등 이른바 재무활동의 결과도 보여준다. 따라서 이 경상이익이 어느 정도인지 봄으로써 회사의 종합적인 수익력을 알 수 있다.

$$\text{매출액경상이익률} = \frac{\text{경상이익}}{\text{매출액}} \times 100(\%)$$

09 | 손익분기점 분석

9.1 손익분기점 매출

손익분기점 매출은 이익이나 손실이 제로(0)가 되는 매출액을 말한다. 일반적으로 손익분기점 매출을 계산할 때 주로 적용되는 이익은 영업이익이다. 실제 매출이 손익분기점 매출을 상회하면 영업이익이 플러스(+)로 나타나고, 반대로 하회한다면 마이너스(−)로 나타나 적자가 되기 때문에 손익분기점 매출은 경영관리활동을 수행하는데 있어서 상당히 중요한 재무 지표이다.

9.2 손익분기점 매출의 계산

손익분기점 매출은 매출이 변동비와 고정비의 합계와 같아지게 되는 점이다. 손익분기점 매출액은 고정비를 (1−변동비율)로 나누어 계산한다. 그러나 실무적으로 비용을 변동비와 고정비로 분해하는 작업은 상당히 어려운 일이다. 즉, 일반적으로 재료비 · 외주가공비 · 상품운반비 등의 항목은 변동비에 해당되고, 인건비 · 감가상각비 · 임차료 · 보험료 등은 전형적인 고정비에 해당되지만, 변동비나 고정비로 식별이 명확하지 않은 비용이 많아서 정확한 분석을 통해 비용을 분류하는 작업이 필요하다.

9.3 손익분기점 분석의 기본개념

손익분기점 분석은 모든 원가가 변동원가($v \times Q$)와 고정원가(F)로 나누어져 있다는 시각으로 접근하므로 손익계산서는 공헌접근법에 의한 손익계산서를 이용한다.

여기서 p는 단위당 판매가격이고 v는 단위당 변동비, Q는 판매량이다.

매 출 액	$p \times Q$
− 변 동 원 가	$v \times Q$
공 헌 이 익	$(p-v) \times Q$
− 고 정 원 가	F
영 업 이 익	$(p-v) \times Q - F$

손익분기점 분석의 기본개념을 그림으로 표현하면 다음과 같다.

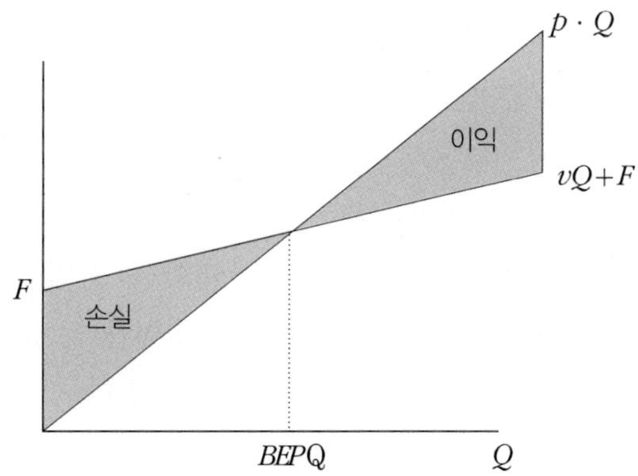

영업이익이 '0'인 경우를 가정하여 손익분기점 매출량과 매출액을 계산하면 다음과 같다.

$$손익분기점매출량 = \frac{고정비}{단위당\ 판매가격 - 단위당\ 변동비}$$

$$BEP_Q = \frac{F}{p-v}$$

$$손익분기점매출액 = \frac{고정비}{1 - 변동비율}$$

$$BEP_{P \times Q} = \frac{F}{1 - \frac{v}{p}}$$

9.4 손익분기점 수준을 낮추기 위한 방법

손익분기점 수준을 낮추는 것은 기업 경영상의 당연한 목표이며, 이를 위한 방법으로는 다음의 두 가지가 있다.

첫째, 분자인 고정비를 줄이는 방법으로, 구체적으로는 인건비 절약과 감가상각비 삭감을 위한 설비투자의 억제 등의 구조조정방법이 있다. 둘째, 분모인 변동비율을 낮추는 것으로, 설계변경 등을 통해 제품에 사용되는 재료비 절약노력 등이 그 구체적인 방법에 해당된다.

10 | 기업가치

10.1 기업가치란?

전통적인 이익극대화의 목표는 기업목표로서 적절하지 못한 것으로 현대 재무관리에서는 기업가치 극대화를 기업목표로 한다. 기업가치 혹은 부(wealth)란 기업의 각 기간에서 벌어들인 미래 현금흐름의 현재가치를 뜻한다. 이를 수식으로 나타내면 다음과 같다.

$$기업가치(S) = \sum_{t=1}^{n} \frac{CF_t}{(1+k)^t}$$

단, CF_t: t기에서의 현금흐름
k: 현금흐름의 위험도를 고려한 할인율

기업 내에서 이루어지는 의사결정은 기업의 미래 수익성과 위험에 영향을 준다. 수익성과 위험은 보통 상반관계(Trade-off)에 있는데, 이는 궁극적으로 기업 가치를 결정하게 된다. 증권시장에서 거래되는 주식이나 채권의 가격은 이 같은 기업가치가 시장에서의 가격결정 과정을 통해 객관화된 것이다. 기업가치의 극대화는 자산 운용의 결과로 창출하게 되는 기업 가치에 대해 청구권을 갖고 있는 주주와 채권자의 지분을 극대화함을 의미한다.

10.2 화폐의 시간가치

(1) 가치평가와 화폐의 시간가치

순 투자가치 = 투자수입 − 투자액

위 식에서 투자수입은 미래에 발생될 불확실한 가치이며, 투자액은 현재 시점의 현금흐름으로 확실성을 가진다. 따라서 가치라는 개념은 다음 세 가지 요소로 구성됨을 알 수 있다.

첫째, 미래에 발생할 현금흐름의 크기
둘째, 현금흐름 발생시점의 차이

셋째, 현금흐름의 위험도

투자자들이 동일한 금액이라 하더라도 미래의 현금보다 현재의 현금을 선호하는 유동성선호 경향을 지니는 이유를 살펴보면 다음과 같다.

첫째, 소비자들은 동일한 조건이라면 미래의 소비보다는 현재의 소비를 선호하는 시차선호의 경향을 지닌다.

둘째, 일정한 현금을 미리 받으면 유리한 투자기회가 있을 경우, 이에 투자함으로써 높은 이익을 얻을 수 있다.

셋째, 미래에는 물가상승에 따른 구매력 감소의 가능성이 존재한다.

넷째, 미래에는 불확실성으로 인한 위험이 존재한다.

(2) 미래가치와 현재가치

1) 미래가치의 계산

현재의 일정금액을 미래의 특정시점의 화폐액으로 환산하는 것을 미래가치(future value) 혹은 복리가치(compounding value) 계산이라고 한다.

$$FV_n = PV_0(1+r)^n$$

위 식에서 $(1+r)^n$을 계수화한 것을 미래가치 이자요소라고 한다. 여기서 r은 이자율이고 n은 기간을 의미하며 이는 계수 값으로 미리 구해 놓고 적용할 수 있도록 되어 있다. 따라서 현재 금액 PV_0에 이 구해진 미래가치 계수 $FVIF_{r,n}$ 값을 곱하면 미래가치가 계산된다.

$$FV_n = PV_0(FVIF_{r,n})$$

2) 현재가치의 계산

미래에 발생하게 될 화폐가치를 현재시점의 화폐가치로 환산하는 것이 현재가치(present value)의 계산이다.

현재가치의 계산은 미래가치 계산의 역이므로 지금으로부터 n시점 후의 미래가치 FV_n을 이자율 r로 할인하여 계산한다. 현재가치 PV_0의 계산방법은 다음과 같다. 현가 계산에서 이자율은 할인율로 적용된다.

$$PV_0 = \frac{FV_n}{(1+r)^n}$$

위 식에서 $(1+r)^{-n}$을 현가이자요소 또는 현가계수($PVIF_{r,n}$: present value interest factor)라고 한다. 미래 n시점의 금액에 이 현가계수를 곱하면 간단하게 현재가치가 계산된다.

$$PV_0 = FV_n(PVIF_{r,n})$$

투자자산의 투자가치를 평가할 때, 보통 현재시점에서 평가하므로 별다른 언급이 없으면 이와 같이 구해지는 현재가치를 투자자산의 가치로 사용한다.

10.3 기업가치의 평가

(1) 가치평가

투자대상이 무엇이든지 그 투자가치는 투자대상으로부터 t기간에 얻게 되는 현금흐름을 그 현금흐름의 불확실성을 반영한 할인율로 할인한 현재가치를 추정하면 평가될 수 있다.

$$V_0 = \sum_{t=1}^{\infty} \frac{CF_t}{(1+k)^t}$$

단, V_0 : 투자대상의 투자가치(현재가치)
CF_t : 미래 t시점의 현금흐름
k : 불확실성을 고려한 할인율

따라서 투자가치를 적절히 평가하기 위해서는 투자대상별로 그 특성을 감안하여 가치평가의 세 가지 요소, 즉 각 기간 현금흐름의 크기, 지속기간, 위험도를 감안한 할인율을 추정하는 것이 관건이 된다.

(2) 채권의 평가

일반적으로 자금을 빌리는 경우에는 차용증서를 작성해야 한다. 차용증서의 기재내용은 채무자, 채권자, 차입금액, 상환기간, 이자율 등이다. 그리고 차용증서에 기재된 채권금액을 채권자가 제3자에게 양도하기 위해서는 채무자의 승인을 받아야 한다.

이에 반해 회사채는 일종의 정형화된 차용증서로서, 자금의 채권, 채무관계를 표준화된 증권의 형태로 기재한 것을 말한다. 특히 회사채는 채무자의 승인 없이도 자유롭게 제3자에게 양도가 가능하다는 특징이 있다. 즉, 회사채에 투자한 사람은 회사채를 발행한 기업에게 자금을 빌려준 것이 되고, 회사채의 소지자가 이를 제3자에게 양도하게 되면 회사채를 새로이 취득한 사람은 회사채를 발행한 기업에 대한 채권을 인수하게 되는 것이다.

채권의 가치는 채권의 특성을 감안하여 그 현금흐름, 지속기간, 할인율을 추정하여 현재가치 계산방법을 이용하여 평가할 수 있다.

1) 순수할인채권

순수할인채(pure discount bond) 또는 무이표채(zero coupon bond)는 만기까지 이자지급이 전혀 없지만 만기에 액면금액을 한꺼번에 지급하는 채권이다. 즉, 만기까지의 기간이 적용된 순수할인채의 현재가치는 만기에 받는 액면가격을 이 채권의 만기수익률로 할인한 값이 된다. 순수할인채는 이자는 없지만 할인한 값에 구입해서 만기 시 액면가를 받게 되므로 그 차액을 수령하는 셈이 된다.

2) 확정이자부채권

이 채권은 매년 일정기간마다 이자가 지급되다가, 만기일에 원금과 이자가 전액 상환되는 방식이다. 여기에서 시간이 지남에 따라 시장금리는 변한다. 그러나 채권으로부터의 현금흐름은 변하지 않는다. 그렇기 때문에 채권의 가치는 변하게 된다. 시장금리가 상승하면 채권의 만기까지 남아있는 현금흐름의 현가가 감소하기 때문에 채권의 가치는 감소하게 된다. 반대로 금리가 하락하면 채권의 가치는 상승하게 된다.

(3) 주식의 평가

주식은 주식회사에서 주주의 지위를 표시하는 유가증권으로서, 기업에게는 외부에서 자기자본을 조달하는 대표적 수단이 된다. 발행한 주식 수에 액면가액을 곱한 것이 그 회사의 자본금이 된다.

투자대상으로서 주식의 특성은 채권과 다르게 만기가 없으며, 투자한 자금에 한하여 유한책임을 지며, 이익배당청구와 회사청산 시에 잔여지분에 대해서만 청구권을 행사할 수 있다. 회사가 이익을 많이 내면 이익배당에 참여할 수 있지만, 이익을 내지 못하면 이익배당을 전혀 받지 못한다. 회사청산 시에는 채권자에게 우선권이 주어지고 주주에게는 마지막 잔여지분에 대해서만 재산권을 행사할 수 있다. 높은 투자수익이 기대되지만 위험이 높을 수밖에 없는 특성을 지니고 있다.

1) 배당평가모형

정상적으로 영업하는 기업에 투자하는 주식투자자라면 투자가치를 부여할 수 있는 근거가 되는 미래의 투자수입은 투자기간 중에 지급받는 배당의 크기와 매각시점에서 처분가격이다. 이들 현금흐름은 현재가 아닌 미래 시점에서 발생하는 것이므로 이를 주식투자자의 요구수익률로 할인한 현재가치가 주식가치가 된다. 따라서 미래 배당수입과 매각시점의 처분가격 그리고 요구수익률이 적절히 평가되었다고 가정하면, 주식가치는 다음과 같이 구할 수 있다.

$$S_0 = \frac{d_1}{(1+k)^1} + \frac{d_2}{(1+k)^2} + \cdots + \frac{d_{n-1}}{(1+k)^{n-1}} + \frac{d_n}{(1+k)^n} + \frac{P_n}{(1+k)^n}$$

단, S_0: 현재시점에서의 주식의 이론가격
d_n: n기에서의 배당수입
k: 주식투자자들의 요구수익률
P_n: n시점에서의 처분가격

여기에서 n년도의 처분가격 은 $(n+1)$년도 이후의 배당수입에 대한 현재가치와 같다.

따라서 주식의 내재가치는 영속적인 배당흐름을 요구수익률로 할인한 현재가치라고 할 수 있다.

$$S_0 = \frac{d_1}{(1+k)^1} + \frac{d_2}{(1+k)^2} + \cdots + \frac{d_\infty}{(1+k)^\infty}$$

$$S_0 = \sum_{t=1}^{\infty} \frac{d_t}{(1+k)^t}$$

이를 배당평가모형(dividends valuation model)이라고 한다. 주식을 일시적으로 소유하거나 계속적으로 소유하든 간에 보유기간에 관계없이 주식의 이론적 가치는 동일하다.

2) 일정성장모형

미래의 배당흐름이 매년 일정하게 성장한다고 가정한다면, 주식가치를 쉽게 구할 수 있게 된다. 만약 기업의 이익과 배당이 매년 성장률 g%만큼 일정하게 계속적으로 성장하고, 요구수익률 k가 일정하다고 가정하면, 주식의 내재가치는 다음과 같이 구한다.

$$S_0 = \frac{d_1}{(1+k)} + \frac{d_1(1+g)}{(1+k)^2} + \frac{d_1(1+g)^2}{(1+k)^3} + \cdots \frac{d_1(1+g)^{\infty-1}}{(1+k)^{\infty}}$$

여기서 만일 k가 g보다 크다(즉 $k>g$)라고 가정하면 위 식은 무한등비수열의 합이므로 공식을 이용하면 다음과 같다.

$$S_0 = \frac{d_1}{k-g}$$

이 식은 기업의 이익과 배당이 매년 g%만큼 일정하게 성장한다고 가정할 경우의 주식의 이론 가치를 나타낸 것으로써 정률성장모형 또는 고든의 모형이라고 한다.

이 모형은 배당흐름이 매년 일정한 비율로 계속 성장한다는 가정 이외에도 성장의 소요자금은 내부자금만으로 조달한다는 가정을 하고 있다. 내부금융만으로 성장할 경우의 성장률(g)은 주당이익 중에서 사내유보시키는 비율인 사내유보율(f)과 그 자금이 경영활동에 재투자되어 이익을 내는 재투자수익률(r)의 곱($g=f\times r$)으로 측정되는데, 이 성장률이 변함없음을 가정하고 있다.

$$S_0 = \frac{E_0(1+g)(1-f)}{k-f\cdot r}$$

단, E_0: 0기에서의 주당이익

만약 어느 기업이 성장 없이 항상 현상유지만 하는 경우, 즉 배당이 당기의 수준에서 변화하지 않고 유지되는 제로성장 기업이라면 $g=0$의 경우이므로 다음과 같이 측정할 수 있다.

$$S_0 = \frac{E_0(1-f)}{k-f\times r}$$

10.4 포트폴리오의 이해

(1) 투자위험

위험이란 여러 가지 상황 하에서 투자안으로부터 얻게 될 미래 현금흐름의 변동성으로 정의되고 있다. 위험이란 실제 결과가 예상치와 서로 다를 가능성, 즉 실제 결과가 기대수익에 못 미칠 가능성을 의미한다.

- 확 실 성 : 미래에 발생할 상황이 명확하게 알려진 상태
- 위　　험 : 미래 얻게 될 결과에 대해 부분적 정보만을 가지고 있기 때문에 객관적 확률분포로 예상될 수 있는 상황
- 불확실성 : 미래 얻게 될 결과에 대해서 완전히 무지인 경우로 주관적인 추정만이 있는 상황

(2) 포트폴리오의 기대수익

본래 포트폴리오란 주식, 채권, 부동산 등 다수 자산을 결합하여 분산투자하는 것을 말한다. 주로 포트폴리오 개념은 증권에 적용되고 있고, 포트폴리오 구성안이란 투자위험을 줄이기 위한 분산투자안의 의미로 사용되고 있다.

각 상황에서의 포트폴리오의 예상수익률(r_{ps})에 s상황이 일어날 확률을 곱하여 모두 합하면 포트폴리오의 기대수익률이 추정된다.

$$E(R_p) = \sum_{s=1}^{n} (P_s \cdot r_{ps})$$

(3) 포트폴리오 위험

두 자산 X, Y로 포트폴리오를 구성할 경우 그 변동성을 측정한 포트폴리오 분산 σ_p^2은 앞에서 설명한 공분산 또는 상관계수 정도가 반영되어 도출된 다음 식에 의해서 추정할 수 있다.

$$\sigma_p^2 = w_x^2\sigma_x^2 + w_Y^2\sigma_Y^2 + 2w_x w_Y \sigma_{xy}$$

단, w_x: 자산 X에 대한 투자비율
w_Y: 자산 Y에 대한 투자비율
σ_x^2: 자산 X의 분산
σ_Y^2: 자산 Y의 분산
σ_{xy}: 자산 X와 Y간의 수익률의 공분산

Global
Management

제4부

경영실행론

제13장

경영전략

01 | 경영전략이란?

원래 '전략'(Strategy)이라는 용어는 고대 그리스어의 'Strategos'(군대를 지휘하는 장군) 또는 장군의 지휘기술(Generalship) 또는 장군의 술(術)(The art of the General)을 의미하는 'Strategia'라는 말에서 유래된 것으로, 전쟁에서 승리하기 위한 방법이나 책략을 말한다. 손자병법 始計篇에서는 전쟁에서 승리하기 위한 전략으로 道天地將法(도천지장법) 5가지 요소(5事)를 제시하고 있다. 즉 전쟁에서 승리하려면 명분(道), 환경(天), 지형조건(地), 지도자의 능력(將), 지휘체계 및 규율(法)을 갖추어야 한다는 것이다. 또한 전략의 3요소로 出基不意(출기불의), 功基無備(공기무비), 兵者貴速(병자귀속)이라 하여 시간(Timing)과 공간(Space), 속도(Speed)를 기본으로 해야 한다고 했다. 오늘날 경영전략을 이해하는데 적용해도 별 무리가 없는 주장이다.

구 분	손자병법	경영전략 차원
道	대의명분	비전, 목표
天	기후, 기상	외부 환경(거시환경)
地	지형조건	산업/경쟁 환경(미시환경)
將	장수	경영자
法	지휘체계, 규율	조직, 프로세스

경영전략의 개념은 챈들러(A. D. Chandler)가 그의 저서 '*Strategy and Structure*'(1962)에서 처음 사용하였는데, 기업의 장기적인 목표의 결정과 그 목표를 달성하기 위한 행동을 결정하고 경영자원을 배분하는 것이라고 정의

하였다. 마이클 포터(M. E. Poter)는 방법적인 측면에서 경영전략을 정의하고 있는데 경쟁자와 비교하여 비슷한 업무의 운영을 단순히 더 효과적으로 수행하는 것을 의미하는 것이 아닌, 경쟁자와는 다른 활동을 수행하거나 비슷한 업무를 다른 방법으로 수행하는 것이라고 하였다. 또한 바니(Jay B. Barney)는 기업의 희소한 경영자원을 효율적이고 효과적으로 배분하는 의사결정의 패턴이라고 정의하였다.

이러한 정의들을 종합해 볼 때 결국 경영전략이란 기업의 목표를 달성하기 위한 기업 경영활동의 방향을 제시하는 기본적인 틀로서, 기업의 외부환경과 기업내부자원을 분석하여 기업의 목표를 효율적이고 효과적으로 달성하기 위한 방법을 개발하는 것이라고 정의할 수 있다.

1.1 경영전략의 필요성

경영전략의 필요성을 다음 다섯 가지로 분류할 수 있다.

첫째, 경영전략은 급속하게 변화하는 환경에 적극적 · 능동적으로 대응할 수 있는 기업의 환경적응능력을 만들어 준다. 오늘날은 환경의 변화 속도가 매우 빠르고, 또한 기업과 관계된 환경의 범위가 점점 세계화되어가고 있다. 이에 따라 기업은 환경의 변화를 미리 예측하고, 이에 대하여 구체적으로 준비해야 하는데, 경영전략은 바로 이러한 기능을 담당한다.

둘째, 경영전략은 기업 전체적인 관점에서 기업의 내부자원을 효율적으로 배분할 수 있게 해준다. 미래에 어떤 사업이 성장할 것이며, 현재 기업에 필요한 것이 무엇인가를 알게 해줌으로써, 기업 내부의 자원들을 어느 부분에 우선하여 배분할 것인가를 평가하게 해준다.

셋째, 경영전략은 기업 내부의 다양한 경영활동들의 통합에 기여한다. 즉 사업에 필요한 계획이나 경영활동에 대한 지침을 제공함으로써 기업 내부의 능력을 결집시키는 역할을 한다.

넷째, 경영전략은 기업의 존재가치와 사명을 명확하게 하고, 사명달성을 위한 장기적인 전략목표와, 목표달성을 위한 활동방향과 행동경로를 제시함으로써 기업 내에서 이루어지는 다양한 의사결정과 행동들을 통합하게 된다.

다섯째, 경영전략의 목표는 기업성장의 근원이기도 한 '핵심역량(core competence)의 강화를 통한 지속적인 경쟁우위(sustainable competitive advantage)'의 제고라고 할 수 있다.

1.2 경영전략의 수준

경영전략은 조직 규모에 따라 차이가 있으나 일반적으로 기업 차원의 전략, 사업부 단위 전략, 기능별 전략으로 구분된다(그림 13-1 참조).

(1) 기업전략(전사적 전략)

기업전략(corporate strategy)은 기업의 최고 경영자가 기업목표를 달성하기 위해 기업이 어떤 사업을 해야 하는지 또는 어떤 제품을 개발해야 하는지를 결정하는 전략이다. 기업전략은 사업부 단위의 전략을 수립하는데 지침이 되는 전략으로서 일반적으로 기업의 사명을 정의하고, 사업수준과 기능수준에서 나오는 문제들을 검토하며, 관련된 활동들 간의 연계성을 발견하고 전략적 우선순위에 따라 자원을 배분하는 과정을 거쳐 수립하게 된다. 경영자들은 기업이 다수의 사업을 수반할 때 기업의 포트폴리오 매트릭스를 사용하여 각 사업 분야에 대한 정확한 분석과 자원배분 결정에 있어서 우선순위를 정하게 되는데 이때 사용하는 분석방법은 BCG 매트릭스와 GE/Mckinsey 매트릭스 등이 있다. 기업전략을 통해 기업이 추구할 수 있는 전략은 성장, 유지, 축소, 철수, 매각, 새로운 사업에의 진출 등이 포함된다.

(2) 사업전략(사업부 전략)

사업전략(business strategy)은 기업전략에서 확장된 각 사업영역과 제품분야에서 어떻게 경쟁우위를 획득하고 이를 지속적으로 유지해 나갈 것인지

그림 13-1 ◐ 경영전략의 수준

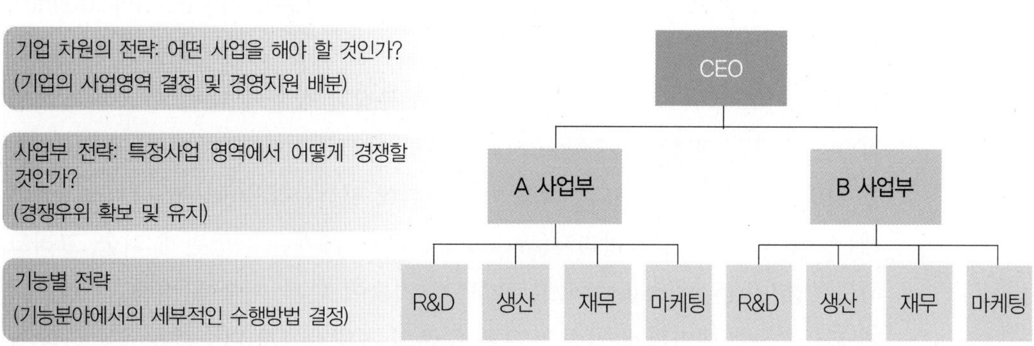

를 결정하는 전략으로서, 특정사업 부문에서 구체적인 경쟁방법을 결정하는 과정이기 때문에 경쟁전략(competitive strategy)이라고도 부른다. 사업부란 자율적인 운영권을 행사하는 전략적 사업단위(SBU: Strategic Business Unit; 단일사업 혹은 개별사업 단위)를 일컫는데, 사업이 오직 하나의 계열인 중소기업은 기업전략과 겹치게 되며, 복합사업에 참여하는 대기업에서는 전략적 사업단위별로 사업전략을 수립하게 된다. 사업전략은 기업환경의 정확한 인식, 해당 사업의 경쟁우위, 기업전략에 의해 배분된 자원의 사업부에서의 활용에 대해 구체적인 방법을 결정하게 되는데, 여기에서 말하는 경쟁우위(competitive advantage)는 경쟁자와 비교하여 우월한 성과를 갖도록 기업이 개발한 독특한 위치 즉 경쟁기업과 비교하여 월등하게 앞선 능력 내지는 경쟁기업이 가지고 있지 않은 역량을 의미하는 것으로 마이클 포터(M. E. Poter)는 원가우위전략(cost-leadership strategy), 차별화전략(differentiation strategy), 집중화전략(focus strategy) 중에서 하나를 선택할 수 있다고 하였다.

(3) 기능별 전략(기능 부서의 전략)

기능별 전략(functional strategy)은 사업전략을 지원하는 전략으로서 생산, 재무, 인사, 마케팅, 연구 · 개발 등과 같은 각각의 기능부서의 활동 방향을 정하기 위한 전략이다. 기능별 전략은 주로 기능 부서의 전문적인 문제에 국한되고 있다.

1.3 경영계층과 전략의 역할

로버트 캐츠(Robert L. Katz)는 경영자에게는 3가지의 핵심적인 기술이 필요한데 첫째 공학, 컴퓨터, 회계, 제조 등과 같은 전문적 기술(technical skill), 둘째 다른 사람과 개인적 또는 집단적으로 더불어 잘 할 수 있는 능력인 대인관계 기술(human skill), 셋째 추상적이고 복잡한 상황에 대해 사고하고 개념화하는 능력인 개념적 기술(conceptual skill)이 그것이다. 그런데 이 3가지 기술은 경영층 수준별로 요구되는 비중이 상이한데 일선관리자(first-line manager)에게는 전문적 기술, 중간관리자(middle manager)에게는 대인관계 기술, 그리고 최고경영자(top manager)에게는 개념적 기술이 다른 기술에 비해 더 필요하게 되나 이 중 대인관계 기술은 모든 수준의 경영자에게 비슷하게 중요하다(그

그림 13-2 ◐ 경영층 수준별 필요한 기술

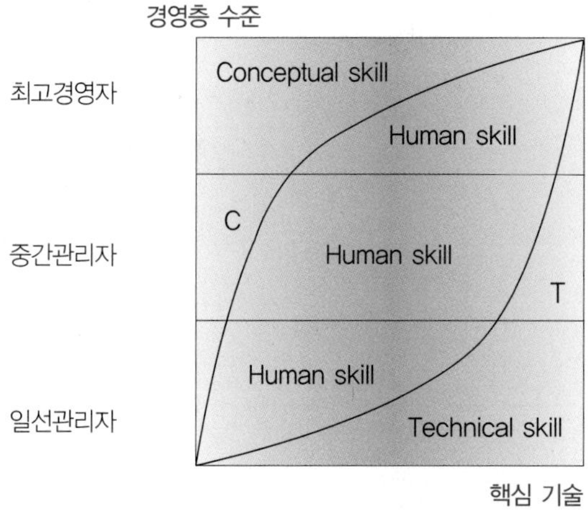

림 13-2 참조).

이와 마찬가지로 전략을 수립하는 차원에서도 경영층 수준별로 상이한 수준의 경영전략이 요구되는데 최고경영자는 기업차원의 전략을, 중간관리자는 사업전략을, 그리고 하위관리자들은 전형적으로 기능별 전략을 책임진다.

1.4 전략 · 관리 · 운영의 관계

전략(strategy)은 기업의 장기적인 목표를 설정하고 그 목표를 달성하기 위해 외부환경으로부터 주어지는 기회를 기업 내부의 강점으로 포착하는 전략적인 의사결정 활동으로서 이는 일회적이고 비일상적인 의사결정이 요구되므로 정형화하기가 곤란한 특징이 있다. 관리(management)는 결정된 전략을 집행하는데 투입되는 자원을 최소화하거나(효율성 향상), 목표의 달성도를 최대화(효과성 향상)하는 활동으로서 전략과 운영의 중간적 성격을 띠고 있다. 운영(operation)은 관리적 활동을 사전적으로 정해진 방식과 체계에 따라 수행하는 활동으로서 이는 반복적이고 일상적인 의사결정을 주로 다루기 때문에 매뉴얼화가 가능한 특징이 있다. 따라서 기업이 추구하는 목적과 목표를 효과적으로 달성하기 위해서는 전략과 관리, 운영이 3위 일체가 되어 조화롭게 실행되어야만 한다.

그림 13-3 경영전략 실행 과정

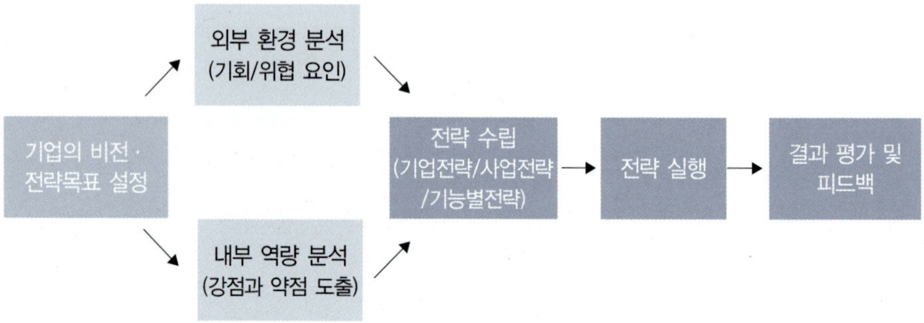

1.5 경영전략 실행 과정

경영전략 실행 과정은 먼저 기업의 비전과 전략목표를 설정하고, 둘째 목표와 관련된 전략적 환경(외부환경)을 분석하며, 셋째 기업의 내부역량을 분석한 다음, 넷째 기업/사업/기능별전략을 수립하고, 다섯째 수립된 전략을 실행하며, 마지막으로 전략실행 결과를 평가하는 6단계 과정을 거쳐 진행된다(그림 13-3 참조).

02 | 경영학의 범위

2.1 기업의 사명(mission)과 비전(vision)

비전을 이해하기 위해서는 먼저 기업(또는 조직)의 존재의의를 정의하고 있는 사명(mission)에 관해 알 필요가 있다. 사명은 가장 상위의 개념으로서 특정기업이 왜 존재하고 있으며, 특정 사업을 하는 이유가 무엇인가에 대한 대답이다. 또한 사명은 몇 번에 걸쳐 달성될 수 있는 비전이나 목표와 달리, 계속 추구만 할 뿐 결코 달성할 수 없는 북극성과도 같은 존재로서 조직이 나아가고자 하는 방향을 가이드하는 나침반이라고 생각하면 된다. 효과적인 사명은 변화를 불러 일으켜야 하고, 본질적으로 장기적이어야 하며, 쉽게 이해

표 13-1 주요기업의 사명

3M : 미해결된 문제를 혁신적으로 해결하자 **Wal-Mart** : 부자가 구매할 수 있는 것과 똑같은 것을 일반 사람들도 구매할 수 있는 기회를 제공하자 **Walt Disney** : 사람들을 행복하게 만들자 **Marriot** : 가정에서 멀어진 사람들을 친구들 사이에 있는 것처럼 느끼게 하거나 또는 꼭 필요한 사람이라고 느낄 수 있게 하자 **Sony** : 대중에게 혜택을 주기 위한 기술의 진보와 적용의 기쁨을 경험해 보자 **Mary Kay** : 여자들에게 무한한 기회를 주자 **Cargill** : 세계의 생활수준을 향상시키자

자료: 삼일회계법인 경영컨설팅본부, 2003, BSC Step by Step(성과창출과 전략실행)

하고, 의사소통을 할 수 있어야 한다(표 13-1 참조).

비전은 기업이 사명을 달성하기 위한 중간목표 내지는 경유지로서의 역할을 수행한다. 즉 기업이 5년, 10년, 15년 후의 미래에 달성하고자 하는 모습을 말로 표현한 것이다. 비전은 기업이 사명을 달성해가는 과정에서 끊임없이 지침을 제공하는 영속적인 것이자 새로운 목표를 설정하도록 도와주는 중간 연결고리 역할을 하기 때문에 가장 중요한 요소이다. 효과적인 비전은 주의를 집중시킬 수 있도록 간결해야 하며, 직원 · 주주 · 고객 · 사회 등 모든 이해관계자에 대해 호소력이 있어야 하고, 실행 가능성과 달성정도를 측정할 수 있어야 한다.

2.2 전략목표

기업의 전략목표는 경영전략을 실행하여 궁극적으로 얻고자 하는 결과를 말한다. 전략목표는 계획수립의 기초가 되며, 사업부서와 종업원들이 도달하려고 노력하는 측정 가능한 수행목표들을 제공한다. 효과적인 전략목표는 달성정도를 측정가능 하도록 정량적 형태로 설정되는 것이 좋으나, 부득이한 경우에는 정성적 형태를 띨 수도 있다. 또한 실행지침과 방법을 제공할 수 있도록 능동적이고 행동적인 용어를 사용해야 하는데 수익성 향상, 생산성 제고, 경쟁력확보, 기술개발 등 다양한 형태로 설정될 수 있다.

03 | 전략적 환경 분석

3.1 외부환경 분석

기업이 경영전략을 수립할 때 가장 먼저 고려해야 할 것은 기업을 둘러싼 외부환경이다. 이때 기업에 직접적으로 영향을 미치는 과업환경뿐만 아니라, 기업이 통제할 수 없으나 영향을 미치는 정치적 · 사회적 · 문화적 환경 등 일반환경에 대해서도 철저히 분석해야 한다. 기업환경의 변화는 기업에게 기회와 위협을 제공하기 때문에, 이에 대한 철저한 분석은 기업의 경영전략을 수립하는데 반드시 필요한 밑바탕이 된다. 외부환경을 분석하는 기법으로는 거시적 환경 분석과 산업구조 분석이 있다.

(1) 거시적 환경 분석

경영전략 수립 과정에서 거시적 환경을 분석하는 가장 중요한 이유는 기업에 가해지는 기회요인(opportunity)과 위협요인(threat)을 파악하기 위함이다. 거시적 환경 분석 기법으로는 FAW기법(Force at Work)과 PEST(Political, Economic, Social & Cultural, Technological) 분석법이 있다(그림 13-4 참조).

먼저 FAW기법은 경영환경에 있어서 큰 변화를 일으키는 통제 불가능한 거대한 힘(요인)으로서 정치, 경제, 사회 문화, 기술, 인구통계, 환경, 법률규제 및 각종 제도 등을 파악하여, 그러한 거대한 힘(요인)이 미친 결과로서의 전략적 시사점 즉 기업 활동에 기회와 위협이 되는 요소를 파악하는 분석법이다.

두 번째 PEST분석법은 FAW 중에서 특히 기업 활동에 지대한 영향을 미치는 정치, 경제, 사회 문화, 기술 분야에 대해서 중점적으로 분석하는 기법으로서 현재의 사실이 전개된 결과로써 미래에 일어날 가능성을 예측함으로써 향후 경영전략을 실행하는 과정에서 기업에 미칠 기회와 위협요인을 예측하여 사전 대응책을 강구하기 위해 활용된다.

그림 13-4 ◎ 거시환경 분석 요소

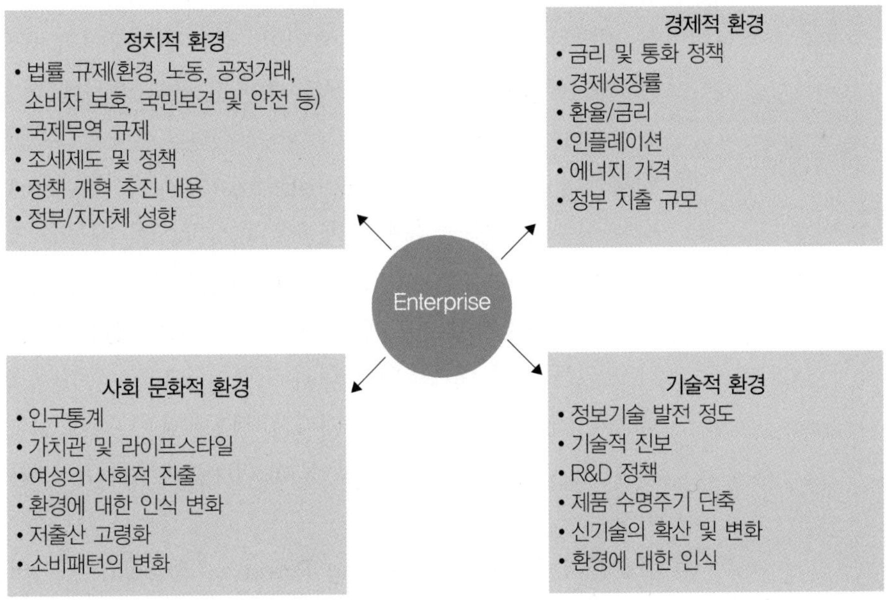

(2) 산업구조 분석

산업구조 분석은 기업이 속한 산업 내에서의 경쟁요인과 경쟁의 강도, 그에 따른 잠재적 수익성, 그리고 산업의 매력도를 파악하여 미래의 산업 환경을 예측하기 위해 실시한다. 산업구조 분석은 경영전략 수립에 있어서 가장 중요한 요소 중의 하나로서 마이클 포터(M. E. Poter)의 '5 Forces Model'이 주로 이용된다. 5가지의 구조적인 요인은 다음과 같다.

① **현존하는 기업 간의 경쟁 정도(Rivalry among Existing Competitors)**: 같은 산업에 속해있는 기존의 기업들이 얼마나 치열하게 경쟁하고 있는지를 나타내는 것으로서 일반적으로 경쟁기업의 수가 많고, 산업의 성장률이 낮으며, 고정비의 비중이 높고, 퇴출 장벽이 높을 때 그 산업의 경쟁은 치열해질 것이다.

② **잠재적 진입 기업의 위협(Threat of New Entrants)**: 다른 산업에 속해 있는 기업이 새롭게 어떤 특정 산업에 진입하려고 할 때 반드시 극복해야 할 진입장벽에 관한 것으로서 일반적으로 규모의 경제, 기존 기업에 의한 유통채널의 선점, 절대적인 원가 우위, 자본 소요량 및 교

체비용 과다 소요, 그리고 정부정책으로 인해 진입이 자유롭지 못할 때 진입장벽은 높아진다. 또한 기존 기업들의 예상되는 대응 및 보복 정도도 진입장벽을 높이는 주요 요인이 된다. 진입장벽이 높으면 높을수록 새로운 진입자가 쉽게 들어오지 못하는 구조 때문에 산업의 경쟁강도는 그만큼 낮아진다 하겠다.

③ **대체품의 위협**(Threat of Substitutes): 같은 산업은 아니지만 자신이 속한 산업과 비슷한 대용품(제품이나 서비스)을 제공할 경우 자신의 수익성이 감소되는 결과가 초래된다. 최근 IT기술의 발전으로 인해 카메라폰이 디지털카메라를 대신함으로써 둘 사이에 직접적인 경쟁이 일어나고 있는 예가 대체품의 위협과 관련이 있다고 하겠다. 일반적으로 대용품의 가격이 저렴하여 구매자의 전환비용이 적게 들거나, 대용품의 기능 및 디자인 등이 매력적일 때 대체품의 위협은 그만큼 높아질 것이다.

④ **공급자의 교섭력**(Bargaining Power of Suppliers): 공급자의 교섭력은 조달원가의 증감과 관련이 있는 요인으로서 일반적으로 공급자가 한정되어 있으며, 구매자가 공급선을 교체할 때 비용이 많이 들고, 공급하는 제품의 차별화 정도가 높으며, 대체품이 존재하지 않을 때, 그리고 공급자가 전방통합 능력을 가지고 있을 때 공급자의 교섭력은 높아진다. 이 경우 구매자의 입장에서는 조달원가가 증가하는 결과가 초래된다.

⑤ **구매자의 교섭력**(Bargaining Power of Buyers): 이 요인은 판매마진과 관련이 있는 것으로서 일반적으로 구매자가 한정되어 있고, 제품의 규격화로 인해 차별화가 되어 있지 않으며, 구매제품의 품질 중요도가 떨어질 때, 그리고 구매자의 후방통합 능력이 있을 때 구매자의 교섭력은 커진다. 이외에도 구매자의 공급자 전환비용이 적게 들고, 공급자에 대한 정보를 많이 가지고 있을수록 구매자의 교섭력은 그만큼 커지는 결과를 가져온다.

이상과 같은 5가지 구조적인 요인은 전략을 실행하는 과정에서 미래의 잠재적인 수익성에 직접적인 영향을 미치게 되는데 첫째, 현존하는 기업 간의 경쟁강도가 높으면 높을수록 투자비용이 증가하고 출혈경쟁이 심화될 것이므로 수익성은 하락할 것이다. 둘째, 잠재적 진입기업의 위협이 커질수록, 즉 진

그림 13-5 ◐ 마이클포터의 산업구조분석(5-Forces 분석)

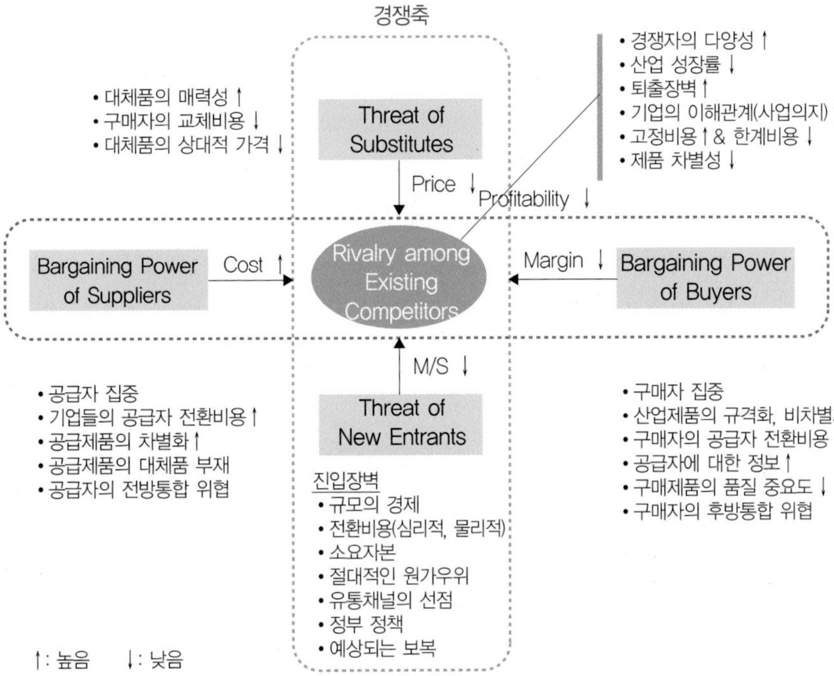

입장벽이 낮아 새로운 진입자가 들어오기가 쉬울 경우 경쟁자가 더욱 증가할 것이므로 시장점유율은 상대적으로 하락할 것이다. 셋째, 대체품의 위협이 커지면 커질수록 대체품과의 직접적인 경쟁관계가 형성되기 때문에 판매가격이 하락하는 결과가 초래된다. 넷째, 공급자의 교섭력이 커지면 원료를 비싼 값에 조달해야 되기 때문에 원가상승 요인이 된다. 다섯째, 구매자의 교섭력이 커지면 판매경쟁이 더욱 치열해질 것이므로 판매마진은 그만큼 줄어들 것이다(그림 13-5 참조).

3.2 내부환경 및 역량분석

외부환경에 대한 분석이 끝나면 기업 내부에서 보유한 자원(resource)과 능력(capability)을 분석하여 기업이 강점으로 활용할 수 있는 것은 무엇이고, 부족하거나 문제가 되는 약점은 무엇인지를 평가하여야 한다. 즉, 기업이 보유하고 있는 자신의 능력과 한계를 정확하게 파악해야 한다. 여기에서 강점

(strength)이란 기업을 성공으로 이끄는 어떤 활동이나 독특한 자원을 말하며, 약점(weakness)은 기업을 성공할 수 없게 하는 어떤 활동 내지는 부족하거나 소유하고 있지 않은 자원을 의미한다. 만약 이러한 기업의 능력이나 자원 중에서 타 기업과 비교해 경쟁우위를 가질 수 있는 독특하거나 특별한 것이 있다면 그것은 핵심역량(core competencies)이 된다.

경영전략 추진과정에서 내부 환경을 분석하는 목적은 경쟁우위를 지속하거나 획득하기 위함이다. 내부 환경에는 조직문화, 조직자원, 조직구조 등 유 · 무형적 요소와 기업의 재무구조, 생산기술 및 설비, 인적자원, 영업능력 등 기업 가치를 향상시키데 직 · 간접적으로 영향을 미치는 활동이 있다.

(1) 조직문화

쉐인[1](Edgar H. Schein)은 조직문화를 조직의 외부적인 적응과 내부적인 통합의 문제를 해결하기 위하여 구성원들에 의해 창조 · 발전 · 학습 · 공유되어 온 가치(values), 신념(beliefs), 규범(norms)의 체계로서 조직구성원의 가치관과 사고방식, 그리고 행동을 지배하는 근본요소라고 정의하였다. 조직문화에 대한 정의는 학자들마다 차이가 있으나 다음 3가지 측면에서 대체적으로 공통점이 있다. 첫째, 사람마다 독특한 개성을 갖고 있듯이 조직도 구성원들 간에 공유된 인식이 있어서 어떤 자극에 대해 독특한 반응을 보인다는 것이다. 둘째, 조직문화는 오랜 시간에 걸쳐 학습과 경험의 과정을 통해 이루어진다. 셋째, 조직문화는 조직 내의 구성원 대다수가 공통적으로 가지고 있는 신념, 가치관, 행위규범, 행동양식 등이 존재한다. 이러한 점을 종합해 볼 때 결국 조직문화는 조직마다 제각기 독특하게 갖고 있는 보편화된 생활양식, 즉 사람의 개성과도 같은 것이라고 말할 수 있다.

많은 연구(Kotter & Heskett, 1992 등)에서는 전략적으로 고유한 문화를 가진 회사가 고유한 문화를 적게 가진 회사보다 더 작업능력이 우수하다는 것을 보여주고 있다. 즉 특정한 조직문화는 전략적 행동을 촉진할 수도, 방해할 수도 있다는 것이다. 따라서 경영전략 추진과정에서 조직문화가 전략방향에 맞게 형성될 수 있도록 끊임없이 전파하고 교육할 필요가 있다. 구성원들의 협동과 참여가 절대적으로 요구되는 혁신전략을 추진하는 과정에서 만일 그 조직에 개인주의가 팽배하고, 상 · 하 간 의사소통이 원만하지 못하다면 그 전

1) Edgar H. Schein, *Organizational Culture and Leadership*, SanFrancisco: Jossey-Bass, 1985.

그림 13-6 ◐ 조직문화의 형성 및 유지 과정

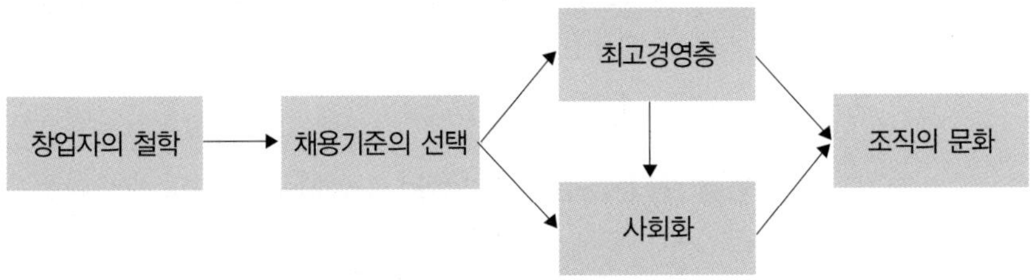

자료: Stephen P. Robbins & Mary Coulter(이중우 외 공역), 경영학 원론, 2007, p. 63.

략은 성공하기 어렵기 때문이다.

이러한 조직문화는 창업자의 철학에서 유래되며, 최고경영자의 생각과 행동 또한 조직문화에 커다란 영향을 미치기 때문에 경영전략을 구상하고 계획하는 단계에서부터 그 조직의 문화를 전략실행에 적합하도록 조정하는 노력이 동시에 추진되어야 한다. 글로벌경영 환경에서 특별히 강조되고 있는 조직문화는 기업의 사회적 책임과 윤리경영, 종업원의 인권, 그리고 환경에 대한 인식 등이므로 이 부분에 대해서 분명한 경영철학과 가치관, 행동규범이 선행될 때 그 전략은 성공을 거둘 수 있다는 점을 염두에 두고 내부 환경 분석 시 이러한 점을 반영해서 진단해야 할 것이다(그림 13-6 참조).

(2) 기업능력 분석(가치사슬 분석)

기업이 더 많은 수익을 창출하기 위해서는 경쟁기업보다 더 낮은 가격으로 제품과 서비스를 제공하거나, 더 높은 가격이라도 소비자가 기꺼이 구매할 수 있는 차별화된 제품과 서비스를 제공해야 한다. 마이클 포터(M. E. Poter)는 이처럼 경쟁시장에서 평균수익률보다 지속적으로 높은 수익률을 올릴 수 있게 하는 힘을 경쟁우위(competitive advantage)라고 정의하고 있다.

경쟁우위는 소비자에게 혜택을 줄 수 있는 가치창출활동을 통해 달성할 수 있기 때문에 경쟁우위의 원천을 규명하기 위해서는 기업이 수행하고 있는 일련의 가치창출활동을 점검해 보고, 이러한 제반 활동들이 어떻게 상호작용하는가를 체계적으로 살펴보아야 한다.

마이클 포터가 제시한 가치사슬(value chain) 모형은 위에서 말한 경쟁우위의 원천을 체계적으로 규명할 수 있게 하는 기업능력을 분석하는 도구이다. 이 모형은 기업의 활동을 전략적으로 중요한 몇 가지 활동들로 나누고 그 연계성을 제시함으로써, 원가가 발생하는 원천과 경쟁제품과 차별화 할 수 있는 원천을 정교하게 분석할 수 있도록 해준다. 가치사슬 모형에 의하면 기업활동은 크게 본원적 활동(primary activities)과 지원활동(support activities)으로 구분된다(그림 13-7 참조).

① **본원적 활동:** 부가가치(added value: 기업이 생산활동을 한 결과, 생산물의 가치 등에 새로 부가된 가치)를 직접 창출하는 현장 활동으로서 원부자재 구매활동, 생산활동, 물류활동, 마케팅 및 판매활동, 서비스 활동이 해당된다.

② **지원활동:** 부가가치가 창출되도록 지원하는 활동으로서 기업 인프라(기획, 관리, 재무, 회계, 법률 등), 인적자원관리, 기술개발, 획득(건물, 기계 등) 활동이 있다.

이러한 가치사슬에서 경쟁우위를 찾는 방법은 먼저 각 단위활동에서 강·약점을 분석하여 강점은 더욱 강화하고 약점은 줄여나가는 전략을 추구해야 하며, 다음으로 원가발생 원천 즉 본원적 활동에서의 원부자재 구매활동, 생산활동, 물류활동, 그리고 지원활동에서의 획득활동 등 원가와 관련된 활동을 분석하여 원가절감 방안을 추진하고, 마지막으로 마케팅 및 판매활동, 서비스 활동, 그리고 기술개발 활동 등을 분석하여 제품 및 서비스 차별화 방안을 도출해야 한다.

그림 13-7 **포터의 가치사슬 모형**

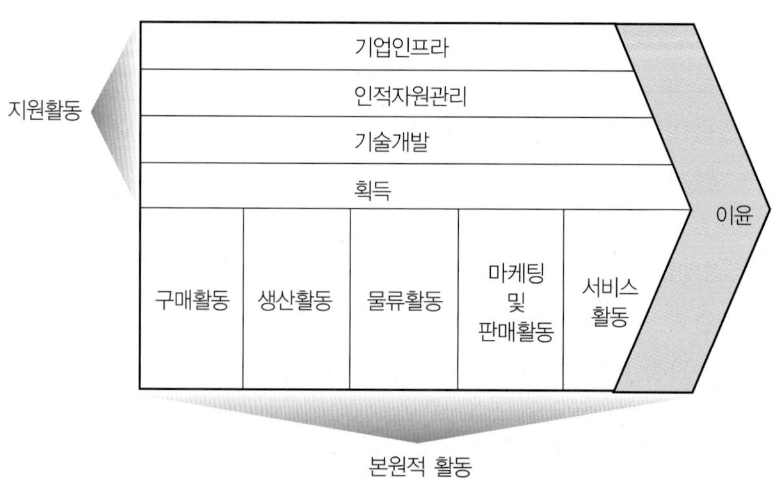

한편 IT 기술의 발전, 극심한 경쟁 양상, 변화무쌍한 시장상황 등은 기업의 가치 활동에도 변화를 요구한다. 즉 지금까지의 가치 활동은 공급자로부터 받은 원료나 부품에 가치를 더하여 고객들에게 이전하는 선형적 과정일 뿐만 아니라, 그 대상도 해당 기업에 국한되는 활동이 주로 이루어졌다. 그러나 오늘날 경쟁우위를 창출하는 가치 활동은 자사의 독립적인 활동만으로는 부족하므로 공급자, 고객, 동업자 등 기업을 둘러싸고 있는 다양한 외부경제주체들과 협력하여 새로운 가치창조시스템을 구축해야 한다. 이처럼 가치창출활동을 기업 내부에만 국한하지 않고 외부의 다른 조직과의 창조적인 상호작용이나 관계설정에까지 넓힌 개념이 가치무리(value constellation)이다.

가치무리는 아웃소싱이나 다양한 형태의 업무제휴를 통해 서로의 장점은 살리고 약점은 보완하는 윈윈전략(win-win strategy)으로서 이를 통해 시장지배력을 강화하는 효과와 시장의 변화에 재빠르게 대처할 수 있다는 장점이 있다. 또한 DIY(do it yourself) 제품 개발을 통해 고객을 직접 가치무리에 참여시킴으로써 고객에게 금전적인 가치를 넘어 즐거움이라고 하는 새로운 가치를 창출할 수도 있을 것이다.

04 | 전략 분석

기업의 내 · 외부 환경 분석과 기업능력 분석이 끝나면 그동안의 결과를 결합하여 기업이 추구해야할 전략적 방향을 도출해야 하는데 이때 주로 사용하는 기법이 SWOT분석법이다. SWOT분석이란 기업의 외부환경과 내부환경/능력에 대한 분석을 기초로 하여 전략목표를 달성할 수 있도록 최적의 전략 대안들의 수립방향 및 지침을 제시해주는 기법을 말한다. SWOT분석은 기업이 직면한 외부환경에서의 기회요인(opportunity)과 위협요인(threat)을 기업 내부의 강점(strength)과 약점(weakness)에 결합시킴으로써 전략목표 달성과정에서 나타나는 네 가지의 전략적 상황(OS, OW, TS, TW)을 보여준다. SWOT 매트릭스를 통해 기업이 직면한 네 가지의 전략적 상황을 인식하고 나면, 각각의 상황에 대응하기 위한 전략 대안들을 개발할 수 있다. 전략 대안을 개발할 때 주의할 점은 외부환경은 자신이 통제할 수 없기 때문에 내부능력 즉 어떻게 하면 강점은 살리고 약점은 보완할 것인가에 초점을 맞추어야 한다(그림 13-8 참조).

그림 13-8 ◐ SWOT 매트릭스

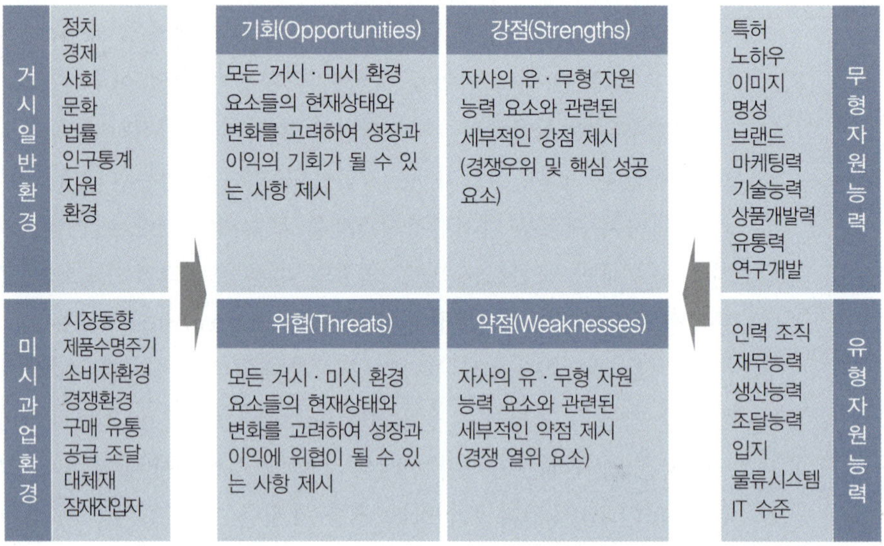

① **OS전략(Maxi-Maxi)**: 시장의 기회를 활용하기 위해 내부의 강점을 사용하는 공격전략(attack strategy)으로서 시장기회 선점 전략, 시장/제품 다각화 전략이 있을 수 있다.

② **OW전략(Maxi-Mini)**: 약점을 극복하고 시장의 기회를 활용하는 복구전략(restoration strategy)으로서 핵심역량 강화 전략, 전략적 제휴 등이 있을 수 있다.

③ **TS전략(Mini-Maxi)**: 시장의 위협을 회피하기 위해 내부의 강점을 사용하는 우회전략(roundabout strategy)으로서 시장침투 전략, 제품 확충 전략이 있을 수 있다.

④ **TW전략(Mini-Mini)**: 시장의 위협을 회피하고 약점을 최소화하기 위한 생존전략(survival srrategy)으로서 철수전략, 제품/시장 집중화 전략 등이 있을 수 있다.

가장 이상적인 경영전략은 네 가지 상황에 모두 완벽하게 대응할 수 있는 것이지만, 이는 현실적으로 기업의 능력과 자원, 정보의 제약으로 인해 불가능하다. 따라서 네 가지의 전략적 상황들을 적절하게 조합하고 가능한 전략대안들을 개발한 후, 그것을 비교 · 평가하여 가장 만족스러운 경영전략을 수립해야 한다. 즉, 기업은 직면하는 기회를 활용하기 위해 기업이 가지고 있는 강

표 13-2 SWOT 매트릭스의 내 · 외부적 요인

내부적 요인

강 점(Strength)	약 점(Weakness)
• 독특한 능력 • 적합한 재무적 자원 • 좋은 경쟁적 기술 • 인정받고 있는 시장선도자 • 잘 수행되고 있는 기능별 전략 • 규모의 경제 활용 • 강한 경쟁적 압박으로부터의 차단 • 기술 선도자 • 원가상의 우위 • 경쟁적 우위 • 제품혁신 능력 • 입증된 관리능력 • 자사에 대한 구매자의 호의적인 생각 • 기타	• 불분명한 전략적 방향 • 경쟁적 지위의 쇠퇴 • 낙후된 시설 • 평균 이하의 수익성 • 관리적 깊이와 자질의 부족 • 빈약한 전략실행 • 내부상 운영문제의 만연 • 경쟁적 압박에 대한 취약성 • 연구개발의 부족 • 너무 좁은 제품 계열 • 시장에서의 빈약한 지위 • 경쟁적 열위 • 평균 이하의 마케팅 기술 • 전략 변경에 필요한 자금의 부족 • 기타

외부적 요인

기 회(Opportunity)	위 협(Threat)
• 새로운 고객집단의 확보 • 새로운 시장 및 세분시장에의 진입 • 광범위한 고객욕구를 해결하기 위한 제품 계열의 확장 • 관련제품으로의 다각화 • 수직적 통합 • 보다 좋은 전략집단으로 이동할 수 있는 능력 • 경쟁기업간의 친화(전략적 제휴) • 빠른 시장성장 • 기타	• 새로운 경쟁자의 진입가능성 • 대체품의 판매량 증가 • 느린 시장 성장 • 역행하는 정부의 방침 • 경쟁적 압력의 증가 • 경기침체의 가변성 • 증가하는 고객 또는 공급업자의 힘 • 구매자 욕구 및 취향의 변화 • 역행하는 인구통계적 변화 • 기타

점을 사용하면서 다른 전략적 상황에 부분적으로 대응하는 공격적인 형태의 전략으로부터, 위협을 극복하기 위해 필요한 기업의 약점을 보완하는 데 초점을 두면서 다른 전략적 상황에는 부분적으로 대응하는 방어적인 형태의 전략까지 매우 다양한 전략을 수립할 수 있다. 미국의 크라이슬러(Chrysler) 자동차회사는 SWOT분석을 통해 회사가 직면하고 있는 환경적 위협과 내부적 약점을 명확히 이해하여 파산직전의 회사를 회생시킨 경험이 있다.

SWOT 매트릭스 작성시 〈표 13-2〉를 참조하면 도움이 될 것이다.

05 | 전략의 유형

5.1 기업 차원의 전략

SWOT분석이 끝나면 기업이 전사적 차원에서 취해야 할 전략적 대안을 선택해야 한다. 기업이 선택할 수 있는 전략은 성장전략, 안정전략, 개선전략 등이 있을 수 있다.

(1) 성장전략

성장전략(growth strategy)은 제품이나 시장의 수를 확대하여 사업을 증가시키는 전략이다. 기업은 이러한 성장전략을 통해 종업원 수, 조직규모, 판매수익, 시장점유율 등 양적인 향상을 도모할 수 있다. 기업의 성장은 집중, 수직적 통합, 수평적 통합, 다각화, 전략적 제휴, 인수합병 등을 통해 이루어진다.

① **집중(concentration)**: 기업 내부적으로 사업장을 증가하여 성장을 추구하는 전략으로서 이 전략을 추진하는 기업은 어느 회사도 인수합병이나 통합하지 않고 자신의 주요 사업부문에 집중하여 제품이나 시장을 확대해 나간다. 이는 새로운 지역에서의 시장 진입, 새로운 목표 시장 개척 등을 통해 시장점유율을 확대해 나가는 시장 개발 전략과, 기존 제품이나 서비스와 밀접하게 관련이 있는 제품이나 서비스를 추가해 나가는 제품 개발 전략이 있다.

② **수직적 통합(vertical combination)**: 원재료의 획득에서 제품생산, 판매에 이르는 전체적인 공급과정에서 기업이 일정 부분을 통제하는 일종의 다각화 전략으로서 동종업계의 다른 기업과 통합하는 수평적 통합과 대비된다. 수직적 통합은 투입물을 통제하는 후방통합과 산출물을 통제하는 전방통합의 두 가지 형태로 구분된다. 다시 말해 후방통합(Backward integration)은 유통채널을 가진 기업이 생산기업을, 또는 제품을 생산하는 기업이 원재료를 공급하는 기업을 통합하는 것으로서 이는 공급자에 대한 영향력 강화 내지는 경영자원 및 핵심역량을 확장하기 위한 전략으로 사용된다. 자동차를 제조하는 회사가 제철사업이나 엔진부품, 타이어를 공급하는 사업에 진출하는 것이 여기에 해당된다.

그림 13-9 ◯ 수직적 통합과 수평적 통합

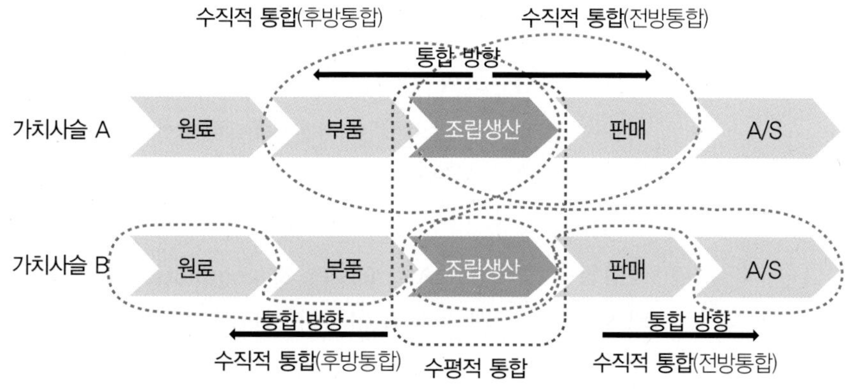

전방통합(forward integration)은 이와 반대로 원료공급 기업이 생산기업을, 생산기업이 유통기업을 통합하는 형태로서 이는 시장지배력을 강화하기 위한 전략으로 추진된다. 자동차를 제조하는 기업이 자동차를 유통 · 판매하는 회사를 소유하게 된다면 전방통합에 해당된다(그림 13-9 참조).

③ **수평적 통합(horizontal combination)**: 같은 산업의 다른 기업이 동등한 조건하에서 합병 · 제휴하는 것으로 규모의 경제(economy of scale: 생산규모가 증가함에 따라 생산비에 비해 생산량이 보다 크게 증가함으로써 생기는 경제적 이익)를 통해 시장점유율을 향상시킬 목적으로 활용된다(그림 13-9 참조).

④ **다각화(diversification)**: 한 기업이 여러 다른 산업에 참여하는 것으로 관련다각화(related diversification)와 비관련다각화(unrelated diversification)가 있다. 관련다각화는 관련이 있지만 다른 산업의 회사를 인수 또는 합병하는 전략으로서 범위의 경제(economy of scope: 한 기업이 2종 이상의 제품을 함께 생산할 경우 각 제품을 다른 기업이 각각 생산할 때보다 평균비용이 적게 드는 현상) 효과를 거둘 수 있다. 비관련다각화는 현재의 사업과 관련이 없는 산업에 진출하는 것이다.

⑤ **전략적 제휴(strategic alliance)**: 2개 이상의 독립적인 기업이 일부 사업 또는 기술 · 생산 · 판매 · 자본 등 기능별 활동부문에서 지속적 또는 일시적인 협력관계를 갖는 협약을 의미한다. 기업이 전략적으로 제

휴하는 목적은 제휴관계 이외의 기업들에 대하여 경쟁적 우위를 확보하기 위함이며, 합병형태나 독립기업간의 외부거래보다 원하는 기술이나 능력을 얻는데 효과적일 뿐만 아니라, 목적달성 후에도 철수가 쉽기 때문에 기업규모와 관계없이 여러 분야에서 이루어지고 있다. 전략적 제휴는 연구개발 컨소시엄, 기술제휴, 라이센스협정, 상호마케팅협정 등 느슨한 형태의 제휴와 합작투자, 상호주식보유 등 긴밀한 형태의 제휴가 있다.

⑥ **기업인수 합병(M&A: merger & acquisition)**: 기업의 외적성장 전략의 일환으로 2개 이상의 기업이 하나의 기업으로 결합하는 전략으로서, 대상기업의 자산이나 주식을 취득하여 경영권을 획득하는 '매수'와, 두 개 이상의 기업이 법률적으로나 사실적으로 하나의 기업으로 합쳐지는 '합병'의 형태가 있다. 먼저 매수는 주식매수를 통해 회사의 경영권을 획득하는 '주식매수(stock acquisition)'와 대상기업의 자산뿐만 아니라 영업권 등 포괄적 권리를 매수하는 '자산매수(asset acquisition)'가 있으며, 이 중 주식매수는 매수대상 경영진의 동의를 얻느냐 그렇지 못하느냐에 따라 '우호적 매수'와 '적대적 매수'로 구분된다. 합병은 인수기업(acquiring firm)이 피인수기업 또는 인수대상기업(acquired or target firm)을 흡수하는 '흡수합병(merger)'과 양 기업이 합병하여 새로운 회사를 설립하는 '신설합병(consolidation)'이 있다. 또한 합병하는 기업의 산업 및 업종에 따라 3가지로 구분되는데 먼저 동종 업종 간에 이루어지는 수평적 합병(horizontal merger), 두 번째로 같은 산업의 가치사슬상에 있는 기업을 합병하는 수직적 합병(vertical merger), 마지막으로 상호 관련성이 전혀 없거나 업종이 상이한 기업을 합병하는 다각적 합병(conglomerate merger)으로 구분된다. 기업이 인수합병을 추진하는 동기는 내적 성장한계를 극복하고 신규 사업 참여에 소요되는 기간과 비용 절감, 규모의 경제를 통한 시장경쟁력의 강화, 경영상의 노하우와 숙련된 전문 인력 확보, 제품 다양화, 위험분산 등이 있으며 경우에 따라서는 자산가치가 높은 기업을 인수한 뒤 매각을 통해 차익을 획득하고자 하는 경우도 있다(자세한 내용은 제18장 참조).

(2) 안정전략

안정전략(stability strategy)은 동일한 제품과 서비스를 동일한 고객에게 계속적으로 제공하고, 시장점유율을 유지하며, 조직의 투자수익률을 유지하는 등 현저한 변화를 추구하지 않는 전략이다. 이 전략은 기업이 현재 성공에 만족하고 있거나, 산업 환경의 급변으로 인해 미래가 불확실할 때, 그리고 산업의 성장속도가 느리거나 제로 성장에 직면했을 때 충분한 전략적 의사결정을 앞둔 상황에서 취하는 전략이다. 안정전략은 단기적 차원에서는 유효할 수는 있으나 장기적 차원에서는 매우 위험한 선택일 수 있다.

(3) 축소전략

축소전략(retrenchment strategy)은 기업이 위기상황에 처했을 때 비용감축을 통해 능률을 확보하고 성과를 높이기 위해 경영의 규모나 기능을 축소하는 전략이다. 기업이나 사업규모를 축소하는 다운사이징(downsizing), 기존의 사업구조나 조직구조를 보다 효율적이고 효과적으로 개혁하는 구조조정(restructuring)이 여기에 해당된다.

5.2 기업 포트폴리오 매트릭스

기업차원의 전략이 다수의 사업을 수반할 때 기업 포트폴리오 매트릭스를 사용하여 각 사업의 현재 상태를 명확히 분석함으로써 능동적으로 대처할 수 있는 전략대안을 모색할 수 있다. 즉 수개의 사업부를 갖고 있는 기업에서 사업의 구성을 어떻게 할 것인가, 그리고 각 사업부에 자원을 어떻게 할당할 것인가를 결정하는데 도움이 되는 전략이다. 이를 기업전체 수준에서 적용하면 사업포트폴리오 전략(Business Portfolio Strategies)이며, 사업 단위수준에서 적용하면 제품 포트폴리오 전략(Product Portfolio Management)이 된다. 양자 간의 차이는 전자가 기업 전체 차원에서 각 사업단위의 구성을, 후자는 제품구성에 초점을 둔다는 것이다. 기업 포트폴리오를 분석하는 기법은 미국의 경영자문회사인 보스톤컨설팅그룹에서 개발한 BCG 매트릭스와 GE(general electric)사와 매킨지사가 공동 개발한 GE/Mckinsey 매트릭스가 가장 널리 이용되고 있다.

(1) BCG 매트릭스

BCG매트릭스는 기업 차원에서 상대적 시장점유율(RMS: relative market

share)과 시장성장률(MGR: market growth rate)을 기초로 하여 각 사업단위를 분석하는 기법이다. 한 사업부에서 여러 가지 제품을 취급할 경우에는 각 제품단위를 분석하는 기법으로도 활용할 수 있다.

BCG매트릭스는 경험곡선효과(experience curve effect)와 제품수명주기 이론(product life cycle theory)을 근거로 하고 있다.

먼저 경험곡선효과란 규모, 생산량, 경험 등의 증대가 단위원가의 하락효과를 가져온다는 이론인데 BCG매트릭스에서는 시장점유율이 가장 높은 기업이 가장 많은 누적생산량을 달성할 것이고, 이는 경험곡선효과에서 발생하는 비용감소로 이어져 경쟁에서 우월적 위치 확보와 함께 이익을 증대시켜 결국 자금(cash)이 더 많이 유입된다는 것이다. 이런 점에서 BCG매트릭스에서는 '시장점유율'을 하나의 중요한 변수로 사용하고 있다.

둘째, 제품수명주기이론은 하나의 제품은 도입기(introduction stage)-성장기(growth stage)-성숙기(maturity stage)-쇠퇴기(decline stage)를 거쳐 수명을 다하게 되므로 각 단계에 맞게 마케팅 전략, 신제품 개발, 경영의 다각화를 모색함으로써 제품의 수명주기를 유리하게 조절해야 한다는 이론이다. BCG매트릭스에서는 제품의 수명주기에 따라서 시장의 성장률이 달라진다는 점에서 '시장의 성장률'을 또 하나의 중요한 변수로 사용하고 있다. 즉 도입기를 거쳐 성장기에 이르는 사업의 경우 시장에서의 매력도가 증가하면서 일반적으로 고성장을 하게 되나, 성숙기와 쇠퇴기에 이르는 사업은 반대로 시장에서의 매력도가 떨어지면서 성장이 둔화된다는 것이다.

BCG매트릭스는 상대적 시장점유율(RM/S)와 시장성장률(MGR)에 의해서 측정된 결과에 따라 각각의 사업상황을 네 개의 분면에 위치시키도록 되어 있다.

상대적 시장점유율은 자사 사업부의 경쟁력을 나타내는 지표로서 자사 사업단위의 시장점유율을 시장점유율이 가장 높은 경쟁사의 시장점유율로 나눈 값으로 통상 1.0을 기준으로 하여 log스케일로 표시한다.

시장성장률은 해당 산업의 매력도를 나타내는 지표로서 제품시장의 연 성장률(t+1기의 전체시장 매출액-t기의 전체시장 매출액/t기의 전체시장 매출액)을 나타내는 값으로 전통적인 BCG매트릭스에서는 10%를 기준으로 하나, 경제성장 속도가 빠른 시장에서는 15%를 기준으로 하기도 한다.

그림에서 원은 각 사업단위 또는 제품단위를 나타내며, 각 원의 크기는 사업단위의 규모 즉 기업의 총매출액에서 각 사업단위가 차지하는 비중을 나타낸다(그림 13-10 참조).

그림 13-10 ◐ BCG매트릭스

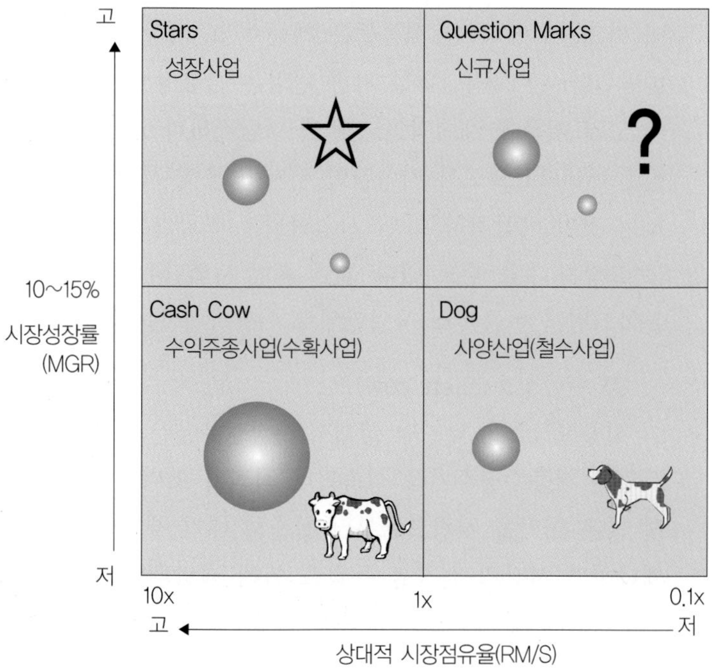

*원의 크기: 매출액

① **의문표(question mark)**

사업 또는 제품의 시장성장률은 높으나 상대적 시장점유율은 낮은 사업단위이다. 이사업에 속한 제품들은 제품수명주기상 도입기부터 성장기 초반에 속해 있기 때문에 경험곡선에 따라 비경쟁적 비용구조를 가지고 있어 상당한 현금투자를 필요로 한다. 많은 사업부는 이 영역에서 출발하게 되며, 시장성장에 따른 잠재적 이익이 현실적으로 '우리 것'으로 실현될 수 있을지에 대한 의문이 제기되므로 이를 '문제아(problem child)' 혹은 '물음표'라고 일컫는다. 아직까지 높은 수익성이 창출되진 않지만 시장이 성장하고 있기 때문에 경쟁이 심한 상태이다. 시장점유율을 높이기 위한 노력이 성공한다면 별(star)의 위치로 갈 수 있지만, 실패한다면 개(dog)의 위치로 전락하고 말 것이다. 따라서 물음표에 있는 사업 또는 제품들은 성장전략(build) 또는 축소전략(divest)을 사용할 수 있다(그림 13-10, 13-11 참조).

② **별(star)**

시장성장률도 높고 상대적 시장점유율도 높은 경우에 해당하는 사업이다. 이 사업단위에 속한 제품들은 제품수명주기상 성장기나 성숙기 초기 상태에 해당된다. 이 사업단위를 가진 기업은 시장성장의 기회가 좋은데다, 경쟁우위에 있기 때문에 계속적인 지원이 바람직하다. 이런 경우 가장 좋은 전략은 성장전략(build)으로서 지속적인 투자를 통해 시장점유율을 계속 늘려나가도록 하는 것이 바람직하다. 이 사업단위는 현금흐름이 적자의 형태를 띨 수도 있고 그렇지 않을 수도 있다. 별에 속한 사업단위는 장기적으로는 시장성장률이 둔화되면서 현금젖소 사업단위로 이동하게 된다(그림 13-10, 13-11 참조).

③ **현금젖소(cash cow)**

시장성장률은 낮지만 상대적 시장점유율은 높은 사업이다. 이 영역에 속한 사업은 제품수명주기상 성숙기나 쇠퇴기 초기 시장에 해당하는 경우로서 통상 많은 이익을 시장으로부터 창출해 내기 때문에 수익주종사업이라 부른다. 왜냐하면 시장의 성장률 둔화로 인해 새로운 투자가 필요 없고, 시장에서의 선도기업에 해당되므로 규모의 경제와 높은 생산성을 누리기 때문이다. 현금젖소에서 산출되는 이익은 전체 기업 차원에서 상대적으로 많은 현금을 필요로 하는 별, 물음표에 속한 사업단위로 배분하여 시장점유율을 확대하는데 투자된다. 이 영역에 속한 사업단위는 현재의 시장점유율을 유지하는 전략(hold) 내지는 투자를 최소화함으로써 수익을 최대화하는 수확전략(harvest)을 구사할 수 있다(그림 13-10, 13-11 참조).

④ **개(dog)**

시장성장률과 상대적 시장점유율이 모두 낮은 사업단위로서 제품수명주기상 성숙기 후기 또는 쇠퇴기에 속하는 사업이 여기에 해당한다. 이 영역의 사업은 낮은 시장성장률로 인해 많은 자금을 필요로 하지 않지만, 사업활동에서 얻는 이익도 매우 적은 사업이기 때문에 단기적으로 현금흐름을 증가시키는 수확전략(harvest) 내지는 철수전략(divest)이 필요한 상황이다(그림 13-10, 13-11 참조).

BCG매트릭스상에서 사업단위 및 제품의 바람직한 이동경로는 의문표(신규사업) →별(성장사업) → 현금젖소(수익주종사업)이며, 현금흐름에 있어서는 현금젖소 → 의문표 또는 현금젖소 → 별의 순으로 이동하는 것이 바람직하다.

그림 13-11 ◎ BCG매트릭스에 따른 4가지 전략대안

전 략	내 용	사업단위
확대 (build)	이윤제고보다 시장점유율 향상을 목표로 하는 전략	?, ☆
유지 (hold)	현 시장점유율을 유지하는 전략	
수확 (harvest)	장기적 차원에서의 효과추구보다 단기적 현금흐름을 증가시키는 전략	
철수 (divest)	시장에서 철수시키는 전략	 ?

(2) GE/Mckinsey 매트릭스

GE/Mckensey 매트릭스는 기업차원에서 산업의 매력도(Market Attractiveness)와 개별사업단위의 강점(Business Unit Strength)이라는 두 차원에서 전략사업단위(SBU: Strategic Business Unit)를 평가하는 기법으로서, 전략사업단위의 수준을 다양한 측정지표에 따라 평가한 후 낮음, 중간, 높음으로 나누어 9개의 영역으로 나타내기 때문에 BCG 매트릭스의 단순함을 보완한 기법으로 인식되고 있다.

산업의 매력도는 기업의 외적요인을 평가하는 분야로서의 측정지표(measurement items)로는 시장성장률, 시장규모, 수요의 변동(경기, 계절성, 환경 불확실성, 민감도 등), 산업의 수익성, 경쟁강도, 글로벌 기회 요인, 거시환경요소(PEST) 등이 있다.

사업의 강점은 기업의 내적요인을 평가하는 분야로서 측정지표로는 시장점유율, 매출성장률, 브랜드 자산, 유통능력, 생산능력, 경쟁자와 비교한 상대적 이익률 등이 있다.

매트릭스를 실행하는 방법은 먼저 측정지표의 상대적 중요도에 따라 가중치를 정하고, 각각의 측정지표에 대한 전략사업단위별 점수를 매긴 후, 각각의 전략사업단위에 대한 가중치와 점수를 곱한 결과에 따라 9개 영역에 위치시킨다. 그런 다음 추출된 도표를 보면서 기업차원에서 선택해야 할 전략방향과 전략사업단위별 투자우선순위를 결정해 나가면 된다.

그림 13-12 ◎ **GE/Mckinsey 매트릭스**

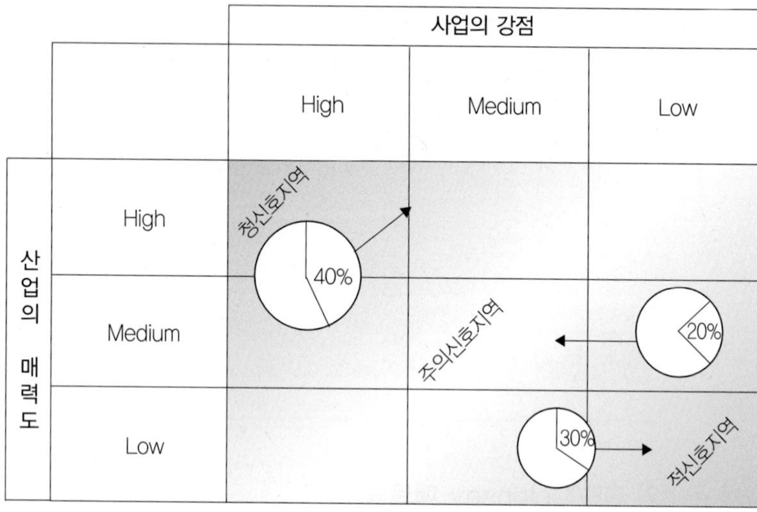

[그림 13-12]에서 보는 바와 같이 매트릭스는 크게 청신호지역, 주의신호지역, 적신호지역으로 구분되며, 원의 크기는 산업전체의 규모(매출액)를, 파이의 크기는 해당 기업의 전략사업단위의 시장점유율을 나타내고, 화살표는 전략사업단위의 방향과 움직임을 나타낸다. 일반적인 전략방향은 청신호지역에 위치한 사업단위의 경우 투자 또는 성장전략, 주의신호지역은 유지전략, 그리고 적신호지역은 수확 내지는 철수전략을 취하는 것이 바람직하다(그림 13-13 참조).

그림 13-13 ◎ **GE/Mckinsey 매트릭스에 따른 전략**

		사업의 강점		
	수준	높음	중간	낮음
산업의 매력도	높음	투자 & 성장전략 (최대 투자)	선택적 성장전략 (성장 분야 우선 투자)	유지전략 (현금유동성 확보)
	중간	선택적 성장전략 (취약점 보완, 강점 강화)	선택적 투자	수확/철수전략 (투자 최소화)
	낮음	틈새시장 집중 전략 (단기수익 위주 관리)	수확/철수전략 (틈새시장 위주 관리)	전환/철수전략

5.3 사업 차원의 전략

사업차원의 전략(business-level strategy)은 기업의 각 전략사업단위(또는 사업영역)가 어떻게 경쟁해야 하는지를 결정하는 전략이다. 사업이 하나뿐이거나 제품군이 특정산업분야에 국한되어 있는 기업(특히 중소기업)의 경우에는 사업차원의 전략이 기업차원의 전략과 겹치게 된다.

사업차원의 전략을 수립하기 위해서는 먼저 산업구조 분석을 통해 기업이 속한 산업 내에서의 경쟁요인과 경쟁의 강도, 그에 따른 잠재적 수익성, 그리고 산업의 매력도를 파악하여 미래의 산업 환경을 예측하는 것이 중요하다. 산업구조 분석은 앞에서 언급한 마이클 포터(M. E. Poter)의 '5 Forces Model'을 참고하기 바란다.

산업구조 분석이 끝나면 경영자들은 적절한 경쟁전략을 선택해야 하는데 이때 주로 사용되는 분석기법이 본원적 경쟁전략(generic competitive strategy)이다.

(1) 마이클 포터의 본원적 경쟁전략

본원적 경쟁전략(generic competitive strategy)이란 산업 내에서 효과적으로 경쟁할 수 있는 일반적인 형태의 전략유형을 의미한다. 마이클 포터는 원

그림 13-14 ◎ 마이클 포터의 본원적 경쟁전략

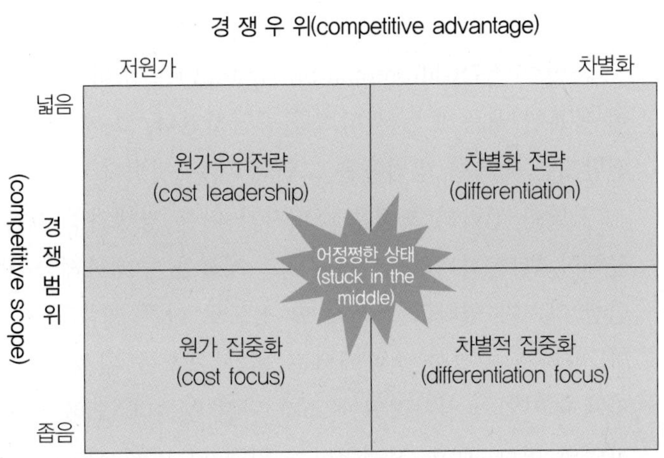

가우위와 차별화 우위라는 두 가지의 전략적 경쟁우위를 기본으로, 원가우위전략(cost leadership strategy), 차별화전략(differentiation strategy), 집중화전략(focus strategy)이라는 세 가지 본원적 경쟁전략의 유형을 제시하였다(그림 13-14 참조).

1) 원가우위전략

원가우위전략(cost-leadership strategy)이란 기업이 경쟁우위 실현을 위해 경쟁기업보다 더 낮은 가격(cost leadership)으로 제품이나 서비스를 소비자에게 제공하는 전략이다. 따라서 원가우위전략의 초점은 경쟁기업들에 비해서 지속적으로 원가상의 경쟁우위를 달성할 수 있느냐하는 것이다.

원가우위전략이 성공하기 위해서는 대규모의 자본과 재원, 첨단 생산시설, 집중적인 관리체제, 유리한 조건의 원재료 확보, 저렴한 유통경로 등을 갖추어야 한다. 즉 비용요소를 철저히 통제하고 기업의 가치사슬(value chain)을 최대한 효율화하는 노력을 필요로 한다. 만일 기업이 원가우위전략을 유지하기 위해 인건비를 낮춘다든지 값싼 원재료를 사용한다면 그 우위는 오래 가지 못할 것이다. 또한 기술변화의 속도가 빠른 현대 사회에서는 이전의 생산설비나 기술을 한순간에 쓸모없는 것으로 만들 수 있고, 이 때 원가우위를 갖고 있던 기업은 더 이상 원가우위를 지키기 힘들게 될 것이다. 따라서 원가우위전략을 취하는 기업들은 원가절감노력과 더불어 기술개발과 품질개선 등 시장 전반적인 차원에서 시장을 주도(market leadership)해 나가는 역량을 갖추어야 한다.

2) 차별화 전략

차별화 전략(differentiation strategy)은 소비자의 욕구를 만족시키기 위하여 독특한 제품 또는 서비스를 공급하거나, 그 제품이나 서비스가 소비자에게 전달되는 독특한 방법들을 고안해 내는 것이다.

차별화 전략의 초점은 소비자가 다른 경쟁기업 제품에 비해 비싼 값을 지불해야 한다 하더라도 반드시 그 제품을 구매하게끔 할 정도로, 또는 구매할 만한 가치가 있다고 느끼게 할 정도로 다른 제품과 차별화할 수 있느냐에 있다. 따라서 차별화 전략에서는 원가 요소를 완전히 무시하지는 않지만 원가 자체가 기업의 일차적인 목표가 되진 않는다. 오히려 제품의 연구개발이나 디자인의 변화, 광고, 고객관리를 위해 더 많은 비용을 필요로 하기도 한다. 하

그림 13-15 ◎ 차별화전략의 3대 요소

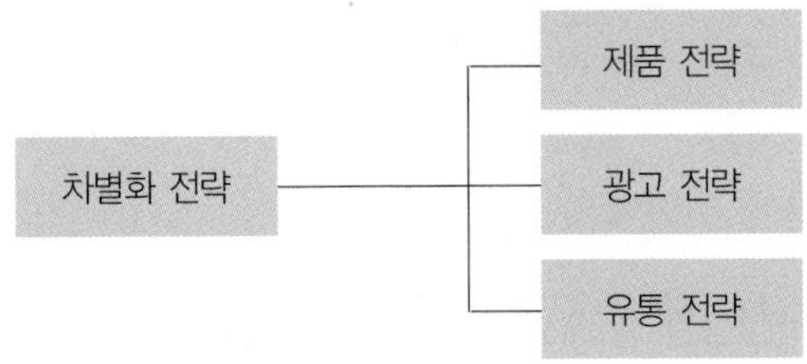

지만 원가우위전략을 사용하는 경쟁기업과의 가격차이가 너무 크다면 일부 고객들은 제품의 차별화된 특성을 포기하게 될 수 있다는 위험이 있다.

차별화를 위한 수단들은 특별하게 우수한 기능과 품질, 색다른 서비스, 혁신적인 디자인, 기술적 능력, 브랜드 및 상표이미지 등이 있다. 차별화 전략은 일단 성취되기만 하면 평균 이상의 수익을 올릴 수가 있고, 고객이 상표에 대한 충성도(royalty)를 갖게 되므로 심한 경쟁에 시달리지 않아도 되며, 자연스럽게 신규 기업의 진입을 막는 진입장벽도 형성하게 된다. 하지만 산업이 성숙기에 이르게 되면 다른 기업들의 모방에 의해 차별화 우위가 점차적으로 줄어들게 된다(그림 13-15 참조).

3) 집중화 전략

집중화 전략(focus strategy)이란 특정 소비 집단, 특정 시장, 특정 제품 등과 같은 제한된 영역에 집중적으로 공략하는 전략이다. 즉 기업의 자원과 전문성을 표적시장에 집중적으로 투입하여 경쟁력을 높이는 전략이다. 따라서 집중화 전략은 어떤 독특한 욕구를 지닌 고객이나 색다른 제품 및 서비스 그리고 유통 방법에서 고유한 특성을 지닌 세분시장이 존재할 때 사용할 수 있다.

집중화 전략은 일반적으로 세분화된 시장에서 특정대상의 욕구를 보다 잘 충족시킴으로써 차별화를 이루려는 차별적 집중화(differentiation focus)전략과, 특정 시장 영역에서 제품이나 서비스를 공급하는 데 원가상의 우위를 달성함으로써 해당 시장에서 효율적으로 경쟁하고자 하는 원가 집중화(cost focus)전략의 형태로 나타나게 된다. 즉, 차별화 전략이나 원가우위전략은 시장 전체를 대상으로 한 전략인데 비하여 집중화 전략은 특정 시장에만 집중하는 전략이다. 따라서 집중화 전략의 요체는 고객이 독특한 욕구를 가진 시장에서 적소(Market niche)를 선택하는 것이다.

집중화 전략은 비용우위에 기반을 둔 저가시장에서도 가능하고, 차별화 우위에 기초한 고가 특수품 시장에서도 가능하다. 또한 집중화 전략은 중소기업에 보다 효과적인 전략이라고 할 수 있는데, 이는 중소기업의 경우 규모의 경제를 확보할 수 없을 뿐만 아니라 다른 두 전략 중 하나를 성공적으로 수행할 자원이 부족하기 때문이다.

4) 어정쩡한 상태(stuck in the middle)

이 상태는 원가우위나 차별화우위를 달성할 수 없을 때, 즉 명확한 전략이 부재할 때 흔히 나타나는 현상으로서 넓은 시장을 겨냥한 원가우위 전략이나 좁은 시장(niche market)을 겨냥한 집중화 전략의 어느 한 곳에도 해당되지 않기 때문에 수익률 면에서 매우 낮을 뿐만 아니라, 시장점유율 면에서도 어중간한 상태에 놓여 있어 경쟁우위를 갖기가 어렵다. 기업이 이 상태에 빠지게 되면 심각한 위기에 빠질 우려가 있으므로 최대한 빨리 명확한 전략을 구사하는 대책이 필요하다.

5) 본원적 경쟁전략의 특성

마이클 포터의 가치사슬(value chain)을 통해 경쟁의 원천을 도출해 보면 먼저 원가우위의 원천은 구매활동(inbound logistics), 생산활동(operations), 물류활동(outbound logistics), 획득(procurement) 등이 될 것이고, 차별화우위의 원천은 마케팅 및 판매활동(marketing & sales), 서비스(service), 기술개발(technological development) 등을 통해 달성할 수 있다. 본원적 경쟁전략의 특성을 비교해 보면 〈표 13-3〉과 같다.

표 13-3 본원적 경쟁전략의 특성

구 분	원가우위 전략	차별화우위 전략	집중화 전략
제품차별화	낮음	높음	낮음 또는 높음
시장세분화	낮음	낮음	높음
핵심역량	제조와 자재관리	연구개발, 마케팅	양쪽 모두 가능
진입장벽 수단	원가우위, 규모의 경제	상품충성도, 차별화	소비자 충성도

5.4 기능 차원의 전략

기능 차원의 전략(functional-level strategy)은 기업차원의 전략과 사업 차원의 전략이 수립된 이후에 전략사업부 내에 있는 기능별 조직, 즉 인사, R&D, 재무, 관리, 생산, 마케팅 분야에서 세부적인 수행방법을 결정하는데 의의가 있다. 기능별 전략에 관한 세부내용은 제 3부 기능관리론을 참고하기 바란다.

G•l•o•b•a•l•M•a•n•a•g•e•m•e•n•t

TIP 위기를 기회로 바꾼 아오모리현의 합격사과

1991년 아오모리현에 거대한 태풍이 지나갔다. 이 마을은 사과나무를 많이 심어 농사하는 그런 마을이었는데 태풍이 얼마나 강한지 나무에 달린 사과의 90%가 떨어져버려 1년 농사를 완전히 망치게 되었다. 마을사람들은 너무나도 낙심하였고 곳곳에서 원망과 좌절의 소리가 끊이지 않았다. 그런데 마을사람 중 어느 한 사람은 남은 10% 사과에 감사해 하며 아이디어를 떠올렸다. "이렇게 강력한 태풍에도 떨어지지 않고 남아있는 사과! 참으로 대단한 사과이지 않습니까?"라고 마을사람들을 설득하면서 「합격사과」라고 이름을 붙여 내다 팔기로 하였다. 그해 가을 입시철이 되자 이 합격사과는 10배의 가격으로 불티나게 팔리게 되었고, 그 동네는 관광지가 되었다.

G•l•o•b•a•l•M•a•n•a•g•e•m•e•n•t

경영전략 성공/실패 사례

■ **코스트코(Cost Co)의 성공**

1976년 회사가 프라이스클럽이라는 이름으로 처음 창고형마트 사업을 시작한 곳은 미국 샌디에고 모레나 대로에 위치한 비행기 격납고였다.

처음, 소규모 회사들만을 상대로 영업을 했던 회사는 일반 회원들에게도 서비스를 제공함으로써 훨씬 큰 구매 집단을 달성할 수 있다는 것을 알게 되었다. 이러한 변화에 맞추어 창고형 매장 산업이 성장하기 시작했고, 1983년 시애틀에 코스트코의 첫 번째 매장을 개점했다. 코스트코는 6년 만에 매출이 제로에서 30억 달러로 성장한 최초의 기업이 되었고 1993년 코스트코와 프라이스 클럽이 합병되면서, 회사는 프라이스 코스트코라는 이름으로 206개 매장에서 연 160억 달러의 매출을 올리게 되었다.

코스트코는 기업 철학 또한 뚜렷하다. 비용을 낮추고 그만큼의 이익을 회원에게 돌려준다는 것이 그들의 경영 철학이다. 코스트코의 수많은 회원 기반, 대규모의 구매력과 끊임없이 효율성을 추구하는 회사의 욕구가 결합해 회원들에게 가장 좋은 가격을 제공할 수 있게 되었다. 1997년 코스트코로 변경한 이후 회사는 전세계적으로 530개가 넘는 매장을 보유하고 지속적으로 성장하고 있다.

코스트코(Cost Co)는 인수 합병을 통해 그 규모를 키워갔으며, 한국에는 1994년에 서울 양평동에 프라이스클럽이라는 이름으로 첫 개점하여 전국에 7개점을 운영하고 있다.

자료 : http://www.costco.co.kr

■ **한국에서 월마트(Wall-Mart)의 실패**

전세계에서 월마트 성공의 핵심은 월마트의 확장전략에 있었다. 일반적으로 할인점들은 백화점이나 일반소매점보다 더 싼 값에 물건을 팔기 위해서 큰 규모, 높은 재고회전율 등에 의존한다. 따라서 할인점은 인구가 10만 이상인 도시에서나 성공할 수 있는 사업이라는 판단이 1960년대에 지배적이었다. 그러나 월턴은 이에 동의하지 않고 자신의 가게를 미국 남서부의 작은 읍에서 열기로 결정했다. 1970년에는 아칸소, 미주리, 오클라호마 주의 작은 읍에 30개의 월마트 체인점이 들어섰다. 이 체인점들은 모두 성공했으며, 그 이유는 월마트가 30개의 지역독점을 탄생시켰기 때문이다. 즉 월마트의 전략은 하나의 할인점밖에 들어설 수 없는 규모의 작은 읍에서 가게를 열고 지역독점을 누린다는 것이다. 단순한 전략이지만 선점전략을 통해 독점을 취한 월마트는 크게 성공을 거두었다.

하지만, 한국에서는 왜 성공하지 못했을까? 글로컬리제이션(Glocalization)은 근래에 들어 기업의 생존전략으로 설정되고 있다. 하지만 월마트는 글로컬리제이션의 실패로 철수하게 된다. 무엇보다도 미국에서의 할인점 전략을 한국에서도 그대로 고수했다는 점이다. 즉, 기업환경 중 문화적 환경을 고려하지 못한 것이 실패의 요인이라고 볼 수 있다. 구체적으로 말하자면, 한국 소비자들의 취향과 문화적 특성을 이해하지 못한 단순한 영업방식이 한국에서의 실패를 가져오게 한 것이다.

구체적인 첫 번째 실패원인은 한국 소비자들의 독특한 취향을 들 수 있다. 국내 할인점과 월마트의 낮은 가격 마케팅에는 다른 점이 있다. 월마트는 가격만 싸면 매장이 멀고 품질이 다소 떨어져도 고객이 만족할 것이라고 판단했지만 한국이 소비자들은 단순히 가격이 싼 제품만을 원하지 않았다. 가격도 싸야 했지만 품질 면에서도 좋은 물건이어야 했고, 쇼핑하는 공간도 쾌적하기를 원했던 것이다. 특히 한국의 소비자들은 할인점을 쇼핑만 하는 곳이 아닌, 가족들이 함께 시간을 보내는 공간으로 활용하기 때문에 백화점과 같은 형태의 매장을 선호하는 편이나, 월마트 매장은 창고형 매장으로 만들어졌기 때문에, 한국의 소비자들로부터 호응을 얻을 수 없었던 것이다.

두 번째 원인으로는 접근성과 신선식품의 선호도이다. 기업의 입지요인 또한 기업의 성패를 좌우하는 큰 요소 중 하나이다. 그러나 월마트는 접근성과 신선한 제품의 유통 거리를 봤을 때 좋은 입지 조건이 아니었다. 1~2주일치 식품을 미리 대량으로 구입해 냉동보관하며 조리하는 외국의 경우와는 달리, 소량의 식품을 자주 구매하여 조리하는 우리나라 식생활의 패턴은 다양한 신선식품을 구매할 수 있고, 접근이 편리한 곳에 입지한 할인점을 선호하게 하였다. 1996년 유통시장 개방을 앞두고 우리나라 토종 할인점들이 목 좋은 땅을 선점함으로써 외국계 할인점들이 입지선정에 고전하였다. 또한 월마트는 신선식품보다는 바코드가 붙은 가공 식품을 매대에 올려놓고 팔았다. 서구인들의 식생활을 고려한 매장 레이아웃을 고집하다보니 한국인들로부터 외면당한 것이다.

세 번째로는 매장의 구성이다. 월마트가 표방한 창고형 매장은 물건을 적재한 파레트가 천정 꼭대기까지 쌓여 보기에 답답했고, 많은 물건은 종업원에게 물어봐야 위치를 찾을 수 있었다.

마지막으로 상품 구비 및 포장에 있어서도 월마트는 문제가 있었다. 예를 들어 라면의 판매만을 비교해 보아도 외국계 할인매장에서는 라면을 박스 채로 판매하지만 정작 그 종류는 몇 개 되지 않는 소품종 대형포장 방법을 사용했다. 그러나 한국의 소비자들은 다품종 소량생산시스템을 원하기 때문에, 국내 할인점들은 라면을 5개 정도씩 묶어서 판매하는 방식을 사용했고, 구비해 놓은 제품의 종류 역시 무척 많다. 또한 한국 소비자들은 세트 구매를 좋아한다는 점, 즉 한 제품이 많이 들어 있는 것보다는 필요한 여러 제품이 한꺼번에 들어 있고, 게다가 가격까지 할인된 품목을 좋아한다는 특징도 가지고 있다.

이러한 월마트의 사례로 볼 때 다국적 기업이 해외시장으로 진출하려고 할 때는 그 나라의 기업환경을 고려해야 한다는 것을 알 수 있다. 그 나라의 문화를 고려하지 않고, 글로벌 스탠다드(Global Standard)만을 고수할 때 시장에서 실패할 위험은 그만큼 커지게 된다는 점을 상기할 필요가 있다.

자료 : http://www.walmart.com/

제14장

Global Management

경영혁신

01 | 경영혁신이란?

1.1 경영혁신의 의의

지금까지 지구상에 나타났던 모든 생물 중에서 99% 이상이 멸종되고 현재 남아 있는 것은 불과 1% 미만이라고 한다. 멸종과 생존을 결정짓는 가장 중요한 요인 중 하나가 환경에의 적응(적자생존: survival of the fittest)이다. 영국의 철학자이자 경제학자인 스펜서(H. Spencer)는 1884년 그의 저서인 '개인 대 국가(*The Man Versus The State*)'에서 기업의 적자생존에 대해 언급하며 "더 좋은 물건과 서비스를 제공하는 회사는 살아남아 시장을 점령하고, 그러지 못하는 회사는 경쟁에 의해 도태된다."고 주장했다.

대한상공회의소가 2011년 7월에 발표한 '100대 기업의 변천과 시사점' 보고서에 따르면 국내 100대 기업 중 41%가 최근 10년 사이에 탈락하였으며, 20년 사이에는 58%, 30년 사이에는 73%가 100대 기업의 지위를 유지하지 못하고 탈락한 것으로 나타났다. 또한 2010년 기준 국내 100대 기업의 평균 나이는 34년인 것으로 분석했다. 포춘지가 선정한 미국의 500대 기업의 평균수명도 40년에 불과했고, 일본의 100대 기업의 평균수명은 30년 정도인 것으로 나타났다.

금세기 최고의 미래학자인 앨빈 토플러(Alvin Toffler)는 그의 저서 '부의 미래'(*Revolutionary Wealth*)에서 변화의 속도가 가장 빠른 집단은 '기업'(시속 160㎞)으로서, 이는 정부 관료조직(시속 40㎞)보다 무려 4배나 빠른 속도로 변화하고 있다고 설명하고 있다.

변화의 속도는 IT기술에서 예상을 뛰어 넘는데 1960년대에 반도체 시대가 시작되면서 인텔의 공동설립자인 고든 무어(Gordon Moore)는 마이크로칩에 저장할 수 있는 데이터 용량이 18개월마다 2배씩 증가하며 PC가 이를 주도한다는 이론(Moore's Law)을 제시하였고, 실제 인텔의 반도체는 이러한 법칙에 따라 용량이 향상되었다. 더 나아가 2002년 국제반도체회로학술회의(International Solid Sate Circuits Conference; ISSCC)에서 삼성전자 반도체 총괄사장 황창규(黃昌圭)는 '메모리 신성장론'을 발표하면서 반도체 메모리의 용량이 1년마다 2배씩 증가한다는 이론(Hwang's Law)을 제시하였고, 실제로 삼성전자는 1999년에 256Mb 낸드플래시메모리를 개발한 이래, 2000년 512Mb, 2001년 1Gb, 2002년 2Gb, 2003년 4Gb, 2004년 8Gb, 2005년 16Gb, 2006년 32Gb, 2007년 64Gb 제품을 개발하여 그 이론을 실증하였다. 참으로 변화의 속도를 실감케 하는 사례이자, 기업이 환경변화에 적시적으로 대응하지 못하면 도태될 수밖에 없다는 사실을 말해준다.

기업이 내·외부의 환경변화에 대응하면서 경쟁우위를 획득·유지하기 위한 가장 중요한 전략적 수단은 혁신활동이다. 경영혁신(managerial innovation)이란 급격한 환경변화에 적시적·능동적으로 대처하고, 조직의 목적을 달성하기 위하여 새로운 아이디어나 방법으로 기존업무를 다시 계획·실천·평가하는 것이라고 정의할 수 있다. 즉, 새로운 제품이나 서비스, 새로운 생산공정 및 기술, 새로운 조직구조나 관리 시스템, 그리고 조직구성원을 변화시키는 전사적 차원의 체질개선전략으로서 새로운 계획이나 프로그램을 의도적으로 실행함으로써 기업의 중요한 부분을 본질적으로 변화시키는 것을 의미한다.

일반적으로 기업이 경영혁신을 추진하는 궁극적인 목적은 지속적인 기업경쟁력의 강화를 통해 경제적·사회적 성과를 향상시키는 바람직한 기업(Good Company) 또는 초일류기업(Excellent Company)이 되고자 하는데 있다고 볼 수 있다.

혁신의 종류는 새로운 재화와 서비스를 개발하고, 새로운 작업방식을 도입하여 실용화하는 '기술혁신(technical innovation)'과 조직구조 조정, 인적쇄신과 조직문화 개선, 그리고 새로운 경영시스템 및 마케팅방법을 활용하는 '경영혁신(management innovation)'으로 구분된다(Tidd et al., 2005; OECD, 2002). 최근 서비스가 기업의 경쟁 우위를 달성하는데 있어 중요한 요소로 대두되면서 서비스혁신을 별도의 분야로 구분하기도 하지만(이성진, 2001), 대부분은 서비스혁신을 기술혁신의 한 범주에 포함시키고 있다(OECD,

2002).

우리나라의 경우 1980년대 후반부터 대기업을 중심으로 경영혁신이 본격 추진되기 시작하였는데, 경영혁신 기법으로는 업무와 조직을 근본적으로 재구축하여 경영의 효율을 높이려는 리엔지니어링(Reengineering), 전사적 품질경영(TQM), 다운사이징(Downsizing), 리스트럭처링(Restructuring) 등이 있으며, 그 밖에도 고객만족경영(CSM), 벤치마킹, 팀조직 등 기업에 따라 매우 다양한 형태의 경영혁신 노력이 추진되고 있다.

1.2 경영혁신의 필요성

조셉 주란(J. M. Juran)은 기업의 생존과 번영을 위해서는 관리(control)와 혁신(breakthrough)이 필수적인 요소인데, 관리란 좋지 못한 변화를 방지하는 것이며, 혁신은 좋은 변화를 창조하는 것이라 하여 혁신의 중요성을 강조하였다. 즉 기업의 생존과 번영을 위해서는 혁신이 선택사항이 아니라 반드시 추진해야만 하는 필수적인 요소라는 것이다.

기업이 경영혁신을 추진하는 동기는 기업 스스로가 자신이 원하는 목표를 달성하지 못하고 있다고 판단하는 경우, 기업이 전략과 목표의 변화를 추구할 경우, 그리고 내 · 외부의 기업환경 변화가 현재의 기술이나 경영방식, 조직구조로는 대응하기가 곤란하다는 위기의식에서 비롯된다.

경영혁신을 추진하는 이유는 외적인 요인(external factors)과 내적인 요인(internal factors)으로 구분된다.

① 기업의 외적요인

- 세계화(globalization), 개방화, 규제 완화(deregulation) 등에 의해 경쟁이 격화(mega-competition)되고 변화가 일상화되고 있다.
- 소비자의 요구가 급격하고 다양하게 변화(diversification)하고 있다.
- 정보기술의 급속한 발달은 이를 활용한 경영혁신을 가능하게 하였다.
- 단순노동의 회피, 여가선호 등 조직구성원의 의식이 크게 변화되고 있다.

② 기업의 내적요인

- 기업의 생산성은 낮아지고 경쟁력이 약화되고 있다.
- 기업의 간접부문에서 나타나는 비효율성이 점차 증가하고 있다.
- 최고경영자, 특히 신임 최고경영자들이 경영혁신의 추진을 선호하고 있다.

- 재무성과가 우수한 기업이 여유자원을 효과적으로 활용하고 미래를 대비하기 위한 목적으로 경영혁신을 추진하기도 한다.

1.3 경영혁신을 위한 조건

경영혁신을 위한 변화의 주체는 사람이다. 따라서 경영혁신을 촉진하기 위해서는 첫째, 조직구성원이 변화의 당위성과 필요성을 인식한 가운데 혁신 활동에 적극적으로 동참할 수 있도록 강력한 리더십과 함께 끊임없는 교육과 설득활동이 이루어져야 한다. 둘째, 혁신을 통한 변화가 적극적이며 지속적으로 진행될 수 있도록 조직과 규정 방침, 평가 활동 등 혁신활동에 적합한 시스템을 갖추어야 한다. 마지막으로 기업의 독특한 문화는 혁신에 대한 수용태도를 보이기도 하지만 반대로 극심한 저항과 갈등 양상을 보일 수도 있다. 따라서 조직차원에서 변화에 대한 저항감을 최소화하면서 오히려 변화를 즐기면서 적극적으로 동참할 수 있도록, 변화에 대한 친밀도를 높이는 기업문화 형성이 필요하다.

하버드대 경영대학원의 석좌교수이며 코터회사의 설립자이자 사장인 존 코터(John P. Kotter)는 그의 책 '변화의 리더'(*Leading Change*)[1]에서 경영혁신이 왜 실패하고, 변화를 성공으로 이끌기 위해서는 어떻게 해야 하는가를 다음과 같이 설명하고 있다.

(1) 기업 변화 실패요인

① **현실안주**(Allowing too much complacency): 구성원들 사이에 충분한 위기감이 조성되지 않은 상태에서 조직을 변화시키고자 하는 경우 현 상태에 만족하려는 경향 때문에 변화에 실패하게 된다. 현실에 만족하게 하는 요인은 과거의 성공, 가시적인 위기의 부재, 낮은 수준의 성과지표, 외부와의 불충분한 피드백 등이다.

② **혁신을 이끌 강력한 팀 부재**(Failing to create a sufficiently powerful guiding coalition): 변화를 주도하는 구성원이 아무리 능력이 뛰어나다 하더라도 경영자가 참여하고 주도하지 않으면 성공하기가 어렵다.

③ **비전에 대한 공감대 부족**(Underestimating the power of vision):

1) John P. Kotter, *Leading Change*, Boston, Massachusetts: Harvard Business School Press, 1996.

변화에 필요한 많은 요소 중 가장 중요한 것이 비전이다. 만약 비전 혹은 목표가 없는 혁신이라면 구성원들의 공감대를 얻을 수 없을 뿐만 아니라, 목적지와 방향성이 없이 갈팡질팡함으로써 조직에 오히려 혼란만 초래할 뿐이다. 특히 비전이 불명확하거나 난해하여 5분 안에 설명할 수 없거나 상대방으로 하여금 이해나 관심을 이끌어 내지 못한다면 공감대를 얻기가 어려울 것이다.

④ **비전을 전사적 차원으로 전파 미흡**(Undercommunicating the vision by a factor of 10〈or 100 or even 1,000〉): 혁신 추진 과정에서 신뢰성 있는 의사소통 내지는 다양한 채널을 활용한 의사소통이 없이는 결코 변화를 이끌어 낼 수 없다. 특히 의사소통 과정에서 경영자 및 혁신 책임자가 솔선하지 않고, 말과 행동이 다를 경우에는 더욱 치명적인 결과를 초래하게 된다.

⑤ **보수 저항세력 방치**(Permitting obstacles to block the new vision): 환경변화를 거부하거나, 종업원에게 변화에 반대되는 업무를 요구하는 관리자 혹은 경영자는 혁신을 방해하는 가장 큰 암적인 존재이다. 따라서 새로운 변화를 거부하거나 저항하는 세력이 있다면 단호히 척결해야 할 것이다.

⑥ **단기성과 미흡**(Failing to create short-term wins): 만약 혁신을 시작한 후 6~18개월 동안 가시적인 성과를 보여주지 못한다면 조직구성원들은 중도에 포기하거나, 오히려 변화를 거부하는 저항세력으로 변모할 수 있다.

⑦ **초기 성공에 대한 자아도취**(Declaring victory too soon): 너무 빨리 혁신의 성공을 선언할 경우 자아도취에 빠져 변화에 대한 추진동력을 잃어버리게 되거나, 더 이상 개선노력을 하지 않게 될 우려가 크다.

⑧ **새로운 기업문화로의 승화 실패**(Neglecting to anchor changes firmly in the corporate culture): 혁신의 궁극적인 목표는 혁신이 조직 전반에 수용 및 확산되어 새로운 기업문화로까지 정착되는데 있다. 만일 혁신의 결과가 새로운 기업문화로까지 정착되지 못한다면 현실에 안주하고자 하는 강력한 관성으로 인해 금방 과거로 회귀하고 말 것이다.

(2) 기업 변화 성공을 위한 8단계 프로세스

① 위기감을 조성하라(Establishing a sense of urgency)
② 강력한 혁신선도팀을 구성하라(Creating the guiding coalition)
③ 간결하고 명료한 비전과 전략을 새롭게 설정하라(Developing a vision and strategy)
④ 새로운 비전을 전파하고 공유하라(Communicating the change vision)
⑤ 권한을 부여하라(Empowering broad-based action)
⑥ 단기간에 눈에 띄는 성공을 이끌어 내라(Generating short-term wins)
⑦ 변화 속도를 늦추지 마라(Consolidating gains and producing more change)
⑧ 새로운 변화를 정착시켜라(Anchoring new approaches in the culture)

1.4 혁신의 수용과 확산

혁신의 수용(innovation adoption)이란 혁신의 전파와 관련된 것으로써 혁신이 시간의 흐름과 더불어 여러 경로를 통하여 사회시스템의 구성원 사이에 의사소통되는 과정으로써, 여기에는 혁신(innovation), 전달과정(communication process), 경로(channel), 시간(time), 의사결정자(member)등의 개념이 포함된다(Rogers, 1995). 또한 혁신의 확산(innovation diffusion)은 수용의 단계를 넘어 수용자의 수가 증가하고, 학습과 공유의 기회가 확대되며, 더 나아가 혁신이 사회적으로 인정받게 되는 과정으로써 보다 광의의 의미가 포함된다(Rogers, 2003).

따라서 혁신의 수용이 특정조직에서 혁신을 도입하고 채택하는 단계라면, 확산은 이렇게 채택된 혁신이 시간이 경과함에 따라 특정경로를 통해 조직구성원 전체로 확대되고, 더 나아가 조직의 경계를 뛰어넘어 타 조직과 사회집단으로까지 공간적으로 확산되는 단계라고 할 수 있다.

혁신의 공간확산이론을 창안한 해거스트란드(Hagerstrand, 1965)는 혁신의 수용과 확산은 학습과정이나 커뮤니케이션의 결과에 의해 형성되며, 혁신정보는 개인적 커뮤니케이션(personal communication)과 대중매체 커뮤니케이션(mass-media communication), 그리고 시범 및 전시효과에 의해 전달된다고 주장하였다. BSC의 창시자 폴 니벤(Paul R. Niven, 2002)은 혁신전략실행 도구인 BSC(Balanced Scorecard)를 '의사소통도구' 그 자체로 제시하는 등 혁신과정에서 커뮤니케이션이 가장 기본적인 요소라고 주장하고 있다. 커뮤니케이션과 경영혁신의 상관관계에 관한 많은 연구에서도 커뮤니케이션이 경영혁신의 성과를 설명하는 중요한 변수라는 데는 의견일치를 보이고 있다. 특히 혁신 커뮤니케이션은 일상적인 업무수행을 위한 커뮤니케이션과 달리 저항을 극복할 수 있는 설득 커뮤니케이션 방법이 효과적이기 때문에 혁신에 관한 지식과 정보가 초기에는 양적인 측면에서 강조되다가, 점차 질적인 측면으로 전환되는 등 혁신 단계에 따라 달라져야 한다.

1.5 혁신저항관리

혁신상황은 일상적인 업무상황과는 달리 인위적으로 현상유지를 타파하는 행동과정이므로 혁신의 수용과 확산과정에서 현상을 유지하려는 인간 개인의 심리로 인해 조직 구성원들로부터 저항과 반발이 항상 수반된다. 또한 혁신은 불확실성이 높고 조직구성원들 간의 이해상충이 많은 것이 특징이기 때문에 합의를 형성하기도 어렵다. 따라서 저항에 대한 체계적 관리가 반드시 필요하다. 혁신과정에서 저항이 발생하게 되는 원인과 저항을 효과적으로 관리하는 방법은 다음과 같다.

(1) 저항이 발생하게 되는 원인

① 사람들은 익숙한 습관으로 인해 변화에 저항하는 관성이 만들어 진다.
② 미지의 세계에 대한 모호성과 불확실성 때문에 변화에 대해 부정적인 태도를 취하게 된다.
③ 혁신으로 인해 오랫동안 쌓아온 자신의 기득권을 잃어버릴 수 있다는 두려움을 갖게 된다.
④ 혁신에 대한 충분한 정보와 커뮤니케이션이 부족할 경우에는 변화를 싫어하는 사람들의 기본적인 속성으로 인해 변화를 회피하거나 수동적인 태도를 취하게 된다.
⑤ 일반적으로 혁신을 확산시키기 위해서는 혁신실행 평가를 통해 우수참여자와 조직에게 보상을 주게 되는데, 이럴 경우 기존의 성과평가 외에 또 다른 경쟁이 진행되는데 따른 심리적 압박감이 생기게 된다.

(2) 저항 관리 기법

혁신과정에서 발생하는 저항을 효과적으로 관리하는 방법은 다음 6가지 중 어느 하나 또는 여러 가지 방법을 병행하여 추진할 수가 있다.

① **교육과 커뮤니케이션:** 저항은 정보와 의사소통이 부족할 때 발생하기 때문에 다양한 커뮤니케이션 활동(1:1토론, 집단 미팅, 매체 및 보고서, 교육 등)을 통해 교육과 의사소통을 활성화해야 한다.

② **참여 유도:** 조직구성원들을 의사결정에 직접 참여시켜 그들이 중요한 공헌자라는 인식을 갖게 한다. 참여는 저항을 줄이고 변화를 성공적으로 이끄는 지름길이다.

③ **촉진과 지원:** 혁신 실행 평가를 통해 다양한 보상과 지원을 제공한다.

④ **협상:** 저항의 원인이 권력의 원천으로부터 기득권을 잃어버릴 수 있다는 두려움 때문일 경우에 효과적인 방법으로서, 혁신을 선도하거나 동참하는 조건으로 그에 상응한 가치를 제공한다.

⑤ **강압:** 직접적인 위협과 힘을 이용하는 것으로서, 자칫 직원들을 괴롭히는 것으로 생각될 수 있기 때문에 참여 유도 및 촉진과 지원 방법과 병행하여 사용할 경우에 효과적이다.

⑥ **조작과 협력:** 혁신으로 인해 부득이하게 조직에 불이익이 초래될 경우에 사용하는 방법이다. 이는 정확한 사실 정보의 공개를 보류하거나, 사실과 다르게 전파하는 은밀한 시도이기 때문에 혁신 대상이 속았다고 의심하면 완전히 실패하게 된다. 따라서 이 방법을 사용할 때에는 혁신 결과에 대해 대의적인 명분이 확고하고, 윤리적인 측면에서도 문제가 없어야만 한다.

02 | 경영혁신 이론

2.1 슘페터의 창조적 파괴

경제학자인 슘페터(Joseph Alois Schumpeter)는 그의 저서 '경제발전론'에서 경제발전의 핵심 동력은 기업가의 창조적 파괴(creative destruction), 즉 기업가의 혁신라고 하였다. 다시 말해 이윤은 혁신적인 기업가의 '창조적 파괴행위'로 인한 생산요소의 새로운 결합에서 파생되며, 이윤이란 바로 창조적 파괴행위를 성공적으로 이끈 기업가의 정당한 노력의 대가라는 것이다.

'창조적 파괴'란 더 큰 가치를 위해 낡고 오래된 것을 버리고 경쟁력 있는 새것으로 바꾸는 것을 의미한다. 이러한 창조적 파괴는 언제나 혁신(innovation)을 수반하기 때문에 혁신과 같은 의미로 사용되기도 한다.

오늘날 창조적 파괴로 인한 기술 및 경제적 발전은 상상을 초월한다. 기존 휴대폰의 개념을 파괴하면서 비롯된 애플의 뛰어난 성공, '마누라와 자식만 빼고 다 바꾼다.'는 것으로 상징되는 삼성의 창조경영이 낳은 눈부신 성장은 창조적 파괴의 위력을 단적으로 보여준다. 반면 세계 휴대전화 시장점유율 1위를 20년 이상 지켜온 노키아의 끝없는 추락, 130년의 장수기업이자 아날로그 카메라 필름 시장점유율 80%를 차지했던 코닥의 파산, 한 때 혁신의 상징이었던 세계 최대 게임회사 닌텐도가 스마트폰의 개발로 인해 위기를 겪고 있는 현실은 반대로 창조적 파괴의 시기를 놓쳤을 때 기업이 처할 운명을 보여주는 사례라 하겠다.

2.2 경영혁신이론

(1) 합리적 효율론

경영혁신은 경제적 이익이나 이해관계자의 부를 증대시키는 원천이기 때문에 혁신의 주된 목적은 경제적 이익의 획득에 있다는 경제학적인 관점을 반영하고 있는 이론이다. 이 이론에 따르면 혁신의 목표가 이윤극대화, 시장점유율 증대, 경쟁우위 확보이고, 혁신에 따른 기술적 능률성은 투입에 대한 산출임을 가정으로 삼고 있으며, 따라서 제한된 자원 하에서 유용한 산출물을 가장 능률적으로 생산하게 해주는 혁신을 합리적으로 선택하게 된다.

(2) 상징적 제도론

경영혁신은 조직의 상징적 위상을 유지 · 제고시키고, 그 조직이 속한 사회로부터의 수용성을 증대시키는 수단이기 때문에 혁신의 주된 목적은 경제적 이익보다는 사회적 수용에 있다는 이론이다. 상징적 제도론에 따르면 조직은 혁신을 제도화하고 그것을 통해 조직이 속한 사회의 규범을 따르고 사회의 한 구성원임을 상징적으로 과시할 수 있다.

한편 합리적 효율론에 의하면 혁신은 경제적 이익과 생산에서의 효율성이 있다고 판단될 때 선택하게 되는데, 실제로는 많은 조직이 경제적 이익이 되지 않거나 기술적으로 비능률적인 혁신임에도 불구하고 이를 채택하는 경우가 많다. 이럴 경우 합리적 효율성으로는 그 현상을 설명할 수가 없었다.

에이브러햄슨(Abrahamson)은 조직이 왜 기술적으로 비능률적이고 경제적으로 도움이 되지 않거나 심지어는 해악이 될 경우에도 혁신을 감행하는지에 관해 외압과 유행의 관점에서 제시하였다. 먼저 외압-선택 관점(forced-choice perspective)은 조직이 어떤 혁신을 채택하거나 거부하는 것은 주로 그 조직에게 강력하게 영향을 끼치는 외부조직이나 이해관계자 때문이라는 것으로서 정부의 혁신정책이 주로 여기에 해당된다. 유행 관점(fashion perspective)은 조직의 환경, 혁신의 목적, 기술적 능률성 등이 불확실한 상황 하에서 유행을 유도하는(fashion-setting) 조직, 예를 들어 컨설팅회사, 대학, 대중매체 등과 같은 조직에 의해 혁신이 확산된다는 관점으로서 최근 유행처럼 번진 리엔지니어링, 벤치마킹, BSC 등과 같은 혁신기법이 이로서 설명 가능하다.

(3) 과정적 진화론

경영혁신은 조직이 환경변화에 적응하기 위하여 다양성 추구와 선택적 보전을 하는 과정으로서 혁신의 궁극적인 목적은 환경 적응을 통한 생존에 있다는 이론이다. 다양성을 추구하는 과정은 문제제시와 아이디어 창출의 두 단계로 구분되며, 선택적 보전 과정은 혁신 추진체의 형성, 프로젝트의 개발, 실행 및 결과 산출의 세 단계로 구성된다.

(4) 구조적 상황론

모든 환경에 적용할 수 있는 최선의 조직은 있을 수 없으며 환경이 달라지면 조직 효율성도 달라진다는 보편주의를 부정한 이론이다. 이 이론의 기본모형은 환경 · 기술 · 조직규모 등의 상황변수와, 조직구조 · 관리체계 · 관리과정 등 조직특성변수, 그리고 조직성과변수(효과성) 간의 관계에서 조직의 설계는 상황변수에 의해 좌우되며, 조직설계가 상황변수에 적합하게 설계될 때 조직의 성과가 제고된다는 것이다.

번즈와 스톨커(Burns & Stalker)는 혁신의 채택과 확산은 기계적인 조직

표 14-1 ◎ 경영혁신이론의 주요 특징

이론	조직혁신의 이미지	조직혁신의 목적	연구초점	주요 연구방법	연 구 자
합리적 효율론	조직혁신은 경제적 이익이나 부적 증대의 주요 원천	경제적 이익	비용–혜택 및 능률적 선택의 분석	수리경제적 / 계량경영적 연구	Downs & Mohr(1980), Drucker(1985), Kimberly(1981), Schumpeter(1942)
상징적 제도론	조직혁신은 조직의 상징적 위상을 유지 · 제고시키고 커뮤니티로부터의 수용성을 증대시키는 수단	사회적 수용	혁신의 상징적 효과 및 제도화 분석	정성적 / 종단적 연구	Abrahamson(1991), Abrahamson & Rosenkopf (1993), Cornwall & Perlman(1990), Hyun(1996), Nicholson(1990)
과정적 진화론	조직혁신은 조직이 환경의 변화에 적응하기 위한 다양성을 추구하고 선택적으로 보존하는 과정	환경에의 적응	혁신의 단계 및 진화과정의 분석	종단적 연구	Amabile(1998), Kanter(1988), Rogers(1995), Staw(1990), Van de Ven(1993)
구조적 상황론	조직혁신은 조직혁신 결정요인과 상황요인과의 적합성의 산물	상황적합성의 제고	혁신과 결정요인 사이를 조절하는 상황요인과 혁신 결정요인구성의 분석	횡단적 연구	Burns & Stalker(1961), Daft(1978), Damanpour (1990, 1991, 1996), Drazin(1990), Duncan(1976) Wolfe(1994), Zaltman, Duncan, & Holbek(1973)

자료: 최만기, 조직혁신의 성격규명과 배경이론의 규명, 계명대학교산업경영연구소, 경영경제 30.2, 1997, p.209.

보다 유기적인 조직에서 더 잘 일어난다고 하였으며, 대프트(Daft)는 기계적인 조직은 경영혁신을 촉진시키며, 유기적인 조직은 기술혁신을 촉진시킨다고 하였다. 또한 던칸(Duncan)은 유기적인 조직구조는 혁신의 착수(initiation)를, 기계적인 조직구조는 혁신의 실행(implementation)을 촉진시킨다는 양손잡이 모형(the ambidextrous model)을 제시하였다(표 14-1 참조).

2.3 기술혁신이론

(1) 파괴적 혁신과 존속적 혁신

하버드 경영대학원 교수인 클레이튼 크리스텐슨(Clayton Christensen)은 그의 저서 '파괴적 변화의 도전에 직면할 때'(meeting the challenge of disruptive change)와 '혁신기업의 딜레마'(the innovator's dilemma)에서 파괴적 혁신을 강조하였다.

파괴적 혁신(disruptive innovation)은 존속적 혁신과 대비되는 개념으로서 엔지니어링과 제조뿐만 아니라 마케팅과 투자, 관리 과정 등 경영 전반에 있어서 어느 하나의 요소를 변화시킴으로써 신규시장을 창출하거나 기존 시장을 재편하는 혁신을 말한다. 파괴적 혁신의 특징은 현재 시장의 대표적인 제품의 성능에도 미치지 못하는 제품을 도입해 기존 시장을 파괴하고 새로운 시장을 창출하는데 있다. 일반적으로 기존의 고객이 아니거나, 덜 까다로운 고객들을 사로잡는 간단하고, 편리하고, 저렴한 제품들을 출시하는 전략이 여기에 속한다. 그러나 파괴적 혁신은 하위시장을 차지하는 데 끝나지 않는다. 지속적인 기술개발과 혁신을 통해 점차 상위시장을 잠식하게 되는데, 이때 파괴적 기술이 도입된다. 애플이 아이팟(iPod)을 개발하여 컴퓨터를 사용하는 기존 고객이 아닌 전혀 다른 고객인 MP3 사용자를 대상으로 제품을 판매함으로써 IT산업의 생태계를 완전히 바꿔놓은 사례가 파괴적 혁신에 해당한다.

존속적 혁신(sustaining innovation)은 기존 제품을 지속적으로 개선해 현재의 고객을 유지하고, 시장점유율을 높이는 전략이다. 애플이 아이팟을 발표할 시점에 경쟁 컴퓨터 회사인 HP는 동종업체인 컴팩을 인수하여 기존 시장에서의 지위를 유지하려 한 것이 존속적 혁신에 해당한다.

(2) 점진적 혁신과 급진적 혁신

점진적 혁신과 급진적 혁신을 구분하는 것은 두 가지 차원에서 이루어진다. 먼저 기술적 차원에 관한 것으로, 추구하고자 하는 혁신이 기존의 기술·제품·서비스, 즉 기술적 궤도(technological trajectory)에서 얼마나 벗어났는가의 정도에 따라 구분되는 것이고, 두 번째는 환경적 차원에 관한 것으로, 기존의 고객과 시장부문의 요구를 충족시킬 것인가 아니면 새롭게 등장하는 고객과 시장부문의 요구를 충족시킬 것인가의 문제에 따라 구분된다.

점진적 혁신(incremental innovation)은 기존의 기술적 궤도에서 부분적인 변화를 추구하며, 기존의 고객과 시장의 요구를 충족시키는 것에 초점을 둔다. 기존의 기술과 제품·서비스를 확장하고, 디자인을 향상시키며, 기존의 유통 채널의 효율성을 강화시키는 혁신이 여기에 해당된다.

급진적 혁신(radical innovation)은 기존의 기술적 궤도로부터 근본적인 변

그림 14-1 ◎ 헨더슨과 클라크의 기술혁신 유형

		핵심 요소들(core compoments)	
		유지 · 강화	대체
핵심요소 간 연계 (linkage between components)	불변	점진적 혁신 (incremental innovation)	모듈러 혁신 (modular innovation)
	변화	아키텍처 혁신 (architecture innovation)	급진적 혁신 (radical innovation)

자료: Henderson R & K. Clark, *Architectural Innovation: The Reconfiguration of Existing Product Technologies and the Failure of Established Firms*, Administrative Science Quarterly, 1990.

화를 추구하며, 새롭게 등장하는 고객과 시장부문의 요구를 충족시키는 것에 초점을 둔다. 새로운 기술과 제품 · 서비스의 개발, 새로운 디자인 채택, 새로운 유통채널을 개발하는 혁신이 급진적 혁신이다(그림 14-1 참조).

(3) 아키텍처 혁신과 모듈러 혁신

아키텍처 혁신은 기술을 구성하는 핵심요소들은 그대로 둔 채 요소들 간의 연계방식만을 변화시킴으로써 지배적 설계를 재구성(reconfiguration)하는 것이다. IT기술의 발전은 제품을 구성하는 가치사슬이 서로 독립적인 가치사슬로 나누어지고 분업화되는 모듈화(modulization)를 추구하는데 아키텍처 혁신은 이러한 모듈화의 조건을 나타낸다. PC의 경우 마이크로프로세서는 인텔, 운영체계는 마이크로소프트, 하드디스크는 씨게이트와 같은 전문생산 업체가 분업화하여 생산함으로써 생산비용을 낮추고 성능은 지속적으로 향상되는 효과를 거두고 있다.

모듈러 혁신은 기술의 핵심요소들 간의 연계는 그대로 유지하면서 핵심요소 각각은 새로운 요소로 대체함으로써 변화를 추구하는 것을 말한다. 전자기기 부품을 아날로그에서 디지털로 바꾸는 것이 여기에 해당된다(그림 14-1 참조).

03 | 경영혁신의 과정

경영혁신을 성공적으로 수행하기 위해서는 경영혁신이 추진되는 과정을 체계적으로 관리하여야 한다. 경영혁신의 추진 과정은 기업이 처한 사회 · 문화적 환경, 외부 이해관계자 집단의 구성, 조직 구성원의 특성, 리더십의 특성 등에 따라서 다양한 양상으로 나타날 수 있지만, 일반적으로 아이디어의 산출단계, 채택단계, 그리고 추진단계의 세 단계로 나누어진다.

3.1 아이디어의 산출 단계

경영혁신은 새로운 혁신적 아이디어로부터 시작된다. 혁신적 아이디어가 산출(idea generation)되지 않는다면 경영혁신은 일어날 수가 없다. 혁신적 아이디어는 기존에 없었던 기발한 것만을 의미하는 것은 아니다. 혁신은 이미 조직의 내부 또는 외부 어딘가에 알려져 있었지만, 혁신을 추진하려는 기업이 비로소 그것을 '새로운 것' 으로 인식하게 된 것 또는 기존에는 별개의 것으로 생각되던 것을 결합시켜 보는 것을 포함한다. 이러한 혁신적 아이디어가 산출될 수 있도록 하려면 종업원들의 다양한 관점을 받아들이고, 창의적인 아이디어들을 개진할 수 있는 조직풍토를 조성하는 데 주력해야 한다. 또한 종업원들에게 조직의 내 · 외부 정보를 제공하고, 지식과 정보에 보다 쉽게 접근할 수 있도록 정보시스템과 인프라를 구축함으로써 혁신에 필요한 아이디어를 적극적으로 개발하도록 유도해야 한다.

3.2 아이디어의 채택 단계

아이디어의 채택(adaption of idea)단계에서는 1단계에서 제안된 다양한 혁신적 아이디어들을 조직 내 다른 사람들에게 전파하고 그 타당성을 홍보하여 특정의 아이디어를 선정하게 된다. 이 때 제안된 혁신적 아이디어가 바람직한가? 달성 가능한가? 조직에 이로운가? 하는 점 등을 고려하여 그 실행가능성을 검토하여야 하며, 실행 가능성이 확인되면 혁신을 성공적으로 수행하기 위해 조직에서 사용할 수 있는 모든 자원을 집중시키도록 해야 한다.

경영혁신은 일상적인 업무 수행보다 훨씬 더 많은 별도의 자원을 필요로 하므로, 특히 혁신 과정에 있어서 중요한 영향력을 가진 최고경영층은 조직으로부터 부여받은 권한을 바탕으로 자금, 공간, 장비, 자료 등과 같은 필요한 여유자원(slack resource)을 구성원들에게 제공해야 한다. 다만 여유자원은 기업이 혁신을 시작할 때 그 혁신을 시작할 수 있는 여력을 제공해 주는 반면, 여유자원이 너무 많은 경우 기업은 혁신의 필요성을 느끼지 못하게 되어 오히려 정체를 가속화시키기도 하므로 유의해야 한다. 또한 질 높은 혁신의 아이디어가 채택되기 위해서는 조직 내에 개방적이고 원활한 의사소통시스템이 가동되어야만 한다.

3.3 아이디어의 추진 단계

이 단계는 최고경영자와 이를 지지하는 조직 구성원들에 의해서 채택된 혁신을 조직 전반에 걸쳐 확산시키는 과정이다. 아이디어의 추진단계(implementation of idea)에서는 최고경영자가 강력한 추진력을 갖는 것이 중요한데, 이를 통해 구성원들에게 현재뿐만 아니라 미래의 경영혁신에 대해서도 기대감을 심어주고 이해와 참여를 유도하여야 한다. 특히 혁신을 수행하는 개인들은 현재 상태에 대한 위협과 미래의 불확실성으로부터 끊임없는 회의를 경험하게 되므로 물질적 · 정신적으로 자신감을 갖도록 하여야 한다.

G•l•o•b•a•l•M•a•n•a•g•e•m•e•n•t

시간중심 경영

글로벌 택배물류회사 페덱스(FedEx)의 경영방침 제1원칙은 고객을 최우선으로 삼는 것이다. 전 세계 국민 총생산액의 90%를 생산하는 지역들을 연결하여 하루에 310만개 이상의 화물을 전 세계 214개국에 신속하고 정확하게 배달하는 서비스 시스템, 42,969개 지역의 사무소, 640여대의 항공기, 그리고 43,000여대의 차량으로 이루어진 페덱스의 자부심은 대단하다.

하늘과 땅, 오프라인과 온라인에서 가장 빠른 물류, 고객을 최우선으로 생각하는 운송서비스가 페덱스의 정신이라고 해도 틀리지 않다. 페덱스는 오늘날 DHL, UPS 등 치열해지는 경쟁업체와의 관계를 의식해 고비용의 항공운송사업의 여력을 육상운송과 e-메일 등으로까지 확대하여 서비스를 제공하고 있다.

DHL 등 쟁쟁한 육상 운송서비스를 제공하

는 경쟁업체들 때문에 시장점유율을 높이기가 쉽지 않지만, 서비스 중심에 고객 제일주의를 전진 배치시켜 놓고 야심차게 첨단산업분야에까지 진입하고 있는 중이다.

페덱스가 이룩한 성공신화 비결이 서비스품질 혁신을 통한 고객만족이었으므로, 이를 기반으로 한 사업다각화를 벌이고 있는 것이다. 페더럴익스프레스는 급히 물건을 보내야 할 필요를 느끼는 고객들의 욕구를 충족시켜주기 위해 철야 배송 시스템을 개발 · 구축하였다. 이로써 오후 5시 이전에 접수된 편지나 소포는 다음날 오전 11시까지 미국 내 어느 지역에도 배달이 가능하게 되었다. 이 서비스를 이용하는 고객들은 비록 일반 우편 배달서비스에 비하여 비싼 요금을 지불하기는 하지만 신속하고 정확하게 물건을 보내고자 하는 자신의 욕구를 충족시키기 때문에 기꺼이 이용하고 있다.

페덱스의 성공요인은 사람-서비스-이윤의 기업철학, 운용비용의 획기적인 절감, 초소형 컴퓨터인 '슈퍼 트랙커'와 '자체통신위성'이 만들어낸 완벽한 물류배송통신망, 재고의 제로화를 향한 공급망 관리 시스템(SCM: Supply Chain Management), 인터넷을 통한 상거래 등 다양한 혁신활동을 실행한 결과인 것이다.

자료: http://www.fedex.com/kr/

04 | 경영혁신 기법

경영혁신기법은 시대의 흐름에 따라 새롭게 등장하고 사라지기도 한다. 1960년대부터 현재에 이르기까지 수많은 경영혁신기법들이 당시 기업들이 처한 상황을 반영하여 나타났다.

4.1 1960~1970년대

이 시기는 세계대전과 한국전쟁, 월남전, 제1~2차 석유위기 등 우여곡절을 겪은 세계경제가 본격적인 성장궤도에 진입하였던 시대로서 기업들은 매출액을 증대시키는 데 목적을 두고, 이를 달성하는 데 도움이 되는 경영혁신기법들을 적용하였다(표 14-2 참조).

표 14-2 ⊙ 1980년대 이전의 경영혁신기법

기 법	내 용
경험곡선(EC) (experience curve)	대량생산을 통해 시장점유율을 높이고자 할 때, 이의 판단근거를 마련해 주는 기법
전략사업단위(SBU) (strategic business unit)	사업부조직의 단점을 극복하기 위한 조직으로서 각 단위에 공통적인 주요 전략요소에 기준을 두고 각 사업단위를 통합한 조직형태
제품포트폴리오관리(PPM) (product portfolio management)	전략적 강점을 지닌 특정사업 혹은 제품에 대한 지원을 결정하기 위한 전략기법으로서 BCG(Boston Consulting Group)가 개발한 매트릭스를 통해 분석한다.

4.2 1980년대

1980년대 들어와서는 미국 레이건 행정부가 공급위주의 경제정책을 추진하면서 세율을 낮춤에 따라 증권시장에서 단기이익을 노리는 M&A가 빈번하게 일어났다. 이 같은 상황에서 경영자들은 성장성 대신 수익성을 새로운 목표로 삼게 되었으며, 이때 태동된 경영혁신기법들은 〈표 14-3〉과 같다. 그러나 이 시기에 미국기업들은 단기적인 이익만 추구하는 재테크에 몰두하면서 자동차, 전기, 기계 등 거의 모든 제조업에서 독일과 일본기업들에게 우위를 빼앗기는 결과를 초래하였다.

표 14-3 ⊙ 1980년대 경영혁신기법

기 법	내 용
재무리스트럭처링(FR) (financial restructuring)	약탈적인 기업인수자(corporate raider)로부터 기업을 보호하기 위해 의도적으로 부채비율을 높이는 기법
전사적 품질경영(TQM) (total quality management)	고객만족을 목표로 전사적 참여를 통하여 조직 내 업무 프로세스와 시스템을 지속적으로 개선시키고자 하는 통합적 기법
적기생산방식(JIT) (just-in-time)	제조업체가 부품업체로부터 부품을 필요한 시기에 필요한 수량만큼 공급받아 재고가 없도록 하는 재고관리시스템
경쟁전략(CS) (competitive strategy)	전략사업단위를 중심으로 경쟁기업의 행동에 대응하여 자신이 속한 산업구조에서 독점적 수익성을 확보하는 기법

표 14-4 **1990년대 경영혁신기법**

기 법	내 용
시간기준경쟁(TBC) (time-based competition)	제품의 기획 · 개발단계에서부터 최종 소비자에 이르기까지 전 비즈니스 과정에서 시간이란 측면의 경쟁우위를 확보하기 위한 경영기법
벤치마킹(BM) (benchmarking)	경쟁력 · 효율성을 높이기 위해 경쟁기업이나 동종기업을 모방하는 기법
조직다운사이징(OD) (organizational downsizing)	조직의 효율성 증진 및 의사소통 활성화를 위해 조직을 슬림화하고 구조를 단순화하는 기법
아웃소싱(OS) (outsourcing)	경비절감을 위해 외부의 인력 · 기술 · 시설 · 자원을 활용하는 기법
리엔지니어링(RE) (reengineering)	환경변화에 적응하기 위해 조직구조 · 생산방법 · 기타역량을 재편하는 기법

4.3 1990년대

1990년대 들어서면서 미국 기업들은 1980년대의 폐해를 인지하면서 장기적 차원에서의 경쟁력 향상을 위해 노력하였다. 당시의 혁신 환경은 시장의 경계가 없어지는 세계화 현상의 확산, 정보기술(IT)과 컴퓨터 네트워크의 발달, 19세기 이래 기업 활동을 지배해 온 분업과 전문화의 원리 및 수직적 계층구조의 와해, 그리고 IT기술의 발달로 인해 기업의 성공기반이 자원과 노동력에서 지식과 커뮤니케이션으로 변화한 시기이다. 이에 따라 미국기업을 중심으로 기업의 핵심부문인 비용, 품질, 서비스, 스피드와 같은 요소의 획기적인 향상이 이룩될 수 있도록 비즈니스 시스템을 재설계하고 성과를 극대화시키기 위한 혁신활동이 추진되었고, 이러한 혁신활동은 모방에 의해 전 세계로 급격히 확산되었다. 이 시기에 새롭게 도입된 경영기법들은 〈표 14-4〉와 같다.

4.4 2000년대 이후

1990년대 후반에 발생한 IMF 금융위기는 오너 1인의 판단에 의해 기업의 모든 중대 사안이 결정되는 이른바 '오너경영'의 부정적 측면을 극명하게 노

표 14-5 2000년대 이후 경영혁신기법

기 법	내 용
6시그마	모든 공정 및 업무에서 과학적 통계기법을 적용하여 결함을 발생시키는 원인을 찾아 분석 · 개선하는 활동으로 불량감소, 수익극대화, 고객만족도 향상을 통해 경영성과에 기여하는 기법
전사적 자원관리(ERP) (enterprise resource planning)	기업 전체를 경영자원의 효과적 이용이라는 관점에서 통합적으로 관리함으로써 경영의 효율화를 기하기 위한 통합정보시스템
지식경영(KM) (knowledge management)	조직구성원 개개인의 지식이나 노하우를 체계적으로 발굴하여 조직 내 보편적인 지식으로 공유함으로써 조직 전체의 문제해결 능력을 비약적으로 향상시키는 경영방식
린경영 (lean management)	자재 구매에서부터 생산, 재고관리, 유통에 이르기까지 모든 과정에서 낭비요소를 제거해 생산성을 높이는 경영기법
그린경영 (green management)	기업이 경영활동에서 자원과 에너지를 절약하고 효율적으로 이용하며 온실가스 배출 및 환경오염의 발생을 최소화하면서 사회적 · 윤리적 책임을 다하는 경영기법

출시켰다. 글로벌 시장을 겨냥한 기업들에게는 그에 걸맞는 전략과 함께 시스템의 변화가 필요했고, 2000년대 이후 시장 상황 역시 규모의 경제 붕괴와 지식과 정보의 급격한 확산으로 인해 변화와 혁신에 대한 열망은 더욱 커졌다. 이에 따라 먼저 대기업을 중심으로 가치중심경영(value-based management)과 함께 기업 가치를 극대화하기 위한 전략적 경영관리(strategic enterprise management) 혁신이 추진되게 되었고, 이러한 변화의 바람은 중소기업과 공공기관에까지 확산되기에 이르렀다. 여기서 가치혁신(value innovation)이란 첨단기술 개발을 통한 경쟁력 확보보다는, 참신한 아이디어를 통해 새로운 시장을 창출해야 한다는 기업경영 전략을 의미한다. 2000년대 이후 경영혁신기법은 〈표 14-5〉와 같다.

05 | 경영혁신 기법의 활용

5.1 리스트럭처링(restructuring)

(1) 리스트럭처링의 의의

리스트럭처링 혹은 사업재구축은 기업이 경영환경변화에 창조적으로 대응하여 기업의 경쟁력 강화와 비전(vision) 달성을 목표로 기존의 사업구조를 근본적으로 재구축하는 혁신기법이다. 즉 전사적 차원에서 각 사업단위를 어떻게 확대, 축소, 통합, 철수시킬 것인가를 결정하는 복잡하고 다차원적인 전략기획방법으로 정의된다. 다시 말해 발전가능성이 있는 쪽으로 사업구조를 바꾸거나, 비교우위가 있는 사업에 투자재원을 집중적으로 투입하는 경영전략이다.

이는 기업의 비전을 사업구조차원에서 구체화함으로써 비전달성을 위한 수단을 제공하는 동시에, 전사적 차원에서 새로운 자원배분기준을 제공하는데 초점을 두고 있다는 측면에서 전통적인 사업다각화나 재무구조 재구축과는 근본적으로 다르다. 이는 사양사업에서 고부가가치의 유망사업으로 조직구조를 전환할 때 또는 불황기에 소득수준이 변화할 때 미래에 살아남기 위해 무엇을 생산할 것인가라는 문제의식과 연결된다.

(2) 리스트럭처링의 유형

① 기업 또는 사업단위의 흡수 · 합병 또는 매각을 통해 전반적인 사업구조를 변화시키는 방법으로서의 사업구조 재구축(Business Portfolio Restructuring)

② 다운사이징의 한 유형인 조직재설계화와 거의 동일한 개념으로서의 조직 재구축(Organizational Restructuring)

③ 타인자본 매입, 주식 재매입, 배당금 지불 등을 통해 기업 재무구조의 개선을 추구하는 재무구조 재구축(Financial Restructuring)

(3) 리스트럭처링의 실행절차

일반적으로 리스트럭처링의 실행 절차는 [그림 14-2]와 같다.

그림 14-2 리스트럭처링의 실행 절차

1. 비전 및 미래 목표의 잠정적 설정
2. 전략사업단위 설정
3. 리스트럭처링 방향설정 작업
4. 리스트럭처링의 확정
5. 비전 및 미래 목표의 수정
6. 비전 및 미래목표의 확정

(4) 추진시 고려사항

리스트럭처링은 조직을 구성하는 제 요소(인력, 과업, 기술, 구조, 전략, 문화 등)에 미치는 영향이 다른 기법보다 훨씬 큰 급진적인 기법으로, 그에 따른 실행상의 위험도 매우 큰 것으로 나타나고 있다. 따라서 최고 경영자가 강력히 주도해야 하며, 가능한 한 신속하게 수립되어야 하고, 그것도 즉시 집행에 들어가야 한다. 아울러 기업의 능력과 일관성(consistency)이 있어야 하고, 기업전체 차원에서의 통합화를 추구하여 이에 따른 시너지효과를 창출하여야 한다.

리스트럭처링에 성공한 기업들의 특징은 그들이 운영부문이나 조직구조의 재구축보다는 기업전략 차원에서 근본적으로 리스트럭처링을 추진하였다는 점과, 추진과정에 있어서 다른 조직구성 요소들과의 밀접한 연계를 중요하게 고려하였다는 점이다.

5.2 벤치마킹(benchmarking)

(1) 벤치마킹의 의의

벤치마킹은 원래 토목분야에서 사용되던 용어로서 지형탐사나 간조 조사

시 바위나 벽, 혹은 빌딩에 표기하는 기준점을 벤치마크(Benchmark)라고 불렀다. 벤치마킹에 대한 경영학적 의의는 '어느 특정 분야에서 우수한 상대를 찾아 성과차이를 확인하고, 그 차이를 극복하기 위하여 그들의 뛰어난 운영 프로세스를 배우면서 부단히 자기혁신을 추구하는 경영기법' 을 의미한다. 이를 좀 더 구체적으로 정의해 보면 '선진 사례에 대한 전략, 업무 프로세스, 정보기술, 조직 등에 대한 정보수집 및 사례분석을 통해 파악된 우수사례와 자사의 성과 간의 차이에 대한 원인을 분석하여 이를 극복하기 위한 방안을 수립하여 실천하는 제반 기법' 을 말한다(그림 14-3 참조).

경영분야에서 벤치마킹이 처음 사용된 것은 1982년 미국 뉴욕주 로체스터에서 열린 제록스사의 교육 및 조직개발 전문가 모임이었다. 제록스사는 1960년 복사기사업을 시작한 이후 15년 동안 경쟁상대가 없을 정도로 부동의 1위를 지켜왔으나, 1970년대 중반부터 외국과 미국 내 경쟁기업들이 가격과 품질면에서 제록스를 능가하는 제품을 잇달아 출시한 이후 1970년대 초반에 95%에 가까웠던 미국 내 시장점유율이 1976년부터 1982년 사이에 13%까지 하락하여 회사의 존립에 까지 심대한 영향을 미치게 되었다. 이에 따라 제록스사는 그동안의 경영의 편협성을 깨고 일본 캐논 등 경쟁사의 제품을 분해해서 부품을 하나씩 연구하기 시작했고, 타사의 것이 자신들의 것보다 우수하다고 판단되면 실행방식을 배우거나 개선함으로써 위기를 극복한바 있다.

기업이 벤치마킹을 하는 주된 이유는 벤치마킹을 통해 경쟁사 보다 효율적이고 효과적인 수단을 제공받게 되고, 조직의 강점과 약점 파악이 용이하며, 업계의 미래 트랜드를 판단하는데 도움이 되기 때문이다.

(2) 벤치마킹의 유형

벤치마킹의 유형은 비교 대상에 따라 다음 4가지 유형으로 분류할 수 있다.

① **내부 벤치마킹:** 기업 내 타 부서의 우수사례(best practice)를 도입하는 기법

② **경쟁자 벤치마킹:** 동일한 업종에서 가장 뛰어난 사례를 도입하는 기법으로서, 이 방법은 경영성과와 관련된 정보입수가 가능하고 업무/기술에 대한 비교가 가능한 반면, 윤리적인 문제가 발생할 소지가 있으며 벤치마킹 대상 기업의 적대적 태도로 인해 자료 수집이 어렵다는 단점이 있다.

③ **비경쟁자 벤치마킹:** 비경쟁적 관계에 있는 기업 가운데 제품 · 서비스 · 업무프로세스 등의 분야에서 가장 우수한 사례를 도입하는 기법으로서, 이 방법은 혁신적인 아이디어의 창출 가능성은 높은 반면, 수집된 사례를 해당 산업 또는 기업 환경에 맞게 가공하지 않고 적용할 경우 효과를 보지 못할 가능성 또한 높은 방법이다.

④ **글로벌 벤치마킹:** 전 세계적으로 인정받고 있는 선도 기업들의 우수한 사례를 도입하는 기법으로서, 자료수집 및 사례에 대한 구체적인 접근이 용이할 뿐만 아니라, 업무/기술의 습득이 상대적으로 용이한 반면, 문화 및 제도적인 차이로 인해 부작용이 발생될 우려도 있는 만큼 신중한 적용이 요구된다.

또한 수행방식에 따라 다음 두 가지 유형으로 분류할 수 있다.

① **직접적 벤치마킹:** 벤치마킹 대상을 직접적으로 방문하여 수행하는 방법이다. 이 방법은 정확한 자료의 입수 및 조사가 가능하며 벤치마킹 대상(Contact Point)의 확보로 벤치마킹의 이후에도 지속적으로 자료의 입수 및 조사가 가능한 장점이 있는 반면, 벤치마킹 수행과 관련된 비용 및 시간이 많이 소요되고 적절한 벤치마킹 대상 선정에 한계가 있다는 단점이 있다.

그림 14-3 벤치마킹의 영역

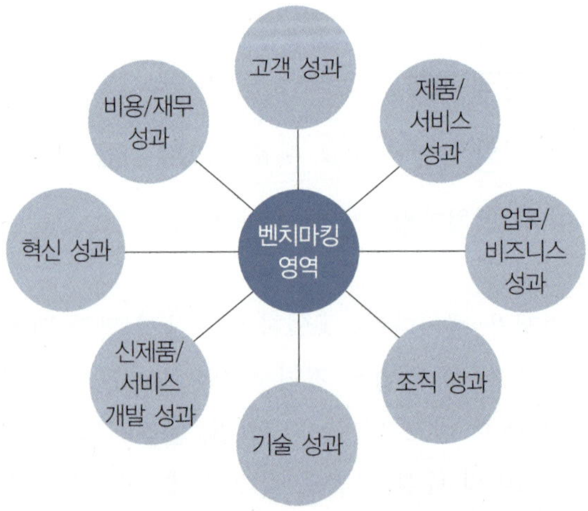

② **간접적 벤치마킹:** 인터넷 및 문서형태의 자료를 통해서 수행하는 방법으로서, 벤치마킹 대상의 수에 제한이 없고 다양하며, 비용 또는 시간적 측면에서 상대적으로 많이 절감할 수 있다는 장점이 있는 반면, 정확한 자료의 확보가 어려워 벤치마킹 결과가 피상적이 될 우려가 크다는 단점이 있다.

(3) 벤치마킹의 원리 및 원칙

벤치마킹의 원리는 다음과 같다.

① **상호성(reciprocity):** 벤치마킹은 상호 관련성을 기반으로 수행되어지므로 모든 참가자들은 파트너와 정보를 상호 교환함으로써 윈-윈 할 수 있다. 또한 정보의 공유 정도 및 데이터의 상호 교환 정도는 반드시 파트너와 협의되어야 한다.

② **유사성(analogy):** 벤치마킹을 수행하기 위해서는 먼저 파트너 기업과의 프로세스가 비교 가능한 것이거나 유사성이 존재해야 한다는 전제가 있어야 한다. 따라서 조직의 문화와 구조, 경영방식 등에서 유사성이 높은 기업과 프로세스를 선정하는 것이 벤치마킹의 성공여부를 결정하는데 중요한 요소가 된다.

③ **측정성(measurement):** 프로세스의 측정은 자사와 파트너사 간의 프로세스 성과를 비교하기 위해서 반드시 수행되어져야 한다. 이를 위해서는 성과 측정 단위의 결정과 함께 측정단위가 반드시 계량화 될 수 있어야 한다.

④ **타당성(validity):** 자사나 경쟁사의 프로세스 측정결과는 실적자료나 연구 자료에 의한 근거를 갖고 있어야 한다. 주관적인 견해가 아닌 객관적인 사실에 근거할 때만이 타당성과 신뢰성을 확보할 수 있다.

벤치마킹의 원칙은 다음과 같다.

① **합법성의 원리(Principle of Legality):** 벤치마킹은 공정한 상거래를 저해할 수 있는 파트너 기업과의 시장분할, 가격담합, 기업비밀의 획득, 뇌물수수 등의 행위를 다루지 않는다.

② **상호교환의 원리(Principle of Exchange):** 파트너 간의 상호정보교환에 있어 정당한 교환을 위해 벤치마킹 실행 이전에 각자의 기대와 목

표 등을 분명히 하여야 한다. 파트너가 밝히고 싶지 않은 정보를 요구해서는 안되며, 상대방이 제공한 수준의 정보만큼은 상대방에게도 공개할 수 있어야 한다.

③ **비밀보호의 원리**(Principle of Confidentiality): 모든 정보는 상호 비밀이 보장된다는 원리 하에 벤치마킹 파트너끼리 서로 공유하게 된다. 따라서 벤치마킹 파트너의 동의 없이 어떤 회사에게도 파트너의 정보를 유출하여서는 안 된다.

④ **사용의 원리**(Principle of Use): 벤치마킹 연구로부터 얻어진 정보는 단지 프로세스 향상을 위하여 사용되어야만 한다. 파트너의 동의 없이 광고, 마케팅, 판매를 위해서 획득한 정보가 사용되어져서는 안 된다.

⑤ **상대방 접촉의 원리**(Principle of First-Party Contact): 파트너 회사의 공식적인 벤치마킹 창구를 통하여 접촉하여야 한다.

⑥ **제3자 접촉의 원리**(Principle of Third-Party Contact): 벤치마킹에 참여한 파트너사의 직원이름을 동의없이 제3자에게 누출하여서는 안 된다.

⑦ **준비의 원리**(Principle of Preparation): 벤치마킹 파트너와 접촉하기 위해서는 사전에 모든 준비가 완료되어 있어야 한다. 여기에는 자사의 품질 수준 등의 평가가 포함된다. 그리고 외부의 업체와 유사성을 찾기 이전에 내부 프로세스에 대한 연구가 충분히 이루어져야 한다.

⑧ **완료의 원리**(Principle of Completion): 벤치마킹 연구는 모든 파트너들이 동의할만한 결과와 만족할만한 수준에 도달했을 때 완료되어졌다고 할 수 있다.

(4) 벤치마킹의 실행절차

① 제1단계: 벤치마킹 프로젝트 계획 단계

계획단계에서는 벤치마킹 대상 기업(국내, 국외, 동종, 이종기업 등)과 항목(서비스, 프로세스, 고객, 인력관리, 기술, 유통 등), 그리고 자료 수집 방법(직접, 간접, 세미나, 컨설팅 등)을 선정하는 단계로써 다음의 세 가지 사항을 고려하여야 한다. 첫째, 기업은 반드시 자사의 핵심 성공요인, 핵심 프로세스, 핵심 역량 등을 파악해야 한다. 둘째, 벤치마킹되어야 할 중요한 프로세스는 반드시 문서화되어야 하고, 그 프로세스의 특성이 정확히 기술되어져야 한다.

마지막으로, 벤치마킹 파트너 선정을 위해 필요한 요구조건도 반드시 작성되어야 한다.

② **제2단계: 자료수집 단계**

자료수집 단계에서는 기업 내부 자료수집, 각종 자료 및 문헌조사, 벤치마킹 대상 기업의 자료 수집이 포함된다. 기업 내부 자료수집단계에서는 자사 프로세스의 절차 및 성과 등을 프로세스 맵 등을 통하여 분석한다. 내부 자료수집이 끝나면 벤치마킹 대상 기업을 선정하고 각종 연구 자료 및 문헌 조사를 실시한다. 이 단계에서는 잡지, 학술지, 언론 매체, 컨설팅 기관 등을 통하여 우수사례(best practice) 및 초우량 프로세스에 관한 연구조사를 실시한다. 대상기업이 선정되면 대상기업의 자료를 수집하게 되는데 전화 인터뷰, 설문지 작성, 면접, 인터뷰 등이 사용될 수 있으나, 궁극적으로는 현장을 방문(site visit)하여 실무 감각을 느끼고 프로세스의 형태, 성과 등을 관찰해 보는 것이 중요하다.

③ **제3단계: 자료 분석 단계**

수집한 자료를 정리하고 차이를 분석하는 단계로서, 이 단계에서는 수집된 자료 분석, 성과차이에 대한 근본 원인 분석(root cause analysis), 성과 변화 추세 예측, 프로세스 개선을 이끄는 동인(driver) 판단 등의 업무를 수행하여야 한다. 분석단계의 목적은 벤치마킹 수행을 위해 개선 가능한 프로세스 동인들을 확인하기 위한 것이다. 이 단계에서는 경쟁회사의 프로세스 성과 차이에 대한 분석을 수행하여야 하며, 어떤 프로세스 혹은 프로세스 내의 어떤 활동들이 성과차이에 영향을 미치는가를 분석하기 위한 심층연구를 하여야 한다.

④ **제4단계: 개선 단계**

측정할 수 있는 명확한 목표를 설정하는 단계로써, 기업은 개선 단계에서의 목표를 단기 목표(short-term goal), 등가 목표(parity goal), 리더십 목표(leadership goal)의 3단계로 설정할 수 있다. 단기목표는 벤치마킹 활동을 하지 않을 경우에도 얻어질 수 있는 개선 목표를 말하며, 등가 목표는 벤치마킹 파트너의 프로세스 및 동인을 적용함으로써 얻어질 수 있는 목표를 말하고, 리더십 목표는 여러 회사를 벤치마킹한 시너지 효과를 올려서 경영자가 경쟁사의 성과 이상으로 책정한 성과 목표를 말한다. 개선 단계의 궁극적인 목표는 자사의 핵심 프로세스를 개선함으로써 벤치마킹 결과를 현실화시키자는 것이다.

5.3 다운사이징(downsizing)

(1) 다운사이징의 의의

기업의 감량경영을 통칭하는 개념으로서 넓은 의미에서의 다운사이징은 조직의 효율성, 생산성, 경쟁력을 향상시키기 위해 조직 및 인력규모, 비용구조, 업무프로세스 등을 축소하는 일련의 의도적인 조치를 의미하며, 좁은 의미에서는 의도적인 인력감축(intended reduction of personnel)을 뜻하기도 한다. 다운사이징을 실시하는 이유 중의 하나가 비용절감이기는 하나, 이는 단기적인 비용절감을 위한 미봉책이 아닌, 원가절감을 통한 경쟁력 강화가 궁극적인 목적이므로 경영자 입장에서는 기업에 불필요하게 불어난 군살은 없는지, 과도한 기구 팽창은 없는지, 필요 이상의 인력을 운영하고 있는지 등을 과학적으로 검토 분석하여 기구 축소 내지는 감원을 추진해야 한다(그림 14-4 참조).

다운사이징의 특성은 다음 네 가지가 있다.

첫째, 조직 내에서 자연발생적으로 일어나는 일이 아니라 조직이 의도적으로 시작하는 조치로서, 단순히 조직이 쇠퇴하면서 규모가 축소되는 경우와는 구별된다.

둘째, 다운사이징은 보통 인력의 감축을 수반하지만, 다운사이징과 동시에 특정 부분에서는 새로운 제품이 추가되거나 새로운 수익이 창출되거나 하면서 인원을 증가시킬 수도 있게 되는데, 결과적으로는 단위 산출량 당 인력의 수가 이전 수준보다는 줄어들 때도 다운사이징에 포함시키게 된다.

셋째, 다운사이징은 통상 조직의 위기상황에서 방어적인 수단으로 활용하는 경우가 많으나, 아무 문제가 없는 조직이 성과를 향상시키기 위해 공격적인 수단으로 활용하는 경우도 있다.

넷째, 다운사이징은 의도 여부와 상관없이 결국은 업무프로세스에 영향을 미치게 된다. 즉 인력감축으로 인해 이전보다 적은 수의 직원들이 이전과 동일한 또는 더 많은 양의 업무를 수행해야 하므로 업무프로세스에 변화를 가져오기 마련이다.

(2) 다운사이징의 유형

① **전형적인 방법**: 인원감축을 통한 다운사이징 기법으로서 조기퇴직, 정리해고, 재취직 알선(outplacement), 퇴직자 후임 미보충(attrition) 등

그림 14-4 ◐ 다운사이징의 유형

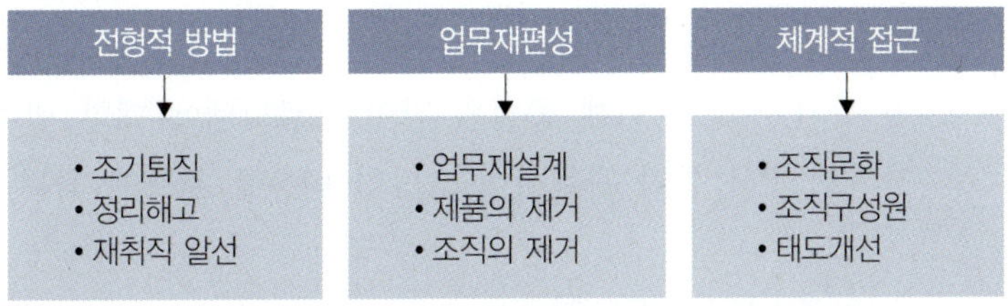

을 통해 이루어진다. 이 방법은 단기적이고 가시적인 효과 때문에 가장 많이 사용되고 있지만 부작용도 가장 큰 유형이다.

② **업무재편성**(work redesign): 업무의 수를 줄이는 기법으로서 이는 기능의 제거, 조직 내 작업 집단의 제거, 부서의 제거, 제품의 제거 등을 통해 이루어질 수 있고, 또한 업무의 재설계, 조직단위 부서의 통합, 작업시간의 단축 등을 통해서도 이루어질 수 있다. 업무재편성 방법은 단순화된 조직 구조로 인하여 잔류한 구성원에게 과중한 업무를 부과하게 되는 부작용을 가져올 수 있다.

③ **체계적 접근**: 인원이나 업무만을 변화시키는 것이 아니라 조직의 문화나 조직 구성원의 태도, 가치 등을 변화시키는데 초점을 맞추는 기법으로서 일과성의 프로그램이나 목표가 아닌 지속적인 개선을 통해 새로운 조직 문화와 분위기를 정착시키기 위해 활용한다(그림 14-4 참조).

(3) 다운사이징의 양면성

다운사이징을 긍정적으로 평가하고 있는 이유로는 간접비의 감소, 관료적인 비효율성의 감소, 신속한 의사결정, 효율적이고 효과적인 의사소통, 생산성의 증가, 품질과 고객서비스의 향상, 위험감행(risk taking)의 증가 등을 들 수 있다. 그러나 와이어트사(Wyatt)에 의해 수행된 1991년의 조사에 따르면 조사대상 1,500개 기업 중 반수 이상이 애초에 목표로 했던 수준만큼 비용을 충분히 감소시키지 못했고, 2/3이상의 기업들은 이익을 기대했던 것만큼 증가시키지 못했으며, 79%의 기업들은 투자수익률(ROI: Return On Investment)을 만족할 만한 수준으로 개선하지 못했다고 보고한 바와 같이 부정적인 평가도 만만치 않다. 또한 다운사이징 위협에서 살아남은 사람들이라도 '생존자 증후군

(survivor's syndrome)'을 겪게 되어 자신감(self-efficacy), 자부심(self-esteem), 직무만족, 조직 몰입도 등에 부정적인 영향을 미침으로써 근무태만, 결근율, 이직률 등이 증가하는 역기능이 발생하기도 하며, 이외에도 동기부여 및 사기 저하로 인해 종업원 참여 프로그램에 대한 냉소적인 태도의 만연과 참여도 저하 등과 관련하여 상당한 비용을 치르게 되는 경우도 있다.

5.4 리엔지니어링(BPR)

(1) 리엔지니어링의 의의

리엔지니어링(BPR; Business Process Reengineering)이란 1990년 마이클 해머(M. Hammer)가 제창한 기업체질 및 구조의 근본적인 변혁을 가리키는 것으로서 환경변화에 적응하기 위해 조직구조, 생산방법, 기타 역량을 재편하는 기법이다. 즉, 기업의 기존 업무방식을 근본적으로 다시 고려하여 경영활동 시스템 전체를 효율적으로 재구축하는 것이다. 이는 기존의 일부 기능만을 고치거나 개선하는 이른바 점진적인 변화의 사고방식에서 출발하는 것이 아니라, 프로세스(process) 전반을 개선하여 근본적으로 업무, 조직, 비용, 품질, 서비스, 속도, 기업문화와 같은 핵심이 되는 경영성과의 지표들까지의 전 부문에 대하여 성취도를 대폭적으로 증가시키는 방법이다. 여기에서 주목할 것은 '프로세스(process)'라는 개념으로, 리엔지니어링이 다른 경영혁신기법과 다른 점은 프로세스의 관점에서 기업성과를 재평가하고 이것을 근거로 기업을 재설계한다는 데 있다.

최근 연구개발이나 생산, 판매 등 기능별로 하던 업무 분장을 '고객만족의 구조'로 재설계하는 리엔지니어링이 많이 이루어지고 있는데, 이런 고객만족 마케팅의 관점에서는 '고객의 신용상태를 보다 효율적으로 조회할 수는 없을까?'라고 묻는 대신 '고객의 신용상태를 꼭 조회해야 하는가?'라는 질문부터 스스로 던진다. 이는 과거 생산자 주도의 경제체제에서 별다른 경쟁 없이 성장했던 기업들이, 경쟁 심화와 함께 고객의 요구 또한 까다로워지고 복잡해지면서 많은 어려움을 겪고 있다는 사실에 초점을 두고 있다.

그 동안 기업에서도 생산성 향상을 위해 품질관리, 과학적 경영, 자동화 등 여러 가지 경영개선 기법을 도입해 왔으나, 이런 점진적인 경영개선 방법은 문제의 일부분만 개선하는 것이어서 기업경영의 본질적인 문제들을 해결해

표 14-6 리엔지니어링의 5가지 기본 개념

개 념	내 용
기본적(fundamental)	우리가 현재 하고 있는 일을 왜 하는지? 왜 지금과 같은 방법으로 실행해야 하는지? 등 기본적인 질문에서 출발
근본적(radical)	현존하는 모든 구조 · 절차를 버리고 원점에서 출발해서 혁신적으로 재설계
극적인(dramatic)	점진적 변화 추구가 아니라, 업무성과의 극적인 향상 추구
프로세스(process)	분석대상은 업무 프로세스
정보기술 (information technology)	프로세스 재설계 시 정보기술 활용

주지는 못했다. 그러나 리엔지니어링의 개념에는 인원삭감, 권한이양, 노동자의 재교육, 조직의 재편 등이 포괄적으로 포함되는데, 리스트럭처링(re-structuring)이 인원삭감이나 부분폐쇄 등에 의존해 온 것에 비해 기업전략에 맞춰 업무진행을 재설계하는 의미가 크다(표 14-6 참조).

(2) 리엔지니어링의 목적

리엔지니어링의 궁극적인 목적은 불필요한 정보와 비효과적인 업무과정을 제거하여 업무의 흐름을 단순화함으로써 기업의 장기적인 성장과 함께 고객만족경영을 실현하는데 있다.

고객만족경영(Customer Satisfaction Management: CSM)이란 고객중심적 사고를 바탕으로 모든 경영활동을 전개해 나가는 신경영 조류의 하나로써 고객은 일정한 기대치를 가지고 제품이나 서비스를 구매하게 되는데, 이때 고객이 가진 기대치 이상으로 고객의 만족을 충족시켜 고객에게 감동을 줌으로써 고객의 재구매율을 높이고, 고객의 선호가 지속되도록 하는 것이다. 따라서 고객만족경영은 시장점유율의 증대나 원가절감 등의 단기적인 관점이 아닌, 고객을 만족시킴으로써 장기적인 차원에서 수익을 극대화하는 구조를 구축하는 데 목적을 두고 있다.

(3) 리엔지니어링의 원칙 및 실행절차

리엔지니어링 실행시 고려해야할 원칙은 다음과 같다.

① **업무를 과업 중심이 아닌 결과 중심으로 조직화:** 한 사람이 특정 과업에만 종사하기 보다는 그 과업의 결과가 만들어질 때까지의 전 과정을 책임지고 수행해야 함.

② **처리결과를 활용하는 사람이 처리 업무를 수행:** 결과를 활용하는 사람이 필요한 결과를 만들어 내는 업무를 직접 수행하도록 업무를 재설계해야 함.

③ **정보를 생성하는 부서가 정보를 직접 처리:** 자료의 중복처리를 최소화하기 위해 정보 생성부서에서 직접 처리토록 해야 함.

④ **지리적으로 분산된 자원에 대해 관리를 집중:** 지리적으로 분산되어 있는 자원을 마치 중앙에 집중되어 있는 것처럼 처리해야 함.

⑤ **병렬처리 업무는 진행과정에서 연결 · 조정:** 병렬화된 업무들 사이의 연결을 강화하고, 필요시 이를 조정하고 통합할 수 있게 해야 함.

⑥ **정보는 발생되는 곳에서 한 번만 처리:** 정보가 한번만 처리되도록 함으로써 자료의 수집과 전달, 부서 간 자료의 공유가 용이하도록 해야 함.

⑦ **의사결정이나 통제기능은 처리과정내에 존재:** 의사결정 권한을 실제 업무가 수행되는 곳에 두고, 통제를 처리과정의 일부로 만들어야 함.

리엔지니어링은 5단계의 실행절차를 거쳐 진행되는데 먼저 경영비전과 프로세스 목적을 설정하는 단계로서 비용절감, 시간절약, 작업환경 개선, 권한위임, 품질향상과 같은 구체적인 사업비전과 프로세스별 목표를 찾아내고 이들의 우선순위를 확정한 후 최종목표치를 정량화시켜 확정한다. 둘째, 경영혁신 대상의 프로세스를 선정하는 단계로서 프로세스 성과에 강한 영향을 미치는 핵심 프로세스 또는 문제가 되는 병목 프로세스를 찾아내어 재설계 대상 프로세스로 확정하고 각 프로세스별 책임자를 선정하는 작업을 수행한다. 셋째, 기존 프로세스의 이해와 분석단계로서 이는 프로세스 재설계에 앞서 일단 발견된 문제는 더 이상 반복하지 않고 정확한 측정과 분석을 통하여 향후 개선의 기준으로 삼기 위하여 필요한 단계이다. 넷째, 필요한 정보기술을 파악하여 적용하는 단계이다. 다섯째, 새로운 프로세스의 원형설계 및 시범운영 단계로서 프로세스를 실제로 구축하게 되지만 이는 프로세스 재설계의 종료를 의미하는 것이 아니라, 원형을 이용해 순화적인 수정을 통해 최적의 프로세스를 찾아나가는 단계이다.

그림 14-5 ◎ 리엔지니어링의 실행절차

경영비전과 프로세스 목적 설정	목적의 우선순위와 BPR의 최종 목표설정
경영혁신 대상 프로세스의 선정	중요하거나 개선해야 할 프로세스의 선정
기존 프로세스의 이해와 분석	현재의 문제점 및 개선기준을 설정
필요 정보기술의 파악	새로운 프로세스 접근방법의 토의
새로운 프로세스의 원형설계 및 시범운영	조직적 · 기술적인 측면을 고려하여 구현

이를 도표로 표시하면 [그림 14-5]와 같다.

5.5 전사적 품질경영(TQM)

(1) TQM의 의의

전사적 품질경영(TQM: total quality management)이란 기업 활동의 전반적인 부분의 품질을 높여 고객 만족을 달성하기 위한 경영 방식으로서 이는 통계적 품질관리(statistical quality control)나 사업부 단위에서 생산 공정 개선과 생산성 향상을 추구하는 전사적 품질관리(total quality control) 보다 상위의 개념이다. 즉 기존의 품질관리 방식이 제품의 품질이나 생산라인에만 국한하여 분사적으로 파악하던 방식이었으나 TQM은 제품이나 서비스의 품질을 관리하고 보증하는 것뿐만 아니라 업무, 직장환경, 종업원의 자질까지도 품질 개념에 넣어 종합적으로 관리하는 통합적 경영 혁신 기법이다.

(2) TQM 추진체계

전사적 품질경영의 추진체계는 기본가정, 목표, 접근방법 및 실행수단을 기초로 개념화할 수 있다(그림 14-6 참조).

(가) TQM의 기본 가정은 다음 세 가지로 요약할 수 있다.

그림 14-6 TQM의 추진체계

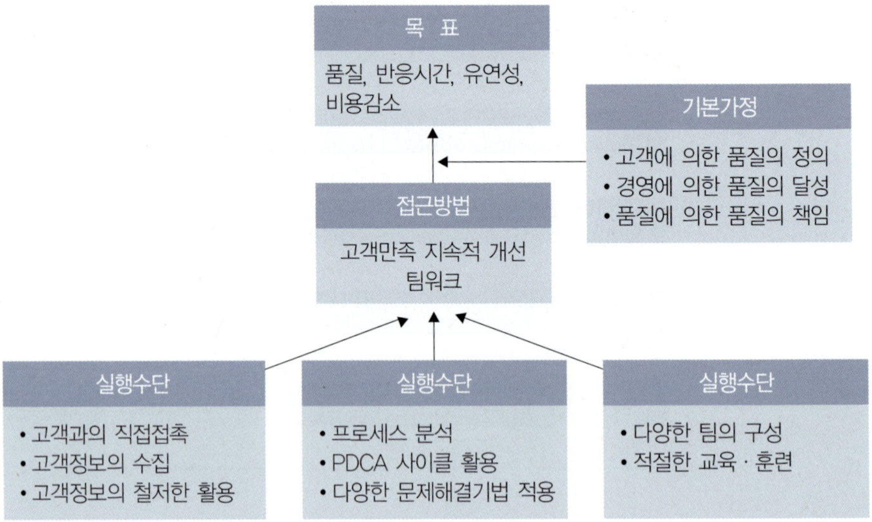

① 품질은 고객에 의해 정해진다.
② 품질은 경영에 의해 달성된다.
③ 품질은 회사 전체의 책임이다.

(나) TQM의 목표는 다음 네 가지가 될 수 있다.
① 제품 및 서비스의 보다 우수하고 안정적인 품질
② 제품설계에서 납품까지의 보다 빠르고 안정적인 반응시간
③ 고객요구의 변화에 대응할 수 있는 풍부한 유연성
④ 품질개선, 재작업 감소, 무가치한 낭비의 제거를 통한 비용감소

(다) TQM의 접근방법 및 실행수단은 〈표 14-7〉로 요약할 수 있다.

표 14-7 TQM의 접근방법 및 실행수단

접근 방법	실행 수단
고객만족(customer satisfaction)	고객과의 직접 접촉, 고객 정보 수집, 고객 정보 활용
지속적 개선(continuous improvement)	프로세스 분석, PDCA 사이클(plan-do-check-act), 문제해결 기법 활용
협력(team work)	QC분임조, 다양한 유형의 팀, 적절한 교육훈련

5.6 6시그마(6 Sigma)

(1) 6시그마의 의의

6시그마(six sigma)는 1987년 모토로라에 근무하던 마이클 해리(Mikel Harry)에 의해 창안된 경영혁신 기법으로서, 모든 공정 및 업무에서 과학적 통계기법을 적용하여 결함을 발생시키는 원인을 찾아내어 이를 분석하고 개선함으로써 불량 감소, 수익 극대화, 고객 만족도를 향상시키는 데 그 목적이 있다.

시그마는 원래 통계학 용어로서 평균값을 중심으로 흩어진 정도(산포도), 즉 표준편차(standard deviation)를 의미하는데 6시그마는 3.4ppm(parts per million)으로서 백만개 중 평균 3~4번의 실수나 결함, 오류, 불량을 허용하는 품질 수준이다.

6시그마는 제조업뿐만 아니라 비제조업(금융, 서비스산업), 대기업, 중소기업의 모든 업무 프로세스 개선에 적용이 가능하다.

한편 6시그마는 철학적 관점과 기업전략 관점, 그리고 통계적 툴(tool) 관점이라는 전략적 의미를 갖고 있다(표 14-8 참조).

(2) 6시그마 추진조직

6시그마는 기존 혁신 프로그램과 비교하여 추진조직에 있어 차별화 된다. 기존 혁신프로그램이 외부 인력에 대한 의존도가 높고, 품질부서와 같은 소수의 조직에 의해 추진된 반면, 6시그마는 모든 임직원들의 참여를 유도하고 더

표 14-8 6시그마의 세 가지 관점

관 점	의 미
철학적 관점	• 열심히 하는 것 보다 잘하는 것(smarter than harder) • 일하는 방법을 바꾸는 것(change the way we work) • 처음부터 잘 하는 것(do the right things for the first time))
기업전략 관점	• 기업 및 개인의 경쟁력 강화 • 투자수익률(ROI : return on investment) 극대화 • 품질향상을 통한 고객 만족 제공
통계적 툴 관점	• 통계적 기법 활용 • 사실(fact)에 근거한 일의 추진

표 14-9 ◐ 6시그마 추진조직 및 역할

구분	계층	역할
챔피언 (champion)	사업부 담당 임원	• 6시그마경영 비전 및 전략 수립 • 프로젝트 추진 간 장애물 제거 및 지원 • 프로젝트 성과 평가
마스터 블랙벨트 (MBB)	6시그마 전문가 (프로젝트 실행 지도자)	• 6시그마 훈련과정 개발 및 교육 • 챔피언과 의사소통 및 현안 문제 조정 • Best Practice 창출 • 블랙벨트 코치 및 문제해결 과정에서 생기는 각종 애로 처리
블랙벨트(BB)	프로젝트 전담자 (통계적 지식 보유)	• 프로젝트 수행 전담(full time) • 교육 및 문제해결을 위한 컨설팅 • 그린벨트 양성 교육 • 변화 관리자로서의 역할 수행
그린벨트(GB)	개선 프로젝트 주도 계층	• 지속적으로 프로세스 개선 추진 • 개선 프로젝트와 고유업무 병행 수행
화이트벨트(WB)	프로젝트 팀원	• 프로젝트 해결활동의 실천자

나아가 기업 스스로가 독자적으로 6시그마를 추진해 나갈 수 있는 힘을 길러준다는 특징이 있다. 6시그마 추진조직은 벨트제도로 대표되며 각 계층과 세부 역할은 〈표 14-9〉와 같다.

(3) 6시그마 추진절차

6시그마 추진절차는 정의(define)-측정(measure)-분석(analyze)-개선(improve)-통제(control)의 5단계를 거치는데 흔히 머리글자만 따서 DMAIC라고 부른다.

① **정의:** 고객의 요구사항 즉 개선대상(CTQ: Critical to Quality)을 결정하는 단계

② **측정:** 개선대상의 현재 상태를 파악하기 위해 문제를 정량적으로 기술하는 단계

③ **분석:** 문제가 발생하는 원인과 형태를 규명하고, 결함의 잠재적 원인들을 규명하기 위해 데이터를 층화시키는 단계

④ **개선:** 파악된 문제 발생 원인에 대한 최적의 해결방안을 찾아 적용하는

표 14-10 6시그마 경영과 과거 품질경영(QC/QM) 비교

구 분	과거 품질 경영	6 sigma
방침결정	하의상달	상의하달
목표설정	추상적, 정성적	구체적, 정량적
문제의식	겉으로 드러난 문제 중시	드러난 문제 + 잠재적 문제
성공요인	감각과 경험	감각과 경험 + 객관적 데이터 분석
개혁대상	문제가 발생한 곳	모든 프로세스
적용범위	부분 최적화	전체 최적화
활동기간	제약이 없음	제약이 있음(통상 6개월 이내)
담당자	자발적 참여 중시	전임요원 및 의무적 수행
교육	자발적 참여 중시	체계적, 의무적
추진절차	PDCA 4단계	DMAIC 5단계
적용기법	QC 도구 및 통계적 기법	광범위한 기법 + 통계적 분석 방법
평가방법	노력 중시	가시화된 이익으로 평가

단계로서 브레인스토밍 등 여러 사람의 지혜를 모아 해결책을 찾는다.

⑤ **통제:** 개선상태 유지를 위한 관리계획 수립 및 표준화하는 단계이다.

TIP

- 어떤 현상을 숫자로 표현하지 못하는 것은 그것에 대하여 문제를 정확히 알고 있지 못하다는 것을 의미하며, 알지 못한다는 것은 그것을 관리할 수 없다는 것이다. (Mikel Harry)
- 말하고 있는 것에 대해 측정할 수 있고, 수치로 표현할 수 있다면 그것에 대해 알고 있다고 할 수 있을 것이다. 그러나 측정할 수 없고 수치로 표현할 수 없다면 그 지식은 불완전하고 불만족스러운 것이다. (Lord Kelvin)
- 셀 수 있는 모든 것들이 중요한 것은 아니고, 중요한 모든 것들이 셀 수 있는 것은 아니다. (Albert Einstein)

5.7 아웃소싱(Outsourcing)

(1) 아웃소싱의 정의

아웃소싱이란 핵심역량에 경영자원을 집중하고, 전문성을 확보하며, 경비를 절감하는 등의 전략적 목적을 갖고, 설계부터 운용과 의사결정까지를 외부에 맡기는 외부위탁을 의미한다. 즉 기업의 자원을 전략적으로 중요하고 가장 잘 할 수 있는 부문에 집중하고, 그 나머지는 외부 전문업체에 맡김으로써 기업의 경쟁력을 제고시키는 혁신활동이다.

아웃소싱을 도입하는 기업은 평균 10~20%가 핵심역량을 강화함으로써 비용절감 효과를 얻는 것으로 알려져 있다. 이러한 비용 절감 외에도, 조직 간소화를 통해 유연성 있는 고용형태를 유지하고, 상호제휴로 비즈니스 모델화를 통해 새로운 부가가치를 창출하며, 고정비가 변동화되어 위험이 분산되므로 경비변동에 적절히 대응할 수 있고, 전문성향상을 통해 업무의 질적 확보를 꾀할 목적으로 아웃소싱을 도입한다.

(2) 아웃소싱의 특징

아웃소싱의 특징은 다음 다섯 가지로 요약할 수 있다.

① 내부의 핵심역량에 자원을 집중하는 경영전략이다. 따라서 단순하고 반복적이며 정형적인 업무는 외부에 맡김으로써 불필요한 자원의 낭비를 막을 수 있다.

② 불필요한 부문을 외부화 함으로써 기업의 경쟁력과 핵심역량을 강화시킬 수 있다.

③ 핵심역량을 강화하고 비핵심업무를 외부에 맡길 때 업무의 전문성과 효율성이 높아지고 비용절감 효과를 기대할 수 있다.

④ 기업 내부의 업무 중 현재는 잘 하고 있는 부문이라 할지라도 장기적인 안목에서 경쟁력 제고에 도움이 되지 않는 업무에 대해서는 외부화하는 것이 유리할 수 있다.

⑤ 아웃소싱은 비핵심 분야를 포함한 일부 업무에만 해당하는 것이 아니라, 비록 핵심업무 일지라도 내부에 역량이 부족할 때는 외부 전문가에게 맡길 수 있는 유연한 사고가 필요하다.

(3) 아웃소싱 효과

아웃소싱을 통해 ① 기업의 핵심역량 강화, ② 조직의 유연성과 향상, ③ 업무의 전문성과 효율성 증대, ④ 비용절감, ⑤ 네트워크 확산 등의 긍정적인 효과가 있다. 반면 ① 고용에 대한 불안감, ② 핵심역량 상실 가능성, ③ 부문 기능 간 상호협력 관계 상실 가능성, ④ 중요 기술 및 기밀 유출 우려, ⑤ 아웃소싱 공급업체에 지배당할 가능성 등 부정적인 효과도 무시할 수 없기 때문에 아웃소싱을 추진할 때는 이러한 점을 감안하여 추진해야 한다.

5.8 기업 구조조정(Corporate restructuring)

(1) 기업 구조조정의 정의

기업 구조조정이란 기업이 성장(growth) 또는 생존(survival)을 위하여 기업의 자산구조(asset or business structure), 재무구조(financial structure) 및 수익구조 등을 조정하는 일련의 과정으로서 시장 내의 경쟁압력에 의해 기업 스스로가 제품 및 시장을 조정하고, 이에 따라 조직의 개편, 인력의 재배치 및 감축, 아웃소싱(outsourcing) 등을 통해 경쟁력을 강화하는 노력이라고 정의할 수 있다. 기업구조조정은 단지 생존을 위하여 부실기업만이 수행하는 것이 아니라, 정상기업도 지속적 성장을 위하여 구조조정을 수행한다(표 14-11 참조).

(2) 기업구조조정 환경

기업구조조정은 기업 스스로 이행해야 하는 성장 또는 생존전략의 하나이다. 기업구조조정이 원활히 이루어지기 위해서는 시장원리에 입각한 경제운영, 기업 구조조정 시장의 활성화, 구조조정 비용의 최소화가 이루어질 수 있는 환경이 조성되어야 한다. 따라서 기업이 자율적 · 능동적으로 이러한 구조조정을 촉진할 수 있도록 정책적인 노력이 필요한데, 원활한 기업구조조정이 이루어지기 위한 환경을 조성한다는 측면에서 사회전반의 구조조정, 즉 거시 수준의 구조조정이 선행되어야 한다.

표 14-11 영역별 구조조정 내용

영 역	내 용
사업구조	- 기업의 경쟁력 강화와 비전 달성을 위하여 전사적 차원에서 미래 사업구조를 근본적으로 재구축 - 추진단계 • 1단계: 필요성 인식 → 2단계: 비전 및 계획 수립 → 3단계: 시스템 재구축
재무구조	- 기업의 경쟁력을 유지할 수 있는 적정한 재무구조 유지 - 추진 방법: 부채비율 축소, 가격위험관리, 유동성 위험관리, 회계의 Global standard 부합 등
소유구조	- 기업의 지배권을 규정하는 힘의 원천 - 과도한 소유집중과 소유분산의 배제
지배구조	- 과도한 소유집중과 소유분산을 막고 기업경영의 투명성과 합리성을 제고 - 사외이사 도입, 소액주주 권한 강화, 회계기준 개선
조직구조	- 기업의 효율성 향상을 위한 조직의 슬림화, 의사결정 단계 축소 - 추진 방법 • 수평적 조직구조조정: 조직 통폐합, 팀제 도입 • 수직적 조직구조조정: 의사결정단계 축소 • 조직 개편: 기능별/사업부 조직에서 SBU(전략사업단위) 조직, 매트릭스조직, NOFIA(New Organizations for Information Age)로 변환
인력구조	- 인력 감축 및 효율적 운용으로 생산성 향상 및 인건비 감소 - 충성심 감소, 핵심인력 유출 및 기업이미지 훼손 등 부정적인 측면이 야기될 수 있으므로 신중히 추진해야 함 - 추진 방법 • 생산성 향상: 재교육, 재배치, 연봉제 • 인건비 감소: 인턴제, 급여 일정비율 삭감, 인원 일정비율 감축 • Win-Win: MBO, 창업지원, 분사, 명예퇴직 등
이익구조	- 비효율적 항목의 제거뿐만 아니라 비용구조 합리화를 통해 손익분기점을 낮춤 - 기업가치 판단을 외형 또는 규모에서 질적판단 기준으로 전환
관리구조	- 계획-실행-통제-재계획의 경영과정상 원활한 가치창출 활동이 가능하도록 관리제도 개편 - 추진 방법: 효율적인 경영성과 측정 및 보상

(3) 기업구조조정 수행 방법

흔히 기업차원 구조조정을 진행할 경우 인원정리, 임금삭감 등 일단 당장 가시화시킬 수 있는 인력과 비용부문을 다루는 것이 구조조정의 전부인 것으로 인식하는 경우가 많다. 그러나 근원적인 부분으로부터 구조조정을 접근한다는 측면에서 먼저 대차대조표 부문에서 손익계산서 부문으로 이행되어야 하는 것이 바람직하다. 대차대조표는 대변에서 기업의 소유구조와 지배구조 및 자본구조, 그리고 차변에서 사업구조에 대한 내용을 제공해 준다. 손익계산서는 기업전체의 이익구조와 관리구조에 대한 정보를 알려주고 있으며, 특히 부가가치 창출의 원천인 조직구조와 인력구조가 영업손익을 산출하는 데 기여한다는 측면에서 구조조정 대상으로 다루어져야 할 테마로 제기되고 있다.

아울러, 기업구조조정이 효과적으로 이루어지기 위해서는 이를 달성하기 위한 적절한 기법이 강구되어야 하고, 각 부문마다 이에 맞는 기법들이 활용되어야 한다. 예를 들면 사업구조조정은 리스트럭처링(restructuring), 비전경영(vision management), 시나리오경영(scenario management), 성장전략, 전략적 제휴와 같은 기법이, 재무구조조정은 경제적 부가가치(EVA), 주주가치분석 등이, 인력구조조정은 수평조직, 팀제, 성과급, 스톡옵션 등이 활용될 수 있는 기법들이라 할 수 있다.

이와 더불어 구조조정을 진행함에 따라 성과를 측정하고 이를 개선 및 보완할 수 있는 다양한 경영성과 측정지표들도 효과적으로 활용해야 한다. 경영성과 달성여부의 판별기법으로는 기업가치 매트릭스, ROA(return on asset: 총자산이익률)분해 매트릭스, 이익 있는 성장 매트릭스, 이자보상배율 매트릭스, 총비용 및 부가가치 구성비중 변화 등이 활용될 수 있다.

(4) 영역별 구조조정

기업의 구조조정관점에서 다루어져야 할 영역을 크게 분류하면 사업구조, 재무구조, 소유구조, 지배구조, 조직구조, 인력구조, 이익구조, 관리구조 등 8가지로 구분할 수 있으며, 구조조정의 각 영역은 상호 유기적으로 연관되어 있으므로 단편적이고 근시안적인 구조조정 추진보다는 전체적인 차원에서 접근하는 노력이 필요하다(표 14-11 참조).

5.9 린 경영(lean management)

(1) 린 경영의 의의

린 경영은 일본의 도요타 생산 시스템(TPS: Toyota Production System)을 미국식 환경에 맞춰 재정립한 것으로, 자재 구매에서부터 생산, 재고관리, 유통에 이르기까지 모든 과정에 낭비요소를 최소화하여 최적화 한다는 개념이다.

2차 대전 직후인 1950년 4월에 설립된 도요타 자동차 회사는 당시 일본의 어려운 경제 환경으로 인해 다른 기업들이 저렴한 소비재를 생산하기 시작할 때 도요타의 경영진은 세계 시장에서 인지도를 얻기 위해서는 경쟁력 있는 가격에 질 좋은 제품을 생산해야 한다는 것을 정확히 인식하고 있었다. 이를 위해 최종 소비자의 관점에서 회사의 제품이나 서비스에 가치를 더하지 않는 작업공정을 제거함은 물론, '만일을 위해서(Just In Case)' 많은 부품을 쌓아 놓는 대신에 조립라인에 '적시에(Just In Time)' 부품을 공급함으로써 재고를 줄였다. 이 결과 1966년 탄생한 코롤라 자동차는 1973년 1차 석유파동(oil shock) 당시에 미국인들이 기름을 많이 먹는 미국차 대신에 코롤라를 구입하기 시작했으나, 그 이후 사용 과정에서 품질도 우수하다는 점을 인식하면서 구매가 폭발적으로 증가하게 되었고, 그 후 계속적인 성장을 거듭하면서 2007년도에는 생산/판매 순위에서 그동안 1위를 지켜오던 제너럴 모터스(GM)를 제치고 세계 1위의 자동차 회사로 성장하였다.

2009년에 미국 내에서 도요타 자동차에 대한 대량 리콜사태[1]가 발생함으로써 재고품 제로화 등 극단적 효율성(비용 절감)을 추구하는 JIT시스템에 대한 부정적인 평가가 제기되기도 하였으나, 오늘날 린 경영은 6시그마 경영과 함께 가장 각광을 받고 있는 경영혁신 기법인 것은 분명하다.

(2) 도요타생산시스템(TPS: Toyota Production System)과 린 엔터프라이즈 모델(LEM: Lean Enterprise Model)

린은 MIT의 국제자동차산업연구프로그램(IMVP: International Motor Vehicle Program)이 TPS의 벤치마킹을 통한 린 생산방식의 이론 및 체계를 구성하면서 출발하였고, 1996년에 LAI(Lean Aerospace Initiative)가 결성되어 LEM(Lean Enterprise Model)을 탄생시키고 린 도구(tool)를 항공산업에 적용하였다.

이 후 린 생산시스템을 제조부문에만 적용해서는 효과를 낼 수 없다고 판단하고, 가치와 엔터프라이즈의 개념으로 확대 발전하게 되었다. 린 엔터프라이즈란 경영 프로세스에서 모든 종류의 낭비를 제거하면서 모든 관련자가 전

1) 2009년 8월 렉서스 자동차에 탑승했던 4명이 가속패덜 제어 불량으로 사망한 이후, 이와 유사한 사례가 400여 건 접수되었음에도 초기대응에 실패하였고, 이후 미국 내에서 도요타 자동차에 대한 안전 및 품질에 대한 부정적 여론이 확산되자 파격적인 리콜(380만대)을 단행함으로써 이미지 개선을 추구하였다.

표 14-12 도요타생산시스템과 린 엔터프라이즈 비교

	도요타 생산시스템	린 엔터프라이즈
기원	도요타 자동차	도요타 + MIT(1993)
추진 로드 맵	비공식화	공식화된 로드 맵
적용분야	자동차 산업의 생산현장	자동차 외의 항공산업 및 비제조분야
성숙도 측정 도구	존재하지 않음	Lean Assessment Tool
챔피언 교육과정	단발성 교육과 견학	체계적인 교육과정
6시그마와의 통합성	TPM이 녹아 든 조직문화	Lean과 6시그마 통합 로드 맵 제공
프로젝트 선정 도구	도요타 자체 보유(비공개)	VSM(Value Stream Mapping)

체 가치흐름(Value Stream)의 경로를 형성하도록 연합활동을 계속하는 것으로서, 이는 기존의 린 개념을 고객중심에서 이해관계자 개념으로 확대 발전시킨 것이다. 즉 고객, 정부, 협력업체, 공급자 등 기업의 이해관계자에게 최대의 가치를 창출해야 한다는 보다 발전된 개념이다.

도요타생산시스템과 린 엔터프라이즈모델을 비교하면 〈표 14-12〉와 같다.

(3) 린 경영 실행 원칙

린 경영의 필수적인 요소는 첫째, 적은 자원(적은 양의 재료와 부품, 짧은 생산 활동)을 생산시스템에 투입하여 둘째, 높은 성과(좋은 품질, 많은 생산량 등)를 창출하고 셋째, 고객 만족과 더 높은 시장점유율을 얻는 것이다. 또한 린 경영에서 낭비의 의미는 비효율적인 자원, 시간, 자본, 노동 외에도 고객관점에서 '가치가 없는 것'이란 의미가 더 크다.

린 경영의 5대 활동원리는 다음과 같다.

① **가치규명:** 고객관점에서 제품이나 서비스의 가치를 명확히 규명하는 것이 린 경영의 출발점이 된다.

② **가치흐름 확인:** 가치흐름은 프로세스와 동일한 의미로 특정제품이나 서비스를 구현하는데 필요한 모든 프로세스의 개별 활동을 말한다. 가치의 흐름에는 문제해결 업무, 정보관리 업무, 물리적 변환 업무와 같은 3가지 관리대상 분야가 존재하고, 그 안에서의 활동은 부가가치 활동, 어쩔 수 없는 낭비, 제거 대상 낭비 등 3가지 형태로 존재한다.

③ **가치흐름 방식의 구축:** 가치의 흐름 과정은 어떠한 정체도 발생하지

않는 '흐름화'를 만든다. 흐름방식의 장점은 불량의 발견을 쉽게 해 주고, 리드타임이 줄어들기 때문에 유연성을 확보할 수 있으며, 공정 재고를 줄여 공간의 효율성이 증대된다.

④ **Pull 방식의 구축:** 모든 가치는 프로세스의 산출물을 사용하는 고객으로부터 그 이전 단계를 끌어당기는 방식으로 구현되어야 한다. 즉 공장을 예로 든다면 앞 공정에서 만든 가치를 일방적으로 후속공정에 밀어붙이는 것이 아니라, 고객의 요구가 있을 경우에 뒷 공정이 앞 공정으로부터 필요한 만큼만 당겨온다는 개념이다. Pull 방식의 장점은 과잉생산을 방지하고 고객이 원하는 양을 원하는 시간에 제공할 수 있다.

⑤ **완벽성 추구:** 고객이 원하는 제품이나 서비스를 제공하기 위하여 끊임없이 완벽성을 추구해야 한다. 완벽성을 추구하는 가장 중요한 견인차는 투명성(transparency)으로 린 시스템에 속하는 모든 이해관계자가 가치를 창출하는 더 좋은 방법을 쉽게 발견하고 개선하여 즉각적인 피드백을 해줄 수 있어야 한다. 그러기 위해서는 관련된 정보를 모두 공개하여 신뢰를 바탕으로 한 활동이 되도록 해야한다.

(4) 린 경영 실행 모델 및 성공 요인

린 경영 실행 모델은 기업 및 조직의 여건과 상황에 따라 다양하게 적용할 수 있는데 록히드 마틴(Lockheed Martin)의 린 경영 모델은 다음과 같다.

① 문제의 확인 및 기회에 대한 우선순위화를 통한 과제 선정
② 과제에 대한 정의
③ 프로세스 맵이나 가치흐름 맵(VSM: Value Stream Mapping)을 그린 후 현 상태 규명 및 측정
④ 미래의 상태에 대하여 분석하고 낭비에 대하여 정의
⑤ 가치흐름을 최적화하고 비 부가가치 제거
⑥ 개선안을 실행하고 검증
⑦ 개선결과에 대한 효과를 측정하고 유지
⑧ 개선사항을 공유화하고 성공사례를 문서화

한편 린 경영을 도입해 성공하기 위해서는 다음 네 가지 사항을 고려해야 한다.

첫째, 기업환경과 현실에 적합한지를 면밀히 검토한 후 추진해야 한다.

둘째, 단기에 성과를 내려는 조급한 마음을 갖지 말아야 한다.

셋째, 전 직원들의 공감대 형성을 위해 교육을 강화해야 한다.

넷째, 기업 체질에 맞게 꾸준한 변화를 시도해 고유 경영방식을 창조한다는 자세로 추진해야 한다.

다섯째, 린 경영 추진 시 낭비를 제거하는 수단으로 단순히 인원감축 만을 우선해서는 안된다.

여섯째, 린 경영이 효과를 보기위해서는 부품 공급업자까지 함께 참여하는 전사적 경영혁신이 되어야 한다.

5.10 그린경영(green management)

(1) 그린경영의 의의

그린경영은 기업경영에 있어서 환경보호를 전략의 핵심목표로 정하고, 환경친화적인 제품을 개발하거나 환경과 조화를 이루면서 성장해 나가는 것을 목표로 하는 장기적이고도 전략적인 경영을 의미한다. 아울러 경영전략에서부터 연구개발, 생산, 판매, 마케팅, 폐기까지 기업의 전 부문에 걸쳐 친환경을 지향하는 경영을 의미하기도 한다. 이는 경제적 수익성과 환경적 지속가능성을 동시에 추구하는 일련의 경영활동으로서, 오늘날 인류의 상생과 공존을 바탕으로 한 기업의 생존전략으로 주목을 받고 있다.

그린경영을 위한 세 가지 이슈(3Rs)는 [그림 14-7]과 같다.

그림 14-7 그린경영의 3Rs

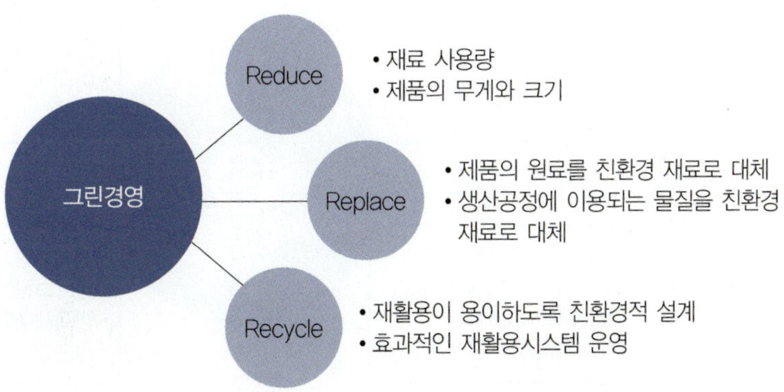

① **절감**(Reduce): 재료의 사용량 및 제품의 무게와 크기를 줄인다.
② **대체**(Replace): 제품의 원료나 생산공정에 이용되는 물질을 친환경 재료로 대체한다.
③ **재활용**(Recycle): 재이용, 재제조, 재활용이 쉽도록 친환경적으로 설계하고, 효과적인 재활용시스템을 운영한다.

(2) 그린경영의 등장배경 및 필요성

1992년 리우회담 이후 지구환경보전에 대한 관심이 기업 활동에 직·간접적으로 영향을 미치고 있고, 소비자들도 점차 환경문제를 자신의 생활 및 건강과 직결되는 심각한 문제로 받아들이고 있다. 특히 각종 환경파괴 행위로부터 생태계를 보전하고 한정된 자원을 보호하고자 하는 관심과 노력이 광범위하게 진행되고 있는 가운데, 지구촌의 환경문제를 고려하면서 사회경제적 발전을 추구하고, 인간과 자연이 공존하는 지속적인 발전개념이 기업경영 활동에도 등장하게 되었다(그림 14-8 참조).

그린경영의 필요성은 다음과 같다.

첫째, 각종환경 규제에 능동적으로 대처하기 위함이다. 그린경영체제는 환경 관련 각종 규제를 파악하고, 이를 준수하고자 하는 자율감시시스템이므로 기업의 환경위험을 사전에 예방할 수 있다.

둘째, 환경비용을 감소시키고 기업의 경쟁력 강화 도구로 활용할 수 있다.

그림 14-8 ◐ 그린경영 등장배경

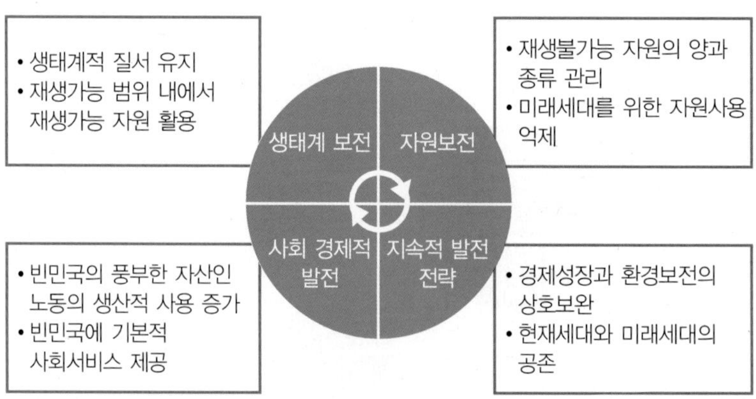

그린경영을 통해 환경비용을 줄이기 위한 체계적인 경영시스템을 운영함으로써 환경비용을 감소시킬 수 있으며, 이는 궁극적으로 기업의 경쟁력 강화에 도움이 된다.

셋째, 고객과 환경단체의 압력으로부터 효율적으로 대처하기 위함이다. 최근 환경과 건강을 고려한 구매행위가 확산되면서 기업은 제품의 친환경성을 소비자에게 입증시켜야 되는 상황이 전개되고 있는데 환경마크, 그린경영인증 등을 통하여 소비자에게 환경친화성을 홍보할 수 있다.

(3) 그린마케팅과 그린소비자

그린마케팅은 환경적 역기능을 최소화하면서 소비자가 만족할 만한 수준의 성능과 가격으로 제품을 개발함으로써 기업의 이익실현에 기여하는 마케팅이다. 이는 기존의 상품판매 전략이 단순히 고객의 욕구나 수요충족에만 초점을 맞추는 것과는 달리 자연환경보전과 생태계 균형 등을 중시하는 시장접근전략이자, 공해요인을 제거한 상품을 제조 판매해야 한다는 소비자보호운동에 입각하여 인간의 삶의 질을 높이려는 기업활동을 의미한다.

환경문제에 대한 기업의 대응은 '방어적 대응'과 '창조적 대응'으로 나눌 수 있다. 방어적 대응은 기존의 사업영역을 고수하면서 환경문제에 대처하는 것을 말하며, 창조적 대응은 기업이 환경문제에 대해 선도적 입장을 취하면서 환경문제를 해결하려는 활동을 일컫는다. 기업이 환경문제를 창조적으로 대응할 경우 환경문제는 새로운 사업영역을 창출하는 기회가 되기도 하는데, 그린 마케팅은 환경문제를 능동적으로 대응해 기업의 사회적 기여를 높이고, 매출신장의 기회를 마련한다는 점에서 환경문제에 대한 창조적 대응이라 할 수 있다.

그린소비자는 환경의식이 있는 소비자 즉 상대적으로 환경훼손을 적게 하는 제품을 선호하는 고객집단을 일컫는다. 이들은 풍부한 환경정보를 요구하며, 일반소비자와 차별화를 추구하고, 환경적 통제의 필요성을 느끼고 있으며, 기존의 생활양식이 유지될 수 있기를 희망하는 특성이 있다.

06 | 경영혁신의 성공조건

지금까지 살펴본 대부분의 경영혁신기법들은 상호 배타적인 것이 아니라 하나의 조직에 여러 가지 기법을 동시에, 또는 시차를 두고 추진할 수 있다. 그러기 위해서는 기법 간에 약간의 조정과 통합이 필요한데, 경영혁신기법을 조정 · 통합하여 추진하는 방법에는 다음과 같은 세 가지 유형이 있다.

첫째, 시간의 흐름 또는 경영혁신의 추진단계에 따라서 적절한 기법을 순차적으로 적용하는 방법

둘째 인력, 과업, 구조, 기술, 전략, 문화 등 기업의 모든 구성요소를 구명하고, 각 요소에 가장 적합한 기법을 찾아 선별적으로 적용하는 방법

셋째 실제로 가장 많은 기업들이 활용하고 있는 방식으로, 단기적이며 가시적 성과를 낼 수 있는 기법을 우선적으로 적용하는 방법

최근 국내의 많은 기업들이 경영혁신의 필요성을 인식하고 이를 위한 노력을 아끼지 않고 있음은 이미 앞에서 설명한 바와 같다. 그런데 그동안 경영혁신을 추진해 온 수많은 기업 중 성공적인 사례에 비해 실패한 사례가 훨씬 많은 것이 현실이다. 따라서 경영혁신의 성패를 좌우하는 요인에 대해 살펴보면 다음과 같다.

① 기업전략 및 기업능력에 맞는 명확하고, 구성원 간에 공유할 수 있는 목표 수립
② 최고경영층의 적극적인 지원과 리더십이 바탕
③ 각 기법에서 요구하는 실행원칙을 차별적으로 적용
④ 조직상황에 맞는 세부 실행전략을 수립하되 외부전문가를 적절히 활용
⑤ 다른 혁신기법들과의 상호조정 및 통합
⑥ 경영혁신 추진조직의 효과적인 팀워크 구축
⑦ 전사적인 입장에서 제반 조직제도의 고려와 경영혁신기법의 영향에 따른 적절한 조정 수행

경영혁신을 성공적으로 수행하기 위해서 가장 염두에 두어야 하는 것은 그 과정이 어떠하든 처음과 끝은 항상 사람이라는 점이다. 즉 가장 먼저 변화시켜야 할 것도 사람이요, 최종적으로 변화시켜야 할 것도 사람이다. 경영혁신

을 추진하는 과정에서 기업은 주로 종업원들의 변화에 대한 저항과 부닥치게 된다. 종업원들을 변화시키고 그들의 공감을 얻기 위해서는 우선 기업이 가진 문제점의 노출을 주저해서는 안된다. 혁신의 추진을 위해서는 조직 구성원들의 실질적인 공감이 무엇보다 중요한데, 이를 얻기 위해서는 조직원 스스로 회사의 개혁을 위해 참여하고 있다는 의식을 불러일으킬 필요가 있다.

또한 경영혁신을 수행하는 과정에서 사업전략과 이를 뒷받침할 수 있는 조직과의 적합성 유지에 노력을 기울여야 한다. 많은 기업 전략들이 실패로 끝나고 마는 이유는 대부분의 조직이 이것을 충분히 지원해 주지 못하기 때문이다. 기업은 기존의 상태를 어떻게든 유지하고 계속해서 같은 방향으로만 조직을 이끌어 가려고 하는 습성이 있다. 따라서 전략의 변화에는 그에 맞는 새로운 조직 구조가 필요한데, 기업이 기존의 조직에 따른 경영방식을 쉽게 바꾸지 못할 경우 경영혁신은 실패하게 된다. 혁신은 '변하지 않으면 망한다' 는 위기의식을 가지고 지속적이고 강한 혁신 의지를 가지고 이끌어 가야 한다.

제15장

Global Management

지식경영과 정보경영

01 | 지식경영

1.1 지식경영이란?

(1) 지 식

지식을 둘러싼 환경이 급변함에 따라 이에 적극 대응하기 위한 지속적인 혁신과 이를 가능케 하는 지식의 중요성이 더욱 커지고 있다.

지식(knowledge)이란 일반적으로 무엇인가? 여러 유용한 경험, 상황, 해석들을 결합한 정보를 말하는 것으로서 알고 있는 것을 체계적으로 정리한 것이라 할 수 있다. 사전적 의미에서의 지식은 사물에 관한 똑똑한 의식과 그것에 대한 판단, 그리고 알고 있는 내용 또는 그 범위를 의미한다. 이는 알고 있음 혹은 알고 있음에 대한 체계적 정리라 할 수 있다. 철학적 관점에서의 지식이란 정당화되고 참된 믿음을 뜻하기도 한다. 즉 지식이란 개인이 옳다고 믿을 뿐만 아니라 객관적으로 참된 것이라고 인정받을 수 있는 것이어야 한다. 하지만 이러한 일반적인 지식에 관한 정의와는 달리 경영학적인 의미에서 지식이란 조직의 부가가치 창출을 위해 의사결정 과정과 경영활동에 유용하게 활용될 수 있는 정보로서 개인이나 조직에 축적되어 있는 사실, 기술, 노하우 및 제도 등을 의미한다.

이러한 지식의 개념을 데이터(data), 정보(information)와 비교해 보면 보다 분명해진다. 데이터는 단편적인 사실이다. 또한 데이터는 자료의 단순한 나열이며, 사상에 관한 추상적이고 객관적인 사실들의 모임이다. 또한 아직 해석되지 않은 상징이라 할 수 있다.

정보(information)는 있는 그대로의 사실을 의미하는 데이터(data)를 이용자의 의도에 맞게 가공한 형태를 말한다. 그러나 정보는 관련성과 목적성을 지니게 되며(Drucker), 이러한 사실은 우리에게 다양한 방법으로 데이터에 가치를 부여함으로써 정보로 변환시킬 수 있는 가능성을 보여준다.

지식(knowledge)은 이러한 정보를 집적하고 체계화하여 미래의 사용에 대비하여 보편성을 갖도록 한 형태를 말한다. 따라서 지식은 정보보다 상위의 개념이다.

한편 지식보다 한 단계 위의 개념으로 지혜(wisdom)가 있는데, 지혜는 지식의 응용능력이라고 할 수 있으며, 지식 창출에 대한 추론과 문제해결을 위한 지적능력을 의미한다. 지식의 체계를 정리하면 [그림 15-1]과 같다.

마이클 폴라니(Michael Polanyi)는 지식을 크게 암묵지(暗默知, tacit knowledge)와 형식지(形式知, explicit knowledge)로 구분하여 설명하였다.

암묵지란 지식 중에서 가장 모방하기 힘든 지식으로, 언어로 표현하기 어려우며, 개개인의 독특한 노하우와 주관적인 경험으로 구성된 지식으로 타인에게 전달하거나 공유하기 힘들다. 사람의 귀와 귀 사이(between ears), 즉 머릿속에 존재해 있는 지식으로 언어나 문자를 통해 나타나지 않는 지식이다. 또한 암묵지는 대개 시행착오와 같은 경험을 통해 체득하는 경우가 많다. 암묵지는 ① 운동, 악기 연주, 기술 등과 같이 우리 몸에 배어있는 지식인 '체화된(embodied) 암묵지', ② 두뇌에 체화된 '인지적(embrained) 암묵지', ③ 조직 시스템이나 사회시스템 내에 스며들어 있는 '시스템적(embedded) 암묵지'(이것을 조직의 루틴(routine)이라고 부르기도 한다), ④ 조직문화에 스며

그림 15-1 **지식의 체계**

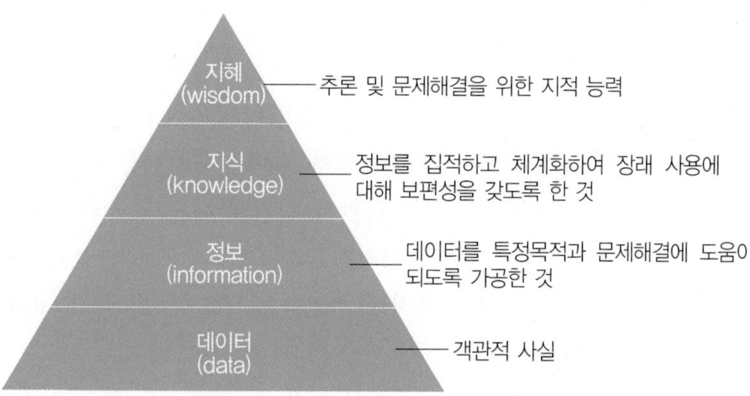

표 15-1 ◎ 형식지과 암묵지의 비교

구 분	형식지	암묵지
특징	• 언어로 표현 가능한 객관적 지식 • 언어를 통해 전달 • 언어를 통해 습득 • 이전이 용이 • 논리적이며 기계적인 지식 • 디지털 지식 • 좌측 뇌의 역할이 중요 • 지식창고에 보관이 가능	• 언어로 표현하기 힘든 주관적 지식 • 은유를 통한 전달 • 경험을 통해 몸에 밴 지식 • 전수하기 어려움 • 감성적이며 직관적인 지식 • 아날로그적 지식 • 우측 뇌의 역할이 중요 • 개인의 머릿속, 조직문화 및 풍토에 내재
예	책, 매뉴얼, 업무수행절차, 데이터베이스	노하우, 조직문화, 이미지, 숙련된 기능

들어 있는 문화적(encultured) 암묵지로 분류되기도 한다. 이 가운데 숙련공이 경쟁력의 원천이었던 산업사회에서는 체화된 암묵지가 중요했고, 대기업의 시스템이 경쟁력의 원천이었던 20세기에는 시스템적 암묵지가 중요했으나, 오늘날에는 창의성과 혁신성, 유연성, 지식집약이 경쟁력의 원천이므로 인지적 암묵지와 문화적 암묵지가 더욱 중요하게 되었다. 한편 인지적 암묵지와 체화된 암묵지는 인력의 이동(스카우트) 등을 통해 모방이 가능하나, 시스템적 암묵지와 문화적 암묵지는 모방이 어려운 특성이 있으므로 앞으로는 이를 적극 개발할 필요가 있다.

반면 형식지는 언어 또는 숫자로 명확하게 표현할 수 있으며 객관적으로 측정 가능한 지식으로 타인과 쉽게 공유할 수 있다. 교과서, 데이터베이스, 신문, 비디오와 같이 어떤 형태로든 형상화된 지식은 형식지라고 할 수 있다. 형식지는 특허 등 법률로 보호되는 특별한 경우를 제외하고는 누구나 획득이 가능하고 모방도 가능하다(표 15-1 참조).

일본의 경영학자 노나카 이쿠지로(野中郁次郎)교수는 지식은 형식지와 암묵지가 끊임없이 상호작용을 하면서 나선적으로 발전해간다고 주장하였는데 ① 다른 사람과 공동체험을 통해 지식을 획득하는 과정인 공동화(socialization) 단계 ② 암묵지를 형식지(언어)로 전환하는 표출화(externalization) 단계 ③ 형식지를 더 복잡한 형식지의 집합으로 바꾸는 연결화(combination) 단계 ④ 형식지를 조직의 암묵지로 전환하는 내면화(internalization) 단계가 그것이다(그림 15-2 참조).

한편 노나카 교수는 지식 가운데 4분의 3은 암묵지이며, 그 암묵지의 관리

그림 15-2 지식변환의 나선(SECI 모델)

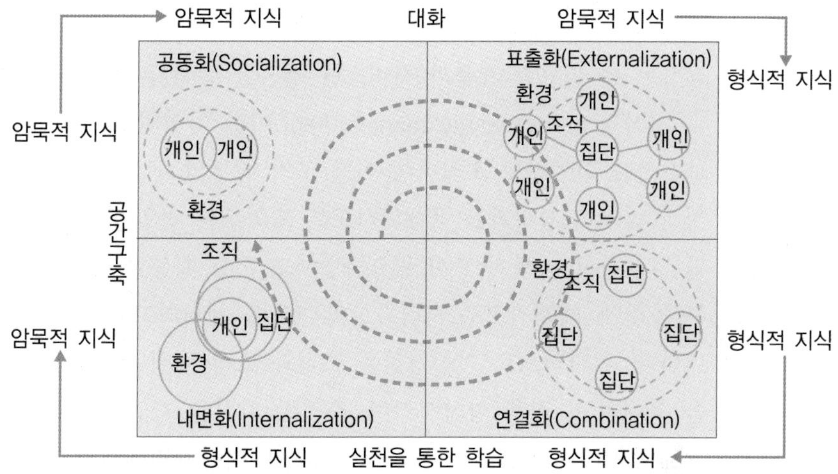

가 바로 지식경영의 성패를 좌우한다고 하였다. 그렇다면 지식이 미래의 경영에서 중요한 위치를 차지하는 이유는 무엇 때문인가?

첫째, 지식을 기업에서 사용할 수 있는 하나의 자산으로 보았을 때, 지식자산은 무한하다는 특징을 가지고 있다. 오히려 사용하면 사용할수록 지식은 증가하고, 다른 사람에게 전달된다 하더라도 없어지지 않는다. 또한 지식자산은 사용하는 장소와 시간에 구애를 받지 않고 언제 어디서나 사용할 수 있는 무한성을 지닌다.

둘째, 지식은 그것을 사용함으로써 더욱 가치가 증가된다. 예를 들면 특정 문제를 해결하기 위해 기존의 지식을 사용할 때, 문제를 해결함으로써 새로운 지식을 창출할 수도 있고 기존의 지식을 더욱 가치 있게 재생산할 수도 있다.

(2) 지식경영

21세기는 산업사회에서 지식경영의 사회로의 전환이 빠르게 진행되고 있다. 지식이 조직의 부와 경쟁력 창출의 핵심원천이 되는 시대가 시작된 것이다. 산업사회에서는 자본과 노동이 가장 중요한 요소였다. 그러나 지식사회에서는 자본과 노동의 투입비율보다는 창의력과 정보기술이 결합된 지식의 투입비율이 훨씬 커진다. 따라서 지식의 적절한 활용이 기업과 국가의 성패를 좌우한다고 할 수 있다.

국가경쟁력은 한 국가경제가 국제시장에서 이길 수 있는 제품과 서비스를 생산하여 국민의 실질소득과 고용을 증대시키는 능력인 것이며, 기업경쟁력은 기업이 경쟁자에 비해 장기적 이윤을 유지하면서 시장의 위치를 방어하고 확장하는 데 필요한 제품과 서비스를 생산할 수 있는 능력을 말한다.

지식경영(knowledge management)이란 기업의 경영활동에 가치 있는 정보자산을 확인하고 포착하여 이를 조직 내부의 구성원들이 서로 공유하게 하여 기업의 경영성과를 극대화하도록 도와주는 경영활동이다. 즉, 조직의 목표를 달성하기 위해 반드시 필요하면서도 이용 가능한 지식을 찾아내고 분석하는 동시에, 체계적으로 지식자산의 개발을 계획하고 관리하는 모든 활동을 의미한다. 결과적으로 지식경영은 조직과 조직 구성원들에게 축적된 지식의 양을 확대하고, 질을 향상시키며, 축적된 지식을 기업성과에 기여할 수 있도록 효과적으로 활용하는 데 의의가 있으며, 기업차원에서는 기업의 경쟁력 강화 및 지속적인 경쟁우위의 확보에 기여하는 데 초점을 두고 있다. 또한 지식은 더 많은 사람이 공유하면 할수록 그 가치가 더욱 증대되는 수확체증의 법칙

그림 15-3 ◎ **20세기 경영의 흐름**

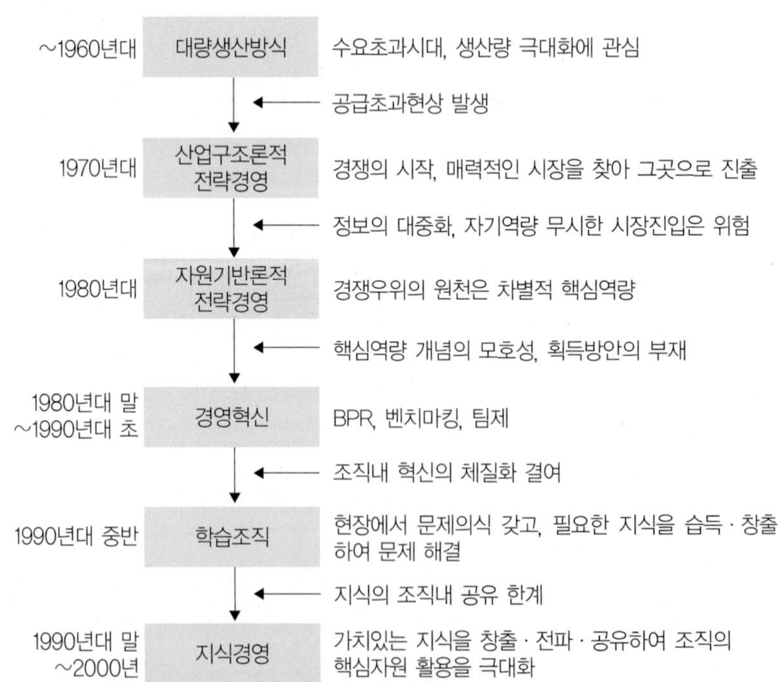

을 따른다. 아울러 칼 위그(K. Wigg, 1997)는 지식경영의 목적을 조직이 소유하고 있는 지식의 최고 가치를 실현시키는 것이라고 하였다.

지식경영까지의 경영방법의 발전은 [그림 15-3]과 같다.

(3) 지식경영의 등장배경

지식경영은 어느 순간 갑자기 우리 앞에 나타난 새로운 경영이론이 아니다. 세상을 움직이는 힘의 원동력이 변화함에 따라 자연스럽게 기업과 조직을 경영하는 관점의 전환이 일어나면서 등장한 개념이다.

먼저 정보기술의 발달은 지식경영이 실제적으로 가능케 하였다. 지식경영을 수행하기 위한 정보기술의 발달, 특히 가상공간에서의 네트워킹의 출현은 각 개인이 자신에게 필요한 정보를 시공간을 초월하여 습득할 수 있도록 했다. 신속한 정보처리, 정보의 체계적인 분류 · 축적 · 공유, 그리고 관리를 손쉽게 해 줌으로써 지식경영분야의 발전을 가속화시켰다. 이렇듯 지식경영은 경영환경의 변화에 따라 등장하게 되었는데, 1980년 말부터 본격적으로 기업들에게 적용된 '경영혁신기법'이 일부조직에서는 상당한 효과를 주었지만, 쉽게 정착되지 않는 기업들이 나타남에 따라 이를 두고 경영자들은 위로부터의 일방적인 혁신노력보다는 현장 종업원들에게 혁신이 체질화되지 않고서는 혁신이 결코 완성될 수 없다는 인식을 갖게 되면서부터 태동하기 시작했다. 즉, 현장에서 모든 구성원들이 문제의식을 갖고 필요한 지식을 습득하여 자기 담당분야의 문제를 스스로 해결하려는 시도의 집합체가 곧 경영혁신이 되어야 한다는 것이다. 그 결과, 핵심 역량화할 수 있는 지식의 창출을 용이하게 하기 위한 자율경영과 학습조직 등의 개념이 등장하게 되었다. 이는 날로 치열해져 가는 글로벌 경쟁사회 속에서 기업이 지속적으로 성장 · 발전하고 차별적인 경쟁우위를 확보하는 원천은 조직구성원이 보유한 창조적 지식이라는 사실을 각 기업들이 인식하게 되었기 때문이다.

뿐만 아니라, 무형자산에 대한 새로운 인식의 대두가 지식경영이 나오게 된 배경이 되었다. 기업에서는 종전의 자산가치를 재무적인 자산 중심으로 산출하는 방식에서 최근 인적자본, 무형지적재산 등 인간이나 조직이 보유하고 있는 지식 자산을 체계적으로 규명 · 관리하고자 하는 새로운 노력이 일어나고 있다.

기업의 가치는 장부상의 투하자본과 그 기업이 보유하고 있는 지적자산, 즉 무형자산을 합친 것이며, 무형자산이 기업의 가치에서 차지하는 비중이 투하

표 15-2 지식경영 과정의 영향요인

연구자	영향요인
Nonaka & Takeuchi(1995)	지식창출 : 의지, 자율성, 창조적 혼란, 중복성, 필요 다양성
Leonard-Barton (1995)	지식창출 및 확산 : 관리시스템, 기술과 지식, 가치관, 물리적 시스템
Devenport, De Long, & Beers(1998)	최고경영진 지원, 동기부여, 지식친화적 문화, 다양한 채널
Nevis, Dibella, & Gould(1995)	스캐닝 임페러티브, 성과의 차이, 측정의 관심, 실험적 마인드세트, 개방적 분위기, 계속학습, 복수의 챔피언, 몰입하는 리더십, 시스템 관점
Armrecht 등 (2001)	가능조건 : 문화, 인프라 구조, IT 도구/표준화 지식흐름 프랙티스 : 네트워크, 공유/학습/아이디어 도출, 훈련

자본보다 훨씬 크기 때문에 지식경영이 현대경영의 새로운 패턴이 되고 있다.

이제 문제는 지식의 창출뿐만 아니라, 지식의 전파와 공유를 통한 전체 조직 내 자원활용의 극대화에 있다. 한 부문의 핵심역량이 전체 조직의 가치창출 극대화에 있어 충분한 가치가 있다면, 이를 전체 조직의 핵심역량으로 전환시키는 것이 중요한데 이것이 바로 '지식경영' 이 추구하는 바이며, 지식경영의 등장배경이다.

지식경영에 미치는 영향요인은 〈표 15-2〉와 같다.

(4) 지식경영의 중요성과 지식자산 요건

기업의 경쟁력은 장기적으로 그 기업의 핵심역량에 의해 유지된다. 핵심역량은 자사가 아니고서는 도저히 해낼 수 없는 고유하고, 독자적이며, 궁극적인 능력을 말하는데, 조직내부의 기술이나 단순한 기능을 뛰어넘는 노하우를 포함한 종합적인 능력으로서, 기업경쟁력의 원천이라고 할 수 있다. 한마디로 말하면 '타사가 쉽게 모방할 수 없는 기업 특유의 능력' 인 것이다.

이러한 핵심역량은 대부분 지식경영에 의해 확보될 수 있는데, 핵심역량으로서의 지식자산 요건은 다음과 같다.

① 경쟁자가 모방하기 힘든 지식자산

② 고객으로부터 높은 평가를 받는 지식자산

③ 경쟁자에 비해 월등히 우수한 지식자산
④ 많은 제품과 서비스에 실질적으로 활용되고 있는 지식자산
⑤ 미래에도 가치가 계속적으로 유지될 수 있는 지식자산

1.2 지식경영의 구성요소

통합적인 지식경영 프레임워크를 성공적으로 수행하기 위해서는 문화, 전략, 프로세스, 정보기술과 같은 네 가지의 구성요소가 필요하다. 이 네 가지를 통합하는 접근방법을 통해 성공적인 지식경영을 실현할 수 있다.

(1) 문 화

조직 구성원들이 자신들의 창의력과 상상력을 충분히 발휘할 수 있는 조직문화가 형성되어야 한다. 기존의 관행과 회사의 방침에 대해 건전한 비판을 수용하고, 도전을 장려하며, 실패가 용인되고, 자율적으로 행동하는 문화가 필요하다. 이러한 조직문화를 통해 지식의 가치와 중요성이 인정되고, 지식창출과 공유를 통한 업무 성과의 제고를 통해 보상, 평가, 승진 프로그램이 연계되어 추진되어야 한다.

(2) 전 략

전략은 실질적으로 지식경영을 실천하는 지침이 된다. 즉 현재 기업이 가장 필요로 하고 가치 있게 생각하고 있는 것을 실현하기 위한 기업전체 및 주요부문 활동을 총체적으로 적응시키기 위한 결정규범이라고 할 수 있다.

지식경영을 위한 전략은 조직 내 지식의 공유, 저장, 사용 그리고 창출에 이르는 전 과정을 통해 기업에 구체적 목표를 제시할 수 있어야 하며, 단기적인 성과를 얻는 데 치중하기보다는, 장기적이며 중요성이 큰 전략을 세우도록 해야 한다.

조직의 전략에 따라 필요한 지식이 다를 수 있고, 지식을 찾아내고 축적하는 방법이 모두 다를 수 있다. 경쟁우위를 확보할 수 있도록 지원하는 지적 자본을 경영전략과 핵심역량의 관점에서 창출하고 평가하는 노력이 조직 전체적으로 전개되어야 한다.

(3) 프로세스

지식경영을 실천하기 위해서는 기업의 각 업무 프로세스가 지식경영의 프로세스에 적합하게 설계되어야 한다. 일상적인 업무 프로세스와 지식창출 및 지식 공유과정이 통합된 프로세스로 추진되도록 프로세스를 재설계해야 한다. 즉 일상적인 업무활동 속에서 지식경영이 발휘되도록 해야 한다. 또한 표준화된 지식관리절차를 확립하고 조직 내부의 핵심적인 비즈니스 프로세스와 고객의 정보를 실시간으로 수집, 공유, 활용할 수 있는 프로세스가 확립되어야 한다. 올바르지 못한 프로세스의 도입은 오히려 기업의 성과가 악화되는 방향으로 그 과정이 가속화될 수 있음을 유의해야 한다.

(4) 정보기술

정보기술은 넓은 의미에서 지식경영을 포괄하고 있지는 않지만, 지식관리 영역에서는 가장 핵심적인 위치를 차지하고 있다.

정보기술은 지식경영의 성패를 좌우하는 핵심요인이라 할 수 있다. 정보기술에 의해 지식을 창출하고 공유하는 과정들이 질적 · 양적으로 촉진되기 때문이다. 정보기술이 지식경영의 추진을 위한 수단이기 때문에 정보기술이 뒷받침되지 않으면 지식경영을 통한 경쟁우위의 달성은 어렵다고 할 수 있다. 따라서 정보기술을 활용한 지식관리시스템은 사용자 및 업무환경에 유연하게 대응할 수 있도록 설계되어야 한다.

이상에서와 같이 지식경영의 요소들 — 문화, 전략, 프로세스, 정보기술 — 중 어느 하나라도 부족하다면, 지식경영을 하기 힘들다는 것을 알 수 있다. 그만큼 각각의 요소의 특성뿐 아니라 이 모든 것이 조화될 때 지식경영을 할 수 있게 되는 것이다.

1.3 효과적인 지식경영 구축

지식경영을 구축하는 데는 다음 세 가지의 과정이 필요하다

(1) 1단계 : 가치평가

지식을 효율적으로 경영하기 위해서는 기업의 가치평가를 지식 측면에서 먼저 평가하여야 한다. 즉, 지식이라는 자산을 기준으로 하여 기업의 역량이

어느 정도인지를 파악하는 것이다.

① **인적자본:** 조직의 구성원들이 가지고 있는 노하우, 기술, 지식, 경험 등을 말한다.
② **프로세스자본:** 제품제조나 유통의 효율성을 높이기 위한 작업공정, 테크닉, 인증서와 같은 지식을 말한다.
③ **고객자본:** 기업과 고객과의 관계를 통해 창출된 가치이다.
④ **혁신자본:** 신제품이나 서비스를 개발하거나 개선하는 능력을 가치화한 자본이다.

(2) 2단계 : 핵심 지적자산의 선정

가치평가를 통해 얻어진 관련 지식을 중심으로 주력사업을 선정하고, 아울러 기업의 특성을 고려하여 기업의 핵심 지적자산을 선정하는 단계이다. 고객친밀도, 제품개발능력, 운영효율성, 시장대응능력 등과 같은 요소 중에서 어느 것을 기업의 핵심 지적자산으로 선택할 것인지를 결정하여야 한다.

(3) 3단계 : 지식경영시스템 구축

지식경영은 궁극적으로는 '조직정보를 이용하여 인간, 프로세스, 기술을 적절히 배합하는 것' 이기 때문에 조직 내 구성원 모두가 기업의 지식을 서로 공유하면서 조직의 핵심능력으로 배양할 수 있도록 지식을 중심으로 한 경영시스템을 구축할 필요가 있다.

지식경영시스템(knowledge management system: KMS)은 지식을 잘 관리하기 위하여 지식경영을 시스템화한 것으로 ① 시장이나 고객의 변화에 실시간으로 대응할 수 있도록 관련지식을 사용하는 실시간 지식공유시스템(real-time knowledge sharing system), ② 고객과 관련된 지식을 관리하는 고객지식관리시스템(customer knowledge management system), ③ 지식 전달의 기본 매체인 문서관리를 디지털화함으로써 복잡한 문서 체계를 지식자료로 시스템화 하는 지식자료시스템(knowledge contents system), ④ 컨설팅회사, 건설회사 등 프로젝트를 중심으로 운영되는 조직의 재사용 효율성 향상을 목표로 구축되는 모범사례 공유 시스템(best practice sharing system), ⑤ 고객을 위한 지원센터 등에서 사용되는 시스템으로 정해진 범위내의 질문에 사례별로 대답을 하는 경우에 효율적으로 사용되는 전문가시스템(expert system) 등으로 나누어 전개되고 있는 것이 보편적이다. 하지만 앞에서도 말한 바와 같이 이러한 시스템이 단순한 시스템 자체로만 끝나게 된다면 아무런 의미가 없고, 하나의 조직 문화로 자리 잡아야 한다는 것이다. 이러한 이유로 다음에 설명하게 될 최고지식경영자가 필요한 것이다.

1.4 지식경영을 위한 4대 핵심요소

지식경영을 도입하여 성과를 올리고 있는 선진 기업들은 네 가지 공통점을 찾아 볼 수 있다. 지식경영의 4대 핵심요소라고 할 수 있는 이것이 바로 4R이다.

(1) 지식창고(Repository)를 만들라

종업들이 지식을 저장하는 시스템을 지식창고라 한다. 즉 지식의 공동창고를 갖추라는 것이다. 지식의 공동창고는 지식이라는 경쟁력의 원천을 한 곳에 저장 · 분류 · 활용 · 전달하는 공간이다. 그것은 특정 부서만의 전용 창고가 아니라 회사 식구라면 모두가 자유롭게 사용할 수 있는 공동의 창고가 되어야 업무효율을 높이고 보다 높은 부가가치와 수익성을 창출할 수 있게 된다. 전문가들은 이를 지식 베이스(knowledge base)라고 한다.

지식은 다른 사람들과 공유하면 할수록 새로운 지식으로 변한다. 공유하기 위해서는 많은 사람들이 자유롭게 쓸 수 있는 창고에 보관하고 언제, 어디서든지 꺼내 쓸 수 있도록 찾아보기 쉬운 형태로 분류되어야 효율적인 지식경영이 이루어질 수 있을 것이다.

(2) 지식창고 관리자(Reference Worker)를 임명하라

지식경영을 위해서는 리더십을 갖춘 지식창고 관리자가 제도적으로 임명되어 운영되어야 한다. '모든 사람의 일은 누구의 일도 아니다' 라는 말이 있다. 지식창고만 만들어 놓았다고 지식경영이 저절로 이루어지는 것은 아니기 때문이다. 미국의 지식경영 전문가들은 지식창고 관리자를 지식경영 최고책임자(CKO: Chief Knowledge Officer)라는 명칭으로 부르고 있다.

창고는 늘 깨끗이 정돈되어 있어야 한다. 사람들이 많이 찾는 물건은 쉽게 찾아 쓸 수 있는 위치에 정리해 놓아야 하며 별로 찾지 않거나 쓸모가 없어져 버린 물건은 폐기처분해야 한다. 때로는 회사의 창고에 새로운 무기가 들어왔다고 사내에 널리 알리기도 해야 한다. 지식창고도 마찬가지이다.

(3) 지식창고를 항상 새롭게(Refresh) 하라

지식창고를 짓고 그 관리자를 둔다고 해서 지식경영이 되는 것은 아니다. 언제 어디서 벌어질지 모르는 경제전쟁에서 사용하기 위해서는 새로운 지식무기를 개발하고 비축하고 있어야 하기 때문이다. 전통적 정보기술만으로는 속도와 양에서 모두 부족하기 때문에 새로운 정보 기술을 습득하여 활용할 수 있어야 한다. 지식창고의 내용물을 '새롭게 하는 것'은 그래서 중요하다.

(4) 반드시 보상(Reward)하라

설령 자기 나름대로 싸워 이기는 방법이나 신무기를 개발했다고 해도 자신만의 know-how라는 생각 때문에 공동의 지식창고에 집어넣기를 꺼려하는 것이 일반적인 태도이다. 새로운 무기를 개발하게 하고 그것을 공동의 지식창고에 집어넣어 전체 조직원에게 항상 공개할 수 있도록 하기 위해서는 특별한 장치가 필요한데, 그것이 바로 '보상(reward)'이라는 장치이다.

새로운 무기 또는 새로운 무기를 만들 수 있는 지식(아이디어)을 공동의 지식창고에 집어넣은 조직원들에게는 반드시 그 대가를 지불해야 한다. 그래야 나만 손해 본다는 생각 없이 끊임없이 현장에서 얻은 경험을 바탕으로 새로운 지식무기를 만들어 내는 분위기가 형성될 수 있기 때문이다. 그러나 그 대가는 반드시 물질적인 것이어야 할 필요는 없다. 사람은 물질적인 보상만큼 명예 등 정신적인 보상으로도 만족감을 느끼기 때문이다.

여기서 우리가 주목해야 할 점은 지식경영이 단계적인 절차가 아니라는 점이다. 앞에서 살펴본 네 가지 요소가 동시에 복합적으로 작동해야 하기 때문이다. 그 과정이 원활하고 복합상승 효과를 내기 위해서는 조직원 개개인들의 학습을 통한 지식개발, 지식창고 관리자, 보상체계 등이 필요하다. 이와 함께 조직 내에 그러한 분위기가 형성되고 뿌리를 내려야 한다. 미국의 컨설턴트 레이 에드워드가 지식경영은 시스템이 아니라 '기업문화'라고 말한 이유도 바로 이 때문이다.

1.5 지식경영 성공 및 장애요인

2001년 4월 전국경제인연합회가 '전경련 CKO(최고지식경영자) 클럽' 회원들을 대상으로 실시한 '한국기업의 지식경영 현황' 조사 결과에 의하면 우리나라 기업의 경영진과 구성원들은 대부분 지식경영의 중요성과 필요성에 대해 잘 인식(86.7%)하고 있는 것으로 나타났다.

지식경영의 도입목적에 관해서는 조직원의 역량 증진(42.1%), 생산성 향상(26.3%), 합리적 의사결정(18.4%) 순이었으며, 지식경영 관련 지출 비용은 매출액의 0.75%로서 1998년의 0.30%에 비해 두 배 이상 증가한 것으로 나타났다.

지식경영의 성공요인에 대해서는 CEO의 강력한 의지(41.5%), 지식공유를 위한 조직의 분위기와 문화(20.8%), 부서간의 의사소통(13.2%), 평가 보상체계(9.4%) 순이었다.

지식경영의 장애요인으로서는 종업원의 인식부족(32.1%), 조직문화와 권위주의(17.9%), 추진주체의 추진력 미흡(16.1%), 부서이기주의(8.9%), 지식공유수단(시스템) 미흡(8.9%), 공정한 평가 및 보상체제 미흡(7.1%), 공유필요성 미흡(5.4%), 과도한 비용발생(3.6%) 등으로 나타났다.

1.6 최고지식경영자(CKO)

지식경영의 목표는 기업과 조직 구성원들이 선정된 지적자본에서 우월성을 계속 유지하기 위해서 현재 가지고 있는 지식을 최대한 활용하여 높은 부가가치를 만들어 내는 것이다. 그래서 지식경영은 하나의 단순한 시스템이 아니라 경영의 여러 가지 기능들과 서로 묶여 하나의 조직문화로서 발전되어야 한다.

최고지식경영자(chief knowledge officer)는 이러한 지식경영의 핵심인 지식의 획득 · 배분 · 활용과 관련된 업무들을 총괄하는 사람을 말한다. 지식경영이 대두되면서 최고지식경영자의 역할이 확대되고 막중해지고 있는 것이 세계적인 추세이다. CKO는 조직 내 지식경영과 지식관리를 총지휘하는 고위임원이다. 기존의 CIO(최고정보경영자; chief information officer)보다 더 전문적이고 한 단계 높은 위치라고 보면 된다.

최고지식경영자는 우선 지식경영 구축을 위한 기반을 조성하는 업무를 담당한다. 기업 내부의 지적자본 향상과 관련된 정보를 찾고, 이러한 지식을 저장할 수 있는 장소를 만들어 관리하는 일을 한다.

최고지식경영자는 기업 전체에 지식문화를 보급하는 업무를 담당한다. 기업 내부의 모든 집단에 동일한 정보를 공유할 수 있도록 하는 일을 한다. 같은 기업 내의 집단이라 하더라도 각각의 집단에 따라 주어진 정보를 받아들이는 정도는 모두 다르다. 또한 내부간의 의사소통이 원활하지 못하여 정보나 지식이 잘 전달되지 못할 수도 있다. 따라서 최고지식경영자는 기업 전체의 모든 구성원들이 지식을 나누어 갖고, 자신의 업무에서 활용할 수 있도록 하는 일을 하여야 한다.

최고지식경영자는 각종 정보를 수집하는 것에서부터 어떤 종류의 지식이 조직의 경쟁우위 강화에 필요한지 등을 결정하는 일도 수행한다.

마지막으로는 최고지식경영자는 지식경영 프로세스를 관리하는 업무를 담당한다. 지식경영을 하는 이유도 궁극적으로는 기업의 이윤을 창출하고자 하는 데에 있기 때문에 최고지식경영자는 지식경영 프로세스를 인사, 생산, 재무, 마케팅 등 여러 기능부서와 조정하면서 지식경영의 성과가 나타나도록 할 책임이 있다.

G•l•o•b•a•l•M•a•n•a•g•e•m•e•n•t

HP(Hewlett-Packard)-분권화된 지식 이니셔티브

Hewlett-Packard(이하 HP)는 주로 컴퓨터, 주변기기, 전자 부품 등을 생산하며 전세계 400개 이상의 지사를 가지고 있는 기업으로서 1995년 중반부터 지식경영 이니셔티브(knowledge managerial initiative)를 본격적으로 시행했다. HP내 약 20여개의 지식경영 이니셔티브 중 Trainers Trading Post, Connex, Knowledge Links, HP 네트웍 뉴스, P2find의 다섯 가지를 소개한다.

첫번째, 교육 · 트레이닝 지식 솔루션(Trainers Trading Post)은 원활한 지식흐름(knowledge flow)을 위해 Lotus Notes를 이용하여 트레이너 게시판, 트레이닝 도서관, 트레이닝 리뷰(후에 게시판에 통합되었다)라는 세 가지 지식기반을 구축하는 것이다. 그리고 여기에 올려질 자료의 확보를 위해서 Notes 라이센스 무료제공이나 거리별 항공 무료 이용권 등 다양한 '인센티브'를 제공하는 과감한 전략을 채택하였다.

두번째, 인적자원 관리 지식 솔루션(전문가 네트웍-Connex)은 일종의 전문가들의 온라인 프로필 디렉토리로서, 개인의 프로필과 더불어 특정 지식을 보유한 사람은 누구이며, 그들의 성장배경 등을 모아놓은 것이다. 데이터베이스 자료인 전문가들의 소개와 지식제공은 전문가들 스스로에 의해 이루어졌다. 이는 전문가들에게 상당한 도전이 되었으며, 이 도전을 받아들인 전문가들에게도 역시 '인센티브'를 제공했다. 이러한 Connex는 인적자원 관리의 효율성을 한층 끌어올린 솔루션이라 할 수 있다.

세번째, 제작 공정 지식 솔루션(Knowledge Links)은 각 부서의 제품 개발 지식을 모아 웹에 올려놓은 것이다. DB에 들어갈 자료는 전문가들과의 인터뷰를 통해 수집된다. 현재는 경쟁업체 정보를 수집하고, 연구정보자료를 웹기반의 인터페이스로 구현하며, 국제마케팅 정보 시스템을 구축하는 등 세 가지 프로젝트를 추진중이다.

네번째, 컴퓨터 딜러 지원 지식 솔루션(HP 네트웍 뉴스)은 FAQ의 내용을 데이터베이스화해서 다이얼 업 방식으로 제공해 주는 것이다. 이 시스템의 성공요인은 딜러들의 입장에서 자료수집을 했다는 점과 새로운 지식이 계속해서 첨가되었다는 것이다. 물론 딜러들이 Notes의 데이터베이스로부터 간편하게 정보를 다운받을 수 있었던 점과 가치가 떨어지는 정보가 정리된 것도 큰 역할을 했다. HP의 네트웍 뉴스는 10년이 지난 지금도 계속해서 운영되고 있으며 딜러들의 문제를 해결해주는 해결사로서 HP의 경쟁력의 핵심이 되고 있다.

마지막으로 세일즈 프로포절(Sales proposal) 지식솔루션(P2Find)은 여러 저장소에 산재해 있는 많은 정보들을 이용자들의 컨셉에 따라 배열하여 원하는 정보가 가장 많이 있을 곳으로 추정되는 정보원 그룹을 검색하게 하는 지식맵이다. HP는 P2Find의 설치를 통해 시간과 절차를 간소화시켰다. 비록 시스템 설치비용에 10만 달러나 들였지만 연구시간을 50%나 줄이는 등 HP에게 실질적 이득을 안겨주고 있다.

요약하면 HP는 다른 기업처럼 전사적 차원의 정규지식관리자(예: CKO)는 없으나 지식공유의 필요성을 깨달은 사업단위들이 주체가 되어 지식 이니셔티브를 진행하여 성공을 거두고 있는데, 이는 분권화 운영이라는 HP의 구조에 적절한 접근이었다고 할 수 있다.

02 | 정보경영

2.1 정보란?

우리는 흔히 정보(information)와 자료(data)라는 용어를 혼동하여 사용하고 있다. 그러나 정보와 자료는 분명하게 다른 개념으로서 이를 확실하게 이해하고 분류할 수 있어야 한다. 자료란 요약되거나 분석되지 않은 상태로 존재하는 사실이나 수치를 의미하며, 정보란 그 사용자에게 의미 있고 유익한

그림 15-4 ○ 정보의 정의

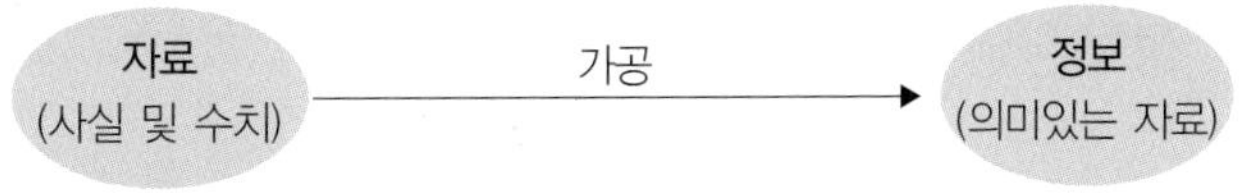

내용이 되도록 전환시킨 것을 말한다. 즉 자료 자체로는 사용자에게 아무런 의미가 없고, 정보로서 가공되어야 비로소 의미를 갖게 된다(그림 15-4 참조).

정보는 품질이 유지되어야만 유용성을 갖게 되는데, 품질을 유지하기 위해서는 적합성, 적시성, 정확성, 증거성, 형태성을 갖추어야 한다(표 15-3 참조).

앤드러스(Andrus)는 정보의 품질은 정보가 인간의 행동에 얼마나 동기를 부여할 수 있고 의사결정에 공헌할 수 있는가에 따라 결정된다고 하면서, 비록 정보가 제공되었다 하더라도 이를 효과적으로 사용할 수 없다면 정보의 효용이 떨어지기 때문에 형태효용, 시간효용, 장소효용, 소유효용이라는 네 가지

표 15-3 ○ 정보의 유용성

구 분	내 용
적합성(relevance)	의사결정에 직 · 간접적으로 관련될 것
적시성(timeliness)	정보사용자가 필요한 때에 제공될 것
정확성(accuracy)	오류가 없을 것
증거성(verifiability)	정보의 정확성을 확인할 수 있을 것
형태성(presentability)	정보사용자의 요구에 맞는 형태로 제공될 것

표 15-4 ○ 정보의 효용

효 용	내 용
형태효용(form utility)	정보의 형태가 의사결정의 요구에 밀접하게 부합될 때 정보의 효용이 높아진다.
시간효용(time utility)	의사결정자가 필요한 때에 제공되어야 효용이 높아진다.
장소효용(place utility)	정보에 쉽게 접근할 수 있을 때 효용이 높아진다.
소유효용(possession utility)	다른 사람에게 정보가 흘러가는 것을 통제할 수 있을 때 정보의 가치가 높아진다.

의 관점에서 정보의 효용을 평가해야 한다고 하였다(표 15-4 참조).

2.2 정보경영이란?

정보경영(information management)이란 급속한 경영환경의 변화 속에서 경쟁력을 확보하기 위하여 정보자원과 정보기술, 즉 정보시스템(information system)을 효과적으로 이용하여 기업의 경영활동을 수행하는 것을 말한다. 즉 기업의 경영활동에 필요한 각종 자료를 수집하여 경영자의 의사결정에 유효한 정보가 되도록 가공함으로써 효과적이고 효율적인 경영활동이 이루어지도록 하는 것을 의미한다.

이전에는 기업의 경쟁력을 강화시키기 위한 도구로 주로 물적 · 인적 자원에 초점이 맞추어져 있었다. 하지만 현대 사회는 정보의 홍수라고도 할 만큼 정보가 쏟아져 나오고 있는 시대이다. 따라서 미래 기업의 경쟁력을 향상시키기 위해서는 기업의 정보시스템을 활용하여 의사결정을 할 수 있어야 한다. 한마디로 말해 미래 기업의 경쟁력 강화의 핵심은 정보시스템에 있다고 해도 과언이 아니다.

2.3 정보시스템

(1) 정 의

정보시스템이란 조직의 의사결정 및 통제를 지원하기 위해 정보를 수집 · 저장 · 검색 · 처리하여 적절한 형태로 의사결정자에게 제공해 줌으로써 조직의 목표를 보다 효과적으로 달성할 수 있도록 지원하는 구성요소들의 집합을 의미한다.

정보시스템은 일반적으로 입력(input), 프로세싱(processing), 출력(output)으로 구성되어 있으며, 유형별로는 일정한 절차와 표준화된 입력과 출력으로 정형화되어 있는 '공식시스템'과 사무실 내에서 자유롭게 교환되는 '비공식시스템'이 있고, 형태별로는 수작업에 의한 매뉴얼시스템(manual system)과 컴퓨터에 기반을 둔 컴퓨터기반정보시스템(computer based information system: CBIS)이 있는데, 본 책자에서 다루고 있는 정보시스템은 CBIS를 의미한다.

(2) 정보시스템 구성요소

정보시스템은 하드웨어, 소프트웨어, 데이터베이스, 사람으로 구성된다.

① **하드웨어:** 컴퓨터장비와 관련된 주변장치를 의미하며, 여기에는 중앙처리장치(CPU: central processing unit), 주변장치(키보드, 마우스, 출력장치 등), 통신네트워크장비 등이 있다.
② **소프트웨어:** 하드웨어를 사용하기 위한 프로그램으로서, 컴퓨터를 작동하기 위한 '시스템소프트웨어(system software)' 와 실제업무에 사용하기 위한 '응용소프트웨어(application software)가 있다.
③ **데이터베이스:** 여러 사람에 의해 공유되어 사용될 목적으로 통합하여 관리되는 데이터의 집합을 말한다.
④ **사람:** 정보시스템을 개발하고 운영하는데 필요한 사람으로서, 사용자(end users)와 정보시스템(IS: information system)전문가가 있다.

(3) 기업에서의 정보시스템의 역할

기업에서 정보시스템이 수행하는 역할은 비즈니스운영, 혁신도구, 의사결정, 경영전략 등을 지원하는 것이다(그림 15-5 참조).

① **비즈니스운영 지원:** 기업활동의 운영적 업무 지원
② **혁신도구:** 정보기술을 이용하여 업무방식을 새롭게 설계하고 실행

그림 15-5 기업에서의 정보시스템의 역할

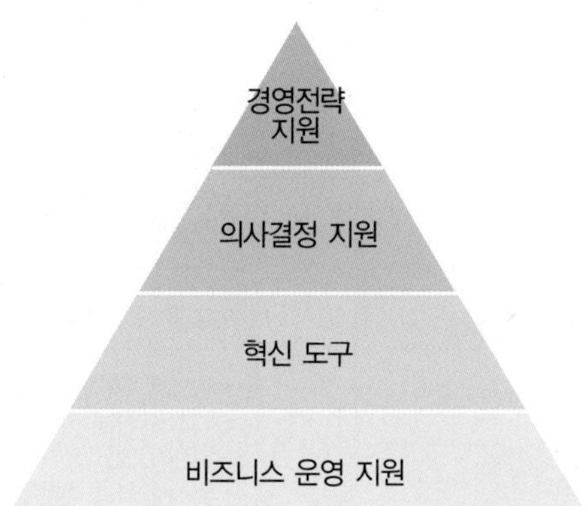

③ **의사결정 지원:** 경영관리적인 의사결정 지원
④ **경영전략 지원:** 기업의 경쟁우위 확보 지원

(4) 정보시스템의 유형

경영자의 계층에 따라 수행해야 하는 업무는 많은 차이를 보인다. 최고경영자의 경우에는 주로 계획활동을 하게 되며, 이에 반하여 일선경영자에게는 현장 실무 능력이 요구된다. 이와 같이 경영자의 계층에 따라 업무가 달라지듯이 계층별로 사용하는 정보시스템도 달라지게 된다. 시스템을 이용하는 경영자의 역할은 [그림 15-6]과 같다.

1) 거래처리시스템(TPS)

거래처리시스템(transaction processing system)은 기업이 일상적으로 수행하는 거래활동의 결과로 발생하는 데이터를 처리, 저장 및 관리하는 정보시스템을 말한다. 이는 가장 기본적인 정보시스템으로 단지 단순하고 반복적인 업무를 컴퓨터가 빠르게 처리해주는 기능만을 하게 된다. 따라서 경영자가 의사결정을 내리는 데 도움이 되는 정보를 생성 · 제공해 주지는 못한다.

그림 15-6 경영자의 역할과 정보시스템

경영자의 역할	정보시스템
대인간 역할	**개인과 조직의 의사소통지원**
• 대표자 역할 • 리더 역할 • 연락 역할	• 전자우편, 음성우편, 프리젠테이션, 그래픽, 그리고 영상회의와 같은 OAS
정보역할	**정보의 획득 · 분석 · 전달의 지원**
• 감시 역할 • 전달 역할	• 정보를 획득하기 위한 MIS/EIS • 정보를 분석하기 위한 OAS/DSS • 전달을 위한 OAS
의사결정 역할	**의사결정의 정보 제공과 설명의 지원**
• 기업가 역할 • 분쟁요소조정 역할 • 자원할당 역할 • 협상자 역할	• 정보를 획득하기 위한 MIS/EIS • 의사결정을 구조화하고 평가하기 위한 DSS • 의사결정을 전달하기 위한 OAS

예를 들면, 기업의 급여처리업무를 처리하는 데 있어 TPS는 근무기록 및 급여정보 등을 토대로 급여총액을 구하고, 조세공과금 등을 공제한 실급여액을 계산하여 처리하고, 관련된 정보를 해당 부서 및 기관에 통지하거나 보고하는 업무를 처리한다.

2) 사무자동화시스템(OAS)

사무자동화시스템(office automation system)은 업무처리 과정을 컴퓨터로 처리함으로써 사무부문 종사자와 일선경영자의 생산성을 증가시킬 뿐만 아니라, 의사소통을 원활히 하도록 만들어진 정보시스템을 말한다.

21세기 정보화사회에서는 현장에서 근무하는 것보다는 컴퓨터 등을 통해 사무실에서 근무하는 경우가 많아지고 있다. 따라서 최근 기업들은 현장부문보다는 사무실에서 생산성을 높이는 차원에서 사무자동화시스템에 많은 관심을 갖고 있다.

사무자동화시스템은 전통적인 워드프로세서, 스프레드시트, 그래픽처리 프로그램을 비롯하여 최근 도입된 인트라넷, 그룹웨어 등을 기본요소로 하고 있으며, 개인에서 집단 · 조직을 대상으로 정보를 공유할 수 있는 강력한 수단이 되고 있다.

3) 정보보고시스템(IRS)

정보보고시스템(information reporting system)은 일선경영자의 업무를 통제 · 관리하면서 최고경영자의 의사결정에 도움이 되도록 중간경영자의 경영관리업무를 지원하는 시스템을 말한다. 이는 거래처리시스템과 사무자동화시스템이 갖고 있는 문제점들을 보완하기 위하여 생겨난 정보시스템이다.

거래처리시스템이나 사무자동화시스템은 업무처리 개선에는 도움을 많이 주지만, 중간경영자가 업무를 종합적으로 파악하고, 이를 최고경영자에게 보고하는 데에는 적합하지 못하다. 따라서 일선경영자로부터 거래처리시스템이나 사무자동화시스템에서 나온 정보를 보고받고, 이를 다시 정리하여 최고경영자에게 보고하기 위한 용도로 이러한 정보보고시스템이 만들어진 것이다.

4) 의사결정지원시스템(DSS)

의사결정지원시스템(decision support system: DSS)은 다양한 계층의 경영자들이 적시에 필요한 정보를 제공받아 다양한 분석이 가능하도록 하는 시스템을 말한다. 그래픽을 이용하여 정보처리 결과를 보여주고 출력하는 기능이 있어야 하며, 의사결정이 이루어지는 과정 중에 발생 가능한 환경의 변화를 반영할 수 있도록 유연하게 설계되어야 한다. 이는 의사결정자가 정보보고시스템으로는 다양한 의사결정에 필요한 분석을 제대로 할 수 없기 때문에 만들어진 정보시스템이다.

기업경영에 있어서 의사결정문제의 유형으로 의사결정에 필요한 일정한 규칙과 절차가 존재하는 구조적 의사결정 문제, 의사결정에 필요한 일정한 규칙과 절차가 존재하지 않는 비구조적 의사결정문제, 의사결정에 필요한 일정한 규칙과 절차가 일부분 존재하는 반구조적 의사결정문제가 있는데, 비구조적이거나 반구조적인 의사결정문제의 해결을 지원하는 정보시스템을 의사결정지원시스템이라 한다.

의사결정지원시스템을 통하여 제품가격 또는 환율 변동 시 매출액과 환차손에 미칠 영향 등을 분석할 수 있게 된다. 중간경영자는 이러한 의사결정지원시스템을 활용하여 영업, 재무 등 다양한 기능별 경영활동을 분석할 수 있으므로 환경변화에 보다 적절하게 대응할 수 있을 것이다.

5) 중역정보시스템(EIS)

중역정보시스템(executive information system: EIS)은 기업목표를 달성하기 위해 필요한 정보를 신속 · 정확하게 찾아 이를 기초로 다양한 분석을 할 수 있도록 지원하는 정보시스템을 말한다. 빈도는 작지만 복잡한 문제들을 해결해야 할 때 컴퓨터 활용능력이 떨어지는 최고경영자들을 위하여 그래픽 위주로 분석 기능을 지원하는 시스템이다.

이러한 중역정보시스템은 사용자들이 최고경영층이라는 점에서 중간경영자들이 사용하는 의사결정지원시스템과 차이가 있다. 또한 기능면에서 의사결정지원시스템이 특정문제에 국한되는데 비해 중역정보시스템은 다양한 문제에 대한 지원이 가능하다는 점에서도 차이가 난다. 가령 Lotus, Excel 또는 그 외 다른 스프레드시트 분석툴을 이용하여 시간, 지역, 제품, 가격 등을 기준으로 각각의 (그래픽)데이터를 서로 비교할 수 있다.

6) 전략정보시스템(SIS)

전략정보시스템(strategic information system: SIS)은 기업의 정보시스템을 전략적 우위를 창출할 수 있는 용도로 활용하는 정보시스템을 말한다. 이는 앞에서 설명한 각종 정보시스템을 전략적으로 활용하는 경우 모두를 의미한다. 따라서 개념상 거래처리시스템, 사무자동화시스템이라 하더라도 전략적으로 활용하여 경쟁우위를 창출할 수 있다면 전략정보시스템인 것이다.

전략정보시스템은 시장점유율을 높이기 위한 마케팅, 생산 등의 개별시스템에서부터 전사적인 토털시스템까지 기업이 처한 상황에 따라 활용하는 내용이 각기 다르게 된다.

2.4 글로벌시대의 e-business

(1) e-business의 정의

e-business(전자경영)는 구매-제조-유통-판매-서비스로 이어지는 비즈니스 전 프로세스에 전자적 네트워크(인터넷 등)와 정보기술을 활용하여 기업경영전반의 효율성을 높이려는 활동과 더불어 새로운 사업기회를 창출하는 활동을 의미한다.

거스너(Louis V. Gerstner) IBM 회장은 e-business를 경쟁우위를 확보하기 위한 조직 전반에 걸친 업무처리 시간, 스피드, 세계화, 생산성 향상, 새로운 고객에의 접근 및 지식 공유에 관련된 모든 것으로 정의한 바 있다.

한편, e-business는 인터넷만을 기반으로 비즈니스를 수행하는 internet-business, 제품 · 서비스정보 등을 대상으로 다양한 전자적 네트워크를 통해 거래하는 프로세스인 e-commerce와는 기업의 운용 프로세스와 문화에까지 영향을 미친다는 점에서 차이가 있다. 비즈니스 프로세스상 구매-제조-유통 과정의 전자거래는 대부분 폐쇄적으로 운영되나 판매와 서비스의 거래는 개방형으로 운영된다. 이는 정보기술의 발전으로 인해 판매활동뿐만 아니라 경영프로세스를 전자화함으로써 효율성을 높일 수 있기 때문에 더욱 확대되고 있다(표 15-5 참조).

e-business는 구조적으로 크게 인트라넷(intranet)을 통한 기업 내 직무통합, 공공인터넷(public internet)을 통한 공개적인 정보제공과 연계, 그리고 엑스트라넷(extranet)을 통한 고객과 공급자 등과의 신뢰관계 형성 등 세 가지 양상의 형태를 보이고 있다. 여기서 인트라넷이란 인터넷을 기반으로 하되 이용범위를 기업내부에 한정시킨 기업 내 전산망을 말한다. 기업 간이 아니라 기업 내의 인터넷이라는 의미를 가지고 있으며, 외부공개가 아닌 기업의 사적인 목적으로 사용된다. 엑스트라넷은 인트라넷의 정보이용 대상을 외부사용자

표 15-5 전자거래의 개념

구 분	Internet-business	e-commerce	e-business
대 상	제품, 서비스, 정보	제품, 서비스, 정보	비즈니스적 프로세스
개방성	개방형	개방형+폐쇄형	개방형+폐쇄형
사업유형	기업과 소비자간 기업과 기업간	기업과 소비자간 기업과 기업간	기업 내, 기업간, 기업과 소비자간

자료: 신광철, 지식경제, 현대경제연구원, 2000.

에게 부분적으로 확대한 전산망으로 주로 지점이나 거래 업체들과 통신, 문서 교환, 제품의 공동개발 등을 목적으로 구축된다. 엑스트라넷은 저렴한 구축비용으로 멀티미디어의 정보를 주고받을 수 있는 인터넷의 장점을 그대로 살리면서, 보안에 취약한 인터넷의 단점과 사용 영역이 제한되는 인트라넷의 한계를 동시에 극복할 수 있는 통신망 시스템이다.

(2) e-business의 배경

e-business의 배경에 대한 것은 빌 게이츠(Bill Gates)의 「빌게이츠@생각의 속도」에서 엿볼 수 있다. 디지털 정보기술은 협력사와 연결망을 구축할 수 있게 해주고, 그러한 연결망은 다시 고객서비스 개선으로 이어진다. 또한 디지털 기술을 통해 상거래와 지식관리, 운영체계가 회사, 협력사, 고객 모두를 통합하는 가상기업을 만들 수도 있다.

기업의 공급시스템이 고객과 기업 상호간에 원활한 정보의 흐름을 창출해 주면, 전체 공급체계의 비즈니스 프로세스도 자연히 효율적인 방향으로 운용될 것이다. 어느 업체를 막론하고 적시조달 체계가 실현되는 것은 물론이다. 즉, e-business는 수요자들의 복잡다변화된 제품군의 요구와 이에 대응한 영업 및 제조활동의 변화가 필수적으로 요구된 상황에서, 디지털 정보의 흐름으로 가능해진 협력망 형성을 통하여 경쟁력을 확보하는 방안으로서 생성되었다고 할 수 있다.

특히, 기업 network 세대변화는 기업의 생산운영관리에 주목받던 기간 시스템인 제조요소계획(MRP: Manufacturing Requirement Planning)에 이어 기업자원 효율화를 목표로 한 전사적자원관리(ERP: Enterprise Resource Planning)를 주요내용으로 한다.

전사적 자원관리는 기업의 신경시스템이라고 할 만큼 e-비즈니스의 핵심적인 구성요소라고 할 수 있다. 즉, e-비즈니스 환경에서 효과적인 전사적 자원관리는 조직의 경쟁우위를 유지하기 위한 중요 이슈 중의 하나이다. 이러한 전사적 관리는 구매, 생산, 판매, 서비스, 인사, 회계, 재무, 기획 등의 경영요소 통합과 선진화된 업무프로세스 수행을 통하여 기업의 생산성을 극대화하고 경영의 효율성과 최적의 의사결정을 지원하는 기업통합정보시스템이다. 그러나 기업의 경영자원을 하나로 통합한다는 것은 쉽지 않은 일이다. 왜냐하면, 회계, 재무, 생산, 서비스와 같은 비즈니스 기능들은 서로 독립적인 시스템에서 운영되기 때문이다. 그러므로 조직 내에 운영 중인 다양한 유형의 정보시스템과 데이터의 통합을 해결하기 위한 것이 전사적 자원관리시스템이다.

제품생산, 운송, 유통단계를 거쳐 소매상에 이르기까지 직선적 관계로 연결한 기간 networking으로서 공급사슬망 경영인 SCM(Supply Chain Management)과 가치경영 networking인 VBM(Value Based Management)이 있는데 SCM의 정의와 목적은 다음과 같다.

① SCM의 정의

공급사슬을 이루는 조직단위 내부 기능 및 외부 조직단위간의 연관관계를 통합하고, 이와 관련되는 물류, 정보의 흐름 및 자금의 흐름을 조정하는 과정을 공급사슬관리라고 정의할 수 있다. 즉 공급사슬을 구성하는 기업조직 간에 장벽을 극복하고, 전략적인 조화를 이룩하며, 상호간의 물적 흐름과 정보 및 자금흐름이 신속하게 이루어지도록 하는 것이 공급사슬관리의 주요 내용이다.

② SCM의 목적

공급사슬 전체에 걸쳐서 조직 내·외부적인 연관관계를 통합하고 물류 및 정보 등의 흐름을 조정하는 것은 궁극적으로 고객의 수요를 효과적이고 효율적으로 충족시킴으로써 공급사슬 전체의 경쟁력을 향상시키는 데 그 목적이 있다.

이와 같이 공급사슬 전체의 경쟁력 향상을 목적으로 삼고 있는 것은 오늘날과 같이 격심한 경쟁상황하에서 기업이 생존하고 지속적인 성장을 기하기 위해서는 개별기업만의 능력으로는 한계가 있음을 인식하기 때문이다. 즉 어느 기업이나 기업내부의 업무프로세스는 앞 단계의 협력업체로부터 유입되는 전방흐름과 뒷 단계의 고객에게 이르기까지의 후방흐름과의 유기적인 조화가 이루어지지 않고서는 그 성과를 향상시킬 수 없다는 점을 인식하고 있는 것이다 (그림 15-7 참조).

그림 15-7 SCM의 목적과 핵심요소

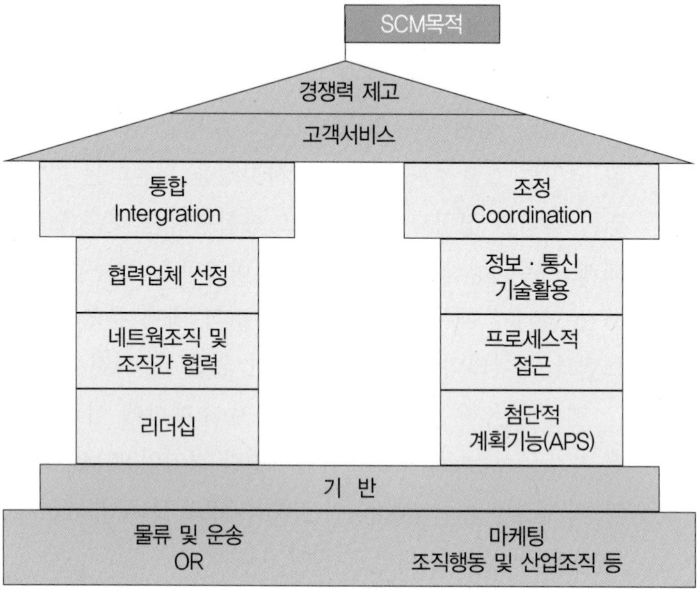

자료: Stadler H. & Cristopher Kilger, *Supply chain management and advance planning sestem*, Bwrlin, Spriger, 2000.

(3) e-business의 필요성

e-business의 필요성을 살펴보면 전통적인 제조업은 경쟁의 격화, 임금상승 등으로 인하여 점차 저부가가치화 되어가는 상황에서 새로운 수익원을 필요로 하게 되었다. 이러한 상황에서 기존 경영혁신 방식과 달리 인터넷을 통한 전자경영은 공급자와 고객 등 외부와의 의사소통, 연계 그리고 거래에 초점을 맞춘 경영시스템이므로 내부 효율성 증대뿐만 아니라 외부와의 협력능력이 경쟁우위 요소로 작용할 수 있다.

전통 제조업에 e-business를 접목시키게 된다면 경영활동 전반에 정보기술을 도입함에 따라 비용절감과 함께 생산성 향상을 통한 경영효율성이 제고될 수 있으며, 대상 고객이 확대되고, 서비스화의 촉진을 통해 고부가가치화가 가능하게 된다. 아울러, 제품 판매를 위한 e-business뿐만 아니라 판매와 관련된 서비스 부문까지 사업영역을 확대하기가 용이해 신규사업 기회의 발굴효과가 있으며, 원료조달부터 제조, 판매 및 서비스까지 네트워크를 통해 관리가 가능하기 때문에 경영활동의 시너지 효과 창출 면에서도 필요하다 하겠다.

(4) e-business의 추진전략

e-business를 실현하기 위해서는 무엇보다도 기업 내부 프로세스를 재구성(reengineering)하는 것만이 아니라, 사업전략을 재창출(reinventing)하려는 경영혁신적인 접근이 필요하다.

첫째, 강요당하기 전에 시작한다(Do now before you have to). 최근 대부분의 기업들은 경영혁신 및 경쟁력 확보 방안으로서 e-business를 추진하고 있다. 이들보다 먼저 e-business를 추진하지 않으면 공급선과 거래선으로부터 e-business를 강요당하거나 아니면, 상대의 시스템에 종속 내지는 거래중단이 불가피하게 된다.

둘째, 전략적 선점이 필요하다(먼저 추진한 회사가 업계 표준이 된다). e-business 추진 역사가 짧은 상태에서 타 업체보다 먼저 추진한다면 선두주자로서의 이익을 향유할 수 있겠으나, 그렇지 않다면 타 회사에 종속이 불가피하다.

셋째, 거래선 및 공급선 쌍방향 시스템을 WEB 환경으로 구축하여 가장 최적의 Solution으로 조직한다.

e-business를 구현하기 위해서는 먼저 조직과 인력을 구성해야 하는데, 먼저 e-business를 단기간에 효과적으로 추진하기 위해서는 유연성을 갖춘 전담 TFT(task force team)를 구성하여 추진하는 것이 바람직하다. 다음으로 장기적인 관점에서 인력 충원과 전문가 양성이 필요한데, e-business는 networking, ERP, Web, 마케팅 등 다방면에서의 인력을 필요로 하기 때문에 장기적인 관점에서 꾸준히 인력을 양성해야 할 것이다. 마지막으로 의사결정기구 또는 협의체가 필요하다. e-business는 일종의 혁신이기 때문에 이를 효과적으로 정착시키기 위해서는 기존 조직의 반발을 해결하고 일관성있게 추진할 수 있는 강력한 의사결정기구나 협의체가 필요하다.

(5) e-CEO

인터넷 비즈니스에 부응하기 위해서는 CEO의 자질과 능력에도 변화가 요구된다. 사업의 활동 무대가 인터넷이라는 가상 세계로 급속히 옮겨감에 따라 기업의 CEO에게 요구되어지는 자질과 능력도 인터넷 환경에 부합하도록 변하고 있다. 이러한 상황에서 최근 등장하기 시작한 개념이 기존의 CEO와 차별화되는 특성을 가진 e-CEO이다.

표 15-6 전통적인 CEO와 e-CEO의 비교

구 분	전통적인 CEO	e-CEO
기질, 성향	조직원을 격려함 조심성 깊음 충성심이 높음	조직원을 설득 · 이해시킴 편집광적임 매우 솔직함
업무추진	목표의 명확성 추구 신속한 의사결정 불확실성을 꺼림	목표달성에 열성적임 더욱 신속한 의사결정 변화와 불확실성을 활용함
정보기술 활용능력	정보기술을 조금 다룰 줄 암	정보기술에 능통함
업무상 어려움	정보기술과 통신수단활용의 능력부족으로 어려움을 겪음	다양한 정보기술과 통신수단의 적극적 활용

e-CEO는 인터넷 비즈니스 시대의 새로운 CEO상을 말한다. e-CEO는 electronic-CEO의 의미로서 '지식 정보화 시대의 CEO' 또는 '인터넷 시대에 역동적으로 활동하는 CEO' 라는 내용을 포함하고 있다. 점점 속도가 빨라지고 경쟁이 치열해지고 있는 인터넷 비즈니스에서 기업을 성공적으로 이끌 능력과 자질을 보유한 지식 정보화 시대의 새로운 CEO상이다. e-CEO가 되기 위한 조건은 〈표 15-6〉과 같다.

(6) e-CRM

고객관계관리(Customer Relationship Management: CRM)는 구매자와 판매자가 보다 만족할 수 있는 교환의 과정을 통하여 가치를 향상시키는 장기적이면서 유익한 계획이다. 이러한 고객관계관리는 e-비즈니스의 주요한 자산 중의 하나로 고려될 만큼 중요한 구성요소이다. 고객관계를 정교화하고 확장하는 일련의 과정은 기업의 장기적인 수익과 밀접하게 연관되어 있기 때문이다.

고객중심의 시장을 따라가지 못하는 기업은 자연히 도태될 수밖에 없는 시장 환경 속에서는 고객을 최우선적으로 생각하여야 한다. 이러한 추세에서 데이터베이스마케팅이 각광을 받았고, 이제는 한 단계 더 발전한 기법인 CRM이 부상하게 되었다(표 15-7 참조).

표 15-7 CRM과 e-CRM 비교

	고객데이터	고객 특성 분석	고객 서비스
CRM	- 데이터웨어하우징 - 고객 정보 - 거래 내역 - 산업 정보	- 거래 분석 - 고객 태도 - 지난 거래내역	- 타겟 마케팅 - 정적인 서비스 - 일방적인 서비스 - 시간과 장소의 한계
e-CRM	- 웹하우스 - 고객 정보 - 거래 내역 - 산업 정보 - Click 흐름 - 컨텐츠 정보	-거래 분석 - 고객 태도 - 지난 거래내역 행동 분석 - 탐험적인 행동(내비게이션, 장바구니, 쇼핑 패턴 등)	- 일대일 마케팅 - 실시간 서비스 - 쌍방향 서비스 - 자유로운 시간 - 어디서든 가능

2.5 전자상거래

(1) 전자상거래란?

UN 국제상거래 위원회에서 정의하고 있는 전자상거래(EC: electronic commerce)란 거래관계의 모든 측면에서 네트워크에 기초하여 전자적으로 비즈니스를 행하는 것을 말한다. 즉, 컴퓨터와 네트워크 등 정보기술을 기반으로 전자화된 정보의 형태로 상업적 활동을 하는 것으로서, 컴퓨터 네트워크 상에서 기업, 정부기관과 같은 독립된 조직 또는 이와 같은 조직과 개인 간에 다양한 전자매체를 통하여 제품이나 서비스를 교환하는 것을 말한다. 이러한 전자상거래에는 광고, 마케팅, 사후서비스 등 모든 경제활동이 포함된다. 예를 들어 전자문서교환(EDI: electronic data interchange), 전자우편(e-mail), PC 통신 홈쇼핑, 인터넷 홈뱅킹, 전자화폐 등이 있다. 최근 인터넷을 통하여 전 세계적으로 자사의 제품을 판매하는 기업이 증가하면서 인터넷 거래는 기존의 상거래를 대체하는 수단으로 자리매김하고 있다(표 15-8 참조).

(2) 전자상거래의 유형

전자상거래의 대표적인 유형에는 기업과 기업 간의 상거래, 기업과 개인 간의 상거래가 있다. 기업과 기업 간의 상거래는 주로 원자재를 납품하는 협력업체와 대기업 또는 산업재를 생산하는 기업과 이를 구매하는 기업들 간에

표 15-8 전자상거래와 전통적인 상거래 방식의 비교

항 목	전자상거래	전통적인 상거래
유통 채널	기업 → 인터넷 소비자	기업 → 도매상 → 소매상 → 소비자
거래대상지역	전세계가 판매대상	일부 지역 판매에 한정
거래시간	24시간 영업	제약된 영업시간
판매거점, 방법	Market Space: 네트워크 정보에 의한 판매	Market Space: 시장, 상점 전시에 의한 판매
고객 획득 정보	온라인으로 수시 획득 재입력이 필요 없는 디지털 데이터	시장 조사 및 영업 사원이 획득 정보 재입력이 필요
마케팅활동	쌍방향 통신을 통한 1대1 상호 작용적 마케팅	구매자의 의사에 상관없는 일방적인 마케팅
고객 대응	고객불만에 즉시 대응 고객 요구를 신속히 포착	고객 불만에 대응 지연 고객 요구 포착이 느림
소요 자본	인터넷 서버 구입 및 홈페이지 구축 등에 상대적으로 적은 비용 소요	토지, 건물 등의 구입에 거액의 자금 필요

자료 : 황하진, 유비쿼터스 시대의 경영정보시스템, 경문사, 2005, p.281.

이루어지는 거래를 전자적으로 처리하는 유형으로서 전자문서교환(EDI: electronic data interchange), CALS(commerce at light speed)가 대표적이다.

기업과 개인 간의 상거래는 판매자인 기업과 소비자인 개인 간에 인터넷을 이용하여 제품이나 서비스를 거래하는 인터넷 쇼핑몰, 온라인 서점, 사이버증권 등 인터넷 상거래가 대표적이다.

① 전자문서교환

전자문서교환(EDI: electronic data interchange)이란 수주나 발주 장부 및 지불청구서 등 기업 간의 거래 서식이나 문서 양식을 표준화된 전자문서로 정형화하여 이를 컴퓨터와 컴퓨터 간에 교환하는 정보수단을 말한다. 따라서 전자문서교환이 이루어지면 기업 간에 어떤 상품을 언제, 얼마나 납품하는가? 등 상거래에 관한 정보를 교환할 수 있게 된다.

EDI 시스템의 구성요소로는 EDI 표준(Standard), 부가가치통신망(VAN: value added network), 사용자 업무처리 시스템(user application system)이 있다. EDI 표준은 업무처리를 위한 전자문서 표준(message standards)과 정보교환을 위한 통신표준이 먼저 설정되어야 한다. 부가가치통신망은 사용자 상호간 데이터의 전송뿐만 아니라 정보의 축적, 가공, 변환처리 등의 부가가치

서비스를 제공하는 정보통신망으로 각 당사자들이 전자문서를 교환하는 통신 방법, 통신시간, 통신속도 등을 중간에서 통합관리하고, 중계전송하며, 분쟁 발생 시 이를 해결하는 서비스 제공업자(third party service provider)로 한국의 경우 KTNET과 DACOM이 지정사업자로 등록되어 있다. 사용자 업무처리 시스템은 거래 당사자 간에 데이터 통신망을 통하여 전자문서를 전송하거나, 수신하기 위하여 사용자가 갖추어야 할 컴퓨터 하드웨어(personal computer 등) 및 소프트웨어, 통신장비(modem 등)를 말한다.

전자우편(e-mail)은 인터넷을 이용하여 개인과 개인 간에 문서를 전달하는 정보통신 수단으로 사용자가 자유롭게 작성할 수 있는 비정형적인 문서라는 점에서 전자문서교환과는 다르다.

② 칼스(CALS)

본래 칼스(CALS: commerce at light speed)는 특정 기업 간에 광속으로 상거래하는 것을 의미하는 것으로, 제품설계단계에서부터 생산, 판매관리에 이르기까지 제품의 수명주기(PLC; Product Life Cycle) 단계를 정보통신기술을 이용하여 하나로 통합시키는 개념이다. 이는 원래 컴퓨터에 의한 병참업무지원(CALS: computer aided logistic support)이라는 개념으로, 병기의 부품 재고파악, 교환, 수리, 정비, 보급, 훈련 등 운용을 위한 제반 활동을 의미한다. CALS는 컴퓨터 응용 설계지원 소프트웨어인 CAM(Computer aided design), 컴퓨터 응용 테스트 지원 소프트웨어인 CAT(Computer aided manufacturing)와 같이 군수지원업무의 자동화에 대한 하나의 컴퓨터응용 도구로 간주되었다. CALS는 서류에 의한 불필요한 업무의 증가와 열악한 통신체계 문제를 해결하기 위하여 개발되었다. 하지만 점차 산업 전반으로 급속도로 확대되면서 광속상거래(CALS: commerce at light speed)로 인식되게 되었다.

지금의 CALS 개념은 설계나 제조 등 기술과 관련된 업무 프로세스 전반을 네트워크로 연결하고 영업과 제조, 마케팅과 제조 등 각 부문과의 긴밀한 관계 하에서 업무를 수행하는 것을 의미한다. 즉 초고속정보통신망을 통한 물류 및 자재조달과 관련된 정보의 신속한 전달로 상품을 주문하고 생산하여 생산공정을 단축함으로써 비용절감과 생산성 향상을 가져오기 위한 시스템으로 발전하였다.

(3) 전자상거래의 이점과 단점

먼저 기업의 입장에서 본 전자상거래의 이점은 다음과 같다.

첫째, 거래가 인터넷이나 가상공간에서 이루어지기 때문에 별도로 물리적인 판매장소가 필요 없다. 따라서 고정비를 줄일 수 있다.

둘째, 영업시간의 제한이 없기 때문에 언제든 거래를 수행할 수 있다.

셋째, 소비자의 욕구와 선호를 신속하게 파악할 수 있기 때문에 소비자가 원하는 제품이나 서비스를 보다 더 많이 그리고 빠르게 제공할 수 있다.

넷째, 기존의 기업에서 소비자에게 이르는 중간유통단계가 크게 줄기 때문에 가격경쟁력을 높일 수 있다.

다섯째, 인터넷을 통하여 전세계의 다양한 고객에게 접근 가능하기 때문에 새로운 시장을 개척하기가 용이하다.

다음으로 소비자 입장에서의 이점은 다음과 같다.

첫째, 제품이나 서비스를 구입하기 위하여 직접 매장에 갈 필요가 없기 때문에 시간과 비용을 절감할 수 있다.

둘째, 중간유통단계가 없어지고, 기업의 경쟁이 심화되어, 가격이 낮아지기 때문에 저렴한 가격으로 물건을 구매할 수 있다.

셋째, 언제든 원하는 시간에 물건을 구매할 수 있으며, 다른 제품과의 비교가 용이하다.

넷째, 개인이 원하는 제품과 서비스에 관한 정보를 별도로 제공받을 수 있기 때문에 만족도가 높아진다.

한편 전자상거래의 가장 큰 단점으로는 개인정보 유출이라는 점에 있다. 인터넷을 통해 결제를 하고 자신들의 정보를 입력해야 이용 가능한 전자상거래의 특성상 개인정보 유출은 굉장히 골치 아픈 문제 중 하나다. 전자상거래는 이제 더 이상 소수들만의 구매방법이 아니다. 우리나라 국민 대부분이 전자상거래를 이용한 경험이 있고 전 세계적으로도 매우 각광받는 구매방법이다. 그러한 전자상거래가 아직까지도 개인정보 보안이 미흡하다는 점은 안타까운 일이다.

amazon.com

아마존닷컴을 구상해낸 제프 베조스(Jeff Bezos)는 사실 시작부터 평범한 사람은 아니었다. 그는 1986년에 미국 프린스턴 대학을 졸업하고 피텔이라는 작은 컴퓨터 회사를 창업했다. 그리고 2년 후에는 뱅커스 트러스터에 입사해서 1990년 2월 스물여섯 살의 나이로 이 회사 최연소 부사장 자리에 올랐다. 이어서 바로 투자회사 디이샤우의 펀드매니저로 들어갔다가 그곳에서도 공로를 인정받아 스물여덟 살에 최연소 수석 부사장으로 추대되었다. 그러던 어느날 그는 '전자상거래 시장이 1년 동안 2천 4백 배나 성장했다.' 는 뉴스를 접하게 된다. 그는 갑자기 미친 듯이 메모지에 무언가를 써내려가기 시작했다. 바로 인터넷으로 판매할 수 있을 상품목록이었다. 그리고는 돌연 30분 후에 사표를 던지고 연봉 1백만 달러짜리 직장을 떠났다. 그 길로 시애틀로 이사를 하고, 그 집 창고에서 cadabra.com이라는 회사를 차렸다. 그리고는 프로그래머 4명과 함께 중고 가구로 개조해 만든 책상에서 밤낮으로 개발에 매달렸다. 그로부터 3달 후 드디어 amazon.com이라는 새로운 이름으로 가상 서점 사이트를 오픈하기에 이르렀다. 'a' 로 시작하는 이름이라면 검색엔진이나 각종 웹 목록에서 상위에 랭킹될 수 있을 것이라는 생각으로 물색해서 찾아낸 전략적인 이름이었다. 아마존닷컴은 야후와 더불어 이름 자체가 온라인상의 성공에 기여한 예로 손꼽히기도 한다. 베조스는 아마존에 관한 최초 구상 때 인터넷을 통해 판매할 수 있는 20가지 품목을 정하고, 그 중 선정된 5가지 품목에 대해서는 철저한 시장조사를 실시했다. 그때 선택되었던 품목이 서적, CD, 비디오, 컴퓨터 하드웨어, 소프트웨어였고, 결과적으로 아마존닷컴에서는 이 품목을 모두 취급하고 있다.

아마존닷컴의 성공비결을 살펴보면 다음과 같다.

1. 고객 맞춤형 CRM

베조스는 "현상적인 측면에 주목하여, 회사의 비전을 단지 '물건을 파는 사이트' 로 한정하는 것이 아니라, 고객이 왜 다른 곳이 아닌, 이곳에서 책을 사는지에 관한 깊은 통찰을 거쳐, 고객과 소통하고 고객에게 서비스를 제공하는 '고객 전문 회사'"라고 선언한 것이다. 이러한 비전은 사이트 곳곳에서 만날 수 있는 고객 맞춤형 서비스를 통해 잘 드러난다. 아마존닷컴은 이미 확보된 회원들을 바탕으로 자사 브랜드에 대한 신뢰도와 충성도를 높이는 데 노력을 경주했고, 품목과 상관없이 이 안에서 대부분의 소비가 이루어지도록 유도하는 데 성공할 수 있었다.

2. 수익배분 프로그램

아마존은 세계 최초로 수익배분 프로그램을 도입함으로써 미국 전자상거래에 혁명을 일으켰으며, 이를 기반으로 세계 최대의 오프라인 대형 서점 체인인 반스앤노블을 넘어설 수 있었다. 수익배분 프로그램은 제휴 사이트에 자사 사이트로 넘어 올 수 있는 링크를 걸고, 그곳을 거쳐서 아마존에서 거래가 이루어진 경우 수익금의 일정 부분을 커미션으로 지급하는 방식이었다. 이 방식으로 아마존닷컴은 전자상거래의 B2B 회사의 선두 기업으로 자리잡게 되었다.

3. 디지털 마인드

아마존이 경영방식에 있어 경쟁우위를 차지할 수 있었던 이유는 바로 고객정보와 판매상황에 대한 토탈 데이터 베이스화 작업에 있다. 정보의 디지털화 방식은 정확한 데이터를 바탕으로 재고를 관리하고, 고객에게 일대일 맞춤 서비스를 제공하며, 자동으로 제휴 회사와의 진행 상황을 관리할 수 있는 바탕이 되었다. 이는 적은 인력으로도 회사의 급속한 확장을 감당해 낼 수 있었던 주요한 수단이었다.

4. 기업문화

베조스 회장은 신입사원을 뽑을 때, 일명 '소크라테스식 시험' 이라고 불리는 일대일 면담을 하는 것으로 유명하다. 유능한 인재를 알아보고 적재적소에 배치하는 것은 아마존 맨파워의 기본이며, 중요정책으로 실제 아마존닷컴의 경영진은 다양한 경력의 소유자들로 구성되어 있다. 마이크로소프트 전 직원부터, 인문학 전공자, 록 음악 전문가 등등 다양한 분야의 전문가들로 이루어진 경영진에 힘입어 아마존닷컴의 기업문화는 더욱 유연하게 유지되었다. 또 아마존닷컴의 임직원은 상대적으로 낮은 기본 급여를 받지만, 입사와 동시에 스톡옵션을 부여받으며, 회사 최고 경영진부터 창고 관리자까지 모두 이윤 공유 프로그램에 참여하고 있다.

2.6 정보보안

(1) 정보보안이란?

정보보안(Information Security)은 기업이 보유하고 있는 정보자산을 훼손, 변조, 유출 등의 위협으로부터 보호하기 위한 사전 예방활동이다.

기업이 보유하고 있는 정보자산에는 정보 자체는 물론이고, 그 정보를 만들거나 보관 · 전송하는 장치, 시설물, 문서, 영상 매체, 전산시스템 등 영업상의 내용을 포함하고 있는 모든 자원을 말한다.

이를 종합해 보면 정보의 수집, 가공, 저장, 검색, 송신, 수신 도중에 정보의 훼손, 변조, 유출 등을 방지하기 위한 관리적, 기술적 방법을 정보보안이라고 할 수 있다. 정보보안은 다음과 같이 공급자 측면과 사용자 측면에서 이해할 수 있다.

① **공급자 측면:** 내 · 외부의 위협요인들로부터 네트워크, 시스템 등의 하드웨어, 데이터베이스, 통신 및 전산시설 등 정보자산을 안전하게 보호 · 운영하기 위한 일련의 행위

② **사용자 측면:** 개인 정보 유출, 남용을 방지하기 위한 일련의 행위

정보보안의 목표는 정보의 생성, 처리, 전송, 출력 등 정보 순환의 모든 과정에서 정보의 기밀성(confidentiality), 무결성(integrity), 가용성(availability), 책임추적성(accountability), 인증성(authentication)을 확보하기 위함이다.

① **정보의 기밀성:** 정보자산은 인가된(authorization) 당사자에 의해서만 사용되고, 허가되지 않은 사용자(조직)에게 노출되지 않도록 보장해야 한다. 기밀성을 위협하는 요소로는 도청, 도난, 비인가자 접근 또는 탈취(snooping) 등이 있다.

② **정보의 무결성:** 정보가 권한이 없는 사용자의 악의적 또는 비악의적 접근에 의해 변경되지 않도록 해야 한다. 즉 정보자산의 완전성과 정확성을 보장하는 것이다. 무결성을 위협하는 요소는 트로이 목마, 바이러스 등이 있다.

③ **정보의 가용성:** 정보자산은 인가된 자에게는 적절한 시간에 사용이 가능해야 한다. 정보가 유용하지 않으면 쓸모가 없기 때문이다. 가용성을 위협하는 요소는 DDoS공격 등이 있다.

④ **책임 추적성:** 정보시스템 내의 각 개인은 유일하게 식별되어야 한다는 원칙으로서, 이 원칙에 의해서 정보 처리 시스템은 정보 보호 규칙을 위반한 개인을 추적할 수 있고, 각 개인은 자신의 행위에 대해서 책임을 지게 된다.

⑤ **인증성:** 사용자 개인의 신원을 검증하고 데이터 원천지를 검증 가능해야 한다. 인증은 패스워드, ATM 카드, 지문 등의 방법이 있다.

(2) 정보보안 위협 요인

정보보안을 위협하는 요인은 크게 원천(sources), 가해자(perpetrators), 의도(intent)의 세 가지 측면에서 분류할 수 있다.

① **원천:** 조직 내부 구성원의 행위로부터 오는 내부위협과 외부 인원 또는 자연 재해로부터 오는 외부위협이 있다.

② **가해자:** 인간 또는 비인간으로 분류되는데, 비인간으로부터 오는 위협은 자연재해, 컴퓨터 바이러스, 하드웨어 고장, 소프트웨어의 오류 등이 있을 수 있다.

③ **의도:** 정보보안은 가해자의 의도적 또는 실수 등에 의한 비의도적 행위에 의해 위협이 나타날 수 있다.

따라서 정보보호는 첫째, 이러한 내 · 외부의 가해자로부터 발생할 수 있는 공개(침입, 수집, 탐지, 유출, 누설)로부터 보호되어야 하며, 둘째, 내 · 외부의 가해자에 의한 의도적 또는 비의도적인 변조행위로부터 보호되어야 하고, 마지막으로 정보자산이 파괴 또는 소멸되는 것으로부터 보호될 수 있어야 한다.

(3) 정보보안의 원칙

일반적인 정보보안의 원칙은 다음과 같다.

① 모든 정보자산은 기업의 자산이므로 기업이 그 소유권을 가진다.
② 모든 정보자산은 형태 및 중요도에 따라 적절히 분류하여 관리한다.
③ 모든 정보자산은 인가된 사용자에게만 접근을 허용한다.
④ 외부에서 내부로의 접근은 최소한으로 제한하며, 접속 시에는 정보유출 및 보안침해사고에 대비하여 사전 적절한 보안대책을 강구한다.
⑤ 정보시스템에 중요한 변경이 있는 경우에는 보안성검토를 실시 한다.
⑥ 모든 소프트웨어는 기업이 소유권을 가지며, 라이센스 계약에 따르지 아니하고는 불법적으로 복제할 수 없다.
⑦ 각종 재해 및 장애 시에 대비하여 비상계획을 수립하고, 비상계획의 유효성을 확보하기 위하여 주기적으로 테스트한다.
⑧ 주기적인 보안점검 활동을 통해 보안 관련 법규 준수 여부를 확인하고, 필요한 대책을 강구한다.

(4) 개인정보보호

2011년 9월 30일부터 시행되고 있는 '개인정보보호법'에 의하면 개인정보란 '살아있는 개인에 관한 정보로서 성명, 주민등록번호, 영상 등을 통하여 개인을 알아볼 수 있는 정보'라고 정의되어 있다.

우리나라는 개인정보보호법이 시행되기 이전에도 개인정보에 관한 법률이 있었으나 분야별로 적용되는 개별법이었고, 법 적용 대상도 공공기관과 민간기업을 합하여 51만에서 350만 기관으로 확대되었다. 뿐만 아니라 개인정보보호법은 벌칙(형벌)이 부과되는 형사법에 해당되기 때문에 개인은 물론 기업에서도 각별한 주의가 필요하다.

개인정보보호를 위한 기업차원의 방안은 다음과 같다.

첫째, 보안 시스템을 강화해야 한다. 기업들은 통상 고객 및 이용자들의 개인정보를 가지고 있는 만큼 그것을 안전히 보안해야 할 의무가 있다. 따라서 보안 시스템을 최대한 강화하여 그것이 유출되는 사고를 미리 예방하여야 한다.

둘째, 고객 및 이용자에게 요구하는 개인정보는 최소화한다. 과도하거나 불필요한 개인정보는 해킹의 대상이 될 뿐이기 때문에, 이를 사전에 방지하기 위해서는 필요한 최소한의 개인정보만을 수집하고, 수집된 개인정보는 안전하게 관리하여야 한다.

셋째, 해킹에 대비한 방화벽을 최대한 강화한다. 개인정보 유출은 대부분 해킹을 통해 이루어지기 때문에 기업은 해킹 방화벽을 항시 강화하고 모니터링하고 있어야 한다.

개인정보보호를 위한 소비자 차원의 방안은 다음과 같다.

첫째, 각종 회원가입 시 개인정보취급 방침을 꼼꼼히 읽는다. 대다수의 사람들은 회원가입 시 개인정보 취급 부분을 대충 읽어 넘기곤 하는데, 개인정보를 보호 받을 수 없는 경우가 많으므로 사업자의 개인정보 수집 및 이용목적 등을 자세히 검토한 후 가입 · 제공해야 한다.

둘째, 가급적 주민번호 대체수단인 i-PIN을 이용하고 필요치 않은 정보는 입력하지 않는다. 아이핀(i-PIN)은 인터넷상 개인식별번호(Internet Personal Identification Number)이다. 이용자가 주민등록번호를 제공하지 않으면서 본인확인을 할 수 있는 방법이므로 개인정보(주민등록번호) 유출의 피해를 막을 수 있다.

셋째, 명의도용 확인 서비스를 이용한다. 자신의 개인정보가 노출되어 타인이 자신의 명의로 자신도 모르게 이용하고 있는 경우가 종종 있다. 명의도용확인 서비스를 이용하면 인터넷 가입정보 확인, 정보도용 차단, 실명인증기록 조회 등을 확인할 수 있다.

2.7 유비쿼터스

(1) 유비쿼터스의 정의

유비쿼터스(Ubiquitous)는 '언제, 어디서나 있는' 을 의미하는 라틴어로 사용자가 시간과 장소에 구애받지 않고 자유롭게 네트워크에 접속하는 것을 의미한다.

철학적이고 종교적인 어감을 가지고 있는 유비쿼터스라는 단어를 IT 분야의 신개념을 지칭하는 명칭으로 사용한 사람은 1988년 미국 제록스사 팔로알토 연구소의 마크 와이저(Mark Weiser) 소장이다. 그는 '유비쿼터스 컴퓨팅' 이라는 단어로 차세대 컴퓨팅을 제안하였으며, 컴퓨터가 일상생활 속에 스며들어 그 존재가 잘 구분이 되지 않는 것을 의미하여 '사라지는(disappear) 컴퓨팅', '보이지 않는(invisible) 컴퓨팅', '조용한(calm) 컴퓨팅' 이라는 개념으로 정의하였다. 이는 기술적인 문제보다 심리적인 문제가 더욱 중요하다는 것을 의미하는데 즉, 생활 속 모든 사물에 칩을 집어넣어 어디에나 컴퓨터가 존재하고 이러한 컴퓨터를 사람들이 의식하지 않고 자연스럽게 사용하는 것이라고 할 수 있다.

미국의 경우 AT&T, IBM, 마이크로소프트, 인텔, 액센추어, 제록스, 휴렛패커드 등 유수의 IT기업과 MIT 미디어랩 등과 같은 대학연구소들이 유비쿼터스 컴퓨팅기술 개발에 적극 나서고 있으며, 일본 총무성은 민간과 대학, 정부 관

표 15-9 유비쿼터스와 5C

5C	내 용
Computing	언제 어디서나 사용할 수 있어야 한다.
Communication	언제 어디서나 어떤 장치와도 통신이 가능해야 한다.
Connectivity	항상 모든 장치들은 네트워크에 접속되어 있어야 한다.
Contents	어떤 장치에서든지 혹은 이동 중이더라도 유무선을 의식하지 않고 자연스럽게 연동시켜 줄 수 있어야 하며, 사용자가 요구하는 콘텐츠를 제공할 수 있어야 한다.
Calm	고요함 또는 편안함이라는 사전적 의미로 인간과 직접 커뮤니케이션이 가능한 무장벽 인터페이스(펜, 음성, 몸짓, 인식 등)를 이용하여 편안하게 사용할 수 있어야 한다.

자료 : 여준호, 최신 REID기술, 홍릉과학출판사, 2008.

련 부처 전문가 등으로 구성된 유비쿼터스 네트워크 포럼을 발족시킨 데 이어, 유비쿼터스 기반 기술 확보를 위한 예산을 편성하기도 하였다.

유비쿼터스는 1999년도에 일본에 의해 '유비쿼터스 네트워크'란 개념으로 확장이 되면서 언제 어디서나 컴퓨터에 연결될 수 있는 네트워킹 환경을 의미하게 되었다. 이는 오늘날 휴대폰, 스마트폰, PDA와 같은 휴대용 컴퓨터를 가지고 다니면서 멀리 떨어져 있는 각종 사물과 연결하여 그 사물을 실시간으로 사용한다는 개념으로까지 확장되었다.

(2) 유비쿼터스와 5Any

① Any where

네트워크가 가능한 단말기를 가지고 있다면, 어디서든 네트워크 통신이 가능하다. 예를 들어 예전에는 공중전화와 같이 특정지역에 설치된 전화기를 이용했지만, 지금은 어디서든지 휴대폰과 스마트폰을 이용하여 음성과 영상을 넘어 다양한 멀티미디어 콘텐츠를 교환하거나 이용할 수 있다.

② Any Time

유비쿼터스 기술은 언제든지 정보를 실시간으로 주고받을 수 있는 환경을 제공한다. 대표적인 예로 만성질환자들의 건강정보를 끊임없이 주고받음으로써 건강상태 관리나 사고 예방, 치료 등을 도울 수 있다.

③ Any Network

사용자가 자신이 가입된 통신망만을 이용하는 것이 아니라, 언제 어디에서든지 다양한 통신사업자가 제공하는 각종 통신서비스를 이용할 수 있다.

④ Any Device

최근 디지털 기기들의 트렌드는 융합(Convergence)이라고 할 만큼 다양한 디지털 컨버전스 상품들이 나오고 있다. 기존의 TV와 컴퓨터, MP3, 휴대폰 등 기기들의 구분이 모호해지면서 최근에는 다양한 기능들을 탑재한 태블릿PC나 스마트폰 등과 같은 컨버전스 상품들이 주를 이루고 있다.

⑤ Any Service

앞으로는 유선통신, 무선통신, 데이터 통신 전용 회선 등의 구분이 없어지고, 통합되어 한 개의 통신망이 모든 서비스를 제공할 것이다. 이를 차세대 통신망(Next Generation Network: NGN)이라고 한다.

(3) 유비쿼터스의 현황

우리나라에는 유비쿼터스란 개념이 2002년 4월경 전자신문을 통해 소개되었으나, 이 개념은 이 보다 10여 년이 앞선 1989년도에 마크 와이저(Mark Weiser)의 논문에 의해 발표되었다. 일본사람들은 일본의 도쿄대 교수 사카무라 겐(坂村健) 박사가 1984년에 이미 그 개념을 만들었다고 주장하기도 한다.

IBM에서는 비슷한 개념인 퍼베이시브 컴퓨팅을 만들어 가고 있다. 이제 막 학문적 체계를 갖추어 나아가고 있으며, 모든 IT(information Technology), BT(Bio Technology), NT(Nano Technology)산업의 궁극적인 지향점으로 보고 관심이 집중되고 있다.

우리나라도 유비쿼터스 포럼이 창립되었으나 관심에 비해 자료와 여건은 미흡한 수준이다. 이제 유비쿼터스 기술을 이용하여 다양한 디지털 컨버전스 상품을 생산하고 서비스하는 비즈니스 모델을 발굴하여 새로운 수요와 시장 창출을 도모해야 할 것이다.

미국은 자국의 정보산업 경쟁력 유지를 위해서 1991년부터 유비쿼터스 컴퓨팅 실현을 위한 연구개발을 추진해 왔으며, 이러한 계획의 일환으로 국방부 산하 고등연구계획국과 국가표준기술원(NIST)의 정보기술응용국(ITAO)이 연구자금을 지원하고 있다. 또한, 정부기관과 대기업의 자금 지원으로 MIT, CMU 등의 주요대학과 HP, MS, IBM 등의 민간기업 연구소에서 다양한 프로젝트를 수행하고 있다. 미국은 주로 유비쿼터스 컴퓨팅 기술과 조기 응용 개발에 중점을 두고 있으며, 특히 일상생활·공간과 컴퓨터간의 자연스러운 통합이 가능한 HCI(human computer interaction) 기술과 표준 개발을 핵심요소로 인식하고 있다.

일본은 자국이 국제 경쟁력을 확보하고 있는 광, 모바일, 센서, 초소형 기계장치, 가전, 부품, 재료, 정밀가공 기술 등을 연계시켜 조기에 유비쿼터스 네트워크를 구현하여 세계 최첨단 IT 국가를 실현하고, 최근에 약해지고 있는 자국의 국가 경쟁력을 강화하기 위한 야심찬 계획을 추진 중이다. 일본의 전략은 미국의 강점 분야인 컴퓨터, 소프트웨어 등의 핵심기술도 중요하지만, 마이크로 센서기술을 이용한 사람과 사물간의 통신, 그리고 그와 관련된 주변기술도 중요하다고 인식하고 있다. 유비쿼터스 네트워크 조사연구회에서는 일본에서의 유비쿼터스 네트워크 사회의 실현이 새로운 산업 및 비즈니스 시장의 창출과 편리하고 풍요로운 라이프 스타일의 실현, 그리고 일본이 직면하고 있는 고령화 문제, 교통혼잡, 지진, 환경 관리 등을 해결하는데 기여할 수 있을 것으로 전망하고 있다.

미국과 일본은 유비쿼터스 컴퓨팅 기술개발 방향과 전략에서 약간의 차이를 보이고 있다. 미국은 기술적 비전 제시와 필요한 부문에서의 조기 응용을 강조하는 반면에, 일본은 국가차원의 정책적 추진에 비중을 두고 있다. 이는 미 · 일 양국 간의 유비쿼터스 컴퓨팅 추진에 대한 시각차와 기술력의 차이에서 비롯된 것으로 보여 진다. 또한, 미국은 최첨단 컴퓨터와 소프트웨어 기술력을 토대로 바이오기술과 나노기술의 응용을 통해 정보통신 기술을 새로운 차원으로 발전시켜 유비쿼터스 컴퓨팅을 구현하려 하고 있다. 이는 미국의 컴퓨터와 소프트웨어 기술력에 대한 자신감, 그리고 전통적인 실용주의가 그대로 반영된 결과라고 생각한다. 반면, 일본은 자국이 보유한 기술력과 자원을 네트워크화 함으로써 유비쿼터스 컴퓨팅을 조기에 확산시키는 전략을 수립하고 있다.

한편, 유럽은 유럽 공동체가 중심이 되어 2001년에 시작된 정보화사회기술계획의 일환으로 미래기술계획에서 자금을 지원하는 '사라지는 컴퓨팅 계획'을 추진 중에 있다. 이는 주변의 일상 사물에 센서 · 구동기 · 프로세서 등을 내장시켜 사물 고유의 기능 외에 정보처리 및 정보교환 기능이 증진된 정보인공물을 개발하여 새로운 가능성과 가치를 창출하고, 궁극적으로는 인간의 일상 활동을 지원 및 향상시킬 수 있는 환경을 구축하는 것을 목표로 한다. 유럽은 이러한 프로젝트의 수행과정에서 유비쿼터스 컴퓨팅 혁명에 대한 대응전략을 적극 모색하고 있다.

미국 · 일본 · 유럽의 유비쿼터스 컴퓨팅 추진 전략의 공통적 메시지를 살펴보면 다음과 같다.

첫째, 추진 주체는 실질적으로 미국을 비롯하여 각국 정부가 주도하고 있다.

둘째, 차세대 정보통신기술의 개발 대상은 일상생활을 중심으로 하는 장치 혹은 환경이다.

셋째, 주요 추진 목표는 미래 기술 체제로의 진입을 시도하고 있다. 즉, 각국 정부는 미래 기술의 실용화에 대한 공격적인 연구개발 및 실험을 통하여 유비쿼터스 컴퓨팅 기술의 조기 일상 생활화를 추진하고 있으며, 컴퓨팅의 생활화를 통하여 새로운 거대 IT 시장의 출현을 준비하고 있다.

우리나라도 이미 상용화된 스마트 카드, 완벽한 무선 모바일로 자리 잡은 인터넷 폰과 스마트폰 등이 유비쿼터스를 구현하고 있다. 언제 어디서나 인터넷을 할 수 있다는 것은 초기상태의 유비쿼터스를 의미하며, 앞으로는 유비쿼터스 환경이 구현된 디지털 홈과 u-health 서비스 등이 활성화 될 것이다. 따라서 유비쿼터스에 대한 범국민적 공감대와 학교 차원에서의 교육이 필요하다. 앞으로는 유비쿼터스에서 앞서는 나라가 세계의 경쟁력과 영향력을 선점하게 될 것이 분명하기 때문이다.

급변하는 유비쿼터스 산업시대의 기업경영은 글로벌화, 융합화, 디지털화를 의미하면서 무한경쟁의 지식기반 경영을 의미한다. 이처럼 유비쿼터스는 최근 전세계적으로 최대 화두로 다뤄지고 있으며, 유비쿼터스의 실현으로 실세계의 각종 사물들과 물리적 환경 전반, 즉 물리공간에 걸쳐 컴퓨터들이 편재되게 하되 사용자에게는 겉모습이 드러나지 않도록 환경 내에 효과적으로 심어지고 통합되는 새로운 정보통신 환경의 구축이 예상된다.

G•l•o•b•a•l•M•a•n•a•g•e•m•e•n•t

유비쿼터스의 추진 부문

유비쿼터스는 전력산업, 위치기반서비스, U헬스케어, 스마트 타이어, 스마트 디스플레이 등에서 추진되고 있다. 각 부문을 살펴보자.

1. 전력산업

전력산업은 개인 정보단말기기의 지향적, 접속의 이동성, 컨텍스트 지향적 개념등의 필요성에 따라 언제 어디서나 어떤 디바이스를 가지고도 각종 전력설비나 기기 등에 탑재된 컴퓨터를 통해 가치있는 실시간 정보를 인식한다. 이에 대한 적용사업으로는 최근 전력계통에서 보호·감시·미터링·진단 등에 가장 많이 사용되기 시작한 'IED(Intelligent Electric Device)'로 유비쿼터스 환경에 가장 접근하고 있다.

2. 위치기반서비스(LBS)

LBS(Location Based Service)는 휴대폰 속의 칩을 이용해 가입자들의 위치를 반경 수십 센티미터에서 수십 미터 내에서 언제든지 확인할 수 있도록 해주며, 사용자가 원하는 각종 정보를 개인화 된 환경에서 서비스가 가능하도록 해 준다. 서비스 방식에 따라 이동통신기지국을 이용하는 방식과 위성을 활용한 GPS(Global Positioning Service)로 구분되며, 서비스 유형별로 위치추적서비스, 공공안전서비스, 위치기반정보서비스 등으로 분류된다.

3. U 헬스케어

집안 곳곳에 심어진 각종 센서를 통해 거주자의 생체상태나 변화를 감지할 수 있는 계측장비와 센서가 장착되고, 이를 통해 수집되는 각종 생체정보는 의료연구센터 내 중앙서버에 실시간으로 전송돼 개인의 건강상태를 점검하는 데이터베이스로 활용된다.

4. 스마트 타이어

스마트 타이어란 기존 고무 타이어에 각종 안전센서를 장착해 운전자의 위험상황을 경고하는 기능까지 수행하는 미래형 타이어로 실제 주행 중인 타이어가 펑크가 나기 전에 타이어 공기압 정보를 운전자에게 알려주거나 노면조건을 감지하여 타이어 외부형태까지 바꾸는 꿈의 자동차 타이어를 말한다.

5. 스마트 디스플레이

무선 랜이 장착된 터치스크린 형태의 스마트 디스플레이는 한마디로 서버(PC)와 단말기(모니터) 간의 각종 입출력 정보를 무선으로 연결해 주는 역할로 집안에서 가전제품의 연결선 없이(wireless) 집안 어디서나 인터넷을 즐기며 정보가전제품을 제어할 수 있는 쉽고 편안한 유비쿼터스 컴퓨팅 시대를 가능하게 해준다.

6. UFID 프로젝트

건물, 문화재, 도로, 교량, 하천, 호수, 해안 등 인공 및 자연 지형지물에 부여될 전자식별자(UFID: Unique Feature Identifier)는 쉽게 말해 사람의 주민등록번호와 동일한 개념으로 지형지물 관리기관별로 관리해온 데이터베이스에 UFID를 주 검색기로 사용함으로써 국가기반시설물들을 통합 관리할 수 있게 한다.

7. FM라디오기반 데이터 방송

보통 라디오방송국에서 사용하는 FM주파수에는 다른 방송국들과 혼선을 막기 위해 음성정보가 실리지 않는 여분의 주파수 대역이 존재하는데, 마이크로소프트사는 이 남은 FM주파수 대역을 이용해 초당 12Kbps로 데이터를 전송하는 '스폿(SPOT: Smart Personal Object Technology)'이란 기술개발로 일상생활에서 필요한 뉴스, 날씨, 교통, 주식 및 기타 개인정보 등의 문자 메시지를 실시간으로 받아 볼 수 있도록 하였다.

8. BMS 프로젝트

버스종합사령실(BMS: Bus Management System)은 위치측정시스템(GPS)과 무선송수신기를 장착하고 자신의 운행위치 및 상태, 배차간격, 도착 예정시간이 실시간으로 제공되며 원하는 목적지까지의 소요시간과 노선정보 등의 각종 정보를 스스로 수 · 발신하는유비쿼터스 컴퓨팅 환경이다.

9. 홈 네트워킹

컴퓨터 칩의 소형화에 따라 급속히 전개되고 있는 디지털 컨버전스 홈네트워킹 혁명으로 조만간 구현될 디지털 홈은 정보기기와 통신기술의 급속한 발전에 따라 가정은 물론 교통 · 사회 인프라 · 전자상거래 등과 연계되는 미래 인텔리전트 사회의 도래까지도 예상케 하고 있다.

10. 차세대 네트워크(NGN) 프로젝트

NGN(Next Generation Network)은 전화망(PSTN), 인터넷, ATM, FR, 전용망, 무선망 등의 서로 다른 망을 하나의 공통된 망으로 구조를 단순화 해 음성과 데이터를 통합한 다양한 멀티미디어 서비스를 통합적으로 제공할 수 있는 차세대 통신 네트워크를 말한다.

11. 스마트 웨어

선진국에서는 이미 웨어러블 컴퓨터, 스마트 섬유, 스마트 패션 등 다양한 형태의 스마트 웨어(Smart wear) 관련 연구들이 가시화되고 있는데 스마트 웨어를 입으면 굳이 컴퓨터 앞이 아니더라도 언제, 어디서나 네트워크에 접속해 원하는 작업 처리가 가능한 네트워크의 중심이다.

자료 : www.ubiquitousdream.or.kr

제16장

Global Management

기업환경과 사회적 책임

01 | 기업환경이란?

기업은 사회 안의 다른 수많은 조직이나 구성원들이 함께 만들어 내는 복잡한 상호 작용 속에서 자신의 목적을 달성하기 위해 다양한 경영활동을 수행하는 조직체이다. 현대 사회와 같이 환경변화의 속도가 대단히 빠르게 일어나는 시기에는 기업이 변화하는 환경에 어떻게 대응할 것인가 하는 문제가 기업의 미래를 좌우할 만큼 매우 중요한 과제로 떠오르고 있다. 따라서 기업이 계속 유지 · 성장하기 위해서는 변화하는 환경에 적극적 · 능동적으로 대처하는 능력을 길러야 한다.

기업환경(business environment)이란 기업의 활동에 직접적 또는 간접적으로 관계를 맺고 있는 기업 외부의 상황을 의미하며, 특히 기업 활동에 영향을 미칠 수 있는 힘을 갖고 있는 상황요인으로 정의할 수 있다. 기업환경은 기업에게 성장의 기회를 제공함과 동시에, 위협으로 작용하기도 한다. 기업이 기업환경의 변화에 어떻게 대응하느냐에 따라 다른 결과를 초래한다. 즉, 위협이 될 만한 환경변화에 직면한 기업이라 하더라도 신속하게 문제를 파악하고 대응한다면 더 도약할 기회를 가질 수도 있지만, 민첩하게 대응하지 못한다면 그 위협을 극복하지 못하고 쓰러지게 될 것이다. 반대로 성장의 기회를 맞이한 기업이라 할지라도 변화에 적극적으로 대응하지 못한다면 다시 위기를 맞게 될지도 모른다. 따라서 기업은 기업환경의 변화를 민감하게 느낄 수 있도록 촉각을 곤두세워야 하며, 항상 변화를 받아들일 수 있는 마인드를 갖는 것이 중요하다. 특히, 21세기는 정보기술의 발달로 경영환경의 일대 패러다임의 전환이 이루어 지고 있다. 과거 아날로그 시대에는 제품과 기술이 중요한 경쟁수단이었으나, 이제 정보를 어떻게 활용하느냐 여부가 중요한 경쟁 수단으로 자리잡게 되었다.

정보기술의 발달은 전면적으로 사람의 행태와 생각하는 관념의 변화를 초래하여 재택근무, 재택진료, 우주여행 같은 꿈 같은 사실이 현실로 나타나게 되었다. 이로 인해 산업에는 단일 제품이 장기간 수익을 얻는 시대는 지나갔으며, 산업간 경계선 붕괴, 기업 간 경쟁 격화, 기계전자산업의 메카트로닉스(mechatronics), 석유화학, 생명공학, 금융공학 등 융합산업(fusion industry)이 각광을 받고 있다. 이러한 시대에 노동력, 자금 등 물리적 생산요소의 중요성은 감소하고, 개인의 창의력을 바탕으로 한 지적 자원이 기업의 핵심역량으로 부각되고 있어 기업간 수평적 네트워크, 글로벌 아웃소싱, 긴밀한 고객 네트워크 등의 새로운 경영환경을 조성해야 한다.

G•l•o•b•a•l•M•a•n•a•g•e•m•e•n•t

환경이 경쟁력이다. 더바디샵

더바디샵은 영국 남부 해안가 브라이튼(Brighton)에 오픈한 1호점에서 출발하여 세계 여러 나라의 기업가들이 아니타 로딕 여사의 비전에 동참하면서 전 세계적인 판매망을 갖춘 브랜드로 빠르게 성장해 왔다.

더바디샵은 이전에 사용되지 않았던 알로에베라, 호호바 오일, 코코아 버터 등 천연 원료로 만든 화장품을 소개하였고, 화이트 머스크, 티트리, 스파 위즈덤, 비타민 E 등과 같은 베스트셀러들을 통해 전 세계의 다양한 소비자들로부터 폭넓은 사랑을 받고 있다.

이와 같은 더바디샵은 1999년 영국 소비자 연합(Consumers Association)으로부터 가장 신뢰할 수 있는 브랜드 2위로 선정되었으며, 1997년 인터브랜드 서베이(Interbrand Survey)의 평가에 의해 전 세계 28위, 전 세계 소매 브랜드 중 2위에 랭크되었다. 1998년 파이낸셜 타임즈(The Financial Times)가 전 세계 기업 대표들을 대상으로 실시한 조사에서도 세계에서 27번째로 존경받는 기업으로 조사되었다. 현재 더바디샵은 전 세계 60여개국 2,500여개의 매장을 운영하고 있으며, 기업 이념인 5가지 밸류를 적극적으로 실천함으로써 사회에 긍정적인 변화를 이끌어내는데 기여하고 있다.

'The Body Shop'은 처음에 아주 작은 노점을 통해 시작한 기업이다. 아주 작은 상점이었던 더바디샵이 어떻게 세계적으로 가장 많이 팔리는 미용용품 다국적기업이 되었을까?

더바디샵이 가장 지향하는 가치는 '자연주의'이다. 제품 대부분은 친환경적인 원료들로 만들어지며, 심지어 제품의 포장지는 재활용품을 사용한다. 기업이 지향하는 환경의 가치를 그대로 시행하는 것이다. 또한, 더바디샵은 동물실험 반대, 커뮤니티 페어 트레이드 지원, 자아존중 고취, 인권 보호, 지구환경 보호라는 5가지 가치를 적극적으로 실천 해오고 있다. 이러한 노력은 한 세대에 걸쳐 소비자들의 지지와 공감을 이끌어 내고 있는 상황이다.

더 바디샵이 많은 이윤을 창출해내고 존경받는 기업이 될 수 있었던 이유는 환경을 생각하는 기업의 가치였다. 환경을 생각함으로써 소비자들은 기업 브랜드에 대한 긍정적인 이미지를 가질 수 있었고 계속적으로 상품을 구매하는 소비층이 되었다. 이는 우리 기업들이 환경 혹은 생태계에 대해 무관심하지 않아야 함을 보여준다.

자료: www.thebodyshop.co.kr 참조

02 | 기업환경의 체계

환경의 개념을 좀 더 세분화해서 내부환경(internal environment)과 외부환경(external environment)으로 구분할 수 있다. 내부환경이란 기업내에서 작업이 수행되고 목적이 달성되는 방식에 직접적으로 영향을 미치는 여러 요인을 의미하는데, 여기에는 근로자, 작업흐름, 공장배치, 경영스타일, 보상제도, 조직구조, 조직문화, 자원 등이 포함된다. 외부환경이란 크게 일반환경과 과업환경으로 분류할 수 있다.

2.1 일반환경

일반환경(General Environment)이란 어떤 특정 조직에만 영향을 미치는 환경이 아니라, 사회 전체적으로 영향을 미치는, 모든 조직에 공통적인 영향을 미치는 환경을 말한다. 기업의 입장에서 보면 특정대상이 파악되지 않기 때문에 일반환경요인에 대하여 어떤 영향력을 행사하기 어렵다. 이러한 일반환경에는 법률/정치(political and legal) 환경, 경제(economic) 환경, 기술(technological) 환경, 사회/문화(social and cultural) 환경, 자연(natural) 환경으로 나누어 볼 수 있다. 또한 요즘과 같이 세계화가 이뤄진 상황에서는 글로벌(global) 환경도 중요한 일반환경의 요소가 된다(그림 16-1 참조).

(1) 법률/정치 환경

기업은 경영활동을 함에 있어서 정부의 보호와 지원을 받기도 하고, 제재를 받기도 한다. 또한 법률은 기업의 경영활동에 있어서 게임의 규칙과 같은

그림 16-1 ◎ 기업환경의 구성

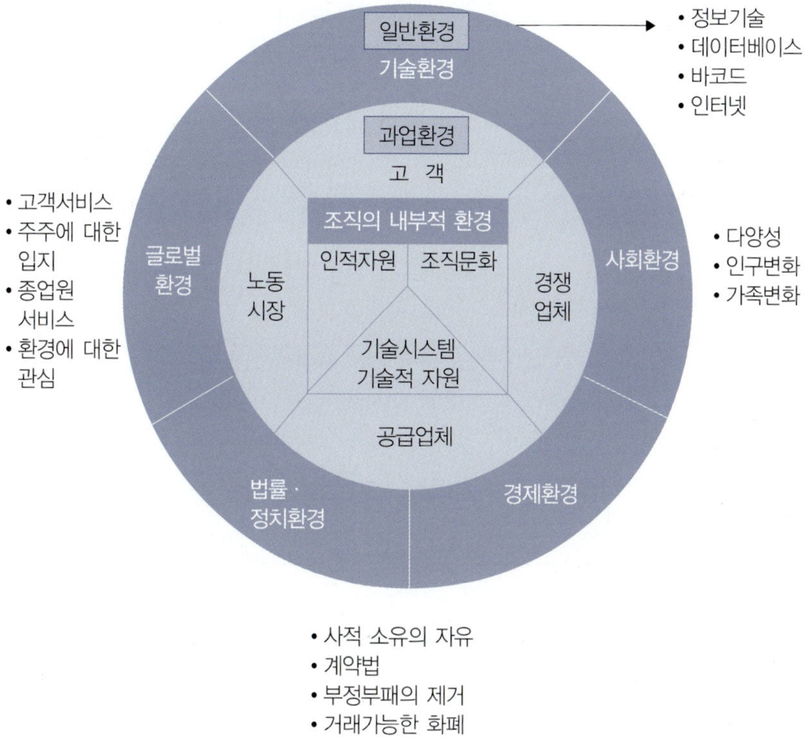

역할을 하기도 한다. 이러한 의미에서 법률/정치 환경은 주로 법률과 국가정책이 형성되는 과정에 영향을 미치는 정치집단, 이해관계자 집단, 입법분야의 추세 등을 말한다. 일반적으로 법률/정치 환경은 기업 활동과 관련된 각종 법률의 내용과 국가정책, 사회의 정치풍토, 권력집중의 정도, 정치적 압력단체의 영향 등과 같은 특성에 의해 달라진다. 특히 기업이 글로벌화되면서 국내와는 상이한 법률/정치환경이 기업의 국제경영활동에 지대한 영향을 미치고 있는 바 이를 예의주시, 분석·예측하고 대응할 수 있는 능력을 갖추어야 한다. 기업활동에 영향을 주는 대표적인 법률로는 상법, 세법, 독과점규제법, 공정거래법, 소비자보호법, 공해방지법, 노동법 등을 들 수 있다.

(2) 경제 환경

기업의 경영활동을 둘러싼 국민경제적 환경으로서, 국가의 경제체제를 비

표 16-1 ◎ 경제 관련지표

구 분	관련지표
국민소득	GNP(국민총생산), GDP(국내총생산), GNI(국민총소득), 경제성장률, 저축률 등
실물경제	생산과 출하: 산업생산, 출하, 재고, 제조업 평균가동률 등
	투자: 건축허가면적, 건설수주액, 기계수주액 등
	소비: 도소매 판매, 내수용 소비재 출하 등
대외거래	국제수지: 경상수지(수출입 수지), 자본수지(직접투자, 증권투자) 등
	수출입: 수출, 수입
	외채, 외국인 투자, 원유도입
통화/금리	환율, 이자율, 국공채 수익률 등
물가 및 수출입단가	생산자 물가, 소비자물가, 수출단가, 수입단가
고용	경제활동인구, 실업률, 평균임금
경기	선행지수, 동행지수

롯하여 세율, 금리, 환율, 금융정책과 통화정책, 국민소득, 시장구조, 국가의 신용등급 등이 경제 환경의 기본요소이다. 기업은 경제적 기능인 생산활동을 기본으로 하므로 다른 환경과는 달리 기업활동에 가장 직접적이고 즉각적인 영향을 미친다는 점에서 중요한 의미를 지닌다(표 16-1 참조).

(3) 기술 환경

기술환경이란 재화 및 서비스 생산과 관련되는 지식의 상태를 반영하는 것으로, 기업경영에 영향을 미치는 국가 또는 산업의 기술수준 또는 상태를 말한다. 기술환경은 동태적인 성격을 지니면서 급속히 변화하는 것으로서 정보기술, 유전자공학, 생명공학, 공장자동화 및 사무자동화, 컴퓨터기술 등이 있다.

기술 환경의 영향은 생산성을 높이고 삶의 질과 생활 수준을 높이는 등 많은 편익을 제공하기도 하지만, 새로운 기술의 등장으로 제품의 진부화는 가속화되고, 경쟁을 더욱 치열하게 만든다. 또한 지구 온난화, 수질오염, 대기오염, 에너지 고갈 등 환경에 악영향을 끼치는 경우가 많기 때문에 중요하게 다루어져야 할 환경요인이다.

(4) 사회/문화 환경

사회의 규범(norms) 및 가치관, 전통이나 관습(customs), 생활양식(life style), 인구통계학적 특성(demographics), 태도(attitudes), 사람들의 욕구와 신뢰 등 사회적 제도와 관련된 모든 환경요인들로, 다른 기업환경들을 떠받들고 있는 가장 기본적인 요소이다. 따라서 사회/문화 환경은 기업의 경영활동에 가장 근본적으로 영향을 미치는 요소라고 할 수 있다. 여기서 문화(culture)란 사회환경을 구성하는 요소로서 자신의 형태를 다른것과 구별시켜주는 학습된 인간행위(learned behavior)의 사회적 규범과 생활방식이며, 기업환경을 결정짓는 중요한 기초적요인 중의 하나이다.

사람들이 자라면서 습득한 생활의식은 기업의 경영활동을 책임지는 경영자로부터 종업원, 심지어 소비자 행동의 바탕이 되는 지속적이고 일관된 성향을 나타내는 지침이 되기 때문에, 기업의 경영활동에 있어서 사회/문화 환경의 특성에 대해서는 잘 이해하고 있어야 하며, 늘 새로운 사회/문화 환경의 변화에 주목해야 한다.

(5) 글로벌환경

글로벌환경(global environment)이란 기업이 한 국가의 국경을 넘어 국제기업활동을 수행할 때 당면하는 포괄적인 경영환경이다. 세계경제의 블록화 및 세계화가 가속화되고 세계의 기업간 경쟁이 더욱 격화되는 등 국제적 환경의 중요성이 대두되자, 기업들은 국내기업으로서 갖는 한계를 극복하기 위해 다국적기업화하게 되었다.

(6) 자연 환경과 공해

1) 자연 환경

자연 환경(natural environment)이란 기업을 둘러싸고 있는 천연자원 및 대기, 일광, 광선, 기후, 풍토, 생태계 등과 같은 자연조건을 말한다. 자연환경의 세 가지 요소는 기후, 지형, 토양이다. 그 자연환경은 끊임없이 변화하고 있다. 자연환경이 급변해 인간에게 피해를 주는 게 바로 자연재해다. 산사태, 산불, 장마와 홍수, 가뭄, 폭설과 눈사태, 태풍, 해일, 지진, 화산폭발 등이 그것이다. 화산폭발로 많은 사상자가 생기고, 쓰나미(지진해일)로 대규모의 난민이 발생하는 등 지구촌 재앙은 결코 남의 일이 아니다. 여기서 쓰나미란 해소(海嘯)라고도 하는 것으로 태풍 또는 저기압에 의해서 생기는 해일을 폭풍해일 또는 저기압해일이라고 한다. 대개 얕은 진원(震源: 30km 이내)을 가진 진도 7 이상의 지진과 함께 일어난다. 그 밖에 해저화산이나 해저에서의 사태에 의해 토사가 함몰되거나, 핵폭발에 의해서 발생하기도 한다.

자연 환경이 파괴되고 오염되는 현상을 가리켜 우리는 공해(public nuisance)라 하고, 미국에서는 환경파괴(environment disruption)라고 하며, 유엔에서는 환경오염(environment pollution)이라고 한다. 공해란 인간의 생활환경 파괴로 인하여 인간의 건강에 직접적으로 해를 끼치는 현상으로 정의되는 것이 일반적이다. 따라서 공해는 인간을 둘러싸고 있는 자연 환경에 대하여 파괴 내지는 오염으로 인하여 인간이 그 생존을 위해 환경을 이용하는데 지장이 생기는 일체의 경우를 지칭하는 것이다.

그러나 오늘날 기업공해 또는 산업공해라고 할 때는 단순히 환경파괴 내지 환경오염만을 가리키는 것이 아니라, 기업활동과 관련해서 발생하는 인간 생활상의 모든 피해를 포괄적으로 포함하는 것이라고 이해해야 하며, 이상에서 본 공해유형은 다음과 같다.

① 대기오염

대기오염(air pollution)이란 인류의 생활활동 결과 발생한 물질이 직 · 간접으로 인간생활에 불쾌감을 주고 재해위험성이 있으며 건강장애를 끼치거나 재산상의 피해를 끼치는 것이다. 오늘날 대도시의 상공뿐만 아니라, 지구의 대기도 공업화의 가속화로 인해 오염막을 형성해가고 있다. 자동차는 일산화탄소, 산유황가스, 산화질수소가스, 탄화수소, 납[鉛] 등의 유해물질을 대기중에 분출시키고 있으며, 펄프, 제지공장, 제강, 제련, 정유공장 및 화학공장 등에서도 특수유독물질을 내뿜고 있어 대기를 오염시키고 있으며, 주택지역에서도 연료가 연소할 때에 일산화탄소, 산화유황 등을 내뿜어 대기 오염을 가중시키고 있다.

② 수질오염

수질오염(water polllution)이란 인간의 활동이 호주, 강, 해양, 지하수 등의 수질에 끼치는 악영향을 의미한다. 인구 증가와 산업의 발전으로 용수량이 증가되면서 폐수량도 비례적으로 증가되어 가고 있는 실정이다. 주거지역과 상가지역에서 흘러나오는 하수, 공장지역의 공장폐수 등은 지표수와 지하수 등을 오염시키고 있다.

이들 하수가 처리되는 장소는 지하, 하천, 호수 및 바다이기 때문에 지하수, 하천, 호수, 해양 등은 하수 중에 포함된 각종 유기물질 및 무기물질 등의 오염물질로 인하여 나날이 오염되어 가고 있다. 또한 농작물에 사용되는 비료와 농약 등도 지하수, 하천, 호수, 해양 등을 오염시키는 주요 원인이다.

G·l·o·b·a·l·M·a·n·a·g·e·m·e·n·t

난개발 우면산의 보복

수마가 할퀴고 간 우면산은 처참했다. 폭탄을 맞은 듯 진흙이 산을 뒤덮었다. 여기저기 심하게 파헤쳐져 있었다. "난개발(체계적인 개발 대신 산림을 훼손하거나 거주 환경을 고려하지 않고 무차별로 개발하는 것을 통틀어 이르는 말)이 지반을 약하게 해 피해가 컸다".

산꼭대기부터 밑까지 6차선 도로 너비만한 길이 났다. 산을 뒤덮던 토사가 쓸려나와 생긴 붉은 흙길이었다. 그 사이로 빗물이 계속 흘러내리면서 1m 넓이의 작은 계곡까지 생겼다. 밑으로는 진흙폭탄을 맞은 아파트단지가 참혹한 모습을 드러냈다.

전문가에 따르면 산사태의 1차적인 원인은 집중호우라고 했다. 시간당 100mm에 달하는 빗줄기를 산이 감당하지 못했다. 그 원인 중 하나가 난개발이라는 점이다.

"산에 공원 등을 만들면 물줄기의 흐름이 바뀐다. 그래서 배수가 중요하다. 산 밑 어디에도 사방댐(산사태나 홍수를 막기 위한 배수 기능이 있는 둑)이 없다. 물길이 막히니까 산사태가 생긴 것이다. 무분별한 개발에 대한 자연의 경고이다." 난개발 피로에 따른 부작용이라는 지적이다.

해발 293m인 우면산은 가팔랐다. 진흙에 발목이 빠져 허우적거렸다. 보이는 것은 바위와 흙, 뿌리까지 뽑힌 채 흩어진 나무뿐이었다. 쓰러진 나무 위로는 흙과 자갈이 무덤처럼 쌓였다.

"실질적인 원인은 서울시와 서초구가 주민편의시설이라며 산 주변에 생태공원이나 등산로를 많이 개발해 토질이 약해진 때문"이라고 한다. 현재 우면산에는 생태공원과 50여 개의 등산로 · 산책로 등이 있다.

약수터도 18개가 있다. 지난 5월까지 휠체어와 유모차가 다닐 수 있는 무장애 숲길 조성 공사를 했다. 지난해 9월 태풍 곤파스로 허물어진 유점사 약수터와 덕우암 약수터에서는 지난 4월부터 공사 중이다. 피해 주민들 상당수도 "등산로 조성공사를 하면서 나무를 베어내 산사태에 취약해졌다"고 말했다. 시민을 위한 개발이 피해로 돌아갔다는 주장이다.

또 다른 전문가는 "생태공원 등 눈에 보기 좋은 면만 보고 재해를 일으킬 수 있는 다른 면은 전혀 보지 않아 이런 사태가 발생했다"고 지적한다. 그는 "맹꽁이가 사는 물웅덩이를 자연 그대로 활용하지 않고 확대하려다 피해가 더 커졌다"고 덧붙였다.

자료: 중앙일보, 2011. 7. 29에서 수정인용.

G·l·o·b·a·l·M·a·n·a·g·e·m·e·n·t

공해방지시스템

공해방지시스템은 공해를 방지하기 위한 기기, 시스템, 관계산업을 총칭하는 용어이다. 공해방지기기의 주된 것은 집진기, 산업배수처리장치, 하수의 오염처리장치, 고층굴뚝, 소각로, 배연탈황장치, 중유탈황장치 등이다.

공해문제는 개방체계적인 특성에 따라 공간적으로 광범위한 영향을 끼치게 되고, 문제의 상호관련성 및 광포성 등으로 인하여 오늘날 국제간의 분쟁문제로까지 확대되고 있어 문제의 해결을 위한 협정의 필요성이 증대되고 있다.

예를 들면, 영국의 '스모그'가 노르웨이의 대기를 더럽히고, 알사스에 있는 프랑스 석탄광산의 화학 배출물이 벨기에와 네덜란드에 있는 라인강 하류의 물고기를 죽게 하기 때문에 이를 광역적으로 다스려야 할 필요성이 절실하다.

공해방지협정은 해양오염방지협정을 맺음으로써 시작되었는데, 1954년 노르웨이, 미국, 일본 등이 주축이 된 '유류(油類)에 의한 해양오염방지협약'을 효시로 한국은 1978년 가입하였다.

또 1969년 노르웨이 · 미국 · 일본이 주축이 되어 '유류오염피해로 인한 민사책임에 관한 협약'이 제정되었으며, 한국은 1979년 가입하였다. 이 밖에 '공해상에서의 유류오염사고의 중재에 관한 협약' '석유오염 피해보상을 위한 국제기금 설립에 관한 협약' 등 여러 협약이 있다.

또한 유럽공동체(EC)가 제정 · 공포한 '소음 · 진동에 관한 규제법'은 공해방지 협정의 범위를 넘어 국제환경법 영역의 범주에 있어 앞으로의 공해문제는 방지협정에 의해서 해결함은 물론, 인접국가간에는 협약 대신 이와 같은 국제환경법의 제정이 더욱 늘어날 것으로 전망된다.

자료: UEI 정보.

G·l·o·b·a·l·M·a·n·a·g·e·m·e·n·t

한 · EU FTA 발효 — 유럽산 농축산물 공습 시작

"한 · 유럽연합(EU) 자유무역협정(FTA)이 발효되면 소비자들은 현재 1kg에 7,200원인 프랑스산 냉동삼겹살을 5,400원에 살 수 있게 된다." 정부가 배포한 '한 · EU FTA로 달라지는 우리생활' 책자에 소개된 내용이다. 관세 25%(1,800원)를 철폐한 혜택이 소비자에게 돌아간다는 것이다. 그렇다면 '한 · EU FTA로 달라지는 우리 양돈 농가의 생활'은 어떨까. 또 소비자들은 10년 뒤에도 안전성과 맛이 뛰어난 국내산 냉장삼겹살을 쉽게 구입할 수 있을까.

농축산물 수출과 농업보조금 두 분야에서 세계 1위를 달리는 농업 강국 EU와의 FTA가 2011년 7월 1일 1일 0시에 발효됐다. 양국의 교역품 관세는 기존에 합의한 내용에 따라 단계적으로 인하되거나 즉시 철폐된다. 농축산물은 쌀과 일부 양념채소류를 빼곤 대부분 일정기간이 지나면 관세가 사라진다. 이에 따라 값싼 EU산 농축산물 수입이 늘어나면서 한국농업은 엄청난 타격을 입을 것으로 우려된다.

직격탄을 맞을 대표적인 품목은 돼지고기다. 농림수산식품부에 따르면 2009년 기준 EU산 냉동돼지고기의 국내 판매가격은 1kg에 6,140원으로 국내산 1만333원의 59.4%에 불과했다. 또 관세가 모두 철폐되면 5,110원까지 떨어질 것으로 분석됐다. 국내산의 절반도 안 되는 가격에 팔릴 것이란 얘기다.

냉동보다 소비자들의 충성도가 높은 냉장부위도 위험하긴 마찬가지다. EU산 냉장삼겹살의 관세장벽 철폐 효과는 이미 5월부터 시작됐다. 정부가 물가안정용으로 올해 말까지 냉장삼겹살 2만t을 무관세로 수입하기로 했기 때문이다. 정부는 aT(농수산물유통공사)를 통해 수입한 냉장삼겹살을 업체에 원가로 공급하고, 판매 후 손실이 발생하면 전액 보전해 주기로 했다.

aT는 수입한 네덜란드산 냉장삼겹살 10t을 6월 28일 이마트와 롯데마트에 1kg당 8,640원씩 공급했다. 소비자 가격은 1kg에 1만 2,000원 내외가 될 것으로 추산된다. 국내산 삼겹살 2만 5,500원대의 절반에도 못 미치는 가격이다. 정부가 유럽산 냉장삼겹살에 대한 소비자 '입맛 길들이기'에 나섰다는 비판을 피하기 어려운 부분이다.

양돈업계 관계자는 EU에선 삼겹살이 비선호부위다 보니 1kg당 가격이 등심이나 안심의 3분의 1 수준인 1유로(약 1,500원)에 불과하다며 "내년 하반기에 국내산 물량 증가, 유럽산 냉장삼겹살에 대한 소비자 입맛 적응, 관세 감축이라는 '3중고'로 다가올 것"이라고 말했다.

박병철 한국육류유통수출입협회장은 "내년 하반기부터는 네덜란드 · 덴마크 · 독일이 삼겹살 수출에 본격 나설 것으로 예상된다"며 "특히 가격면에서 가장 높은 경쟁력을 가진 독일이 냉장삼겹살 수출에 강한 의지를 보이고 있다"고 설명했다.

낙농품도 마찬가지다. 정부는 '한 · EU FTA로 달라지는 우리생활' 책자에서 '어린이들이 좋아하는 프랑스산 벨큐브치즈도 훨씬 싼 값에 즐길 수 있다'고 친절히 설명했다. 현재 프랑스산 벨큐브치즈 가격은 100g당 6,240원인데 이 중 2,246원이 관세인 만큼 15년 뒤에는 4,000원 정도로 떨어진다는 것이다.

농식품부에 따르면 EU산 탈지분유 수입가격은 1kg당 현재 9,643원에서 3,603원으로 대폭 내려갈 것으로 분석됐다. 국내산 제조원가가 7,819원인 점을 감안하면 시장을 모두 EU에 내줄 수밖에 없는 구조가 된 것이다.

그렇지만 정부의 피해대책은 여전히 미흡하다는 게 농업계의 주장이다. GS&J 인스티튜트에 따르면 돼지고기 관세 25%가 철폐되면 수입가격은 20% 낮아질 것으로 분석됐다. 또 국내산 가격이 13.3% 떨어지면서 양돈 농가의 소득은 42.2% 줄 것으로 추산됐다. 하지만 FTA 피해보전직불제가 발동하려면 국내산 가격이 '15% 이상' 떨어져야 한다. 한 · EU FTA의 최대 피해자인 양돈 농가의 소득이 42.4%나 줄어드는 상황에서도 직불제가 작동하지 않는다는 것이다.

이승호 축산관련단체협의회장은 "직불제 발동요건을 가격이 '10% 이상' 하락하는 수준으로 완화해야 한다"며 "또 FTA로 이득을 보는 산업에서 기금을 조성해 피해산업의 경쟁력 제고와 축산 농민 피해보상에 사용하는 목적세를 도입하자"고 주장했다.

자료 : chp@nongmin.com, 2011.7.1.

2.2 과업환경

과업환경(task environment)은 기업의 경영활동에 직접적으로 영향을 미치는 것으로, 기업의 입장에서도 그 대상이 확인되므로 영향력의 행사가 가능하여 관리 가능한 기업환경을 말한다. 일반환경이 대부분의 모든 기업 조직에 광범위하게 영향을 미치는 환경이라면, 과업환경은 특정 기업의 경영활동에만 직접적으로 영향을 미치는 환경이라 할 수 있다. 일반적으로 기업의 과업환경으로는 기업경영 활동으로 인해 직·간접적인 이득이나 손해를 보는 이해관계자(stakeholder), 즉 주주, 종업원, 소비자, 관계기업, 정부, 지역사회 등이 포함된다. 이들 이해관계자는 경영활동으로부터 중대한 영향을 받거나 경영목표를 달성하는데 영향을 주는 조직과 개인을 의미한다.

(1) 주주(stockholders)

소유와 경영이 분리되기 시작하면서 기업에 자본을 투자하는 주주가 기업의 주된 과업환경으로 여겨지고 있다. 주주는 주주의결권에 바탕을 두고 있는 기업의 기본적인 정책(전략)결정에의 참가와 이익배당에 참여하는 권리 및 잔여재산분배에 참여하는 권리를 행사하게 된다. 주주와의 원활한 커뮤니케이션을 위하여 주주총회, 이사회, 비전회의, 사업장 벤치마킹, 영업보고서, 지속가능성 보고서 등을 통해 주주의 의견을 수렴하며, 각 분야에서 성과를 내도록 도와야 한다. 주주를 존중하는 경영에 있어 원래 미국 경영자들은 주주 떠받들기를 당연시 하지만, 코카콜라 CEO였던 로베르토 고이주에타(Roberto Goizueta)는 타의 추종을 불허할 정도다. 그는 경영보고회 때도 항상 "우리는 올해 만족할 만한 성과로 주주들에게 많은 배당금을 드릴 수 있게 되어 기쁩니다." 라는 말을 첫머리에 올린다. 강렬한 카리스마를 갖고 있으면서도 주주의 공복임을 자인하는 그의 모습은 본받을 만하다.

(2) 종업원(employees)

종업원들은 기업의 경영활동을 실제로 행하는 주체로서, 채용과 고용의 문제에 영향력을 행사한다. 또한 경영활동의 의사결정에 영향을 미치기도 하고 경영활동과 그 결과에 다양한 방식으로 참여하기도 한다. 종업원들의 만족/불만족 여부는 회사의 성패를 크게 좌우할 만큼 중요한 요소이기도 하다. 기업이 종업원들을 존중하면, 종업원들 또한 기업을 존중한다. 종업원들이 회사에 대한 애사심을 가지고 열심히 일할 때 회사는 좋은 성과를 낼 수 있으며, 그렇지 못할 때 어려움에 처할 수 있다.

오늘날에는 특별히 종업원들의 집단인 노동조합을 통하여 그들의 의견을 대표하여 기업의 경영활동에 직접 영향을 끼치기 때문에 중요한 과업환경이 된다. 특히, 종업원과의 원활한 커뮤니케이션을 위하여 경영실적공개, 비디오 사보, 인트라넷, 가족사보, 사원조사, 노사협의회, 노사간담회, 노경합동 워크숍, 경영정보공개설명회, 고충처리제도, 이슈리포트, 영업마케팅전략회의, 품질회의, 안전보건위원회, 사원가족심리상담제도(EAP), 지속가능보고서 등을 활용하기도 한다. 기업은 종업원들이 열심히 일한 노력과 재능이 공정하게 보상받을 수 있도록 책임을 다하여야 한다. 청렴함과 근면, 선의와 성실성, 재능에 대한 보상이 이루어지도록 해야 한다.

1) 종업원의 참여경영

최근 선진 각국의 기업들은 치열한 경쟁환경 속에서 보다 높은 수준의 경쟁력을 확보하기 위한 조직적, 제도적 혁신에 몰두하고 있다. 이 과정에서 인적자원 관리분야는 기업의 장기적 경쟁력을 결정할 수 있는 핵심요인의 하나로 인정되고 있다. 이에 따라 기업의 경쟁력을 제고시키는 차원에서 근로자들의 경영과정의 참여에 대한 논의 및 실행이 이루어지고 있다.

참여경영이란, 국제노동기구(ILO: International Labor Organization)는 경영참여를 '임금과 근로조건, 고용과 해고, 기술적 변경과 생산기구의 조직 및 사회적 영향, 투자 및 계획 등의 여러 가지 문제에 관해 기업수준에서 제반 결정을 하거나 이를 준비하고 준수하는 데 있어서 노동자들의 영향력을 행사하는 것' 으로 정의하고 있다.

즉 참여경영은 노동자들이 개인 및 그들의 대표조직을 통해 기업 경영과정의 여러 수준에서 의사결정 과정에 참여하고 영향을 미치는 관행 및 제도적 실천들로 정의할 수 있으며, 이와 같은 참여경영의 내용과 수준은 매우 다양하다.

2) 참여경영의 배경

과거 공급위주의 생산시스템은 경쟁의 심화와 정보통신 기술의 발달로 인하여 시장동향에 유연하게 대응할 수 있는 생산체제로의 변화를 요구받고 있으며, 국제화에 따른 경쟁력 확보에 필요한 기본사항이 인력자원의 효율적인 활용이라는 인식 및 근로자들의 의식 향상 등으로 인하여 기업들은 근로자들을 새롭게 인식하게 되었다.

이러한 변화에 대응하기 위해서는 근로자들에게 정보공유는 물론, 경영참여를 유도함으로써 근로자들의 적극적이고 창의적인 활동을 통하여 기업의 효율성을 제고시킨다는 측면에서 참여경영이 제기되었다.

3) 참여경영의 유형

근로자들의 참여경영의 유형은 크게 두 가지 측면에서 판단해 볼 수 있다.

먼저 참여 영역과 관련된 사항으로서 단지 생산뿐만 아니라 조직과정의 대부분의 문제들이 그 속에 들어올 수 있으며, 더 나아가 기업체가 활동하고 있는 지역사회나 산업, 혹은 국가적 수준의 참여 수준이 있다.

다음으로 참여 정도의 수준으로서 경영에 관한 정보 공유, 주요한 의사결정과정에서의 협의, 혹은 더 나아가 핵심적 현안에 대한 공동 의사결정과 합의 등이 있다. 한편 레바인과 타이슨(David I. Levin and Laura D'Andrea Thyson)은 그 형태에 따라 크게 협의적(consultative) 형태, 실질적(substative) 형태, 대표제적(representative) 형태로 구분하였다(표 16-2 참조).

그리고 근로자들에게 자발적인 동기부여를 촉진시킨다는 측면에서 기업들은 여러 가지 제도를 운영하고 있는데, 노사 협동정신을 함양하여 생산능률의 증진과 노사정책을 장려하기 위해 정당한 임금 이외에 기업이윤을 예정된 기준에 따라 종업원에게 분배하는 종업원이윤참가제(profit sharing plan), 종업원에게 그 기업의 주식의 일부를 무상 또는 유리한 조건으로 분양 · 소유하게 하여 주주의 한 사람으로 참여시키는 종업원 지주제도(employee stock ownership), 노조의 대표자를 경영의 최고 관리층에 참여시키는 경영참가제도(participation system), 노동협약에 의해 마련된 노사협의기관으로 작업방

표 16-2 레바인과 타이슨의 참여 형태 유형

유 형	내 용
협의적(consultative) 형태	경영의사결정 과정상 매우 제한적, 좁은 의미에서 허용
실질적(substantive) 형태	특정 생산관련 문제들에 대해 부분적인 의사결정권 부여
대표제적(representative) 형태	노조를 통해 의사결정 과정에서 일정한 역할 담당

법, 생산방법, 복지후생시설 등의 개선을 위해 노사가 협의하는 경영협의회제도(joint committee), 노동자가 노동조건의 결정, 유지 및 개선을 위해 단결하여 그들의 단체인 노동조합을 통해 사용자와 교섭하는 단체교섭제도(collective bargaining) 등이 있다.

4) 참여적 대안의 모색

참여경영은 경영환경의 변화에 따라 이에 유연하게 대응하기 위한 조직과 관련된 경영전략이다. 현실적으로 근로자들에게 동기유발을 통하여 기업의 경쟁력을 제고한다는 측면에서 최소한 의미가 있다는 인식에서 출발하였다고 할 수 있으며, 효율적인 참여경영의 운영으로 기업의 효율성을 제고하는 사례들이 있다. 대표적인 것들로 'Starbucks', 'Burton Snowboards사'를 들 수 있다.

사실 현실적으로 참여경영의 필요성보다는 이를 얼마나 잘 운영하느냐가 중요한 과제가 될 수 있다. 운영에 따른 쟁점은 기본적으로 근로자들의 참여 수준이 될 것이며, 이에 따른 배분에 관한 문제가 될 것이다. 기업주들과 근로자들은 공동의 이익이 되는 방향으로 참여 형태 및 운영에 관한 바람직한 관계설정을 해야 할 것이다.

key word 스타벅스(STARBUCKS)

스타벅스만의 독특한 경영방식과 문화

'스타벅스에서 직원은 직원이 아니라 동업자다. 우리는 그들을 파트너라 부른다.'

스타벅스는 1971년 시애틀에서 탄생했으며 현재 CEO인 하워드슐츠(Howard Schultz)회장이 1987년 스타벅스를 설립, 오늘날 전세계 조직과 마케팅에 참여하기 시작해 현재 미국, 캐나다, 한국, 일본, 필리핀, 싱가포르, 태국, 영국, 대만, 중국, 뉴질랜드, 쿠웨이트와 전세계 공항, 서점, 캠퍼스, 병원 등에 라이센스 전문점 및 40여개국 총 9,000여 개의 점포를 운영하고 있다.

특히 시간제 근로자를 포함한 모든 직원들에 대한 복지와 존중, 기업윤리로 스타벅스는 1998년에는 포춘지에 의해 100대 '최고의 직장'의 하나로 꼽혔으며, 클린턴 대통령 또한 슐츠 회장을 초청하여 스타벅스를 윤리경영의 모델로 칭찬한 바 있다. 스타벅스는 나스닥에 SBUX로 상장되어 있으며 단시간 안에 가장 빠른 주가성장을 보인 기업으로 널리 알려져 있다.

스타벅스의 회장겸 최고경영자인 하워드 슐츠는 "우리는 결코 브랜드를 구축할 의도는 없었다. 초창기에 우리는 커피를 판매하고, 매장을 개점하랴, 종업원 교육하랴 너무 바빠 브랜드 전략에 대해 생각을 할 수가 없었다. 그런데 언제부터인지 사람들은 하나의 브랜드가 5년도 안되어 전국적으로 알려진 것은 특이한 것이라고 말했다. 뒤돌아 보건대 나는 어떤 경영학 서적에도 있지 않은 방법으로 브랜드를 만들었다는 것을 깨달았다." 슐츠의 말대로 스타벅스는 대중매체를 통한 광고의 지원이 거의 없었음에도 불구하고 스타벅스만의 특별한 브랜드 관리 원칙을 적용해 5년 만에 전국적인 브랜드가 된다.

브랜드의 중심은 조직원의 열정

스타벅스의 한 관계자는 자신들의 사업을 커피를 서빙하는 사업이 아니라, 커피를 서빙하는 사람사업에 종사하고 있다고 말할 정도로 스타벅스에 대한 열정과 지식을 고객들에게 전달 해주는 종업원이야말로 그들 사업에 있어서 절대적이다. 브랜드 자산 중 조직으로서의 브랜드 아이덴티티는 가장 강력하며 가장 오래 지속되는 요소라고 한다. 스타벅스의 브랜드 중심에도 역시 종업원이 있음을 알 수 있다. 사업 성공의 열쇠는 고객을 최우선시하는 것인데, 이를 위해서는 스타벅스와 같이 인적 서비스가 가미된 사업인 경우 종업원의 열정, 전문성, 근무환경, 조직문화가 가장 중요하다는 것이다. 조직원이 고객을 대하는 태도가 브랜드 이미지를 결정하는 가장 중요한 요소라는 것이다. 슐츠의 이러한 철학으로 인해 스타벅스에 종사하는 종업원 모두는 명실상부하게 하나의 가족으로서의 처우를 받고 있다. 파트타임 사원들에게도 포괄적인 의료보험을 제공하는 파격적인 프로그램을 발전시켰으며, 모든 사원들에게 소유권을 주는 스톡옵션으로까지 확대했다. 이를 통해 스타벅스의 직원들 하나하나는 그들이 하는 일에 대해 높은 자부심과 열정을 가질 수 있었다. 비교적 이직률이 높은 파트타임 종업원의 경우도 스타벅스의 이직률은 전체 업계평균의 절반 수준에도 못 미친다. 이러한 점은 비용절감뿐 아니라 고객들과의 유대관계를 강화해 주는 원동력이 되었다.

자료 : 하워드 슐츠, '스타벅스 커피 한잔에 담긴 성공신화' 중에서
www.starbucks.com

(3) 소비자(consumers)

과거에는 기업에서 재화나 서비스를 생산하여 제공하면 소비자들은 선택의 여지 없이 구매하는 공급자 중심의 생산 · 소비 활동이었다. 하지만 현대사회는 소비자의 영향력이 증대함에 따라 소비자들이 원하는 재화와 서비스를 제공할 뿐만 아니라, 재화와 서비스의 질 향상을 통한 고객만족경영, 고객감동경영을 실현하기 위해 노력하고 있다. 또한 소비자의 라이프 스타일의 변화는 사회의 많은 변화에도 불구하고 상당히 안정적이며, 짧은 기간 내에 쉽게 변하지 않는 속성을 지니고 있다. 아울러, 고객은 자신이 신뢰할 수 있는 기업과 거래하기를 바라고, 신뢰할 수 없는 기업과는 거래하기를 꺼려한다. 이에 따라 요즘 대부분의 기업에선 고객과 관련된 기업의 내외부 자료를 분석 · 통합하여, 고객 특성에 기초한 마케팅 활동을 계획하고, 지원하며, 평가하는 과정인 CRM(customer relationship management: 고객관계관리)을 적극 도입

하고 있다. 또한 이들과의 원활한 커뮤니케이션을 위하여 기업이미지조사, 제품개발조사, 제품만족도조사, 소비자 불만접수 및 피드백, 웹사이트 활용, 성교육, 온라인 커뮤니케이션, 지속 가능보고서 등을 통한 활동을 한다.

key word 녹색소비생활

녹색소비생활이란 무엇인가? 인간의 기본적 욕구를 충족시키면서도 상품과 서비스의 구매, 사용, 폐기의 전 과정에서 환경파괴를 최소화하는 소비를 말한다. 환경마크협회 자료를 보면 환경을 고려한 소비, 그것이 바로 녹색소비이며, 이렇게 자연을 보전하며 환경오염을 줄이고, 자원을 아껴 쓰는 소비생활을 실천하려고 노력하는 소비자를 녹색소비자(Green Consumer)라고 부른다. 이제 소비를 할 때도 환경을 생각해야 한다는 사실에 많은 사람들이 공감한다. 하지만 녹색소비생활을 실천하는 게 말처럼 쉬운 일은 아니다. 소비는 기본적으로 편의를 추구하는 것인데, 소비를 하면서 환경을 생각하자면 번거로움과 불편함을 감수해야 하기 때문이다. 2010년 4월 환경부가 실시한 '녹색소비 · 녹색제품 소비자 인식도' 조사에서도 90.3%의 소비자가 제품이 환경에 미치는 영향의 중요성을 인식하고 있고 81.9%가 친환경 제품에 대해 관심을 가지고 있지만, 37.9%만이 녹색소비생활을 실천하고 있는 것으로 나타났다.

바람직한 녹색소비생활은 자신의 욕구를 정확히 파악하고, 상품정보를 충분히 알아본 뒤, 주어진 예산의 범위 내에서 계획을 짜서 가장 효용이 높은 제품을 구매하는 것으로 알려져 있다. 이러한 녹색소비생활을 합리적 소비라고 하지만, 합리성은 어디까지나 경제적 의미의 합리성일 뿐, 오늘날과 같이 환경위기의 시대에는 소비를 할 때 돈의 가치를 제대로 실현하는 일 못지않게, 소비가 환경에 미치는 영향을 고려하는 녹색소비생활이 절실히 요구된다.

자연이 주는 생명의 혜택만으로 살아가던 때가 있었지만, 현대를 살아가는 우리는 의식주(衣食住)와 사는 집과 일하는 공간, 일과 여가를 위해 움직이는 모든 것에서 자연이 주는 한계를 초과하는 자원과 에너지를 사용하고 있다. 필요와 욕구충족을 위하여 많은 자원과 에너지를 사용하는 소비생활을 하지만 그 규모가 자연환경의 한계를 초과함으로 소비생활의 위기로 이어지고, 나아가 인간생존의 위기를 맞고 있다. 위기상황임을 인지하고 시간과 경제(돈) 등 사람으로서 최선의 노력들을 해왔지만 에너지와 자원의 소비, 자연환경의 파괴는 완화되지 않고 있다. 경제발전이란 명분에 물은 더러워지고 탁해진 공기에 숨이 막히고 나무와 산이 잘려나가고 동식물이 사라지는 일이 우리 주변에 매일 일어나고 있다. 이는 우리만의 문제가 아니라, 지구촌 모든 곳에 일어난다는 것이 문제이다. 기업들의 생산 활동 때문에 환경은 더 오염되고 자연 생태계는 무차별 파괴되어 가고 있으며, 자원도 곧 고갈된다는 소리가 남의 소리가 아니라 내 자신의 소리임을 인식해야 할 때이다. 국가의 환경정책도 기업 활동을 규제하는데 초점을 맞추고 있는 것도 바로 이 때문이다. 그러나 오늘날의 현실은 생산과 소비로 인하여 일어나는 환경문제를 기업에게만 책임을 묻기 어렵다. 예를 들면 자동차에서 뿜어내는 매연을 보자. 자동차를 만든 기업의 문제 인지 아니면 자동차를 사용하는 소비자가 문제인지 생각해 봐야 하며, 또한 전기와 물을 낭비하고, 일회용품을 이용하고 쓰레기를 대량으로 배출하여 환경문제를 심화시키는 것이 우리의 소비생활 모습이다. 이런 모습의 대책은 소비의 내용과 규모를 줄이고, 기업도 생산체계를 바꾸어 자연의 품으로 돌아가야겠지만, 소비생활을 과거로 돌아가는 것은 꿈같은 일이다. 요즘같이 영리한 소비자들이지만 소비행태를 녹색소비로 바꾸고 싶어도 어떻게 해야 할지 몰라 바꾸지 못한 경우가 많은 것으로 나타나고 있다. 더욱이 가격이나 품질과 같은 전통적 요인 외에 환경성을 추가하여 여러 요소를 동시에 비교해서 소비자가 구매한다는 것은 쉽지 않은 일이다. 혼자의 힘으로 엄두를 내지 못하는 현실에 막막하다고 하여 아무것도 하지 않는 것보다, 작은 무엇이라도 하는 것이 낫다는 생각과 지금의 소비생활 양식을 바꾸지 않고는 환경위기를 극복하기 어렵다는 자각에서 '녹색소비생활'이라는 인식이 하나의 흐름을 형성해야 한다.

따라서 소비자들에게 녹색소비생활과 관련된 객관적인 정보를 제공하고 교육을 통해서 가치관과 녹색소비생활행태를 변화시키는 것이 녹색민간운동단체가 크게 기여할 수 있는 분야 가운데 하나이다. 이를 위해서는 소비자들의 소비행태조사, 강연 · 강좌의 실시, 세미나 개최, 매스컴과 컴퓨터 통신 등을 통한 정보제공과 교육 등을 할 수 있으며, 녹색소비생활을 실천하는 데 도움이 되도록 구체적인 실천 지침을 담은 책자를 제작 · 배포하는 것도 유용한 방법이 될 것이다

(4) 관계기업(related enterprise)

관계기업은 크게 경쟁기업과 협력기업으로 나눌 수 있다. 경쟁기업은 동일 시장을 대상으로 시장점유율을 늘리기 위해 경쟁을 벌이는 기업을 말하며, 협력기업이란 공급업자와 유통업자 또는 판매대행기업 등과 같이 기업의 경영활동을 상호 보완하는 기업을 말한다. 오늘날처럼 기업들의 경쟁이 심화되고, 환경이 불확실하게 변화하는 상황에서는 관계기업이 기업의 성과에 큰 영향을 미치기 때문에 이들과의 관계가 매우 중요하다. 또한 이들과의 원만한 커뮤니케이션 활동을 위하여 협력회사 대표자 세미나, 간담회, 뉴스레터, 협력회사 ERP 솔루션 및 온라인 커뮤니케이션, 직거래업체 컨설팅 및 지원활동, 독서통신교육, 제품 교육 등 프로그램 운영, 지속가능보고서 등을 통한 활동을 한다.

(5) 정부(government)

여기서 말하는 정부라 함은 통상 국가기관과 관련된 모두를 뜻하며, 일반환경의 변화를 주도할 만큼 역할과 기능이 크게 확대된 정부를 과업환경이라고 제한하기에는 무리가 있다. 하지만 정부는 주주, 종업원, 소비자, 지역사회 등 기업의 이해관계자집단의 이해관계를 정책적으로 수렴하여 기업의 경영활

동에 영향을 주는 매개체로서, 기업의 경영활동을 지원, 보조해 주거나 통제 또는 규제를 하는 등 기업이 나아갈 방향을 제시해주는 역할도 하므로 과업환경으로도 인식된다. 한편 기업의 경영자도 정부에 영향을 미칠 수 있다. 경영자는 개인적인 접촉과 인맥을 통해서 그들의 이해관계 분야에서, 그들의 지지를 얻어낼 뿐만 아니라, 경영자는 사회적 캠페인을 통해서 기업의 긍정적인 이미지를 대중에게 각인시킬 수 있다.

(6) 지역사회(community)

지역사회는 기업을 둘러싼 다른 이익집단과 비교하여 다소 조직화되지 못한 산발적 형태로써 특정 문제가 발생할 경우에만 기업에 대해 영향력을 행사한다. 하지만 이러한 일시적인 영향력의 행사는 기업의 전략적 의사결정에 중요한 영향을 미칠 뿐만 아니라, 환경문제 등과 같은 기업의 사회적 책임문제와 관련하여 그 중요성이 더욱 커지고 있다. 천연자원은 사회 일반에 공유되는 자산으로, 사회구성원 전체가 주인이 됨으로써 그러한 천연자원을 언제나 꺼내 사용할 수 있고 오염시키는 기업에 대해서는 자원훼손에 따른 보고의무를 부과시켜야 한다는 점에서 최근 들어서는 공해문제뿐만 아니라, 자원의 보존과 유지, 자연환경의 보호, 지역사회의 개발, 지역문화 발전에의 기여 등 다양한 측면에서 지역사회와 관련된 기업의 역할이 요구되고 있다. 따라서, 이들과의 원만한 커뮤니케이션을 위해 환경, 평생학습, 가족친화 등 사회공헌활동과 시민단체협력활동, 지역사회 요구처리, 사원가족 자원봉사, 지역사회 자매결연, 세미나, 심포지엄, 이슈모니터링, 지속가능보고서 등을 통한 활동을 전개해야 한다. 최근 영국 등 구미를 중심으로 환경과 관련된 회계처리를 주제로 한 녹색회계(Green Accounting)가 활발히 논의되고 있음도 관심있게 지켜 볼 일이다.

03 | 기업의 사회적 책임

기업의 일차적인 목표는 이윤극대화에 있다. 하지만 기업도 사회 시스템의 일부로서 사회와 지속적으로 상호작용을 하는 조직체이다. 또한 기업이 경영활동을 하기 위해서는 정부로부터 지원과 보호를 받는 경우가 많이 있다. 즉, 기업 혼자서만은 이윤을 창출할 수가 없으며, 경영활동을 하는 데에도 많은 어려움이 있다. 따라서 기업은 기업의 경영활동에 관련된 의사결정이 특정 개인이나 사회 전반에 미칠 수 있는 영향을 고려해야 하는 의무가 있는데, 이를 기업의 사회적 책임(CSR: corporate social responsibility)이라고 한다. 이러한 기업의 사회적 책임에는 법률적 책임뿐만 아니라, 경영적 책임 그리고 윤리적 책임까지 포함된다.

오늘날 기업이 국가 경제에서 차지하는 비중이 날로 커지고 있으며, 그 역할도 더욱 중요해지고 증대되고 있다. 하지만 역할이 증대되면 될수록 적극적으로 사회적 책임을 다할 때 국가경제가 전반적으로 발전을 이룰 수 있을 뿐만 아니라 기업 자체도 생존과 번영을 누릴 수 있을 것이다.

3.1 기업의 사회적 책임의 근거

[그림 16–2]와 같이 기업은 일면 사회와 계약관계를 맺고 있다고 볼 수 있다. 사회계약(social contract)이란 여러 가지 사회적 요소 가운데 행동양식에 관한

그림 16–2 ◐ 기업의 사회적 관계

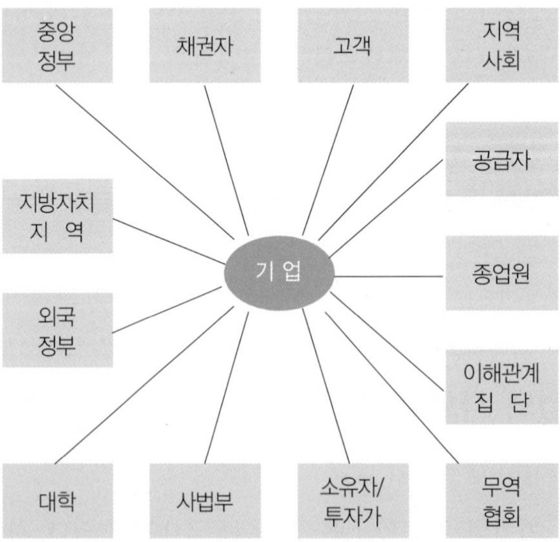

자료: 강신규 외, 2002, 경영학원론, 형설출판사. .

일련의 규칙이라고 할 수 있는데, 개인 · 정부 · 조직체 · 일반사회 등과의 사회적 관계를 의미한다.

사회와의 계약측면에서 기업의 의무를 생각하면 ① 개인에 대한 의무(obligation)이다. 예를 들면 기업은 개인에 대하여 양질의 제품 · 서비스의 제공, 그리고 주주의 이익확보 등과 같은 의무를 지고 있다. ② 타조직에 대한 의무를 지고 있다. 예를 들면 예술단체, 자선단체에 대한 재정적 지원, 각종 모금 등으로서 정부 및 정부기관의 정책제도에 협력하는 의무 외에 법령준수, 조세지급의무 등도 여기에 속한다. 이는 기업은 정부의 전반적 규제의 필요성을 인정하고 기업업무에 정부의 개입을 인정하는 것으로 해석할 수 있다. ③ 일반사회에 대한 의무이다. 기업은 사회의 요구를 만족시키는 근본적 목적에 대해서 공공의 동의를 얻어 활동해야 한다. 최근에 생활수준이 크게 향상되었음에도 불구하고 사회는 대기업들에 대해서 더 많은 것을 기대하고 있다. 사회에 대한 기업의 목적과 가치태도는 생활수준 향상에 더 많은 기여가 되도록 변화하고 있으며, 이러한 사회적 책임 활동은 여러 이해 관계자들에게 커다란 영향을 미치고 있다. 즉 고객의 불만에 즉각적인 반응과, 진정한 가치를 가진 제품과 서비스로 고객을 만족시키는 고객(customer)에 대한 책임감, 종업원(employee)의 작업조건, 임금, 시간 등 각종 복리후생 등에 대한 책임, 주주들에게 회사의 자원과 그성과를 정확히 보고해야 하는 주주(stockholder)에 대한 책임 등 내부 수혜자(internal beneficiary)에 대한 책임 뿐만 아니라 여성, 장애인, 노령자, 소수민족등을 대표하는 집단들로 구성된 외부 수혜자들(external beneficiaries)에 대한 책임을 진다.

(1) 기업의 유지, 발전에 대한 책임

기업이 국가 경제에서 중요한 역할을 차지하고 그 비중이 날로 커짐에 따라 기업은 개인이나 주주의 사적인 소유물이기보다는 사회의 한 부분으로 필요한 존재가치가 더 크다. 따라서 경영자는 적정이윤을 확보함으로써 계속적으로 기업을 유지하고 발전시켜야 할 책임이 있다. 기업이 파산을 하게 되면 주주나 채권자에게 개인적 손실을 입힐 뿐만 아니라, 귀중한 자원을 낭비하여 사회적인 손실을 초래하게 된다.

(2) 환경에 대한 책임

최근 급격한 산업화에 따른 각종 오염으로 인해 자연 생태계가 날로 악화되고 있다. 기업은 환경오염의 주된 원인제공자이기 때문에 많은 비난을 받고 있다. 기업이 경제적 책임을 다하여 물질적 생활수준이 높아졌다 하더라도 오염물질을 배출한다면 자연생태계가 악화되면서 생활의 질을 떨어뜨리게 된다. 따라서 기업은 오염을 방지하며 자연생태계를 보호하고 개선해야 한다.

(3) 공정경쟁의 책임

기업은 경쟁자를 상대로 공정한 경쟁을 해야하는 책임이 있다. 우리나라는 8 · 15해방과 한국전쟁을 거치면서 급속한 경제발전을 이룩하였다. 그 과정에서 기업의 발전과 성장만을 강조하면서 정경유착과 뇌물수수 등 공정한 경쟁의 중요성이 강조되지 않았기 때문에 일부 대기업 위주로 특혜를 받아 성장해 온 것이 사실이다. 하지만 결국 그러한 불공정 경쟁은 기업의 부실을 초래하였고, 외형적인 성장에만 관심을 가져온 기업들의 경영악화로 인해 국가 전체에 큰 악영향을 끼쳤다. 또한 국내 시장이 개방되면서 국제적인 경쟁이 심화되었고, 이러한 경쟁 속에서 생존하기 위해서는 국제경쟁력을 확보하여야 한다. 이는 지속적인 기술개발과 연구를 통하여 가능한 것이며, 더 이상은 불공정 경쟁을 통한 기업의 발전은 없게 될 것이다.

(4) 이윤의 공평한 분배 책임

기업은 적정이윤을 확보하여 기업을 유지, 발전시켜야 함과 동시에 종업원이나 주주들에게 공정한 분배를 통해 삶의 질을 향상시킬 책임이 있다. 종업원에게는 적정임금을 지급해야 하며, 주주에게는 적정배당을 하고, 국가에는 합당한 세금을 지불해야 하며, 거래업체에 대해서는 확실한 대가를 지불해야 한다.

(5) 지역사회에 대한 책임

기업의 성장과 발전은 기업만의 노력으로 이뤄진 것은 아니다. 사회 전체적으로 많은 지원과 도움을 받았을 것이다. 따라서 기업이 사회에 대한 보답으로 기업이윤을 지역사회사업에 기부하는 등의 활동은 매우 바람직한 일이다.

우리나라도 지방자치시대를 맞이하면서 기업은 지역주민과 소비자의 복지 증대를 위해 그 지역의 경제, 사회, 문화 발전에 기여하여 기업과 지역주민이 함께 살 수 있도록 해야 한다. 물론 지역사회에 대한 책임이라고 해서 반드시 해당 거주지역만을 위해서 지원하거나 기부하는 것을 의미하는 것은 아니다. 국가적으로 곤란을 겪거나 사회적인 어려움에 발벗고 나서는 노력도 반드시 필요하다.

(6) 기업의 사회적 책임과 존경받는 기업

사회가 성숙화되면서 기업의 이해관계자들의 요구가 다양해지고, OECD 가입 등 경제선진화로 인하여 환경문제, 인권문제 등의 주제가 일부 이익단체들의 이슈 차원을 넘어서 기업들의 공통 책임사항으로 부상되었다. 아울러, 정보화 진전으로 엘리트 민주주의가 대중민주주의로 전환되고 기업의 사회적 책임에 대한 관심과 기대도 증대되었다. 이러한 제 요인들에 의해 최근 존경받는 기업의 개념이 기업의 수준을 평가하는 새로운 기준으로 등장하였다.

존경받는 기업은 경영혁신을 통한 초일류적인 경쟁력을 바탕으로 탁월한 경영성과를 창출함과 아울러, 사회친화적 활동을 전개하여 모든 이해관계자들을 만족시키는 기업이라고 할 수 있다. 즉, 기업은 환경변화에 창의적 · 도전적으로 대응 및 선도할 수 있는 혁신능력을 바탕으로 탁월한 경영성과를 거둘 수 있는 초일류기업을 지향해야 한다.

아울러, 이익의 일부를 사회와 공유한다는 '조직행동시민정신(organizational behavioral citizenship)'을 실천하고, 건전한 기업 이미지를 통해서 지속적으로 이익기반을 확보한다는 차원에서 사회친화적 활동을 전개해야 할 것이다. 단지 사회공헌을 많이 하는 기업이 존경받는 기업은 아니며, 먼저 탁월한 경영성과를 보임으로써 기업으로서의 존재의미를 확보함과 동시에 사회친화경영을 전개하는 것이 존경받는 기업의 필요충분조건이라 할 수 있다.

물론 식견있는 기업이나 리더라면 조직이 어떤 한 사람이나 한 리더집단 보다 더 영속적이어야 한다는 걸 안다. 우리가 잘 아는 IBM사를 재임기간 동안 번창시킨 토머스 왓슨(Thomas J. Watson, Sr.)은 이러한 가치들을 신중하고도 체계적으로 제도화한 '기본신념(Basic Belief)'을 아래와 같이 제시하였다.

- 최상의 고객서비스
- 모든 일을 탁월하게

그림 16-3 존경받는 기업이 되기 위한 메커니즘

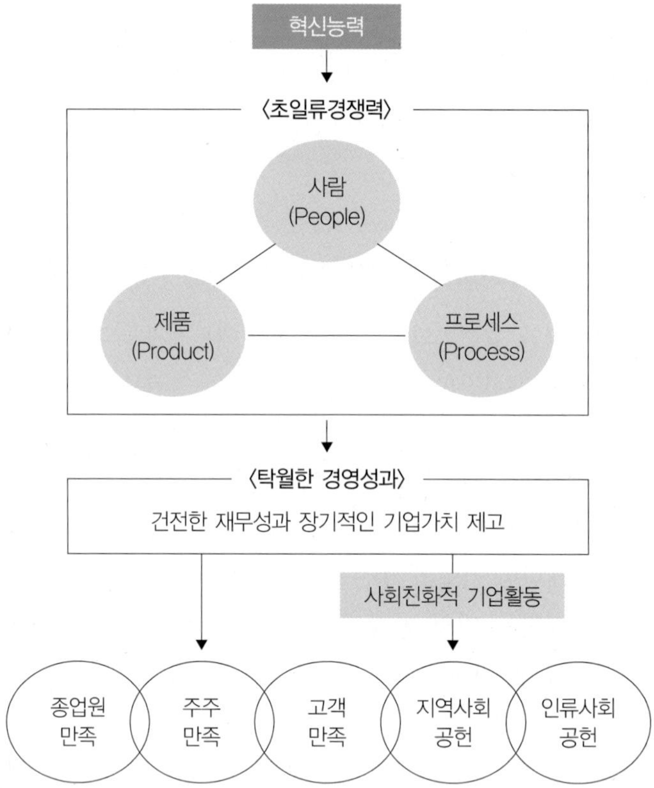

자료: 강신규 외, 2002, 경영학원론, 형설출판사.

- 개인존중

이러한 신념의 제도화는 사무실의 액자에서 걸어놓는 것에서 그치지 않고 종업원의 보수와 수당체계, 경영수업, 직원교육훈련 프로그램, 마케팅과 고객 지원 등에 두루 반영되었다.

일반적으로 존경받는 기업의 메커니즘을 표시하면 [그림 16-3]과 같다.

key word 제조물책임법(PL; Product Liability)

최근 시장의 개방화와 국제화에 따라 모든 분야에서 글로벌 스탠다드가 자리를 잡고 있다. 제조물의 결함으로 인한 소비자피해에 대하여 기업의 엄격책임을 요구하는 제조물책임법도 이미 글로벌 스탠다드로 자리를 잡고 있다.

미국에서 생긴 이 제조물책임의 사고는 여러 경위를 거쳐 현재의 엄격책임이라는 사고방식에 도달했다. PL선진국 미국을 비롯, EC가맹의 10개국(미제정인 프랑스, 스페인을 제외), EFTA가맹 7개국, 기타 국가를 합쳐 30개국이 이미 PL법을 제정해 시행단계에 들어갔다.

2002년 7월 우리나라에서도 제조물책임법(PL)이 실시되었다. PL법을 간단히 요약하면, 지금까지는 손해배상을 받기 위해 피해자가 제품결함을 입증해야 했지만 이제는 제조자가 제품에 결함이 없음을 보여야만 면책된다는 것이다. 예컨대 차량 급발진 사고의 경우 급발진 사고가 자동차 결함 때문이 아님을 자동차 제조회사가 입증해야 한다. 또한 PL법에 따르면, 제조자의 고의나 과실이 없더라도 제품결함으로 피해가 발생한 경우 제조자는 손해배상책임을 져야 한다. 제조물책임제도에 있어서 손해배상책임이란 제조자가 결함제조물로 인하여 생명, 신체 또는 재산상의 손해를 입은 자에게 그 손해를 배상할 책임을 지는 것을 말한다. 무과실책임은 엄격책임으로 현행 민법 제750조의 불법행위책임의 고의 또는 과실요건을 결함으로 바꾼 것으로서 민법상 불법행위책임에 있어서는 피해자가 손해배상을 청구하기 위하여는 제조자의 고의 또는 과실을 입증해야 하지만 제조물책임에서는 제조물의 결함, 손해 그리고 결함과 손해와의 인과관계만 입증하면 되므로 소비자의 입증 부담이 경감된다. PL법 시행은 우리로서는 늦은 감이 없지 않다. 제품과 제조기술이 갈수록 복잡해지고 있어 소비자가 제조자의 잘못을 입증하기 어렵고, 미국이나 유럽과 같은 선진국뿐만 아니라 중국과 필리핀과 같은 개도국들도 이 제도를 이미 운영하고 있어 이것이 글로벌 스탠다드로 정착되고 있는 까닭이다.

PL법이 갖는 의의는 거래의 중심이 과거에는 판매하는 기업에 있었으나, 이제는 소비자 쪽으로 옮겨가고 있다는 점이다. 다시 말해, 기업의 경제적인 지위, 손익보다 소비자의 안전과 권익이 더욱 보호된다는 점에서 PL법의 발효는 국내에서도 '소비자 주권 시대'가 활짝 열림을 뜻한다. 어찌 보면, 국가간·기업간의 경쟁이 과열되고, 그로 인한 소비자의 선택의 폭이 넓어진 상황에서 당연한 현상이기도 하다.

창 업 론

창업을 하겠다는 것은, 멋진 인생으로의 모험과 도전이며, 역경과 시련의 길이기도 하다. 그러나 그 역경과 시련을 겪고 이겨 내면 보상이 큰 매우 매력적인 분야이기도 하다. 많은 예비 창업자들은 장밋빛 꿈을 꾸며 창업을 준비한다. 하지만 창업 후 그 꿈이 참담한 결과로 변해 버리는 사례가 많다. 그것은 창업자가 자기중심에서 경험, 감정을 기초로 대부분의 의사결정을 하고 시작하기 때문에 발생된다.

창업의 성공은 출발점에서부터 여러 요소를 경영활동이 가능한 형태로 결합한 시스템적 구축을 함으로써 이루어진다. 즉, 창업 환경이 적합한가를 판단하고, 사업 아이디어와 아이템을 구체화하여 사업성 분석을 하고 사업 목적의 검토 및 자본 · 인적 · 물적 자원 투입, 경영 관리의 착수를 위한 다양한 의사 결정을 수립하는 과정을 거치고 구체적으로 사업의 시장 구조, 고객의 습성, 시장 확보 전략, 세부 일정, 소요자금 규모 및 조달 계획, 마케팅 계획 등 일련의 사항들을 합리적이고 객관적인 관점에서 기술된 사업 계획서를 작성하여 창업에 착수 시 성공가능성을 확보할 수 있다.

01 | 창업의 의의

1.1 창업의 정의

창업(foundation)이란 재화를 생산하거나 서비스를 제공함으로써 부가가치를 창출하려는 경영활동을 목적으로 기업을 설립하는 것으로, 개인이나 법인이 사업을 영위하기 위하여 기초를 세우고 기업을 새로이 설립하는 것이다.

즉. 고객의 욕구를 만족시키기 위하여 창업 아이디어를 가지고 자원을 동원하여 특정한 재화나 서비스를 생산 제공함으로써 부가가치를 창출하려는 경영활동을 목적으로 기업을 설립하는 것을 말한다.

검색엔진 분야의 최고로 평가받는 인터넷 검색업체인 구글은 1995년 스탠퍼드 컴퓨터공학 박사과정 대학원생 친구로서 레리 페이지(Larry Page)와 세르게이 브린(Sergey Brin)에 의해 1998년 설립된 인터넷 검색업체이다. 구글(Google)이라는 말은 미국 수학자인 에드워드 케스너(Edward Kasner)의 조카인 밀튼 시로타(Milton Sirota)가 만든 "googol"이라는 신조어에서 유래된 것이며, 10의 100승과 같은 뜻를 지니고 있다. 이같은 단어에서 착안하여 무한정의 정보를 보다 효과적으로 검색할 수 있는 웹 엔진인 오늘의 구글을 만들어 내었다. 그들은 여러 기업들을 찾아다니며 기술을 상용화할 노력을 하였으나 모두 거절당했다. 그러던 중 사업제안서를 선 마이크로시스템(Sun Microsystems)의 창업주 앤디 벡톨세임(Andy Bechtolsheim)을 상대로 발표하여 10만 달러의 펀드유치에 성공하고 회사를 실리콘밸리 대학 근교 동료의 집 차고에 마련하였다. 이렇게 시작한 조그마한 창업이 오늘날의 초일류 기업인 구글이 탄생하게 되었다

빌 게이츠도 1975년 허름한 창고에서 마이크로소프트를 시작하였고, 세계적 대기업인 월마트의 샘 월튼도 1962년 아칸소의 조그마한 시골에서 50대의 늦은 나이에 점포하나로 출발했다.

매출 및 이익 면에서 최고 수준을 자랑하고, 2010년 포춘지 선정 가장 존경받는 기업 중 최고의 회사, 세계 500대 기업 중 1위로 선정된 월마트는 샘 월튼에 의해 1962년에 창업 되었다. 작업장과 고객서비스 차원에서의 탁월함, EDLP(Every Day Low Price)로 대표되는 최저가 정책은 샘월튼의 세 가지 신념인 "모든 사람을 존중하라(Respect the Individual), 고객에게 봉사하라(Service to Our Customers), 최상을 지향하라(Strive for Excellence)"와 같은 혁신적인 창업 철학과 맥을 같이 하고 있다.

이 처럼 기업을 처음 만드는 것을 창업이라고 한다. 국내에서 매주 수백 개의 기업이 창업을 하고 또한 비슷한 수의 회사들이 문을 닫는다. 마치 인간세계의 생로병사의 순환과 같이 기업 세계에도 생사의 순환이 계속되고 있다.

G·l·o·b·a·l·M·a·n·a·g·e·m·e·n·t

구글과 월마트

정확하고 빠른 정보 검색을 원했던 세르게이 브린과 래리 페이지는 정확한 순서대로 정보가 보이는 '페이지순위' 라는 프로그램을 만들었고, 이 프로그램을 '구글' 이라고 하였다. 구글이란 단어는 수학용어인 '구골(googol)' 에서 따온 말로, 10의 100제곱을 말하며, 쉽게 말해 1 뒤에 0이 100개 달린 수를 말하는 것이고 그만큼 많은 정보를 찾아서 보여주겠다는 의지를 나타낸 것이다.

샘 월튼(Sam Walton) 월마트 창업자

40대 중반에 "벤 프랭클린" 할인점 근무

- 교외지역은 유통비용 때문에 비싼 가격에 구매하는 것을 알고 중역에게 지방소도시에 할인점 제안
- 거절(5만명 이하는 입점이 불필요 결론)
- 1962년 자신이 창업하여 30년 후 42개주에 1,720개점, 해마다 150개 상점 개점
- 1997년 소매 역사상 최초로 연간매출 1천억 달러 달성
- 평균인구 15,000명 도시에 입점
- 월튼 회장은 70세에도 직접 빈행기를 운전하며 상점 후보지를 선정하는 전략이 성공

1.2 창업의 유형

창업은 아이디어를 가지고 다양하게 시작한다. 자기의 취미를 사업모델로 시작하든지, 또는 확보된 네트워크룰 가지고, 발명에 의한 신개발품을 가지고, 경험한 지식이나 전문기술에 의한 창업, 소자본 창업 그리고 사업성이 검증된 프랜차이즈 가입 같은 여러 종류의 창업형태가 있다. 이중에서 특수한 기술

분야의 위험부담을 가지고 시작하는 벤처창업과 컴퓨터 관련 업종이나 서비스업, 그리고 최근의 스마트폰과 관련한 앱 개발업 등과 같이 많은 자본이 필요 없는 소자본 창업 그리고 검증된 프랜차이즈 사업이 주류를 이루고 있다고 할 수 있다. 이러한 창업의 형태를 신설창업, 기업인수, 프랜차이즈, 분사독립, 벤처창업, 소자본창업, 소호(SOHO)로 분리한다.

(1) 신설창업

신설창업(starting a new business)은 창업자가 새로운 기업을 설립하는 것이다. 신설창업은 기업인수나 프랜차이즈(franchise)에 비해 제품 및 서비스, 입지, 설비, 공급자 등과 관련된 의사결정에 있어 보다 독립적이다. 하지만 신설창업의 경우 창업자금을 조달하기가 어려우며, 경영활동을 효과적으로 수행할 수 있는 인적 자원을 끌어들이는 데도 어려움을 겪을 수 있다. 또한 기존 기업들과의 경쟁에서도 유리한 입지를 확보하기가 쉽지 않다. 뿐만 아니라 충성도(royalty)가 높은 고객 및 유능한 종업원을 확보하기도 쉽지 않다.

(2) 기업인수

기업인수(purchasing an established business)는 기존 기업을 인수하여 사업을 시작하는 것이다. 기존 기업은 이미 많은 시간과 노력을 들여 생산할 제품과 서비스를 선택하여 생산 입지를 결정하고, 고객 기반을 확보하였으며, 종업원을 채용하고, 공급자를 결정해 놓은 상태이다. 또한 조직 구조도 이미 설계되어 있으며, 기업 운영상 필요한 대부분의 절차들이 확립되어 있는 것이 일반적이다. 따라서 기존 기업을 인수하여 사업을 시작하는 경우에는 신설창업에 비해 많은 시간을 절약할 수 있다. 하지만 기존 기업의 나쁜 이미지나, 부적절한 공장입지, 낡은 설비, 낮은 교육수준의 종업원 등 불리한 여건들도 함께 감당해야 하는 문제점도 지니고 있다.

(3) 프랜차이즈

프랜차이즈(franchise; 가맹사업)란 본사(franchisor)와 가맹점(franchisee) 간 계약체결을 통하여 본사가 다양한 형태의 로열티(royalty)를 받는 대가로 가맹점으로 하여금 본사의 자산인 상표 이미지, 기업 인지도, 정책 및 업무절차, 가맹점 창설 및 관리 기법, 전문성과 경험 등을 활용할 수 있게 하는 것을 말한다.

프랜차이즈는 우리가 주위에서 흔히 볼 수 있는 롯데리아, 맥도널드, 피자헛, 세븐일레븐, 홀리데이 인(Holiday Inn) 등의 체인점 사업이다. 창업자의 입장에서는 고객의 마음 속에 이미 이미지가 형성된 제품과 서비스를 본사에서 검증된 방법으로 판매하므로 사업을 시작하는 데 따르는 위험을 줄일 수 있다. 또한 인테리어나 간판, 홍보물 등을 비교적 저렴한 가격으로 공급받을 수 있고, 표준화된 아이템으로 소자본 창업이 가능하며, 본사 브랜드를 이용하여 소비자들에게 쉽게 접근할 수 있어 사업인지도를 높일 수 있는 이점이 있다. 하지만 프랜차이즈는 창업자의 재량권을 제한하게 되며, 가맹료(franchise fee), 초기비용(start-up costs), 로열티는 일반적으로 수익의 발생여부와 관계없이 부과되는 것이 일반적이어서, 이익규모가 기대 수준에 이르지 못하면 소규모업체로서는 감당하기 어려운 상황이 발생할 수 있을 뿐만 아니라, 본사가 약체화될 경우, 상품공급, 경영지도, 판촉지원 등이 원활하지 못하여 영업에 차질을 가져올 수 있다는 단점이 있다.

따라서 프랜차이즈 창업은 준비단계에서부터 실제 개업하고 있는 가맹점에 직접 찾아가서 사업내용과 문제점들을 치밀하게 파악하는 등의 지혜가 필요하다.

key word 프랜차이즈 성공사례

① 5만 가지 항목을 담은 매뉴얼

맥도날드 창업자 레이먼드 크로크(Raymond Kroc)는 "햄버거는 누구나 만들어 팔 수 있다. 맥도날드는 다른 곳과는 다른 매력과 따뜻함을 느낄 수 있는 곳으로 만들어야 한다."고 주장했다. 이런 경영철학에 따라 만들어진 맥도날드의 캠페인 구호가 그 유명한 "우리는 당신의 미소를 보기를 원합니다(We love to see your smile)"이다. 크로크는 '품질', '서비스', '청결', '가치'를 맥도날드의 4대 원칙으로 정해 자신의 경영철학을 구체화했다. 이러한 원칙은 제품 생산과 서비스 과정을 표준화한 방대한 분량의 매뉴얼을 만드는 것으로 나타났다. 크로크가 계약을 맺기 전 맥도날드 형제가 운영하던 패스트 푸드점에도 매뉴얼은 있었으나 약 30여 가지에 불과해 크로크가 보기에 보완할 점 투성이였다. 크로크는 각종 실험을 거쳐 체크할 수 있는 모든 것을 꼼꼼히 기록한 매뉴얼을 만들었는데, 완성된 최종 매뉴얼 항목은 자그만치 5만 가지나 됐다. 크로크는 우선 햄버거 재료로 사용되는 쇠고기의 크기와 무게, 모양을 정확하게 통일했다. 예컨대 지방의 양은 19%이하, 무게는 1.6온스, 지름은 3.875인치, 양파는 0.25온스 등으로 정했다. 또한 이 매뉴얼에는 햄버거의 고기를 어느 정도 두께로 자를 것인지에서부터 몇 도에서 몇 분 동안 익힐 것이며, 감자를 써는 요령과 두께까지 꼼꼼하게 기록했다. 밀크셰이크와 아이스크림 제조법도 통일했다. 체인점마다 같은 양의 피클과 겨자와 케첩이 들어간 똑같은 형태의 햄버거를 똑같은 시간에 똑같은 접시에 담아 서비스하도록 했다. 햄버거에 사용되는 고기는 매장에 배달되기 전까지 40가지 이상의 엄격한 품질검사를 거치게 했다. 또한 신선한 맛을 유지하기 위해 햄버거는 만든 지 10분, 프렌치 프라이드는 튀긴 후 7분이 지나면 모두 폐기하게 했으며, 가능한 한 고객이 주문한 지 30초 이내에 제품을 서비스하도록 했다. "따끈하고 신선하게 그리고 곧바로 손님에게(Hot, Fresh, Just for you)"라는 대(對)고객 약속을 지키려는 노력이었다. 매뉴얼에는 매장을 열고 닫는 시간은 물론이고, 직원들의 복장과 매장의 밝기, 화장실 점검 요령과 사후 조치 요령까지 매장 운영에 필요한 모든 사항이 기록되어 있었다. 특히 그는 청결에 매우 신경을 썼다. 식당이 불결하면 망한다는 것을 잘 알고 있었기 때문이다. 크로크는 이에 "청결하게 보여라(Fresh Look)"는 구호를 내걸고, 화장실 전등 점검, 거울의 청결 상태 확인, 휴지 보충, 변기의 물기 확인, 비누 보충, 악취 제거, 휴지통 비우기, 급수 확인, 환기구 점검, 화장실 1차 점검 · 2차 점검 등 조그만 화장실에서 확인해야 할 사항만 수십 가지에 달하는 매뉴얼을 만들었다. 크로크는 여기에 만족하지 않았다. 1961년에는 그는 일리노이주 엘크 그로브 빌리지에 있는 한 체인점에 각 체인점의 매니저들을 조직적으로 훈련시킬 수 있는 '햄버거 대학'을 만들었다. 이 대학은 현재 시카고의 오크브룩에 있는 본사로 옮겼는데, 햄버거 대학에서는 프랜차이즈 운영자와 직원들에게 각종 매뉴얼을 교육한다. 각 체인점의 성공사례를 발표케 하고 동시에 새로운 조리법과 냉동방식 · 저장 · 서비스 메커니즘 등을 연구 개발하고 있다. 크로크는 이렇게 정한 기준 중에서 단 한 가지라도 어기는 납품 업자와는 거래를 끊었다. 프랜차이즈 경영자들도 이 기준을 어기면 계약을 연장하지 않았다. 덕분에 시작은 좀 더딘 듯했지만 곧 세계 최대의 패스트푸드 기업으로 성장할 수 있었다.

② 누가 만들어도 똑같은 맛

외국을 여행하던 사람이 식사를 하려고 하는데 그 지역 음식이 입에 맞지 않을 때 맥도날드 햄버거를 찾는 경우가 많다. 어느 나라 어느 지역에서도 맥도날드 햄버거 가게에서는 똑같은 맛의 햄버거를 먹을 수 있다고 생각하기 때문이다. 같은 이름을 내건 두 개의 가게에서 맛이나 서비스에 큰 차이가 있다면 고객은 불만을 갖게 될 것이다. 따라서 네트워크 조직으로 이뤄진 기업은 표준화된 시스템이 있는지 없는지에 따라 그 성패가 좌우될 수밖에 없다. 이런 사실을 일찌감치 간파한 크로크는 철저한 매뉴얼화를 통해 어느 맥도날드에 가도 똑같은 맛을 맛보게 했다. "맥도날드 체인점은 다른 음식점들과는 달리 주방장이 바뀌어도 그 맛이 변하지 않는다"는 고객의 믿음을 얻는 데 성공했다. 솜씨좋은 주방장에 의해 손님을 끄는 것이 아니라, 매뉴얼화된 정교한 시스템을 작동시켜 손님을 끄는 것. 이것이 바로 오늘날의 맥도날드를 있게 만든 최대 경쟁요소였던 것이다. 1955년 맥도날드가 프랜차이즈 사업을 시작할 때 이미 미국에는 무수한 프랜차이즈 업체가 존재하고 있었다. A&W, 데일리 퀸, 테이스티 프리즈, 빅 보이, 인트라 버거킹(훗날의 버거킹) 등등. 그러나 맥도날드는 철저한 매뉴얼화를 통해 이들을 단숨에 따라잡을 수 있었다. 그 후에 등장한 웬디스, 하디스 등 숱한 신흥 패스트푸드 업체들과의 경쟁에서도 압도적인 차이로 선두를 고수할 수 있었다. 1999 회계연도(1999년 4월부터 2000년 3월 사이) 맥도날드의 미국 내 시장점유율은 43.1%였다. 경쟁기업인 버거킹은 19.6%였고, 웬디스는 12.2%, 하디스는 4.9%, 잭인더박스는 4.0%에 불과했다. 맥도날드의 매출액도 해외시장 덕분에 385억 달러로 전년 대비 13%나 증가했다. 크로크는 훗날 자선전 『갈아 만들다』(Grinding It Out)에서 "내가 맥도날드 체인점에서 원한 목표는 완벽한 표준화였다. 그 밖의 것들은 부차적인 것에 불과했다"고 토로했다. 맥도날드 성장 신화의 키 포인트는 매뉴얼화인 것이다. 그러나 오늘날의 맥도날드를 있게 한 요인을 매뉴얼화 하나로 압축하는 것은 지나친 단순화다. 성장 신화를 일군 또 다른 키워드는 프랜차이즈 파이낸싱과 부동산 사업이다. 단기간 내에 프랜차이즈 사업을 확장시키기 위해서는 짧은 시간 내에 체인점을 내겠다는 파트너와 파격적인 조건으로 계약을 체결하기 시작했다. 초기에 크로크가 체인점을 내주는 조건으로 요구한 로열티는 매출액의 1.9%에 불과했다. 훗날 크게 올랐지만 초기에 가맹점에서 받은 권리금도 단돈 950달러에 불과했다. 초기에는 프랜차이즈 사업에서 수익을 못 올리더라도 단기간에 미국 전역으로 네트워크를 확장하는 게 중요하다고 판단했기 때문이다. 오늘날 세계 각국의 화폐가치를 가늠하는 '빅맥지수(BigMac index)'의 탄생은 완벽한 표준화와 글로벌화의 산물이라고 할 수 있다.

자료: www.mcdonalds.co.kr

(4) 분사독립

분사(spin-offs)는 벤처기업의 한 형태로써 기업의 일부 사업을 분리하여 독립된 기업으로 설립하고 모기업의 주주들에게 지분을 넘겨주는 형태이다. 예를 들면 이전에 대학, 연구소, 기업에서 일을 하다가 그들이 가지고 있는 기술을 상업화하기 위하여 그들의 전 직장, 즉 인큐베이팅조직(incubating organization)에서 떨어져 나와(spin-off) 독립적으로 벤처기업을 창업하여 운영하는 것이다. 분사는 기존의 모기업에서 필요로 하는 제품이나 서비스를 생산하여 모기업에 납품하는 형태로 운영되는 경우가 많다. 따라서 분사는 새로운 사업을 꿈꾸는 기업가가 활용할 수 있는 안정적이고 매력적인 기업형태이다.

(5) 벤처창업

벤처창업(venture foundation)이라는 말을 이해하기 위해서는 우선 벤처기업에 대한 이해가 필요하다. 벤처기업이라는 용어는 모험기업, 신기술기업, 기술집약기업, 연구개발형기업, 하이테크기업, 도전기업 등으로 불리기도 한다.

미국에서는 벤처기업을 Venture Company, Risky Business, High Technology Business, NTBF(new technology based firms) 등으로 말하고 있다. 즉, 벤처기업의 정의는 정확하게 개념이 확정된 것은 없으나, 일반적으로

새로운 아이디어와 기술을 가지고 고수익과 고성장을 추구하는 유망하고 기술집약적인 사업에 도전하는 모험기업을 말한다. 벤처기업의 특징은 다음과 같다.

첫째, 소수의 핵심 기술창업이나 기술혁신의 노하우를 상업화 하기 위하여 설립한 신기술 또는 첨단기술을 보유한 기업 또는 수익성이 낮아 관심을 갖지 않은 영역을 사업성이 있는 새로운 틈새시장으로 공략하기 위해 진출한 기업이다.

둘째, 기술개발로 높은 시장성이 있는 상품화가 되기까지는 많은 위험 부담이 따르지만 성공할 경우 높은 이익이 기대된다.

셋째, 자본력은 부족하지만 모험적 사업에 도전 성취하려는 왕성한 기업가 정신을 가진 기업인에 의해 주도된다는 점이다. 즉, 모험적인 사업에 도전하여 높은 이익을 성취하려는 왕성한 기업가 정신을 가진 사람을 중심으로, 신기술과 노하우 등을 가지고 첨단제품을 개발하여, 기존의 기업들이 아직 본격적으로 진출하거나 투자하지 않은 분야 또는 사업성이 있는 새로운 틈새시장에 위험을 걸고 진출한 중소기업이다.

이러한 벤처기업은 성공할 경우 큰 이익을 얻을 수 있고 성장할 가능성도 많지만, 상대적으로 위험이 많다는 특징을 가지고 있다. 벤처기업은 주로 새로운 기술을 개발하여 기존의 대기업이 하기 어려운 특수한 분야에 진출하는 경우가 많기 때문에 위험이 많다. 초기의 벤처창업은 화학, 기계 등 제조업의 특수기술을 응용한 2차 산업 분야에서 시작하였으나, 서비스와 정보의 발달로 유통, 서비스, 정보처리, 전자상거래 등 서비스 산업이나 정보통신 분야로 확대되고 있다.

벤처기업은 새로운 기술로 시장을 스스로 개척해 나가야 한다는 점에서 다른 기업에 비해 기술의존도가 훨씬 높다. 하지만 아무리 뛰어난 신기술이라 할지라도 그러한 기술이 일상에서 활용될 수 없다면 아무런 소용이 없다. 벤처창업으로 성공하기 위해서는 새로운 기술을 통한 제품 또는 서비스가 소비자들의 욕구를 충족시킬 수 있는 것이어야 한다.

일반적으로 벤처 기업은 창업준비단계(pre-startup stage), 사업개시단계(start up stage), 초기성장단계(early-growth stage), 후기성장단계(later-growth stage)의 네 단계를 거치게 된다.[1)]

---

1) D.H. Holt, *Management*, Prentice-Hall, 1993, p.675.

벤처기업 탄생의 비결은 벤처기업에 자본참여를 할 뿐 원칙적으로 경영참여는 하지 않는 벤처캐피털(venture capital)과 엔젤캐피털(angel capital)이라는 투자제도가 있기에 가능하다고 할 수 있다. 벤처캐피털은 벤처기업에 대한 장기투자와 기업의 자금난의 해소, 그리고 성공적인 벤처기업에 대한 기술금융서비스 제공 등 다양한 경영지원을 통해 벤처기업과 투자회사와의 상호 윈윈적 성공을 통한 새로운 국가부가가치 창출을 위해 신기술 사업 금융지원법 등 다양한 법률로서 벤처기업의 경영을 지원하고 있다. 벤처캐피털과 엔젤캐피털은 미공개 벤처기업의 창업(start-up) 또는 초기단계(early stage)에 필요한 자금이나 경영노하우를 제공하여 기업의 부가가치를 높여 놓은 다음에, 배당이나 공개후 주식양도차익 등으로 높은 수익을 추구한다는 점에서 동일하나 벤처캐피털은 법인, 엔젤캐피털은 개인투자가라는 점에서 다르다.

(6) 소자본창업

소자본창업(small capital foundation)이란 창업과 경영에 수반되는 위험을 감수하고서도 적은 자본을 가지고 기존의 사업성이 분석된 안정적인 사업체를 운영하면서 스스로 하고 싶은 일을 하며 일과 삶에 균형을 유지하기 위한 모든 종류의 사업을 말한다. 즉 제조업, 도매업, 소매업, 서비스업 등 업종의 제한 없이 소규모로 시작하는 모든 창업을 의미한다. 이는 반드시 새로운 기술을 요구하지도 않고, 모험정신은 물론 대기업과 관련된 업종제한을 요구하지도 않는다는 점에서 벤처창업과 다르다. 이미 어느 정도의 수익성이 보장되는 사업의 프랜차이즈(franchise)점을 운영하거나, 수익성은 낮지만 위험도가 낮은 안정된 사업을 하려고 출발한다.

소자본창업시 가장 중요한 것은 어떤 업종을 선택할 것인가와 어디에서 사업을 시작할 것인가를 결정하는 것이다. 우선 업종을 선정할 때에는 창업자 자신의 적성과 능력에 맞는 것인가를 고려해야 한다. 또한 해당 업종이 지금 현재 성장하고 있는 산업인지 그렇지 않은 업종인지도 면밀히 검토해야 한다. 또한 가능한 한 수익성은 높고 위험부담은 적은 업종을 선택해야 한다. 다음으로 어디에서 사업을 시작할 것인가를 결정해야 한다. 아무리 좋은 제품과 서비스를 제공한다 하더라도 고객이 찾지 않는 외진 곳에서 사업을 하게 되면 많이 팔리지 않을 것이다. 즉 같은 상품이라면 고객의 접근가능성이 큰 곳에서 사업을 하는 것이 유리하다.

(7) 소호(SOHO)

소호는 작은 사무실(small office)과 자택 사무실(home office)을 거점으로 하여 근무하는 형태를 말하는 것으로 각 단어의 머릿 글자를 따서 SOHO라고 부른다. 즉, 소호란 특별한 사무실이 없이 재택 근무를 한다거나 아주 작은 규모의 사무실에서 근무하는 것을 말한다.

소호의 원조인 미국의 경우에는 약 5천만명이 소호 인구로서 근로자 3명 중 1명이 해당될 정도로 확산되어 있는 상태이며, 이들의 매출규모는 연간 4천 5백억 달러에 달하고 있다. 일본도 소호인구가 6백만명을 초과하였으며 앞으로도 계속 늘어날 전망이다. 아울러 국내에서도 소호창업자가 매년 30%가량씩 증가하고 있다.

이렇게 소호가 넓게 확산되고 있는 이유를 크게 세 가지로 살펴볼 수 있다.

첫째, 정보통신기술의 발달로 컴퓨터통신, 팩스 등 네트워크 기기가 대중화되어 적은 비용으로도 입지에 관계없이 자택에 사무실과 동등한 네트워크 환경을 구축할 수 있게 되었기 때문이다.

둘째, 기업의 구조조정(다운사이징, 합병 등)으로 인한 감원으로 자연스럽게 많은 소규모 사업자와 재택 근무자가 생겨나게 되었다. 기업의 입장에서는 종업원에 대한 각종 복리비용과 연금을 절감할 수 있게 해주었고, 실제로 정보통신과 관련된 미국의 첨단업체들은 40% 이상이 비용절감을 위해서 재택근무제를 실시하고 있는 실정이다.

셋째, 인터넷 사용의 폭발적 증가가 소호의 급증을 야기시키고 있다. 인터넷의 등장으로 현실세계에 있던 수많은 분야들이 인터넷의 가상공간을 통하여 시현할 수 있게 되었기 때문이다. 우리나라에서도 IMF 구제금융사태에 따른 산업환경의 변화로 인하여 소호를 이용한 비즈니스가 부상하고 있다.

02 | 창업의 과정

창업을 통해 새로운 사업을 시작하기 위해서는 [그림 17-1]과 같이 내부여건분석을 시작으로 사업타당성분석과 사업계획서작성, 창업추진의 흐름으로 창업과정이 이루어지며, 창업자 자신이 가진 경험, 자질과 능력, 기술, 자본에

그림 17-1 ◎ **창업의 과정**

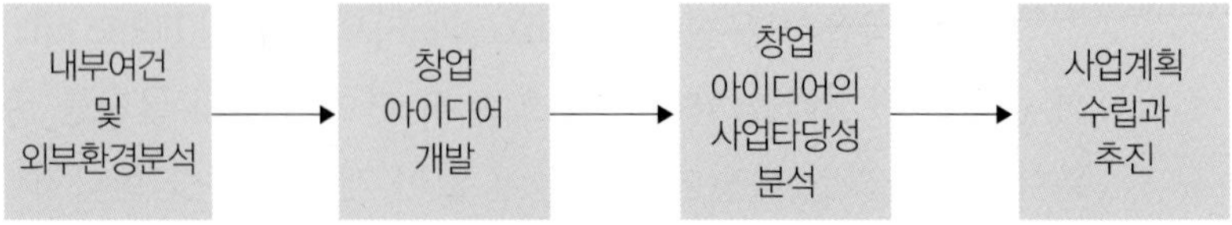

그림 17-2 ◎ **창업자의 자질과 능력**

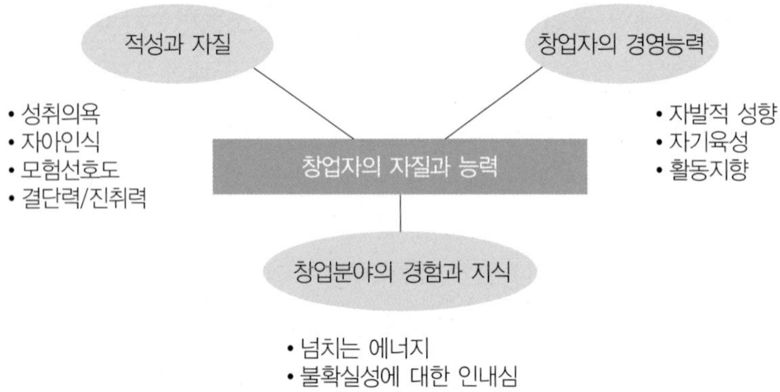

대한 분석과 스스로의 이익이 우선되어야 한다(그림 17-2 참조). 또한 사업을 같이 할 동업자가 있는 경우에는 함께 고려하여야 한다. 이전에 전혀 경험해 보지 못했거나 사전지식이 없는 분야에서 창업을 한다는 것은 조금은 무모할 수 있기 때문이다. 이렇게 창업자나 동업자가 활용할 수 있는 모든 자원을 종합적으로 분석한 후에는 실제적으로 창업의 성공 가능성이 가장 높은 분야를 선정한다.

창업을 할 분야에서의 시장상황과 경쟁기업에 대한 분석을 한다. 구체적으로 말하면 창업을 하고자 하는 분야의 사업이 도입단계(introduction stage)에 있는지, 성장단계(growth stage)에 있는지 또는 성숙단계(maturity stage), 쇠퇴단계(decline stage)에 있는지 파악하여야 한다. 도입단계에 있는 사업이라면 높은 수익성을 기대할 수 있지만, 그에 따른 위험부담도 커지게 된다. 반면 성장단계에 있는 사업이라면 상대적으로 수익성을 높게 기대할 수는 없겠지만, 위험부담도 크게 줄어들기 때문이다. 또한 창업하고자 하는 분야에서 경쟁기업이 상당한 경쟁우위를 가지고 있다면 사업 초기부터 상당한 어려움을 겪을 수도 있을 것이다.

2.1 내부여건 및 외부환경 분석

(1) 자기 자신에 대한 분석

성공적인 창업을 위해 창업환경에 대하여 가장 먼저 자신 스스로를 냉철하게 분석하는 일이 중요하다. 사소한 것이라도 살펴서 분석할 요소들이 많이 있다. 업종별 장단점을 구체적으로 파악해서 드러난 장점을 살리고, 단점들을 보완할 방법 등을 검토하는 것이 환경 분석이다.

표 17-1 Baumback test ["나는 사업가로서의 자질을 갖추고 있는가"- 자기 진단 테스트 표]

평가 항목		점수		
1	다른 사람과 경쟁하는 것을 좋아한다.	1	2	3
2	성공을 위해 보상에 관계 없이 격렬하게 경쟁한다.	1	2	3
3	조심하면서 경쟁하지만 가끔 허세를 부린다.	1	2	3
4	장래의 이득을 위해 주저하지 않고 위험을 무릅쓴다.	1	2	3
5	업무를 잘 처리해서 확실한 성취감을 얻는다.	1	2	3
6	한 번 하기로 결정한 것이면 무엇이든 1등을 하고 싶다.	1	2	3
7	전통에 얽매이는 것을 싫어한다.	1	2	3
8	먼저 일을 시작하고 나중에 의논하는 경향이 있다.	1	2	3
9	칭찬이나 보상보다는 업무 수행 자체를 중시한다.	1	2	3
10	타인의 의견에 구애받지 않고 내 방식대로 한다.	1	2	3
11	과오나 패배를 잘 인정하지 않는다.	1	2	3
12	자발적이며 남의 말을 듣지 않는다.	1	2	3
13	좀처럼 좌절하지 않는다.	1	2	3
14	문제가 있으면 스스로 해결책을 찾는다.	1	2	3
15	호기심이 강하다.	1	2	3
16	남이 방해하는 것을 참지 못한다.	1	2	3
17	타인의 명령을 듣기 싫어한다.	1	2	3
18	비판을 받고도 참을 수 있다.	1	2	3
19	일이 완성되는 것을 보겠다고 고집한다.	1	2	3
20	동료나 부하들이 나처럼 열심히 일하기를 바란다.	1	2	3
21	사업에 관한 지식을 넓히기 위해 독서를 한다.	1	2	3
계				
총점				

※ 측정 방법 : 서술 내용과 나의 행동이 일치하면 3점, 항상 일치하지는 않지만 상황에 따라 일치하면 2점, 일치하지 않으면 1점

※ 평가 방법 : 총점이 63점이면 완벽, 52~62점이면 우수, 42~51점이면 보통, 41점 이하면 열등

이런 창업환경 분석 중 자신의 과거 경험과 관심사에 대한 객관적인 판단과 자신의 장점과 단점을 냉정하게 분석하고, 관심사를 찾는 일이 중요하다. 잘하는 것이 무엇인가, 관심이 있는 것이 무엇인가 정확하게 판단해야 된다. 사소한 것이라도 남보다 조금이라도 다른 뛰어난 점을 찾아 자신감과 도전정신을 가져야 한다.

(2) 내부여건과 외부환경 분석

1) 내부여건

기업자신의 재무구조, 생산기술 및 설비, 인적자원, 영업능력 등 능력과 한계를 정확하게 파악해야 한다. 내부여건에 대한 철저한 분석이 외부환경으로부터 기회포착의 강점과, 기업에 닥치는 위협의 모면을 위한 약점 보완 등을 쉽게 파악할 수 있다(표 17-2 참조).

표 17-2 내부 환경 분석요소

내부 환경 분석	사업 적성 및 마인드
	경험 및 기술적 요소
	인적 환경
	체력 및 시간 여건

2) 외부환경

창업시 가장먼저 고려할 사항은 기업이 통제할 수 없으나 영향을 미치는 정치적 · 경제적 · 사회적 · 문화적 환경 및 업종의 사양성과 성장성, 경쟁업체, 정책과 노동시장 등 일반 환경에 대해서도 철저히 분석해야 한다. 환경의 변화는 기업에게 기회와 위협을 제공하기 때문에 어떠한 상황이나 유행의 변화로부터 사업 기회를 찾아내는 것은 기업가가 사업 기회를 포착하는 것이다. 이에 대한 철저한 분석은 창업의 전략을 수립하는 데에 반드시 필요한 밑바탕이 된다(표 17-3 참조).

다음의 다섯 가지 상황은 사업 기회의 중요한 원천이 된다.

① 문제 상황

② 법이나 제도, 시장 상황이나 유행에서의 변화

③ 새로운 제품이나 서비스의 발명

표 17-3 외부 환경 분석요소

외부 환경 분석	정치 · 경제 상황
	법률 및 인허가 사항
	지역적 요인
	기타 해외 관련 사항

④ 경쟁우위 요소: 가격, 위치, 품질, 평판, 신뢰성, 혹은 시간 등의 경쟁우위

⑤ 기술적 진보: 개발된, 발명된 기술을 기업가는 그것을 어떻게 상품화할지를 고안해 내야 한다.

(3) 창업 성공의 기본 요소

수많은 기업들이 창업이 아닌 폐업신고를 낸다. 창업 시 출자했던 자기자본은 말할 것도 없이 타인자본도 갚지 못한 채 빚더미 속에서 파산한다.

현재는 가정 경제가 전적으로 창업에 의존하고 있는 생계형 창업이 절대다수다. 그만큼 사업에 대한 부담도 높아졌고, 치밀한 사업 준비의 필요성도 절실해졌다. 창업에도 절차가 있다. 첫째, 자신의 창업 환경을 파악하는 것이다. 둘째, 투자할 수 있는 자금의 규모. 셋째, 일에 대한 적성, 과거 경력, 식구들의 이해와 협조 등은 창업 이전에 반드시 검토해야 할 사항들이다.

실패한 창업자들의 범하는 오류를 보면 첫째, 사업 계획을 구체적, 체계적, 과학으로 세우지 않고, 추상적 자기중심적으로 세우는 것이다. 창업 자금도 총비용만 추측하고 구체적으로 사업장 임차, 인테리어 비용, 기계장치 설비구입비, 창업준비비 등 항목별로 조사하는 경우는 많지 않다.

둘째, 경쟁력 있는 제품이 바로 매출 증대로 이어질 것이라고 창업을 구상하는 사람들 중에는 기대하는 경우가 많다. 하지만 정작 더 중요한 부분은 마케팅이나 판로 개척이다. 이제는 소자본 창업을 하더라도 마케팅을 알아야 한다.

따라서, 사업 계획이 구체적이고 치밀하지 못하면 결코 성공할 수 없을 뿐 아니라 돌이킬 수 없는 손해를 보게 된다. 모든 조건을 최악의 상황을 기준으로 체계적이며 치밀하게 계획해야 한다.

창업 10계명

① 창업정보는 귀보다는 눈으로, 눈보다는 발로 확인하자.
② 혼자서 직감으로 결정하지 말고, 현재 사업자, 경험자, 전문가 등을 만나보자.
③ 자금이 부족하면 친절과 노력만이 해결책이다.
④ 쉬운 곳에는 반드시 허점이 있으니 확인, 또 확인하자.
⑤ 사업장은 전쟁터, 체면 의식을 버려라.
⑥ 남들이 모두 좋다고 할 때는 막차를 타는 것이다.
⑦ 이미 실패한 장소나 업종을 고집하지 말자.
⑧ 모르는 것은 창피한 것이 아니다. 계속 질문하자.
⑨ 완벽한 사람은 없다. 네트워크를 만들어라.
⑩ 아낄 때 아끼고, 쓸 때 쓰는 것이 자금 투자의 핵심이다.

(4) 동업으로 창업을 성공하는 지혜

많은 사람들이 동업은 만류한다. 동업 결과가 좋지 않았던 원인이 동업 계약 조건에 대한 불만, 투입한 자본에 따른 수익 불평등과 업무에 대한 참여도, 열의, 매출 기여도 등 기준을 정하기 어려운 수익배분의 불만, 애매한 업무 분담 비중에 따른 분배 불만, 즉 영업과 운영, 제품 개발을 책임진다고 할 경우 매출액 중에서 이 두 부분의 비중을 어떻게 분석할 것인가? 완벽한 만족은 기대하기 힘들다. 이렇게 여러 모로 어려운 동업이지만 철저한 경영 분리, 핵심 역량의 평가를 동일하게, 분쟁원인을 구체적으로 예측하여 원천적으로 차단하는 노력이 성공의 해답이 될 것 이다.

(5) SWOT 분석을 통한 접근전략

SWOT분석이란 외부환경과 내부여건에 대한 분석을 기초로 하여 최적의 대안들의 수립방향 및 지침을 제시해주는 기법으로 창업자의 내적인 강점(strength)과 약점(weakness), 외적인 환경의 기회(opportunity)와 위협(threat) 요인을 뜻하는 약자 표현이다. 따라서 SWOT 분석을 통해 창업자의

표 17-4 ◎ SWOT 분석에 따른 창업 전략 매트릭스

구분	기회 요인(O)	위협 요인(T)
강점(S)	기회를 살리고 강점을 활용하는 전략 (SO 전략)	강점을 살리되 위협을 줄이는 전략(ST 전략)
약점(W)	기회를 살리되 약점을 감안하는 전략 (WO 전략)	위협과 약점을 동시에 고려하는 전략 (WT 전략)

장점을 최대한 활용하여 새로운 사업 기회를 포착하고, 약점은 최소화하면서 위협 요인에 대응하는 전략개발이 가능해진다. 이와 같이 SWOT 분석은 창업의 유형과 관계없이 창업을 하고자 하는 사람에게는 꼭 필요한 절차이다.

자신의 매력과 장단점을 적어 보자. 일에 대한 적성, 성격, 과거경험, 관심사 등 모든 것을 망라해 본다. 기회요인과 위협요인은 외부환경에 대한 부분이다. 경기의 상승과 하강, 각종 지원 제도, 해당 분야의 사업성, 법률적 제도 등이 해당된다. 이와 같은 네 가지 요인들에 대한 대응전략에 대해 알아보자(표 17-4 참조).

① **SO 전략:** 기회와 장점이 모두 충분한 가장 좋은 환경으로 장점을 극대화할 수 있는 전략이 요구된다.

② **ST 전략:** 창업자의 장점을 가지고 있지만 외부 창업 환경이 좋지 않은 위협적인 상황이다. 창업자의 장점으로 환경의 위협 요소를 극복하는 전략이 요구된다.

③ **WO 전략:** 외부환경은 유리하게 전개되고 있지만, 창업자는 기회를 살릴 역량이 부족한 경우이다. 따라서 약점을 최소화하는 방법을 찾는 것이 필요하다.

④ **WT 전략:** 가장 어려움이 많은 단계로, 약점이 부각되며 외부환경도 좋지 않은 경우이다. 이 경우는 해당 업종 철회, 혹은 당분간 창업의 보류 등 근본적인 해결책이 요구된다.

(6) 창업의 기본적 요소

창업의 기본적 성공 요소는 자본, 기술, 인력, 아이디어이다.

① 자본

자본은 창업의 기본요소이다. 사업을 보다 쉽고 안정적으로 운영할 충분한 자금을 가지고 좋은 환경에서 사업을 시작하는 사람이 얼마나 될까? 중요한 것은 자신의 자본 범위 내에서 무리하지 않고 합리적인 창업 방법을 찾는 것이다. 무리한 타인자본의 자금 확보를 통해 사업을 시작하는 것은 어려움이 닥쳤을 때 타인자본도 갚지 못한 채 빚더미 속에서 파산한다. 차라리 창업을 하지 않는 것만 못하다.

② 기술

기술은 창업자의 핵심 노하우 터득 수준인 것이다. 차별화나 경쟁 우위 요소 등을 뜻하는 것이다. 누구도 따라올 수 없는 남다른 맛을 내는 비법, 물건을 고르고 흥정하는 능력, 또한 시설이나 서비스가 될 수도 있다. 거창한 것만 노하우나 차별화가 아니다. 욕쟁이 할머니의 푸근한 인심과 손맛도 남다른 기술이다.

③ 인력

혹자는 "기업은 곧 사람이다"라고 한다. 사업을 할 때 함께하는 사람이 생기게 마련이다. 종업원, 가족, 친지, 동업자가 될 수도 있다. 인맥관리는 향후 사업 발전에 결정적 요인으로 작용한다. 조그만 친절 하나를 기억해 둔 사람이 사업 성공의 결정적인 열쇠를 쥐고 있는 경우도 많다. 언제 어떤 사람을 만나더라도 그로부터 받은 명함 한 장까지 소중히 간직하는 것이 진정한 사업자의 자세이다.

④ 아이디어, 아이템

자본이나 인력보다는 아이디어와 정보의 비중이 커지고 있는 시대이다. 창업이 과거보다 활발한 이유는 아이디어와 정보만 좋으면 시도하기 쉽기 때문이다. 경쟁에서 이길 수 있는 요인은 톡톡 튀는 아이디어, 즉 새로운 경쟁력은 같은 물건, 같은 서비스도 전혀 다른 시각으로 접근하면 확보할 수 있다. 남들이 미처 보지 못한 것을 찾아보는 발견의 지혜, 남들이 가보지 않는 길을 찾아보자.

2.2 창업 아이디어 개발

(1) 창업 아이템 선정

좋은 아이템 선정은 사업의 발전성과 성공에 중요한 원인이 되는 것이다. 창업을 결정했다면 필수적으로 업종에 대해 다양한 정보를 수집하고, 아이템을 파악한 다음에, 창업자의 여건과 성장성, 시장 상황 등을 고려해 조금씩 업종 범위를 좁혀 가면서 다양한 측면에서 타당성을 점검하여 잘 맞는 아이템을 골라야 한다.

① 경험을 기초로 하라

창업 아이템을 정할 때 동종업계에 종사하면서 본인의 아이디어나 경험을 바탕으로 수행해 본 분야 중 노하우를 갖고 있는 분야를 사업화하는 것이 성공 가능성이 클 것이다. 특히, 제조업을 계획하는 창업자는 아무리 좋은 업종도 경험이나 기술이 없으면 실패할 확률이 너무 높기 때문에 더욱 경험, 지식, 기술, 인적 · 물적 자원으로 생산이 가능한 업종을 선택하는 것이 우선적으로 고려되어야 한다. 또한 선택한 업종이 성장기에 있고, 자신의 경험과 성격이 맞으면 성공할 확률은 그만큼 커진다.

② 시대의 변화를 선점하라

창업 아이템은 주로 시대 상황의 산물인 경우가 많다. 최근 건강, 인터넷, 환경, 녹색경영이 각광을 받으며 시장이 새롭게 형성되어가고 있다. 이런 점에서 현재는 물론 중 · 장기적으로 트렌드를 파악하여 흐름과 궤를 같이 하며 시대의 변화를 선점할 수 있는 아이템을 선정하여야 한다. 또한 시대환경 변화 및 소비자의 욕구에 부응하는 업종, 대자본의 참여가능 업종, 정책 변화에 따른 영향 업종 등 가능성을 다양하게 종합적으로 검토할 필요가 있다. 그 밖에 시장의 제품 수요가 꾸준한 시장성과 경쟁력이 있는지, 기술 집약형 업종, 첨단 기술 업종, 국산화 개발 대상 품목 등 정부의 산업 발전을 위한 중점 육성 대상으로 선정한 품목이나 보호 대상에 포함되어 있는 업종인지 등을 살펴보아야 한다. 이는 창업의 성패를 결정짓는 중요한 요인이다.

③ 업종 선택

업종선정은 창업 절차 중 최우선적인 과제로서 경영 능력과 자금이 풍부하더라도, 업종이 사양 산업이라면 실패할 확률이 높은 사업이 될 것이다.

업종선정 시 창업자의 성격이나 경험을 기초로 하여 제조업, 외식업, 서비스업 등 특정 업종군을 선택하고, 다음 단계로 좀 더 세부적인 업종의 최종 선택 · 결정, 그리고 독립 점포, 체인점 등의 구체적인 업태 결정의 과정이 필요하다, 아울러 창업 초기의 과도한 투자는 시작부터 경영 활동을 급격히 위축시킬 위험이 크다. 따라서 자신의 자본 규모와 적성에 맞는지, 점포의 입지에 알맞는지, 성장기의 안정적인 업종인지, 주변과 연관이 있는 업종인지를 파악하여 창업 초기 공장 설비 투자와 조직을 최소화하여 작고 실속 있는 업종을 선택한다.

(2) 고객 분석을 통한 사업기회

무한경쟁 속에서 내게 수익을 남겨 줄 고객을 만들어 낸다는 것은, 다양한 소비자의 특성을 분석 이해하고 소비자의 선호도가 어떻게 변화하고 있으며, 앞으로의 흐름은 어떠할 것인지를 예측하여 집중 공략할 수 있는 방법을 개발하는 것이다. 고객의 필요를 충족시키지 못한다면 그 사업은 실패로 끝날 수 있다. 사업 기회란, 사업 아이디어가 자신의 창업 환경 하에서 실현 가능할 것으로 고객들에게 매력적이며, 자신이 필요한 자원과 기술을 갖고 아이디어를 상품화하여 시장에 내놓아야 할 최적의 시점을 일컫는다.

2.3 사업 타당성 분석

(1) 사업 타당성 분석의 의의와 필요성

사업 타당성 분석은 사업구상에서 창업까지 각 단계별 분석 내용을 검토하여 의사 결정을 하는 과정으로 창업 성공의 첫째 단계이며, 창업을 실패로부터 지켜줄 수 있는 좋은 보조 장치인바, 아무리 작은 소규모 창업일지라도 필수적으로 꼭 작성해 볼 필요가 있다. 이는 객관적이고 체계적인 검토로써 창업의 성공률을 높이고, 구상하고 있는 기업의 형성 요소와 절차를 정확하게 파악하여 창업기간의 단축과 효율적인 창업 업무를 수행할 수 있다. 기술성, 시장성, 수익성, 자금수지계획 등의 세부항목의 분석을 통해 사전에 업무를 숙지하고, 기업의 구성요소를 정확하게 파악하여 발생 가능한 미비한 요소들을 사전에 인지 · 보완하여 창업 실패를 막고 성공 확률을 높여 준다.

(2) 사업 타당성 분석의 범위

사업 타당성 분석은 크게 시장분석, 제품분석, 수익분석 세 가지로 구분 생각할 수 있다. 또한 사업이 공익과 관련되는 경우에는 공익성 분석을 추가하게 된다. 첫째, 시장분석(market analysis)은 예상매출액과 같은 목표 시장의 크기 및 제품에 대한 수요의 추이, 성장잠재력 등을 분석하는 것이다. 시장분석에는 오차 자료를 포함하여 다양한 통계적 방법을 활용할 수 있다. 둘째, 제품분석(product analysis)은 제품의 품질과 특성, 제품의 경쟁 우위, 대체품, 경쟁제품, 제조 가능성, 시설 능력 등을 평가하는 것이다. 셋째, 수익분석(profit analysis)은 새로운 사업이 향후 수년간의 영업활동에서 적정한 수익을 가져오며, 안정적인 현금흐름을 보장할 수 있는지의 여부를 평가하는 것이다. 넷째, 공익성 분석은 사업 계획이 공익에 미치는 영향을 조사하는 활동을 말한다. 현대의 기업은 영리성 추구 이외에 기업의 사회적 책임이라는 부수적인 목적을 지니므로, 사업 계획이 공공의 안녕과 질서를 저해하거나 국민 경제적 측면에서의 기여도가 없는 경우에는 기업화가 허용되지 않을 수도 있다. 따라서 사업 타당성을 분석할 때 이 부분의 검토도 소홀이 해서는 안 된다.

여기에 추가로 성공적 창업계획의 수행을 위해서는 창업자의 업무 수행 능력이 필수적으로 요구되므로 창업자가 기업가로서의 사명과 책임을 다하기 위한 모험심, 스케일, 리더십, 창업분야 경험과 지식, 통제 능력, 서비스 및 기술 혁신 능력, 그리고 국내 · 외의 복잡한 경영 · 경제적 환경 변화 속에서 기업 성장에 가장 적합한 결정을 내릴 수 있는 판단 능력 등의 사업수행능력 분석 또한 중요한 부분이다.

2.4 사업 계획서란?

(1) 사업 계획서란?

사업 계획서(business plan)는 창업 및 발전 전략의 설계도이며, 이해관계자들에게 체계적이고 구체적인 기업설명 및 자금조달 수단이 되기도 한다. 사업 계획서는 준비 단계에서부터 사업비용, 투자 범위 및 전략을 포괄적으로 담고 있으며, 시장 구조, 고객의 습성, 시장 확보 전략, 구체적인 사업 내용과 세부일정계획, 소요자금 규모 및 조달계획, 마케팅 계획 등 일련의 사항들을 합리적이고 객관적인 관점에서 기술해 놓은 계획서로써, 창업자가 기업을 설립하고 지속적으로 성장 발전시키기 위하여 기술한 계획서이다.

(2) 사업 계획서의 필요성

1) 기본적 필요성

잘 준비된 사업 계획서는 계획적인 창업이 가능하도록 하는 이정표이고 지침서이며, 성공창업의 지름길이다. 또한 이해 관계자들(투자자, 종업원, 금융기관, 벤처캐피털리스트 등)에게 설득력 있는 자료로 창업자가 희망하는 이미지와 일치되어 신뢰감을 얻고, 미래 사업 경영에 대한 위험 요소를 감소시켜 비용과 시간의 절약과 경영의 효율성을 높일 수 있어 성공의 가능성을 높여준다. 따라서 규모가 작은 소자본창업이라고 할지라도 사업 계획서는 필수 요건이며, 사업계획서가 없는 주먹구구식의 창업은 곤란하다. 사업계획서를 작성하는 것은 사업 관련 구성 요소들을 재검토, 재인식하여 사업을 시작하면서 발생되는 생각하지 못했던 업무들을 사전에 점검, 계획적인 수행을 위한 지침이 되며 핵심 성공 요소들을 조화 · 결합시켜 아이디어의 정당성 입증과 열정을 계획으로 나타내어 현실감과 성공 가능성을 높여 주는 역할을 한다.

투자자의 투자에 관한 의사 결정은 사업 계획서 내용인 시장의 전망, 업계의 동향, 경쟁자, 독창성, 소요자금, 재무 상태 등의 사업 타당성을 평가하고, 사실 확인 및 평가 결과에 따라 이루어진다. 따라서 치밀한 사전 준비에 따른 신뢰할 수 있는 현장 중심의 조사에 의해 정확하고 객관성 있는 근거 자료의 제시와 전문성과 독창성, 보편타당성을 두루 갖춘 성공 가능성이 시사된 매력적인 사업 계획서를 작성해야 투자자의 관심을 불러일으킬 수 있다.

2) 업무적 필요성

① 기준 설정의 효과

구 분	효 용
조직 전체 측면	• 교체가 용이하며, 무질서를 배제한다. • 신뢰 관계가 확립되며, 의사 통일이 용이하다. • 평가 기준이 명확화 된다. • 조직 운영의 유연성을 확보한다. • 합리화, 효율화의 기초를 제공한다. • 기술, 시스템의 누적과 전송이 용이하다. • 구성원 사이의 전달, 커뮤니케이션이 용이하다.

구 분	효 용
관리자 측면	• 문서에 의한 지시가 가능하다. • 교육 필요점을 파악할 수 있다. • 경영 관리의 통제와 조정이 용이하다. • 업무 수행 가능량을 추정할 수 있다. • 기준에 의한 평가 자료로 활용할 수 있다.
종업원 측면	• 자기 계발을 유도한다. • 자발적인 행동을 유도한다. • 기대 수준, 목표가 명확하다. • 개선 필요점을 파악할 수 있다. • 후배 지도 자료로 사용할 수 있다. • 업적에 대한 자기 판단이 가능하다. • 자기 계발의 자료로 사용할 수 있다.

② 계획 수립 참여의 효과

구 분	효 과
계획 측면	• 계획 내용의 질이 높아진다. • 창조적인 계획이 만들어진다. • 계획 그 자체에 구체성이 생긴다. • 전체 구성원의 지혜를 결집시킬 수 있다. • 계획이 합리적이 되고, 무절제가 배제된다. • 계획을 달성하는 목적 방침 및 방법 순서가 명확해진다. • 여러 가지 각도에서 검토할 수 있으므로 계획이 세련된다.
관리자 측면	• 관리 능력을 육성할 수 있다. • 목표, 상황을 공유화할 수 있다. • 실행에 대한 협력을 얻을 수 있다. • 상부로부터의 계획 강요가 없어진다. • 관리자의 시간을 효과적으로 사용할 수 있다. • 계획에 대한 부하의 이해 · 납득 · 관심을 높일 수 있다. • 관리자와 부하의 대화가 성립되며, 상호간에 신뢰 관계가 생긴다.
종업원 측면	• 경영 사이클을 원활히 돌릴 수 있다. • 업무 수행의 기준, 판단의 근거가 된다. • 관리자와 같은 입장에서 생각할 수 있다. • 계획 달성의 기대 수준을 파악할 수 있다. • 자기 의견, 아이디어가 채택된 기쁨이 있다. • 관리자의 지시가 없어도 업무에 자발적으로 대처할 수 있다. • 자기 역할을 인식할 수 있고, 결과에 대해 자기 평가도 가능하다.

자료: 서정민, '창업을 위한 사업 계획서', 한국 세정신문사.

체계적 사업계획서의 작성은 다음과 같은 장점이 있다.

첫째, 실제로 개업을 할 때까지의 세부적인 일정과 진행과정을 한눈에 확인할수록 불필요한 일의 중복을 막을 수 있다.

둘째, 창업에 꼭 필요한 투자비용의 범위와 내역을 파악하여 구입할 수 있어 불필요한 경비를 절감할 수 있다.

셋째, 인원계획 및 구체적이며 실질적인 마케팅방법을 세워 영업 전략에 적용할 수 있다.

넷째, 동선과 작업능률을 고려해서 레이아웃을 사전에 검토할 수 있다.

다섯째, 손익분기점, 예상매출 및 고정비 등을 예상하여 소요자금계획을 세울 수 있다.

여섯째, 경쟁자와 비교 및 분석할 수 있다.

일곱째, 업종과 컨셉을 명확하게 정하고 걸맞는 서비스와 매뉴얼을 제공할 수 있다.

(3) 사업 계획서의 용도

사업 계획서는 기본적으로 창업에 성공하기 위한 자기 검토를 위한 용도와 외부 투자자의 유치 또는 은행 대출 신청 용도로 사용되며, 거래선의 확보, 인허가 신청, 경영 진단, 입주 신청 등을 위해 제공되기도 한다.

정부와 금융기관 등에서는 지원하고 있는 창업활성화를 위한 자금, 중소벤처 기업을 중점 육성, 정책 자금 지원 등 다각적인 지원 자금을 효과적으로 활용하고 이용하기 위해서 구체적인 상환방법까지 명시한 정확하고 세밀한 사업 계획서가 필요하다.

(4) 사업 계획서의 작성 원칙

사업 계획서는 사업의 형태와 작성하는 목적에 따라서 약간의 차이는 있겠으나 기업의 지속적인 성장·발전의 경영 전략을 집약하고, 사업계획의 구체적 내용을 체계적으로 표현하여 소개한다. 일반적으로 다음의 내용을 포함하여 작성하면 대체적으로 만족할 것이다. 첫째, 사업의 목표, 둘째 경영진을 포함한 조직운영, 셋째 제공할 상품 및 서비스, 넷째 마케팅 전략, 다섯째 사업의 세부적인 운영 및 통제관리, 마지막으로 자금조달 및 예상 손익을 포함한 재무계획 등이며 구체적인 기술 내용은 다음과 같다(그림 17-3 참조).

그림 17-3 사업 계획서의 작성 원칙

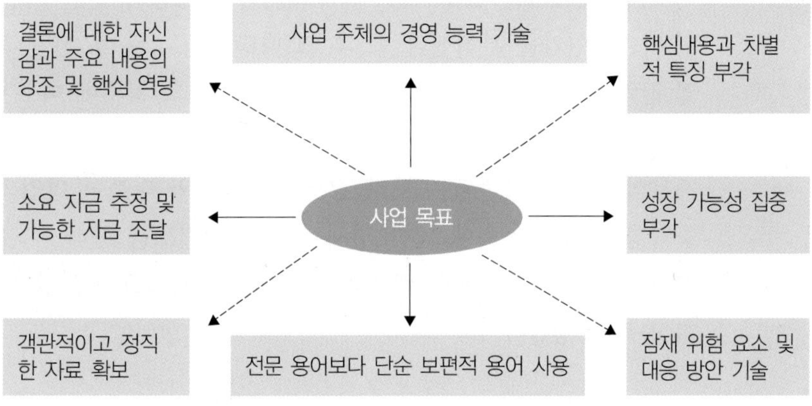

① 사업 주체의 기업목표 비전제시와 경영 능력을 기술해야 한다.
② 계획 사업의 핵심 내용과 차별적 특징을 강조하여 부각시켜야 한다.
③ 성장 발전 잠재력을 강조하며 기술의 파급효과와 관련 개발 가능성을 제시해야 한다.
④ 향후 발생 가능한 잠재되어 있는 문제점과 위험 요소를 심층 깊이 분석하고 대안을 제시해야 한다.
⑤ 분석과 검토를 통한 문제점과 위험 요소와 대안에 대해 예상되는 경쟁 요소들을 분석 비교하여 이로 인해 창업의 지연 또는 불가능하게 되지 않도록 점검이 요구된다.
⑥ 전문 용어의 사용보다는 단순하고도 보편적인 용어로 표현하여 내용을 구성한다.
⑦ 정확한 소요자금 추정 및 자금 조달 계획은 실현 가능성이 있어야 한다.
⑧ 추정가격, 예상 판매량, 시장점유율, 시장의 규모 등은 현실적인 수치를 제시한다.
⑨ 객관성 있는 자료를 기초로 충분성과 자신감을 제시하여 신뢰성을 확보해야 한다.
⑩ 창업의 목적이 기업의 이익뿐만 아니라, 공공의 이익에 필요함을 제시해야 한다.

(5) 사업 계획서 작성의 기본 방향

사업 계획서를 작성하는 전제 조건은 아이템의 실현 가능성과 올바른 사업 아이템인가를 분석한다. 그 후 그 타당성을 검토 후 전략 적합성이 있는 창업 전략을 사업 계획서로 구체화한다. 다음 사업 착수에 따르는 기술, 자금, 사람의 핵심 요소를 준비시킨다. 창업형태, 입지, 규모 등 창업 요건을 해결하고 재무적 수익이 창출되는 투자 경제성의 확보와 더불어 기업의 사회적 책임의 공익성의 수행 능력에 대한 경제적 타당성 검토를 한다. 이를 달성하기 위한 시장성과 기술성을 통한 사업의 핵심요소와 창업요건을 잘 맞추었을 때 사업화 능력이 생긴다.

(6) 사업 계획서의 작성 순서

사업 계획서는 목적, 용도에 따라서 작성 내용이 달라질 수 있으며 자체사업 구체화 검토수단, 제삼자 이해관계인 제출, 즉 자금조달목적, 공장 설립 인 · 허가 목적에 따라 기본 방향을 설정한다. 사업 계획서는 기본적으로 사업 추진 일정상 일정 기한 안에 작성해야 한다. 불충분한 자료로 인하여 재차 자료 수집을 해야 하는 경우가 발생할 수 있으므로 사업 계획서 작성 방향과 작성 계획에 맞는 자료를 충분히 수집하여야 한다.

제출기관에 따라 사업 계획서의 작성 방법을 설명하고 있기도 하지만 용도에 따른 사업 계획서 작성 요령을 미리 숙지하여 둘 필요가 있다.

작성된 사업 계획서에서 특히 수치에 틀린 것이 없는지, 사업이 일관성을 유지하고 있는지 확인하여 실현가능한 사업들을 구체화시켜야 신뢰성을 확보할 수 있다. 사업 계획서의 내용뿐만 아니라 표지 등 편집도 대단히 중요하다. 알찬 내용과 가독성이 높은 편집은 보는 사람에게 좋은 인상을 준다.

효율적인 사업 계획서 작성을 위한 사업 계획서 작성 순서를 살펴보면 다음과 같다.

> 기본 방향 설정 → 사업 계획서의 양식 확인 → 작성 계획 수립 → 자료 및 첨부 서류 수집 → 사업 계획서의 작성 → 사업 계획서의 검토 → 편집 및 완성

(7) 사업 계획서 작성의 핵심 요소

사업계획서 작성의 핵심요소는 사업내용의 구체성 및 아이템 확실성, 목표 고객의 확실성과 수익모델의 확실성, 그리고 사업의 실현 가능성, 독창성, 불굴의 기업가 정신 및 공공성을 갖추고 미관을 고려해야 한다.

사업 계획서는 사업 아이템과 경영전략, 개발계획, 창업자의 프로필 및 경영진, 입지계획, 경쟁업체분석, 업계의 동향, 시장점유율과 매출정도, 고객 분석, 판매계획 등 마케팅전략, 원자재조달 및 구매계획, 조직운영계획, 창업자금의 동원능력 및 자금조달계획, 사업추진일정, 이익계획 등을 정량적 데이터와 정성적 기술을 치밀하고 세부사항까지 구체적으로 기술하여 쉽게 이해할 수 있도록 작성하되, 사업 아이템의 설명은 전문 용어나 장황한 글이 아닌 단순하고 보편적인 용어로 간결하고 일목요연하게 표현하여야 한다.

사업 계획서는 고객을 중심으로 목표 고객을 명확히 기재하여야 하며 지나치게 과장된 허구의 수치를 제시하면 안 되고, 사업 계획의 문제점과 창업 후 범할 수 있는 오류를 좀 더 객관적으로 파악하여 실현가능성이 높은 사업이 되도록 전문가나 제3자를 통하여 사업 타당성 분석을 받아 봄으로써 현실에 맞게 설계되어야 한다.

계획 사업은 기업 규모가 작더라도 대규모 조직에서 할 수 없는 차별화된 전략으로 독특한 기술과 노하우를 바탕으로 한다. 그리고 불굴의 도전정신과 건전한 기업가 정신 및 창업의 목적이 개인의 이익뿐 아니라 공생의 정신을 기반으로 공공을 생각하는 공공이익의 수반을 입증한 사업 계획서를 작성하면 종업원이나 투자자 등에게 신뢰감과 좋은 점수 및 상당한 효과를 볼 수 있다.

사업 계획서는 이해관계자들에게 쉽게 이해가 가도록 이미지와 도표, 다이어그램과 시각 자료, 폰트 등 디자인적인 관점에서 미관을 고려하여 작성하면 매력적인 평가를 받을 수 있다.

(8) 사업 계획서의 구성 및 내용

사업 계획서는 목적, 용도에 따라서 작성 내용이 달라질 수 있으며, 사업계획의 문제점과 사업개시 후 발생할 수 있는 오류를 최소화 하여 성공적 사업이 되도록 충실한 조사와 분석을 기초로 작성되어야 한다. 미래예측도 비관적, 보수적, 낙관적, 최대치인 것까지 구분하여 위험을 최소화 할 사업계획서를 마련할 필요가 있다.

표 17-5 ◎ 사업 계획서

1. 기업체 현황	① 회사 형태, 상호, 업종 ② 사업장 예정 위치 및 주소 ③ 창업자(대표자 현황) ④ 주주 및 출자 지분 구조
2. 계획 사업의 개요	① 개발 동기 ② 사업 목적과 주요 내용 ③ 사업의 기대 효과 - 고용 효과 - 소득 증대 효과 - 부존 자원 활용 효과 - 수출 증대 효과, 수입 대체 효과 ④ 계획 제품의 소개 - 제품의 제품명, 규격, 주요 수요처, 용도, 특성 등을 요약 - 계획 제품의 경쟁력에 초점을 두고 설명(기존 제품과의 차이점 등) ⑤ 기대 효과
3. 시장 현황과 전망	① 동종 업체 또는 계획 제품 시장의 전반적 현황 - 국내외 시장 현황과 전망 - 주요 국내외 경쟁 업체 현황, 시장 점유율 - 수출입 동향 ② 시장 규모와 전망 - 계획 제품별 · 연차별 전체 시장 규모 ③ 시장 점유율과 경쟁 관계 - 제품의 연차별 목표 시장 점유율 또는 예상 점유율, 동종 업계의 동향 ④ 판매 제품의 침투 가능성
4. 생산 계획	① 생산 흐름도(계획표) ② 시설 투자 계획 ③ 외부 생산 계획 ④ 생산 계획
5. 판매 계획	① 유통 경로 및 판매 방법 - 기존 제품의 유통 경로, 장단점 - 계획 제품의 유통 경로와 그 판매 방법 ② 가격 정책, 판매 조건 계획 - 제품별, 고객별, 경로별 가격 정책, 신용 조건과 대비책 ③ 판매 촉진 계획 - 광고 계획, 국내외 홍보 계획 ④ 마케팅 전략 계획 - 단계별 또는 연차별 마케팅 전략 계획 수립 - 목표 시장과 시장 세분화 - 원가 우위 전략, 차별화 전략, 집중화 전략

6. 설비 투자 계획	① 제조 설비 내역 ② 구입처, 규격, 수량, 가격
7. 조직 및 인력 수급 계획	① 조직도 ② 조직 계획(직무별 직위별 소요 인원) ③ 연도별 소요 인력 ④ 채용 계획 ⑤ 급여 및 인건비 계획
8. 원 · 부자재 조달 계획	① 제품 원단위당 소요 원부자재 ② 국내 조달 계획 ③ 수입 자재 조달 계획
9. 재무 계획	① 추정 손익 계산서 ② 추정 대차대조표 ③ 현금 흐름표 ④ 손익 분기점 분석
10. 소요 자금 및 자금 수지 계획	① 시설 자금 소요 ② 운전 자금 소요 – 1회전 영업 기간의 산정(원재료 주문, 검수, 제조 공정 투입, 보관 및 운송, 납품 및 판매, 수금에 이르기까지의 총 1회전 영업 기간을 조사) – 영업 수입과 영업 지출 계획(판매 조건, 원자재 구매 조건, 인력 계획 등에 따라 일정 기간별 영업 수지차가 그 기간 중 소요 운전 자금임.) ③ 자금 수지 계획 – 상기 영업 수지 계획에 이어 시설 투자 자금 지출, 차입 원리금 상환, 영업 외 현금 수입, 부족 자금의 산출, 자금 조달 및 보유 현금 예금을 하나의 표로 작성 · 정리 ④ 연구 개발 계획 – 연구 개발 계획에 따른 별도 자금 지출이 수반되는 경우, 상기 항목에 추가하여 자금 수지 표 작성
11. 자금 조달 계획	① 적정 납입 자본금 수준의 결정 ② 차입금 조달 계획의 수립 – 정부 지원 정책 자금의 조사, 정보 입수 및 자금 신청 – 금융 기관 차입 가능성 조사, 자금 차입 교섭 ③ 차입금 상환 및 금융 비용 계획 – 상환 원리금 계획서를 표로 정리
12. 사업 추진 일정 계획	① 연도별, 월별, 단계별, 항목별 사업 추진 일정표를 차트나 흐름도표를 이용하여 작성
13. 기타 자료의 첨부	① 사업 이념, 경영 이념, 기업 문화, 브랜드 등 ② 경영진 이력서 ③ 기술 개발, 특허 취득 계획, 각종 규격 승인 취득 계획 및 사본

제삼자 이해관계인 제출, 즉 자금 조달 목적, 공장 설립 인·허가 목적에 그 기관이나 용도에 따라 기본 방향을 설정한 후 작성 내용을 적절히 조정하여 사업 계획서를 작성해야 한다.

특별히 표준화된 사업 계획서는 없지만, 기본 사업 계획서를 기반으로 목적과 필요에 따라 내용의 전부 또는 일부를 인용하여 작성한다(표 17-5 참조).

2.5 창업의 성공적 전략

자신에 대한 철두철미한 분석은 자신의 경쟁력을 평가하고 전략과 전술을 결정하는 데 도움이 될 것이다. 또한, 자신의 시장을 명확히 가늠하고 경쟁사가 그 속에서 어떤 위치를 차지하고 있는지를 파악하는 데도 도움이 될 것이다.

경쟁력을 가질 수 있는 분야를 선정하고, 전략과 전술을 갖춘 경영 방침을 제정하고 나면, 그때부터는 경쟁사의 동향을 파악해야 한다. 사업을 시작하기 전에 경쟁사의 동향을 조사함으로써 자신의 경쟁력이 경쟁사를 누르고 수익을 남기기에 충분한지를 가늠할 수 있다. 이런 사전 조사 후에 사업을 시작하더라도, 경쟁사는 경쟁력을 약화시킬 새로운 전략을 동원해서 도전해 오기 시작할 것이다.

(1) 경영방침 및 전략과 전술

경영 방침은 기업의 존재 이유와 사업의 근본적 목표, 사업의 전략과 주요 전술들을 함축하여 담고 있어야 한다. 전략과 전술은 경쟁우위의 성공 기업가로서 성장하기 위한 가장 중요한 당면 목표이다. 전략(strategy)이란, 현재 또는 미래의 경쟁자를 이길 것인가에 대한 중장기적 계획이다. 전술(tactics)은 전략을 실행하기 위해 사용될 구체적 다양한 방법이 전술이다.

사업목표 수립 시 나만의 경쟁우위의 부문을 고객들에게 어떻게 제공할 것인지를 먼저 결정해야 한다. 이것이 고객들을 만족시키기 위한 회사의 경쟁력으로써 이 경쟁력을 실행에 옮기는 것은 기업가의 중요한 역할이며, 다른 어떤 경쟁사보다도 더 잘 고객들에게 전달해 줄 방법을 찾아내야 한다.

기업가 정신의 대가인 제프리 티먼스(Jeffry Timmons) 교수는 사업을 성공으로 이끄는 지침을 다음과 같이 설명한다.

① 성장하고 있는 대규모 시장에 진출할 것

② 경쟁사가 성공을 거두고는 있지만 새 사업자가 진출하는 것을 사전에 봉쇄할 수 있을 만큼 큰 성공을 거두지는 못하는 시장에 진출할 것
③ 고객들이 경쟁사의 제품이나 서비스에 대해 가지고 있는 불만을 해결해 줄 수 있는 제품이나 서비스를 내놓을 것
④ 제품이나 서비스를 고객들의 구매력을 자극할 정도의 경쟁력 있는 가격으로 내놓을 것
⑤ 고객들의 필요를 진정으로 이해할 것
⑥ 자신의 경쟁력을 지속적으로 유지할 수 있는 방법을 찾아 낼 것

(2) 경쟁력 확보

기술, 서비스, 가격, 전략 등 어느 하나라도 경쟁사를 제치고 고객들을 충성고객으로 만들어 주는 그 무엇이 경쟁력이다. 열정과 자기믿음만 가지고 덤벼드는 것은 대단히 위험하다. 경쟁자를 이기고 이윤을 남길 경쟁력이 없으면 사업을 시작하는 것 자체가 무의미하다. 어떻게 해야 경쟁력을 지속하도록 유지할 수 있는 것인가를 면밀하게 분석 계획해야 한다.

경쟁사와의 경쟁력 분야를 선정하고, 경쟁사의 동향을 파악한 후 전략과 전술을 갖춘 경영 방침을 제정해야 한다. 경쟁사의 동향을 사업을 시작하기 전에 조사함으로써 자신이 경쟁력우위의 위치인지 열세인지를 가늠할 수 있다. 이렇게 하여 사업을 시작해도, 경쟁사는 새로운 경쟁력과 전략으로 도전해 오기 시작할 것이다.

(3) 틈새 시장 공략

무한경쟁시대의 소비시장은 상상을 초월하는 경쟁요인들이 존재한다. 아무리 뛰어난 기술력으로 새로운 제품을 개발하여도 기존 시장의 벽을 넘어 새로이 진입하기에는 만만찮은 장벽들이 존재한다. 따라서 시장의 틈새 요인들을 면밀히 분석해 정확한 시기에 그 틈새를 공략하여 시장 진입을 하여야 한다. 가장 확실한 방법은 비어 있는 시장을 선점하는 것이며, 가격 정책을 통한 시장 창출과 다양성으로 공략하고, 주력 상품의 브랜드 인지도를 바탕으로 신규시장과 특정 소비 계층, 즉 마니아층을 대상으로 하는 방법이다.

(4) 신용 확보

자금 차입시 가장 중요한 것이 신용으로, 이는 가장 중요한 무형의 자산이다. 신용은 사업의 성장기초가 된다. 어떤 기업가라도 자금조달을 자기자금만으로 하는 경우는 거의 없고 은행대출 또는 기타 타인자본의 조달을 통하여 창업을 하게 된다. 따라서 은행과 좋은 관계와 훌륭한 신용 상태를 유지하는 노력을 기울이는 것은 성공으로 가는 중요한 길이다.

(5) 창업 지원 제도 및 창업보육센터

예비 창업자들은 제반의 정보와 경험 부족 등으로 창업의 실행에 많은 어려움에 직면하게 될 수 있다. 이와 같은 초기의 창업 절차를 원활히 할 수 있도록 각 지자체에서는 창업 민원실을 설치 · 운영하고 있으며, 중소기업을 창업하는 데 필요한 창업 절차의 간소화, 공장 설립 지원, 자금 지원 등을 종합적이고 체계적으로 지원하고 있다. 중소기업진흥공단을 통해서도 지원하고 있다.

또한 창업보육센터(Business Incubator)는 기술과 사업성은 있으나 자금, 사업장 및 시설 확보에 어려움이 있는 창업자를 일정기간 입주시켜 실험 기기, 자료실, 작업장 등 제반 시설을 저렴하게 임대하고, 경영기술, 세무, 기술지도 등의 종합적 지원을 통해 창업에 따른 위험 부담을 줄이고 원활한 성장을 유도함으로써 창업을 촉진하고 창업 성공률을 높이는 것을 주목적으로 한다. 또한 기업 멘토 및 디딤돌 역할 사업을 수행하며, 센터의 운영자는 중소기업청이 지정한 대학 · 연구소가 있다.

창업지원기관과 지원부문은 다음과 같다

① 중소기업청

- 중소기업창업지원종합계획수립
- 공장설립절차간소화 총괄
- 창업보육센터, 창업상담회사 운영
- 창업 활성화 지원
- 창업 활성화 지원업무 집행
- 창업보육센터 지정

② 각 시 · 도

- 창업사업계획 승인 및 사후 관리

• 지방중소기업 육성자금 운용

③ 건설교통부 등 11개 기관

• 공장창업절차 간소화

④ 정보통신부

• 정보통신창업지원센터 사업
• S/W지원센터 사업

⑤ 과학기술부

• 신기술 창업지원 사업

⑥ 국세청

• 창업중소기업 세제 지원

⑦ 중소기업진흥공단

• 중소벤처창업자금 집행

2.6 사업자금 마련

자기 자본으로 창업할 수 있으면 좋겠지만 자기자본만으로 창업이 어려운 경우가 대다수다. 창업필요자금을 산출 후 창업 자금을 어떻게 마련할 것인지 정확한 자금 마련 계획이 있어야 한다. 자금 마련 계획의 시작은 사업을 시작하기 전에 현금화할 수 있는 자금을 객관적으로 정리하고, 자기 자금과 함께 부족한 창업 및 운영자금을 조달하기 위해서 다양한 정부 정책자금 지원제도를 알아보고 정책자금이용과 금융 기관을 통한 대출, 개인대출 등을 통해 자금의 준비를 한다.

(1) 창업자금 지원

정부는 창업 및 기술개발 등을 지원하기 위하여 여러 경로로 재정 자금을 대출하고 있다. 대부분 융자 금리가 저리이고, 기간이 비교적 장기이므로 지원기관별로 창업의 자금원천으로 활용할 수 있다. 정부 정책자금은 지원이라는 용어의 해석 때문에 무상지원으로 오해하기 쉽다. 그러나 대부분 시중 금리보다 낮은 저리지만 엄연히 이자가 있는 차입금이다.

지원기관은 다음과 같은 기관들이 있으며 기관별로 지원형태나 방법의 차이가 있으므로 창업을 추진하기 전에 다양하게 알아본 후 선택하여 활용할 수 있다.

① **중소기업진흥공단을 통한 창업자금 지원:** 사업성, 기술성 등을 평가하고 담보대출 또는 보증부대출(신용보증기관과의 부분 보증 제도)을 병행하여 자금을 지원한다.

② **기술신보 · 지역신용보증재단을 통한 창업 자금지원:** 기술력 및 사업성이 있는 창업자에게 기술신보 · 지역신용보증재단이 보증서를 발급하고, 중소기업진흥공단으로부터 창업자금융자 추천을 받아 창업자는 보증서를 담보로 하여 자금조달할 수 있다. 소상공업을 창업하고자 하거나, 3개월 이내 영위하고 있는 경우 소상공인 지원센터를 통한 소상공인 창업자금의 조달받을 수 있다.

③ **벤처 캐피탈을 통한 창업 자금 조달:** 벤처 캐피탈이란, 고도의 기술력과 장래성은 있으나 경영기반이 약해 일반 금융기관으로부터 융자받기 어려운 벤처 기업에 창업 초기 단계부터 무담보 주식투자 형태로 자본과 경영을 지원하여 기업을 육성한 후 투자 자본을 회수하는 첨단 금융기관을 말한다. 벤처 캐피탈은 기업의 경영 성과에 따라 많게는 이자에 비교할 수 없는 큰 수익을 얻을 수 있는 반면, 실패하는 경우 투자 원금을 잃어버릴 투자 리스크를 가지게 된다.

2.7 입지 및 권리 분석

(1) 입지 분석

사업장의 입지는 제품의 제조원가 또는 판매가격에 크게 영향을 미친다. 또한 입지가 결정되고 나면 긴 기간에 걸쳐 쉽게 바꿀 수 없으므로 주어진 여건을 감수해야 한다. 따라서 제조업의 경우 인력, 위치와 교통, 물류, 전력 및 용수, 원재료 공급 등 인프라와 공해 등의 원가비용이 입지선정의 가장 중요한 부분인데, 잘못 선정된 공장입지는 큰 부담을 안게 된다. 판매업의 경우 매출액이 점포 위치에서 크게 좌우되는데 교통, 주차장, 주변 지역의 여건을 분석하지 않고 선정하면 일정 수준 이상의 증대를 기대할 수 없게 된다. 점포의 입지를 선정하기 위해서는 지역의 특성을 먼저 파악해야 한다. 입지주변에 유사업종의 분포도와 영업 상태를 살피고, 업종별 특성의 파악과 상권 전체의 발전 가능성을 살피는 것이 좋다.

(2) 권리분석

권리금은 기존의 점포 주인이 제시하는 영업 권리금과 시설 권리금이 있고 건물 주인이 요구하는 바닥 권리금이 있을 수 있다. 점포를 임차하는 경우 신축건물이라면 권리금을 걱정하지 않아도 되지만, 상권이 형성된 점포는 권리금이 있게 된다. 일반적으로 처음 창업을 하는 사람은 이미 상권이 형성되어 고객확보가 용이한 권리금이 있는 점포를 찾는 것이 실패의 확률을 줄이는 방법이다.

임대차 계약서는 계약서를 체결하기 전에 건물 및 토지 부동산 등기부 등본을 확인해서 근저당 관계, 저당권 설정, 가등기, 가압류 등이 있는지 확인 후 향후 발생될 가능성의 리스크와 궁금한 점을 명확하게 마무리한 후에 계약을 체결하는 것이 좋다.

인·허가 사항과 관련 시설 사항은 반드시 해당 기관의 자료를 통해 확인을 하는 것이 좋다. 점포의 전기는 가정용이 영업용에 비해 3배나 높다. 따라서 필히 확인하여 가정용이라면 영업용으로 전환요청과 이를 계약서상에 명시를 하는 것이 좋다.

03 | 사업 계획서 작성

사업 계획서에는 제조업, 외식 산업, 유통업, 서비스업, 인터넷 기반 사업 계획서 등 여러 가지가 있으며, 사업 계획서 작성 예시를 통하여 쉽게 창업에 활용할 수 있도록 설명하고자 한다.

[사업 계획서 작성 예시]

사업 계획서

– 천년 기업을 꿈꾸는 녹색 산업의 선두 주자 –

2012년 9월

(주) 천년을 꿈꾸는 기업

인천광역시 연수구 송도동 1000번지

(1) 기업체 현황

1) 회사 개요

<table>
<tr><td colspan="2">업체명</td><td colspan="2">(주)천년을 꿈꾸는 기업</td><td rowspan="2">업종
(표준 산업
분류 번호)</td><td rowspan="2"></td><td>조직 형태</td><td>법인</td></tr>
<tr><td colspan="2">대표자</td><td colspan="2">이천년 (李千年)</td><td>상시 종업원 수</td><td>20</td></tr>
<tr><td colspan="2">설립(예정)일</td><td colspan="2"></td><td>주제품</td><td></td><td>결 산 일</td><td>12</td></tr>
<tr><td rowspan="3">주
소</td><td>본사</td><td colspan="4">인천광역시 연수구 송도동 1000번지(경제자유구역내)</td><td>자본금</td><td>1억</td></tr>
<tr><td>현사업장</td><td colspan="4">상 동</td><td>자산 총액
(부채 총액)</td><td>173백 만원
(73백 만원)</td></tr>
<tr><td>계획
사업장</td><td colspan="4"></td><td>연간 매출액
(당기 순이익)</td><td></td></tr>
<tr><td colspan="2">사업장 현황</td><td>용도
지역 구분</td><td></td><td>소유 형태</td><td>자가, 임차</td><td>규모(대지, 건물,
기계)</td><td>별첨</td></tr>
<tr><td colspan="2">사업자
등록 번호</td><td colspan="2">139-81-12345</td><td colspan="2">협회, 단체 가입 상황</td><td colspan="2">융합기술 협의회</td></tr>
<tr><td colspan="2">인허가 등록</td><td colspan="2"></td><td colspan="2">금융 기관 등 우대 사항</td><td colspan="2">벤처기업, 이노비즈기업</td></tr>
<tr><td colspan="2">공업 소유권 등</td><td colspan="2">특허 외 60종(내용별첨)</td><td colspan="2">주 거래 은행</td><td colspan="2">AA 은행</td></tr>
</table>

- 금융기관 등 우대사항: 유망중소기업, 벤처기업, 이노비즈기업, 수출유망중소기업 선정내용 등을 기재한다.
- 공업 소유권 등: 특허, 실용신안권, 디자인등록, KS, 해외인증 등 획득내용을 기재한다.

2) 업체 연혁

년 월	주 요 내 용
2011.9	법인설립(자본금 100,000천원) 대표 이 천년
2012.3	그린 제품 개발 및 특허출원 (내용별첨)
2012.5	송도국제도시에 공장 설립
2012.8	코엑스 및 킨텍스 전시회 참가
2012.9	벤처기업, 이노비즈기업 선정

- ① 회사 설립 ② 상호 변경 ③ 대표자 변경 ④ 경영권의 양도 및 승계 ⑤ 자본 증감 ⑥ 주요 시설 증설 · 개축 ⑦ 규격 표시 획득 ⑧상훈 ⑨ 업종 변경 ⑩ 신상품 개발 ⑪ 기술 도입 ⑫ 유망중소기업 등 선정 등을 기록한다.

3) 창업 동기 및 사업의 기대 효과

창업 동기	창업 업종의 기술적 우위와 노하우를 기초로 창업을 통하여 정의할 수 있는 비전 등을 기술
사업의 기대 효과	경제 산업에 미치는 효과, 수출 증대 효과, 고용 창출 효과, 기술 향상과 기술파급 효과, 수입 대체 효과 등을 기술

4) 사업 전개 방안 및 향후 계획

사업 전개 방안 및 향후 대책	시설투자, 공장 및 사무 자동화, 신제품 개발, 조직 및 인력 계획 등 향후 사업 추진계획을 기술하며, 창업 기업인 경우는 창업 일정 및 추진 계획 등을 기술

(2) 조직 및 인력 계획

1) 조직도

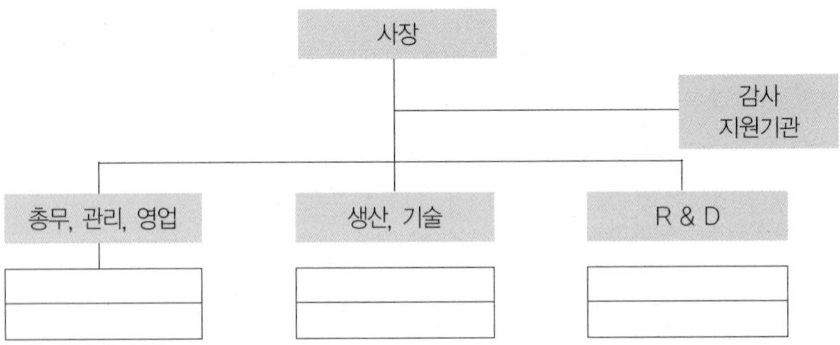

• 조직의 강점, 기술 및 전문 인력 보유 현황, 효율적인 인력 관리시스템 등을 기술한다.

2) 대표자 및 경영진 현황

직위	성명	연령	학력	경력	교육 훈련	특기 사항
대표 이사	이천년(李千年)	38	으뜸대학 박사	일류기업 10년	CEO 과정 2회	경영학 박사
기술 이사	김기술(金技術)	36	기술대학 박사	일류기술 10년	품질, 기술 2회	녹색경영지도사
영업 이사	이영업(李營業)	36	영업대학 졸업	백년기업 8년	마케팅 실무 5회	경영지도사

3) 주주 현황

주당 액면 가격 5,000원 (2012년 9월 1 일 기준)

성 명	주민 등록 번호	보유주식수	지분	주식 취득일	대주주와의 관계	특기 사항
이천년(李千年)	730101-1134567	8,000	40%	2011. 1	사 장	
김기술(金技術)	750111-1145678	6,000	20%	2011. 1	기술 이사	
이영업(李營業)	750212-1255678	6,000	20%	2011. 1	영업 이사	
김품질(金品質)	750315-1166345	6,000	20%	2011. 1	마 케 팅	
		20,000	100%			

4) 종업원 현황 및 교육 훈련 계획

종업원 현황	
교육 훈련 계획	

(3) 제품과 기술 현황 및 기술 개발 계획

1) 제품(상품)의 내용

구분	제품명	표준 산업 분류 번호 (5단위)	규격	성능 및 품질
주생산품				
부생산품				
제품(상품)의 개요				
용도 및 특성				

2) 아이템 선정 과정 및 사업 전망

아이템 선정 과정	창업자의 경력과 아이템과의 관계, 창업아이템 선정의 동기, 거래처와의 관계 등을 중심으로 기술
사업 전망	시장 동향, 국내 수요처 및 수요량, 아이템의 사업성 등을 분석하여 계획 사업의 향후 전망을 기술

3) 기술 현황 및 기술 개발 계획

제조 기술 내용	기술 수준 및 기술 발전 추이, 해외 기술 제휴 내용 등을 기술
기술 인력 현황 및 특징	기술 인력 현황 및 특징을 기술
지적재산권 등의 등록 현황	특허권, 실용신안권, 디자인권 등의 공업 소유권과 산업 재산권 및 지적 재산권 기술
규격 표시 현황	KS, JIS, UL, 공산품 품질 관리 등급(1, 2, 3 등급), 품질 인증(검 · Q마크 등), 형식 승인(전 · 열등)의 규격 표시, 증빙은 별도로 첨부
기술 집약형 사업 유형 및 신기술 현황	중소기업 창업 지원법상 기술 집약형 중소 기업 업종의 해당 여부, 과학 기술처 고시 신기술 등의 보유 여부 기재
기술 개발 계획	기술 개발 투자 계획 등을 기술

(4) 생산 및 시설 계획

① 보유 시설을 기술한다
② 생산 능력, 생산 실적, 가동 현황을 기술한다
③ 생산 공정도를 기술한다.
④ 생산 공정상의 제 문제 및 개선 대책을 기술한다
⑤ 원 · 부자재 사용 및 조달 계획을 기술한다
⑥ 시설 투자 및 생산성 향상 계획을 기술한다.

(5) 판매 계획 및 마케팅 전략

판매 계획과 마케팅 전략 수립을 위하여 경쟁 대상 회사를 조사하고, 사업 계획제품과 유사제품의 수입 및 판매현황, 관련 산업 및 동업계의 경기 동향 등을 분석하여 시장성 및 시장 총규모를 추정한다. 또한 수주, 납품계약 등을 근거로 수요 전망 및 판매계획을 세우며, 판매경로와 방법, 광고 계획, 목표 시장 선정, 시장개척방법, 영업 조직구축 등 세부적인 마케팅 전략을 기술하고, 전략 수행 시 예측되는 여러 가지 문제점과 그 해결방안을 기술한다.

(6) 재무 및 수익 계획

1) 재무 현황

① 최근 결산기 주요 재무 상태 및 영업 실적을 기술한다.
② 금융 기관 차입금 현황

금융 기관 차입금이 있는 경우는 거래 은행별로 대출 항목을 기입한다. 상환 조건은 몇 년 거치, 몇 년 분할 상환 또는 기일에 일시 상환 등으로 기재한다.

2) 추정 손익 계산서 작성

(단위: 백만 원)

항목 \ 연도	추정		
	2013년	2014년	2015년
매출액			
매출 원가			
(+)기초 제품 재고액			
(+)당기제품 제조원가			
(−)기말 제품 재고액			
매출 총이익			
판매비와 일반 관리비			
영업 이익			
영업외 수익			
영업외 비용			
경상 이익			
특별 이익			
특별 손실			
법인세 차감 전 순이익			
법인세 등			
당기 순이익			

3) 추정 제조 원가 명세서

항목 \ 연도	추정		
	2013년	2014년	2015년
원재료비			
노무비			
경비			
당기 총 제조 비용			
(+)기초 재공품 재고액			
(−)기말 재공품 재고액			
당기 제품 제조 원가			

4) 추정 대차대조표

연도 항목	추정		
	2013년	2014년	2015년
유동 자산			
당좌 자산			
재고 자산			
기타 유동 자산			
투자와 기타 자산			
고정 자산			
토지			
건물			
기계			
기타 고정 자산			
이연자산			
자산 총계			
유동 부채			
매입 채무			
단기 차입금			
기타 유동 부채			
고정 부채			
장기 차입금			
기타 고정 부채			
부채 총계			
자본금			
잉여금			
(당기 순이익)			
자본 합계			
부채와 자본 총계			

(7) 자금 조달 및 운용 계획

1) 소요 자금 및 조달 계획

(단위: 천 원)

소요 자금			조달 계획		
내 용		금 액	내 용		금 액
사업장	대지 매입		자기 자본	발기인	50,000
	공장 건축			주주 모집	50,000
	임차보증금	50,000			
	소 계	50,000		소 계	100,000
생산 설비	기계 장치	50,000	차입금	은행 차입	50,000
	부대 시설	10,000			
	소 계	60,000		중소기업진흥공단	20,000
유형 고정 자산	차량 운반구	15,000			
	기구 비품 기타	3,000			
	소 계	18,000		소 계	70,000
운전자금	원부자재 구입비	15,000	B/S 가용자금 기타		3,000
	운전자금	20,000			
	소 계	35,000			
예 비 비		10,000			
합 계		173,000	합 계		173,000

(8) 사업 추진 일정 계획

추진계획	2012년				2013년				2014년			
	1/4	2/4	3/4	4/4	1/4	2/4	3/4	4/4	1/4	2/4	3/4	4/4
사업 계획서 작성												
법인 설립 및 등기												
사업자 등록 신청												
사업장 입지 선정												
계약 체결												
자금 조달 신청												
각종 인허가												
개업 준비												
회사 규정 제정												
취업 규칙 신고												
마케팅 체계 확립												
자본금 증자												
조직 확대												
공장 증축												
공장 자동화												

04 | 성공 기업가의 자질과 특성

성공하는 기업가들은 남들이 발견하지 못한 사업 기회를 찾아내는 우수한 창의적인 아이디어를 가졌다. 이들은 커다란 위험을 감수하고. 만약 실패할 경우, 자신의 투자자본 및 자신을 믿고 자금조달에 참여한 이해관계자들에게도 손해를 입히게 된다. 기업가들은 그런 위험을 무릅쓰고 왜 사업을 시작하는가? 위험부담의 대가로 무엇인가 보상을 기대하기 때문이다. 이것을 실현하는 도중에 출현하는 많은 장애물과 현실적인 어려움 및 심리적 불안감 등을 어떻게 극복하느냐에 따라 성공의 결과는 달라진다. 먼저시장수요를 파악하고 이것을 기회로 삼아 새로운 사업아이디어로 부가가치를 창출하는 적극적인 정신적 자세는 성공을 향하는 시발점이 될 수 있으며, 새로운 도전을 위한 기업가정신이라고 할 수 있다.

미국의 경제학자 슘페터(Joseph Alois Schumpeter)는 기업가정신이란 신제품 개발, 새로운 생산 방법, 신시장 개척, 새로운 원료나 부품의 공급, 새로운 조직의 형성, 노동 생산성 향상 등 기술 혁신을 통해 창조적 파괴(creative destruction)에 앞장서는 활동으로 정의하고 있다. 이러한 혁신은 인류의 삶과 생활의 수준을 향상시키고, 세상을 변화시키는 원동력이 되며 경제 발전의 중심적 역할을 수행하게 되는 것이다.

지금은 글로벌 경쟁이 점점 더 치열해지고 있다. 국제 경쟁력을 지닌 기업이 얼마나 많으냐에 따라 한 국가가 잘 살고 못 살고가 결정된다. 경쟁력은 혁신을 빨리 효과적으로 해야만 확보할 수 있다. 창업을 하는 사람만이 아니라, 기존의 기업 내에서 혁신의 독려와 혁신의 결과를 실제 사업으로 펼치는 경영자도 기업가이며, 전통적인 개념의 기업가 정신 역시 미래를 예측할 수 있는 통찰력과 새로운 것에 과감히 도전하는 혁신적이고 창의적인 정신을 말한다.

델 컴퓨터의 창업자 델은 인터넷이라는 인프라를 효과적으로 활용하여 고객 입장에서 컴퓨터 중에서 한 가지 모델을 고르는 것이 아니라, 내가 원하는 사양의 컴퓨터를 손쉽게, 그리고 싸게, 훨씬 편리하게 구매할 수 있는 프로세스를 개발하여 성공한 기업가가 되었으며 델이 아니었다면 불가능했을 것이다.

지금 세계는 기업이 대처하여야 할 환경의 불확실성이 크게 증가하고 대량 생산 위주의 산업 사회로부터 지식 정보화 사회로 바뀐지 오래다. 따라서 신속하고 유연한 적응력과 새로운 지식을 창출하고 위험을 무릅쓰고 그것을 사업화하거나 사업에 반영하는 의지와 혁신적 행위는 개인 및 기업 차원에서 뿐만 아니라 국가의 경제 발전 차원에서도 매우 중요하다. 즉 어떤 뛰어난 생각이나 아이디어를 성공적인 결과로 만들어 내기 위해서는 위험을 무릎쓰고 창의적·혁신적 도전의 기업가정신으로 이를 행동으로 옮겨 실천했을 때 결과는 나타나는 것이다.

창의적이고 혁신적이며 도전적인 기업가정신의 사슬이 어떻게 연결되어 실현되었는가 사례를 살펴보기로 하자.

G·l·o·b·a·l·M·a·n·a·g·e·m·e·n·t

제록스사 복사기

창의적 아이디어 및 혁신과 기업가정신으로 성공한 제록스사의 이야기

Xerox 914
대중화를 시작한 최초의 건식복사 원리를 이용한 자동고속복사기, 1959

■ **제1단계 : 창의성**

물리학자, 체스터 칼슨(Chester Carlson)은 뉴욕의 전자회사인 맬로리사(P.R. Mallory & Co.)에서 일하면서 뉴욕로스쿨을 마치고 변호사 자격증을 받았고, 멜로리사 특허부에서 근무하면서 특허출원을 위한 수많은 관계서류들의 사양·도안 등을 복제해야 했고, 많은 경비를 들여 카본 복사기로 다량의 문서를 복사하여 불편을 겪다가 자신의 업무를 보다 능률적으로 할 수 있는 방법에 대하여 고민했다.

■ **제2단계 : 혁신**

그는 광전도성과 정전기학문 분야에 관해 깊은 관심을 가지고 집중 연구한 결과, 일정한 물질의 전기전도성은 그것을 빛에 노출시키면 어떤 반응을 일으킨다는 사실을 알아냈다. 구하기 쉬운 유황으로 연구에 착수하여 용해시킨 유황을 금속판에 접착시키기 위한 실험을 거듭되자 악취로 인한 주민들의 불만이 높아져 개발 작업을 전진시키는데 어려움을 겪었으나, 이후 독일에서 온 유능한 물리학자 오토 코르네이(Otto Kornei)를 고용해 연구를 진행한 끝에 자신의 부족한 면을 보완하여 3주 만에 기술상의 문제들을 모두 해결한 건식 복사 원

리를 개발할 수 있었다.

칼슨은 이후 그가 준비한 몇 가지의 실험과정을 통한 세계 최초의 건식정전기복사는 1938년 10월 22일 실험에 성공했다. 바로 이러한 혁신 과정을 거쳐 세계최초의 기술이 탄생된 것이다.

■ **제3단계 : 기업가혁신**

칼슨은 1942년 10월 '전자사진(electrophotography)' 이란 제품명으로 특허를 획득한 후 20여 개 회사에 상품을 위한 합작을 제의했지만 거절당했고, 그의 발명은 매우 독특하지만 과학적 기반이 약해 그 가치를 제대로 평가받기가 어려워 1944년 로열티의 60% 조건으로 이공계 분야 연구개발 기관인 바텔연구소와 제휴하였다.

한편 제록스의 전신인 할로이드(Haloid Co.)의 사장인 윌슨은 시장조사를 통해 그 사업이 실패할 수 있는 도박이라는 것을 알았지만, 만약 성공하면 그 분야의 선두업체로 끌어올리게 할 것이라고 믿고 1947년 바텔연구소와 함께 연구를 진행해 '말려서 쓴다'라는 뜻의 라틴어 '제로그라픽(xerographic)' 에서 이름을 따온 제록스 1호기 '제록스 A'를 생산하여 세상에 선보였다.

처음 발표한 복사기는 너무 복잡하고 세련되지 못하고 사용하기에 불편하다는 평가로 사무용복사기로서는 실패작이었다. 그러나 그것을 혁신적으로 응용해 어느 정도 판매에 성공을 거두었다. 또한 연구진의 인원을 보강시키는 한편 판매, 서비스 및 마케팅 조직을 강화하고 회사의 재정 상태를 개선해 나갔다.

복사기의 성과가 날로 높아지자 회사는 1958년 '핼로이드제록스(Haloid Xerox)' 를 거쳐 1961년 '제록스(Xerox Corporation)' 로 이름을 변경했다. 제록스사는 그해 여름에 주식을 뉴욕주식시장에 상장하여 엄청난 수익을 올렸다.

또한 최초개발자인 칼슨은 특허료로 약 1억 5000만 달러를 벌었고, 1968년 62세의 나이로 사망하기 전 1억 달러 이상을 시민권리운동단체 등에 기부했다.

창의성은 기발한 사업아이디어를 발행해 내는 것이고, 혁신은 생각으로만 그칠 것이 아니고 실행하는 것이고, 기업가정신은 충족되지 못한 새로운 것을 알아내어 개선 · 혁신하는 과정을 통하여 신상품 또는 서비스, 새로운 기능 등을 상품화시켜 시장에서 화폐적 가치로 실현시키는 것이다. 이렇게 창조성, 혁신, 기업가정신이 연관되어지는데, 이것을 기업가정신의 연결고리라 한다. 창업의 꿈을 가지고 있는 사람이라면 기업가정신을 발휘할 수 있는 기업가가 되어야 할 것이다.

자료: 임재석 외, 미래경영학, 무역출판사에서 인용.

고 정주영 현대그룹 회장

1. 위험을 감수하는 도전정신
   낙관, 긍정적: Can Do 정신
2. 창조적인 업무추진
   성공은 "만들어 가는 것", 주어지는 것 ×
3. 솔선수범, 행동하는 리더십
   용병형 경영자 ×, 전도사형 경영자 ○
4. 궁핍을 조직화
   無 에서 有를 창조
5. 글로벌 경영의 선구자
   항상 시대흐름을 앞서 읽었다

한국 경제의 신화, 현대그룹 창업주 고 정주영(1915~2001) 회장의 불도저 같았던 삶. 대한민국이 낳은 가장 위대한, 가장 존경받는 기업인 중 한 명, 그분의 업적에 대한 교훈을 살펴본다.

극빈의 농가에서 태어나 아버지의 농사를 돕다가 가난에서 벗어나려 소학교 이후 상급학교 진학도 못하고 여러 차례 가출을 반복, 수많은 고난과 역경을 극복하며 극한의 상황, 불가능해 보이는 상황에서도 매번 기적 같은 회생과 성공을 이루어내는 집념의 사나이였다. 오늘날 앞서가는 조선, 자동차, 건설 산업은 모두 그의 힘으로 시작된 것이나 다름이 없을 정도로 우리나라 경제에 큰 공헌을 한 인물이기도 하고, 직원들과의 가족같은 분위기를 연출하며 화합을 강조하였던 대한민국 최대 기업을 키워낸 장본인이다. 고 정주영 명예회장의 경영 교훈 5가지를 살펴보면 다음과 같다.

첫째, 위험을 감수하고 과감하게 실천하는 도전정신으로 솔선수범한다. 그는 자서전 '시련은 있어도 실패는 없다' 에서 "시련은 있을지언정 실패는 없다. 낙관하자. 긍정적으로 생각하자." 라고 했다. 이를 두고 외국의 경영학자는 '할 수 있다 정신(Can Do Spirit)'이라고 표현했다. '할 수 있다 정신'의 근저에는 위험을 두려워하지 않고 위험을 기꺼이 감수하는 특유의 기업가적 근성이 있는 것이다.

둘째, 창조적인 업무추진으로 성공은 '만들어 가는 것'이지 결코 '주어지는 것' 이 아니다. 그는 한국경제의 성장을 '한강의 기적' 이라고 표현하는데 거부감을 나타냈다. 왜냐하면 그에게는 기적이 아니라 '치밀한 검토와 확고한 신념' 으로 성공시킨 것이기 때문이다. 그는 "불굴의 도전과 모험정신, 이것으로 다 성공할 수 있는 것은 아니다. 그 이면에는 치밀한 검토와 확고한 신념이 있어야 한다." 라고 평소에 말했다. 다른 사람들은 현대를 모험을 하는 기업이라고들 한다. 그러나 현대는 모험하는 일이 없다.

셋째, 용병형(Mercenary) 경영자보다는 전도사형(Missionary) 경영자만이 승리한다. 용병형 경영자는 부하를 이용해 먹지만, 전도사형 경영자는 운동경기 팀의 코치처럼 행동한다. 부하에 앞서 행동함으로써 부하들에게 귀감을 주는 유형의 경영자인 것인다. 소박하기 이를 데 없는 그의 청운동집에서 볼 수 있듯이 그는 결코 돈을 위해 단기적인 이익을 좇은 것이 아니다. 그가 건설에서부터 조선, 자동차에 이르기까지 다른 재벌그룹이 결코 꿈도 꾸지못했던 중후장대(重厚長大)한 사업을 한국에 세운 것은 그가 비전과 열정의 기업가였음을 보여준다. 특히 그는 70이 넘은 나이에도 신입사원들과 어울려 씨름을 벌일 만큼 행동하는 리더십을 보였다.

넷째, 궁핍을 조직화하라(Organize insufficiency).

그가 이룬 일은 모두 '무'에서 '유'를 창조한 것이다. 자원이라는 측면에서 볼 때 항상 모자라기 짝이 없는 상태에서 사업을 벌여 나갔다. 이러한 자원부족 상태는 조직에 위기감과 긴장감을 심어줄 뿐 아니라, 자원의 부족을 메우기 위한 혁신적인 발상을 탄생시킨다. 예를 들어 제철소도 시멘트도 없는 한국에서 자갈과 모래로 만드는 사력댐을 건설하겠다는 발상. 주베일 항만공사에서 철 구조물을 한국에서 실어 나른다는 생각, 서산간천지에서 유조선을 활용해 물을 막는다는 혁신 등은 모두 '조직화된 궁핍'의 결과였다.

다섯째, 기업가는 항상 시대흐름을 앞서 읽어야 한다. 현대그룹은 사실 90년대를 전후해서 새로운 성공사례를 등록하지 못했다. 시대가 중후장대형(重厚長大型)에서 경박단소(輕薄短小)로 전환되고, 하드웨어 중심에서 소프트웨어 중심으로 변해가는 일대 전환기에 적응하지 못했다는 뜻이다. 패러다임이 바뀌면 과거의 성공경험은 오히려 짐이 될 수 있다. 기존전략과 조직의 파괴를 통해 기업을 재창조해야 하는 것이다. 그런면에서 현대그룹은 본의 아니게 재조직되고 세계시장을 무대로 한 글로벌 경영과 전략적 제휴는 북한관련사업과 함께 시대를 앞선 행보였다고 평가 할 수 있다.

그가 이룬 업적에 비해 그의 실패는 오히려 작게 느껴질 수는 있으나 우리가 이 점에서 교훈을 얻어야 하는 것은 사실이다.

자료: 매일경제 2001. 3. 22 자, 정주영 경영학 5가지 교훈에서 인용.

G·l·o·b·a·l·M·a·n·a·g·e·m·e·n·t

기업가 정신 세계 1위

세계에서 기업가 정신 1위는 어디일까? 피터 드러커 박사는 우리 한국이 단연 세계 1등이라고 확인했다.

- "기업가 정신을 실천하는데 있어 세계 1등은 단연 한국이다. 약 40년 전만해도 한국에는 기업이 전혀 없었다. 실질적으로 교육받은 사람도 없었다. 그러나 오늘날(1996년) 한국은 약 24개 분야의 산업에서 세계 일류 수준이 됐다."

  – Peter Drucker, 'Next Society'

- 한국의 사업가는 '부도로 감옥에 들어가서도 다음 번 사업계획을 짜는 별종들'

  – 한 아시아 경제잡지기사

미국의 한 신문기자가 인터뷰에서 드러커 박사에게 세계에서 기업가정신이 가장 뛰어난 나라가 어느 나라인지 물었더니, 그는 "말할 나위 없이 한국"이라고 대답했다고 전해진다.

드러커 박사는 한국전쟁이 끝난 후, 1954년 미국 정부의 요청에 따라 한국의 교육문제를 점검하기 위해 우리나라를 방문한 적이 있었다. 당시 그가 본 것은 불모의 황폐화한 국토에, 산업이라야 그저 농업밖에 없는 '가난한 농업국가 한국'의 모습이었다. 그런 한국이 불과 40년 만에 조선, 철강, 전자 등 산업강국으로 두각을 나타내면서 세계경제의 당당한 일원으로 떠오르자 드러커 박사는 경탄해 마지 않았고, 한국이야 말로 자신이 평생동안 신념을 가지고 주창해 온 자유시장경제와 기업가정신의 성공사례로 여겼던 것이다.

그리고 한 아시아 경제잡지에 실린 한국 사업가의 이야기를 소개하면, 한국의 사업가들은 '부도로 감옥에 들어가서도 다음 번 사업계획을 짜는 별종들'이라고 혀를 내두르며 두려워 했다는 기사를 보면, 그동안 우리 한국 경제가 기적 같은 성장을 가져 온 이면에는 이와같은 한국 기업가들의 도전적인 기업가 정신이 주도적인 역할을 했다고 할 수 있다.

바로 이러한 기업가 정신이 세계시장 점유율 1위인 우리 제품이 07년 105개에서 2011년 131개로 증가하는데 역할을 했고, 특히 2008년 시작된 글로벌 경제위기를 극복하고 4년 만에 30개 가까운 품목을 추가한 원동력이라고 말할 수 있다. 또한 2007년 370개던 세계시장 점유율 5위 이내인 상품도 2011년 405개에 이르며, 이 가운데 중소 및 중견기업 제품이 214개로써, 187개인 대기업 제품보다 많다. 이는 한국 기업가들이 얼마나 혁신적이며 도전적인 사업을 전개하고 있는지를 단적으로 말해준다.

한편 최근에 와서 한국의 기업가정신이 많이 나약해졌다는 평을 듣는다. 하지만 샘물과 같이 솟아오르는 젊은 창업기업인들이 혁신적이며 적극적으로 활동하고있는 모습에서 무한한 한국의 미래를 바라본다. 창업 1세대들이 가졌던 창의적이고 혁신적이며, 어려운 경제상황에서도 인내심을 가지고 미래에 도전하는 기업가정신이 충만하기를 기원한다.

자료: 임재석 외, 미래경영학, 무역출판사에서 인용.

음식점 프렌차이즈 창업성공기

토속음식 전문점의 기린아로 떠오르고 있는 'K사'의 P사장이 밟은 신화적인 창업과정을 살펴보자. 1988년에 모 금융기관에 입사한 성실하고 노련한 일처리로 능력을 인정받은 P사장은 요직을 두루 거치면서 본점 종합기획부 마케팅 신규기획팀으로 자리를 옮겨 은행내에서도 인정받는 사람이다. 1996년 IMF이전 명예퇴직하여 경기도 광주에서 운영하던 부친의 음식점을 이어받아 토속음식 전문점으로 변신시켜 경기도 광주의 토속음식점 1호를 발판으로 하여 국내 각 지역의 6개의 토속음식 전문점을 오픈하게 되었다. 토속음식 전문점은 직접 담근 된장이나 청국장 등 한국고유의 맛을 가미시킨 웰빙산업의 외식사업을 시작하게 된 것이다. 광주본점의 입소문이 사방에 퍼지면서 너도나도 프랜차이즈 가맹점계약을 요청하게 되었다. 주위의 모든 사람들은 P사장은 보수성이 강하다는 전통적인 은행원 출신인데 자진명퇴하여 외식업에 뛰어든다고 하자 주위 사람들이 모두들 불가능하다고 만류했다. 그럴수록 P사장은 확신에 차 있었다. P사장은 이미 그 누구도 흉내낼 수 없는 확실한 계산이 서 있었다. 하지만 무엇보다도 P사장에게는 불가능을 가능으로 만들 수 있는 불굴의 기업가 정신이 있었던 것이다. 확고한 기업가 정신으로 무장하라. 그러면 운명이 바뀐다. → **기업가 정신**

그 당시 국내 외식업의 현황은 이러했다. 국내 유명외식업은 지금도 마찬가지지만 교외식당, 백화점지하 음식점, 시장통 등에서 업력이 깊은 대형 음식점들이 군웅할거하고 있었다. 한식점은 이미 사양길에 들어섰고 영세 음식점은 업소 간 과당경쟁으로 생존의 위협마저 받고 있었다. P사장은 야구에서 타자들이 투수가 던지는 공을 골라치는 선구안을 가지듯이 이러한 시장을 꿰뚫는 통찰력과 선견지명을 갖고 있었다. 이렇기에 P사장은 대형음식점과 기존 외식업의 틈새시장을 발견하였고, 이 틈새시장이 바로 토속음식 전문점이었다. 즉, 민족고유의 맛을 내는 웰빙식품을 개발하여 기존 외식업소들과는 견줄 수 없을 정도로 맛을 내는 것은 물론 한번 찾아온 고객의 취향을 일일이 살펴 반복구매와 재구매가 일어날 수 있도록 온갖 노력을 다 하였다. 이에 가격정책도 중저가 정책을 씀으로써 누구든지 쉽게 찾아 올 수 있도록 하였다. 또한 토속음식점의 향취를 느낄 수 있는 문화공간을 만들어 그림, 붓글씨, 도자기 등을 전시하는 한편 여기에 문화 · 레저 등 각종 편의시설까지 갖추었다. 특히 어린아이들을 동반한 주부들의 편의를 위하여 음식점내에 오락, 놀이시설을 갖춘 한편 각종 게임기구를 설치하여 어린이들이 즐겨 놀 수 있도록 하였다. 뿐만 아니라 식사후 디저트로 주는 각종 쌍화차, 매실차, 모과차 등 국산차의 개발에 박차를 가하여 일반음식업소에서 비교적 마진율이 높은 외식업소로 탈바꿈시켜 고수익을 달성할 수 있었다. → **틈새시장 공략**

광주점 오픈 당시 불과 3천만원의 자금으로 전통웰빙음식업소로 리모델링한다는 것은 낙타가 바늘구멍에 들어가는 것과 다를 바 없었다. 즉, 간장, 된장, 고추장의 기존 토속음식으로 민족고유의 맛을 낸다는 것이 불가능하게 여겨질 뿐만 아니라, 품질의 균등화를 가져오는 시스템을 구축한다는 것은 매우 어려운 일이었다. 아울러 업소분위기도 그림, 도자기 등의 토속적인 분위기를 자아내기란 무척 힘든 일이다. 업소에 진열할 상품을 구입할 수도 없었고, 업소 인테리어를 할 수도 없었다. 이 때 인적 네트워크를 활용하여 각종 진열품을 공급받았고, 선수금도 없이 내부인테리어 공사를 마칠 수 있었다. 이것은 바로 평소 거래처와의 신뢰성 있고 끈끈한 인간관계를 맺어 온 덕분이었다. P사장의 사례만 보더라도 21세기는 인적 네트워크만 있으면 적은 돈으로 누구든지 창업을 할 수 있다는 생각이 들었다. 현재 월급쟁이라고 하더라도 그 자리에서 최대한 많은 사람들과 친분을 쌓아 다양한 인적 네트워크를 형성하라. 그러면 기회가 올 때 기존의 인적 네트워크를 잘 활용한다면 우리라고 그룹회장이 되지 말라는 법이 있는가? 이미 P사장이 몸소 보여주지 않았는가? 살아 생전에 모 재벌회장이 말했다. 우리 그룹이 망한다 하더라도 내 수중에 단돈 100만원만 있으면 현재와 같은 규모의 그룹을 다시 일으킬 수 있다. 이는 그가 시장을 꿰뚫는 눈과 함께 광범위한 인적 네트워크를 갖고 있다는 자신감의 발로이다. → **인적 네트워크 활용**

P사장은 기존의 문닫기 일보직전의 음식업점을 인수하여 'K사'라는 차별화된 토속음식으로 승부, 죽은 업소들을 회생시키는 마술을 부렸다. 창업 성공 기본원칙은 장사를 하려면 먹는 장사를 하라. 그것도 빨리 시작하라고 해서 너도나도 음식업 등의 외식업에 손을 대었지만 IMF이후 통계상으로는 약 80퍼센트 이상이 문을 닫는 것으로 나타난 현실이다. 그러나 P사장은 지난 1996년에 광주점을 개점한 이래 2001년 수원점을 비롯한 인천, 경기 일원에 6개의 프랜차이즈점을 개설하고 업소의 성공사례가 일파만파로 퍼지게 되자 요즘 신도시로 각광을 받고 있는 파주, 동탄, 평택, 분당, 판교 등지에서 프랜차이즈 가맹을 줄을 서서 기다리고 있는 실정이다. 그러나 P사장은 외식업소의 프랜차이즈 성공전략은 품질의 균등화와 서비스의 차별화 전략만이 성공의 핵심이라는 것을 깊이 인식하고 가맹업소의 점주의 기업가정신, 종업원확보, 교육, 입지 등 종합적인 여건을 고려하여 날날이 심사를 거듭하고 있다. 본사는 물론 이미 개점한 6개점은 모두 흑자로 돌아선 것은 틈새시장 전략을 뛰어넘는 블루오션 전략이다. 즉, 이것은 기존의 외식업소들이 단순히 혈연, 지연 등의 인맥을 통해서 고객을 확보한 구태의연한 영업방침에서 한발짝 나아가 차별화된 제품과 서비스로 무장된 새로운 시스템을 가진 음식점에 적용함으로써 새로운 고수익의 시장을 창출하였다. → **블루오션 전략**

'K사'는 단돈 3천만원에 불과한 자본금으로 IMF 직전 불황기에 창업되었기에 인테리어도 싸게 할 수 있었고, 또 각종 상품들도 저렴하게 공급받을 수 있었다. 특히 불황을 극복하기 위하여 P사장 이하 전 직원이 합심하여 죽자 살자 뛰었기에 오늘날 'K사'는 동종업계의 그 어떤 기업도 넘볼 수 없는 강한 체질과 경쟁력을 갖게 되었다. → **창업 타이밍**

P사장은 직원과 고객, 그리고 거래업체 등 이해관계자들 모두에게 인정받는 투명한 정도경영의 철학을 몸소 실천하고 있으며, 더 나아가 사회적 책임도 다하고자 전 직원이 참여하는 봉사재단을 설립하였다. P사장은 이를 통하여 꾸준히 인근학교에 장학금 전달과 함께 독거노인들을 보살피고, 보육원들을 지원하고 있다. → **사회적 책임**

자료: 김의식, 현대생활과 재테크, 법문사, 2008.

제18장

Global Management

글로벌경영

01 | 글로벌경영

1.1 글로벌경영이란?

글로벌 경영이란 전 세계를 하나의 시장으로 보고 기업의 경영활동을 수행하는 것을 말한다. 이는 각각의 국가를 하나의 시장으로 인식하고 경영활동을 수행하던 국제경영의 개념에서 조금 더 확대된 것으로 글로벌 경영하에서는 국경에 따라 시장을 구분하는 것이 의미가 없어졌다. 따라서 제품과 서비스뿐만 아니라 기술과 인적자원 그리고 자본까지도 이동의 제약을 받지 않는 상태에서 전 세계 시장을 대상으로 경영활동을 할 수 있어야 한다.

일반적으로 기업들은 기존의 국내 시장이 침체되거나 시장의 규모가 포화상태에 이르렀을 때, 새로운 시장을 개척하기 위해 기업의 해외진출을 도모하였다. 또한 해외의 저렴한 노동력을 사용하기 위해, 선진 기술과 지식을 습득하기 위해 기업의 국제화를 추진하였다. 그러나 오늘날은 이러한 동기만으로 기업의 국제화 또는 세계화가 이루어질 수 있는 것은 아니다. 정보통신의 발달로 세계 반대편에서 일어나는 일을 지금 현재 책상에 앉아서도 확인할 수 있으며, 교통의 발달로 세계 어느 곳이든 24시간 안에 내달을 수 있게 되었다. 그만큼 세계 곳곳에서 발생하는 많은 사건들은 기업의 경영활동에 직접적인 영향을 끼치게 되었다. 즉, 오늘날에는 기업의 필요에 의해서가 아니라 환경의 변화에 적응하기 위해서라도 기업은 세계화를 하여야 한다. 그렇지 않으면 오늘날처럼 환경의 변화가 급속하게 일어나고 기술의 발전이 빠른 시대에서 기업이 생존하기는 매우 어려울 것이다.

1.2 글로벌경영의 필요성

(1) 국제화, 자유화, 개방화 추세

21세기를 바라보는 오늘날의 시점에서 말하는 국제화(internalization)란 전 지구화를 필두로 하는 다차원적인 변화를 일컫는다. 우리나라를 예로 들어 보면, 국제화가 가장 두드러지는 분야는 경제 부문이다. 경제에서 무역이 차지하는 비율은 말할 것도 없고, 제조업 부문의 생산과정에서 외국의 기계 · 부품 · 원료 · 기술 · 디자인 등이 차지하는 비율 또한 상당 수준이며, 자본의 대외의존도도 만만치 않다. 문화적 국제화 또한 정보 통신의 혁명으로 인하여 그 속도가 빨라지고 범위는 더욱 넓어진 것이 분명하다. 이른바 고급 문화에 해당하는 학문과 예술 분야는 물론이고 대중문화도 국제적 동질화의 물결에서 벗어나지 못하고 있다. 요컨대 문화적 국제화는 기술 및 경제와도 밀접하게 맞물려서 가속화되고 있다. 이처럼 국제화는 세계화 · 지구촌화해 가는 오늘날의 국제환경에서 필수불가결한 정책이라고 할 수 있다.

전 세계적으로 자유화, 개방화의 물결이 일어나면서 무역장벽이 낮아지고 있다. 특히 WTO 체제의 출범에 따라 각국에서는 무역장벽을 제거해야 하는 상황을 맞고 있으며, 자본이전이나 인적자원의 이동뿐만 아니라 기술이전도 과거보다 훨씬 자유로워지고 있다. 이러한 자유화 · 개방화로 인해 보다 신속

표 18-1 기업성장 방향 매트릭스

	제1단계의 내수기업	제2단계의 국제기업	제3단계의 다국적기업	제4단계의 글로벌기업
해외시장과의 거래의 성격	간접적 · 수동적	직접적 · 적극적	직접적 · 적극적	직접적 · 적극적
국제적 활동의 본거지	국내	국내	국내 및 해외	해외
회사의 지향성	국내적	국내적	국외적	다국적적(국내 활동도 전체의 일부로 봄)
국제적 활동의 유형	제품 · 서비스의 해외거래	제품 · 서비스의 해외거래 수출 · 입	해외거래 및 해외직접투자	해외거래 및 해외직접투자
조직구조	전통적 · 국내적	국제부	국제사업부	범세계적 구조

자료: Christopher M. Korth, *International Business: Environment and Management*, 2nd ed., Englewood Cliffs, N.J.: Prentice-Hall, 1985, p.7.

하게 진행되고 있는 글로벌화(globalization)의 단계를 정리해 보면 〈표 18-1〉과 같다.

1) 제1단계의 국제화

제1단계에서는 단순한 수출입활동을 수행하다가 점차 고수준으로 개입해 갈수록 라이센싱(licensing), 프랜차이징(franchising), 생산계약(manufacturing), 또는 조인트 벤처(joint venture)로 발전해 간다. 기업이 단지 간접적 · 수동적 국제거래만을 수행하는 단계로 이 단계에서의 기업은 보통 해외고객이나 공급업자와 해당기업 사이에서 중계역할을 하는 제3의 기업의 지원하에 이루어지는 것이 보통이다.

2) 제2단계의 국제화

기업이 직접 해외판매자와 거래를 한다. 기업이 중계상을 이용하기도 하고, 직접 해외고객이나 공급업자들을 탐색한다는 데 차이가 있고 이 수준에서는 수출입 전담부서를 따로 두게 된다.

3) 제3단계의 국제화

기업의 국제거래규모가 증대되고 그 중요성도 높아진다. 기업은 수출입을 직접 수행하는 것 외에도 해외에서 제품 · 서비스를 생산 · 공급한다는 데 차이점이 있다.

4) 제4단계의 국제화

펄뮤터(Howard V. Perlmutter) 교수는 다국적기업의 본사와 자회사간의 관계, 더 나아가 다국적기업의 구성원의 마음가짐에 따라 다국적기업의 유형을 구분하였다. 첫째, 세계기업을 본국에로의 지향성이 강한 본국중심주의(Ethnocentrism)인바, 이는 다국적기업의 출신국가에 있는 본사가 주요 의사결정을 하고 본국의 가치관과 경영시스템을 해외 자사에 강요하는 체제이다. 둘째, 진출지역에서 조화를 지향하는 현지중심주의(Polycentrism)인바, 세계 각국의 문화와 경제환경이 서로 다르므로 현지를 잘 아는 현지인이 현지에 알맞은 방법으로 자회사를 운영해야 한다고 주장했다. 그리고 세계적 경영전략을 기초로 하여 행동하는 세계지향주의(Geocentrism)에 따라 운영되는 기업인바, 여기에서는 본사와 자회사간의 쌍방향의 정보교환과 협력적인 의사결정이 빈번하고 상호의존적인 구조를 갖게 된다.

기업의 최고경영자가 세계지향적인 태도를 갖는 경우 다양한 지역에 흩어져 있는 자사나 자회사를 통합하여 전략적 의사결정이 이루어진다. 이러한 기업들은 글로벌 비즈니스 네트워킹을 통해 이익과 정당성의 균형을 적절히 유지하면서 경영활동을 전개한다. 이들의 네트워크는 기업의 이해관계자와 경쟁기업을 포함하기도 한다. 세계지향적인 기업은 본사와 해외의 자회사가 유기적으로 결합하여 글로벌 관점에서 경영활동을 수행한다.

이상과 같이 기업의 글로벌화는 최고경영자가 갖고 있는 성향에 따라 기업과 해외 자회사나 지사의 전략이 달라진다. 글로벌 경영에서 Glocalization이라 함은 Globalization(세계화)와 Localization(현지화)의 합성어인바, 소니(sony)사의 경우 해외 현지 생산의 확대와 함께 현지에 더욱 밀착된 경영체제 구축을 위하여 전 세계를 일본, 미국, 유럽, 동남아의 4개 지역으로 구분하였다. 그리고 각 지역에 본사기능을 부여하여 토착화에 필요한 대부분의 의사결정을 현지에서 행하게 하고 있으며 현지인을 경영에 참가시키는 등 일본 속의 소니가 아닌 세계 속의 소니를 추구해가고 있다.

베네통(Benetton)은 특정 지역의 시장 요건을 컴퓨터로 추적, 특히 많이 팔리고 있는 제품을 즉시 판단하여 하루 만에 그 제품을 제조하여 해당 지역으로 보내고 있다. 또한 지역마다 다른 고객 취향을 고려한 제품을 진열하고 있어, 같은 베네통 지점이라도 진열된 제품이 지역마다 다르다. 이렇게 각 지역의 고객 취향에 맞는 제품개발 및 판매활동을 행함으로써 베네통은 세계적인 인지도와 브랜드 차별화를 확보하는 등 토착화에 성공할 수 있었던 것이다.

(2) 규모의 경제

전 세계적으로 거의 모든 산업에서 노동집약적인 생산방식이 자본집약적인 생산방식으로 전환되고 있다. 인간의 노동력이 자동화된 기계, 로봇, 컴퓨터로 조작되는 정밀기계로 대체되고 있는 것이다. 이로 인해 산업 전체에서 노동력이 차지하는 비중은 점차 줄어들고 있다. 이처럼 노동비용은 갈수록 감소하는 반면에 자본비용은 점차 증가함으로써 규모의 경제 효과가 커지고 있다. 따라서 막대한 투자를 회수하기 위해 대규모 생산체제를 갖추어야만 하므로 전 세계 시장을 대상으로 하여 투자하도록 글로벌화를 촉진시키는 것이다.

(3) 막대한 연구개발 비용

기술의 급격한 발전과 함께 이를 가능하게 하는 막대한 연구개발 투자도 기업의 글로벌화를 촉진시키는 요소이다. 연구개발비용이 많이 투자되는 사업에서는 국내시장의 수요만으로 엄청난 개발비용을 충당하기는 매우 어렵다. 따라서 막대한 연구개발이 필요한 첨단산업에서는 전 세계 시장을 대상으로 신제품을 개발하고 판매하여야 하는 글로벌 경영이 필요하게 된다.

(4) 소비자의 수요 동질화

과거에는 서로 달랐던 각국 소비자의 기호가 점차 비슷해지는 것도 글로벌화를 촉진시키고 있다. 코카콜라와 펩시콜라는 전 세계적으로 가장 많이 애용되는 음료가 되었고, 맥도날드 햄버거는 중국이나 러시아에서도 좋은 반응을 얻고 있다. 이는 젊은 세대를 중심으로 소비자의 수요나 구매행태가 그만큼 동질화되고 있다는 것을 의미한다.

1.3 글로벌경영의 유형

(1) 수출을 통한 글로벌 경영

국제화의 초기단계에 있는 기업들이 해외시장으로 진출하는 때에는 해외시장에 대한 지식이 부족하고 해외에 있는 고객의 수요에 대해서도 잘 알지 못하기 때문에 많은 위험이 따른다. 따라서 직접적인 해외진출보다는 단순 수출을 하는 방법을 많이 사용한다. 수출(export)은 기업들이 좀 더 복잡한 해외사업을 수행하기 위한 전 단계로서, 많은 투자를 필요로 하는 해외직접투자(foreign direct investment)에 비해 위험부담이 적은 방법이다. 수출로 글로벌 경영에 참여하는 방법은 간접수출(indirect exprot)에 의한 방법과 직접수출(direct export)에 의한 방법이 있다. 간접수출이란 국내의 종합무역상사, 무역대리인, 그리고 한국을 방문하는 외국인 바이어와 같은 수출중개인을 통해서 간접적으로 판매하는 수출방법이다. 이에 비해 직접수출이란 국내의 생산업체가 해외시장에 있는 현지수입-유통업체뿐만 아니라 현지의 제조업체와 실수요자 등을 대상으로 하여 제품을 직접 거래를 함으로써 수출하는 방식이다. 이는 필요에 따라서 현지수입-유통업체와만 직거래를 하고 이들이 현지의 기업이나 실수요자 등에게 판매하도록 하는 것도 포함한다. 기업이 제품을 간

그림 18-1 해외진출 방식의 선택

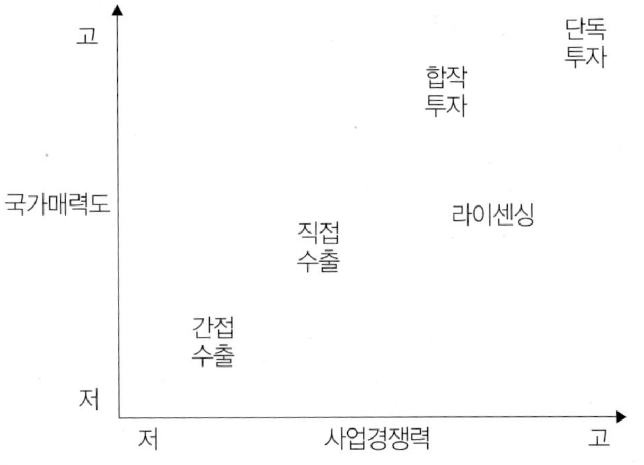

자료: Hunger and Wheelen, 1993, p. 341.

접수출방식으로 수출하면 수출대행업체에 높은 수수료를 지불해야 한다. 따라서 초기에는 간접수출방식에 의해 수출을 하다가 점차 해외사업 경영에 자신감을 갖게 되면 직접수출방식으로 전환하기도 한다. 직접수출의 한 형태로 대응무역(counter trade) 방식이 있는데, 물물교환, 청산협정 스위치무역, 환매거래, 대응구매 등이 여기에 속한다.

(2) 국제계약을 통한 글로벌경영

국제계약을 통한 글로벌경영이란 기업이 자신의 브랜드나 기술 또는 특허권, 저작권 등의 경영자원을 하나의 상품으로 취급하여 현지기업과 일정한 계약에 의해 판매하여 진출하는 방법을 말한다. 이러한 국제계약을 통한 글로벌경영의 방법에는 라이센싱, 프랜차이징, 생산계약, 전략적 제휴 등이 있다.

1) 라이센싱

라이센싱(Licensing)이란 라이센서(Licensor: 공여기업)와 라이센시(Licensee: 수혜기업) 간에 라이센싱계약을 체결하고, 이 계약하에서 어떤 형태의 대가를 받기 위해 외국에 있는 기업에게 제조과정 특허, 노하우, 브랜드, 기업비밀, 기타 자산 등 경제적인 가치가 있는 경영자산을 사용하도록 허락하는 합법적 과정을 말한다. 인가받은 기업은 인가한 기업에게 로얄티와 수수료를 지불할 것을 동의한다. 이는 경제적 가치가 있는 라이센스를 파는 것이 아니라 돈을 받고 빌려준다는 의미이다.

글로벌 경영하에서의 라이센싱은 해외시장 침투를 목적으로 이루어지는데 그 동기에는 경제적 동기와 전략적 동기, 정치적 · 법적 동기가 있다. 경제적 동기로는, 신상품과 새로운 기술이 한정된 기간과 부분적으로만 영향력을 발휘해 해외시장에 장기간 생산하는 전략을 채택하기 곤란할 때, 해외 판매규모가 새로운 시설을 갖추어 해외에 생산할 만큼 해외 수요가 크지 않을 때, 경쟁자가 곧이어 기술을 개발하여 우위 요인이 상실될 가능성이 있을 때, 높은 생산원가 때문에 국내에서의 생산이 비효율적이거나 국내에서 생산하여 그것을 판매지역까지 운송하는 데 많은 운송비가 소요될 때, 제품 특성상 장거리 운송이 불가능할 때, 기업의 정책상 해외 사업의 비중을 크게 갖고 싶지 않을 때가 있다. 전략적 동기로는 전략적 가치가 떨어져 더 이상 개발할 필요가 없다고 판단될 때, 정치적 · 법적 동기로는 현지 정부의 규제 때문에 현지 생산이 불가능할 때 이루어진다. 라이센싱은 정상적인 수출업무보다 많은 위험이 따르지만 해외직접투자보다는 상대적으로 적은 위험을 수반한다.

2) 프랜차이징

프랜차이징(franchising)은 라이센스와 비슷한 형태로 프랜차이저(franchisor: 영업본부)가 프랜차이지(franchisee: 가맹회사)에게 상표의 사용권을 허가해 주고 사업체의 조직과 경영방법의 이전을 통해 계속적으로 운영을 지원해 주는 방식이다. 가맹자의 소유권은 독립되어 있으며, 본부는 프랜차이징에 따른 수수료를 받고 대개 가맹자의 운영에 필요한 물품을 공급하기도 한다. 대체로 프랜차이징은 현지시장의 판매잠재력 평가, 적합한 가맹점의 발굴, 프랜차이징계약을 위한 협상, 가맹점과의 파트너십 구축 등의 과정으로 설립된다.

프랜차이징은 똑같은 물건을 똑같이 생긴 가게에서 똑같은 가격으로 주고 살 수 있는 비즈니스 형태를 말한다. 프랜차이징은 라이센싱의 한 형태이지만 라이센싱보다 훨씬 강한 통제를 할 수 있다. 라이센싱이 기술이나 브랜드 등 경영자산을 일정기간 동안 빌려주는 것이라면 프랜차이징은 품질관리, 경영방식, 기업의 조직 및 운영에 대한 지원, 마케팅 등을 지원하여 라이센싱 업체를 직접적으로 관리하거나 통제하는 것을 말한다. 프랜차이징 점포의 소유권은 프랜차이즈하는 점포의 사업주에게 있지만, 그 점포에서 사용하는 장비, 실내장식 및 제품 생산방식 등은 프랜차이즈 기업에서 제공하는 일괄적인 기준에 따라야 한다. 따라서 소비자들은 프랜차이즈점을 이용하여 점포의 위치와 상관없이 똑같은 제품을 소비할 수 있다. 프랜차이징은 19세기에 태동하여 1960년대에 성행하기 시작했으며 1970년대에 들어 유력한 해외시장 진입형태로 부각되었다. 애초에는 소매업에 국한된 운영방식이었으나 현재는 피자헛과 같은 즉석식품(fast food), 자동차 임대, 건설, 음료수, 호텔, 모텔, 주유소 등의 산업에서도 많이 채택되고 있다. 예컨대, 미국의 패스트푸드 기업인 맥도날드, KFC, 배스킨라빈스, T.G.I Friday's, 매리어트 호텔, 프랑스의 호텔기업인 노보텔, 한국 기업인 롯데리아, BBQ, 파리바게뜨 등이 여기에 속한다. 워커힐 호텔은 SK그룹이 Sheraton체인에 가입하여 운영하는 프랜차이즈 호텔이다. 또한 이전의 프랜차이즈 본부는 주로 미국에 근거하고 있었으나, 지금은 미국뿐만 아니라 캐나다, 일본, 영국 등 여러 나라로 확산되고 있다. 그 결과 전 세계적으로 품질이 표준화되어 브랜드 이미지를 유지하고 통제할 수 있게 됐다. 따라서 프랜차이징은 적은 자본으로 해외시장 확대가 가능할 뿐만 아니라, 가맹업체는 일정 수수료만 지불하고 나머지 영업수익은 자사의 수익이 되므로 각 가맹점에게 동기를 부여할 수 있다. 프랜차이징은 대개 수출이 곤란한 제품이나 서비스를 대상으로 하기 때문에 수출보다는 해외직접투자와 비교하여 선택되는 진입방법이다.

3) 생산계약

생산계약(manufacturing contract)이란 기업이 협력업체에게 일정한 품질과 가격에 제품을 납품하도록 계약을 체결하고 이러한 계약에 의해 글로벌 경영활동을 수행하는 방식이다. 생산계약방식은 자신이 직접 공장을 운영하지 않으면서도 신속하게 시장진출을 할 수 있고 시장환경이 불리해질 때 신속히 철수할 수 있으며, 또한 일반적인 라이센싱과는 달리 애프터 서비스를 포함한 마케팅활동의 통제권을 가질 수 있다는 장점이 있다. 그러나 적절한 현지 생산업체를 찾는 것이 어렵거나 불가능할 수 있고, 또한 그러한 기업이 존재한다고 해도 원하는 품질과 수량의 제품을 확보하기 위해서는 상당한 정도의 기술적 지원이 필요하며 때로는 라이센싱과 같이 미래의 경쟁자를 키워주는 위험도 존재한다.

4) 전략적 제휴를 통한 글로벌경영

전략적 제휴(strategic alliances)란 경쟁관계에 있는 기업이 일부의 사업이나 기능별 활동부문에서 경쟁기업과 일시적으로 상호 이익을 위해 협조적인 관계를 갖는 것을 말한다. 전략적 제휴는 전략적 파트너십, 연합, 합작, 협력, 기업간 결합 및 합작투자의 형태를 가지는 바 생산요소의 투입 활동과정의 참여 및 산출요소의 배분 등 다양하게 이루어진다. 이러한 전략적 제휴는 대부분 상당히 구체적이고 명확히 제시된 목적을 수행하기 위하여 이루어진다. 전략적 제휴의 단순하고 단기적 성격이 강한 형태는 연구개발컨소시엄 또는 기술제휴이다. 또한 합작투자의 경우도 전략적 제휴의 한 방안이라고 볼 수 있다. 전략적 제휴는 급변하는 경영환경에서 기업에게 다양한 혜택을 줄 수 있다. 투자비용을 줄이면서도 기업의 핵심역량을 구축하여 집중화 효과를 볼 수 있는 것이다. 다만 제휴관계에서 미흡한 전략이나 불완전한 계약이행, 지속적인 관계정립 노력의 부족 등이 발생하면 그 효과가 충분하지 못한 바, 국내기업이 외국기업과 전략적 제휴를 맺는 주된 이유는 경영자원을 효율적으로 활용하고 기업체질을 강화하는 데 유리하기 때문이다.

그 밖의 국제계약방식으로 위탁경영이나 서비스공급계약, 턴키공사(turn-key operation) 등이 있다. 턴키공사는 생산플랜트를 일괄적으로 만들어 주는 것을 말한다.

(3) 해외직접투자를 통한 글로벌경영

해외직접투자(foreign direct investment)는 기업의 경영활동을 통한 이윤추구를 목적으로 국내의 자본, 생산기술, 경영능력 등 생산요소를 해외에 이전시키는 것을 말한다. 이러한 해외직접투자는 해외단독투자와 국제합작투자로 나누어진다.

해외단독투자란 해외에 대한 직접투자를 단독으로 착수하고 수행하여 해외투자 대상기업의 소유권과 경영권을 갖는 것을 말한다. 일반적으로 단독투자의 형태로 해외시장에 진출하는 방식은 그 기업이 강력한 독점적 우위를 차지하고 있거나, 제품생산 과정에서 모기업이 자회사에게 원자재를 공급하는 경우 등에 주로 활용된다. 따라서 해외단독투자는 현지에서 만든 제품을 현지에서 소화하는 역할도 하지만, 이와 함께 세계 각지의 관련 회사에 납품하기 위해서 저장 · 보관하는 중개역할을 하기도 한다.

해외단독투자가 사용되는 경우로는, 첫째 차별화된 제품에 대해 전 세계적으로 통일된 마케팅 전략을 사용하려는 경우다. 둘째, 글로벌 네트워크를 구성하여 생산설비를 합리화하거나 집중화하는 전략을 사용하려는 경우다. 셋째, 원료 및 자원생산을 국제적으로 과점하기 위한 경우에 사용될 수 있다. 이에 따라 세계적으로 경쟁력을 보유한 기업들은 주로 해외단독투자전략을 채택하여 완전소유를 지향하고 있다.

이에 반해 해외합작투자란 콜데(E. J. Kolde)에 따르면 상이한 국적을 지닌 2개 혹은 그 이상의 합작선들이 영구적인 기반 위에서 특정의 기업체를 설립하여 운영하는 데 참가하는 해외사업활동의 한 형태라고 한다. 기업이 해외합작투자를 하는 목적이나 동기는 각 기업이 처해진 환경에 따라 서로 다르다. 해외단독투자는 전 세계에 대한 독점적 우위를 확보하거나 글로벌 네트워크를 구성하기 위한 제조, 판매, 중개기능을 위해서 주로 이루어지지만 해외합작투자는 이보다 훨씬 다양한 투자목적을 갖게 된다.

첫째, 해외합작투자는 해외단독투자로 인해 얻어지는 효과를 어느 정도 얻으면서 해외단독투자인 경우에 부담해야 하는 정치적 · 사회적 · 경제적 위험을 줄이기 위해 사용되고 있다. 해외합작투자는 외국인이 완전소유한 기업의 경우보다 거부감이 적기 때문에 경영관리 기술 등의 노하우를 현지국가에 더욱 효과적으로 단기간에 전달시킬 수 있다.

둘째, 투자자본이 충분하지 못한 경우에 해외합작투자를 통해 현지에서나 국제적으로 자본이 마련된 기업을 참여시킴으로써 사업을 수행할 수 있게 된다. 이로 인해 적은 투자금액으로도 원하는 투자사업에 참여할 수 있을 뿐만 아니라 현지자본의 참여로 어느 정도의 생산성과 수익성을 확보할 수 있다.

셋째, 모국에서는 부족한 노동력이나 경영자원을 현지에서 충족시킬 수 있다는 측면에서 해외합작투자가 이루어질 수 있다. 선진국의 기업들은 개발도상국에서 현지기업과 합작투자하는 경우에 기술, 특허, 경영관리, 마케팅, 노하우 등을 제공하고, 현지기업은 공장, 시설, 노동력을 제공한다.

key word 다국적기업의 이전가격

이전가격(transfer price)이란 동일한 기업그룹 내의 분권화된 조직간에서 발생하는 내부거래에 적용하는 재화와 용역의 가격을 말한다. 따라서, 다국적기업의 경우 이전가격이란 모회사와 자회사간 또는 자회사와 자회사간의 내부거래(계열회사간 거래)에 적용하는 가격을 의미한다. 국가간에 관세나 법인세율의 차이가 없고 일체의 거래비용이 존재하지 않으며 모든 기업이 동일한 조건하에서 자유롭게 경쟁하는 완전한 시장에서는 다국적기업이 이전가격을 조작하더라도 기업의 가치를 증대시킬 수 없을 것이므로 계열회사간의 거래가격인 이전 가격도 시장가격과 일치해야 할 것이다.

그러나, 현실적으로 국가간에는 관세, 법인세 또는 원천세 등의 각종 세율이 서로 다르고 다국적기업이 소유하고 있는 기술, 마케팅 능력 및 경영노하우 등의 지적자산의 경우 완전한 시장이 존재하지 않는 것이 사실이다. 따라서, 외부시장이 불완전한 경우 다국적기업은 계열회사간의 거래에 적용하는 이전가격을 적절히 조작하여 계열회사간에 자금을 효과적으로 이전함으로써 기업의 가치를 극대화시킬 수 있다.

(4) 해외간접투자를 통한 글로벌경영

해외간접투자란 투자이득을 달성하기 위해 다양한 해외증권 또는 금융상품에 분산하여 투자하는 것을 말한다. 이는 경영에는 직접 참여하지 않고 주로 이자나 배당 등을 통한 자본이득을 목적으로 하는 투자를 말한다. 국제간접투자로 형성되는 포트폴리오는 각 국가의 체계적 위험과 수익률에 의해 평가되고 있다. 그런데 국가마다 투자여건과 시장상황이 다르기 때문에 각 국가의 체계적 위험수준은 서로 일치하지 않는다. 따라서 기대수익률을 극대화시키고 위험을 최소화시킬 수 있는 글로벌 포트폴리오를 구성하여 분산투자하는 것이 최적의 해외간접투자전략이다.

1.4 글로벌 기업의 국제 환경

한 국가 안에서 기업을 할 때에도 여러 가지 경영환경의 요소들을 고려해야 한다. 하물며 세계무대를 상대로 경영을 하는 글로벌 기업이고 보면 더 많은 환경요소들로부터 영향을 받게 될 것이다. 기업의 일반환경 이외에 특수한 상황이 더 추가되는 것이므로 조직설계나 운영시에 더욱 복잡한 관리가 요청된다. 더 많은 환경요소들로부터 영향을 받게 될 것인바, 기회와 위협요인들을 잘 활용하고, 회피하여야 할 것이다.

(1) 정치 환경

해외시장에 진출한 기업은 진출대상국의 정치적 환경(political environment)

과 자국의 외교정책에 대하여 알아야 한다. 진출대상국이 공산주의, 자본주의, 사회주의 인지의 이념적 요인, 정부의 특혜 또는 우대를 받는 국유기업인지의 여부, 노동조합, UN, IMF, WTO, EU 등과 같은 국제조직, 부족, 종족, 종교 등 전통적 적대감, 권력유지 등을 위한 정부의 안정성, 국유기업의 매각, 민영화 등 글로벌 기업이 직면할 수 있는 정치적 위험을 고려해야 한다.

현지국 정부의 외국기업에 대한 규제, 세금, 정치상황 등은 글로벌 기업활동에 중요한 고려요소가 된다. 진출대상국의 정치적 상황이 불안정할 경우 진출한 기업은 재산상의 손해뿐만 아니라 인명 피해도 받을 수 있으며, 투자한 자본에 대한 회수도 어렵게 되는 경우가 있다. 또한 국가마다 법적 환경에 직면해 있기 때문에 성공적인 기업목적을 달성하기 위해서는 현지국가의 법률을 충분히 숙지하여야 한다.

1) 정 부

해외에서 기업활동을 수행함에 있어 사업운영의 허가가 투자대상국의 정부(government)에 의해 일정한 통제를 받는다. 해외기업활동시 관심을 두는 정치상황은 정부정책의 전반적인 안정 · 불안정성이다. 투자대상국은 자국의 이해와 관련하여 외국기업의 활동을 장려 · 지원하거나 또는 위축 · 금지시킴으로써 통제와 제한을 가한다. 또한 투자국 정부는 자국의 정책과 정치이념을 고려하여 국익을 가장 촉진시킬 수 있는 방안에 대한 집행계획에 반영시킨다.

2) 정치적 취약성 평가

특정기업은 자신이 활동하는 국가의 정치적 환경 속에서 야기될지도 모르는 위험에 대한 대처 방안을 사전에 강구해야 한다. 정치이념, 경기변동, 문화차이 등의 요인으로 인하여 제품은 정치적 취약성을 가질 수 있다. 자사제품에 대한 현지인들의 특별한 관심은 진출 기업에 대한 긍정적 또는 부정적 조처를 가져오게 되기 때문이다.

3) 몰수 · 수용 · 국유화 및 기타 위험

국제기업이 직면하게 되는 정치적 위험의 종류에는 가장 극단적으로 몰수(confiscation)에서부터 환관리, 수입제한, 가격통제 등이 있다. 정부 태도의 가장 극단적인 변화는 진출기업의 자산을 몰수하는 것이다. 그 다음 요소는 수용인데, 명목상의 보상을 해주고 투자 재산을 압류하는 것이다.

4) 대외문제

진출기업은 투자대상국에 대한 경제적 · 사회적 · 인적 개발에 기여한 바를 투자대상국 정부와 국민에게 알림으로써 투자대상국 정부와 글로벌 기업과의 관계는 우호적일 수 있다.

(2) 법률 환경

국제기업은 국제경영활동을 수행함에 있어 광범위하게 다른 국가의 법률 체계에 대처해야만 한다. 또한 진출한 현지국의 성문법, 불문법, 이슬람법 등의 법률체계를 깊이 연구해야 한다. 글로벌기업이 현지국에서의 기업활동을 위하여는 상법 및 경제법, 화폐 및 금융법, 노동법 및 사회법, 세법 등에도 관심을 두어야 한다. 최근 관심의 초점이 되어온 이슬람금융을 위한 시리아와 수쿠크에 대한 이해도 필요하다. 국제 마케터들은 진출국에서 각기 다른 법적 환경(legal environment)에 직면해 있다. 현재까지는 국제기업이 무역 거래를 관리하는 통일된 국제상법이 존재하지 않기 때문에 각 국가마다의 법적 시스템에 대한 세밀한 조사가 요구된다. 다국적기업은 현지국가의 법률뿐만 아니라 본국법에 의해서도 구속을 받으며, 기업관행을 규제하는 여러 가지 국제법 및 국제협정에도 순응해야 한다.

(3) 경제 및 자연환경

1) 지형 및 기후

새로운 해외시장에 진출하려는 계획을 가지고 있는 기업은 진출국의 경제적 환경(economical environment)과 그 나라의 시장에 대해 주도 면밀한 평가를 해야 한다. 시장규모와 그 잠재성을 파악하고 마케팅 담당자의 의사결정에 영향을 미치는 중요한 경제적 요인과 광범위한 세계시장의 지리적 다양성이 세계 각국의 경제에 미치는 영향 등을 파악함으로써 진출여부를 결정하게 된다. 지리적 요소들로서 한 나라의 지형 및 기후는 한 시장을 평가할 때 중요한 환경적 고려사항이다.

2) 자원(resources)

동식물, 화석연료, 원자력, 바다조류, 태양 등의 에너지원 등 광물의 이용가능 능력은 현대기술의 기초가 된다. 에너지는 생산 기계에 동력을 제공하고 경제적 번영의 재화를 생산하는 데에 소요되는 자원들을 추출하고 가공하기 위해서 필요하다.

3) 세계 인구추이(world population trends)

세계의 인구증가가 유일한 결정요인은 아니지만 총인구, 인구분포, 연령분포, 인구밀도, 농촌 · 도시이동, 실업률의 증가, 선진국의 인구감소 등 인구추이는 잠재적 소비자의 수요를 평가하는 데 있어서 중요하다.

4) 사회적 책임 및 환경경영(social responsibility and environmental management)

국제기업들은 각국의 공기, 땅, 물의 질보다 지구 환경에 관심을 모으고 있다. 수십년간의 방치 끝에 환경운동가, 정부, 뉴스매체 및 기업들은 공해 물질을 억제하고 정화시키는 모든 방법에 초점을 맞추고 있다. 환경을 정화시키는 책임은 정부, 기업 또는 행동 단체 등에만 의존하는 것은 아니다.

(4) 기타 환경

이 외에도 언어, 미학, 가치관과 태도, 종교, 사회제도, 사회조직, 교육제도 등의 사회문화적 변수와 기초기술, 핵심기술, 선도기술 등 기술적 환경과 노동력의 이동, 노동생산성, 고용정책, 노사관계 등 노동환경을 고려해야 한다.

1.5 글로벌경영의 이문화

해외에 여러 가지 사업을 벌여 놓고 있는 국제기업은 다양한 문화권에서 각기 다른 문화적 배경을 가진 사람들을 통해서 기업활동을 하게 된다. 따라서 글로벌경영에 있어서 문화적 차이를 이해한다는 것은 가장 핵심적인 성공요소가 된다. 글로벌경영활동은 국내기업에 없는 많은 제약을 받아 나라마다 현격한 문화적 구조의 차이 때문에 더 많은 위험과 불확실성에 직면하고 있다. 따라서 글로벌경영을 수행하는 과정에서는 더 많은 지식과 체계적인 정보를 필요로 하게 된다. 글로벌 경영인이 문화적 차이를 이해해야 하는 이유로는 첫째, 소비패턴의 차이이다. 문화적 차이는 의식주 관습의 차이를 가져오고 이는 상품수요의 유형과 양을 결정짓는 요인이 된다. 둘째, 인사 및 노사관리에서 종업원들의 가치관 및 행위의 차이가 경영 및 생산분야의 효율성에 큰 영향을 미치게 된다. 셋째, 기업이 대외거래 및 계약관계에 있어서 어느 정도로 법적 문서에 의존하느냐 하는 상관습도 중요한 차이 중의 하나이다.

(1) 문화란 무엇인가?

문화의 정의에서 가장 중요한 개념은 그것이 학습된 행위(learned behavior)라는 점이다. 문화란 태어날 때부터 사람이 가지고 태어나는 것이 아니고, 성장하면서 생활과 교육을 통해 습득되는 것으로서, 글로벌경영인은 서로 다른 문화권내에서 효과적인 기능수행을 위하여 이문화(bi-cultural)에 대한 이해와 적응이 필요하다. 문화를 구성하는 문화요소들(cultural elements)은 서로 독립적으로 존재하는 것이 아니라 상호작용하면서 한 종족이나 민족의 독특한 문화를 이루는 것으로 파악해야 한다.

1) 언 어

언어(language)는 가장 기초적이고 필수적인 문화요소로 의사소통을 위한 형식적인 것 이상의 의미를 가지고 있는 사회구성 및 가치관을 이해할 수 있는 것이다. 따라서 해외 마케팅 계획을 수립하는 데 있어 현지의 언어 및 상황을 정확하게 이해함으로써 마케팅 수행에 차질이 없도록 하여야 한다.

2) 종 교

종교는 개인의 가치관뿐만 아니라 행동과 생활습관 등 모든 것을 지배하기 때문에 글로벌 기업들이 해당 국가의 종교를 무시하고 경영활동에 나선다면 여러 가지 면에서 어려움을 겪게 된다. 한 사회를 지배하는 종교적 가치관(religious values)은 문화적 규범 및 가치관을 결정한다. 도덕성, 예절, 성별역할 그리고 개인성취에 대한 태도와 사회적 변화 등은 종교적 가치관에서 비롯된 것이다. 종교는 정치적 안정성과 국가간의 관계에도 영향을 미친다. 비록 규범이 조금 변하여 현지 시장활동이 가능해진다 하더라도 효과적인 마케팅 활동을 위하여는 오랜 기간 종속하여 온 종교적 전통과 조화를 이루어야 한다.

3) 규범과 가치

사회와 개인간에 일반적으로 받아들여지고 있는 사회계획은 문화적 규범 및 가치관의 기초이다. 사회적 규범(social norms)은 행동규칙이고 기준이며 모델이다. 가치(values)는 규범의 기초가 되고 사회생활을 이끄는 공유하는 생각이다.

4) 사회조직

사회는 지위 및 신분에 따라 사회계층으로 나누어지는데, 가족, 준거집단, 사회계층의 양상을 띠는 것으로, 사회조직(social institutions)은 문화의 기본 구조를 형성한다. 즉 인간이 매일 어떻게 생활하며 그들의 사회적 임무와 필요한 욕구를 충족하기 위해 어떻게 힘을 합치는가의 모든 면을 포함한다. 사회조직에 대한 정보는 해외 마케터들에게는 매우 중요한 것이다.

5) 교 육

문화는 교육되고 공유하는 것으로 주로 가정이나 학교에서 습득을 통하여 익히게 된다. 교육(education)과 식자율(literacy rate: 읽고 쓸 수 있는 인구비율)은 문화발전에 영향을 끼친다. 스웨덴의 교육제도는 읽기와 쓰기를 가르치는 데 주력하여 온 바, 이 제도는 스웨덴 문화의 변화를 불러일으키는 주요인이 되고 있다. 반대로 아프리카의 챠드(Chad)족에게 문화의 전래는 가족이나 친족에 의해 전해지므로 이 지역에서 인쇄물에 의한 변화의 시도는 거의 비효율적이라고 할 수 있겠다.

6) 미적 감각

미적 감각은 상품이나 포장에 대한 소비자의 반응에 영향을 끼치고 또한 표적시장에서 사용할 적절한 광고를 작성하는 데 매우 중요한 역할을 하게 된다. 색상 · 형태 · 모양 · 음향 등은 집단에 따른 다른 선호도를 가지고 있다. 이 모든 요소들이 그 문화의 미적 감각(aesthetics)을 구성하므로, 이 미적 감각은 상품이나 포장에 대한 소비자의 반응에 영향을 끼치고, 또한 표적시장에서 사용할 적절한 광고를 작성하는 데 매우 중요한 역할을 하게 된다.

7) 물질문화

물질문화는 생활환경, 그리고 여가시간과도 밀접한 관계를 가지고 있다. 한 사회의 물질문화(material culture)는 경제발전의 수준 또는 생활 수준이다. 물질문화와 생활수준은 그 문화에 주요한 영향력을 끼친다. 보통 생활수준이 낮은 나라에서는 고가의 상품은 성공하기 어렵고, 생활수준이 낮은 곳이라고 해도 스스로 지위상승의 자부심을 가질만한 상품이라면 고가품이라도 판매가 잘 된다.

이러한 문화의 성격은 과거 다른 사람과의 관계를 통해 습득되고 장차 지속적으로 상호교류를 통하여 개인의 정신과 마음속에 존재하는 것이다. 여러 민족의 문화는 서로 다르지만, 유사성도 갖고 있다. 문화란 일단 학습되어 수용되면 지속되는 경향때문에 변화를 꺼리지만, 지속적으로 변화한다. 비록 같은 사회의 모든 사람들이 동일한 문화요소를 갖고 있더라도 각 개인이 갖는 상황에서 다르게 행동할 수 있다. 이러한 성격을 갖는 문화는 하나의 조직 또는 사회의 구성원, 더 나아가 한 국가의 국민들이 가지는 가치관, 태도, 행동 등의 복잡한 상호작용으로 나타난다.

(2) 경영스타일과 기업문화

글로벌 경영활동의 해외사업은 현지국의 자회사를 통해서 이루어지는 만큼, 해외자회사의 효율적인 관리가 성공적인 사업목적 달성의 관건이 되는 것으로 나라마다 경영스타일이 다르다.

미국기업은 개인지향, 간접관리, 관리의 매뉴얼화가 이루어지는데 반해, 일본기업은 집단지향, 현장주의, 관리매뉴얼의 미발달되었고, 한국기업은 집단지향의 성격이 강하나 강력한 지도자에 의해서 주도된다. 현장을 중시하는 점은 일본과 비슷하며, 관리가 시스템화 내지 매뉴얼화되어 있지 않은 점도 일본과 비슷하다고 할 수 있다. 글로벌경영에 있어서 해외의 현지법인이 본사에 의해서 지휘 · 통제되고 또한 본사 파견직원이 현지관리의 주역을 담당하는 한, 본사의 경영스타일이 현지경영에 적용되는 것은 불가피하게 되어 기업문화(corporate culture)의 영향이 매우 크다.

(3) 이문화 분석의 홀과 홉스테드모형의 비교

이문화 분석을 위하여 홀(E. T. Hall)과 홉스테드(G. Hofstede)의 모형이 있다. 홀의 모형에서는 배경(context)을 평가의 기준으로 각 국가의 문화를 고배경문화(High-Context Culture: HCC)와 저배경문화(Low-Context Culture: LCC)의 개념으로 구분하였다.

1) 홀의 분석모형

홀은 문화의 차이를 고배경문화와 저배경문화로 분류하여 설명하고 있는 바, 배경이란 인간이 의사소통을 하기 위하여 사용하는 여러 가지 상징적인 표현들, 즉 언어, 얼굴표정, 몸짓, 문서 등을 의미한다.

① **고배경문화:** 고배경문화란 사회 구성원들의 의사소통에 필요한 정보가 사회적 배경, 경력, 가치관, 개인과 개인과의 관계 등과 같은 배경에 깔려 있는 문화를 의미한다. 의사소통시 명백한 부호와 문장으로 표시되지는 않으나, 책임과 신뢰가 중요한 가치로서 강조되므로 법률적인 서류보다 개인의 말이 더욱 확실한 보증서 역할을 하게 된다.

② **저배경문화:** 저배경문화란 대화를 통하여 정보의 교환이 이루어지고 구체적으로 표시된 문서와 문장의 표현 그 자체가 중요한 의미를 가지는 문화를 말한다. 의사전달은 문서나 언어의 형태로 전달되며, 표현된 그 이상의 의미를 지니지 않는다. 이들은 명함의 교환의식이 중요하며 협상 담당자의 지위의 높고 낮음에 따라 많은 것이 좌우된다.

2) 홉스테드의 모형

홉스테드는 각국의 문화차이로부터 기업구성원의 행동양식이 달라진다는 점에 착안하여 문화의 차이가 기업구성원의 행동양식에 어떤 영향을 미치며, 이것이 기업활동에 어떤 영향을 미치는가에 대해 설명하고 있다.

① **개인주의와 집단주의:** 집단주의(collectivism)가 강한 국가일수록 구성원들의 노력보다는 조직에의 협조와 충성을 강조할 것이며, 개인주의(individualism) 국가에서는 모든 것을 자기가 결정해야 된다고 믿는다.

② **권위주의와 평등주의:** 권위주의 성향이 큰 문화의 사원들은 상사가 권한을 크게 가진 것도, 상사의 업무지시도 당연하게 받아들이지만, 권위주의 성향이 낮은, 즉 권력간격(power distance: 상하 간에 느끼는 거리감)이 작은 문화의 사원들은 상사라도 능력이 없다면 그의 권위를 인정하려 들지 않을 것이다. 비교적 평등주의적인 나라, 즉 권력간격이 비교적 작은 문화적 특성을 지니는 나라로는 덴마크, 오스트리아, 뉴질랜드 등이며, 이에 반해 비교적 권위주의적 국가, 즉 권력간격이 큰 나라로는 필리핀, 베네수엘라, 멕시코, 인도 등이 있다.

③ **모험선호와 모험회피:** 불확실성의 회피성향(uncertainty avoidance)이 큰

문화권에서는 대체로 꼼꼼하여 직업의 안정성이 제공되며, 규칙과 규정의 제정과 준수가 강하며, 틀에서 벗어난 생각과 새로운 혁신을 거부한다. 반면에 불확실성의 회피성향이 약한 나라에서는 역할분담도 애매모호하고 규범도 잘 지켜지지 않는다.

④ **물질주의와 정신주의:** 물질주의(quantity of life)란 인간보다 물질을 숭상하고 단호한 결단력과 진취성을 가진 문화를 말하며, 물질주의 사회에서는 목표, 성과, 이익중시에 경영의 초점을 둔다.

정신주의(quality of life)란 타인에 대한 배려가 크고 물질보다는 삶을 중시하는 성향을 뜻하며, 정신주의 사회에서는 종업원의 직무만족을 더 중시한다.

⑤ **미래중심과 현재중심:** 미래중심(long-term) 사회에서는 도덕과 삶의 가치를 중시하며 현실의 어려움을 견뎌내는 힘도 강하여 저축 등 내핍생활을 하지만, 현재중심(short-term)사회에서는 과거와 현재만을 생각하고 미래의 비전이 적어 쾌락을 즐기며, 현재 어려움을 견디는 일에 매우 약하다.

G•l•o•b•a•l•M•a•n•a•g•e•m•e•n•t

현대 · 기아차의 글로벌 전략

현대 · 기아차는 고유한 생산시스템이 있어 세계 시장에서 경쟁력을 발휘하고 있다. 현대 · 기아차의 고유 생산시스템인 '글로벌 생산시스템' 에는 여섯 가지의 핵심 요소가 있다.

1. 해외공장은 30만 대 규모가 기본 모델이다

30만 대의 최신 생산시설이면 아시아, 유럽, 북미 등 어느 지역에서든지 원가 경쟁력을 오랫동안 유지할 수 있다. 중국에서는 세계 유명 브랜드의 자동차가 거의 모두 생산되고 있으나, 북경현대공장의 원가경쟁력보다 더 우수한 공장은 없는 것으로 알려져 있다. 그만큼 현대차의 원가우위 전략이 돋보이는 대목이다.

2. 품질의 신뢰성이 높은 생산시스템을 채택하고 있다

제품품질의 신뢰성을 유지하기 위하여 최신의 자동생산시스템과 모듈 생산 체제를 적용함으로써 품질관리의 표준화를 이루고 있다. 자동차공장의 숙련된 노동력을 지속적 품질우위의 원천이라고 소개하는 문헌도 있지만, 현지 공장마다 노동품질이 다르므로 동일한 브랜드라 하더라도 생산국가에 따라 품질이 다를 수밖에 없다. 그런데 현대 · 기아차는 이런 제약요인마저 극복하고 있다. 현대차의 미국 앨라배마공장에서는 목장에서 일하던 근로자들이 기본교육을 받고 미국시장에서 요구하는 품질수준의 제품을 생산하고 있다.

3. IT로 연결된 네트워크 단지에서 제품을 생산한다

북경현대공장 주위에는 70개 이상의 핵심부품 회사들이 서로 연결되어 하나의 자동차산업단지를 형성하고 있다. 여기에서 수많은 부품들이 모듈로 결합할 때마다 해당 공장에서 품질검사가 이루어진다. 최종 단계의 모듈을 만드는 공장에서 이미 품질검사와 성능검사를 마치고 조립공장에 투입하기 때문에 공장에서의 조립시간까지 단축된다.

4. 최신모델을 출시한다

현대 · 기아차가 해외 현지에서 생산하는 모델은 '유행 지난 구모델'이 아니라 '최신 스타일의 신모델'이다. 또한 해외 현지공장에는 재고처리공장이라는 개념이 없다.

5. 삼각시스템으로 글로벌 경영을 추진한다

현대 · 기아차는 품질경영시스템, 통합구매시스템, JTS 생산시스템을 연동하여 글로벌 차원에서 부품 구매에서 완성차의 품질까지 철저하게 추적 · 관리하고 있다.

6. 그린필드 어프로치(Greenfield Approach)를 선택한다

성숙기 시장의 경우에는 경쟁이 심하고 원가도 높아지므로 기존의 투자도 철수하는 경우가 많아진다. 그러나 현대 · 기아차는 기존의 오래된 공장을 인수 · 합병하여 현지공장을 가동하는 방식이 아니라, 혁신적인 공장단지를 새로 건설하여 현지 국가의 자동차산업 경쟁력을 제고하는 데 기여하고 있다.

이상의 여섯 가지 원칙에 따라 만들어진 자

[현대 · 기아차의 글로벌 생산거점 및 생산능력]

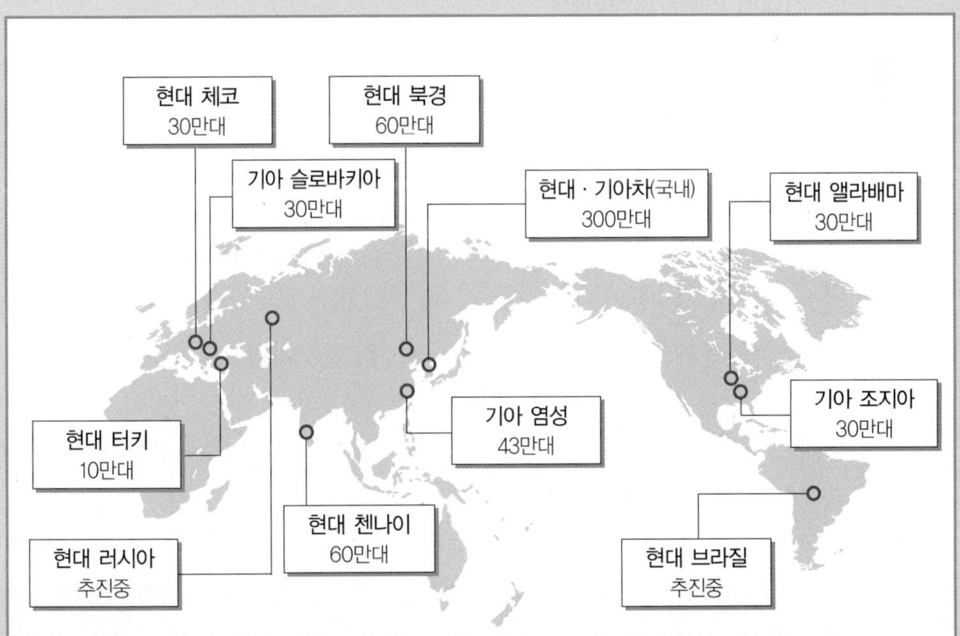

동차 품질은 소규모 조립공장에서 나오는 생산품보다 당연히 월등할 수밖에 없다. 또 규모의 경제 원리와 생산방식 차이 때문에 생산원가는 더 낮을 수밖에 없다.

이와 같이 저원가 · 고품질로 생산된 자동차는 글로벌화의 진전으로 국가 간 무역장벽이 낮아지면서 주변의 다른 나라에까지 수출이 가능하게 되었다. 더구나 생산량과 판매량이 증가함에 따라 신모델의 투입기간도 짧아지게 된다. 구형모델은 가격을 할인해도 판매가 부진하지만, 스타일과 품질을 향상시킨 모델은 가격도 상대적으로 높게 받을 수 있다. 세계의 유력 자동차업체들이 해외 현지에 건설한 수많은 소규모 공장들은 이미 경쟁력을 상실해 가고 있다. 미국에서도 GM과 포드의 공장들은 현대자동차의 앨라배마공장과 비교할 때 품질 및 가격경쟁에서 우위를 차지하기가 쉽지 않을 것이다. 현대 · 기아차는 이러한 30만 대 규모의 현지 자동차 산업단지를 약 10개 가량 구축하기 위해 노력하고 있으며, 이 10개의 해외기지에서 전 세계 시장을 개척하는 글로벌 전략(Global Strategy)을 추진하고 있다.

출처: 임종원, 「품질을 향한 끝없는 도전」, 한국자동차산업연구소, 2010.

1.6 글로벌 기업의 인수 · 합병

(1) 기업의 인수 · 합병이란?

글로벌 경쟁시대에 있어서 기업이 생존하기 위해서는 자사의 경쟁력을 보유한 부문에 더욱 집중 · 육성하여 최고의 경쟁력을 보유하여야 할 것이며, 더 이상 버틸 수 없는 부분은 과감히 버리는 전략적 방법이 바로 M&A인 것이다. 기업의 인수 · 합병(M&A: merger & acquisition)이란 일반적으로 두 개 이상의 조직이 결합해서 보다 큰 조직을 만드는 것을 가리킨다. 그것은 조직의 효율성을 높이고 자신의 사업분야에서 조직의 입지를 강화하는 한편, 새로운 사업분야로의 진입을 통해 위험을 분산하고 수익성을 향상시킴으로써 장래의 발전가능성을 높이는 것이 목적이다. 궁극적으로 M&A의 목적은 산업의 합리화와 시너지효과 창출 등을 통해 기업의 성장과 발전을 도모하는 것이지만, 그 구체적인 목적은 다음과 같이 나누어 볼 수 있다.

첫째, 다각화를 목적으로 한다. 기업이 새로운 분야에 진출하고자 할 때 이미 그 분야에서 활동하고 있는 기업을 인수 · 합병하여 진출함으로써 신기술과 노하우, 신상품의 개척, 인재육성, 새로운 시장의 확보 등과 같은 경영기반을 확립하는 데 소요되는 시간을 절약할 수 있다.

둘째, 경쟁력 강화와 상권확대를 목적으로 한다. 같은 업종의 기업을 인수합병함으로써 기존 시장에서 차지하던 시장점유율을 높일 수 있다. 기업의 경쟁력 강화와 경영의 효율성을 통한 성장과 함께, 시너지효과(synergy effect)를 극대화하거나, 인수프리미엄을 최소화하여 합병의 NPV(net present value)를 최대화시켜야 한다. 따라서 M&A 대상기업 선정시 시너지효과를 극대화시킬 수 있는지의 여부가 매우 중요하다. 중소기업의 경우 지역기업간의 합병을 통하여 전국망의 대기업에 대항할 수 있을 뿐만 아니라, 전국의 매장을 확보하는 데 걸리는 시간과 비용을 줄일 수 있다.

셋째, 경영기반 강화를 목적으로 한다. 느슨한 업무제휴관계에 있는 기업간의 인수 · 합병을 통하여 전략적인 경영을 할 수 있으며, 자금조달의 원활화, 기업이미지의 향상, 인재확보 등을 꾀할 수 있다.

기업의 인수 · 합병은 최근 시장의 개방과 경쟁의 심화, 기술개발과 혁신속도의 가속화, 제품수명주기의 단기화 등 국제 경제환경의 급속한 변화에 대응하는 수단으로 많이 사용되어지고 있다.

최근 M&A 특징을 살펴보면 1995년 이후 M&A가 대형화되는 추세에 있으며, 우리나라에서도 외환위기후 활발히 진행되었다. 1998년 삼성그룹은 스웨덴의 Volvo에게 중장비사업을 매각하였고, 기아자동차는 현대자동차에 매각되었다. 또한 대상그룹 역시 라이신사업부를 독일의 BASF에게 매각하는 등 특히 거대기업간의 초대형 합병(mega-merger)이 크게 증가, 각 업종의 판도가 바뀌고 있다. 또한 국적이 다른 기업간의 국제 M&A(cross-border M&A) 규모도 증가하게 되었는데, 특히 미국기업을 대상으로 한 대형 합병 중 대표적 사례로 480억 달러 규모의 영국 British Petroleum과 Amoco간의 합병, 560억 달러 규모의 Vodafone(영국)과 Air Touch(미국)간의 합병 등을 들 수가 있다. 뿐만 아니라 M&A 업종 또한 다양하게 되었다. 과거에는 제약업, 금융업 중심의 M&A가 성행하였으나 최근에는 석유, 자동차, 정보통신 등 거의 모든 업종에서 M&A가 활발히 진행되고 있다.

(2) M&A의 형태 및 방법

M&A의 형태는 그 기준이 무엇이냐에 따라 다양하게 분류해 볼 수 있다. 일반적으로 거래형태에 따라 크게 합병과 인수로 분류할 수 있으며, 합병은 법률상으로 볼 때 흡수합병(merger)과 신설합병(consolidation)으로 분류할

그림 18-2 M&A의 종류

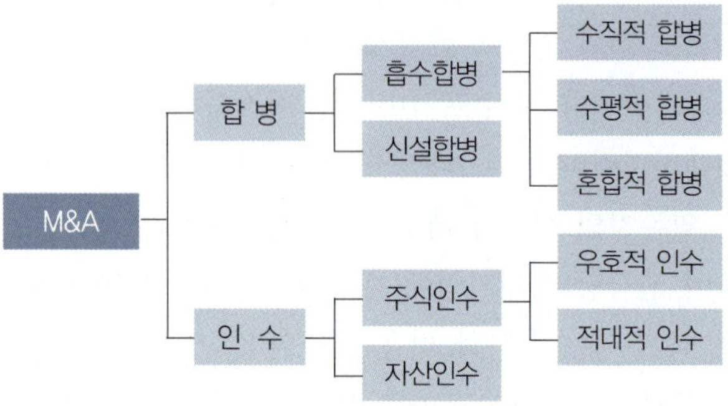

수 있다. 또한 이들 흡수합병과 신설합병을 경제적인 측면에서 수평적(horizontal), 수직적(vertical), 혼합적 합병(conglomerate merger)의 유형으로 분류할 수 있다. 인수는 자산인수(asset acquistion), 주식인수(stock acquisition), 영업인수로 분류할 수 있으며, 인수거래의 대부분을 차지하고 있는 주식인수는 우호적 인수(friendly takeover)와 적대적 인수(hostile takeover)로 분류할 수 있다. 특히, 대상기업의 의사에 반하여 행해지는 적대적 인수의 경우에는 인수비용도 커지고 인수 후 통합과정에서도 많은 마찰이 빚어지게 되므로 가급적이면 인수에 우호적인 기업을 선택하는 것이 바람직하다(그림 18-2 참조).

1) 합 병

합병(merger)이란 두개 이상의 회사가 청산절차를 거치지 않고 소멸되면서, 소멸회사의 권리와 의무가 존속회사에게 이전되는 회사간의 계약으로 우리나라 상법 제174조 제1항에서는 회사는 합병할 수 있다고 하였다. 합병할 수 있는 회사의 종류에는 제한이 없으며, 목적이 다른 회사 간에도 합병할 수 있다고 하였다. 합병을 위해서는 우선 주주총회에서 합병계약의 승인 · 결의를 하고 채권자 보호절차를 취하며 그 밖의 부수 절차를 거친다.

이때 합병이란 여러 기업이 법에 정해진 절차를 밟아 계약을 맺음으로써 한 기업으로 결합하는 것으로 주식시장의 효과를 크게 하고, 시장점유율을 확대하려는 등의 경우에 활용된다. 합병은 합병 당사회사 중 한 회사만이 존속하고 다른 회사는 계속 존속하는 회사에 흡수되어 법률적으로 해산하는 흡수합병(merger)과 두 회사 모두 해산하고 신설회사를 설립하는 신설합병(con-

표 18-2 M&A의 유형 및 목적

분 류		형 태	주요목적
M&A	수평적 M&A	동종업종간 결합	생산설비의 효율적 활용, 규모의 경제, 제품생산의 적정화, 유통망 중복회피, 중복 및 노후시설 폐쇄, 재고량 감축
	수직적 M&A	생산공장의 전후 또는 원료 · 생산 · 판매 관계의 결합	경영효율 증대(생산흐름 개선, 유통경로 단축, 재고관리비용 감축)
	혼합적 M&A	수평적 및 수직적 관계가 없는 기업의 결합	사업다각화

solidation)이 있다.

또한 이들 흡수합병과 신설합병을 경제적인 측면, 즉 어떤 업종끼리의 합병인가에 따라 수평적 합병(horizontal merger), 수직적 합병(vertical merger), 혼합적 합병(conglomerate merger)의 유형으로 분류할 수 있다. 수평적 합병은 동일한 시장 내에서 기술적으로 연관성이 있는 제품을 파는 기업 또는 동일 업종의 기업이 합병하는 것으로 시장에서 영향력을 증가시키는 데 그 목적이 있다. 수직적 합병은 동종의 산업에 속하지만 생산 활동의 단계가 다른 기업간의 합병으로 한 제품의 모든 생산단계의 산업을 지배하려는 데 그 목적이 있다. 혼합적 합병은 이종 기업들 간에 이루어지는 합병으로 업종은 다르지만 시장이 같은 기업이 합병하는 제품 확대형 합병과, 시장은 다르지만 업종은 유사한 기업이 합병하는 시장 확대형 합병으로 분류할 수 있다. 혼합적 합병은 현재 생산하고 있는 제품이 진출하지 못한 시장 또는 이종의 상품의 시장을 공략하여 시장을 확장하고 분산투자의 효과를 얻고자 하는 데 그 목적이 있다(표 18-2 참조).

합병의 절차로는, 합병계약서의 작성, 합병대차대조표의 공시, 합병승인 결의, 주식매수 청구, 채권자보호절차, 주식의 병합(併合)과 주권(株券)의 제출, 주주총회의 개최, 합병등기, 합병에 관한 서류의 사후공시 등이 합병절차와 관련한 상법상의 주요 절차이다.

2) 인 수

인수(acquisition)는 인수기업이 피인수기업의 주식을 전부 또는 일부를 취득한 후 피인수기업을 법률적으로 계속 존속시키면서 경영권만을 확보하는 것이다. 인수는 피인수기업이 법률적으로 계속 존속한다는 점에서 합병기업 중 피합병기업 또는 두 기업 모두가 법률적으로 존재하지 않는 합병과는 차이가 있다.

인수는 자산인수, 주식인수 그리고 영업인수(영업양도) 등으로 분류할 수 있으며 이 중 주식인수가 가장 일반적인 인수거래의 형태이다.

자산인수(asset acquisition)는 인수회사가 피인수회사의 자산을 일부 또는 전부를 매수하는 것이다. 이때 인수대상 기업은 그대로 존속하거나 인수후에 청산될 것이며, 인수희망기업은 계약을 통해 일부자산이나 부채만을 매입하게 된다. 그리고 계약 밖의 제3자에 대한 채무나 기존의 근로자와는 아무런 관련이 없게 된다.

주식인수(stock acquisition)는 인수의 가장 전형적인 방법으로 피인수회사의 주식을 일부 또는 전부 매수하는 것으로, 주식을 취득하는 방법으로는 인수측의 전략과 피인수측의 상황에 따라 주식양수, 제3자 배당증자, 위임장대결(Proxy Fight), 공개매입 등을 적절히 채택할 필요가 있다. 주식양수는 현재의 주주에게서 양수하는 것으로 피인수기업의 주주구성이 소유주 및 그 친척이 대부분을 차지하여 한명의 주주와의 협상으로 경영권을 확보하기에 족한 주식을 취득할 수 있는 경우에 적절한 것이다. 주식매집전략은 다른 방법에 비해 대규모의 자금동원이 필요하다는 단점이 있다. 또한 비밀리에 주식을 매집하려면 오랜 기간에 걸쳐서 수행하기 곤란하므로 신속하게 이루어져야 한다. 그러나 주식매집전략은 일정한 지분만 확보되면 비밀이 노출되더라도 대상기업이나 제3자에게 되팔 수도 있으며, 우호적 공개매수를 이끌어낼 수 있는 좋은 협상무기가 될 수 있다.

제3자 배당증자는 피인수기업의 재무체질 개선 등을 위한 지렛대로 활용되는 것으로, 경영권을 확보한다는 의미에서 최소한 과반수 이상 확보하는 것이 바람직하다. 위임장대결(proxy contest, proxy fight)은 단 한 주의 주식도 소유하지 않고도 지배권을 확보할 수 있는 방법으로 피인수기업의 한 주주(인수기업)가 다른 기존 주주들로부터 의결권을 위임받아 주주총회에서 의결권 행사를 통해 피인수기업의 경영권을 얻는 것이다. 흔히 이사회의 지배권을 장악할 목적으로 신임이사를 선출할 때에 이용되는데, 의결권만을 위임받은 것이므로 주식을 취득하는 것에 비해 훨씬 경제적이다. 이때 위임장은 의결권의 대리를 입증하는 증서로서, 공개매입이 공격자의 막대한 자금을 동원하여 주식을 매입하여 자기의 의결권을 행사하는 것이라면, 위임장대결은 기타 주주

표 18-3 합병과 영업인수의 차이

구 분	합 병	영업인수
절 차	법정화된 절차	제한 없음
대 상	회사간 거래	제한 없음
승계범위	재산과 채무의 포괄승계	특정승계
사원의 귀속	해산회사의 사원은 신설 및 흡수회사로 편입	이전 회사에 존속

의 의결권 행사를 위임받아 공격자가 유리하도록 의결권을 행사하는 것이다. 이러한 위임장 대결의 가장 큰 장점은 대규모 자금을 동원하지 않고 사업보고서 하나만으로도 인수가 가능하고, 개인차원에서도 시도할 수 있는 매우 경제적인 방법이라는 점이다. 그러나 경영자들과 주주들의 친분관계가 두터울 경우 불만세력을 규합하기가 쉽지 않으며, 승인과정에서 대상기업의 이사진이나 대주주측과 상당한 마찰이 발생할 수 있다. 따라서 위임장 대결전략은 시간이 많이 소요되고 실패율도 높다.

우호적 합병은 인수업체와 피인수업체가 합병조건 등을 합의하는 M&A를 말하며, 이에 반하여 적대적 M&A는 인수대상 업체의 경영진이 반대하는 상태에서 강압적으로 기업을 탈취하는 합병방식을 말한다. 인수대상업체 경영진들이 모르게 시장에서 주식을 매집하거나 위임장 대결, 주식 공개매수(TOB: take over bid) 등을 통해서 진행된다. 심하면 법정싸움으로도 비화된다.

영업인수 즉 영업양도는 피인수기업이 지니고 있는 영업의 전부 또는 일부를 양수하는 것으로, 인수측에게 흥미가 없는 부분을 영업양도의 대상에서 제외할 수 있기 때문에 기업 내용에 자신이 없는 기업의 인수 등에 이용된다.

합병과 영업인수의 차이점은, 첫째 전자는 절차가 법정화되어 있으나, 후자는 개인법상 거래행위로 그 방식에 제한이 없고, 둘째 전자가 회사간에만 할 수 있는 반면, 후자는 제한이 없이 비상인에게 영업을 양도할 수도 있다. 셋째, 전자는 회사의 재산과 채무가 포괄승계되지만, 후자는 재산은 특정 승계되고 채권, 채무의 양수, 양도 행위는 별도로 필요하다. 넷째, 전자는 해산회사의 사원은 신설 또는 흡수회사의 사원으로 존속하지만, 후자는 그렇지 않다(표 18-3 참조).

3) M&A의 장 · 단점

기업의 인수합병은 기업이 갖지 못한 경영자원을 피인수기업으로부터 획득하여 기본적으로 기업의 종합적 능력을 강화할 수 있는 점이 있는데, M&A의 장점으로는 첫째, 피인수측이 확보해 놓은 것을 단시간 내에 확보할 수 있으므로 시간과 비용을 절약할 수 있다는 점이다. 둘째, 노하우와 지식을 사업 초기 단계에서부터 획득하여 활용할 수 있다. 셋째, 단기에 많은 인재를 확보할 수 있다. 넷째, 판매력 강화, 시장점유율 향상으로 매출 이익이 증대되며, 다섯째 차입능력(신용력) 증대, 증권시장에서의 주식모집, 사채모집력 증대 등 자금조달능력 증강 등이 있다.

반면 M&A로 발생할 수 있는 시너지를 과대평가하거나, 순조로운 통합에 실패하기 쉬운 등 단점으로는 첫째, 스스로 쌓아 올린 기업이 아닌 만큼 M&A의 실행 이후에 그전에 표면화되지 않았던 여러 문제들이 일어날 수 있다. 둘째, 자사의 방침과 관리방식을 조기에 피인수측 또는 피합병측 기업에 도입하기가 어렵다는 것이다. 셋째, M&A 이후에도 어느 정도 이끌어 가야 한다는 제약이 있다. 넷째, 합병의 증대효과 내지 이익의 소비자 환원과 관련된 문제 등 기업의 사회적 책임 등이다.

4) M&A 전략의 수립

M&A를 성공적으로 수행하기 위해서는 크게 5단계로 나눌 수 있는 전략수립의 절차가 필요하다. 일반적으로 거쳐야 할 중요한 절차와 절차별 수행업무를 보다 구체적으로 살펴보기로 한다.

① M&A 전략수립

산업의 구조적 특징 및 사업의 경제성 분석, 자사의 핵심역량과 경영자원 분석, M&A의 장 · 단점을 다른 전략적 대안(합작투자, 전략적 제휴 등)과 비교 분석하는 것으로 M&A의 전략은 성장전략, 생존전략, 위험분산전략, 효율성극대화전략 등 크게 네 가지로 나누어 볼 수 있다.

② 대상기업의 선정

후보기업들에 대한 자료 확보 및 평가시스템 구축, 지속적인 대상기업들의 매력도를 평가한다. 대상기업을 선정하는 일은 M&A의 초기단계에서 매우 중요한 작업으로서, 피합병법인을 인수한 후에 기업가치가 증대될 수 있는 방향으로 대상기업을 선정해야 한다.

③ 인수대상기업의 기업가치 평가

M&A에 따른 잠재적 시너지의 규모와 사업구조조정을 통한 가치개선 기회

평가, 인수대상 기업 경영진의 구성과 능력 평가, 합병후 예상되는 주요 이슈 파악, 순현가법(NPV) 등의 방법을 통해 인수가격의 범위를 설정한다. 일반적으로 기업의 매수는 하나의 투자결정문제로 재무관리의 자본예산에서 다루어지는 투자안의 경제성을 평가하는 방법 중 가장 우월한 방법인 합병법인의 NPV(net present value)를 증대시킬 수 있는 투자안을 선택해야 하는데, 합병의 NPV는 합병에 따른 시너지효과(synergy effect)와 합병의 대가로 지급한 인수프리미엄(premium)의 차이로 산정된다.

이를 식으로 정리하면 다음과 같다.

> 합병의 NPV = 합병후 기업가치 – 합병전 기업가치
> = (합병기업 AB의 가치 – 합병대가) – A기업의 가치
> = 합병시너지효과 – 합병 프리미엄
> 합병 시너지효과 = 합병기업 AB의 가치 – (A회사가치 + B회사가치)
> 합병 프리미엄 = 피합병 회사의 인수가격 – 피합병회사 가치

④ **가격협상**

M&A가치를 자사의 입장을 포함하여 기존주주 및 잠재적 M&A 경쟁업체의 입장에서 평가, 관련된 각 주체의 경영전략 및 전략적 의도의 파악, 기존 주주 및 잠재적 M&A 경쟁업체의 가치평가를 고려하여 합리적인 가격수준을 제시한다. 이때 M&A의 계약서에 일반적으로 포함되어야 할 사항은 다음과 같다.

❶ 인수계약의 목적, 인수 목적물과 인수방법, 인수금액, 지급방법, 지급시기 관련 조항
❷ 피매수대상 회사의 자산 · 주식의 특성, 인수형태 등의 기본 거래조건 조항
❸ 피합병법인의 M&A 이전 고용계약의 인수에 대한 조항
❹ 피합병법인의 진술 및 보증(representation and warranties)
❺ M&A 종결일(closing date)까지 양당사자가 이행해야 할 사항
❻ M&A 종결일 및 해제에 관한 규정
❼ 사후 손해배상에 대한 조항
❽ 기타 분쟁해결방법 · 준거법 등에 대한 조항

⑤ 합병후 통합(PMI: Post-Merger Integration)

M&A의 성패를 결정짓는 중요한 단계로써 최고경영진으로 구성된 과도기적 통합 추진위원회 구성, 실무추진팀 구성, 통합과정에 대한 명확한 성과지표 설정 및 장기적 목표 대비 성과를 평가한다. 드라마나 영화 등 많은 매체에서 비추는 기업합병은 네번째 단계인 '가격협상'만을 중점으로 하곤 한다. 이는 잘못된 인식으로, 각 단계의 성공적인 실행이 다음 단계의 성공으로 이어짐을 알아야 한다.

제19장 지속가능경영

01 | 지속가능경영

1.1 지속가능경영이란?

21세기 기업경영에 있어 새로운 의제(agenda)는 지속가능경영이다. 지속가능경영(Corporate Sustainable Management)이란, 기업이 경영에 영향을 미치

그림 19-1 CSR의 시대적 고찰

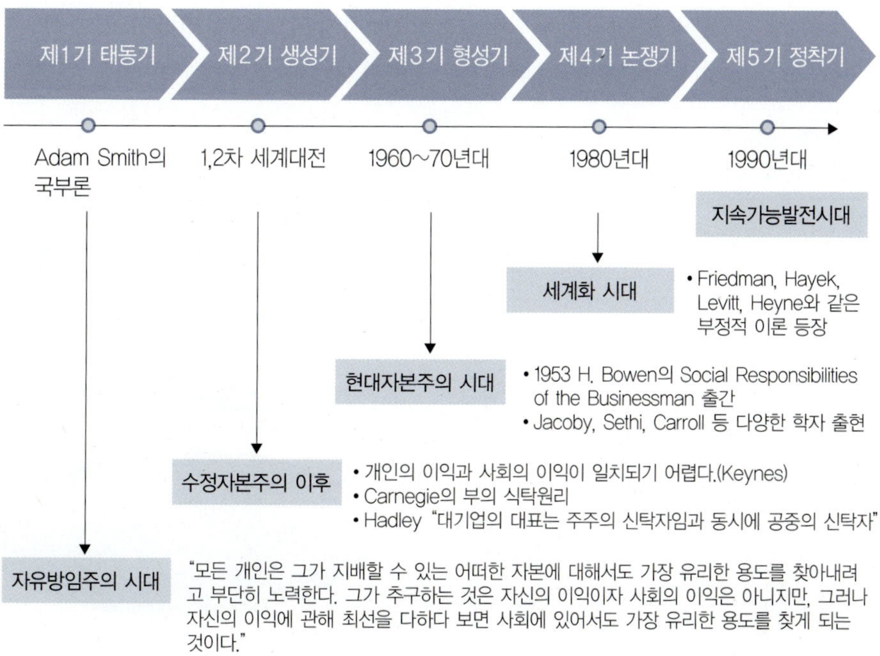

는 경제적 · 환경적 · 사회적 이슈들을 종합적으로 균형있게 고려하면서 기업의 지속가능성을 추구하는 경영활동이다. 즉, 기업들이 전통적으로 중요하게 생각했던 매출과 이익 등 재무성과뿐 아니라 윤리, 환경, 사회문제 등 비재무성과에 대해서도 함께 고려하는 경영을 통해 기업의 가치를 지속적으로 향상시키려는 경영기법으로 기업의 사회적책임(Coporate Social Responsibility: CSR)의 시대적 고찰에서 제5기에 도입된 것이다(그림 19-1 참조).

세계지속가능발전기업협의회(WBCSD)는 지속가능경영을 '근로자, 그들의 가족, 지역사회와 사회전반의 삶의 질을 개선시키며 이들과 더불어 지속가능한 경제적 발전을 하기 위한 기업들의 노력' 이라고 정의하였으며, 한국지속가능발전기업협의회(KBCSD: Korea Business Council for Sustainable Development)는 '환경, 경제, 사회 분야의 지속가능성을 위해 기업차원과 사회차원에서 기여하고자 하는 경영활동' 이라고 정의한다.

로우(Lowe)는 [그림 19-2]에서와 같이 지속가능발전을 지지하는 상위의 이론적 개념으로서 기업시민활동, 사회적 책임, 지속가능경영을 제시하였다. 기업시민이란 기업이 활동하는 지역에서의 경영활동으로 인한 사회적 변화에 대해서 책임을 가지고 더 나은 지역사회의 발전을 위해 노력해야 한다는 개념으로 사회공헌, 기부, 일자리 창출 등을 의미한다. 사회적 책임은 기업시민의 역할을 포함하면서, 그 외에 자발적으로 사업영역에 사회 · 환경적인 요소를 통합하고자 하며 이를 이해관계자와 소통하고자 하는 움직임이다. 따라서,

그림 19-2 ◎ 지속가능경영의 구성요소

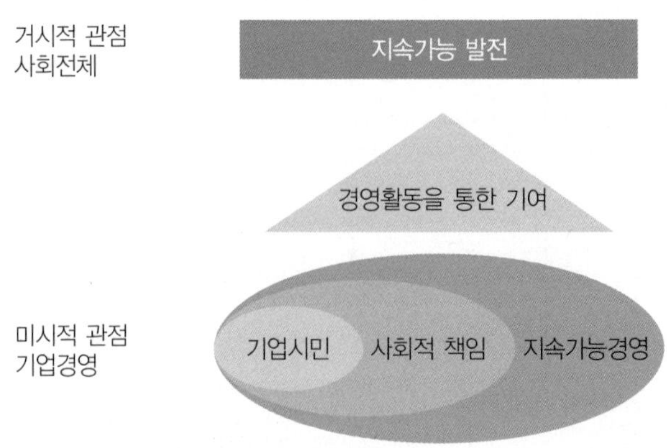

자료: 이진규, 현대경영학, 법문사, 2010 재인용(Lowe et al., 2004).

지속가능경영은 기존의 재무성과 위주의 경영에 비해 중장기적 성과를 중시하고 미래고객을 포함하며 정보공개를 전략적으로 실시하고 커뮤니케이션도 기업 외부로 확대하는 경향을 보인다. 기업경영의 가장 상위개념인 지속가능경영은 사회 · 환경 · 경제적 목표를 달성시키면서 기업의 효율성을 최적화시키는 경영활동이며, 기업경영전략이나 운영시스템 수준에서의 활동이라고 정의하였다.

기존의 경제적인 수익성에만 집중했던 경영방식에서 지속가능한 발전을 위하여 기업의 사회적인 책임과 환경보호를 강조하는 신경영방식으로, 기업이 사회를 이끄는 중요한 요소로서의 역할을 해야 한다는 것에서 출발한다. 글로벌 기업뿐만 아니라 국내의 일반 기업에서도 지속가능경영전략을 추진하면서 상당한 성과를 거두고 있다.[1)]

1.2 사례를 통해 본 지속가능경영

유한킴벌리 지속가능경영은 경제, 환경, 사회 측면에서 지속적인 성과를 창출하고 궁극적으로 경쟁우위를 확보하여 지속가능한 기업의 가치를 증진시키는 데 목적을 갖고 있다. 2007년 유한킴벌리는 보다 업그레이드된 비전 2015를 선포해서 향후 지속적으로 성장하기 위한 구체적인 길을 제시하였다. 비전 2015의 주요 요지는 아시아 최고의 존경받는 기업으로 태어난다는 것이다.

2008~2009년 세계적인 불황이 계속되는 가운데 유한킴벌리는 평생학습과 가족친화로 대변되는 '혁신적인 기업 문화'와 윤리경영, 환경경영, 우리강산 푸르게 푸르게 캠페인 등으로 대표되는 '사회적 책임에 대한 지속적 노력' 을 계속하면서 경제적 성장을 이룩해왔다. 특히 2008년에는 창립 이래 처음으로 목표로한 매출액 1조원을 달성하였다. 이는 제품 고급화 전략의 성공적 수행, 혁신적인 신제품 출시, 원가절감과 비용절감 노력, 신 성장 사업 개발, 그리고 전년 대비 59%라는 높은 성장을 기록한 수출의 결과다. 또한 환경 · 위생 · 안전 시스템(EHS)의 정착, 협력회사 환경개선 지원, 녹색구매와 생산, 친환경 소재를 활용한 기저귀 네이처메이드의 출시도 진행하였다. 유한킴벌리는 이렇게 기업의 사회적 · 환경적 책임을 다하면서 경제적 성과를 이루었다는 것이 자랑스럽다. 이제 유한킴벌리는 새로운 목표를 향해 도전하고 있다. 전 세계적

1) 이진규, 전게서, 법문사, 2010 재인용.

그림 19-3 유한킴벌리의 지속가능경영

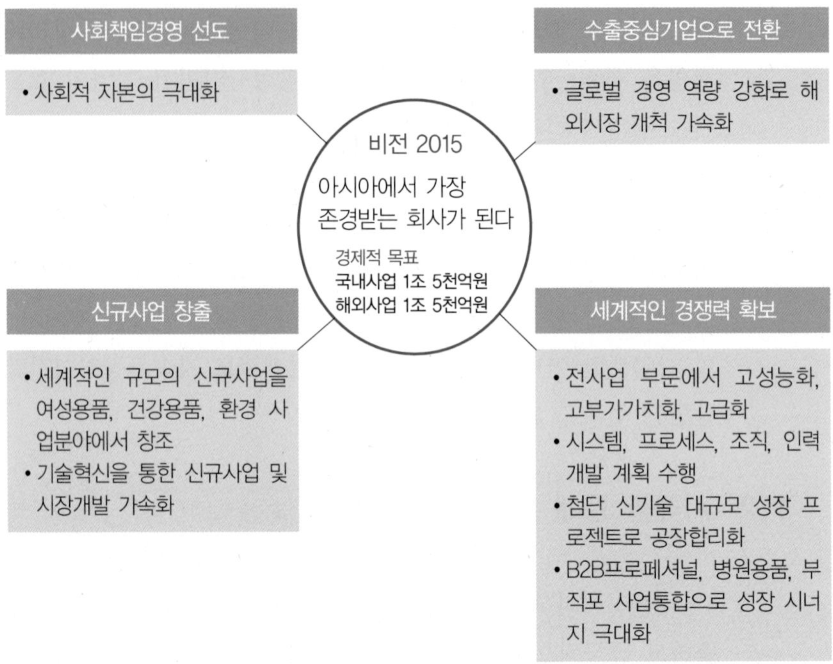

인 불황이 계속되고 있으나, 유한킴벌리는 지속가능성을 높이기 위해 더욱 노력을 집중할 것이다. 첫째, 한국의 충주에 세계적인 수준의 여성위생용품 전문 생산공장을 짓는 등 투자를 성공적으로 완수해 미래의 성장동력을 갖추어 나갈 것이다. 둘째, 유한킴벌리의 강점인 적극적인 제품 개발과 지속적인 신제품 출시를 통해 시장을 리드해갈 것이다. 셋째, 기업의 사회적 · 환경적 책무를 다함으로써 기업시민으로서의 역할을 다해 나갈 것이다. 혁신의 주체는 '사람', 어려울 때 그 상황을 헤쳐나가는 것은 '사람'이다. 유한킴벌리의 전문성을 갖춘 인재들이 창의적이고 자율적인 문화를 바탕으로 회사를 이끌어가고 있다. 앞으로도 생명과 사람이 중심이 된 기업의 가치를 완수하며, 더 차별화된 제품과 서비스로 고객을 감동시키는 노력을 계속할 것이다.

유한킴벌리는 지난 2007년 3월 8일 'UN 글로벌콤팩트(UN-Global Compact)'에 가입했다. 글로벌콤팩트는 UN이 기업의 사회적 책임 실천을 활성화하기 위해 제정한 자발적 협약으로, 기업/기관으로 하여금 세계인권선언, 국제노동기구선언, 리우선언, UN 부패방지협약을 토대로 한 환경보전, 인권보호,

노동기준 준수, 반부패 실천 등에 관한 10가지 원칙을 준수하도록 권고하고 있다. 글로벌콤팩트 가입에 따라 유한킴벌리는 모범적으로 글로벌콤팩트 10대 원칙을 준수하고, 그 실천성과를 해마다 지속가능성보고서와 UN 홈페이지를 통해 공개하고 있다.[2)]

02 | 환경경영

환경경영은 기업이 생산활동을 하는데 환경적 영향을 사전에 자율적으로 평가 · 관리하도록 하는 체제다. 즉 환경오염규제로부터 발생하는 기업의 사회적 · 경제적 손실을 예방하는 데 있다. 환경오염을 규제해야 지속가능한 발전이 가능하기 때문이다. 무한한 발전 때문에 환경이 오염되어 생태계가 파괴되면 결국 발전 또한 무의미하기 때문이다. 또한 기업의 환경 경영체제 구축이 환경보호에 충실한 것임을 인증해 줌으로써 산업활동의 신뢰성과 좋은 이미지를 확보하고 결국 지구환경보호에 기여하기 위한 것이다. 기업은 모든 경영활동에 있어 환경정책과 목표를 설정하고 목표 달성을 기술적 · 관리적으로 자체 평가하는 수단을 마련하여 환경적으로 안정된 관리체제를 구축한 후 국제적인 인증을 획득하도록 해야 할 것이다.

최고 경영자로부터 환경에 대한 인식을 새로이 하고 환경을 경영의 최우선 과제로 삼아 포괄적인 관리체계 정립이 필요하며 주요국가와도 업무협력체제를 통한 상호인증 추진에 노력해야 한다.

최근 지구환경문제의 심각성이 대두되면서 환경문제의 논의가 매우 빠른 속도로 진행되고 있다. 최근 가장 시급히 요구되는 환경 스탠다드는 바로 2000년대 중요한 위기로 지목되는 지구온난화 문제와 이에 대처하기 위한 온실가스 감축문제이다. 지구온난화와 빈번한 기상재해에 공동대처하기 위해 선진국들은 구속력 있는 온실가스 감축이행을 위해 열을 올리고 있다. 이에 따라 유럽, 미국, 일본 등은 기업의 자발적 에너지 절감을 유도하고 전자제품의 에너지효율기준을 높이는 등 노력을 기울이고 있다.

온실가스 감축뿐만 아니라 내분비계장애물질(일명 환경호르몬)이 함유된 화학제품 판매 규제도 전개되고 있다. 어린이의 완구제품에 들어가는 프탈레

2) www.yuhan-kimberly.co.kr

이트와 같은 플라스틱 유연제는 환경호르몬 물질로 분류되어 완구 제조업자들로부터 외면을 받고 있는 상황이다. 현재 선진국을 중심으로 전개되는 환경호르몬 물질에 대한 규제가 향후에는 세계적인 기준으로 가시화될 날이 곧 올 것이다. 이에 대해 이제 어떤 기업이든 환경경영은 기업생존의 필수적 과제로서 국제적기준에 걸맞는 전략수립과 실행이 뒤따라야 할 것이다.

2.1 환경경영의 정의

환경경영(TQEM: Total Quality Environment Management)이란 기업활동의 전과정에 걸쳐 환경성과를 개선토록 함으로써 경제적 수익성은 물론 환경적인 지속가능성을 동시에 추구하는 일련의 경영활동으로 정의할 수 있다.

환경경영이 추구하는 궁극적 목표는 경제적 수익성과 환경적 지속가능성의 조화이며, 그 대상 범위는 원료의 구매에서부터 생산, 마케팅, 소비, 그리고 폐기단계에 이르기까지 직·간접적으로 기업활동과 연계되는 전과정(whole life cycle)이 된다. 아울러, 환경경영은 기업의 주요 기능별 영역인 인사조직 또는 환경경영체제, 청정생산, 환경마케팅, 환경회계, 환경경영전략 등의 세부적인 분야를 포괄한다.

이러한 환경 경영으로 인하여, 지구환경문제에 대한 관심은 국제적인 차원에서도 이루어지고 있는데, 온실 기체에 의해 벌어지는 지구온난화를 줄이기 위한 기후변화협약(FCCC: Framework Convention on Climate Change), 유해폐기물의 국가간 이동 및 교역을 규제하는 바젤협약(Basel Convention), 지구에서 서식하는 생물종을 보호하기 위한 생물다양성 협약(Biodiversity Convention) 등 약 180여개에 달하는 협약이 체결되어 세계 무역질서에 새로운 변수로 작용하고 있다. 예를 들면 협약에서 요구하는 환경기준을 충족시키지 못하면 관세를 부과하는 등의 무역규제가 적용되기 때문이다. 구체적으로는 생산공정 및 생산방법(PPMs)을 적용토록 하고, 환경경영체제로서 부정적인 환경영향을 최소화하면서 지속가능한 발전을 도모하는 환경경영활동을 효과적으로 시스템화하는 ISO 14001을 준수하도록 기업들에게 요구하고 있다.

또한, 소비자들도 구매의사결정에 있어서 과거의 일반적인 구매 판단기준인 '품질', '가격', '편의성' 등을 벗어나 '환경성'을 고려하는 친환경적 소비활동으로 전환되었다. 이러한 환경을 중요시하는 기업환경의 조성을 위해 환경보전이 기업이익과 상충된다는 고정관념을 버리고, 보다 기업이익에 적극적으로 기여한다는 사고의 전환이 요구된다.

2.2 기업의 환경경영

오늘날 기업들에게 환경경영이 필요한 이유는 크게 두 가지 측면에서 살펴볼 수 있겠다. 먼저, 소극적인 측면에서의 접근방법으로서 환경과 관련된 각종 규제에 대하여 대처하는 측면이 될 것이다. 다음으로 환경보호는 물론 사회발전에 공헌하고 있다는 기업이미지를 구축하고 향상시키며, 기업이미지를 제품이미지로 연계시켜 타기업보다 경쟁적 이점을 강화하고, 환경정책 및 환경경영시스템 구축과정에서의 노하우(know-how)를 사업기회로 연계시킨다는 적극적인 개념이 될 것이다.

이러한 환경경영의 방안으로는 기업활동으로 인한 부정적 환경영향을 최소화함은 물론 적극적인 차원에서 환경의 지속적 발전을 도모하는 방향에서 행해지는 그린마케팅활동, 환경친화적 기술개발시스템 구축, 환경회계 및 환경보고제도 개발 등을 들 수 있는 바 환경사상의 시대적 고찰만 보더라도 기업의 환경경영의 중요성을 알 수 있다(그림 19-4 참조).

그림 19-4 ◎ 환경사상의 시대적 고찰

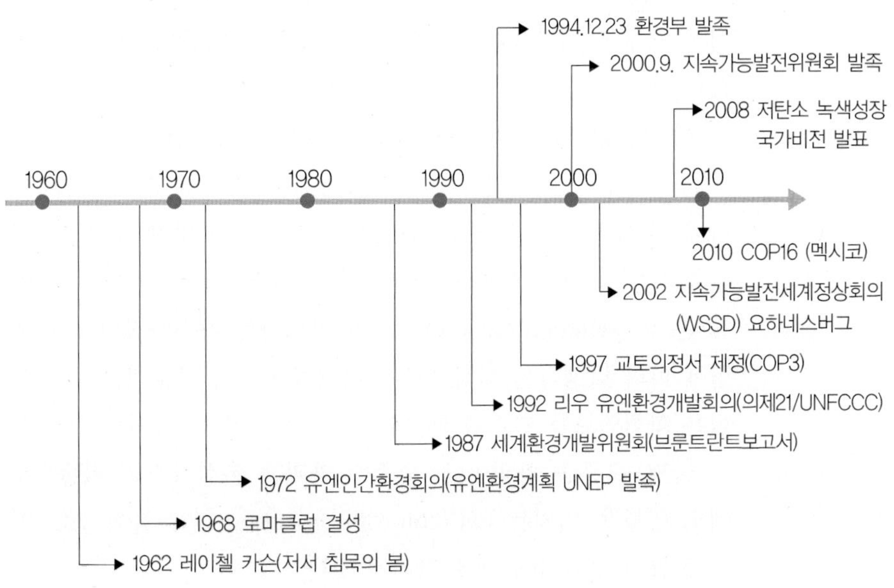

2.3 지구환경 무엇이 문제인가?

지구환경 문제의 원인은 18세기 산업혁명을 계기로 급속히 진행된 산업화 과정에서 나온 범지구적 과제로서, 첫째 인구증가이다. 인구(population)는 환경 영향의 크기에 거대한 영향을 미치는 주요 인자이며, 오염(pollution) 및 빈곤(poverty)과 함께 소위 3P로 일컬어지는 현대사회의 부정적 특성 가운데 하나이다. 인구증가는 광물자원 및 에너지 등 천연자원에 대한 수요의 급격한 증가로, 자연의 개발에 따른 생태계 파괴와 함께, 각종 오염물질의 증가는 자연의 자기정화 능력을 현격히 저하시켜서 심각한 환경문제를 일으키고 있다.

둘째, 산업화이다. 산업화에 의한 경제발전은 궁극적으로 소득수준 향상을 통한 물질적 풍요를 추구한다는 점에서 생산의 증대가 필연적이며, 이는 곧 천연자원의 고갈과 환경오염이라는 부작용을 수반할 수밖에 없다. 따라서 기존의 산업형태를 획기적으로 재편하여 환경친화적 산업구조로 전환시켜야 한다는 주장이 제기되고 있으며, 이에 대한 구체적 시책이 각국의 산업 정책에 반영되고 있다.

셋째, 도시화이다. 도시화는 대체로 공업위주의 경제활동이 확대되면서 산업의 집중과 노동인구의 도시유입이 가속화되어 나타난 현상으로 볼 수 있다. 오늘날의 도시화는 대체로 공업위주의 경제활동이 확대되면서 산업의 집중과 노동인구의 도시유입이 가속화되어 나타난 현상으로 볼 수 있다. 오늘날의 도시는 대부분 대량생산 및 대량소비 체제의 중심에 있으므로, 생산, 소비활동으로 배출되는 오염물질이나 폐기물증가도 필연적이다.

이러한 환경문제가 가져온 문제점은 다음과 같다.

첫째, 지구 온난화이다. 지구 환경 문제 가운데 가장 심각하고 해결이 곤란하며, 경제활동에 큰 영향을 미치고 있는 것이 바로 지구 온난화이다. 지구온난화는 이산화탄소(CO_2), 메탄(CH_4), 수소불화탄소(HFCs), 아산화질소(N_2O) 등 온실효과(greenhouse effect)를 일으키는 가스물질의 대기 중 농도가 상승함에 따라 발생하는 현상으로 알려져 있다. 이 가운데 온실효과의 가장 큰 주범은 화석연료를 연소할 때 대기 중으로 다량 배출되는 이산화탄소이다.

둘째, 오존층 파괴이다. 오존층 파괴는 온실가스의 일종으로 지구 온난화에도 영향을 미치는 CFC(chlorofluorocabon; 염화불화탄소, 일명 프레온 가스)물질의 주된 요인으로 알려져 있다.

셋째, 산성비의 생성이다. 화석연료의 대량연소는 지구 온난화를 야기하는 이산화탄소 뿐만 아니라 황산화물(SOx)과 질소산화물(NOx)과 같은 산성기체도 다량 배출하게 된다. 이들 산성기체가 대기 중에 배출되면 SO_3나 NO_2와 같은 가스가 만들어지는데, 이것이 비에 섞여 내리면 산성비가 된다.

넷째, 열대림 감소 및 사막화이다. 열대림 감소는 아마존이나 동남아시아의 열대림은 이미 삼림자원의 보고로서의 기능을 상실했으며, 지금도 전 세계적으로 하루에 약 4만 6천 헥타르의 열대림이 사라지고 있다. 연간 1,700만 헥타르의 삼림이 줄어든다. 사막화는 현재 지구는 하루에 약 1만 6천 헥타르씩, 연간 약 6백만 헥타르가 사막으로 변해가며, 중국의 경우 전체 국토의 약 45%가 사막화되었거나 사막화 과정에 있어 매년 약 65억 달러에 달하는 경제적 손실을 입고 있다.

마지막으로 생물다양성 감소이다. 약 3천만 종의 생물이 현재는 5%에도 못 미치는 약 140만 종에 불과하다. 이러한 현상은 불과 400년 전부터 시작된 것으로, 최근에는 하루에 약 100종의 동식물이 사라져 연간 약 4만 종의 생물이 멸종하는 것으로 추정된다. 이러한 생물 멸종 속도는 점차 빨라지는 추세여서, 향후 20년 내에 지구상의 생물종은 10% 이상이 사라질 것으로 보인다.

2.4 지구온난화

인류의 문명이 시작되면서부터 인간은 에너지를 필요로 하였고, 문명이 발달할 수록 필요한 에너지는 더욱 많아져 갔다. 그 중에서 인류가 손쉽게 얻을 수 있는 화석연료는 무분별하게 소비되었고, 그 결과 지금 지구는 점차 자생능력을 잃어가고 있다. 즉, 평행과 안정을 유지하고 있었던 지구의 기후는 인류가 많은 에너지를 소비하면서 새로운 형태와 평형으로 옮겨가고 있다.

(1) 지구온난화의 원인

지구는 대기로 둘러싸여 있는데 대기는 뜨거운 태양 광선이나 운석으로부터 지구를 보호하고, 우리가 숨을 쉬는 데 필요한 산소를 공급하는 등 다양한 역할을 한다. 대기의 역할 중 하나는 지구 표면의 열이 우주로 방출되는 것을 막아 지표의 온도를 비교적 높게 유지시켜 주는 것이다. 이러한 방법으로 대기는 지표면을 다시 달구어서 지구의 온도를 끌어올리는데, 이러한 효과를 온실효과(Greenhouse Effects)라고 한다. 만약 대기가 없다면 지표면에 도달한 태양 에너지는 바로 우주 공간으로 방출된다. 그렇게 되면 지구의 평균 온도는 약 영하18℃에 달하여 지금처럼 생물이 사는 것은 불가능해진다.

그러나 문제는 이러한 온실효과가 증대되고 있다는 점이다. 대기 중에서 복사 에너지를 흡수하여 온실효과를 일으키는 기체를 온실 기체라고 한다. 온실 기체에는 수증기와 메탄, 오존, 일산화이질소 등이 있다. 그 중에서도 우리가 쓰는 대부분의 에너지인 화석 연료를 태울 때 온실 기체 중의 하나인 이산화탄소가 다량으로 방출된다는 것이다. 오늘날 대기에 포함된 이산화탄소의 양은 19세기에 비해 33%나 증가하였고, 그에 따라 지구의 평균 온도도 0.6~0.7℃ 상승했다.

산업 혁명을 기점으로 산업이 발달하였고, 그에 따라 석유와 석탄 같은 화석연료를 사용하고 농업 발전을 통해 숲이 파괴되면서 온실효과의 영향이 커진 것이다.

(2) 지구온난화로 인한 기후변화 현상

지구온난화로 인해 지구는 점차 뜨거워져 가고 남극의 펭귄은 점차 죽어가고 있다. 남극의 온도가 세계의 평년기온과 비슷해질만큼 따뜻해지는 날씨 때문에 남극의 대륙은 점차 녹아가고 있으며, 엘리뇨 현상으로 인해 생태계의 이상조짐도 계속해서 나타나고 있다. 몇 년전 인도네시아와 호주 등 많은 나라에서 산불로 인한 연무, 홍수, 폭설 등 이상 기온 현상이 자주 발생한 적이 있었다. 남미의 페루와 에콰도르 근해에는 한류가 흘러 수온이 낮은 것이 일반적인 현상이다. 그러나 몇 년에 한 번씩 북쪽으로부터 따뜻한 해수가 유입되어 해수의 온도가 비정상적으로 높아지는 현상이 나타난다.

지난 100년간 지구의 온도가 0.74℃ 오르면서 태국의 집중 호우, 라인강 홍수, 중국 · 동유럽 · 방글라데시 우기 홍수, 미국의 슈퍼 허리케인, 케냐의 가뭄, 니제르, 챠드호 및 세네갈 지역 등을 비롯해서 우리나라에서도 지난 2~3년간 기상과 관련하여 사상 최고의 기록들이 나타나 집중호우로 인한 막대한 인명 및 재산상의 피해가 초래되고 있다. 폭염으로 인한 사망, 기온상승으로 인한 말라리아 환자의 발생 등 심각한 영향을 초래하고 있다.

더욱 심각한 것은 해수면의 상승이다. 해수면의 상승으로 남극과 그린란드의 빙붕은 지금 빠른 속도로 녹고 있어, 만약 그린란드의 얼음이 모두 녹아 바다로 들어가면, 전 세계 해수면의 높이는 6m 가량 상승할 것이다. 실제로 남태평양의 섬나라 투발루는 국토 전체가 서서히 물에 잠기고 있으며, 계속되는 바닷물의 공격으로 식물들이 점점 죽어 가고 있다. 투발루뿐만 아니라 지금도 태평양 저지대에 사는 사람들은 해수면의 상승으로 인해 생활 터전이 물에 잠겨 하나둘 고향을 떠나고 있다.

이와 같은 기후변화 현상으로 대기중의 온실가스 증가에 의한 지구온난화로 빙하감소, 홍수, 사막화, 해수면 상승, 생태계 변화 등 심각한 영향을 초래하고 있다.

2.5 기후변화협약

최근 지구온난화로 전 세계에 걸쳐 이상기후현상이 보고되고 있으며, 대형 자연재해의 발생빈도 또한 증가하여 향후 인류의 생존이 위험하다는 예측까지 낳고 있다. 이에 범지구적인 공조체제를 구축하여 온실가스 배출량을 줄이

표 19-1 기후변화협약의 기본원칙과 의무사항, 기구 및 제도

전문		내 용
목적(2조)		지구온난화를 방지할 수 있는 수준으로 온실가스의 농도 안정화
원칙(3조)		형평성: 공동의 차별화된 책임, 국가별 특수사정 고려 효율성: 예방의 원칙, 정책 및 조치, 대상온실가스의 포괄성, 공동이행 경제발전: 지속가능한 개발의 촉진, 개방적 국제경제체제 촉진
의무사항	공통의무사항	온실가스 배출통계 작성발표, 정책 및 조치의 이행(4조 1항) 연구 및 체계적 관측(5조), 교육훈련 및 공공인식(6조), 정보교환 특정 의무사항
	특정의무사항	배출원 흡수원에 관한 특정의무사항 : 1990년 수준으로 온실가스 배출 안정화에 노력(4조 2항) 재정지원 및 기술이전에 관한 특정공약(4조 3항~5항)
기구 및 제도	기구	개도국의 특수사항 고려(4조 8항~10항) 당사국총회(7조) / 사무국(8조) / 과학기술자문 부속기구(9조)/ 이행자문기구(10조) / 재정기구(11조)
	제도	서약 및 검토(Pledge and Review) 제도(12조) : 국가보고서 제출 및 당사국 총회 검토 이행과 관련된 의문점 해소를 위한 다자간 협의과정((13조) / 분쟁조정 제도(14조)

려는 기후변화협약이 체결되고, 선진국을 중심으로 구체적인 감축 움직임이 이루어지고 있다. 또한 향후 신흥 공업국가를 포함한 규제범위 확대 및 감축량 증가 등을 포함한 논의가 진행되고 있다. 세계 10위의 온실가스 배출국인 우리나라 역시 감축의무를 부여받을 것으로 예상되고 있다.

(1) UN 기후변화협약이란?

지구온난화에 대한 과학적 자료가 증가하여 범지구 차원의 노력이 필요하다는 인식이 확산되었고, 이에 UN 주관으로 1992년 브라질 리우데자네이루에서 열린 환경회의에서 "기후변화에 관한 UN협약"이 채택되어 1994년 3월에 발효되었다.

브라질 리우데자네이루에서 열린 환경회의에서 채택되었기 때문에 "리우협약"이라고도 한다. 우리나라는 1993년 12월에 47번째로 가입하였고, 2009년 12월 현재 192개국이 가입하였고, 이 협약에서는 차별화된 공동부담 원칙에 따라 가입 당사국을 부속서 국가와 비부속서 국가로 구분하여 각기 다른 의무를 부담하기로 결정하였다(표 19-1 참조).

(2) 목적과 원칙

기후변화협약은 인류의 활동에 의해 발생되고 위험하고 인위적인 영향이 기후 시스템에 미치지 않도록 대기 중 온실가스의 농도를 안정화시키는 것을 궁극적인 목적으로 한다.

특별의무사항은 부속서 I 국가와 부속서 II 국가 간의 서로 온실가스 배출에

표 19-2 UNFCCC에서 규정하고 있는 국가별 의무

전 문	부속서(Annex) I	부속서(Annex) II	비부속서 I 국가
해당국가	OECD(한국제외)+동구권	부속서 I 국가 중 동구권 국가를 제외한 OECD선진국	기후변화협약 서명국가 중 부속서 I 이외의 국가
특별의무사항	온실가스 배출을 2000년까지 1990년 수준으로 감축	개발도상국에 협약이행을 위한 제정 및 기술적 지원을 제공	해당없음
일반 의무사항 (선진, 개도국 공통)	온실가스 배출감축을 위한 국가전략을 자체적으로 수립, 시행 공개 온실가스 배출, 흡수, 현황 및 국가전략 보고 의무 등으로 구성		

표 19-3 기후변화협약 체결과정

1896년	스웨덴의 화학자 Sante Arrhenius, 온실가스에 의한 지구온난화 현상과 그 영향에 대해 문제 제기
1979년	제1차 세계 기후회의 · 인간활동에 의한 기후변화 가능성 인정
1985년	온실가스의 기후변화에 대한 영향평가 회의 – 현재수준 배출시 5℃ 상승
1988년	기후변화의 이의 환경, 경제, 과학적 영향, 대응전략 평가 및 수립을 위한 정부간 협의체(IPCC, Intergovernmental panal on Climate Change) 설립
1990년	제2차 세계기후회의 – 기후변화에 관한 조약의 필요성 제기
1992년	6월, 리우유엔환경개발회의, UN 환경개발회의(UNCED)에서 총회 결의로 정부간 협상위원회를 구성하여 기후변화협약 채택 및 서명
1994년	기후변화협약 발효(50개국 비준), 한국은 1992년 6월 UNCED에 서명
1997년	교토의정서 Kyoto Protocol 온실가스에 대한 정의를 내렸고, 처음으로 선진국에게 2008년~2012년 동안 온실가스 배출량을 1990년 수준 대비 평균 5.2% 감축하는 의무를 부과
2007년	COP13 2012년『교토의정서』시효 만료 이후의 국제 환경보호질서 구축 문제에 대해 중점 논의
2009년	코펜하겐합의 Copenhagen Accord 선진국과 개도국이 참여하는 post-2012체제를 출범시키려는 노력. 지구 평균 기온 상승온도를 2℃로 제한하는 공동 목표를 확인
2010년	칸쿤합의 Cancun Agreements 개도국의 온실가스 감축 및 적응활동을 지원하기 위해 녹색기후기금(Green Climate Fund)을 설립하기로 함. 또한 선진국과 개도국이 2020년까지 자발적으로 온실가스 감축하기로 약속
2011년	더반플랫폼 Durban Platform 선진국의 교토의정서 연장과 함께 2020년 이후부터 모든 당사국이 온실가스 감축체계에 참여하는 새로운 기후변화체계 설립에 합의
2012년	도하게이트웨이 Doha Gateway 교토의정서의 제2차 공약기간을 2013년부터 2020년으로 설정하는 개정안이 채택됨.
2013년	바르샤바결과 Warsaw Outcomes 지구 기온 상승을 2℃ 이내로 제한하기 위해 필요한 2020년 이후 온실가스 감축 공여(Intended Nationally Determined Contributions)를 자체적으로 결정하여 2015년 이전에 제출하기로 함
2014년	리마선언 Lima Call for Climate Action 국별기여공약(INDC) 제출 및 일정을 규정하고, 기여공약에 반드시 포함되어야 할 정보 등에 관한 '리마선언'을 채택
2015년	COP 15 덴마크 코펜하겐에서 열려 21세기 인류가 직면한 최대 과제인 기후 변화 문제를 논의

주: 유엔 환경개발회의(United Nations Conference on Environment & Development(UNCED))

대한 책임을 달리하여 부담의무에 차이를 둔다는 조항이다. 부속서 I 국가에만 적용되는 의무사항은 2000년 까지 1990년 수준으로 온실가스 배출량을 동결하도록 노력하며, 이를 위해 국가정책을 확립하여 구체적인 조치를 시행함을 규정하는 내용이다(표 19-2 참조).

(3) 기후변화협약 체결과정

기후변화협약(UNFCCC)은 협약에 가입한 당사국이 매년 한 번씩 모여 협약의 이행 방법 등 주요 사안들을 결정하는 당사국총회(Conference of the Parties: COP)를 개최하고 있으며, 1995년 독일 베를린 제1차 당사국총회를 시작으로 2011년 12월 남아공 더반에서 열린 제18차 당사국총회까지 이어져 왔다(표 19-3 참조).

1) 교토의정서를 대체하는 새로운 기후변화체제

피리협정을 도출한 'UN 기후변화협약 당사국 총회' 부터 이야기해 보겠습니다. UN은 나날이 심각해지는 지구 온난화 문제를 해결하기 위해 1992년 기후변화협약을 채택하고, 이에 가입한 당사국(Party)은 매년 총회를 열어 온실가스 감축 수준 등 주요 사안을 결정해왔다. 이 자리를 당사국총회(COP)라고 하는데 1997년 일본 교토에서 열린 제3차 당사국총회에서 유명한 교토의정서(Kyoto Protocol)가 채택되었다.

교토의정서는 기후변화에 대한 '역사적인 책임' 이라는 개념 하에 선진국에만 온실가스 감축의무를 부과했다. 지구 온난화 문제가 지금까지 선진국의 경제 발전에 의해 일어났기 때문에 선진국에 더 많은 의무가 있다고 보았던 것이다. 의무이행 대상국은 미국, 캐나다, 유럽연합(EU), 오스트레일리아, 일본 등 총 37개국으로 전체 온실가스 배출량을 1990년 대비 평균 5.2%로 감축하기로 했다.

그러나 세계 최대 온실가스 배출국인 미국은 중국 · 인도 등이 의무 감축 대상에서 제외되어있다는 이유로 교토의정서 비준을 거부했다. 이에 더해 일본 · 캐나다 · 러시아 등도 잇따라 탈퇴하거나 기간 연장에 불참했다. 결국 교토의정서 체제는 온실가스 배출량 1, 2위 국가인 중국과 미국이 의무 감축 대상에 들어가지 않게 되었고 사실상 유명무실화되었다.

세계는 다시 새로운 기후변화체제를 모색하게 되었다. 2011년 더반 총회에서 선진국과 개도국이 모두 참여해 포괄적 감축체제 협상 시작에 합의하는

표 19-4 교토의정서와 신기후체제 비교

구분	교토의정서	신기후체제
범위	온실가스 감축에 초점	감축을 포함한 포괄적 대응 (감축, 적응. 재정지원. 기술이전, 역량강화, 투명성)
감축 대상국가	37개 선진국 및 EU(美, 日, 캐나다, 러시아, 뉴질랜드 불참)	선진 · 개도국 모두 포함
감축목표 설정방식	하향식(top-down)	상향식(bottom-up)
적용시기	1차 공약기간: 2008~2012년 2차공약기간: 2013~2020년	2020년 이후 발효 예상

'더반 플랫폼' 이 도출됐고, 이것이 파리협정의 큰 틀이 되었다. 그리고 2015년 12월 제21차 당사국 총회에서 파리협정이 도출되었다. 이러한 성과는 온실가스 감축을 성장을 저해하는 비용으로만 보지 않고, '저탄소' 라는 새로운 시장이 열리는 계기로 보는 인식 변화가 있었기 때문에 가능한 것이기도 한다.

또한, 파리협정에서는 온실가스를 좀 더 오랜 기간 배출하온 선진국이 개도국을 지원하기로 했다. 2020년부터 매년 최소 1천억 달러(약 118조 1,500억원) 규모의 기금을 모아 기후변화로 피해를 입은 개도국 지원과 저탄소 에너지 기술의 초기 투자비용으로 쓴다는 것이다. 선진국들은 태양열이나 수력 · 원자력발전 등 비화석 자원으로 만드는 기술과 장비를 보유해 탄소배출량을 줄일 수 있지만, 가난한 나라에서는 그런 설비와 기술을 확보하기가 쉽지 않기 때문이다.

2) 신(新)기후체제의 특징

- 1997년 체결된 교토의정서는 선진국에만 온실가스 감축의무를 부과하는 체제로, 기후변화에 효과적으로 대응하기 위해서는 개도국도 함께 온실가스 감축에 참여해야 한다는 필요성이 지속적으로 제기되었다.
- 신 기후체제는 교토의정서 체제를 극복하기 위해 선진국과 개도국 모두가 참여하고, 이를 위해 각국이 감축목표를 스스로 결정할 수 있도록 하는 유연한 방식을 적용하였다.

3) 파리협정의 주요 내용

- 장기목표: 국제사회 공동의 장기목표로산업화 이전 대비 지구 평균기온

상승을 2℃보다 상당히 낮은 수준으로 유지하는 것으로 하고, 온도 상승을 1.5℃ 이하로 제한하기 위한 노력을 추구

- 감축: 국가별 기여방안(NDC)은 스스로 정하는 방식을 채택하여, 매 5년마다 상향된 목표를 제출하되 공통의 차별화된 책임을 감안하는 감축목표를 점진적으로 채택, 또한 모든 국가가 장기 저탄소 개발 전략을 마련하고, 이를 2020년까지 제출하는 것을 노력하도록 요청
- 탄소시장: 온실가스 감축목표의 효과적 달성을 위해 UN 기후변화협약 중심의 시장 이외에도 당사국 간의 자발적인 협력도 인정하는 등 다양한 형태의 국제 탄소시장 매커니즘 설립에 합의
- 이행점검: 5년 단위로 파리협정 이행 전반에 대한 국제사회 공동 차원의 종합적인 이행점검(Global Stocktaking)을 도입하여 2023년에 실시
- 적응: 온실가스 감축 뿐 아니라 기후변화에 대한 적응의 중요성에 주목하고, 기후변화의 역효과로 인한 '손실과 피해' 문제를 별도 조항 규정
- 재원: 개도국의 이행지원을 위한 기후재원과 관련하여 선진국의 재원공급의무를 규정하고, 선진국 이외 국가들의 자발적 기여를 장려
- 기술: 신기후체제에서 개도국이 감축 의무에 동참하는 것은 이에 필요한 기후기술 지원을 전제하고 있는바, 기술의 개발 및 이전에 관한 국가들 간의 협력이 확대 · 강화되도록 규정

2.6 온실가스와 배출권 거래제

온실가스(Green House Gas, GHG)는 기후변화협약에서 규정한 6가지 가스로서, 이산화탄소(CO_2), 메탄(CH_4), 아산화질소(N_2O), 수소불화탄소(HFCs), 과불화탄소(PFCs), 육불화황(SF_6)의 직접온실가스와 일산화탄소, 질소가스, 비메탄휘발성 유기물질의 간접 온실가스로 구분할 수 있으며, 이러한 온실가스들은 산업활동과 우리 일상생활과 밀접하게 연관되어 배출되고 있다. 온실가스 배출량을 줄이기 위해 기간 내 배출할 수 있는 총량을 제한하고, 부족 또는 초과한 배출양에 대해 거래를 허가함으로써, 이로 인해 감축목표를 비용효과적으로 달성하도록 한 감축 수단이다.

배출권 거래제도란 '온실가스 감축 목표를 초과 달성한 참여자가, 목표에 미달한 타 참여자에게 잉여분을 판매할 수 있도록 하는 제도'로써 환경 문제를 해결하기 위한 경제적 유인 제도이며, 오염행위와 관련된 권리를 비교 가

능한 정량적 개념으로 정의하고, 거래를 허용하는 제도이다. 따라서, 오염물질의 배출저감비용이 작은 업체는 배출량을 더 삭감하는 대신, 배출권을 판매함으로써 이익을 얻을 수 있도록 한다.

배출권 거래제도의 대표적인 장점은 비용효율성이다. 기후변화협약의 의무감축을 이행하기 위한 비용 절감의 효과는, 국제적 적용에 대한 원칙이 교토의정서에서 규정되었다. 국제 배출권 거래제도는 선진국 전체의 온실가스 배출 총량을 설정한 뒤, 각 국가에 일정량의 배출 쿼터를 부여하고, 총량의 범위 내에서 배출권 거래를 통해 각 국가 간 감축량을 조절할 수 있도록 허용하고 있다. 따라서 상대적으로 감축비용이 낮은 국가가 감축비용이 높은 국가에게 감축 잉여분을 판매하여 비용절감의 효과를 볼 수 있다. 즉 감축비용이 낮은 국가가 더 많이 감축할 수 있게 유도하여, 저렴한 비용으로 총량 감축 목표를 달성하는 것이다. 감축비용이 높은 국가는 배출권 구입을 통해 자국의 감축비용을 절약할 수 있다. 그러나 배출권 거래제도는 감시 및 행정비용, 거래비용이 크다는 단점도 있다. 직접 규제수단에 비해 정교한 배출측정방식이 필요하고, 거래비용이 추가된다. 또한 시장의 불확실성에 따른 위험비용이 발생할 수 있다. 독과점이나 불완전 정보 등에 따른 배출권가격의 불안정도 나타날 수 있다.

03 | 녹색경영

3.1 녹색경영이란?

녹색경영이라 함은 말 그대로 친환경적인 경영 방침을 말하는 것으로, 그간 국내외 대기업들이 보여준 친환경적인 녹색경영은 비약적인 발전을 하고 있다. 이는 지구온난화를 방지하기 위한 저탄소배출, 그리고 온실가스를 줄이는 일인데, 기업들도 공장에서 배출하는 각종 오염물질 등을 줄이고 공장에서 내뿜는 온실가스나 탄소를 줄이는 경영이며, 태양광이나 기타 자연으로부터 연료를 얻어 활용하는 경영을 말한다(표 19-5 참조).

표 19-5 녹색경영과 환경경영

구분	녹색경영	환경경영
도입시기	· 저탄소 녹색성장 국가비전 제시(2008)	· 유엔환경개발회의(UNCED)(1992)
도입배경	· 기후변화, 에너지, 자원, 환경위기를 성장 기회로 전환하는 새로운 패러다임 필요	· 환경문제 해결을 위한 새로운 경영전략 필요
지향가치	· 환경을 통한 성장	· 환경과 경제의 조화
주요내용	· 자원과 에너지 절약 및 효율적 이용 · 온실가스 배출 및 환경오염 발생 최소화 · 사회적 · 윤리적 책임경영	· 환경친화적 경영목표 수립 · 목표 달성을 위해 인적 · 물적 자원의 체계적 · 지속적 관리체계 구축
경영전략	· 환경 부가가치 창출형 경영전략	· 환경위기 관리형 경영전략
국내관련법	· 저탄소 녹색성장 기본법	· 환경친화적 산업구조로의 전환촉진에 관한 법률

자료: http://www.haem.re.kr

3.2 왜 저탄소 녹색성장인가?

정부는 왜 저탄소 녹색성장을 신국가비전으로 제시하게 되었을까? 사실 그 해답은 저탄소 녹색성장의 개념을 통해서도 충분히 유추해 볼 수 있다. 「저탄소녹색성장기본법 정부안」에서는 녹색성장을 에너지 · 자원을 절약하고 효율적으로 사용하여 기후변화 문제와 환경훼손을 줄이면서 청정에너지와 녹색기술의 연구개발을 통하여 신성장동력을 확보하고 새로운 일자리를 창출해 나가는 경제와 환경의 조화로운 성장방식이라고 밝히고 있다. 즉, 녹색기술을 신성장동력으로 하여 경제 · 산업구조는 물론 국민의 양식을 저탄소 · 친환경적으로 전환하는 것을 의미한다.

이상에서 알 수 있듯이 저탄소 녹색성장은 현재의 자원 및 에너지 고갈, 기후변화 문제에 대한 현실 인식에서 출발하고 있다. 즉, 기존의 경제발전 모형으로는 환경적 · 경제적 측면에서 한계에 봉착하게 될 수밖에 없음을 인식한 것이다. 특히 주력산업인 제조업의 필수조건인 원자재 및 에너지의 효율성이 낮고 해외의존도가 매우 높아 글로벌 변동에 따라 경제적 · 사회적 불안정을 심화시키고 있는 상황에서는 기존과는 다른 성장동력을 찾는 것이 시급한 과제가 될 수밖에 없었다. 이에 정부는 정부 주도의 "저탄소 녹색성장"을 통하여 환경 분야를 신성장동력화하겠다는 의지를 표명하기에 이른 것이다.

사실 환경분야를 지배하는 국가가 21세기를 리드하게 될 것이라고 해도 과언이 아닐 정도로 환경이 21세기에 성장잠재력이 큰 분야라는 데는 다들 의견을 같이 할 것이다. 이에 세계 각국은 이러한 문제인식에서 현재의 경제위기 속에서도 지구온난화 대책 등의 환경대책을 실시하여 경제회복의 기폭제가 되도록 하는 동시에, 미래 환경산업에서 주도권 경쟁을 시작하고 있는 것이다. 또한 앞서 언급한 점들을 고려하여 정부가 나서서 저탄소 녹색성장의 선순환 구조를 만들고자 하였다는 것이다. 정부의 시장개입에 대해서는 논란의 여지가 있으나, 정부 정책의 역할이 민간시장에 올바른 시그널을 보내서 민간시장이 움직이도록 해야 하는 것임은 분명하다. 이에 강력한 정책의사 제시와 과감한 초기 인센티브 도입이 저탄소 녹색성장을 위한 기폭제가 되도록 함으로써 환경과 경제의 바람직한 선순환구조를 구축하고자 하는 것 역시 정부에서 저탄소 녹색성장 정책을 수립하고 있는 이유 중 하나이다.[3)]

3.3 녹색경영전략

녹색경영이란 자원 에너지를 절약하고 효율적으로 이용하여 온실가스 배출과 환경오염의 발생을 최소화하면서 사회적 · 윤리적 책임을 다하는 경영이다.

인류의 에너지는 나무에서 석탄, 석유, 천연가스, 수소로 이어지며 저탄소화로 가고 있다. 이제 저탄소 경제는 새로운 비즈니스 모델과 금융 파생상품을 만들어내고 있으며, 탄소 시장과 탄소 규제의 확대는 전 세계 기업의 경영전략에도 변화를 가져오고 있다. '녹색경영'은 지구온난화를 둘러싼 과학과 정치이다. GE의 에코매지네이션, 자동차 업계의 하이브리드카, 그린밸리로 변하고 있는 실리콘밸리, 북미 벤처 시장도 녹색 열풍이 한창이다.

에너지의 세계는 저탄소 에너지 경제 시스템으로 이동할 수밖에 없다는 점과, 저탄소 경제로의 이행은 국가와 기업의 부를 바꿀 기회다. 녹색 열풍은 더 이상 에너지 고갈이나 환경 운동에 따른 대안이 아니라, 거대한 비즈니스 기회를 창출할 경제 혁명이다. 환경이 돈이 되는 시대다. 기업의 경영전략에서부터 마케팅, 공급망 관리, 친환경 연구개발 및 투자 등에 이르기까지 기업 경영의 전 가치사슬에 녹색을 도입하는 움직임이 활발해지고 있다.

녹색경영전략은 한국의 저탄소 녹색성장 기조에도 일조할 수 있을 것이다.

3) 환경산업기술원, special issues pdf. 보고서.

태양광 · 석탄 · 항공 · 바이오매스 등 광범위한 영역을 통해 환경보호 및 성장에 대한 요구를 충분히 실현할 수 있을 것이다. 이처럼 온실가스 규제 시대는 한국의 기업에도 그린 무역 장벽이 될 것이며, 경영인과 로펌 등은 이러한 환경 규제에 발 빠르게 대응하지 않으면 안 되게 되었다.

3.4 녹색경영의 핵심산업

(1) 태양 에너지(Solar energy)

지구는 지구의 대기 위쪽에서 174 PW의 태양 복사를 받는다. 약 30%가 우주로 다시 튕겨 나가지만 그 나머지는 대기, 바다, 육지로 스며든다. 대기를 거친 다음 일사 스펙트럼은 자외선 속에서 가시 범위와 적외선 범위 사이에서 거의 작은 부분으로 나뉘게 된다.

수증기의 대류, 증발, 응결에 의한 태양 에너지의 흡수는 물의 순환에 힘을 주고 바람을 일으킨다. 바다와 토양이 받아들인 햇빛은 14°C의 평균 표면 온도를 유지한다. 광합성을 통해 일어나는 태양 에너지에서 화학 에너지로의 변환은 화석 원료가 있는 곳으로부터 음식, 나무, 바이오매스를 제공한다. 풍력, 파력, 수력 전기, 바이오매스와 같은 2차 태양 자원을 비롯한 태양 복사는 지구에서 99.9%의 재생가능 에너지를 차지한다. 환경 속에 일어나는 태양 에너지의 흐름과 저장은 현재의 인간의 에너지 요구와 견주어 볼 때 광대하다.

(2) 풍력발전(wind power generation)

풍차를 이용하여 자연의 바람 에너지를 기계 에너지로 변환시켜 발전하는 방식이다. 전력선을 공급할 수 없는 오지나 섬에서 실용되기도 한다. 풍력발전에는 직접식과 축전식이 있다. 직접식은 교류 풍력발전기를 직접 전력계통에 이용하는데, 풍력의 변화에 직접적으로 영향을 받아 불편하므로 풍속에 관계 없이 풍차를 일정한 속도로 회전시키기 위해 풍속에 따라 날개의 기울기를 변화시키는 등의 제어장치를 달기도 한다. 축전식은 풍력발전기에서 얻은 전기를 축전지에 축적한 후 이용하는데, 이것은 안정적인 전력공급이 가능하지만 설비비가 비싼 것이 결점이다. 이 밖에 디젤 발전기를 함께 설치하기도 한다. 풍력 에너지는 바람을 받는 면적이 반지름 1m의 원일 경우 풍속이 10m/s이면 약 1MΩ의 전기를 얻을 수 있다. 미국이나 영국에서는 100~1,000MΩ

이상의 전력를 얻을 수 있는 풍력발전기가 실용화되고 있다.

(3) 바이오에너지(bio-energy)

식물유기물 및 동물유기물 등을 열분해하거나 발효시키면 메탄 또는 에탄올, 수소와 같은 액체 · 기체의 연료를 얻을 수 있는데, 이러한 모든 생물유기체(바이오매스)를 통해 얻을 수 있는 에너지를 말한다. 옥수수 · 보리 · 콩과 같은 곡물이나 나무 · 볏짚 · 사탕수수 등의 식물이 이용된다. 바이오에너지는 옥수수 · 사탕수수 · 감자 등 곡물이나 나무 · 볏짚 등의 식물체의 당분을 발효시켜 만드는 바이오에탄올과 대두유 · 팜유 · 폐식용유 등에서 식물성 기름을 추출해 만드는 바이오디젤, 음식물 쓰레기 · 축분 · 동물체 등을 발효시킬 때 생성되는 메탄가스와 같은 바이오가스가 대표적이다.

바이오에탄올은 휘발유에, 바이오디젤은 경유 연료에 섞어 사용할 수 있어 차량 연료 대체에너지로 활용되고 있다.

(4) 그린카(green car)

수소나 전기 등을 동력으로 하여 공해를 일으키지 않는 차세대 무공해 자동차로 그린 라운드가 본격화되면 그린카의 개발이 불가피하게 될 것이라 예측하고 있어 전 세계의 자동차 회사들은 그린카의 개발을 서두르고 있다. 현재 그린카의 개발에 선두로 나선 일본을 비롯해 독일, 미국과 한국을 포함한 세계 각국은 앞다퉈 그린카 개발에 나서고 있어 친환경 미래차 시장에서의 선점을 위한 각축을 벌이고 있다.

(5) 발광다이오드(LED: Light Emitting Diode)

전류가 흐르면 빛을 방출하는 다이오드의 한 가지이다. 광통신 분야에서 광원으로 사용되고 있다. 재료로는 일반적으로 갈륨, 비소, 인 등이 사용된다. 적정가로 신뢰성이 높고 변조가 쉬우며 동작이 안정되어 있다는 등의 이점이 있다. 반면에 출력광의 동기성이 나쁘고, 섬유와의 결합 효율이 나쁘며, 발광 스펙트럼의 폭이 다소 넓어 변조 주파수를 100MHz 정도까지밖에 올릴 수 없다는 등의 결점이 있다. 이런 이유로 발광 다이오드(LED)는 저 · 중속 펄스 부호 변조(PCM) 회로, 아날로그 회선에 적합하다. 또한 장거리 중 · 대용량 회선의 광통신용 광원으로는 반도체 레이저, 고정 레이저 등이 적합하다.

(6) 첨단그린도시

무공해 석탄 에너지와 해양 바이오연료, 태양전지, 이산화탄소 자원화, 그린카, 수소연료전지, 첨단 그린 도시(u-Eco City), 토지 · 환경오염 정화, 바이오디젤, 풍력, 폐기물자원화, 태양광 발전 등의 사업을 추진하는 게 대표적이다. '따로 또 같이' 전략에 따라 모든 계열사들이 기술 개발과 사업화에 동참하고 있다.

(7) 스마트 그리드

스마트 그리드란 전기 사용량에 따른 시간조절로 전력 손실을 줄이는 방법이다. 예를 들어 어떤 집에서 사용하는 전력이 낮과 밤, 주말과 주중 등 상황에 따라 다르다면, 연결된 센서가 그것을 감지하여 발전소와 정보를 교환하여 발전량, 송전양을 시간에 따라 조절하여 전력 손실을 최소한으로 하여 전기를 절약하는 방법이라고 한다. 이 방법을 이용하면 기존보다 약 10%의 전력을 절약할 수 있다.

3.5 녹색산업의 규제

EU에서는 2005년부터 EU-ETS(Emission Trading Scheme)의 실시로 역사적인 글로벌 탄소 시장이 탄생했다. 역내 1만 1,433개 에너지 다소비 사업장을 대상으로 이산화탄소 배출 허용량을 설정한 후, 잉여분 및 부족분을 거래토록 한 캡앤드트레이드(cap and trade) 제도가 그것이다. 새로운 비즈니스 모델로 탄소시장이 부각되고 있다.

녹색성장산업의 필요성과 핵심 산업을 살펴보면서 기후변화와 화석연료의 고갈은 새로운 에너지를 얻는 방법과 관련된 기본적이고 필수적인 문제다. 또한 10년 이내에 이산화탄소 배출을 줄이지 못하면 지구온도는 1도 이상 올라가게 된다. 기온의 상승은 국지적 기후변화가 아닌 지구전체의 기후 변화를 야기하게 된다. 기온이 올라가면 해수면이 상승하고, 식량생산은 줄어들 것이며, 물 부족, 생물다양성 감소 등 인류의 생존기반자체가 흔들리게 된다. 이러한 일을 막기 위해 최근 국제사회의 노력이 한층 가속되고 있다. 2005년 교토의정서 발효 이후 유럽, 일본 등 일부 선진국을 중심으로 온실가스 의무감축체제가 가동되고 있을 뿐만 아니라 유럽, 미국, 호주 등 선진국들은 온실가스 감축을 더 이상 경제적 부담이 아닌 화석연료 기반 경제에서 녹색에너지 기반 경제로 이행하기 위한 투자로 인식하고 있다. 이와 같은 국제사회의 흐름 속에서 우리나라도 기후변화 대응에 기여함과 동시에, 지속가능한 발전을 해 나가기 위해 적절한 온실가스 감축체제의 구축이 필요한 시점이다. 이를 위해서는 온실가스 배출을 줄이면서도 녹색에너지를 확산할 수 있는 제도적 접근이 중요하다.

온실가스를 줄이는 두 가지 방법이 있는데, 하나는 온실가스의 배출을 강제로 규제하는 것이고, 다른 하나는 경제적인 이득을 주는 것이다. 이 두 가지 방법을 결합한 것이 배출권거래 시장으로, 이산화탄소가 온실가스 중 80%를 차지하고 있기 때문에 탄소시장, 혹은 기후거래소로 불리기도 한다. 온실가스 배출권을 사고판다는 개념은 아직 일반인들에게 생소함에도 불구하고, 세계은행에 따르면 국제 탄소 시장(carbon market)은 2010년 170조원에 달할 것으로 예상된다. 이것은 온실가스 감축 비용이 높은 데에다가 국가별, 기업별 온실가스 감축 비용도 다르기 때문에 시장 메커니즘을 도입하여 신축성 있게 대응하기 위함이다. 즉, 주어진 온실가스 감축 의무를 초과 달성한 나라(기업)는 잉여분을 탄소 시장에 팔아서 수익을 챙길 수 있고, 반대로 달성하지 못한 나라(기업)는 그만큼 탄소 시장에서 배출권을 사는 것이다.

이제 기업들은 탄소 감축 비용과 배출권 구매 비용을 비교하여 비용이 적게 들어가는 쪽을 택해야 한다. 2006년 10월 베이징에서 카본 박람회가 열렸을 때 중국의 지방정부와 기업이 파는 배출권을 저렴한 가격에 사기 위해 EU 국가들과 일본 기업 관계자들이 모여들어 북적였다. 그런데 이 탄소 시장은 정부의 요구를 충족시키기 위해 배출권을 사고파는 데서 그치지 않는다. 적극적으로 수익 창출을 위한 비즈니스 모델을 개발한 기업들이 눈에 띈다. 예를 들어 프랑스의 화학 그룹 로디아(Rhodia)는 브라질과 한국 등지에 온실가스 저감 시설을 건설함으로써 배출권을 획득하여 2007년 배출권 판매 수익만도 1억 8,900만 유로에 달하며, 탄소 시장 컨설팅 업체인 노르웨이의 포인트카본(Point Carbon)은 정보 제공 서비스에 대한 연 회비만으로도 약 3,900만 유로의 수익을 거두고 있다. 한편 1990년대 후반부터 배출권에 관심을 갖고 미국 탄소 중개 회사인 낫소스에 공동 출자를 해 오던 미쓰비시 상사는 이미 여섯 건의 CDM 프로젝트에 의한 배출권 확보로 연간 약 1억 3,000만 달러의 수익을 거둬들일 것으로 예상된다.

기상이변은 앞으로 기업의 경영 전략에 반드시 고려되어야 하는 중요한 변수가 되었다. 일본의 식품 업체 가고메는 1997년 세계적인 토마토 산지인 터키에 갑작스러운 많은 비로 인해 수확량이 급감하자 이에 대처하지 못해 큰 위기를 겪은 후 이러한 조달 리스크 관리를 위해 조달 지역을 다양화했다. 다이킨 인더스트리는 기상이변으로 인한 리스크 관리를 위해 가정용 에어컨 제조에서 리드타임을 최대한 단축한 결과 2004년 마쓰시타(현재의 파나소닉)를 앞섰다.

G·l·o·b·a·l·M·a·n·a·g·e·m·e·n·t

교토의정서

교토의정서(Kyoto Protocol)는 지구 온난화의 규제 및 방지를 위한 국제 협약인 기후변화협약의 수정안이다. 이 의정서를 인준한 국가는 이산화탄소를 포함한 여섯 종류의 온실 가스의 배출량을 감축하며, 배출량을 줄이지 않는 국가에 대해서는 비관세 장벽을 적용하게 된다. 1997년 12월 11일에 일본 교토의 국립교토국제회관에서 개최된 지구온난화 방지 교토회의(COP3) 제3차 당사국총회에 채택되었으며, 2005년 2월 16일 발효되었다. 정식명칭은 기후변화에 관한 국제연합 규약의 교토의정서(Kyoto Protocol to the United Nations Framework Convention on Climate Change)다.

목표로는 의정서는 온실효과를 나타내는 이산화탄소를 비롯한 모두 6종류의 감축대상 가스(온실 기체)의 법정구속력을 가진 배출감소 목표를 지정하고 있다. 교토 의정서 제 3조에는 2008년부터 2012년까지의 기간 중에 선진국 전체의 온실가스 배출량을 1990년 수준보다 적어도 5.2%이하로 감축할 것을 목표로 하고 있다. 감축대상 가스로는 이산화탄소, 메테인, 아산화질소, 과불화탄소, 수소화불화탄소, 육불화황이 있다. 우리나라는 2002년 10월에 교토의정서에 비준하여 교토의정서상에 개도국(non-Annex Ⅰ) 지위확보로 1차 공약기간 중 온실가스 감축의무는 없으나 석유소비량 등 각종 에너지 소비 지표에서 세계 상위에 위치하므로써 의무부담 참여 압력이 가중되고 있다.

자료: 시사상식사전

3.6 녹색경영의 전략적 과제

기업경영 활동 전주기에 걸쳐 에너지자원 이용의 효율성을 제고하고 온실가스 배출을 최소화하며 부가가치를 창출하는 경영전략으로 녹색경영, 환경경영, 지속가능경영은 상호의존적 관계에 있다.

녹색경영의 변화 추세를 보면 과거 소위 Global Standard라는 이름으로 추

그림 19-5 ◐ 지속가능경영의 상호의존성

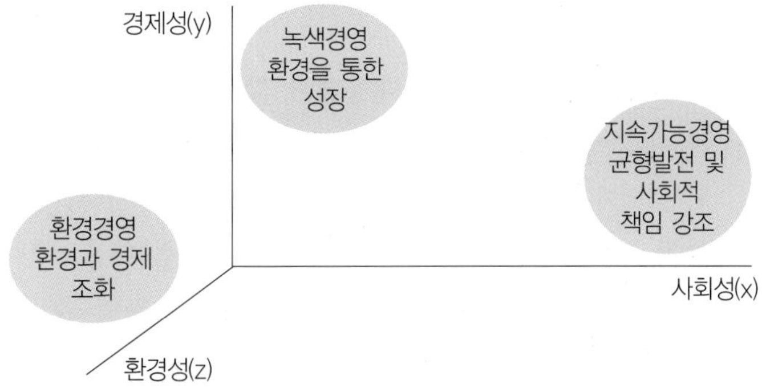

자료: www.GGMI.or.kr

진된 행정적인 녹색경영이 아닌, 중소기업에게 실질적인 도움이 되는 녹색경영 제도화 필요성이 대두되고 있다. 과거 유명무실하게 운영되었던 녹색인증제도에 대한 문제점을 인식하고, 기존 유사 인증제도(Venture, ISO, Innobiz 제도 등)의 장단점 고려 및 차별화된 지원정책 추진하고 있다.

녹색경영 확산을 위한 정부지원 시책의 효율적 추진을 위한 교육 및 저변 확대를 추진, 생물학적 녹색경영이 아닌 경영에 중심을 둔 녹색경영으로 점진적 변화와 추진이 필요하다. 2009년 12월 코펜하겐에서 제15차 기후변화협약 당사국 총회에서 모든 국가를 감축의무국에 포함시키는 것을 목표로 한 2013년 이후 포스트 교토체제 형성을 위해 새로운 무역규제와 인센티브 도입이 추진되고 있다. 2010년 이산화탄소 배출 수준과 국제적 경제 위상을 감안할 때 우리나라는 어떠한 형태로든 포스트 교토체제에 참여하게 될 것이다.

최근 정부는 이러한 세계적인 추세에 대비하여 녹색성장위원회를 설립하여 법령제정 등 여러 가지 준비를 하고 있고, 최근 국내 대기업도 녹색경영을 선포하는 등 기후변화 대응 노력을 하고 있다. 정부와 기업이 국제적인 변화에 능동적으로 대처하지 못할 경우 무역제재와 같은 피해를 볼 수 있으며, 유망시장부분에서 경쟁력을 잃을 수 있다. 또한 신생에너지시장이나 탄소 시장 분야에서 낙오될 수 있다.

먼저 정부는 어떻게 대응해야 할 것인가? 현 정부는 세계적인 추세에 발맞춰 녹색성장을 국가목표로 정하고, 해당 부처별로 실행계획을 수립 중이다. 정부의 정책은 한정된 예산에 의해서 운영되기 때문에 수많은 정책대안 중 우선순위를 정해서 선택과 집중하는 전략이 요구된다. 정부는 현실과 미래의 변화를 감안하여 장 · 단기 국가 발전전략과 함께, 신재생에너지산업에 집중해야 한다.

우리 기업은 어떻게 대응해야 할 것인가? 첫째, 해당 업종이 온실가스 규제 대상에 포함될 것인지, 경쟁 사업장과 비교해서 경쟁력이 얼마나 될지, 현황 파악부터 해야 한다. 둘째, 온실가스가 가치 사슬의 어느 단계에서 배출되는지 파악해야 한다. 생산 공정에서의 직접 배출, 에너지로부터의 간접 배출, 원료의 이동이나 제품 사용 중의 배출로 나누어 볼 수 있다. 온실가스 규제를 경험한 적이 없는 기업 입장에서 쉬운 일은 아니겠지만 측정된 것만이 관리될 수 있다는 점을 잊지 말아야 한다. 셋째, 온실가스 감축 잠재력과 비용을 계산하는 일이며, 넷째, 자체적 감축과 배출권 구입 혹은 CDM(Clean Development Mechanism: 청정개발체제) 프로젝트를 통해 저렴한 비용으로 온실가스 감축을 인정받을 것인지에 대한 판단을 해야 한다. 마지막으로 배출권 거래와 관련된 다양한 파생상품과 비즈니스 기회를 검토한다. 헤지펀드사인 맨그룹(Man Group)은 탄소 시장을 앞으로 급성장할 '뉴 플레이그라운드'로서 주목하고 있다.

2015년 12월 프랑스 파리에서 체결된 UN파리기후협약은 기존의 도쿄의정서보다 한층 강화된 국제협약으로서 선진국과 개발도상국 모두 온실가스 감축의무를 갖게 되는 국제협약이다. 이 협약에는 미국과 중국을 포함해 총 195개 국가가 서명했다. 산업화 이전 시기 대비 지구 평균기온 상승폭을 2° 보다 상당히 낮은 수준으로 유지하는 게 목표다.

2021년부터 발효되는 협약에 따라 우리나라는 평균 37%의 온실가스를 감축해야 하며, 이를 위한 정부부처별 대응방안을 구축하고 있다. 파리기후협약 시행 이후 우리나라는 100조 원에 달하는 에너지 신산업이 육성될 뿐만 아니라 관련 일자리가 50만 개 이상 창출될 것으로 기대되고 있어, 이번 기후협약은 우리나라에게는 새로운 도약의 기회가 될 수 있다는 평가다. 파리협정은 화석에너지의 시대에서 재생에너지의 시대로 옮겨가는 신호탄으로 해석할 수 있는바 향후 에너지 시장이 저탄소 에너지 중심으로 재편될 경우, 이를 새로운 성장동력으로 삼을 지혜와 노력이 필요한 시점이라고 할 수 있다.

참고문헌

강상원(2003), 쉽게 알자! 마케팅, 더난출판.

강신규 외(2007), 에센스경영학, 형설출판사.

고바야시 가오루(2003), 피터 드러커: 미래를 읽는 힘, 청림출판.

권명중(2006), 기술혁신의 경영과 경제, 신론사.

글로벌 CEO 성공특강(2009), YBM Sisa.

김병기(2009), 코리아 웨이2 신성장동력 녹색성장산업을 잡아라, 매일경제신문사.

김병윤 외(2002), Modern Management, 제3판, 명경사.

김영규(2005), 경영학 원론, 박영사.

김영래(2011), 글로벌 경영, 법문사.

김중배 외(2006), 글로벌시대의 국제경영학, 형설출판사.

김창수 외(2009), e-비즈니스 원론, 개정판, 법문사.

김창수(2011), 경영정보 시스템, 제2판, 법문사.

로리 베스존스(2000), 최고 경영자 예수, 한 언.

박기찬 외(2005), 경영의 교양을 읽는다, 더난출판.

박성환 외(2011), 경영학의 탐색, 법문사.

박종돈(2008), 현대경영학 원론, 보명.

박찬수(2011), 마케팅 원리, 제4판, 법문사.

반병길(2002), 경영학 원론: 현대기업의 이해, 제6판, 박영사.

브루스 하일랜드 외(1995), 인간경영 64훈, 창현출판사.

소셜 네트워크 환경하에서 글로벌 e-비즈니스의 활성화와 산학협력방안(2011), 한국통상정보학회.

신민식(2001), 경영학 원론, 법문사.

신완선(1999), 27인의 리더십을 배우자, 도서출판 물푸레.

신유근(1996), 현대 경영학, 다산출판사.

앨빈 토플러 외(2009), 불황을 넘어서, 청림출판.

양종택 외(2007), 생산 운영관리, 제4판, 법문사.
이건창(2010), 현대경영의 이해, 제4판, 무역경영사.
이광로 외(2011), 경영학의 이해, 신영사.
이재민 외(2009), 브랜드 경영을 위한 경영학, 법문사.
이중우 외(2007), 경영학원론, 제8판, 사이텍미디어.
이진규(2011), 현대 경영학, 제4판, 법문사.
이진규 외(2005), 경영학개론, 한국방송통신대학교출판부.
이태식 외(2009), 경영학의 이해, 삼영사.
이필상 외(2011), 경영학 원론, 법문사.
임창희(2011), 경영학 원론, 제2판, 학현사.
장영광 외(2010), 생활 속의 경영학, 제3판, 신영사.
전용수 외(2001), 현대 경영학의 이해, 법문사.
정기웅 외(2008), 경영경제학, 한올출판사.
정순진(2008), 경영학 연습, 제6판, 법문사.
정준화(2001), 경영학 원론, 세경사.
정진홍(2010), 인문의 숲에서 경영을 만나다 2, 21세기북스.
조동성(1997), 21세기를 위한 국제경영, 경문사.
주인기(2010), K-IFRS 회계원리, 제9개정판, 법문사.
피터 슈워츠(2004), 미래를 읽는 기술, 비즈니스북스.
Gitman 외(2006), 경영학 배움터, 제2판, 생능출판사.
Paul R. Niven(2003), BSC STEP BY STEP, SIGMA INSIGHT.
William G. Nickels et al.(2010), 경영학의 이해, 제8판, 생능출판사.

국문색인

ㄱ

ㅅ

ㅇ

영문색인

저자약력

유세준

동국대학교 대학원(경제학 박사)
인천대학교 교수
인천대학교 부총장
인천대학교 경영대학원장
인천대학교 학생처장, 교무처장
인천대학교 경상대학장
현, 인천대학교 명예교수
(사)글로벌녹색경영연구원 이사장

[저서 및 논문]

경영학원론(법문사)
중소기업의 이해(법문사)
디지털시대의 경영학원론(법문사)
한국중소기업의 재무구조 개선 방안 외 다수

김의식

인천대학교 대학원(경영학 박사)
제일은행 상품운영부장
인천대학교 초빙교수
숭실대학교 겸임교수
현, 동덕여자대학교 외래교수

[저 서]

금융섭외의 전략과 실천(국제금융연구원)
금융고객만족의 전략과 실천(국제금융연구원)
바람이 없을 때는 노를 저어라(비전코리아)
세계를 가슴에 품어라(명진출판사) 외 다수

이래풍

인천대학교 대학원(경영학 박사)
여주시설공단 이사 의장
경영지도사
현, 여주대학교 금융회계경영과 교수

[저서 및 논문]

전략적 경영혁신 기법(학문사)
증권투자론(탑21)
글로벌시대의 경영학원론(법문사)
주식회사제도의 이해(세학사)
소자본 창업과 경영(두남) 외 다수

홍준기

인천대학교 대학원(경영학 박사)
금정그룹 금정상호신용금고 기획홍보실장
BBS불교방송 경영관리국장
신흥증권 상무이사
신흥I&T(Investment & Trading) 대표이사 사장
현, 송파문정데이케어센터 원장

[저 서]

부처와 함께 하는 주식투자(굿인포메이션)
1퍼센트 경영(현대미디어)
부자가 되려면 생각부터 바꿔라(CM미디어)
행복한 펀드투자(CM미디어)
마케팅 숲길을 걷다(CM미디어) 외 다수

이건찬

경희대학교 대학원(경영학 박사)
현, (주)매직에듀 대표이사
경희대학교 경영대학원 겸임교수
경희대학교 무박회 회장
창조경영인상 수상(미래 지식경영원, 2014)

[논 문]

한국의 컨벤션 안전대책에 관한 연구(호텔관광연구), 혁신제도 촉진환경과 제도수용에 관한 연구(지식경영연구), Tailored and Targeted Communication Activities for encouraging Voluntary Adoption of Unpreferred Innovative Policy (Technological Forecasting & Social Change)

최근영

인천대학교 대학원(경영학 박사)
주식회사 아이씨텍(제조, 무역) 대표이사
인천대학교 겸임교수
대한민국 신지식인 선정(2002)
인하대학교 창업지원센터 경영지원컨설팅 수행
현, 인하대학교 겸임교수
(사)글로벌녹색경영연구원장

[저서 및 논문]

생산운영관리(형설출판사)
에어벽 시스템 에너지절감 세척기술연구(한국생산제조시스템학회), 프레스금형의 리버스 엔지니어링과 가공물의 정밀측정기술연구(한국정밀학회)

글로벌 시대의 **경영학원론** [제 4 판]

2006년 3월 10일 초판 발행
2011년 8월 25일 제2판 발행
2013년 2월 20일 제3판 발행
2017년 2월 28일 제4판 1쇄발행

저 자 유 세 준 외 5 인
발행인 배 효 선

발행처 도서출판 法 文 社

주소 10881 경기도 파주시 회동길 37-29
등록 1957년 12월 12일 / 제2-76호(윤)
전화 (031)955-6500~6 Fax (031)955-6525
e-mail(영업): bms@bobmunsa.co.kr
(편집): edit66@bobmunsa.co.kr
홈페이지 http : //www.bobmunsa.co.kr

조 판 성 지 이 디 피

정가 34,000원 ISBN 978-89-18-12297-7